图书在版编目（C I P）数据

唐史论丛. 第三十辑 / 杜文玉主编. —西安：三秦出版社，2020.3

ISBN 978-7-5518-2161-2

Ⅰ. ①唐… Ⅱ. ①杜… Ⅲ. ①史评—中国—唐代—丛刊 Ⅳ. ①K242.07-55

中国版本图书馆CIP数据核字（2020）第031678号

唐史论丛 第三十辑

杜文玉 主 编

出版发行 陕西新华出版传媒集团 三秦出版社
社　　址 西安市雁塔区曲江新区登高路1388号
电　　话（029）81205236
邮政编码 710061
印　　刷 西安创维印务有限公司
开　　本 787mm×1092mm 1/16
印　　张 29
字　　数 520千字
版　　次 2020年3月第1版
2020年3月第1次印刷
印　　数 1—1000
标准书号 ISBN 978-7-5518-2161-2
定　　价 116.00元

网　　址 www.sqcbs.cn

唐史論叢

第三十辑

杜文玉　主编

陕西新华出版传媒集团
三秦出版社

《唐史论丛》编辑委员会

目　录

中外交流

政治制度

宗教文化

碑志研究

历史地理

CONTENTS

Chinese–Foreign Communications

Political System

Religious Culture

Epitaph Studies

Historical Geography

中外交流

《隋书·百济传》所见“通和”事件与7世纪初的济丽关系

张晓舟

绪 言

百济和高句丽以和亲为标志缔结军事同盟（济丽同盟）的时间在公元643年，这是学界公认的说法[1]。在此之前，济丽两国长期处于对立状态，彼此互有攻伐。公元475年，高句丽攻陷百济王都汉城，杀死盖卤王，一度灭亡百济。文周王辗转熊津（现韩国忠清南道公州市）重新建国，为抵御高句丽而采取结好新罗的外交策略。公元538年，百济圣王迁都泗沘（现韩国忠清南道扶余郡），同时改国号为“南扶余”，这个国号强烈地表现了百济对抗高句丽的意识[2]。公元550年前后，百济联合新罗、伽耶一度夺回汉城，旋即又放弃汉城。中国隋朝（581—618）建立之后，百济威德王于598年遣使向隋文帝表示愿为“军导”，一同讨伐高句丽，但被文帝劝退。此后，百济武王在607年再度遣使“请兵”隋朝，这次隋炀帝应许，并且派出使者回访百济，商讨军期。然而，据《隋书·百济传》记载，事情急转直下，百济“实持两端”，暗中“通和”高句丽，以致共讨一事不了了之。

中国学界关于《隋书·百济传》所见“通和”记事的研究并不充分，韩、

[1]［韩］李昊荣：《丽济连合说的检讨》，《庆熙史学》9、10，1982年，第22页。

[2] 百济和高句丽一样，都有“扶余起源”的建国神话。高句丽自诩出自“北扶余”，与此相对，百济以“南扶余”自我标榜，表示出与高句丽分庭抗礼的姿态。详参［日］武田幸男：《世界的历史6：隋唐帝国与古代朝鲜》，东京：中央公论社，1997年，第337页。

日学者的立足点又各不相同。对于韩国·朝鲜史而言，《隋书·百济传》所见“通和”记事是修正“济丽同盟”成立时间的关键性史料。近年来，韩国学中央研究院宣奉助研究员发表多篇文章，专门探讨百济既“请兵”隋朝又“通和”高句丽的问题，其观点概括起来大致有以下两点：其一，“济丽同盟”的成立时间至少应该提前至7世纪初的607年，当时百济对新罗的战争使得百济与高句丽的现实利益逐渐趋同，所以济丽关系已由对立转向联合；其二，百济为改善自身在隋朝的不良形象，故意采用“请兵”的方式，讨取隋帝的欢心，所以“请兵”不是目的，而是外交手段[1]。日本学者的研究，旨趣别有他意。《日本书纪》记载，公元601年倭国为了“救援任那”，牵制新罗，派出大伴连啮出使高句丽，又派出坂本臣糠手出使百济。之后，根据《三国史记》记载，百济在602年出兵新罗的阿莫山城，高句丽在603年进攻新罗的北汉山城。所以，日本学者强调，在倭国的外交周旋下，百济和高句丽先后选择了符合倭国期待的战略方针，即把本国的利益同倭国在朝鲜半岛的利益结合了起来[2]。这种论调被部分韩国学者继承，并做了进一步阐释。金铉球认为，倭国所派出的使者——尤其是大伴连啮，对济丽关系的修复起了关键性作用[3]。延敏洙认为，可以想见当时高句丽—百济—倭之间存在一个由倭国主导的“军事协力体制”[4]。

众所周知，663年的白村江战役，倭国以军事援助的方式直接介入半岛事务，但这样的“军事协力体制”是否早在7世纪之初既已存在，值得商榷。百济和高句丽出兵新罗是为了维护倭国在半岛的利益，这种充满殖民主义意味的观点在战后的朝、韩历史学界已被彻底清算。现在，唯一存疑的是7世纪初百济和高句丽对新罗的战争背后，是否存在“济丽同盟”的可能。日本学者田中俊明指出，百济“请兵”隋朝的当年——598年和607年，高句丽都发动了对百济的

[1] ［韩］宣奉助：《7世纪济·丽同盟研究》，韩国学中央研究院博士学位论文，2017年；《〈隋书·百济传〉所见武王的二重外交与济丽关系》，《韩国学论丛》49，2018年，第69—108页；《百济威德王·武王时代对高句丽牵制的外交性含意》，《耽罗文化》57，2018年，第125—161页。

[2] ［日］山尾幸久：《大化前后的东亚情势与日本的政局》，《日本历史》229，1967年，第27—47页。［日］井上光贞：《推古朝外交政策的展开》，载《井上光贞著作集第五卷 古代的日本与东亚》，东京：岩波书店，1986年，1971年初版，第59—62页。

[3] ［韩］金铉球：《大和政权的对外关系研究》，东京：吉川弘文馆，1985年，第293页。

[4] ［韩］延敏洙：《古代韩日外交史：以三国与倭为中心》，《韩国古代史研究》27，2002年，第195—256页。

进攻，难以想象“济丽同盟”存在的同时，双方还处于战争状态[1]。于是，7世纪初济丽关系究竟是对立还是同盟，实际上归结于如何理解《隋书·百济传》所见的“通和”记事。既有研究，对此记事的真实性从未有过怀疑，而笔者的疑问即在于中国方面——更准确地说，隋朝方面是如何知晓百济“通和”高句丽的呢？

由此问题出发，本文计划对此记事的来源与形成做一番探究，期望借此明确这段记事在多大程度上反映了历史事实，同时期望以此记事为切入点，廓清7世纪之初百济和高句丽的关系。

一、百济威德王、武王的两次“请兵”及其意义

公元598年，高句丽婴阳王率靺鞨兵入寇辽西，隋营州总管韦冲将其击退。随后，隋文帝兴30万大军讨伐高句丽。婴阳王遣使谢罪，自称“辽东粪土”云云，方才平息了战争。

隋丽交战之际，百济威德王遣使入隋，表示愿为“军导”，即请求和隋一同讨伐高句丽。《三国史记》卷二七“百济威德王四十五年（598）九月条”记载：

> 王使长史王辩那入隋朝献。王闻隋兴辽东之役，遣使奉表，请为军道（导）。帝下诏曰：“往岁高句丽不供职贡，无人臣礼，故命将讨之。高元君臣，恐惧畏服归罪，朕已赦之，不可致伐。”厚我使者而还之。高句丽颇知其事，以兵侵掠国境。[2]

隋文帝在六月废黜高句丽王的官爵，同时隋丽战争爆发，九月隋军撤退。百济使节王辩到隋的时候，隋对高句丽的战争大致接近尾声。等他回国通报，威德王决定“请为军导”，即再遣使奉表，俨然错过战机。因此，隋文帝答复威德王的诏书并无不满的意思，相反，“厚我使者”表明百济“请兵”的行为获得了隋朝方面的好感。

“请兵”隋朝，反映了百济一以贯之的“亲隋”外交政策。百济在隋建国第一年（581）即派出使者朝贡，与隋缔结了册封关系。589年，隋朝平陈，百

[1] ［日］田中俊明：《高句丽与唐的对立与倭》，载东北亚历史财团编《古代环东海交流史1：高句丽与倭》，首尔：东北亚历史财团出版，2010年，第23页。

[2] ［高丽］金富轼著，孙文范等校勘：《三国史记》卷二七，百济威德王四十五年九月条，长春：吉林文史出版社，2003年，第320页。

济不失时机地向隋奉表，表示祝贺。《三国史记》卷二七“百济威德王三十六年（589）条”记载：

> 隋平陈，有一战船漂至耽牟罗国，其船得还，经于国界，王资送之甚厚，并遣使奉表，贺平陈。高祖善之，下诏曰：“百济王既闻平陈，远令奉表。往复至难，若逢风浪，便致伤损。百济王心迹淳至，朕已委知。相去虽远，事同言面，何必数遣使来相体悉。自今已后，不须年别入贡，朕亦不遣使往，王宜知之。”[1]

隋文帝赞赏百济威德王“心迹淳至”，这和同时期批评高句丽平原王“虽称藩附，诚节未尽”[2]，可谓大相径庭。隋文帝特准百济“不须年别入贡”，这是对藩臣的优遇，不是疏远百济的表现。可以说，有隋一代，济隋关系较丽隋关系更加亲密，而百济正是基于与中原王朝亲密的政治优势，策划了“请兵”——借助隋朝的军事力量打击高句丽[3]。

上述引文显示，高句丽婴阳王“颇知其事”。也就是说，百济“请兵”隋朝的事情完全被高句丽所掌握。百济“请兵”并未付诸实践，隋朝方面也断无告知高句丽的可能。高句丽能够迅速掌握相关情报，说明对百济的一举一动或有严密监控。又《三国史记》卷二〇“高句丽婴阳王九年（598）九月条”记载：

> 王知其事，侵掠百济之境。[4]

这与《百济本纪》的记载大体无差。百济既然决心“请兵”，国内不可能毫无战备。虽然百济在策略上采取了“请兵”的形式，但不意味着对于高句丽全无招架之力。相反，高句丽在经历了隋朝的征讨之后，国力耗损，未必还能在军事上对百济保有优势。所以，高句丽侵略百济国境，应该视作百济能够把高句丽的侵略遏制在国境附近的表现。然不管两国战力如何，598年百济和高句丽处于军事敌对状态，这一点是毋庸置疑的。

公元607年，隋炀帝巡狩漠北，在启民可汗的牙帐中发现了高句丽的使者。隋炀帝忌讳高句丽和北方游牧势力往来过密，于是征高句丽王入朝，且扬言若

[1]《三国史记》卷二七，百济威德王三十六年条，第320页。

[2]《三国史记》卷一九，高句丽平原王三十二年条，第241页。

[3]［韩］梁起锡：《百济威德王时代的对外关系：以对中关系为中心》，《先史与古代》19，2003年，第227—254页。

[4]《三国史记》卷二〇，高句丽婴阳王九年九月条，第244页。

不来朝，将和启民一起巡狩高句丽国土云云。高句丽婴阳王惧不敢朝，隋丽关系因而再度恶化。

值此之际，百济武王派出使者，再度"请兵"讨伐高句丽。隋炀帝准许了这次"请兵"，并下令百济侦察高句丽的动向。《三国史记》卷二七"百济武王八年（607）条"记载：

> 三月，遣扞率燕文进入隋朝贡。又遣佐平王孝邻入贡，兼请讨高句丽。炀帝许之，令觇高句丽动静。五月，高句丽来攻松山城，不下，移袭石头城，虏男女三千而归。[1]

百济使者王孝邻"请兵"的时间，史无记载。从隋炀帝八月幸启民牙帐这点，可以推测炀帝萌生征讨高句丽的念头以及准许百济"请兵"，应当在八月以后。《三国史记·百济本纪》把王孝邻"请兵"系于三月至五月之间，这在时间上有不通之处。无独有偶，《三国史记》卷二〇"高句丽婴阳王十八年（607）条"记载：

> 初，炀帝之幸启民帐也，我使者在启民所，启民不敢隐，与之见帝。……敕牛弘宣旨曰："朕以启民诚心奉国，故亲至其帐。明年当往涿郡。尔还日，语尔王，宜早来朝，勿自疑惧。存育之礼，当如启民。苟或不朝，将帅启民，往巡彼土。"王惧藩礼颇阙，帝将讨之。五月，遣帅攻百济松山城，不下，移袭石头城，虏男女三千而还。[2]

八月发生的隋炀帝征召高句丽王一事，被系于五月高句丽进攻百济松山城之前。那么，《三国史记》的编撰者金富轼为何如此安排呢？

毫无疑问，这是受到了中国史籍的影响。《隋书》卷八一《百济传》记载：

> 大业三年，璋遣使者燕文进朝贡。其年，又遣使者王孝邻入献，请讨高丽。炀帝许之，令觇高丽动静。然璋内与高丽通和，挟诈以窥中国。七年，帝亲征高丽，璋使其臣国智牟来请军期。帝大悦，厚加赏锡，遣尚书起部郎席律诣百济，与相知。明年，六军渡辽，璋亦严兵于境，声言助军，实持两端。[3]

[1]《三国史记》卷二七，百济武王八年条，第321页。

[2]《三国史记》卷二〇，高句丽婴阳王十八年条，第244、245页。

[3]（唐）魏徵：《隋书》卷八一《百济传》，北京：中华书局，1973年，第1819页。

可见，上述《隋书·百济传》与《三国史记·百济本纪》“百济武王八年三月条”完全一致。金富轼失察《隋书·百济传》“其年”之后王孝邻“请兵”一事发生在八月以降，他把出自中国史籍的记事笼统地编排在本国固有记事之前。《三国史记·高句丽本纪》“高句丽婴阳王十八年条”的情况也是如此。《隋书》卷八四《突厥传》记载：

> 先是，高丽私通使启民所，启民推诚奉国，不敢隐境外之交。是日，将高丽使人见，敕令牛弘宣旨谓之曰：“朕以启民诚心奉国，故亲至其所。明年当往涿郡。尔还日，语高丽王知，宜早来朝，勿自疑惧。存育之礼，当同于启民。如或不朝，必将启民巡行彼土。”使人甚惧。[1]

上述《隋书·突厥传》与《三国史记·高句丽本纪》“高句丽婴阳王十八年条”基本一致。这说明《三国史记》成段摘抄中国史籍，而对同一年的记事往往不做细分。若按事件的发生顺序，王孝邻“请兵”隋朝记事应当编排于五月高句丽进攻百济记事之后。由是可知，607年高句丽进攻百济与598年的情况有所不同，这次不是报复性反击，而是一次意在抢夺人口的劫掠性战争。

至此，我们考察了百济威德王和武王“请兵”隋朝的经过及意义，完全没有发现百济有“通和”高句丽的迹象，相反，确认了高句丽在598年和607年两次发动对百济的战争。在分析《隋书·百济传》所见“通和”记事之前，可以说其他文献材料所呈现出来的济丽关系都是对立的。

二、《三国史记》的改编与“通和”记事的成因

上引《隋书·百济传》中，被直线划出的部分是本文讨论的重点——百济“通和”高句丽的记事。这段记事被系于大业三年（607）之下，内容说百济威德王扶余璋“请兵”隋朝的同时，暗自与高句丽“通和”，且不怀好意，窥伺隋朝。窥伺隋朝的目的是什么，史无记载。根据当时的背景，很有可能指窃取隋朝关于对高句丽作战的情报。如此描述之下，百济俨然成了一个背叛者，但这是历史事实吗?

金富轼编撰《三国史记》的时候，应该对这段记事的可信度有过踌躇，他将此记事和其他相关记事做了重新编排，大致有以下三点调整：

其一，《三国史记·百济本纪》“百济武王八年三月条”，虽然比较完整

[1]《隋书》卷八四《突厥传》，第1875页。

地抄录了《隋书·百济传》“大业三年条”的内容，但唯独没有抄录“通和”记事。

其二，“通和”记事被编入《三国史记》卷二〇“高句丽婴阳王二十三年（612）条七月条”之下，其文曰：

> （隋军）至萨水，军半济，我军自后击其后军，右屯卫将军辛世雄战死。于是，诸军俱溃，不可禁止。将士奔还，一日一夜，至鸭渌水，行四百五十里。将军天水王仁恭为殿，击我军，却之。来护儿闻（宇文）述等败，亦引还。唯卫文升一军独全。初，九军度辽，凡三十万五千。及还至辽东城，唯二千七百人。资储器械巨万计，失亡荡尽。帝大怒，锁系述等，癸卯引还。初，百济王璋遣使请讨高句丽，帝使之觇我动静，璋内与我潜通。隋军将出，璋使其臣国智牟入隋请师期，帝大悦，厚加赏赐。遣尚书起部郎席律诣百济，告以期会。及隋军渡辽，百济亦严兵境上，声言助隋，实持两端。[1]

波浪线部分同样抄自《隋书·百济传》，相关分析下文详述。

其三，《隋书·百济传》的波浪线部分被分拆成两条，分别系于《三国史记·百济本纪》相应的年份之下，即《三国史记》卷二七“百济武王十二年（611）二月条”：

> 遣使入隋朝贡。隋炀帝将征高句丽，王使国智牟入请军期。帝悦，厚加赏赐，遣尚书起部郎席律来，与王相谋。[2]

以及《三国史记》卷二七“百济武王十三年（612）条”：

> 隋六军度辽，王严兵于境，声言助隋，实持两端。[3]

为了更加清晰地表示《三国史记》和《隋书·百济传》的承袭关系，笔者特加了对应记号，以下再以表格的形式归纳整理，如示：

[1]《三国史记》卷二〇，高句丽婴阳王二十三年七月条，第249页。

[2]《三国史记》卷二七，百济武王十二年二月条，第322页。

[3]《三国史记》卷二七，百济武王十三年条，第322页。

《三国史记》改编《隋书·百济传》记事对照表

年份	《隋书·百济传》	《三国史记·百济本纪》	《三国史记·高句丽本纪》
607年	百济王孝邻“请兵”记事+百济“通和”记事	百济王孝邻“请兵”记事	
611年	百济请军期记事	百济请军期记事	
612年	百济“实持两端”记事	百济“实持两端”记事	百济“通和”记事+百济请军期记事+百济“实持两端”记事

波浪线前半部分记述，611年隋朝即将出兵高句丽之际，百济武王再次派出使节，向隋朝问定军期。隋炀帝派出尚书起部郎席律赴百济商议。首先，假使隋朝方面在607年掌握百济“通和”高句丽的情报，那么不可能再在611年派人去和百济商量，所以“通和”记事出现在《隋书·百济传》“大业三年（607）”之下是不合理的。金富轼应该察觉到其中的不合理性，才没有将其录于《三国史记·百济本纪》。因此，可以判定“通和”记事属于事后追述。

其次，隋朝在什么时候、什么情况下有可能得知百济“通和”高句丽呢？日本学者井上直树提出了一种假说：607年隋朝使节裴世清出访倭国，根据《元兴寺伽蓝缘起并流记资财帐》所引“丈六佛光背铭”可知，他曾暂住飞鸟寺（又名法兴寺、元兴寺）。当时，高句丽僧慧慈、百济僧慧聪都活跃在倭国的政治舞台上，裴世清或许通过高句丽僧和百济僧的交谈，察觉到百济“通和”高句丽，回国后将此情况做了汇报[1]。裴世清大概在608年年末回到隋朝，假使这个时候隋朝朝廷得知百济“通和”高句丽，那么和上述情况一样，不可能再在611年派出使者。于是，比较合理的推断应该是，隋朝不早于611年得知“通和”消息。

波浪线后半部分记述，隋朝大军渡过辽河，准备向高句丽发起进攻。这个时候，百济“严兵于境”，即陈兵不前。百济既然和隋约定军期，便有义务配合隋军出兵高句丽。事实上，百济确实做好了战争动员，但是为何陈兵不前呢？

众所周知，隋炀帝612年第一次征讨高句丽的结果是惨败。仅以上引史料来看，隋将宇文述率领的主力“九军”三十余万人，逃回辽东城者只有近三千，来护儿率领的水军精兵四万余众，最后生还者不过千人。试想，面对隋军兵败如山倒的局面，百济选择陈兵守境，不贸然进军，这难道不是合理的行为吗？

---

[1]［日］井上直树：《六世纪末至七世纪后半的东亚情势与高句丽的对倭外交》，《朝鲜学报》221，2011年，第1—42页。

杨昭全、何彤梅共著的《中国—朝鲜·韩国关系史》对百济从请战、助战终至观战的原因提出了以下两点意见：第一，对隋击败高句丽没有信心；第二，担心贸然北上助隋，恐遭新罗乘机进兵[1]。笔者以为，这两点意见甚为中肯。

正是因为百济囿于自保、弃隋不顾的行为，引起了隋朝——更准确地说应该是隋炀帝的震怒。盛怒之下，隋炀帝怀疑百济声称助隋伐丽，其实是“实持两端”。所谓“实持两端”，即又“通和”隋，又“通和”高句丽。“通和”记事的本源应该就是出自这种“实持两端”的认识。换而言之，“通和”记事不是对客观事实的记述，它是中国方面对百济陈兵不前的一种解读。那么，如此解读的主体，是隋朝的最高执政者隋炀帝，还是《隋书》的编撰者呢？笔者以为，两者皆是。

隋炀帝如此解读，与征讨高句丽失败有关。第一次征伐高句丽时，隋朝动员了一百余万兵士，后勤补给人员更是翻倍。有学者研究认为，隋炀帝对高句丽的这场战争追求的是“不战而胜”（必胜而后战）[2]。所以，他邀请突厥启民可汗随行，想要借此夸耀隋朝的国威。在战略安排上，从第一军开拔到全军出师，总共花费四十天。如此声势浩大的军事行动，何需百济窥伺？隋朝出兵征讨高句丽这事，在当时谁人不知、何人不晓？结果，隋朝战败。自尊心极度受挫的隋炀帝，之后一而再、再而三地征讨高句丽。在清算战败责任方面，隋炀帝首先处死了尚书右丞刘士龙，因为他没有识破高句丽大将乙支文德的诈降。其次，把领兵将军宇文述、于仲文等削为平民。这些行为都表示出隋炀帝自己拒绝承担战败责任。假使百济“通和”高句丽确有其事，难以想象凭隋炀帝的性格会对此毫不责罚。相反，正因为没有惩罚措施，说明“通和”不过是隋炀帝个人的揣测。其目的，或为了宣泄情绪，或为了转移视听，甚至或有推卸战败责任的可能性。

唐人如此解读，与灭亡百济有关。悉知，唐朝是在新罗的请求之下，出兵灭了百济。虽然唐朝作为朝鲜半岛三国的宗主国，肩负调停并稳定半岛局势的责任和义务，但在法理上欠缺出兵百济的正义性。假如先朝史书中的百济形象是一个暗中“通和”高句丽且窥伺中国的“间谍”，那么唐朝军事打击百济的“道义”便可以彰显。而且，反映唐人对百济武王扶余璋印象的《旧唐书·

[1] 杨昭全、何彤梅：《中国—朝鲜·韩国关系史》上册，天津人民出版社，2001年，第118页。

[2] 刘健明：《一场求不战而胜的攻战——隋炀帝征高丽试析》，载荣新江编《唐研究》第一卷，北京大学出版社，1995年，第207—226页。

百济传》，也描写他“虽外称顺命，内实相仇如故”[1]，这与“通和”记事所述“璋内与高丽通和，挟诈以窥中国”，可谓如出一辙。因此，唐人完全有可能把当代的意图和印象投射到前代，从而影响了对隋丽战争中百济陈兵不前一事的理解。

综合上述两点，“通和”记事的出现应该经历了这样一段过程：611年，隋炀帝派出席律赴百济商定军期的时候，仍还相信在百济的配合之下，对高句丽的战争将会非常顺利。612年，隋军大败，同时隋炀帝得知百济陈兵国境，没有出力相助。由是，他把百济的这个行为解读成与高句丽“通和”，即所谓“实持两端”。隋炀帝的这个揣测应该被记录在了隋代的起居注或实录之中。等到唐代史官修撰《隋书》的时候，基于当时的现实需要，不仅认可隋炀帝的判断，而且在607年百济使者王孝邻“请兵”的记事之后，特意点明“与高丽通和，挟诈以窥中国”，以示其“狡诈”。

“通和”记事的出现——尤其是被系于607年，完全解构了百济“亲隋”的正面形象。后代学者读来，不仅怀疑百济早在598年第一次“请兵”隋朝的时候就已“通和”高句丽，而且容易得出百济最后灭亡完全是咎由自取的结果。然而，这不是当时济丽关系的真实写照。历史的书写，总是以支配者的意志示人，本文讨论的“通和”记事，即属此类。

最后，让我们回到金富轼《三国史记》改编《隋书·百济传》的问题。如果说金富轼在《三国史记·百济本纪》“百济武王八年三月条”中删除“通和”记事，表现了他对这段记述的不信，那么把“通和”记事系于《三国史记·高句丽本纪》“婴阳王二十三年七月条”之下，则表现了他认为“通和”记事应该出现的时间点。上文已述，隋炀帝得知百济陈兵不前的时间，不早于612年的隋丽战争，所以“通和”记事的出现也应该不早于612年。因此，金富轼对《隋书·百济传》的改编，在一定程度上为我们剖析这段记事的性质提供了有益的线索。

三、结语：济丽关系从对立到同盟

既然《隋书·百济传》所见“通和”记事并不反映历史事实，那么根据本文第一部分的论述，7世纪初百济与高句丽应是对立关系。事实上，百济与高句

[1]（后晋）刘昫：《旧唐书》卷一九九上《百济传》，北京：中华书局，1975年，第5329页。

丽的敌对一直持续到唐初。《三国史记》卷二七“百济武王二十七年（626）条”记载：

> 遣使入唐献明光铠。因讼高句丽梗道路，不许来朝上国。高祖遣散骑常侍朱子奢来，诏谕我及高句丽，平其怨。[1]

高句丽阻塞的是百济前往唐朝的海路。由此可知，至少到626年，济丽两国的关系仍然比较紧张。

《三国史记》显示，济丽两国在554年熊川城一战后，到上述598年高句丽侵略百济为止，维持了将近半个世纪的和平期。表面上没有战事，不代表两者缔结了同盟，是为其一。其二，553年前后新罗夺取百济控制下的汉江下游地域，把势力扩张到朝鲜半岛西海岸，获得了黄海的入海口。从此以后，新罗横亘在百济和高句丽之间。换而言之，百济和高句丽的边境不再接壤。正是因为这个原因，百济和高句丽分别把各自的首要进攻目标定作新罗。可以说，是新罗的扩张吸引了百济和高句丽的注意力，而不是百济和高句丽事先达成了同盟，然后一致对付新罗。

隋炀帝第一次征伐高句丽，采用的是陆、海两路，同时联合百济南北夹击高句丽的战术。这显然已经具备了唐灭百济，然后联合新罗，南北夹击高句丽的战略雏形。百济与隋的亲密关系，在612年征讨高句丽失败以后，可谓荡然无存。虽然百济在614年隋炀帝结束第三次征伐高句丽的时候再次向隋朝遣使，但继隋而起的唐朝选择新罗作为亲密政治关系的缔结者。这表明中原王朝在朝鲜半岛事务上，从亲百济转向亲新罗，其分水岭就是所谓的“通和”事件。从此以后，百济逐渐倒向高句丽，并于643年与高句丽和亲，缔结同盟。

由此可见，阐明《隋书·百济传》所见的“通和”记事与7世纪初的济丽关系，不仅能够解决韩国·朝鲜史上“济丽同盟”成立时间的疑问，而且可以启发我们去发掘历史叙述和历史事实之间的差异，从而引导我们去重新审视古代中原王朝和朝鲜半岛国家的历史互动。

（作者单位：浙江大学人文学院历史系）

[1]《三国史记》卷二七，百济武王二十七年条，第323页。

The "Alliance" Recorded in *Sui Shu–Bai Ji Zhuan* and the Relationship between Baekje and Goguryeo in the Early 7th Century

Zhang Xiaozhou

[Abstract] The "alliance" recorded in *Sui Shu-Bai Ji Zhuan* contradicts the fact that Goguryeo attacked Baekje in 607. "Alliance" is a misreading by Emperor Yang of Sui, and it is not a real event. Emperor Yang of Sui misunderstood the action of Baekje, which was inherited by the Tang Dynasty. This article discusses the differences between documentary records and historical facts. Actually, the relationship between Baekje and Goguryeo was opponent until 626. The time that Baekje united Goguryeo is 643.

白江之战后唐、倭、新罗的互动关系

［韩］徐光锡

公元663年，朝鲜半岛西南部发生了一场涉及东亚多个政权的国际性战争，史称“白江之战”[1]，战后唐朝对朝鲜半岛的统治政策发生了重大变化。本文所要探究的是白江之战后，唐、新罗、百济遗民、倭国等各方势力间的应对与互动。

一、唐朝出征百济与白江之战[2]

关于“白江之战”，中、日、韩学者在倭国的参战背景和动机[3]、战争性

[1] 中、日、韩三国史籍有白江、白村江的记载，在这里发生的战争称为“白江口战争”“白村江之战”“白江之战”等。

[2] 史学一般认为倭国改为日本时间是670年以后，在本论文探究的时间范围倭国还未改“日本”。参见高明士:《“日本”国号与“天皇制”什么时候出现？》，《郑州大学学报》（哲学社会科学版）2013年第6期。

[3] 韩昇：《白江之战与东亚》，载韩昇主编《古代中国：东亚世界的内在交流》，上海：复旦大学出版社，2005年。李宗勋、张暾：《7世纪前期的东北亚政治关係与白江之战》，载《多元视野中的中外关系史研究——中国中外关系史学会第六届会员代表大会论文集》，2005年。［日］池内宏：《百济灭亡后の动乱及び唐·罗·日三国の关系》，载《满鲜史研究》上世第二册，东京：吉川弘文馆，1979年。［日］佐藤信：《白村江の战いと倭》，《百济文化》第32辑，2003年。［日］下向井龙彦：《百济救援战争の历史的位置》，《広岛平和科学》37，2015年，第1—17页。［日］金铉球：《东亚世界与白村江战斗》，《日本学》20，2001年，第67—85页。［韩］延敏洙：《7世纪东亚政势与倭国的对韩政策》，《新罗文化》24，2004年，第39—66页。［韩］李在硕:《7世纪后半百济复兴运动 의 路线 과 倭国 의 选择》，《百济研究》57，忠南大学百济研究所，2013年。

质[1]、战后国际秩序的重建[2]等问题上研究颇多，然而较少关注战争后唐朝对朝鲜半岛战略的变化和朝鲜半岛三国、倭国的应对。

7世纪后半叶，朝鲜半岛的总体形势是高句丽、百济、倭国一方，与唐、新罗两大势力斗争的局面[3]。高句丽与百济联合攻击新罗，饱受摧残的新罗有亡国之虞，因此，新罗以金春秋（后来的武烈王）为遣唐使请求唐朝军事支援。高宗于660年派十三万兵士，与新罗联合一举灭亡百济。之后在百济故土设置熊津都督府。正如学者所指出的，唐初的对外战争，目标是建立保障国内稳定繁荣的国际环境，重建因动乱而崩溃的国际秩序。对唐朝而言，当时挑战唐朝权威的主要是高句丽[4]，占领百济领土并不是唐朝的首要目的，而是以百济为征讨的第二战场[5]、后方支援基地，避免像隋炀帝、唐太宗一样局限在辽东，导致劳师远征。唐朝出征百济就是试图瓦解高句丽、百济、倭国的北南同盟线的一环。此意图通过龙朔元年（661）高宗致新罗文武王的国书可略窥一二：

> 龙朔元年，高宗召谓曰：朕既灭百济，除尔国患，今高句丽负固，与濊貊同恶，违事大之礼，弃善邻之义，朕欲遣兵致讨，尔归告国王，出师同伐，以歼垂亡之虏。[6]

---

[1] 关于白江之战的性质存在四种看法：第一是以唐为中心的大帝国与以日本为中心的小帝国的冲突的战争（［日］石母田正：《日本の古代国家》，东京：岩波书店，1971年，第70页）。第二是大和政权的亲百济和百济系支配层为了解放祖国的出兵（［朝］林宗相：《七世纪中叶における百济·倭の关系》，载《古代日本と朝鲜の基本问题》，东京：学生社，1974年。［韩］卞邻锡：《白江口战争与百济·倭关系》，首尔：한울아카데미，1994年。［韩］郑孝云：《古代韩日政治交涉史研究》，首尔：学研文化社，1995年）。第三是为了解决倭政权内部问题的出兵（［日］山尾幸久：《古代の日朝关系》，东京：塙书房，1989年。［韩］延敏洙：《改新政权의成立과东亚外交》，载《古代韩日关系史》，首尔：혜안，1998年）。第四是倭国为阻止唐朝向日本列岛势力扩大的预防性战争论（［韩］金玄球：《日本의危机와膨胀의结构》，《文化史学》25，2006年。［韩］李在硕：《百济复兴运动与大和政权》，《百济复兴运动史研究》，首尔：서경，2004年）。

[2] 唐朝的目标是建立保障国内稳定繁荣的国际环境，重建因动乱而崩溃的国际秩序。韩昇：《东亚世界形成史论》，上海：复旦大学出版社，2009年。［日］北冈伸一、步平编著：《「日中历史共同研究」报告书》第1卷，东京：勉诚出版，2014年。

[3] ［韩］郑孝云：《古代韩日政治交涉史研究》，第150页。

[4] 当时草原民族已经被降服，而唐朝在高宗时代仍没有意识到日本的潜在威胁，并一厢情愿把日本视为“藩附”，并在永徽初要求日本出兵援助新罗。

[5] 王仲殊认为唐朝先平定百济是让高句丽处于孤立的战略的一环（王仲殊：《中国からみた古代日本》，桐本东太译，东京：学生社，1992年，第66页）。

[6] ［高丽］金富轼：《三国史记》卷四四《金仁问传》，首尔：乙酉文化社，1983年，第413页。

由此可知高宗平百济是与高句丽战争的一部分。对唐朝来说，向朝鲜半岛出征不但是救援新罗和对高句丽的惩罚，而且具有高句丽以不正当手段占领中国故地的认识，反观则根本没有征讨百济的理由[1]。唐朝长时间准备与高句丽战争，与此相比，出征百济是随机应变的。唐中央对自己控制百济的能力过于乐观，因此对百济故土的反唐情绪估计不足。通过643年唐太宗和入唐新罗使之间的对话，可知唐朝廷对百济的认识：

百济恃海，不修戎械，我以舟师数万袭之，……[2]

据这条记载，唐太宗认为只要有几万兵士便可灭百济，没有考虑到平定百济后的统治政策。高宗继承了对朝鲜半岛的基本战略，即平定高句丽，重建东亚秩序[3]。然而，真实的情况是，熊津都督府在百济面临困境。《三国史记》有详细记载：

平定已后，先王遂共苏大总管平章，留汉兵一万。新罗亦遣弟仁泰，领兵七千，同镇熊津。大军回后，贼臣福信，起于江西，取集余烬，围逼府城，先破外栅，总夺军资，复功府城，几将陷没。又于府城侧近四处，作城围守，于此，府城不得出入。某领兵往赴解围，四面贼城，并皆打破，先救其危，复运粮食，遂使一万汉兵，免虎吻之危难，留镇饿军，无易子而相食。[4]

据上文可知，镇守百济的唐军只有一万，且遇到百济复兴军的强烈反击。即便百济唐军处于风雨飘摇之中，但唐军主力仍在向高句丽运动，而不是支援百济战场。由此来看，百济战场属于辅助战线，唐朝更关注的依旧是高句丽战场[5]。因此，平百济后唐军主力就从朝鲜半岛撤回，不久熊津都督府只能控制都督府城周围，百济故土大部落入百济复兴军手中。据《三国史记·黑齿常之

[1] ［日］铃木英夫：《古代の倭国と朝鲜诸国》，东京：青木书店，1996年，第308页。

[2]（宋）欧阳修：《新唐书》卷二二〇《高句丽传》，北京：中华书局，1975年，第6188页。

[3]《新唐书》卷三《高宗本纪》："左骁卫大将军契苾何力为浿江道行军大总管，苏定方为辽东道行军大总管，左骁卫将军刘伯英为平壤道行军大总管，以伐高句丽。""任雅相为浿江道行军总管，契苾何力为辽东道行军总管，苏定方为平壤道行军总管，萧嗣业为扶余道行军总管，右骁卫将军程名振为镂方道行军总管，左骁卫将军庞孝泰为沃沮道行军总管，率三十五军以伐高丽。"第61页。

[4]《三国史记》卷七《新罗本纪》，文武王十一年条，第70页。

[5] 韩昇：《东亚世界形成史论》，上海：复旦大学出版社，2009年，第238页。

传》的记载可推测当时百济复兴军的力量：

依任存山自固，不旬日，归者三万。定方勒兵攻之，不克，遂复二百余城。[1]

黑齿常之原先和义慈王一起投降唐军，因对唐军的统治方式不满，不久就回归自己的势力据点，召集兵士对抗唐军。之后和福信统领的复兴军一起暂时恢复百济故土。这时唐军的形势危如累卵，因此唐朝廷打算废止熊津都督府，从百济撤军。据龙朔二年（662）高宗给熊津都督府刘仁愿和刘仁轨的敕书，可了解当时唐军的情况：

初仁愿、仁轨等屯熊津城，上与之敕书，以“平壤军回，一城不可独固，宜拔就新罗，若金法敏藉卿留镇，宜且停彼，若其不须即宜泛还也”，将士咸欲西归。[2]

熊津都督府处于孤立无援的境地，唐中央也无法救援，所以依托新罗，若新罗不需要的话就将唐军撤回来。这次撤军计划，因刘仁轨竭力请求而没有被实施[3]。当然，唐朝廷打算废止熊津都督府除了百济复兴军的抵抗，还和当时唐西部边疆局势有关。显庆四年（659）吐蕃进攻吐谷浑，吐谷浑向唐朝请兵，由于唐朝要出征百济，因而无法救援吐谷浑[4]。吐蕃趁唐军无暇东顾并吞吐谷浑[5]，进而对陇右、关中地区造成威胁。唐朝不得不集中力量反击吐蕃的攻势[6]。新罗

[1]《三国史记》卷四四《黑齿常之传》，第416页。

[2]（宋）司马光：《资治通鉴》卷二〇〇，龙朔二年秋七月条，北京：中华书局，2011年，第6443页。

[3]（后晋）刘昫：《旧唐书》卷八四《刘仁轨传》：“主上欲吞灭高丽，先诛百济，留兵镇守，制其心腹。”北京：中华书局，1975年，第2791页。

[4]周伟洲：《吐谷浑史》，银川：宁夏人民出版社，1985年，第102页。韩国学者郑炳俊认为唐朝为了集中兵力于百济战争就放弃吐谷浑（［韩］郑炳俊：《吐蕃并合吐谷浑与大非川战斗：唐朝对韩半岛政策的关联》，《历史学报》第218期，2013年，第322页）。

[5]《新唐书》卷二二一《吐谷浑传》：“帝遣左武卫大将军苏定方为安集大使，平两国怨。吐蕃遂有其地。”第6227页。

[6]关于唐罗战争与吐蕃的关联性可参考如下研究。陈寅恪：《外族盛衰之连环性及外环与内政之关系》，载氏著《唐代政治史述论稿》，上海：商务印书馆，1947年。谢全堂：《试论唐蕃大非川之战》，《青海社会科学》1991年第4期。卢亮华：《浅论唐蕃大非川之战》，《赤峰学院学报》（哲学社会科学版）2009年第1期。［韩］徐荣教：《罗唐战争与吐蕃》，《东洋史学研究》第79辑，2002年。［韩］郑炳俊：《吐蕃并合吐谷浑与大非川战斗：唐朝对韩半岛政策的关联》。

也因为发生灾害、疾病无法支援熊津都督府[1]。若这时百济复兴军攻略熊津都督府的话，百济唐军很可能凶多吉少。据高宗废止熊津都督府和唐军从百济撤军计划来看，唐朝统治百济的意志并不强。唐朝为何如此轻易放弃百济呢？《三国史记》记载了高宗在朝鲜半岛的安排：

> 我平定两国，平壤已南百济故土，并乞你新罗，永为安逸。垂以计会，赐以军期。[2]

上引文是唐太宗和新罗金春秋之间的密约，但中韩学者对这条史料的真实性存在分歧[3]。不过，《旧唐书·百济传》记载百济盛传：

> 闻大唐与新罗约誓，百济无问老少，一切杀之，然后以国付新罗。[4]

“百济无问老少，一切杀之”，这条很可能是百济复兴军为激发民众血战到底而散布的消息，但也反映了百济复兴军认识到唐朝没有直接统治百济领土的计划以及新罗并吞百济的野心。对唐朝而言，百济只是远征高句丽的后方支援基地而已，若统治百济故土给唐朝增加负担，则可以放弃其统治权。但是经过白江之战，唐朝突然改变对百济故土的统治政策。《日本书纪》的记载透露了一些信息：

> 是岁，…… 又日本救高丽军将等，泊于百济加巴利滨，而燃火焉。灰变为孔，有细响。如鸣镝。或曰，高丽、百济终亡之征乎。[5]

上文是天智天皇即位前（661）的记载，其中引起我们关注的是倭军救援的对象不是百济复兴军，而是高（句）丽。661年是倭国派五千兵护送丰璋归国的那年[6]，那时倭国向百济派兵还准备不足，这样的情况下倭国还迅速向百济派

[1]《三国史记》卷七《新罗本纪》，文武王十一年条：“熊津请兵，日夕相继。新罗多有疾病，不可征伐兵马，苦请难违，遂发兵众，往围周留城。贼知兵小，遂即来打，大损兵马，失利而归。南方诸城，一时总叛，并属福信。福信乘胜，复围府城，因即熊津道断。”第70页。

[2]《三国史记》卷七《新罗本纪》，文武王十一年条，第69页。

[3] 韩昇认为这不是事实，而是新罗文武王编造的（韩昇：《唐朝对百济的战争：背景与性质》，《百济文化》第32辑，2003年，第146页）。卢泰敦根据734年唐朝正式认定浿江已南的新罗领土，认为唐朝也知晓太宗和金春秋之间的密约内容（［韩］卢泰敦：《三国统一战争史》，首尔大学校出版社，2009年，第30、31页）。

[4]《旧唐书》卷一九九上《百济传》，第5332页。

[5] 国史大系编修会：《日本书纪》卷廿七，天智天皇即位前条，东京：吉川弘文馆，1971年，第282、283页。

[6]《日本书纪》卷廿七，天智天皇即位前九月条，第282页。

兵，是因为那年唐军已经向高句丽出征[1]。由此来看，倭国很可能是为了牵制熊津都督府唐军和新罗军才向百济派兵。据《日本书纪》记载，翌年唐军和新罗军在高句丽战场遇到挫折[2]，似乎是倭军向百济派兵取得了一定的效果。这件事，足以令唐朝对倭国有所戒备。

据上文可推测，百济灭亡后高句丽与倭国联合，共同应对唐罗军。在百济灭亡那年有高句丽使者赴日的记载[3]，高句丽在长期与中原王朝的战争中一直关注中原王朝的动静。659年倭国派遣的遣唐使，因为当时唐朝准备海东远征，所以不被允许归国，从这个例子看[4]，也许高句丽这时已经发现了唐内部的异常动静。为了防备唐朝的军事行动，需要百济与倭国的协力，高句丽就向倭国派使者[5]。基于白江之战前倭国与高句丽有军情往来的事实[6]，两国在军事上可能也有联络，因此，《日本书纪》把护送丰璋的兵士记载成支援高句丽的兵士[7]。

白江之战的根本原因是唐朝东亚战略的重点在北不在南，在高句丽而不在倭国，君臣上下不以倭国兵为意[8]。经过白江之战，熊津都督府认识到倭国对朝鲜半岛的影响，尤其是倭国可支援高句丽一事的重要性，也认识到远征高句丽时切断高句丽与倭国联络的重要性。因此，以唐朝与朝鲜半岛诸国之间战争为范围，“白江之战”可说是历史的转折点[9]。

通过麟德元年（664）十月刘仁轨给朝廷的报告，我们可以了解当时政局：

---

[1]《新唐书》卷三《高宗本纪》，第61页。

[2]《日本书纪》卷廿七，天智天皇元年三月条：“由是，唐人不得略其南界，新罗不获输其西垒。”第283页。

[3]《日本书纪》卷廿六，齐明天皇六年春正月条，第272页。

[4]《日本书纪》卷廿六，齐明天皇五年秋七月条，第270、271页。

[5]［韩］郑孝云：《古代韩日政治交涉史研究》，第148—152页。［日］铃木英夫：《七世紀中叶における新罗の对倭外交》。［日］新川登龟男：《白村江战争与古代东亚》，《百济文化》第32辑，2003年。

[6]《日本书纪》卷廿七，天智天皇二年五月癸丑朔条：“犬上君［阙名］驰，告兵事于高丽而还。”第285页。

[7]井上光贞根据《日本书纪》前后的记载来看，认为这条的“高丽”不是错误，反而认为这时倭国向百济派遣的五千兵士是倭军的别动队。［日］井上光贞：《日本の历史》第3卷，东京：小学馆，1977年，第379—382页。

[8]王小甫等：《中韩关系史（古代卷）》，北京：社会科学文献出版社，2014年，第106页。

[9]王小甫：《〈中国则〉七世紀の东アジア国际秩序の创成》。［日］北冈伸一、步平编著：《「日中历史共同研究」报告书》第1卷，第129页。

> 陛下留兵海外，欲殄灭高丽。百济、高丽，旧相党援，倭人虽远，亦共为影响，若无镇兵，还成一国。[1]

据此可知，虽然熊津都督府取得了白江之战的胜利，但是仍然警戒倭国与百济遗民的联合[2]，尤其是百济复兴军瓦解后百济王丰璋逃到高句丽[3]。从此，熊津都督府唐军更加警惕倭国与高句丽的动静。刘仁轨还说：

> 国家悬军海外，欲以经略高丽，其事非易。今收获未毕，而军吏与士卒一时代去，军将又归。夷人新服，众心未安，必将生变。不如且留旧兵，渐令收获，办具资粮，节级遣还；军将且留镇抚，未可还也。[4]

据此可知，唐朝的最终目的是平定高句丽，若倭国与高句丽再度一起攻击熊津都督府，唐军平百济后北南方向一起夹攻高句丽的基本战略就无法实现。由此来看，后方隔海存在的倭国，不仅仅威胁百济唐军，也对高句丽远征有巨大影响。为了加强对百济的控制，唐朝采取了一些措施，比如让扶余隆回百济安抚百济人。《资治通鉴》记载刘仁轨、仁愿上表后高宗派扶余隆为熊津都尉[5]，但是《旧唐书》有扶余隆参与白江之战的记载，由此来看扶余隆回归百济的时间应该在白江之战前[6]。唐朝让扶余隆归回是对百济复兴军以扶余丰（丰璋）为王纠集百济遗民的应对措施[7]。利用扶余隆和丰璋之间的矛盾以分化复兴军内部以及百济遗民[8]，同时试图利用扶余隆与倭国改善关系[9]。

---

[1]《资治通鉴》卷二〇一，麟德元年冬十月条，第6455页。

[2]［日］铃木靖民：《百济救援の役后の日唐交涉》，载《続日本古代史论集》上卷，东京：吉川弘文馆，1972年，第304页。

[3]《资治通鉴》卷二〇一，龙朔三年九月条："百济王丰脱身奔高丽。"第6451页。

[4]《资治通鉴》卷二〇一，麟德元年冬十月条，第6455、6456页。

[5]《资治通鉴》卷二〇一，麟德元年冬十月条，第6456页。

[6]《旧唐书》卷一九九上《百济传》："扶余隆率水军及粮船，自熊津江往白江以会陆军，同趋周留城。"第5332页。

[7]［韩］卢泰敦：《三国统一战争史》，第195页。

[8]《黑齿常之墓志铭》有扶余隆为主的记载，由此来看，扶余隆归回后，协助唐朝统治的百济人认为扶余隆是百济王室的正统。参见周绍良主编：《唐代墓志汇编》上："唐显庆中，遣邢国公苏定方平其国，与其主扶余隆俱入朝，隶为万年县人也。"上海古籍出版社，2011年，第942页。

[9]在《日本书纪》天智七年（668）有百济向倭国派使者的记载，由此来看，唐朝利用百济人进行对倭外交。《日本书纪》卷第廿七，天智天皇七年夏四月条，第293页。金秀美认为668年在熊津都督府刘仁愿担当高句丽战争等的军事，扶余隆担当对外外交（［韩］金秀美：《扶余隆都督体制熊津都督府的统治构造》，《历史学研究》第32辑，2008年，第86页）。

总的来说，唐朝平定百济是只要以其为自己的后方军事基地，但是百济战场的发展与唐朝的最初预想不一样。尤其是经过白江之战后，唐朝廷充分认识到其在百济战略上的重要性，因此，战后唐朝改变了对百济故土的统治政策。还有一个现实的原因就是唐西部吐蕃的威胁[1]，因为唐主力军防备吐蕃，没有余力支援朝鲜战场，因而，就在白江之战后扶持旧百济太子扶余隆，试图稳定百济局势，拉近倭国为友邦，牵制高句丽。

二、白江之战后倭国的应对与唐朝的对倭交涉

660年倭国友邦百济被唐罗军攻灭，不久，百济王室成员福信反唐起兵，向倭国派人告知亡国的消息[2]，并请求军事支援以及王子丰璋归国[3]。齐明天皇接到百济复兴军的请求后，前往筑紫准备出兵，但因翌年猝死而暂停出兵[4]。于倭国而言，百济的灭亡非常突然，而当时倭国的兵力包括战船等都还未准备就绪，对朝鲜半岛的战况也不甚了解[5]。因此，即便齐明天皇没有猝死，向朝鲜半岛用兵的计划恐怕也难以迅速实现。

倭国朝廷先以五千兵士护送丰璋回百济支援百济复兴军[6]。不久，百济复兴军却发生内讧，丰璋杀害福信，百济复兴军失去了主心骨。由此，百济复兴军与唐军的形势转变了。663年，倭国终于派两万七千兵士支援百济，但为时已晚。空前规模地向海外出征却遭到惨败，因此白江之战对倭国社会所产生的影响十分巨大。

这次惨败暴露了倭国对东亚局势以及朝鲜半岛战况认识的不足[7]，不但使倭国丧失了对朝鲜半岛的掌控权，还使倭国暴露在唐罗联军的兵锋之下，引起日本列岛的恐惧。为了防备唐罗联军的侵攻，倭国从对马岛到畿内筑朝鲜式山

---

[1] 刘安志：《从吐鲁番出土文书看唐高宗咸亨年间的西域政局》，载《魏晋南北朝隋唐史资料》第18辑，2001年，第113页。

[2]《日本书纪》卷廿六，齐明天皇六年九月条，第274页。

[3]《日本书纪》卷廿六，齐明天皇六年十月条，第274、275页。

[4]《日本书纪》卷廿六，齐明天皇七年秋七月甲午朔丁巳条，第277页。

[5]［日］中村修也：《天智朝と东アジア：唐の支配から律令国家へ》，东京：NHK出版，2015年，第23页。

[6]《日本书纪》卷廿七，天智天皇即位前九月条，第282页。

[7]［日］森公章：《「白村江」以后》，东京：讲谈社，2015年。

城[1]，以抵御潜在的入侵[2]。据《日本书纪》天智三年（664）的记载可了解：

是岁，于对马岛、壹岐岛、筑紫国等，置防与烽。又于筑紫筑大堤贮水，名曰水城。[3]

《日本书纪》天智四年（665）有关于水城筑造的记载：

遣达率答炑春初，筑城于长门国。遣达率忆礼福留、达率四比福夫筑紫国，筑大野及椽二城。[4]

负责筑城的是达率答炑春及忆礼福留、四比福夫，达率是百济第二位官职，他们可能是百济人。白江之战的败北使倭国朝廷明显认识到自身的地位和知识的不足，而担心唐罗军的侵略。防备唐罗军侵攻日本列岛的措施除了筑防卫城以外，还有迁都于近江，对此《日本书纪》天智六年（667）有记载：

迁都于近江。是时，天下百姓，不愿迁都，讽谏者多。童谣亦众。日日夜夜，失火处多。[5]

倭国朝廷原拟通过派兵救援复兴百济，把朝鲜半岛当作日本列岛的防波堤，但是白江之战的惨败，让这个计划彻底失败[6]。倭国在大量筑造朝鲜式山城的同时还迁都于内地的近江，足以说明倭国紧张地注视着唐军的动静。

在这样的情况下，白江之战的翌年，熊津都督府突然向倭国派遣使者。日本《善邻国宝记》[7]详细记载了此事：

---

[1] 筑造朝鲜式山城的目的一方面是防御唐罗同盟军的侵攻，一方面是加强中央政府对西日本主要地域的支配（［日］齐藤慎一、向井一雄：《日本城郭史》，东京：吉川弘文馆，2016年，第46页）。

[2] 中村修也认为朝鲜式山城没有防卫功能，筑造朝鲜式山城的目的是监视当地的抵抗势力（［日］中村修也：《天智朝と东アジア：唐の支配から律令国家へ》，第23页）。但是笔者认为倭国朝廷筑造朝鲜式山城的目的是防备唐军的侵攻，中村修也等否认朝鲜式山城的防卫功能，可能是其不理解朝鲜式山城的防卫功能。朝鲜式山城不是一个防卫敌兵的城，而是一条整体防线，从国境到京城防卫线上筑造防卫城。敌兵侵略时每个城都可以防卫，若敌军不攻陷城而绕过前进的话，有受前后方夹攻的危险。因此，侵略的敌军需要攻陷每个城后才可前进。

[3]《日本书纪》卷廿七，天智天皇三年十二月条，第289页。

[4]《日本书纪》卷廿七，天智天皇四年秋八月条，第289页。

[5]《日本书纪》卷廿七，天智天皇六年三月辛酉朔己卯条，第291页。

[6]《日本と朝鲜半岛2000年》上，东京：NHK出版，2010年，第170—172页。

[7]《善邻国宝记》的作者是瑞溪周凤，他虽然是一名僧人，但是参与日本与明朝的外交活动。他精通汉学和中日两国的历史，又掌握足利幕府的档案，所以他写的《善邻国宝记》可信性强，是一部不可多得的古代中日关系史专著。

> 天智天皇三年四月，大唐客来朝。大使朝散大夫上柱国郭务悰等卅人、百济佐平祢军等百余人到对马岛。遣大山中采女通信，侣僧智辨等来，唤客于别馆。于是智辨问曰："有表书并献以物否？"使人答曰："有将军牒书一函并献物。"乃授牒书一函于智辨等而奉上，但献物检看而不将也。九月，……告客等：今见客等来状者，非是天子使人，百济镇将私使。亦复所赍文牒，送上执事私辞。是以使人得入国，书亦上朝廷。故客等自事者，略以言辞奏上耳。……乃为执事牒牒是私意，唯须口奏人非公使，不令入京云云。[1]

白江之战倭国的惨败，一般来说是战败国先遣使谢罪较符合常理，但战胜国唐朝为什么突然向战败国倭国遣派使者[2]？派往倭国的郭务悰不是天子使臣而是百济镇将私使，向外国派使者一般不能由都督府单独处理，为什么地方都督府主动向倭国派使者呢？这一行为是否是唐中央的意愿？上文已经指出，唐朝平定百济，不久唐高宗催促新罗参与高句丽战争，那时唐朝根本没有考虑倭国。但是到这时，唐使者突然来倭国，而且他们不是唐皇帝派遣的使者。若在唐皇帝不同意与倭国交涉的情况下，熊津都督府单独进行与倭国交涉，这将引发严重的问题。但是我们并未发现唐中央对于这次唐使赴日的不满，唐朝翌年反而正式派遣倭使。664年郭务悰的渡日，唐与倭国之间的关系似乎在发生变化。另一个让我们关注的是"百济佐平祢军等百余人"的记载。上文已经指出，旧百济太子扶余隆归回百济后，唐朝利用扶余隆与倭国交涉。由此可想，祢军等一百余人应该是旧百济官员，《日本书纪》天智四年（665）九月唐使刘德高赴日记载的注中可发现祢军的名字[3]。李成市提出祢军活跃在唐朝的外交舞

[1]［日］瑞溪周凤原著，中岛竦校订：《新订善邻国宝记》，东京：文求堂书店，1932年，第20、21页。

[2] 中村修也认为郭务悰来日的理由是请求签订投降、提出投降条件、问责以及请求赔偿等。（［日］中村修也：《天智朝と东アジア：唐の支配から律令国家へ》，第83、84页）。但严格来讲，白江之战是唐罗军与百济复兴军之间的战斗，倭军就是辅助而已，因此唐军不可以请求倭国的投降。问责和请求赔偿也是无理的要求，若唐朝向倭国请求问责和赔偿的话反而引起倭国的反感。

[3]《日本书纪》卷廿七，天智四年九月庚午朔壬辰条："唐国遣朝散大夫沂州司马上柱国刘德高等（等谓，右戎卫郎将上柱国百济祢军、朝散大夫柱国郭务悰。凡二百五十四人。七月廿八日。至于对马。九月廿日。至于筑紫。廿二日，进表函焉）。"第289、290页。池内宏根据这条记载认为郭务悰是在唐任官职的百济人（［日］池内宏：《百济灭亡后の动乱及び唐·罗·日三国の关系》，第196页）。这条记载上显示祢军也任唐朝的官职，笔者根据664年祢军渡日时只是"百济佐平祢军"的记载来推测，祢军664年渡日时与倭国交涉活跃出色，因此回熊津都督府后正式得到唐朝的官职任命。

台上，尤其是统治百济以及与新罗、倭国的交涉之中[1]。若唐朝要在军事上控制倭国，在与倭国的外交中没有必要让百济人站在前面，让百济人站在对倭外交前面的目的应该是利用旧友邦百济改善与倭国的关系。

当时倭国并没有领会唐朝的意图，因此倭国朝廷以使者不是皇帝之使为由，不允许唐使入京。但是上引文《善邻国宝记》记载郭务悰四月渡日后，到九月才收到倭国朝廷不许他们入京的通知。这说明他们收到倭国朝廷不许入京的消息后还滞留了三个月，到十二月才归国[2]。倭国朝廷虽然不允许他们入京的，但是通过跟他们交流，收集了关于朝鲜半岛的信息和唐朝的战略。在朝廷通知不可入京以后，倭国朝臣给郭务悰送礼物，并举行宴会[3]，表示对他们的好感。总的来说，虽然郭务悰没有谒见天皇，但是实现了这次来日目的——传递与倭国交好的意愿。

郭务悰归回熊津都督府后翌年，唐朝正式派刘德高为遣倭使，这次倭国没有任何理由拒绝唐使，两国的外交关系得以恢复。665年倭国以小锦守君大石为遣唐使出使唐朝[4]。倭国接受唐使和派答使都是在白江之战后两年内发生的事。虽然唐朝取得了白江之战的胜利，但是还不清楚倭国的力量及其意图，仍然担心倭国再联结高句丽向百济出兵。在这样的情况下唐朝需要把握战后倭国的动向，同时牵制其与高句丽，因此主动向倭国派使者。

通过两次唐使赴日与倭国派遣唐使，倭国了解到唐军没有攻占日本列岛的意图。666年高宗泰山封禅时熊津都督府刘仁轨带新罗、百济、倭、耽罗使者参加封禅[5]。据倭国使者参与泰山封禅的情况来看，两国已恢复外交关系。但是这次恢复的两国关系，不是永久性对策，而是平定高句丽前的暂时性对策。

三、白江之战后新罗的应对与对倭外交

唐罗军平定百济后，唐设置熊津都督府统治百济故土，新罗也留下七千兵

[1] 李成市：《祢军墓志研究——祢军的外交上事迹为中心》，郑东俊译，《木简与文字》10，2013年，第236页。

[2]《日本书纪》卷廿七，天智天皇三年十二月甲戌朔乙酉条：“郭务悰等罢归。”第288页。

[3]《日本书纪》卷廿七，天智天皇三年冬十月条：“乙亥朔，宣发遣郭务悰等敕。是日，中臣内臣，遣沙门智祥，赐物于郭务悰。戊寅，飨赐郭务悰等。”第288页。

[4]《日本书纪》卷廿七，天智四年十二月条：“是岁，遣小绵守君大石等于大唐。”第290页。

[5]《三国史记》卷六《新罗本纪》，文武王五年条，第62页。

与熊津都督府的唐军一起统治百济故土[1]。但是白江之战后唐朝对百济故土的政策发生了转变。白江之战后唐朝牵制新罗西进，翌年，唐朝推进新罗王与百济扶余隆之间的会盟[2]，但是文武王以扶余隆的地位低为由，拒绝参与会盟。之后，唐朝再以扶余隆为熊津都督，并以多重手段迫使文武王与其会盟[3]。两次会盟表面上是为了划清界限，实际上是要确立唐朝主导下朝鲜半岛南部的格局。通过两次会盟，唐朝意图扶植亲唐政权推行羁縻政策，支配百济故土。笕敏生认为，唐朝灭亡百济是因为其不服从唐的命令，将其作为对百济的惩罚，但是若其国王向唐皇帝谢罪，则可以实现其王权、国家的复兴[4]。以扶余隆为熊津都督就是名义上恢复旧王族的统治权，不允许新罗合并百济。总的来说，唐朝强化直接统治百济的一系列的政策，让新罗对唐朝的朝鲜半岛政策起了疑心。

新罗为了解除后顾之忧，须迅速恢复与倭国的外交关系。因此其一方面与唐军一起攻打高句丽，一边派沙喙部汲飡金东岩访倭国[5]。新罗推进和倭国的和亲是受到唐日交涉和唐朝对高句丽远征刺激的结果[6]。自657年新罗朝廷拒绝倭国使者借道入唐后[7]，两国在长达十年的时间里没有任何交往。由此可以想见，金东岩访倭的目的就是恢复与倭国的交往，并且试图与倭国建立和平关系[8]，而牵制倭国救援高句丽[9]，谋取后方的安定[10]。

---

[1]《三国史记》卷七《新罗本纪》，文武王十一年条：“两军俱到王都，共平一国。平定已后，先王遂共苏大总管平章。留汉兵一万，新罗亦遣弟仁泰领兵七千，同镇熊津。”第69、70页。

[2]《三国史记》卷六《新罗本纪》，文武王四年二月条：“命有司徙民于诸王陵园，各二十户，角干金仁问、伊飡天存，与唐刺史刘仁愿、百济扶余隆，同盟于熊津。”第60、61页。

[3]《三国史记》卷六《新罗本纪》，文武王五年秋八月条：“王与刺史刘仁愿、熊津都督扶余隆。盟于熊津就利山。”第61页。

[4]［日］笕敏生：《古代王权と律令国家》，东京：校仓书房，2002年，第23页。

[5]《日本书纪》卷廿七，天智七年秋九月条，第294页。

[6]坂本太郎博士古稀纪念会编：《続日本古代史论集》上卷，东京：吉川弘文馆，1972年，第332页。

[7]《日本书纪》卷廿六，齐明天皇三年条：“是岁，使使于新罗曰，欲将沙门智达、间人连御厩、依纲连稚子等，付汝国使，令送到大唐。新罗不肯聪送。由是，沙门智达等还归。”第264页。

[8]［韩］卢泰敦：《新罗、唐战争与新罗、日本关系》，《欧亚学刊》第9辑，2009年，第280页。

[9]唐罗同盟军平百济后就出高句丽远征，这时高句丽向倭国请求救援。见《日本书纪》卷廿七，天智天皇元年三月条：“是月，高丽乞救国家。”第283页。

[10]［日］古畑徹：《7世纪末から八世纪初にかけて新罗・唐关系》，《朝鲜学报》107，1983年，第31页。

7世纪初倭国“大化改新”后暂时疏远百济，接近新罗，大化三年（647）新罗的权臣金春秋等赴日[1]，一直到657年双方使者往来不断，这个时期两国关系发展到军事协助体制的程度[2]。当时新罗有形成唐—新罗—倭国的军事联合的意图[3]。也许新罗企图派金东岩访倭以恢复大和朝时期的友好关系[4]。对此，倭国也是例行公事给新罗王献上礼物[5]，另外，当时倭国的权臣中臣镰足还给新罗王和金庾信送过一只船[6]。倭国通过献物表达了恢复关系的意愿。金东岩归国时倭国朝廷以小山下道守臣、吉士小鲔为答使派遣至新罗[7]。由此来看，倭国朝廷也在积极地传递与新罗复交的意愿。原先倭国拟通过承认唐熊津都督府统治百济故土以消除唐侵攻日本列岛的隐患。然而唐朝对朝鲜半岛统治的稳定，反而增加了倭国对本国遭到侵攻的担忧。而新罗主动恢复两国关系，自然是倭国所乐意的[8]。从此一直到8世纪初，两国相互派遣使者共有35回[9]。

新罗通过668年平定高句丽与倭国复交，消除了南北威胁，从此正式向百济故土进攻。670年新罗占领了82城[10]，翌年八月在百济古都泗沘城设置所夫里州[11]。泗沘城曾经驻守一万唐兵，新罗在这里设州，说明新罗在战争中节节胜利。《日本书纪》又出现了671年熊津都督府再派遣使者的记载：

---

[1]《日本书纪》卷廿五，孝德天皇三年条：“是岁……新罗遣上臣大阿飡金春秋等。”第242页。

[2]［韩］金铉球：《大化政权の对外关系研究》，东京：吉川弘文馆，1985年，第416、417页。

[3]［日］铃木英夫：《古代の倭国と朝鲜诸国》，第303、304页。

[4]［韩］金铉球：《白村江战斗之后日本的大陆关系的再开》，《日本历史研究》18，1998年，第13页。

[5]《日本书纪》卷廿七，天智天皇七年十一月条，第294、295页。

[6]《日本书纪》卷廿七，天智天皇七年秋九月条：“丁未，中臣内臣，使沙门法辩、奏笔，赐新罗上臣大角干庾信船一只，付东严等。庚戌，使布势臣耳麻吕，赐新罗王输御调船一只，付东严等。”第294页。

[7]《日本书纪》卷廿七，天智天皇七年十一月条，第295页。

[8]［韩］金铉球：《白村江战斗之后日本的大陆关系的再开》，第14页。

[9]日本遣新罗使是10回，新罗遣日本使是25回。见［日］铃木靖民：《日本对外关系史の研究》，东京：吉川弘文馆，1985年，第13页。

[10]《三国史记》卷六《新罗本纪》，文武王十年秋七月条：“举兵讨百济，品日、文忠、众臣、义官、天官等攻取城六十三。徙其人于内地，天存竹知等，取城七，斩首二千。军官文颖取城十二，攻狄兵斩首七千给获战马兵械甚多。”第66页。

[11]《三国史记》卷七《新罗本纪》，文武王十一年七月条：“置所夫里州，以阿飡真王为都督。”第73页。

唐国使人郭务悰等六百人，送使沙宅孙登一千四百人，总合二千人。[1]

熊津都督府为什么向倭国派遣这么大规模的使团？他们是何身份？池内宏认为他们是百济的避难民[2]，铃木靖民认为是百济亡命者[3]，直木孝次郎认为沙宅孙登麾下的1400人是在白江之战时被俘虏的倭军，郭务悰配的600人是监视、护送他们的人员[4]。韩昇和卢泰敦也认为他们是倭军俘虏[5]。笔者同意韩、卢两位的看法。熊津都督府唐军为了摆脱危机，通过遣返倭军俘虏的方式以获得倭国的支援。古代俘虏交换也是一种外交方式。例如，百济灭亡后反唐起兵的百济佐平福信把百余人的唐军俘虏送至倭国请救兵[6]。由上记载来看，倭军俘虏1400人的送还反映出当时熊津都督府陷入十分困难的境地，必须得到倭国的军事支援。据唐送还倭军俘虏的事实来看，朝鲜半岛唐与新罗的战争已经向新罗倾斜。

《日本书纪》记载671年正月高句丽使者渡日[7]。高句丽在668年灭亡，因此这时不可能有高句丽使者。那他们是谁？高句丽复兴运动失败后，复兴运动势力投降于新罗，670年新罗将高句丽王族安胜封为高句丽王[8]，然后和高句丽遗民一起安置于百济南部的金马渚，设置报德国。671年来日高句丽使者就是以安胜为王的报德国的使者。报德国是新罗的附属国，利用原倭国友邦的高句丽遗民，进行对倭外交，反映了新罗意志[9]。671年熊津都督府最后通过送还倭军俘虏的方式希望获得倭国的军事支援，但是倭国通过遣新罗使和赴日报德国使者，了解到朝鲜半岛的战况发展对新罗十分有利，因此拒绝了熊津都督府的军

[1]《日本书纪》卷廿七，天智十年十一月甲午朔癸卯条，第301页。

[2]［日］池内宏：《百济灭亡后の动乱及び唐・罗・日三国の关系》，第212页。

[3]［日］铃木靖民：《日本の古代国家形成と东アジア》，东京：吉川弘文馆，2011年，第212页。

[4]［日］直木孝次郎：《近江朝末年における日唐关系—唐使・郭务悰の渡来を中心に》，载《古代日本と朝鲜・中国》，东京：讲谈社，1988年，第178—180页。

[5]韩昇：《唐平百济前后的东亚国际形势》，载《唐研究》第一卷，北京大学出版社，1995年，第240页。［韩］卢泰敦：《三国统一战争史》，第253页。

[6]《日本书纪》卷廿六，齐明天皇六年冬十月条："百济佐平鬼室福信，遣佐平贵智等。来献唐俘一百余人。"第274、275页。

[7]《日本书纪》卷廿七，天智天皇十年正月条："高丽，遣上部大相可娄等进调。"第298页。

[8]《三国史记》卷六《新罗本纪》，文武王十年条："封安胜为高句丽王。"第66页。

[9]在《日本书纪》一共记载8回高句丽使赴日，其中第一、二回是高句丽使者单独来日，从第三回至第八回都新罗使为送使一起来日。

事支援请求。

唐罗战争的末期，676年（天武四年）二月新罗向倭国派遣了含王子的使节团：

> 是月，新罗遣王子忠元、大监级飡金比苏、大监奈末金天冲、弟监大麻朴武麻、弟监大舍金洛水等，进调。其送使奈末金风那、奈末金孝福，送王子忠元于筑紫。[1]

同年十一月新罗取得伎伐浦战斗的胜利[2]，唐军从百济故土撤军了。从这场战斗的结果看，新罗派王子为使者到倭国的目的就是打探倭国的态度。白江之战后，围绕东亚秩序的重建，各方势力进行了长期的博弈，随着唐朝防务重心的转移和对朝鲜半岛政策的调整，新罗通过一系列的努力最终取得了朝鲜半岛的控制权。

四、余论

对唐朝来说，百济远征只是平定高句丽的辅助战争而已，因此平定百济后唐朝直接统治其故土的意愿并不强烈。当熊津都督府因为百济复兴军的抵抗而面临存亡危机时，唐朝便打算从熊津都督府撤军。鉴于熊津都督府镇将刘仁轨提出百济故土在平高句丽战争中的战略意义，唐朝最终没有撤军。唐朝孤立高句丽先需要加固对百济故土的统治权，同时警惕高句丽与倭国的联合。为了尽快实现东亚秩序的稳定，唐朝需要和倭国沟通。在这样的背景下，白江之战的翌年，熊津都督府便向倭国派使者。

白江之战不仅仅使倭国感受到唐朝的强大，也让唐朝认识到朝鲜半岛战局与倭国的存在，同时更清楚地知道倭国企图摆脱“附庸”地位、争取平等外交甚至图谋控制东亚政局的意图。因此白江之战后唐朝重新制定朝鲜战略，从此至高句丽灭亡，更重视对倭外交。在这一点上，《善邻国宝记》记载的白江之战翌年熊津都督府向倭国派郭务悰一事，便显露出唐朝在朝鲜半岛战略上的变化。

（作者单位：复旦大学历史学系）

[1]《日本书纪》卷廿九，天武天皇四年二月条，第337页。

[2]《三国史记》卷七《新罗本纪》，文武王十六年冬十一月条：“沙飡施得领船兵，与薛仁贵战于所夫里州伎伐浦，败绩。又进大小二十二战克之，斩首四千余级。”第76页。

The Interaction among the Tang Dynasty, Wei（倭）and Silla after the Baijiang River Battle

［Republic of Korea］Seo Kwang-suk

［Abstract］The Baijiang River battle ,which broke out at 663AD, effected on the policy of Tang Dynasty to Korean Peninsula significantly. However, it is ignored by scholars whose studies focus on the perdition of Goguryeo. Tang Dynasty sent troops to Baekje, intending to turn it into a rear base area to support their expedition to Goguryeo, but the troops encountered fierce resistance from Baekje and Wei as another belligerent state unexpectedly, which lead to changing the strategies to rule Baekje and treat Goguryeo. As for Wei, it showed itself to Tang Dynasty through this battle. In all, the Baijiang River battle not only caused Tang Dynasty to change its ruling way to Korean Peninsula, but also led Wei and Silla to alter their coping strategies.

大周万国颂德天枢装饰上的狮子造型论*

彭丽华

一、引言

大周万国颂德天枢，或称大周万国述德天枢[1]，是武则天所建的代表武周政权的一个象征性建筑。罗香林撰有《景教徒阿罗憾等为武则天皇后营造颂德天枢考》，主要讨论了阿罗憾的宗教信仰与所造天枢的关系[2]，张乃翥《武周万国天枢与西域文明》认为天枢的建造受到了阿育王石柱、图拉真圆柱等西域纪念性建筑文化的影响[3]，梁恒唐《武则天时代的天枢》对天枢的兴造、形状、高度、毁弃进行了简略的讨论[4]，郭绍林也对天枢的形状、高度、性质、方位做了探讨[5]，意大利学者富安敦 （Antonino Forte）也曾撰文讨论了天枢的营建与废弃始末[6]。

虽然大周万国颂德天枢（以下简称为天枢）受到了学者们不同程度的关

---

*本文系2016年国家社科基金青年项目“唐宋时期的桥梁、法制与社会研究”（项目编号：16CZS041）资助性成果。

[1] 除《大唐新语》记为“述德天枢”外，其余各书如两《唐书》、《资治通鉴》均载为“颂德天枢”。

[2] 罗香林：《景教徒阿罗憾等为武则天皇后营造颂德天枢考》，载氏著《唐元二代之景教》，香港：中国学社，1966年，第57—70页。

[3] 张乃翥：《武周万国天枢与西域文明》，《西北史地》1994年第2期，第44—46页。

[4] 梁恒唐：《武则天时代的天枢》，《晋阳学刊》1990年第3期，第54、55页。

[5] 郭绍林：《大周万国颂德天枢考释》，《洛阳师范学院学报》2001年第6期，第72、73、76页。

[6] Antonino Forte，*Mingtang And Buddhist Utopias in the History of Astronomical Clock: The Tower, Statue and Armillary Sphere Constructed by Empress Wu*，Roma：Istituto Italiano per il Medio ed Estremo Oriente，and Paris：École Française d’Extrême-orient，1988，pp.235—245.

注，但对天枢上的装饰进行探讨的是近年来致力于研究动物尤其是狮、虎、龙与中国宗教、政治关系的旅美学者陈怀宇。他在《装饰与象征：中世纪视野中的猛兽与王权》一文里面写道：武则天在其政治造势运动中，“已经在制造天枢中使用了狮子的造型，这个狮子麒麟的造型可能是道教徒的建议”[1]。他还注意到武则天在对朝服革新时，首次加入了狮子纹[2]。由于作者的研究主要放在虎、虎贲制度在政治礼仪中的象征意义与特殊作用上，所以对天枢装饰上的狮子形象仅是点到为止，未做深入讨论。受到陈先生的启发，笔者试作此文，重点讨论天枢装饰上的狮子造型。

天枢的兴建时间为：延载元年（694）八月[3]开始筹备并征集原料，天册万岁元年（695）四月建成，从筹备到建成，不过八个月时间。兴建天枢的目的是铭记武周的功德，歌颂武则天的功业，“武三思帅四夷酋长请铸铜铁为天枢，立于端门之外，铭纪功德，黜唐颂周”[4]。“梁王武三思劝率诸蕃酋长奏请大征敛东都铜铁，造天枢于端门之外，立颂以纪上之功业”[5]。制造天枢的资金、原料来源有二：一是四夷诸胡献钱，这是主要经费来源；二是征敛于百姓。《资治通鉴》载：“诸胡聚钱百万亿，买铜铁不能足，赋民间农器以足之”[6]。关于天枢的建造始末及具体形状，《资治通鉴》、两《唐书》、《大唐新语》均有记载，其中，又数《大唐新语》记载得最为详细，兹录其文如下：

> 长寿三年，则天征天下铜五十万余斤，铁三百三十余万，钱两万七千贯，于定鼎门内铸八棱铜柱，高九十尺，径一丈二尺，题曰“大周万国述德天枢”，纪革命之功，贬皇家之德。天枢下置铁山，铜龙负载，狮子、麒麟围绕。上有云盖，盖上施盘龙以托火珠，珠高一丈，围三丈，金彩荧煌，光侔日月。武三思为其文，朝士献诗者不可胜纪。唯峤诗冠绝当时，其诗曰：“辙迹光西崦，勋名纪北燕。何如万国会，讽德九门前。灼灼临黄道，迢迢入紫烟。仙盘正下露，高柱欲承天。山类丛云起，珠疑大火悬。声流尘作劫，业固海成田。圣泽倾尧酒，熏风入舜弦。欣逢下生日，还偶上皇年。”后宪司发峤附会韦庶人，左授滁州别驾而终。开元初，

[1] 陈怀宇：《动物与中古政治宗教秩序》，上海古籍出版社，2012年，第308页。

[2] 陈怀宇：《动物与中古政治宗教秩序》，第284页。

[3] 长寿三年五月改元，故公元694年为长寿三年，也是延载元年。

[4][6]（宋）司马光：《资治通鉴》卷二〇五，延载元年八月戊寅条，北京：中华书局，1956年，第6496页。

[5]（后晋）刘昫：《旧唐书》卷六《则天皇后本纪》，北京：中华书局，1975年，第124页。

诏毁天枢，发卒销烁，弥月不尽。洛阳尉李休烈赋诗以咏之曰："天门街里倒天枢，火急先须卸火珠。计合一条丝线挽，何劳两县索人夫。"先有讹言云："一条线挽天枢。"言其不经久也。故休烈诗及之。士庶莫不讽咏。天枢之北，韦庶人继造一台，先此毁折。[1]

这段文字所涉及的天枢的形状、高度、性质、安置位置，天枢建成后群臣应制作诗及废弃熔毁的结局，前人都已做过探讨。我们所关注的核心问题是：在这个蕴涵着丰富政治意义、作为武周政权象征性建筑的天枢上为何会选择狮子作为装饰？尽管蔡鸿生提到天枢上龙、狮的位置是"龙居中，狮在侧"，表明"狮在龙下"[2]，狮子的地位始终比不上中国本土概念里的龙，但是，在中国传统文化体系中，灵兽、瑞兽除了龙之外，还有凤、虎、龟等。问题是凤、虎、龟这些本土瑞兽为何没有入选，而偏偏是作为外来物种的狮子被装饰在了天枢之上？本文认为这与狮子在佛教中的重要象征意义、武则天时期狮子形象的运用、天枢倡议及制造者的出身与文化背景、狮子契合了武则天作为华夷共主的政治理想等多重因素有关。笔者不揣鄙陋，欲将动物造型与历史研究结合起来，为史学研究探索新的方法，故谨作此文以求教于方家。

二、狮子在佛教中的重要象征意义

狮子与佛教的渊源甚深。在佛教传统里，狮子不仅是佛祖的美称，也与王者紧密结合，用"师子"来尊称王，几乎成为习惯。《大智度论》卷三《共摩诃比丘僧释论》记载："昔有日种王。名师子颊。"[3]师子颊，即狮子面相，是王者之相。龙树《初品中菩萨释论第八》在讨论地天太子三十二相时，便提到其中一相为师子相，"地天太子实有三十二大人相。若在家者当作转轮王。若出家者当成佛。……十九者上身如师子相。……二十五者师子颊相，如师子兽中王平广颊"[4]。《初品中意无碍释论第十二》："尔时有佛名师子音王。"[5]

---

[1]（唐）刘肃撰，许德楠、李鼎霞点校：《大唐新语》卷八《文章第十八·李峤》北京：中华书局，1984年，第126页。

[2]蔡鸿生：《狮在华夏》，载氏著《唐代九姓胡与突厥文化》，北京：中华书局，1998年，第202页。

[3]［南天竺］龙树造，鸠摩罗什译：《大智度论》卷三《共摩诃比丘僧释论》，《大正藏》No.1509，第二十五册，第83页。

[4]《大智度论》卷四《初品中菩萨释论第八》，第91页。

[5]《大智度论》卷六《初品中意无碍释论第十二》，第93页。

佛祖也被称为“人中师子”，坐“师子座”。关于其原因，龙树在《初品中放光释论第十四》解释得很明确，其文云：

> 【经】尔时世尊自敷师子座，结跏趺坐，直身系念在前，入三昧王三昧，一切三昧悉入其中。
>
> 【论】问曰：“佛有侍者及诸菩萨，何以故自敷师子座？”答曰：“此是佛所化成，欲以可适大众，以是故阿难不能得敷，复次佛心化作，故言自敷。”问曰：“何以名师子座，为佛化作师子，为实师子来，为金银木石作师子耶。又师子非善兽故，佛所不须，亦无因缘故不应来。”答曰：“是号名师子非实师子也，佛为人中师子，佛所坐处若床若地皆名师子座，譬如今者国王坐处亦名师子座。复次王呼健人，亦名人师子。人称国王亦名人师子。又如师子四足兽中独步无畏，能伏一切。佛亦如是，于九十六种道中，一切降伏无畏故，名人师子。”[1]

“师子”，即狮子，是佛的化身之一，是佛陀的象征。狮子本是万兽之王，能够威慑众兽，所以佛也就对应为人中之王，集勇气、威望、高贵、能力等于一身，神通广大，能够降伏一切，故佛被称为“人中师子”或“人师子”“师子王”。佛陀所坐之“师子座”，表达的意思是佛陀登座说法，众生的表现犹如狮子据位而万兽展现出恭敬畏伏的仪容一般。根据各种佛教文献可知，佛陀与狮子的这种缘分，早在佛陀出生之时，便已经缔结。《佛说太子瑞应本起经》云：“到四月八日夜明星出时，化从右胁生堕地，即行七步，举右手住而言：‘天上天下，唯我为尊。’……当此日夜。天降瑞应。有三十二种。……五百白师子从雪山出罗住城门。……满师子膺”[2]。不但在佛陀初生时有五百狮子从雪山来守护他，而且在佛陀所现的三十二相之中，也有一相为狮子相。《大智度论》又云：

> 师子王，清净种中生，深山大谷中住。方颊大骨，身肉肥满，头大眼长，光泽明净，眉高而广，牙利白净，口鼻方大，厚实坚满，齿密齐利，吐赤白舌，双耳高上，髦发光润，上身广大，肤肉坚着，修脊细腰，其腹不现，长尾利爪，其足安立，巨身大力，从住处出，偃脊频伸。以口扣地，现大威势，食不过时，显晨朝相，表师子王力。以威獐、鹿、熊、

[1]《大智度论》卷七《初品中放光释论第十四》，第111页。

[2]（三国）支谦译：《佛说太子瑞应本起经》卷上，《大正藏》No.185，第三册，第474页。

> 罴、虎、豹、野猪之属。觉诸久睡，降伏高强。有力势者，自开行路而大哮吼。如是吼时，其有闻者或喜或怖，穴处者隐缩，水居者深入，山藏者潜伏，厩象振锁狂逸而去，鸟飞空中高翔远逝。佛师子亦如是。[1]

这是借助作为兽中之王的狮子来凸显佛陀的地位，狮子吼而众兽畏服，对应的也是佛陀说法众生归顺之意。陈怀宇从文学与历史两个方面着重讨论了狮子在佛教中的象征意义、狮子形象在佛教文献史上的发展过程、狮子与佛陀的联系[2]，此不赘述。白化文认为，“在诸多的大型动物中，佛教对狮子最为偏爱，它似乎成为佛教在某些方面的一种象征，或说是象征物。狮子传入中国，基本上与佛教传入中国同步”[3]。显然，在佛教叙事中，狮子与佛陀有着强烈的对应关系。

在佛教传播的过程中，狮子与王者的联系、狮子作为佛陀的化身也没有改变。将佛教视为国教的龟兹，其国王因为信仰佛教而坐上了狮子座，从而将王者、王权、佛教与狮子连接为一个整体。“龟兹国……其王姓白氏。……男女皆剪发，垂与项齐，唯王不剪发。学胡书及婆罗门书、算计之事，尤重佛法。其王以锦蒙项，著锦袍金宝带，坐金狮子床”[4]。登、坐狮子座（床）是佛教法师说法之象征，登金狮子座（床）则是法师备受尊贵荣耀之象征。龟兹国王登狮子座，实质上是他作为君王与佛教领袖双重身份的反映。佛教传入中国之后，狮子也依然保留了特殊的象征意义，由于佛教文献中佛陀作为人中狮子的传统甚为强大，所以汉地佛教僧人也就无意改变这一传统。虽然汉地由于地域环境的影响，逐渐用本土所产的百兽之王——虎取代了狮子作为高僧大德的称号，但狮子在中国僧人的生活中依然具有非常重要的象征意义，这表现在狮子象征神通广大，用来塑造高僧的形象，并作为祥瑞被供养。除此之外，狮子还是中古中国佛教建筑中极为普遍的题材[5]。这表明印度佛教文献中的狮子形象及

[1]《大智度论》卷二五《释初品中四无畏义第四十》，第243页。

[2] 见陈怀宇：《动物与中古政治宗教秩序》第四章《由狮而虎：中古佛教人物名号变迁》“狮子在佛教中的象征意义及其与佛陀之联系”，第234—255页。

[3] 白化文：《狮子与狮子吼》，《文史知识》1998年第12期。关于佛教是否与狮子同步进入中国，叶君明、郭纯向有不同意见，他们认为佛教晚于狮子进入中国。因为（1）“狻猊”一词并非佛教用语，而是来源于塞语；（2）佛教与狮子传入的途径不一致。狮子是由西域各国进贡而入华，佛教则是大月氏王使伊存口授博士弟子景卢《浮屠经》而入华；（3）两者入华时间不一致。见叶君明、郭纯向：《狮子与佛教同时同步入华一说之商榷》，《考试周刊》2011年第48期。

[4]《旧唐书》卷一九八《西戎·龟兹国传》，第5303页。

[5] 陈怀宇：《动物与中古政治宗教秩序》，第219、229、231页。

其特殊意义顺利地进入中国佛教传统之中。

武则天与佛教早已是学界的热点问题，学者们有颇多讨论[1]。武则天与佛教有着深刻的渊源，她自小受到佛教的熏陶，称制前后又运用佛教尤其是《大云经》《宝雨经》大造舆论，已是学界共识。我们关注的重点在于，狮子与佛陀、王权、王者的对应关系，武则天是否有所认知。

《旧唐书》云："（载初元年）有沙门十人伪撰《大云经》，表上之，盛言神皇受命之事。制颁于天下，令诸州各置大云寺，总度僧千人。"[2]"（薛）怀义与法明等造《大云经》……陈符命，言则天是弥勒下生，作阎浮提主。唐氏合微。故则天革命称周……其伪《大云经》颁于天下，寺各藏一本，令升高坐讲说。"[3]认为《大云经》是薛怀义等人伪造，欧阳修、宋祁在《新唐书》里也持同样看法。然而，王国维、陈寅恪先生考证出《大云经》实非薛怀义等人伪造，而是在后凉时期已经由昙无谶译出，本名《大方等无想经》，宋元明等藏及日本所藏均作《大方等大云经》[4]。因此武则天所推广之《大云经》，早已流传于中土。而且，在大正藏《大方等无想经》里，狮子与王者也有着非常明显的对应关系，不但有"师子龙王""师子鹅王"之称，更有"师子行王""师子王"之称。佛作"狮子吼"、"佛号师子吼"、为佛供养"狮子座"、佛登"狮子座"、"师子神通法门"的文本更是通篇可见。《大云初分师子吼健度》云："尔时大云密藏菩萨言：'世尊，有十种甚深师子吼行法门，惟愿如来，分别解说。'"[5]《大云初分师子吼神通健度》亦云："尔时大云密藏菩萨言：'世尊，有十师子吼神通法门，惟愿

[1] 笔者管见所及，便有陈寅恪：《武曌与佛教》，载氏著《金明馆丛稿二编》，上海古籍出版社，1980年，第137—155页。温玉成：《试论武则天与龙门石窟》，《敦煌学辑刊》1989年第1期，第119—127页。张乃翥：《从龙门造像史迹看武则天与唐代佛教之关系》，《世界宗教研究》1989年第1期。杜斗城：《关于武则天与佛教的几个问题》，《宗教学研究》1994年增刊，第26—33页。段塔丽：《武则天称帝与唐初社会的弥勒信仰》，《中国典籍与文化》2002年第4期，第85—91页。陈景富：《武则天崇佛心态三段论》，《五台山研究》1989年第2期，第5—12页。贾发义：《武则天与佛教净土信仰》，《首都师范大学学报》（社会科学版）2007年第6期，第17—21页。崔正森：《武则天与佛教》，《五台山研究》2012年第3期，第29—40页。

[2]《旧唐书》卷六《则天皇后本纪》，第121页。

[3]《旧唐书》卷一八三《外戚·薛怀义传》，第4742页。

[4] 陈寅恪：《武曌与佛教》，第148页。

[5]（北朝）昙无谶译：《大方等无想经》卷二《大云初分师子吼健度第十九》，《大正藏》NO.387，第十二册，第1091页。

如来，分别解说。’”[1]这两条材料都写到佛陀登狮子座讲解狮子吼法门。《大云初分如来涅盘健度》一篇更是直截了当地将佛陀比作狮子王：“如来法王如师子王，纯以师子而为眷属。”[2]有关佛为天女解说因缘，即众所周知的“舍是天形，即以女身当王国土，得转轮王所统领处四分之一”一段，便是因为“如来在大众中作师子吼，宣说如是大云经典”[3]，王舍城（本名宝聚）的大精进龙王、天女（前身为龙王之夫人，因曾闻得《大涅盘经》而得天身，成为天女）被吸引而来，由此有了“以女身王国土”之论。综上所言，武则天对于狮子与佛陀、王者之间的对应关系是有着深刻的认知的。

另一方面，武则天对于现实中的狮子也不陌生。贞观九年（635）四月，康国曾贡献狮子[4]。虽然武则天两年后才入宫，但她还是有可能见到这头狮子的。更何况虞世南奉太宗之命所作《狮子赋》[5]冠绝一时，被作为描写狮子的妙文而广为传抄，武则天必然有所耳闻。除此之外，高宗时期也有真狮子入贡。显庆二年（657）正月，吐火罗献狮子[6]。同年十二月，吐蕃赞普又派人贡献金城，金城上也雕饰了栩栩如生的狮子[7]。正因为武则天知道狮子的真貌，所以在天枢造成之后，大石（一说大食）国使者请献狮子，姚璹以“狮子猛兽，唯止食肉，远从碎叶，以至神都，肉既难得，极为劳费”为由，并说“陛下……运不杀以阐大慈，垂好生以敷至德”，以佛家不杀生之说来劝阻武则天纳狮。当时天枢既然已经造成，目的已经达到，武则天便欣然纳谏，拒绝了石国贡狮的提议。而乾陵石狮，尤其是延载元年（694）的朝服改革中狮纹的出现，也证明了武则天对于狮子的喜爱。

需要特别注意的是，武则天进行朝服改革的时间也是在延载元年，具体时间为五月[8]，而在八月便出现了武三思率领诸蕃酋长奏请造天枢于端门外的事

---

[1]《大方等无想经》卷二《大云初分师子吼神通健度第二十》，第1091页。

[2]《大方等无想经》卷三《大云初分如来涅盘健度第三十六》，第1095页。

[3]《大方等无想经》卷三《大云初分如来涅盘健度第三十六》，第1097页。

[4]《旧唐书》卷三《太宗本纪下》，第45页。

[5]（清）董诰：《全唐文》卷一三八《虞世南·狮子赋》，北京：中华书局影印嘉庆刊本，1983年，第1396页。

[6][7]（宋）王钦若：《册府元龟》卷九七〇《外臣部·朝贡》，北京：中华书局影印本，1960年，第11402页。

[8]延载元年五月，武则天加尊号为“越古金轮圣神皇帝”，虽是在长寿二年的“金轮圣神皇帝”尊号上加字而来，但也可以清楚地看出这个尊号与《大云经》中佛陀对天女所说“舍是天形即以女身当王国土，得转轮王所统领处四分之一”之间的密切关系。

件。首次在官员的服饰上出现的狮子图案，正是负责守卫宫殿诸门、拱卫皇帝安全的左、右监门卫，“则天内出绯紫单罗铭襟背衫，……左右监门卫将军等饰以对师子，左右卫饰以麒麟”[1]。无独有偶，歌颂大周政权、记述武则天功绩的天枢上也出现了狮子，并且也是狮子、麒麟同时出现。这不能简单地释为巧合，而应视为武则天有意而为。左、右监门卫服饰上的图案，体现的是被守卫者的身份，他们代表的是武则天本人。狮子的纹样，通过左右监门卫大将军、将军的威仪向想要靠近宫殿的皇帝的臣民传达了非常重要的信息。在这种意义上，左右监门卫服饰上的对狮，犹如虎贲制度之于皇权礼仪的作用[2]，即通过具有特殊象征意义的狮纹的运用，来向公众展示武则天本人及武周政权的力量和权威。左右监门卫服饰上对狮图案的出现，可视为天枢装饰上狮子造型出现的铺垫与前奏。

三、天枢倡议及制造者的出身与文化背景

陈怀宇认为天枢上狮子、麒麟的造型可能是道教徒的建议[3]，因为他发现杜光庭在《历代崇道记》中记载了道教徒利用狮子、麒麟为武则天政权造势，其文略云：

> 文明元年（684），天后欲王诸武。……后庆山涌出于新丰县界，高三百尺，上有五色云气，下有神池数项，中有白鹤鸾凤，四面复有麒麟狮子。天后令置庆山县，其诸祥瑞，具载《天后实录》，以表国家土德中兴

[1]《旧唐书》卷四五《舆服志》，第1953页。（唐）李林甫：《唐六典》卷二五《诸卫府》“左、右监门卫”条云：“左、右监门卫大将军、将军之职，掌诸门禁卫门籍之法。凡京司应以籍入宫殿门者，皆本司具其官爵、姓名，以移牒其门，以门司送于监门，勘同，然后听入。凡财物器用应入宫者，所由以籍傍取左监门将军判，门司检以入之；应出宫者，所由亦以籍傍取右监门将军判，门司检以出之。其籍月一换。若大驾行幸，则依卤簿之法，率其属于牙门之下以为监守。中郎将掌监诸门及巡警之法。凡宫殿门及城门皆左入右出。其监门官司检校者，听从便门出入。”北京：中华书局，1992年，第640页。

[2]陈怀宇在《装饰与象征：中世纪视野中的猛兽与王权》一文中重点探讨了猛虎、虎贲制度与皇权礼仪之间的关系。他认为虎纹在服饰的装饰中有着非常重要的象征意义，可以通过视觉传达给观看者重要的政治信息，来展现皇室的威仪，从而建立起权威与秩序。虎在中国古代皇室政治权力的象征中起到了重要的装饰作用，通过运用权力的装饰，即在内在拥有的权力之外，统治者同时运用一些外在的具有象征性的装饰物来向公众展示其象征性力量和权威。载《动物与中古政治宗教秩序》，第281—309页。

[3]陈怀宇：《动物与中古政治宗教秩序》，第308页。

之兆也。[1]

简单地比对文献，说这是天枢上出现狮子的原因，似乎是说得过去的。麒麟为本土文化中的传统瑞兽，且在五行及道教里均有重要意义。《太平御览》卷八八一《神鬼部一·神上》引《河图》曰："东方苍帝，神名灵威仰，精为青龙；南方赤帝，神名赤熛怒，精为朱鸟；中央黄帝，神名含枢纽，其精为麟；西方白帝，神名白招矩，精为白虎；北方黑帝，神名叶光纪，精为玄武。"[2]可见这里是将青龙、朱鸟（雀）、麒麟、白虎、玄武和五方帝联系起来。麒麟乃居中的黄帝之精，而黄帝自汉以来其实又是道家和方士所宣扬的成仙成道的代表，《史记·封禅书》云："黄帝作宝鼎三，象天地人。""鬼臾区对曰：'帝得宝鼎神策，是岁己酉朔旦冬至，得天之纪，终而复始。'于是黄帝迎日推策，后率二十岁复朔旦冬至，凡二十推，三百八十年，黄帝仙登于天。""或对曰：'黄帝已仙上天，群臣葬其衣冠。'"[3]均是其例。正是因为麒麟有此三重意涵，所以也被武则天选用，如她曾诏令以麒麟作纹饰绣于袍服，名曰"麒麟袍"，赐给官员。道教徒建议将麒麟与狮子一道铸于天枢上，是可能的。麒麟和狮子，其概念既是中土与西方的结合，也是佛教、道教的并存。不过，通过考察天枢事件发起者与制造者的出身与文化背景，我们认为狮子出现在天枢装饰上，还有其他的因素。

在制造天枢的发起过程中，有一个人发挥了重要作用，这就是阿罗憾。阿罗憾的墓志《大唐故波斯国大酋长右屯卫将军上柱国金城郡开国公波斯君丘之铭》记载了此事。林梅村在《洛阳出土唐代波斯侨民阿罗憾墓志跋》一文中对此方墓志进行了补正，今略录其文如下：

君讳阿罗憾，族望，波斯国人也。显庆年中，高宗天皇大帝以功绩有称，名闻［西域］，出使召至来此，即授将军北门［右］领使，侍卫驱驰。又充拂林国诸蕃招慰大使，并于拂林西界立碑，峨峨尚在。宣传圣教，实称蕃心。诸国肃清，于今无事。岂不由将军善导者，为功之大矣。又为则天大圣皇后召诸蕃王，建造天枢，及诸军立功，非其一也。此则永

[1]《全唐文》卷九三三《杜光庭·历代崇道记》，第9715页。

[2]（宋）李昉：《太平御览》卷八八一《神鬼部一·神上》，北京：中华书局，1960年，第3914页。

[3]（汉）司马迁：《史记》卷二八《封禅书》，北京：中华书局，1959年，第1392、1393页；卷十二《孝武本纪》，第473页。

题麟阁，其于识终。方画云台，没而须录。[1]

这方墓志吸引了中外学者的深度关注，尤其是对于阿罗憾的宗教信仰，更是众说纷纭。有学者认为他是景教徒，更有不少学者，如罗香林、林梅村等人认为他就是《大秦景教流行中国碑》上面的僧首罗含[2]。也有学者持反对意见，如Antonino Forte（富安敦）认为阿罗憾不信仰任何宗教，他之所以被唐高宗召进朝廷并委任要职，一是因为他在西域声名远播，二是因为他波斯王族的出身[3]。马小鹤通过对钵罗婆文伊朗传本《本达希申》《赞德瓦赫兰亚斯恩》的解读，进一步推测阿罗憾是波斯萨珊王朝残存势力的代表之一，出身于王族，被众人视为神通广大的瓦赫兰。阿罗憾力主与唐帝国结盟以推动复国运动，从而对抗大食，而这正与唐王朝倚重波斯王族在突厥斯坦、河中、吐火罗甚至远至罽宾、疾陵城等地建立羁縻府州体制的设想相吻合，所以阿罗憾被唐高宗委任为吐火罗诸蕃招慰大使，帮助唐朝设置吐火罗诸羁縻府州[4]。由于阿罗憾不论是出身，还是在唐所任官职，都在诸蕃酋长中地位最高，在武三思劝请诸国酋长奏请建造天枢时，阿罗憾积极号召各族蕃王予以响应，成为建造颂德天枢事件的倡议者及有力支持者。

阿罗憾既出身于波斯王族，那么，他对于狮子在波斯文化中的特殊寓意自然了然于胸。据A. Britt Tilia的研究可知，波斯地区的众多王室遗迹上都有狮子的图案，在波斯第一帝国阿契美尼德王朝（前553—前334）时期，狮子是装饰王冠的主要图案[5]。狮子也是王宫宫墙的主要装饰。阿契美尼德王朝第三任君主大流士一世在位时期，定都苏萨（Susa），并新建了王宫。在宫墙上，饰有

[1] 林梅村：《洛阳出土唐代波斯侨民阿罗憾墓志跋》，载王元化主编《学术集林》卷四，上海远东出版社，1995年，第284—299页。

[2] 罗香林：《景教徒阿罗憾等为武则天皇后营造颂德天枢考》，第57—70页；林梅村：《洛阳出土唐代波斯侨民阿罗憾墓志跋》，第284—299页。

[3] Antonino Forte, "On the Persia wahrām, the promoter of the Axis of Sky, messenger of China to the Byzantine Empire." Paper presented on May 1993 in Kyoto at the 38th international conference of oriental lists in Japen. 富安敦：《关于天枢建造的后援者、中国派往拜占庭的使者波斯人阿罗憾（Wahrām，616—710）》，第38届国际东方学者会议论文，1993年。转引自马小鹤：《唐代波斯国大酋长阿罗憾墓志考》，载氏著《摩尼教与古代西域史研究》，北京：中国人民大学出版社，2008年，第547—563页。

[4] 马小鹤：《唐代波斯国大酋长阿罗憾墓志考》，第547—563页。

[5] A. Britt Tilia, *Studies and Restorations at Persepolis and Other Sites of Fars Ⅱ*, Rome: Istituto italiano per il Medio ed Estremo Oriente, 1978, pp.46—57.

行走的彩色狮子浮雕，以此来体现王室的权威[1]。此外，法国考古学家Roland de Mecquenem还在苏萨宫殿发掘了带翼人面狮身像，其代表的是国王[2]。狮子还被用来装饰国王令牌的杖头。所有这些都说明了一点，即在波斯地区，狮子与王者、王权紧密地联系在一起[3]。

狮子除了作为王权、王者的象征，还与诸神紧密结合在一起。在古代波斯文化、两河流域地区，狮子是神的化身。大流士一世信仰琐罗亚斯德教（Zoroaster，又称祆教），据说他是个坚定的教徒，而狮子正是祆教太阳神、光明之神密特拉（Mithras）神的化身[4]，随着祆教的传播，狮子作为祆教中神的观念也传播到中亚等地。其证据是，绘有狮子图案的波斯锦在中国、中亚地区均有实物留存[5]。

一方面，狮子图案是古代波斯王室建筑的主要装饰之一，象征王权、王室与国王本人；另一方面，狮子代表着诸神尤其是波斯文化里的太阳与光明之神密特拉（Mithras）。狮子身上的这种含义应当广为波斯人所知，更遑论王室人员。作为波斯王族的阿罗憾，对于狮子的象征意义、运用场合自然非常了解。当他号召诸蕃上奏打造天枢时，将具有特殊意义的狮子形象举荐给武则天，是非常自然的事情。

为天枢制模的是毛婆罗，《资治通鉴》载："工人毛婆罗造模。"[6]关于毛婆罗，文献虽有记载，但非常简略。张彦远《历代名画记》记载唐中宗为高宗、武则天所兴洛阳敬爱寺[7]，"讲堂内大宝帐，天后大香炉，又大金铜香炉"，张彦远注："毛婆罗样。"[8]由此可见，毛婆罗擅长制模作样，尤其擅制铜模，

---

[1] 这块绘有狮子的宫墙由法国考古学家Roland de Mecquenem发现，现藏于卢浮宫博物馆东方古物部。转引自陈怀宇：《动物与中古政治宗教秩序》，第269页。

[2] 来源于网络资料，http：//zh.wikipedia.org/wiki/File：Sphinx_Darius_Louvre.jpg.

[3] 陈怀宇：《动物与中古政治宗教秩序》，第266、267页。

[4] 赵丰：《唐代丝绸与丝绸之路》，西安：三秦出版社，1992年，第229页。

[5] 赵丰：《唐代丝绸与丝绸之路》，第229页。汪亓：《唐锦纹样及其演变溯源》，载荣新江主编《唐研究》第八卷，北京大学出版社，2002年，第435页。

[6] 《资治通鉴》卷二〇五，天册万岁元年夏四月条，第6503页。

[7] 洛阳敬爱寺，在武则天时已经存在，《旧唐书》卷一八三《外戚·薛怀义传》云："垂拱初，……（薛怀义）又于建春门内敬爱寺别造殿宇，改名佛授记寺。"第4741页。由此可见，敬爱寺在武则天时已经为皇家寺院，唐中宗应该是在敬爱寺已有建筑的基础上修整而已。

[8] （唐）张彦远撰，［日］冈村繁译注：《历代名画记译注》卷三《记两京外州寺观画壁》，上海古籍出版社，2002年，第197页。

他为天枢制模，也为香炉作样。他在天后时任职于少府监，担任尚方丞，不但制模巧绝过人，而且擅长作画，《历代名画记》卷九《吴道玄》载“天后时尚方丞窦红果、毛婆罗，苑东监孙仁贵，德宗朝将军金忠义皆巧绝过人。此辈并学画，迹皆精妙”[1]。尚方丞，从六品下[2]，这一官职名的出现与垂拱二年（686）武则天大改官制有关。《旧唐书》载“少府监为尚方监。其左右尚方两署除方字”[3]。尚方丞算得上是少府监里的高品官，仅居于少府监、少府少监之下。据《唐六典》载，少府监下设中、左、右三尚署，其中左尚署掌车辂华盖之事，右尚署掌鞍辔、帐幕、茵席、履舄等事[4]。中尚署“掌供郊祀之圭璧，及岁时乘舆器玩，中宫服饰，雕文错彩，珍丽之制，皆供焉”[5]。从毛婆罗擅制铜模的技能来看，他与中尚署所掌事务颇为密切，其被委任为尚方丞，可谓名实相符。

关于毛婆罗的出身，虽然其名极具鲜明的异域色彩，但具体是哪国人，据现有资料则不易考察，学界也未有定论。《新唐书》卷三四《五行志》中记载“中宗时，……又中郎将东夷人毛婆罗炊饭，一夕化为血”[6]。言其是东夷人，但罗香林认为其是印度蕃客[7]。到底孰是孰非？按名中带“婆罗”二字的，除“毛婆罗”外，中古典籍中还有“安婆罗”。检《元和姓纂》姑藏凉州安氏条云，安氏“出自安国，汉代遗子朝国居凉土，后魏安难陀至孙盘娑罗，代居凉州为萨宝。”[8]《新唐书》卷七五下《宰相世系表》载：“武威李氏，本安氏……后魏有难陀孙婆罗，周、隋间，居凉州武威为萨宝。生兴贵、修仁。”[9]两条史料所指显然是同一件事，安难陀之孙，《元和姓纂》载为“盘娑罗”，《新唐书》载为“婆罗”，“娑罗”与“婆罗”，字形相近，“娑罗”或许为“婆罗”之误。毛婆罗，姓毛，而山东有毛州，北周大象二年（580）始置，“武德五年，置毛州，割魏州之馆陶、冠氏、堂邑，贝州之临清、清水。又分置沙丘县”[10]。《新唐书》记“东夷人毛婆罗”透露了两个信息：一是毛

[1]《历代名画记译注》卷九《吴道玄》，第438页。

[2]《唐六典》卷二二《少府军器监》，第572页。

[3]《旧唐书》卷四二《职官志一》，第1788页。

[4]《唐六典》卷二二《少府军器监》，第573—575页。

[5]《唐六典》卷二二《少府军器监》，第573页。

[6]（宋）欧阳修：《新唐书》卷三四《五行志一》，北京：中华书局，1976年，第893页。

[7]罗香林：《景教徒阿罗憾等为武则天皇后营造颂德天枢考》，第59页。

[8]（唐）林宝撰，岑仲勉校记：《元和姓纂》卷四，北京：中华书局，1994年，第500页。

[9]《新唐书》卷七五下《宰相世系表五下》，第3445、3446页。

[10]《旧唐书》卷三九《地理志二》，第1494页。

婆罗来自山东地界，二是毛婆罗并非第一代来华的蕃人，而是居住在山东的胡人后裔。至于他是否来自毛州、祖上是否因定居毛州而改姓毛氏，则未可知。其祖上是否与安婆罗的祖上一样来自安国，所以为之取名“婆罗”，还是来自泥婆罗国或印度的婆罗门，所以为之取名“婆罗”来纪念遥远的祖国，抑或是怀念自己高贵的种姓？也未可知。

综上所论，毛婆罗并非第一代定居中国的胡人，这应当是没有问题的。也正因为此，他才能够胜任尚方丞的工作。尚方丞不仅仅是要掌管技能，更要判理少府监文书事务。关于尚书丞的职务，《唐六典》记载得很详细：“丞掌判监事。凡五署所修之物须金石、齿革、羽毛、竹木而成者，则上尚书省，尚书省下所由司以供给焉。凡五署之所入于库物，各以名数并其州土所生以籍之，季终则上于所由，其副留于监；有出给者，则随注所供而印署之。”[1]唐前期四等官制中，作为判官的尚方丞是非常重要的职位，若不精通文书判理，是很难胜任这个工作的。从这一点也可推知，毛婆罗不但精通画技，擅于制模作样，还拥有相当的文化素养。

尽管他并非长成于唐帝国之外域，但是他对狮子及其寓意却是熟悉的。除了天枢上的狮子外，毛婆罗还在敬爱寺里参与了狮子的造型制模。《历代名画记》载：“东禅院般若台内佛事，中门两神，大门内外四金刚，并狮子、昆仑各二，并迎送金刚神王及四大狮子。”[2]这些狮子虽然都是窦红果所塑，但正如张彦远所言“窦红果擅塑，毛婆罗擅模”，两人各有所长，各自负责不同的工序。

由此可知，不管是建造天枢的发起者，还是为天枢制模者，都有着域外背景。召集诸蕃上奏并捐钱兴造天枢的阿罗憾，出身于波斯王族，对波斯文化中狮子与王权、密特拉神的对应关系非常清楚。制模的毛婆罗，不管他是直接从印度或是其他地区入唐的蕃客，还是居于中土的蕃人后裔，都熟悉狮子与佛教之间的密切联系。

四、狮子与武则天华夷共主的政治理想

狮子，被选择作为天枢的装饰之一，还与武则天君临天下、华夷共主的“天可汗”情怀与精神有关。这种怀近抚远、协和万邦的精神，从后来所造的乾陵六十一蕃臣像也得到了充分的体现。这六十一蕃臣，经过叶奕苞、岑仲勉、马驰、

[1]《唐六典》卷二二《少府军器监》，第572页。

[2]《历代名画记译注》卷三《记两京外州寺观画壁》，第196页。

樊英峰等人的研究，已考证出三十六人[1]。梁子、文军推测，这些人应该是来自突厥、龟兹、疏勒、昭武九姓胡诸国、波斯、吐谷浑、于阗、吐火罗、党项、薛延陀、吐蕃、罽宾、林邑、泥婆罗、摩腊、多蔑等国，已知姓名的三十六蕃王全部与西域有着直接或间接的关系，对唐朝统一或收复西域起过直接或间接的作用[2]。薛宗正认为这种情况与永徽、显庆年间的七年西域战争有关，经此战役，唐军彻底消灭了西突厥汗国，此后中亚各国纷纷向唐表示臣服，并遣使者通好。唐朝也顺利在西域、中亚设置了各级羁縻府州，对该区域进行统治[3]。而拜根兴、张斌等人则认为在这六十一蕃臣像中，也有来自新罗的石人像。拜根兴考证出乾陵六十一蕃臣像东南角挎弓石像为新罗使者[4]，张斌在《刍议乾陵六十一蕃臣像中的新罗人》进一步断定该石像为新罗文武王金法敏[5]。其论证有力，令人信服。由此看来，在乾陵立像的六十一蕃臣既有来自西域等地者，也有来自新罗者，除了考证出姓名官职的三十六人及新罗使者一人，还有二十四人未被解读。若说剩余的这二十四人有来自日本、百济、高句丽等唐帝国边境其他地区，也非毫无可能。

有关乾陵六十一蕃臣的制作时间，虽然目前有不少学者倾向于是唐中宗李

[1] 他们是：十姓可汗阿史那元庆、于阗王尉迟璥、吐谷浑乐王徒耶钵、吐火罗王子特勤羯达健、故大可汗骠骑大将军行左卫大将军昆陵都护阿史那弥射、故骁卫大将军兼龟兹都督龟兹王白素稽、左威卫将军鹰娑都督鼠尼施处半啜勤德、故右武卫将军兼龟兹都督龟兹王白回地罗徽、吐谷浑青海王驸马都尉慕容诺曷钵、疏勒王裴夷健密施、故左卫大将军兼金征都督仆固乞突、康国王尼涅师师、十姓可汗阿史那斛瑟罗、故左卫将军兼颉利都督拔塞干蓝羡、右骁卫大将军兼波斯都督波斯王卑路斯、右领军将军兼千泉都督泥孰俟斤阿悉吉度悉波、故右卫将军兼洁山都督突骑施傍斯、故左卫大将军兼燕然大都督葛塞匐、故右金吾卫将军兼俱兰都督阙俟斤阿悉吉那斬、故左威卫将军兼双河都督摄舍提暾护斯、故左威卫大将军兼匐延都督处木昆屈律啜阿史那盎路、大首领可汗颉利发、石国王子石忽那、故左武卫大将军突厥十姓衙官大首领吐屯社利、波斯大首领南昧、吐火罗叶护咄伽十姓大首领阿史那忠节、左威卫大将军兼坚昆都督结骨蚕匐肤莫贺咄口坚昆、朱俱半国王斯陀勒、吐蕃使大论悉曩热、吐蕃大酋长赞婆、右金吾卫大将军兼大漠都督三姓咽面叶护昆职、默啜使移力贪汗达干、播仙城主何伏帝延、默啜使葛暹嗔达干、龟兹大首领那利自阿力、碎叶州刺史安车鼻施。见叶弈苞：《金石录补》，上海：商务印书馆，1935年。岑仲勉：《隋唐史》，石家庄：河北教育出版社，2000年，第137页。马驰：《唐代蕃将》，西安：三秦出版社，1990年，第35、41页。樊英峰：《乾陵61蕃臣像补考》，《文博》2003年第3期，第54—58、64页。

[2] 梁子、文军：《乾陵六十一蕃王考述》，《文博》2003年第6期，第44—51页。

[3] 薛宗正：《安西与北庭》，哈尔滨：黑龙江教育出版社，1998年，第91—93页。

[4] 拜根兴：《唐朝与新罗往来研究二题——以西安周边所在的石刻碑志为中心》，《当代韩国》2011年第3期，第39—53页。

[5] 张斌：《刍议唐乾陵六十一蕃臣像中的新罗人》，《丝绸之路》2010年第24期，第84—88页。

显在武则天死后加上去的[1]，但是学界尚有其他争论，同时，学者也注意到，早在昭陵建造过程中，就已经在北司马门内设计排列了十四尊蕃君长像，学者们普遍认同乾陵立蕃臣像是模仿了昭陵蕃君长像的做法[2]。而且，昭陵所立十四尊蕃君长像的构思与命令，直接来自唐高宗。《唐会要》载："上欲阐扬先帝徽烈，乃令匠人琢石，写诸蕃君长，贞观中擒伏归化者形状，而刻其官名。"[3]琢石刻像的目的是彰显唐太宗作为天可汗的赫赫武功。这一目的，高宗明白，武则天自然也不陌生。更何况武则天在位期间，诸蕃使者频繁来朝。既然如此，即便六十一蕃臣像是唐中宗时期才雕刻而成的，也不能够排除在乾陵设计伊始，武则天及其朝臣已经考虑竖立蕃臣石人像的可能。自然，立蕃臣像于乾陵，其目的既是为了体现乾陵浩大磅礴的气势，更是为了弘扬唐高宗、武则天时期军事、外交、文化方面的历史伟绩及万国来朝的盛况。蕃臣立像乾陵，"天可汗"协和万邦的抱负已经展露无遗。

武则天建造天枢的目的，两《唐书》、《资治通鉴》等史籍虽然载为"铭纪功德，黜唐颂周""立颂以纪上之功业""纪太后功德，以黜唐兴周"，但其实还有更深层次的意义。饶宗颐先生提出"及天枢之立，集万国蕃长落成之，则又天可汗精神之表现"[4]，这是非常中肯的见解。天枢这种具有深刻象征意义的建筑，有着纪念碑的性质，表达的是武则天内心武周王朝丝毫不逊于李唐王朝的希冀与自信，即便是在统制四夷的政绩方面，她与她所创建的大周也不甘屈居李唐之下。

天枢之立，一定程度上正是为了展现武则天统制四夷、协和万邦的政治成果。而这种展现，有一个参照对象，那就是太宗时期治理周边蕃人政权的政绩。"诸蕃君长诣阙，请太宗为天可汗"[5]，而武则天即位之后，则有"四夷酋长""蕃夷诸酋及耆老"纷纷"请作天枢"以纪武则天之功业，颂武周之功

---

[1] 拜根兴：《唐朝与新罗往来研究二题——以西安周边所在的石刻碑志为中心》，《当代韩国》2011年第3期，第46页。

[2] 参见岑仲勉：《隋唐史》，第135—137页。梁子、文军：《乾陵六十一蕃王考述》，第44—51页。拜根兴：《唐朝与新罗往来研究二题——以西安周边所在的石刻碑志为中心》，第39—53页。

[3]（宋）王溥：《唐会要》卷二十《陵议》，北京：中华书局，1955年，第395页。

[4] 饶宗颐：《从石刻论武后之宗教信仰》，载《"中央"研究院历史语言研究所集刊》第45本第3分，1974年，第398页。

[5]《唐会要》卷一〇〇《杂录》，第1796页。

德。“令后玺书赐西域北荒之君长，皆称皇帝天可汗。诸蕃渠帅有死亡者，必下诏册立其后嗣焉”[1]。册立他者的可汗、酋长等领袖，表明册立者对被册立者有着形式与名义上的统治权。对比唐太宗与武则天所册立的酋长、可汗，也是武则天更胜一筹。太宗所册立的四夷可汗、君王、酋长，不过是突厥、突骑施、吐谷浑、新罗、高丽、薛延陀、契丹[2]，这些部落民族基本上都与唐帝国相邻，属周边政权。而武则天不但册立了突厥、吐谷浑、突骑施、新罗等周边民族、国家的可汗、君长，还扩及东女国、于阗、康国，《册府元龟》卷九六四《外臣部·封册》载：

> 是月（则天垂拱二年九月），东女国王敛臂遣大臣汤剑左来朝，仍请官号。乃册拜敛臂为左玉钤卫员外将军，仍以瑞锦制服以赐之。[3]
>
> 天授二年腊月[4]，以于阗王尉伏阇雄卒，册立真（其）子璥为于阗王。[5]
>
> 是月（万岁通天元年九月），封康国王、大首领、左玉钤卫将军笃婆钵提为康国王。……圣历元年七月，册立泥沮师师为康国王。[6]

其中，康国为昭武九姓胡诸国之一，主要以撒马尔罕（Samarkand）为中心。除康国之外，昭武九姓胡还有安、曹、何、米、史、石等国[7]，表明武则天至少在名义上确立了对中亚地区的统治。

除康国之外，在四夷酋长之中，更有来自波斯王族被波斯甚至当地民众视为瓦赫兰的阿罗憾，担任了请铸天枢事件的发起者与领导人。铸造天枢的大量资金，也主要来自四方蕃客胡商的捐助，“诸胡聚钱百万亿”[8]。荣新江先生指出，“诸胡”之中也有商胡，这实际上表明了四夷蕃人对于武则天及武周政权的大力支持态度。因为在唐前期华夷分别之论与佛道论衡一直相互关联，武则天借助佛教为她的即位制造舆论，并于天授二年夏四月，“令释教在道法之上，僧尼处道士女冠之前”[9]，这让作为“外来户”的四夷蕃人很受鼓舞，所

[1]《唐会要》卷一〇〇《杂录》，第1796页。

[2]《册府元龟》卷九六四《外臣部·封册》，第11337—11340页。

[3][5][6]《册府元龟》卷九六四《外臣部·封册》，第11341页。

[4]《旧唐书》卷一九八《于阗国传》载为“天授三年”，第5305页。

[7]荣新江：《中古中国与外来文明》，北京：生活·读书·新知三联书店，2001年，第19页。

[8]《资治通鉴》卷二〇五，延载元年八月戊寅条，第6496页。

[9]《旧唐书》卷六《则天皇后本纪》，第121页。

以胡人与武周政权保持着一种密切的关系[1]。天枢作成之后，“悉镂群臣、蕃酋名氏其上”[2]，“武三思为文，刻百官及四夷酋长名”[3]的做法，表明天枢是大周朝臣及百姓与四夷酋长蕃客共同打造而成的，实质上体现了武则天的“天可汗”之理想。

就统制四夷的成就而言，较之李唐太宗时期，至少从表面来看，武周时期更为辉煌。既然如此，代表武周王朝形象的天枢，其上装饰元素的选择，就必须服务并体现这个意旨。正是在这个背景下，武则天一方面选择了来自异域的百兽之王——狮子，另一方面又选择了本土文化中的传统神兽麒麟，狮子、麒麟并存，表达的正是涵括中外的意识及武则天华夷共主的理想。

除了狮子、麒麟之外，可供选择的本土灵兽有虎、凤、龟等。凤，或称朱雀，具有强烈的女性特征。尽管由于简狄吞玄鸟卵而生下了商的始祖契，商人因此自认为是凤的后代，从而将凤的地位置于龙之上，但在其他时代中国文化传统的语境里，凤基本都屈居龙之下。龟，或称玄武，虽是水神的象征，也有长寿之意，可寓意武周政权传承久长，但缺少雄踞天下、傲视一切的王者气势。既有王者气势，又无明显性别之分的中国本土灵兽，是丛林之王——虎。然而，一者狮子与麒麟相配具有前文所述的固定意涵，二者李唐重虎，其祖名即李虎，武则天不用，大概也是有意与李唐分别。而且，与万兽之王的狮子相较，虎还有两大根本无法弥补的弱点：

第一，虎惧怕狮子。《洛阳伽蓝记》卷三载：“狮子者，波斯国胡王所献也，为逆贼万俟丑奴所获，留于寇中。永安末，丑奴破，始达京师。庄帝谓侍中李或曰：‘朕闻虎见狮子必伏，可觅试之。’于是诏近山郡县捕虎以送。巩县、山阳并送二虎一豹，帝在华林园观之，于是虎豹见狮子，悉皆瞑目，不敢仰视。园中素有一盲熊，性甚驯，帝令取试之。虞人牵盲熊至，闻狮子气，惊怖跳踉，曳锁而走。”[4]盲熊一闻狮子之气味，便惊恐而逃，这一书写，意在体现狮子之威。中国本土向来有百兽之王之称的老虎，虽然之前从未与狮子有过地缘争夺，但一见狮子，就为其气势所威慑，害怕得低头顺眉不敢仰视。狮虎

[1] 荣新江：《中古中国与外来文明》，第214、215页。

[2]《新唐书》卷七六《则天武皇后传》，第3483页。

[3]《资治通鉴》卷二〇五，天册万岁元年夏四月，第6503页。

[4]（北魏）杨衒之撰，周祖谟校释：《洛阳伽蓝记校释》卷三，北京：中华书局，2010年，第118、119页。

之斗的结果，不但娱乐了北魏孝庄帝及其臣子，也为世人所探知。唐人不断有诗词描写狮子独一无二的威猛、傲视一切生灵的霸气。《全唐文》卷一三八载虞世南所作《狮子赋》云："其为状也，则筋骨纠缠，殊姿异质，阔臆修尾，尽毫柔毳，钩爪锯牙，藏锋蓄锐，弥耳宛足。伺间借势暨手，奋鬣舐唇。倏来忽往，瞋目电曜，发声雷响。拉虎吞貔，裂犀分象。"[1]张九龄《曲江集》卷一七《狮子赞序》亦云："顷有至自南海，厥繇西极，献其方物，而狮子在焉。其天骨雄诡，材力杰异，得金精之刚，为毛群之特。仡立不动，已九牛相去；眈视且瞋，则百兽皆伏。所以肉视犀象，孩舞熊罴。其余琐细，不置牙齿。"[2]狮子，相对于虎的绝对威慑力，甚至将虎豹视作食物，其实早在唐代以前就已是众人皆知的常识，《尔雅·释兽》载："狻猊，如虦猫，食虎豹。"郭璞注云："狻猊，即师子也，出西域。"狮虎之间的这种鲜明差别及李唐名虎，虎伏于狮，恐怕也是铸造天枢时舍弃虎而选择狮子的原因。

第二，虎不具备狮子独有的丰富内涵。虎虽是中国等地动物世界里的王者，是中国文化语境里的王者，但虎在世界其他区域未能取得同样的地位，它作为王者的象征具有鲜明的地区性局限。而狮子，不但具有深刻的宗教内涵和为世人认可的世界性象征意义，还是世界范围内的兽王，与王权紧密结合在一起，这在武周时期，已是如此。狮子作为王权的象征，具有威猛、力量、权威等寓意，被运用于贵族和王族的标志之中，不仅仅局限在波斯地区，还广泛表现在埃及、希腊、罗马、拜占庭、中亚等地的政治文化中。此外，陈怀宇指出，在叙利亚、英格兰、捷克、芬兰、荷兰、摩洛哥、挪威、苏格兰、亚美尼亚、保加利亚等地，狮子也与王权紧密结合在一起[3]。所以只有狮子，才能与武则天统制四夷、成为华夷共主的政治理想相吻合。

五、结论

狮子这种异域动物，随着佛教的传播而逐渐由西域深入中土。中土在吸收佛教文化与思想的同时，也一并接受了狮子身上所蕴含的象征意义，并逐渐将狮子雕像、图案的运用扩展开来。随着南亚印度佛教文明与西域文明的碰撞与

[1]《全唐文》卷一三八《虞世南·狮子赋》，第1396页。

[2]（唐）张九龄撰，熊飞校注：《张九龄集校注》卷十七《狮子赞序》，北京：中华书局，2008年，第906页。

[3]陈怀宇：《动物与中古政治宗教秩序》，第263—273页。

交融，狮子在佛教中的意义与波斯文化传统法中狮子的内涵逐渐融合，因而进一步丰富了万兽之王——狮子的象征意义。狮子作为王权与佛陀、诸神化身的集合体，实际上能够非常贴切地表达武则天政权与神权的结合之深意，又能够承载并体现武周帝国统制四夷的政治理想与现实。狮子与本土的传统瑞兽麒麟相组合，体现了居天下之中为华夷共主的政治深意，又与道教所宣扬的飞仙成道相契合。狮子与麒麟，其概念既是佛教、道教的并存，也是中土与西方的结合，与武则天制作天枢的意图完美契合，从而被选择用来装饰具有纪念碑性质的大周万国颂德天枢。

（作者单位：湖南师范大学历史与人类学研究所）

Why the Lion Appearing on Eulogia Tianshu（Axis of Sky） in Zhou Dynasty of Empress Wu Zetian

Peng Lihua

[Abstract] The Eulogia Tianshu（Axis of Sky）, a monument of Zhou Dynasty which was founded by the empress Wu Zetian. It has rich political meaning. As a matter of fact, it was a symbol of the new state. The astonishing thing is that a lion was appeared on such an important and magnificent structure. Unquestionably, lions are not native animals in China. The question is why the Empress Wu Zetian gave up the native auspicious animals such as phoenix, tiger and tortoise, but chose the lion to decorate the Eulogia Tianshu（Axis of Sky）? The following three factors can answer this question. First of all, the lion is the embodiment of the Buddha, it symbolizes the majestic King and sovereign royalty. Furthermore, Persian wahrām, the promoter of Tianshu（Axis of Sky）who came from the royal family of Persia, and Mao Polo, the manufacturer who moulded the Tianshu（Axis of Sky）, both of them had strong exotic background, and understood deeply the rich meaning of the lion. Last but not the least, the empress Wu Zetian had great political ambitions, what she wanted to govern, was not only the territory of China, but also the neighboring nations as well as the vast western regions. The Tianshu（Axis of Sky）reflected her aspiration. With this consideration, the Empress Wu Zetian chose the lion which is the King of the animal world, the incarnation of the Buddha, the embodiment of the Mithras in Zoroaster. The lion embodies the King and royalty on the Tianshu (Axis of Sky) . The real purpose was to reveal her great achievement and political ambitions to people as well as other nations.

唐代于阗经略研究*

田海峰

于阗至少自战国时期就已存在与中原的交往。两汉以降，于阗不仅成为中原解决北方游牧边患和经略西域的战略要地，亦是东西方实现异域文化交流的枢纽。这些客观存在的历史传统成为促成唐廷早期维护西北边防安全的重要考量因素，并由此开始谋划对于阗的经略。但在吐谷浑内属后，唐廷将经边策略的重心推进至东天山所在的北线，加之对吐蕃向外扩张的漠视，在相当一段时期内，失去了在于阗的战略主导地位。直至则天朝王孝杰收复四镇后，武周方才恢复在于阗的管辖秩序，并在玄宗时期得以逐步完善于阗镇守军的防御布局。

当今学界涉及唐代于阗经略的研究不多，主要有荣新江对于阗在唐安西四镇中地位的阐述[1]，文欣[2]、朱丽双[3]、郭声波[4]等对于阗国六城及唐代于阗羁縻州与地理区划的考证，孟宪实对于阗镇守军由镇戍向军镇体制演变的研究[5]，刘

*本文系国家社科基金专项“安西大都护府军防布局研究”（项目编号：19VXJ008）阶段性成果。

[1] 荣新江：《于阗在唐朝安西四镇中的地位》，《西域研究》1992年第3期，第56—64页。

[2] 文欣：《于阗国“六城”（ksa au）新考》，载朱玉麒主编《西域文史》（第三辑），北京：科学出版社，2008年，第109—126页。

[3] 朱丽双：《唐代于阗的羁縻州与地理区划研究》，《中国史研究》2012年第2期，第71—90页。

[4] 郭声波、买买提祖农·阿布都克力木：《毗沙都督府羁縻州之我见——兼评〈唐代于阗的羁縻州与地理区划研究〉》，《西域研究》2014年第2期，第37—48页。

[5] 孟宪实：《于阗：从镇戍到军镇的演变》，《北京大学学报》2012年第4期，第120—128页；《于阗镇守军及使府主要职官——以中国人民大学博物馆藏品为中心》，《西域研究》2014年第1期，第1—8页。

再聪[1]、段晴[2]等利用和田出土文书对于阗村坊制度的考释。毋庸置疑，上述诸位先生的研究为学界开展对唐代于阗经略相关问题的进一步探讨奠定了学术基础。本文正是基于现有学术成果，整合传世文献与考古资料，立足李唐经略西域的整体视角，对于阗的初始战略考量、唐蕃双方在于阗的战略博弈以及唐于阗镇守军的设置与军防部署等进行的研究。不足之处，敬请诸位方家指正。

一、李唐在于阗的早期谋略

于阗绿洲之所以成为初唐实现西北边防布局的重要一环，从西域时局来讲，是因为于阗城邦与李唐西域战略的实施存在交集；就历史进程而言，至少自汉代时期，于阗就与中央政权持续进行文明交往，尤其是中华文化观念对于阗社会的影响，成为唐廷早期在此实施西北边防策略的重要基础。

1.于阗与中央政权的历史交往

于阗地置塔里木盆地南缘，自西汉时即是西域南道大国。西汉置西域都护府后，于阗正式被纳入西汉治理版图。这一点成为之后历代中央政权博取于阗国认同的政治基础。东汉曾借助于阗军事力量，并以其为战略基地复置西域都护府。魏晋南北朝时期，于阗亦保持与中央或河西割据政权的密切政治往来，除向中央政权例行朝贡事务外，还接受中央政权的封号。在面临柔然侵扰危机时，于阗曾请求北魏遣兵援助。

汉晋与于阗保持的长久政治关系，一方面透露出于阗在中央政权实现对西域经略的历史进程中一度占据重要的战略地位，另一方面也说明中央政权对于阗保持塔里木南道大国地位的认可，而且这种重要性亦被于阗统治者所深刻认识和重视。向中央政权示好，接受封号称臣于中央，于阗主动将自身纳入中央政权的朝贡体系之中，尤其是尉迟王系对于阗国长期的统治[3]，使得这种政治交往形式渐趋演变为一种历史传统，甚至上升至国家意志，并为历代于阗王统所秉承。

---

[1] 刘再聪：《唐四镇地区基层行政治理研究——以于阗、龟兹两地村坊制度为中心的考察》，《西域研究》2008年第3期，第21—31页。

[2] 段晴：《关于古代于阗的“村”》，载《张广达先生八十华诞祝寿论文集》，台北：新文丰出版公司，2010年，第581—604页。

[3] 孟凡人：《尼雅遗址与于阗史研究》，北京：商务印书馆，2017年，第274—276页。

李唐攻灭东突厥之后，于阗王尉迟屈密立即遣使至唐，受到唐太宗款待[1]。当然，唐廷接受于阗的称臣也有着自身的考量。首先，盘踞于河湟地区的吐谷浑自唐太宗即位后时常抢掠鄯州、兰州、廓州等陇右边地，扰乱唐廷使节出使交通，形成威胁李唐西北边防安全的不稳定因素。但唐廷因没有足够的实力和把握对付吐谷浑而未立即开展军事行动，不得不再议对策。然深谙史鉴的唐廷决策层自然联想到地处吐谷浑之西的于阗国，曾于北魏太平真君六年（445）几被向西逃亡的吐谷浑灭国一事[2]，如是，于阗国对吐谷浑应怀有灭国之仇。结合贞观六年（632）于阗王遣使入朝，并受太宗款待的史实分析，唐廷极有可能说服于阗国达成东西夹击吐谷浑的策略。由此，唐廷于贞观九年（635）遣六道大军，“并突厥、契苾之众以击之”，破吐谷浑，其王伏允自缢而死[3]。虽然史籍中未曾记载于阗在唐廷平定吐谷浑时的协助行动，但也未载于阗国对唐廷的不利事件。无独有偶，20世纪90年代末公布的一方墓表碑文，为窥探于阗在协助唐廷征伐吐谷浑的联盟行动提供了重要线索。

2.叶和墓表的发现

1933年，民国人士马君在阿克苏河下游发现《大唐毗沙郡将军叶和墓表》，碑文于20世纪90年代末得以刊布[4]，林梅村将其释读如下[5]：

（1）大唐毗沙郡将军（下残）

（2）叶和之墓（换行）

（3）贞观十季九月三日（立）石（下残）

林先生认为，第一，阿克苏河并非叶和墓表的原生地；第二，墓主人身份高贵，似为唐初于阗质子尉迟乐之父王及大画师尉迟拔质那之王兄；第三，该墓表证明唐廷在置毗沙州之前就已在此设置过毗沙郡[6]。但笔者对此结论仍持异议。

[1]（后晋）刘昫：《旧唐书》卷一九八《西戎传·于阗》，北京：中华书局，1975年，第5305页。

[2]（唐）李延寿：《北史》卷九七《西域传·于阗》，北京：中华书局，1974年，第3209、3210页。

[3]《旧唐书》卷一九八《西戎传·吐谷浑》，第5298、5299页。

[4]薛宗正：《〈大唐毗沙郡将军叶和之墓〉考释》，《新疆文物》1996年第3期，第1、2页。

[5]林梅村：《从考古发现看隋末唐初于阗与中原的关系——大唐毗沙郡将军叶和墓表考证》，《西域研究》1999年第2期，第11页。

[6]林梅村：《从考古发现看隋末唐初于阗与中原的关系——大唐毗沙郡将军叶和墓表考证》，第19页。

其一，贞观年间于阗不曾置毗沙郡。郡制始置于秦汉，后为历代沿袭。隋文帝开皇三年（583），废郡为州，至隋炀帝大业三年（607）又改州为郡，并在平定吐谷浑后，置西海、河源、鄯善、且末四郡于此[1]。唐代因治理所需，州郡制度又几经更替，“大唐武德初，改郡为州”“贞观初，并省州县”[2]，至开天时，又行郡县制[3]。郭声波所列“陇右道——河西道府州沿革表”亦无贞观置郡[4]。又，史籍中明确记载：“自太宗平突厥，西北诸蕃及蛮夷稍稍内属，即其部落列置州县。”[5]

其得出毗沙郡的结论，实因史籍中“毗沙郡公”所引导。为强化对西域诸国的统治，唐廷沿用质子制度，设“宿卫”，《新唐书》载：“至是，天下大治。蛮夷君长袭衣冠，带刀宿卫。”[6]

据《历代名画记》载，尉迟乙僧父子曾被于阗国遣至中原做质子[7]。贞观六年，尉迟乙僧随朝贡使节入居长安被“荐之阙下”，充为质子。唐廷授其宿卫官，后又袭封郡公[8]。林文认为其所“袭封郡公”乃指毗沙郡公。但结合相关资料分析，毗沙郡公并非以毗沙郡而得名。《中国古代职官大辞典》载：“魏、晋始置为（郡公）封爵。初为公之一等。其后各朝多置。”[9]如同时代定居长安的质子尉迟乐被唐廷授左领军卫大将军、上柱国，封金满郡公[10]，可知郡公乃是封爵，“毗沙”和“金满”仅为食封地或姓氏所出地，与有无置“郡”并无关系。

其二，叶和身份未必是于阗王，毗沙郡将军为唐廷所授散官。于阗国派遣中原质子的详情史载不明。尉迟乙僧父子身为质子，曾于贞观初至中宗景云年间滞留长安[11]，质子尉迟乐亦在此时期滞留长安。其间，于阗国仍向唐廷遣送

---

[1]（唐）杜佑：《通典》卷一七一《州郡一》，北京：中华书局，1988年，第4469页。

[2]《通典》卷一七二《州郡二》，第4478页。

[3]《通典》卷一七二《州郡二》，第4479、4483页。

[4] 郭声波：《中国行政区划通史·唐代卷》，上海：复旦大学出版社，2012年，第1487—1493页。

[5]（宋）欧阳修：《新唐书》卷四三《地理志七》，北京：中华书局，1975年，第1119页。

[6]《新唐书》卷九七《魏徵传》，第3870页。

[7]（唐）张彦远：《历代名画记》卷八—九，北京：中华书局，1985年，第265、278页。

[8] 张光福：《尉迟跋质那与尉迟乙僧》，上海人民美术出版社，1983年，第9页。

[9] 吕宗力主编：《中国历代官制大辞典》（修订版），北京：商务印书馆，2015年，第704页。

[10]（宋）赞宁：《宋高僧传》卷三《唐京师奉恩寺智严传》，北京：中华书局，1987年，第42页。

[11] 张光福：《尉迟跋质那与尉迟乙僧》，第10页。

质子，见诸史籍的有贞观九年（635）、十三年（639）[1]、永徽元年（650）[2]等多次。我们很难依据于阗王统世系推定叶和的准确身份。再有，凡入唐朝贡的于阗王族多被封赐官职。为质子授官已是唐廷的基本制度，质子所任官职多为散官，并无实权。由于入朝质子多为各藩属国王族，地位显赫，所封官级较高，许多质子被直接授予将军[3]。因而，墓表中的“毗沙郡将军”，应与“金满郡公”“毗沙郡公”同样为唐廷所封爵或武散官名号，实与毗沙郡无关。

3.唐初的西域战略设想

由上，叶和确为于阗王族，其“将军”这一武散官名号应是贞观六年或九年之间某次赴唐廷宿卫时被授予的，但叶和的具体身份仍无法准确判断。如此，叶和墓表在阿克苏河下游的出现，很可能并非因人为将其由于阗都城陵寝迁移至此，其实则与唐廷在西域的战略设想不无关系。

首先，唐廷在攻破东突厥后，虽然在某种意义上开启了经略西域的通道，但事实并非如此。原因在于唐廷在尚未攻破伊吾之前，高昌、西突厥等西域诸国对唐廷朝贡的友好行为是建立在丝路过境贸易、诸方势力相互制衡的基础上的。唐廷的西进势必给高昌及其宗主国西突厥造成相当大的贸易损失和军事威胁。唐廷在东天山的初始经略并不理想，在重新审视时局后，李唐欲沿袭东汉塔里木南线包围策略，达到控制塔里木两道的目的。

其次，由于高昌国阻断中道贸易，引起焉耆国的不满。贞观六年，焉耆国遣使朝贡，请求唐廷重开大碛道。从其后高昌出兵焉耆的史实来看，唐廷的确有对大碛道维护和通畅的行动。大碛道的开通对于唐廷西域战略的推进意义重大，经由此道，唐朝势力即可直接进入南北两道，实现对整个塔里木盆地的统辖。

最后，贞观九年，唐廷出兵吐谷浑，很可能与其阻扰大碛路、扣押唐朝使节有关系。值得注意的是，吐谷浑相比东西突厥而言，尚不构成西北边患。唐廷对其的征伐，竟遣六道大军，历时半年之久。唐朝军队除打击吐谷浑本土外，还追击其各股逃亡力量。据《资治通鉴》记载，唐朝军事力量应该涉足大碛路的南段、于阗国境。从所载史实来看，唐军由大碛路推进北道的策略并

[1]《新唐书》卷二二一《西戎传上·于阗传》，第6235页；《旧唐书》卷一九八《西戎传·于阗传》，第5305页。

[2]《旧唐书》卷一九八《西戎传·于阗传》，第5305页。

[3]陈金生：《特殊使者的特殊使命：质子在古代民族关系中的作用》，兰州大学出版社，2008年，第62—64页。

未实现，原因如前所述，焉耆、龟兹等北道诸国与新立的李唐之间仅存有共同的丝路贸易利益。而于阗则与北道诸国不同，一是双方有着良好的历史交往传统，二是于阗国尉迟王系对中央政权儒家文化和政治存在认同感和向心力。《于阗国授记》载：

（于阗）语言文字及宗教与印度相似，而其俗人之礼与汉人甚近。[1]

魏晋南北朝至唐初，以佛教为主体的宗教传播与回流在于阗和中原文化交往中占据相当重要的地位。又载“印度与汉土，联至一处，即为Li—yul”，意即“古藏人把于阗看作是源发于印度之佛教文字和来自汉王朝之俗人之礼义人种混合在一起之国家，故呼之Liyul，即Li国”[2]。《通典》又载：

自高昌以西，诸国人等深目高鼻，惟此一国，貌不甚胡，颇类华夏。[3]

在人类种族多样的西域，体貌特征的相似会产生一定程度的族群认同意识。同时，于阗时已兼并南道绿洲诸邦，对西突厥的奴役不满已久，加之吐谷浑败退西逃进攻于阗绿洲的潜在威胁，战略利益的交集促成了唐廷在于阗的早期谋略。如此，李唐及其亲附国于阗与西突厥及其北道役属国形成两股对抗势力，结合塔里木南北缘之间的交通可知，对抗地理前沿一是在大碛路向北至孔雀河尾闾、罗布泊北岸营盘遗址一带，一是位于和田河与阿克苏河交汇处的今阿拉尔市附近，此地距离龟兹南境防御重地据史德城较近。由此可知，贞观九年至十年（635—636）的军事行动，很可能是唐军及于阗王系军队在边防交界处与西突厥及其亲附势力发生的遭遇战，而叶和不幸战殁，遂有贞观十年大唐毗沙郡将军叶和墓碑于1300年后被发现于阿克苏河下游一事。

贞观十八年（644），唐太宗听闻玄奘即将东返中土，特发敕曰：

闻师访道殊域，今得归还，欢喜无量，可即速来与朕相见。其国僧解梵语及经义者，亦任将来，朕已敕于阗等道使诸国送师，人力鞍乘应不少乏，令敦煌官司于流沙迎接，鄯善于沮沫迎接。

从媲摩城东入沙碛，行二百余里，至泥壤城。又从此东入流沙，……

[1][2] 转引巴桑旺堆：《藏文文献中的若干古于阗史料》，《敦煌学辑刊》（1985年敦煌吐鲁番学术讨论会论文专辑）1986年第1期，第71页。原文献出自《大藏经·丹珠尔》之《于阗国授记》，藏文德格版，第176页。

[3] 《通典》卷一九二《边防八》，第5225页。

> 又行四百余里，至睹货罗故国。又行六百余里，至折摩驮那故国，即沮沫地。又东北行千余里，至纳缚波故国，即楼兰地，展转达于自境。得鞍乘已，放于阗使人及驼马还。[1]

由上而知，至少至贞观十八年（644），唐廷对西域南道的直接行政管辖已自敦煌延伸至沮沫境。同时在以西的于阗国设置有“道使”，联系敕文是朝廷对地方的下行公文，于阗道使及时履行了敕文所述职责，此即反映唐廷对于阗国存在有效的行政管辖。唐廷至此基本控制了西域南道和大碛道，并借此实现对北道控制的突破。但此种态势并未得到长期保持。贞观二十年（646），西突厥乙毗射匮遣使请婚，唐太宗要求其割让于阗等五国作为聘礼。如此分析，李唐预先计划的由西域南道、大碛道以及东天山一带，呈半包围圈状的西进策略，因西突厥政局的动荡、吐蕃势力的崛起而日渐式微。

二、唐蕃在于阗的战略博弈

7世纪上半叶，吐蕃政权日渐兴盛，并向其周边部落连续发起一系列兼并战争，基本完成了对青藏高原的统一。迫于自身发展与边防安全的需要，吐蕃又将战略空间延伸至陇右与葱岭以东的塔里木。自此，李唐在西域的经略遭遇新的挑战，而与青藏高原仅一山之隔的于阗，遂成为唐蕃在西域展开博弈的重地。

1.唐蕃早期的交锋

唐蕃在西域持续博弈现象的出现，是双方战略在不同阶段发展和变化的产物。吐谷浑事件是唐蕃双方由暗中较量走向正面冲突的关键。吐蕃恰值武力兼并、致力于高原统一的关键时期，松赞干布以吐谷浑阻碍其请婚为由，于贞观八年（634）征伐吐谷浑，将战略前沿推进至唐境松州西一带[2]。

面对吐蕃在西北边境的军事挑衅，唐廷给予了有力的回击。但双方并未发生大规模的正面冲突。吐蕃恰值对外扩张的巅峰期，一是暂时无暇东顾占据外扩战略东大门地位的吐谷浑之得失，二是此时尚不具备与唐廷逐地的实力。吐蕃只得与唐廷重修于好，称臣纳贡[3]，为东扩战略的实现积蓄实力。贞观十二年

[1]（唐）慧立、彦悰著，孙毓棠、谢方点校：《大慈恩寺三藏法师传》，北京：中华书局，2000年，第124页。

[2]《旧唐书》卷一九六《吐蕃传》，第5221页。

[3]（宋）王钦若等纂，周勋初等校订：《册府元龟》卷九七〇《外臣部·朝贡》，南京：凤凰出版社，2006年，第11229页。

（638），吐蕃以携聘礼请婚迎娶公主未得许为由，遂发动对唐境松州的军事进攻[1]。经过短暂的军事冲突后，双方又恢复到军事对峙与和谈状态，最终以“和亲”告终，唐蕃关系由此进入“亦冷亦暖”时期。

2.于阗与吐蕃的扩张

松赞干布经过连年的军事征伐，结束了青藏高原长期以来诸邦分立的政局，建立起强大而统一的吐蕃王朝。生活物资的需要与资源匮乏的矛盾，加剧了向外扩张的进程[2]，东北向的扩张成为松赞干布执政时期吐蕃的既定政策。但松赞干布（弄赞）在与李唐完成初步的交锋之后就去世了，其孙芒松芒赞继位，因年纪尚幼，国事皆由禄东赞所掌控[3]。相比于赞普弄赞，禄东赞的对外扩张视野更为开阔，他不再仅满足于占据河湟一带，而是将战略眼光延伸至以河湟为起始地，向西包括塔里木南道沿线乃至葱岭以西的地域。这一区域并未远离吐蕃本土，而是紧邻其东北、正北以及西北边缘呈现的外围弧形地域。囿于地形，禄东赞实施了由弧形地域两端开始，向内逐渐推进的策略。在完成对吐谷浑的占领后，吐蕃将正北方向的于阗纳入其进一步扩张的计划。

囿于唐廷在西域的影响，吐蕃并未轻举妄动，而是采取了结盟西突厥反唐势力联合出兵的策略。显庆四年（659），阿史那贺鲁残余势力思结俟斤都曼鼓动疏勒、朱俱波、谒般陀三国共击于阗。唐廷遣苏定方前往征讨反叛势力。但反唐势力并未被彻底铲除，而吐蕃趁机勾结弓月部，于龙朔二年（662）发动了对䫻海道行军的伏击战，《资治通鉴》载：

> （䫻海道行军总管苏海政受诏讨龟兹，途中误杀昆陵都督兴昔亡可汗，并讨击亡走两部）军还，至疏勒南，弓月部复引吐蕃之众来，欲与唐兵战；海政以师老不敢战，以军资赂吐蕃，约和而还。由是诸部落皆以兴昔亡为冤，各有离心。继往绝寻卒，十姓无主，有阿史那都支李遮匐收其余众附于吐蕃。[4]

麟德二年（665），疏勒、弓月再次勾结吐蕃入侵于阗[5]。

---

[1]（宋）司马光：《资治通鉴》卷一九五，贞观二十年九月条，北京：中华书局，2011年，第6252、6253页。

[2] 林冠群：《唐代吐蕃史研究》，台北：联经出版社，2011年，第390页。

[3]《旧唐书》卷一九六《吐蕃传》，第5222页。

[4]《资治通鉴》卷二〇一，龙朔二年十二月条，第6447页。

[5]《资治通鉴》卷二〇一，麟德二年三月条，第6458页。

分析上述两段史料可知，禄东赞凭借强大的军事力量与娴熟的外交手段，从唐廷手中夺得对战略要地吐谷浑的实际控制权。同时，通过与西域反唐势力西突厥等政权的联合行动，与李唐开始了对西域南道控制权的角逐。两次进攻虽皆遭到唐军队的阻击，但其所造成的影响却在一定程度上撼动了李唐在西域的声威，取而代之的是吐蕃政权在西域影响力的强化。因而，这一时期的西域角逐呈现出吐蕃兴盛、唐廷衰弱的趋势。而于阗在唐蕃双方博弈中的地位日渐突显。

3.唐蕃在于阗的角逐

禄东赞于乾封二年（667）去世后，其长子赞悉若、次子钦陵相继任吐蕃大相。为保障噶尔氏家族在吐蕃朝的专权，噶尔兄弟全面掌控吐蕃军政，大力向外推行军事扩张战略[1]。吐蕃在西域的谋略不再局限于对青海道至西域南道沿线的控制，而将扩张空间转向了唐廷防御空虚的整个塔里木盆地。唐蕃双方在于阗的冲突达到白热化。

乾封二年，吐蕃破生羌十二州。虽不久即罢，但我们由此可以推断吐蕃此时已经打通了经由青海道进入塔里木的交通线路。同时在由此至咸亨元年（670）的三年时间里，吐蕃自青藏高原同时经由东道和中道出兵至塔里木南道绿洲[2]，并胁迫于阗与其沿和田河北向侵入龟兹。《资治通鉴》载：

> （咸亨元年）夏，四月，吐蕃陷西域十八州，又与于阗袭龟兹拨换城，陷之。（唐廷）罢龟兹、于阗、焉耆、疏勒四镇。[3]

面对四镇即将失守的险峻形势，唐廷一方面出使安集西突厥诸部，以稳定在东天山的统治；另一方面，加强在陇右道的军防强度，“以左相姜恪为凉州道行军大总管，以御吐蕃”[4]，并派遣薛仁贵等将领发动“大非川之战”，实施对吐蕃右翼的直接征伐，行“围魏救赵”之策。虽然唐廷在此阶段对吐蕃的军事征伐未曾占据优势，甚至出现了诸如“大非川”之类的惨败，但不容否认的是，李唐采取的这些力挽狂澜的措施，为自身谋得了恢复西域统治秩序的历史机遇。值得注意的是，唐廷在西域统治的恢复又是以于阗的亲附为契机。

[1] 陈庆英、高淑芬主编：《西藏通史》，郑州：中州古籍出版社，2003年，第36—37页。

[2] 王小甫：《唐吐蕃大食政治关系史》，北京大学出版社，1992年，第39—40页。

[3]《资治通鉴》卷二〇一，咸亨元年四月条，第6478页。

[4]《资治通鉴》卷二〇一，咸亨元年九月条，第6480页。

（上元元年［674］）戊子，于阗王伏阇雄来朝。[1]

（上元二年［675］）春，正月，丙寅，以于阗国为毗沙都督府，分其境内为十州，以于阗王尉迟伏阇雄毗沙都督。[2]

史籍对此未见有过多记载，但我们不难揣测，上元元年（674）于阗王的来朝很可能是与唐廷在反击吐蕃统治方面达成某种共识，如此才有次年唐廷在于阗设置羁縻都督府、分立州县的行政管辖活动。再联系《敦煌本吐蕃历史文书》中对咸亨元年（670）唐蕃双方在且末发生遭遇战的记载，很可能在吐蕃攻陷西域十八州这一阶段，唐廷并未丢失自沙州至罗布泊北缘一带的控制权。至上元年间，于阗国联合唐廷击退占据南道东段的吐蕃势力，西州和沙州皆遣兵参战。此后，西州至罗布泊以及鄯善、且末故地被划入唐廷正州——沙州的控制范围，分置石城镇与播仙镇统辖。

三、于阗镇守军的设置与军防部署

历经太宗、高宗两代，唐廷在于阗的经略有了一定的社会基础。至则天、玄宗朝，吐蕃在西北的攻略日渐强势，北方草原第二突厥汗国也在这一时期复兴，突骑施势力掌控天山以北的游牧区，李唐西北与北部边防重又面临严峻的挑战。为切断吐蕃与北方游牧诸部的联盟，唐廷十分重视于阗镇守军抵御吐蕃北上的战略地位，并将其与陇右、河西乃至朔方一同纳入西北及北方的军防布局中。

1.于阗军政体制的设置

毗沙都督府的设置。关于毗沙都督府的设置时间，两《唐书》及《资治通鉴》均载于唐高宗上元二年（675），并提及于阗国内附时间为贞观二十二年（648）。此记载看似并无太大问题，但联系上文所论李唐在于阗早期的谋略可知，唐廷在于阗绿洲行使羁縻管辖的时间最早可上溯至贞观十年（636），再结合《大唐毗沙郡将军叶和墓表》在阿克苏河下游的发现、于阗道使对高僧玄奘的迎接，以及于阗国贵族阶层在唐廷纳质与受封可以推知，唐廷对于阗实行实际羁縻管辖的年代早于高宗上元年间，而取得这种实际羁縻管辖权的时间应在唐太宗贞观十年至十八年之间。

---

[1]《资治通鉴》卷二〇二，上元元年十二月条，第6489页。

[2]《资治通鉴》卷二〇二，上元二年正月条，第6490页。

于阗镇守军的设置与动荡。根据两《唐书》的记载，唐太宗于贞观二十二年初次提出设置四镇的构想，但结合安西都护府此时尚未迁徙至龟兹的史实，四镇并未实际设置。于阗镇守军的设置直至显庆三年（658），随安西都护府移至龟兹而得以初置。由于西域局势的动荡，高宗朝与则天朝，于阗镇守军与四镇亦经历了多次置废。咸亨元年，唐廷罢四镇，撤回防人；上元元年，于阗王伏阇雄击走吐蕃，遣使于唐，唐廷在此置毗沙都督府，很可能同时也恢复了于阗镇守军的设置；仪凤年间，西突厥与吐蕃又侵占四镇，于阗镇守军随之罢；调露元年（679），唐廷再设四镇；武周初年，吐蕃又乘机侵入四镇之地，垂拱二年（686）于阗镇守军又罢；长寿元年（692），王孝杰收复四镇，并遣重兵镇戍于此，于阗镇守军又得以重置[1]。此后直至开天时期，于阗镇守军的统辖也并非一劳永逸。中宗景龙二年（708），忠节欲联吐蕃攻突骑施娑葛，娑葛遂数发兵出安西、拨换、焉耆、疏勒，“遂陷安西，断四镇路”[2]。史籍虽未载其出兵于阗，但由之后令阿史那献为十姓可汗置军焉耆以讨娑葛的史实推测，于阗镇守军也深受此次政局动荡影响。开元六年（718），唐于四镇置节度使，于阗至此由“镇”上升为军。开元十三年（725），于阗王反，遂被安西副大都护平息[3]；十四年（726），突骑施苏禄因不满安西都护杜暹互市行为，出兵掠“四镇人畜储积”，安西仅存[4]。以上为于阗镇守军统治动荡之史实。

于阗镇守军体制的演变。总体而言，于阗镇守军体制经历了由镇戍到军镇的演变历程[5]。以长寿元年（692）王孝杰恢复四镇、遣重兵戍卫为时间节点，之前的于阗镇守军主要以塔里木东缘较近的正州折冲府代为行使职权；后期则是以于阗镇守军为主的镇戍体系。关于边境正州折冲府代行职权，刘后滨等根据出土文书《唐开元十七年（726）于阗盖阿兴牒为奴送麦事》推断，“右豹韬卫府之印”可能“为府兵制下由右豹韬卫统领的折冲府”，设置时间当在光宅元年（684）至长寿元年（692）之间[6]。池田温根据敦煌文书《沙州图经》将

[1] 荣新江：《丝绸之路上的于阗》，载上海博物馆编《于阗六篇：丝绸之路上的考古学案例》，北京大学出版社，2014年，第6页。

[2]《资治通鉴》卷二〇九，景龙二年十一月条，第6745—6747页。

[3]《资治通鉴》卷二一二，开元十三年十二月条，第6888页。

[4]《资治通鉴》卷二一三，开元十四年十二月条，第6894、6895页。

[5] 孟宪实：《于阗：从镇戍到军镇的演变》，《北京大学学报》2012年第4期，第120—128页。

[6] 刘后滨、王湛：《唐代于阗文书折冲府印考释——兼论于阗设置折冲府的时间》，《西域研究》2013年第3期，第30页。

其职位时间断定在开元二年（714）左右。

唐置四镇节度使后，于阗镇守军正式建制。史籍及出土文书证明，于阗因地当吐蕃北向入侵要冲，因而在军事防御上占据特殊地位，镇守军体制的规格因此亦较为特殊。其一，安西节度副使通常兼任于阗镇守使，出土于阗文书《唐某年某月二十六日于阗镇守军帖》中即盖有“镇守军之印”，文末出现有“使同节度副使”职衔[1]。荣新江认为安西节度副使常驻扎于阗[2]，如杨和曾在四镇经略史任上兼为于阗军大使[3]。其二，在唐廷统治西域后期，出现了于阗王兼任都督府都督及四镇节度副使头衔，这一点斯文·赫定24号汉文文书[4]即有所载。其三，于阗镇守军存在有较为系统的官职建构（表1）。

表1 于阗镇守军常设官职简况

官职	人物	职能	史籍来源
镇守使	张怀福	军事防御指挥	敦煌文书《沙州图经》卷三P.2005.
	杨和		《四镇节度副使右金吾大将军杨公神道碑》
	高仙芝		《旧唐书》卷一〇四《高仙芝传》
	郑琚		《悟空入竺记》
副使	杨副使	协助镇守使	人大馆藏《唐某年十二月十二日李旺致杨副使书状》（GXW0174）
	曲伦		X6号文书
判官	李珍、李溱等	起草文书	人大馆藏文书（GXW0169）（GXW0066），俄藏Dx.18916号文书等
专征陸卿	许晟	征收赋税	Shi27—Shi32号文书
守捉使	—	征税、防卫	圣彼得堡藏和田汉文文书《某年九月十七日杰谢镇帖羊户为羊毛事》（Dx.18915）；人大馆藏文书GXW0173.
镇官	杜怀珍	管理镇守军下设军镇	人大馆藏文书GXW0175.
所由	任季峰、张清平	履行镇官交代任务	Shi27—Shi32号文书

[1] 荣新江等编：《新获吐鲁番出土文献》，北京：中华书局，2008年，第361页。

[2] 荣新江：《丝绸之路上的于阗》，第7页。

[3]（宋）李昉：《文苑英华》卷九一七杨炎《四镇节度副使右金吾大将军杨公神道碑》，北京：中华书局，1966年，第4829页。

[4] 张广达、荣新江：《关于和田出土于阗文献的年代及其相关问题》，载《于阗史丛考》（增订本），北京：中国人民大学出版社，2008年，第60页。

续表

官职	人物	职能	史籍来源
游奕使、副使	—	侦察敌情	俄藏Dx.18917号文书
都巡	—	侦察敌情	德柏林国立印度美术馆藏MIKIII-7587号文书
馆子	—	馆驿日常工作	德柏林国立印度美术馆藏MIKIII-7587号文书
监	—	检查行人，验证过所	Mr.tagh.0628号《唐谋常监、馆人粮米账》
知堡官	—	军事戍堡长官	李吟屏所发现新疆和田四件唐代L4号文书

注：表中涉及官职、人物的出土文书仅为部分列示。

2.于阗镇守军的管辖地域及军事布防

关于于阗镇守军的管辖区划，史籍中仅见有“毗沙都督府，本于阗国，贞观二十二内附，初置州五，高宗上元二年置府，析州为十。领州十。阙”等简略记载。朱丽双基于大量于阗文书对六城、西河、东河、河中四州的地望予以考订，同时对除猪拔州外的其余五州地望进行了推断；郭声波考证猪拔州应属疏勒镇守军管辖，于阗都督府治所应单独设有毗沙州，并对于阗府十一羁縻州之地望予以复原[1]。而且，于阗镇守军至少于开天时期即在六城州等地实行了与内地州县相同的乡、村、里、坊制度。荣新江根据出土文书整理出了相应的乡、村、里、坊名称[2]。另有段晴通过对国家图书馆善本部所藏X15号和阗语文书释读，发现阿劳拱壤、速底囊、摩野若以及贺悉俱霸等四村名称[3]。

于阗镇守军的军防布局大致围绕所辖羁縻州及东西交通干线展开。按照史籍所载唐代绿洲分布密度、地形地貌特征以及交通通达程度，大致可将于阗镇守军防御区划分为重防区与外防线两个层次。于阗绿洲地当塔里木南道要冲，又可顺沿和田河通往龟兹镇守军辖区。而吐蕃及外缘敌对势力的侵扰大致亦经此交通干线。因而，于阗镇守军的外防线依地势大致可分为东西两区域。其中东部外防线的方位结合史籍及考古资料大致可以确定。《大唐西域记》载：

> 媲摩川东入沙碛，行二百余里，至尼壤城，周三四里，在大泽中。

[1] 郭声波：《中国行政区划通史·唐代卷》，第1343—1347页。文欣：《于阗国“六城”（ksa au）新考》，第125页。朱丽双：《唐代于阗的羁縻州与地理区划研究》，第71—90页。

[2] 荣新江：《关于唐宋时期中原文化对于阗影响的几个问题》，载《国学研究》（第一卷），北京大学出版社，1993年，第406页。

[3] 段晴：《关于古代于阗的“村”》，第588页。

（中略）唯趣城路，仅得通行，故往来者莫不由此城焉。而瞿萨旦那以为东境之关防也。

从此东行，入大流沙。沙则流漫，聚散随风，人行无迹，遂多迷路。四远茫茫，莫知所指，是以往来者聚遗骸以记之。乏水草，多热风。风起则人畜惛迷，因以成病。（后略）

行四百余里，至睹货逻故国。国久空旷，城皆荒芜。[1]

尼壤城位于今尼雅遗址与安迪尔遗址中间以南的地带。由上述史籍内容可以推知尼壤城虽已废弃，但仍是南道交通必经要塞，而且是唐初于阗国东境关防重地。在此东面即是长达四百里的流沙地带，其地多热风，干燥少水，行无路迹，通达条件较为恶劣。故尼壤城被称为“东境之关防”。此外，20世纪初，斯坦因在安迪尔遗址发掘汉文题记与文书五件[2]，内容皆与于阗镇守军的行政事务及军事行动相关。斯坦因认为，汉文题记佐证了《唐书》中719年之后，唐朝依靠对待吐蕃的灵活外交策略，在塔里木恢复了有效管理并将统治扩展到附近区域。安迪尔戍堡即是在7世纪中叶废弃后，8世纪初又重新被唐廷修缮利用以确保中原至于阗交通安全的小型要塞[3]。由此，唐于阗镇守军于开天年间，大致在精绝与戎卢二州（今新疆维吾尔自治区民丰县东境）部署有外防线。天宝八载（749），高仙芝协助于阗王击破萨毗、播仙，即应是依托于阗绿洲东部防线而进行的，旨在解除外部侵扰势力所采取的军事行动。

外防西线的部署亦是由当时的防御对象决定的。一是护卫塔里木南缘东西主干交通沿线的安全，另一目的是防守南边连接青藏高原的昆仑山交通隘口。这两道防线的具体建置史籍无载，然留存至今的古城及烽燧遗址以及古道，给我们探索唐代于阗镇守军外防西线的部署提供了较为明确的线索。田野考察发现，由和田绿洲中西部通往青藏高原的交通路线主要有两条：一是溯玉龙喀什河而上至昆仑山脉河谷中的普鲁村，再由此地出发，连续翻越昆仑山火山口、克里雅山口，进入藏北羌塘；另一条是自叶尔羌绿洲南部的克里阳出发，进入昆仑山河谷，经瑙阿巴提、阿克硝尔，翻越克里阳达坂，抵达吐日苏，或自皮山绿洲南部

[1]（唐）玄奘、辩机著，季羡林等校注：《大唐西域记校注》，北京：中华书局，1985年，第1030、1031页。

[2]［英］斯坦因：《古代和田——中国新疆考古发掘的详细报告》，巫新华译，济南：山东人民出版社，2009年，第594、595页。

[3]［英］斯坦因：《古代和田——中国新疆考古发掘的详细报告》，第468、475页。

的桑株出发，经康克尔、曲谷达克，翻越桑株达坂，经一干打垒筑式的蒙古包，也可抵达吐日苏，由此南行经赛拉图、三十营房，进入青藏高原[1]。此三条路线皆可由于阗绿洲进入青藏高原，但上述第一条克里雅道，因天气与地形环境过于恶劣，并不适宜大规模行军通过。1910年，日本橘瑞超曾试图沿此道前往藏北羌塘，驼队在中途几乎惨遭全军覆灭之险[2]。20世纪50年代，中国人民解放军独立骑兵师沿此道进入西藏，队伍共136人，有68人在古道牺牲。因此，古代于阗绿洲与青藏高原的交通路线主要为后者。很明显，唐代于阗镇守军在南道西部外防线的部署重点自然是昆仑山谷中的重要隘口及山麓绿洲。

重防区部署的考量因素主要有两点，一是此地位于喀拉喀什河与玉龙喀什河汇聚流入和田河的中心区域，这是于阗国规模较大的冲积绿洲平原，也是于阗国主要的经济、行政以及商贸中心；另一点是自此沿和田河道北行可直接通往安西四镇战略枢纽——安西都护府治所，于阗绿洲失守，龟兹镇守军所在的北道亦受威胁。由此可见，于阗绿洲的防御安全关系唐廷在塔里木的整体经略。根据现有出土文书及研究发现，沿和田河古道，唐代曾设有戍堡、驿站，并有专门的军卒沿线巡查。而且，与和田河平行的东部建德力河（今策勒河的延伸部分，已干涸）尾闾处的丹丹乌里克绿洲，曾是唐代军防重地杰谢镇所在地。它所肩负的军事任务，主要就是为和田河沿线戍防机构提供粮食补给与军事援助，并可经此向于阗镇守军以东的军事机构及时传递情报信息。由此，以玉龙喀什河及喀拉喀什河冲积绿洲为中心，西至今墨玉扎瓦烽燧一带，东至今策勒西境，向北至和田河沿岸神山堡（今麻扎塔格戍堡）以及附近杰谢镇（今丹丹乌里克遗址），构成于阗镇守军的核心防区。

四、结 语

1.于阗战略地位的特殊性

于阗是唐廷谋略西域经营的初始地，在其实现西域战略的进程中一度占据有特殊地位。其一，从地缘政治角度来讲，于阗地处塔里木南道要冲，至隋唐时期，于阗国所辖绿洲基本横跨南道。其东与陇右沙州接壤，是李唐继河西走

[1] 王铁男：《寻踪尘封的昆仑秘道：从南疆到藏北的徒步大穿越》，《中国国家地理》2013年第10期，第379—396页。

[2] ［日］橘瑞超：《橘瑞超西行记》，柳洪亮译，乌鲁木齐：新疆人民出版社，2013年，第66—76页。

廊之后，战略板块的向西延伸。加之，历史上于阗国一度是中央政权致力于西北边防的忠实支持者，由此，于阗成为唐廷实施西域战略、构建西北边防体系的首要着眼点。其二，在吐蕃尚未兴盛之前，于阗独控塔里木南道沿线绿洲，是唐廷经由南道逐渐向北道渗透，进而控制整个塔里木的战略后方。同时也是唐廷向西拓展战略空间、北上构建天山防线、平衡与掌控西突厥局势的战略前沿。其三，在吐蕃兴起扩边之后，于阗成为唐廷抵御吐蕃侵扰安西四镇的重要防线。虽曾几番陷于吐蕃，但凭借其天然的防御地理环境与唐廷积极的经略方针，于阗镇守军不仅有效抵御了吐蕃对塔里木的入侵行动，还将唐蕃在安西四镇的战略冲突转移至葱岭一带，减缓了西北边防的正面防御压力。由此，于阗成为唐廷在塔里木经略时间最长的地域。

2.于阗镇守军是唐代前期西北边防体系建构中的重要一环

于阗镇守军不只是唐廷实现安西四镇防御体系的重要环节，而且是构建西北防御体系的西向延伸。尤其是在吐蕃称霸青藏高原、展开东向与北向扩张之际，突厥第二汗国复兴、北方边患重又迭起之时，李唐的边防谋略不得不由先前的两翼防守，转而成为全方位的防御。由此，唐廷在制度上改原来的行军而为军镇的普遍设置，并置节度、经略使以统边务之事。在朔方置：

> 朔方节度使捍御突厥，统经略、丰安、定远三军，三受降城，安北、单于二都护府，屯灵、夏、丰三州之境，治灵州，兵六万四千七百人。[1]

在陇右置：

> 陇右节度备御吐蕃，统临洮、河源、白水、安人、振武、威戎、漠门、宁塞、积石、镇西十军，绥和、合川、平夷三守捉，屯鄯、廓、洮、河之境，治鄯州，兵七万五千人。[2]

在河西置：

> 河西节度断隔吐蕃、突厥，统赤水、大斗、建康、宁寇、玉门、墨离、豆卢、新泉八军，张掖、交城、白亭三守捉，屯凉、肃、瓜、沙、会五州之境，治凉州，兵七万三千人。[3]

由上，李唐分别在朔方、陇右、河西，连同塔里木南道于阗镇守军，共同

[1][3]《资治通鉴》卷二一五，天宝元年正月条，第6967页。

[2]《资治通鉴》卷二一五，天宝元年正月条，第6968、6969页。

构成唐廷之于北方、西北、西方以及塔里木南缘的联动军事防线。该防线的构建应始于唐高宗时期至吐蕃与突厥第二汗国兴起之时，并经武则天长寿元年收复安西四镇，至唐玄宗开天年间整体防线得以初步形成。后经历安史内乱，唐廷对外防御日益渐衰，藩镇割据始强，此防线终在吐蕃攻陷沙州的贞元年间[1]渐趋崩溃。

（作者单位：石河子大学马克思主义学院）

Study on the Management of Khotan in the Tang Dynasty

Tian Haifeng

[Abstract] Khotan, located in the southern tarim, it occupied an important strategic position in the historical process of managing the Western Region in the Tang Dynasty. At the beginning of the Tang Dynasty, based on the historical tradition of communication between the central government and Khotan and the common strategic interests of both sides, the government planned to take Khotan as a strategic breakthrough, then unified tarim north and south road. However, due to the expansion of the Tibet failed , the Tang Dynasty changed his strategy and entered the Western Region from the north tarim road. Khotan was at the forefront of the Tibetan movement. After the recovery of four towns, Khotan's garrison was established, and the garrison system was transformed into a garrison town, at the same time the construction of official positions was gradually established. Moreover, the guards of Khotan established a complete administrative system according to the areas under their control. Based on the political situation and geographical characteristics, Khotan gradually construct lifting defense and external defense two layers of military lines, which become the important link of northwest security line. The reign of Tang Dynasty in south tarim was maintained until the end of last years of Zhenyuan.

[1] 陈国灿：《唐朝吐蕃陷落沙州城的时间问题》，《敦煌学辑刊》1985年第1辑，第1—7页；后收录于氏著《陈国灿吐鲁番敦煌出土文献史事论集》，上海古籍出版社，2012年，第607页。

政治制度

杨坚诛六王再考

武岑怡

皇权与相权关系如何平衡向来是中国古代王朝的关键问题，二者关系密切而又复杂，对于皇权而言，相权既是辅佐与支持，又是牵制与威胁，往往受到猜忌与压制。宗室作为君主的宗族，凭借与君主的血缘关系得到诸多特权，宗室与皇权的关系同样微妙，二者极易相互猜忌，但也会相互扶持，宗室可以威胁皇权，也能够巩固皇权。魏晋南北朝时期皇权、相权、宗室三者的关系往往处于失衡状态，成为该时期政局动荡不安的重要诱因之一。

北周末年宣帝暴卒，静帝幼冲，宗室承担起拱卫皇权的重任，与杨坚所代表的相权抗衡。宗室以六王为代表，即宇文泰五子：赵王宇文招、陈王宇文纯、越王宇文盛、代王宇文达、滕王宇文逌，以及明帝长子毕王宇文贤。这一时期的历史与杨坚代周建隋之事关系甚大，向来为治史者所青睐，相关研究极为宏富，不过多数研究尤其是通论性著作，一般从大处着眼，对历史细节的考察尚显不足，多将北周宗室作为政治史演进的侧翼顺便提及。而宗室与杨坚的对抗，正代表了皇权与相权的斗争，杨坚之所以能够成功代周建隋，从中央层面来讲，诛六王一事尤为关键。不过学人对这一事件关注较少，着眼点亦不尽相同，虽有一些研究注意到了六王与杨坚的互动细节[1]，但二者的博弈仍有再检

[1] 韩昇认为杨坚诛杀六王在史书中留有罗织罪名的痕迹，是杨坚为夺权而制造的一起冤案。袁刚在叙述三方构难、杨坚诛灭宇文氏宗室经过的基础上，分析认为杨坚轻易代周建隋最根本的保障是关陇集团集体倒向杨坚。牛敬飞从新发现的《宇文逌墓志》入手，综合诸史对杨坚杀五王事进行细节与政治形势分析，认为《隋书》记载的杨坚诛五王事是史官在相关史实基础上，经润色加工甚至改动而成，它们试图掩盖杨坚杀五王的政治动机，并努力将其塑造为杨坚代周“合法”历程的重要环节。详参韩昇：《隋文帝传》，北京：人民出版社，1998年，第76—116页；《隋文帝弑君与被弑说考证》，《学术研究》2000年第2期，第97—103页。袁刚：《说北周大象二年杨坚假黄钺杀五王克平三方构难》，《大同高等专科学校学报》1999年第4期，第17—21页。牛敬飞：《杨坚诛五王史实补考》，载权家玉主编《中国中古史集刊》第1辑，北京：商务印书馆，2015年，第354—376页。

讨的必要。还有不少研究散见于相关通论性著作，及杨坚代周建隋的研究论著中，也包括杨坚的个人传记，但囿于体例等原因，大多没有对杨坚诛六王一事给予足够的关注[1]。特别是对于此事在史籍记载中的抵牾之处，学人鲜有注目，也尚未有研究给宗室六王以清晰的政治定位，因此对杨坚诛六王一事的性质定义难免出现偏差。有鉴于此，本文拟以杨坚与北周宗室的互动为线索，以杨坚诛六王一事为中心，厘清其细节，由此对北周政权在中央层面的覆亡进行深入剖析，考察魏晋南北朝时期皇权、相权与宗室三种力量的博弈。兹不揣浅陋，略陈管见，谬误之处，敬请指正。

一、杨坚诛六王的准备

北周皇权在武帝、宣帝时期得以复振，宣帝即位后，专权日甚，一批位高望重的宗室很快被清除出中央。宣政元年（578）六月，宣帝以谋反的罪名诛杀宇文宪及其五子，大象元年（579）五月，宣帝为五位宗王宇文招、宇文纯、宇文盛、宇文达、宇文逌分封食邑，令其之国。这些举措在一定程度上加强了皇权，却也失去了宗室这一拱卫皇权的屏障。大象二年（580）五月，宣帝驾崩，杨坚在宣帝亲信刘昉、郑译及杨皇后等人的协助下，成功入朝总政。但杨坚身为宣帝岳父，此前在政坛上表现平平，无可称道的军功、政绩[2]，并非辅政的最

[1] 比较重要的研究有吕思勉：《两晋南北朝史》，上海古籍出版社，1983年。汤承业：《隋文帝政治事功之研究》，台北：中国学术著作奖助委员会，1967年。胡如雷：《北周政局的演变与杨坚的以隋代周》，《社会科学战线》1990年第2期，第162—171页。黄永年：《六至九世纪中国政治史》，上海书店出版社，2004年。张伟国：《关陇武将与周隋政权》，广州：中山大学出版社，1993年。施建中：《隋文帝评传——沿革随时再统华夏的英主》，南宁：广西教育出版社，1996年。梁满仓：《隋文帝——杨坚》，北京：学苑出版社，1997年。杨翠微：《论杨坚代周建隋》，《齐鲁学刊》1998年第3期，第46—53页。雷依群：《北周史稿》，西安：陕西人民教育出版社，1999年。吕春盛：《关陇集团的权力结构演变——西魏北周政治史研究》，台北：稻乡出版社，2002年。林静薇：《杨坚代周建隋之侧面研究》，台湾中正大学硕士学位论文，2006年。黄中业：《隋文帝杨坚传》，长春：吉林人民出版社，2010年。

[2] 学界对杨坚在北周的政治表现与地位看法不一，不少学者对杨坚的家世、婚姻关系、军功、相貌传说进行全面的分析，关注杨坚政治经历的动态变化，大多得出杨坚在北周宣帝即位之前表现平平的结论，主要研究有［日］宫崎市定：《宫崎市定说隋炀帝：传说的暴君与湮没的史实》，杨晓钟、孟简、魏海燕译，西安：陕西人民出版社，2007年。［日］谷川道雄：《隋唐帝国形成史论》，李济沧译，上海古籍出版社，2011年，第255页。吕春盛：《关陇集团的权力结构演变——西魏北周政治史研究》，台北：稻乡出版社，2002年；《关于杨坚兴起背景的考察》，《汉学研究》2000年第18卷第2期，第167—196页。林静微：《杨坚代周建隋之侧面研究》，台湾中正大学硕士学位论文，2006年，第45—53页。苏小华：《北镇势力与北朝政治文化》，北京：中国社会科学出版社，2012年，第207—212页。

佳人选，其辅政的合法性首先受到宗室的挑战。宗室的皇族身份相比于杨坚更具优势，而且其中不乏赵王宇文招这样资望并重者，这显然是杨坚辅政的最大威胁。在静帝年幼、缺乏执政能力的情况下，北周宗室特别是宗室六王顺理成章地成为皇权的代表，站在了杨坚所代表的相权的对立面。杨坚若要坐稳辅政之位，必须先扫清这一政治障碍。

宗室以六王为代表，即宇文泰五子：赵王宇文招、陈王宇文纯、越王宇文盛、代王宇文达、滕王宇文逌及明帝长子毕王宇文贤。相关史籍对六王与杨坚交锋的一系列记载抵牾颇多，首先是关于诏五王入朝之命由谁所下的问题。《周书·宣帝纪》载："（大象二年五月）丁未，追赵、陈、越、代、滕五王入朝。"《北史·周本纪下》记载相同[1]，《周书·赵僭王招传》载："（大象）二年，宣帝不豫，征招及陈、越、代、滕五王赴阙。"以上记载均表明五王由宣帝征召入朝。而《隋书》则载五王入朝是杨坚所谋："周氏诸王在藩者，高祖悉恐其生变，称赵王招将嫁女于突厥为词以征之。"《北史·隋本纪上》记载一致，《资治通鉴》也采用了这一说法[2]。

宣帝染疾后病情迅速恶化，很可能预感自己将不久于人世，考虑到静帝幼冲，诏征五王入朝嘱托后事是合乎情理的。照此，诏令应以最快的速度下达，但从五王最终入京的时间来看，似乎并非如此，这一诏令很可能未及时传达给五王。《周书·静帝纪》载："（大象二年六月）赵王招、陈王纯、越王盛、代王达、滕王逌来朝。"将之系于六月戊午（初四）之后，庚申（初六）之前。《隋书·高祖纪上》载："（大象二年六月）赵王招、陈王纯、越王盛、代王达、滕王逌并至于长安。"[3]《北史》《资治通鉴》的记载与之大同小异。从以上史料中的"来朝""并至"等字眼，无法判断五王到达之早晚，五王的排名显然是以长幼为序，同样不能反映其到达之先后。但是，五王的封地并非集中于一处，有的甚至相距较远，对于同时下达的诏令，五王的接收时间是有先后的，同时到达长安的可能性极低。大象元年（579），宣帝以洺州襄国郡为赵国，齐州济南郡为陈国，丰州武当、安富二郡为越国，潞州上党郡为代国，

[1]（唐）令狐德棻：《周书》卷七《宣帝纪》，北京：中华书局，1971年，第124页。（唐）李延寿：《北史》卷十《周本纪下》，北京：中华书局，1974年，第379页。

[2]《周书》卷十三《文闵明武宣诸子列传·赵僭王招传》，第203页。（唐）魏徵：《隋书》卷一《高祖纪上》，北京：中华书局，1973年，第3页。《北史》卷十一《隋本纪上》，第400页。（宋）司马光：《资治通鉴》卷一七四，太建十二年，北京：中华书局，1956年，第5409页。

[3]《周书》卷八《静帝纪》，第132页。《隋书》卷一《高祖纪上》，第3页。

荆州新野郡为滕国，令五王之国[1]。五王封地中距长安最近的是越、滕二国，最远的是陈国。从五王封国与长安之间的距离来看，最早接到征召之命并到达长安的应是越王宇文盛与滕王宇文逌。越国在丰州，唐代称为均州，《元和郡县图志》载均州“西北至上都（长安）九百里”[2]。早在两汉时期，邮递的正常速度就可达到每日五百余里，若日夜兼程，甚至可以千里计[3]。具体到北周，就连宣帝的出游速度也达到了相当可观的程度。大象元年（579）宣帝行幸洛阳，“亲御驿马，日行三百里。四皇后及文武侍卫数百人，并乘驿以从。仍令四后方驾齐驱，或有先后，便加谴责，人马顿仆相属”[4]。宣帝此次出行亲驾驿马，声势浩大，其间还要调整队伍，难免影响行进速度，饶是如此，仍可日行三百里，因此北周邮驿的正常传递必不会低于这个速度。况且这样紧急的诏令在传达时，很有可能需要昼夜兼行。如果征召五王之令为宣帝原意，并在五月丁未（二十三）发出，即使以每日三百里的速度计算，据京城最近的越王宇文盛到达长安的时间也必定在五月，不可能拖至六月。最远的陈国所在的齐州距长安两千一百多里[5]，到达时间亦不会迟于六月戊午（初四）。五王入京时间如此之晚，显然有悖常理，说明宣帝诏令并未在五月丁未（二十三）发出，最有可能阻碍诏令下达者非刘昉、郑译，而是杨坚。

刘昉、郑译之得宠，全凭自身与宣帝的个人关系，如果改朝换代特别是五王辅政则权势难保。出于维系自身权势的考虑，他们在宣帝驾崩后矫诏令杨坚辅政，并欲以杨坚为傀儡，自己把持朝政。二人试图授杨坚名重权轻的大冢宰

---

[1]《周书》卷七《宣帝纪》，第120页。

[2]（唐）李吉甫撰，贺次君点校：《元和郡县图志》卷二一《山南道二》，北京：中华书局，1983年，第543页。

[3]高敏：《秦汉邮传制度考略》，《历史研究》1985年第3期，第79页。不过汉代的里与唐代不同，从考古发现来看，汉代尺长23.1厘米，北周、唐代尺长29.6厘米（曾武秀：《中国历代尺度概述》，《历史研究》1964年第3期，第163—182页），据《汉书·食货志》载：“六尺为步，步百为亩，亩百为夫，夫三为屋，屋三为井，井方一里”［（东汉）班固：《汉书》卷二四上《食货志上》，北京：中华书局，1962年，第1119页］，因此汉代一里为415.8米。不过唐代有“大里”“小里”之分，小里即延续之前六尺为步、三百步为一里的古法，《元和郡县图志》就以小里为计量单位（参见胡戟：《唐代度量衡与亩里制度》，《西北大学学报》1980年第4期，第34—41页。吴慧：《魏晋南北朝隋唐的度量衡》，《中国社会经济史研究》1992年第3期，第7—18、60页）。

[4]《周书》卷七《宣帝纪》，第122页。

[5]《元和郡县图志》卷十《河南道六》记载齐州“西南至上都（长安）二千一百五里”，第276页。

之职，而郑译自任大司马，掌管兵权，刘昉任小冢宰，以此架空杨坚[1]。因此刘昉、郑译在宣帝病重时很可能为了自身利益推迟诏令下达，甚至可能直到矫诏令杨坚辅政后，征诏五王的诏令才得以下达，而诏令此时是否仍保持宣帝原意也很值得怀疑。《隋书·高祖纪上》载杨坚借口千金公主出嫁突厥而征五王入京，同书《崔彭传》则称陈王宇文纯被崔彭以有罪之由执而锁之，押解至京[2]。这些记载令五王入京之事的真相模糊不清，虽然从常理揣度，难以尽信，但均从侧面反映了五王入京的诏令很可能已改头换面。宣帝暴崩后，受诏回朝的不止五王，亦有地方大员。杨坚以会葬之由诏相州总管尉迟迥入京，但尉迟迥得知杨坚当权后，便拒绝回京，转而在地方起兵[3]。如若五王接到的诏令原意未变，那么他们很有可能如尉迟迥一般，在地方举兵，这对于根基未稳的杨坚而言，显然是极大的威胁。因此，五王接到的诏令未提及宣帝驾崩，甚而面目全非是很有可能的。

综上所述，宣帝在预感到自己时日无多之际下令征五王入朝，但由于某些原因，很可能即刘昉、郑译的阻挠，诏令尚未发出宣帝就已驾崩，刘昉等人立刻矫诏推举杨坚辅政。杨坚担心诸王在藩生变，亦召五王入朝，却未告知宣帝驾崩实情，而是以千金公主出嫁等理由将五王诓骗到京城。但五王入京后，宣帝已驾崩十余日，杨坚辅政之位日趋稳固，五王不但丧失了军权，还处在了严密的监视之下。凡此种种，均是杨坚为日后诛杀六王所做的准备，从宣帝诏令被推迟、篡改的那一刻开始，宗室与杨坚的斗争就此拉开序幕，皇权亦由此旁落，陷入被动境地。

二、毕王宇文贤之死——杨坚诛六王的开端

宗室六王中，最先被杨坚诛杀的是毕王宇文贤。大象二年（580）六月，宇文贤被杨坚以“谋执政”的罪名诛杀[4]。牛敬飞认为毕王谋杀杨坚为独立一事，与五王关系不大，且五王入京后已在杨坚监视之下，宇文贤与之勾结的可能性大大降低。《隋书·高祖纪》将毕王谋杀杨坚与杨坚加五王殊礼二事缀合，是

[1] 《隋书》卷四二《李德林传》，第1198页。

[2] 《隋书》卷一《高祖纪上》，第3页。《隋书》卷五四《崔彭传》，第1369页。

[3] 《周书》卷二一《尉迟迥传》，第351页。

[4] 《周书》卷八《静帝纪》，第132页。

强化杨隋代周合法性的历史书写[1]。这一推论非常有见地，但宇文贤与五王勾结一事尚不可轻易否定。杨坚固然对六王有所监视，但并不能限制他们的一切行动。《隋书·李安传》载："（李）安叔父梁州刺史璋，时在京师，与周赵王谋害高祖。"[2]可见五王即使失去军权，受到监视，却依然暗中与他人联合对付杨坚。宇文贤时任雍州牧兼太师，权位非一州刺史可比，甚至是长安唯一掌握兵权的宗室。雍州为皇畿，宣帝驾崩前后，身为雍州牧的宇文贤一直在长安，更熟悉长安及朝廷情况，也更方便与五王联合。而且宇文贤与五王同为宗室，利益一致，反对杨坚的立场无疑比普通官员更加坚定。相较于北周其他官员，宇文贤与五王合谋的可能性很大。

只是杨坚诛宇文贤并"寝赵王等之罪"与杨坚"诏五王剑履上殿，入朝不趋"二事恐怕联系不大。据《宇文贤墓志》载，宇文贤于六月辛未（十七）被诛[3]，《周书·静帝纪》将五王入朝不趋、剑履上殿一事系于七月庚子（十七），其间相距一月，且二者间隔数事，因此二者的因果关系很难成立。事实上，与后者联系更紧密的是宣帝下葬时杨坚对六王的监视，"周宣帝葬，备诸王有变，令（杨）雄率六千骑送至陵所"[4]。宣帝于大象二年（580）七月丙申（十三）葬于定陵[5]，与杨坚实行安抚五王之举仅相差四天，杨坚"用安其心"之意恐怕在此。他担心五王会借宣帝下葬之机发难，遂令杨雄领六千骑压阵。宣帝葬礼虽安然度过，但杨坚用意如此明显，难保五王不会在宣帝葬礼之后有所动作，杨坚对他们加以殊礼正是为了安抚、麻痹五王。

宇文贤"谋执政"一事的泄漏与杨坚对六王的监视有关，告发宇文贤的正是杨坚族子杨雄，"雍州牧毕王贤谋作难，（杨）雄时为别驾，知其谋，以告高祖"[6]。宇文贤被诛后，杨雄因告发有功升任柱国，并接替宇文贤出任雍州牧。相州总管尉迟迥已于大象二年（580）六月举兵，宇文贤是当时长安唯一手握兵权的宗室，如果二人里应外合，势必酿成更大的动乱。宇文贤从大象元年（579）七月开始担任雍州牧，同年八月又兼任太师，一直在长安，对宣帝驾

[1] 牛敬飞：《杨坚诛五王史实补考》，第354—376页。

[2]《隋书》卷五十《李安传》，第1322页。

[3]《宇文贤墓志》载宇文贤"以大象二年岁次庚子六月己卯朔十七日辛未薨乎第"。王书钦、秦航：《新出北周〈宇文贤墓志〉考释》，载《纪念西安碑林930周年华诞学术研讨会论文材料》，西安碑林博物馆，2017年，第124页。

[4][6]《隋书》卷四三《观德王雄传》，第1216页。

[5]《周书》卷七《宣帝纪》，第124页。

崩、杨坚辅政等一系列事情比五王更早知道，可能很早便萌发“谋执政”的想法，甚至在五王入朝后，成为六王“谋执政”的主导者也不无可能。杨坚为了防止宇文贤密谋滋甚，最早对其下手亦在情理之中。宇文贤兼任的太师一职虽然并无实权，但位列三公之首，再配合其宗室及雍州牧的双重身份，想必也给杨坚造成了一定压力。因此宇文贤成为杨坚的首要清算对象就不足为奇了。

从新出《宇文贤墓志》来看，还有一点值得注意，墓志记载宇文贤死后葬于“洪渡乡洪坡里”的宗室墓地，这可能暗含了杨坚对皇权暂时妥协的意味。北周上层贵族、官僚甚至帝王则多葬于咸阳北原，当时名为“石安原”或“洪渎原”，根据出土墓葬可以推测在今陕西省咸阳市底张镇一带[1]。从目前所见的北周皇帝、宗室等人的墓葬与墓志来看，葬于此地的有北周武帝及其皇后阿史那氏、齐王宇文宪、谯王宇文俭及其夫人步陆孤氏、生母权氏、冀国公宇文通及其生母乌六浑氏、赵王宇文招夫人纥豆陵氏[2]。亦有个别宗室葬于他处，如宇文翼、宇文广葬于秦州，二人均为北周太祖宇文泰之侄宇文导之子，宇文导亦葬于秦州。父子两代俱葬于此，可能因为北周朝廷希望他们能够世代镇守陇右[3]。如果没有特殊情况，宗室一般会葬在洪渎原的家族墓地。不过同为六王，宇文逌却葬于“京兆万年县”，联系其与宇文贤墓志中的其他信息，或可略解其中原委。为便于讨论，兹誊录二人墓志如下[4]：

[1] 周伟洲：《陕西北周墓葬主死葬地考》，《中国历史地理论丛》1994年第1期，第209—222页。“洪渎原”在墓志中亦写作洪渎川、胡渎川、洪渎乡等，盖当时北语、华语音译差异所致。

[2] 以上诸人墓志及葬地信息参见陕西省考古研究所、咸阳市考古研究所：《北周武帝孝陵发掘简报》，《考古与文物》1997年第2期，第8—28页。（北周）庾信撰，（清）倪璠注，许逸民校点：《庾子山集注》卷一三《碑·周上柱国齐王宪神道碑》，北京：中华书局，1980年，第747页。陕西省考古研究所：《北周宇文俭墓清理发掘简报》，《考古与文物》2001年第3期，第27—40页。邢福来、李明：《咸阳发现北周最高等级墓葬——再次证明咸阳北原为北周皇家墓葬区》，《中国文物报》2001年5月2日第1版。《庾子山集注》卷一六《志铭·周谯国夫人步陆孤氏墓志铭》，第1029页。《庾子山集注》卷一六《志铭·周赵国夫人纥豆陵氏墓志铭》，第1038页。

[3] 参见邵郁：《北周宇文廙、宇文广墓志疏证》，《天水师范学院学报》2014年第3期，第17—21页。宇文廙、宇文广墓志录文亦参见此文，宇文廙即宇文翼，其墓志中“翼”写作“廙”，墓志载其葬于孝公山，从志文来看当在上邽境内，位于今甘肃省天水市境内。宇文广墓志载其葬于秦州之某原，邵郁推测为无疆原，与其父宇文导同，亦在今甘肃省境内。宇文广墓志又见张维编《陇右金石录》收于《石刻史料新编》第一辑第二十一册，台北：新文丰出版公司，1979年，第15975页。

[4] 宇文贤墓志录文见王书钦、秦航：《新出北周〈宇文贤墓志〉考释》，第124页。宇文逌墓志图版见赵文成、赵君平编：《秦晋豫新出墓志搜佚续编》，北京：国家图书馆出版社，2015年，第162页；录文、图版又见牛敬飞：《北周宇文逌墓志考释》，载杜文玉主编《唐史论丛》第十八辑，西安：陕西师范大学出版总社，2014年，第187—196页。

墓志名称	宇文贤墓志	宇文逌墓志
志文	大周故毕国公墓志 公讳贤，字乾阳，世宗明皇帝长子也，爵位始终存乎史策。以大象二年岁次庚子六月己卯朔十七日辛未薨乎第，春秋廿二。其年十月癸丑朔廿日壬申，诏葬于洪渡乡洪坡里。赠毕国公，谥剌	大周故滕国间公墓志 公讳逌，字尔固突，河南洛阳人也，太祖文皇帝之第十五子。以大象二年十二月廿一日，遘疾，薨于京第，时年廿五。有诏赠滕国公，谥曰间。以其月廿七日窆于京兆万年县

二王墓志中的爵位均为“国公”，而非各自本传记载的“王”，《隋书》将周氏诸王尽降为公一事系于开皇元年（581）二月[1]，而二王均于大象二年（580）去世，可见杨坚在即位之前，已着手对诸王降爵。虽然毕、滕二王墓志中均未言明其死因，特别是滕王宇文逌被讳饰为因病去世，但二王被降爵为公意味着其谋逆之罪在当时已成盖棺定论，否则没有降爵的道理，宇文贤墓志中的谥号与其本传一致为恶谥“剌”亦是明证。而宇文逌墓志中的谥号却为美谥“间”，非其本传所载的恶谥“闻”，《隋书·经籍志》中有“后周《滕简王集》八卷”[2]，此处“简”可能为“间”之别字。与之相类，赵王宇文招亦有两谥，一为其本传之恶谥“僭”，一为《新唐书·经籍志》所载美谥“平”[3]。牛敬飞认为在宇文逌死后，北周礼官或念及滕王为皇叔祖，便谥以“间”（“简”），恶谥是杨坚在代周之后所予[4]。但这无法解释为何宇文贤墓志中为恶谥，而且是否予以美谥不是仅礼官就可决定，因此这种推测难以成立。赵、滕二王之所以享有美谥，很可能是杨坚迫于北周中央文官压力的权宜之举，某种程度上相当于对皇权的妥协。赵、滕二王均为好经史、善属文之人，与庾信等文官关系密切，宇文逌曾为《庾信集》作序，《庾信集》亦收录了很多庾信与二王的唱和诗文[5]，二王的文集很可能是其去世后，由文官组织结集而成。

[1]《隋书》卷一《高祖纪上》，第13页。

[2]《隋书》卷三五《经籍志四》，第1079页。

[3]（宋）欧阳修：《新唐书》卷六〇《艺文志四》载：《赵平王集》十卷。北京：中华书局，1975年，第1595页。宇文招的文集在国内早已亡佚，唯日本奈良正仓院所藏《圣武天皇宸翰杂集》中保留下来一部分，题为“周赵王集”。参见王晓平：《日本正仓院藏〈圣武天皇宸翰杂集〉释录》，载王晓平主编《国际中国文学研究丛刊》第三辑，上海古籍出版社，2015年，第61—104页。

[4]牛敬飞对宇文逌、宇文招各自的两个谥号有较详细的考证，参见《杨坚诛五王史实补考》，第355—358页。

[5]参见《周书》卷一三《文闵明武宣诸子列传·赵僭王招传》，第202页；《周书》卷一三《文闵明武宣诸子列传·滕闻王逌传》，第206页；《周书》卷四一《庾信传》，第734页。《庾子山集注·滕王逌原序》，第49—67页。

大象二年（580）七月，“赵王招、越王盛以谋执政被诛”，同年十二月，“代王达、滕王逌并以谋执政被诛”[1]。赵、越二王去世时，杨坚尚未禅代，特别是宇文招被诛时正是“三方之乱”扰动剧烈之际，杨坚需要稳定中央以放手解决地方动乱，铲除赵、越二王可以震慑中央宗室，一定程度上防止其与尉迟迥等地方叛乱者里应外合，而予赵王以美谥则可安抚中央文官。代、滕二王被诛于杨坚禅代前夜，是为了在中央扫清改朝换代的阻力，此时赐予宇文逌美谥亦在于安抚文官，其目的仍是减小禅代阻碍。不过宇文逌未能像大多数北周宗室一样葬于洪渎原，而是草草窆于京兆万年县，这说明杨坚予其美谥只是为了安抚文官的权宜之策，因而以改变葬地的方式表明自己的态度，禅代成功后，杨坚又以恶谥加之，完全坐实五王谋逆之罪。而杨坚虽予宇文贤以恶谥，却将其葬于宗室墓地，表示其对皇权的妥协，毕竟当时五王尚在，杨坚固然要以打击宗室的方式削弱皇权，但又不可操之过急，某些时候也需要在形式上对皇权做出一定的让步。无论如何，中央宗室中唯一手握军权的毕王宇文贤被诛，使宗室遭受重创，北周皇权被严重削弱。

三、杨坚诛五王始末

毕王宇文贤死后，杨坚表面与五王相安无事，甚至加五王殊礼以安其心，双方暗中较量却十分激烈，最终五王落败，先后为杨坚所诛[2]。五王被诛的理由均为谋（怨）执政，在五王与杨坚斗争的背景下，这既是借口，也是不争的事实，可以说杨坚诛五王需要的并非借口，而是适当的时机。

五王实力不一决定了其对杨坚的威胁程度不同。从五王各自的政治活动来看，他们均在中央、地方担任过要职，政治、军事经验十分丰富，但是由于五王年岁有差，步入政坛的时间有先后，所任官职各异，参与的军事活动也不尽相同，导致其政治影响大小不一，对杨坚的威胁程度自然有差别，其中对杨坚最具威胁的是赵王宇文招。宇文招年岁最长，资望最重，早在保定二年（562）已

[1]《周书》卷八《静帝纪》，第132、135页。《隋书·高祖纪上》将代滕二王之死系于十一月辛未，近年出土的滕王宇文逌墓志载“以大象二年十二月廿一日，遘疾，薨于京第”，足证《隋书》之误。牛敬飞对该问题进行了考辨，认为“历史事实是杨坚称王后便杀掉代滕二王，隋朝史臣错系杀二王，但《高祖纪》若将此事系于杨坚称王——加九锡——称帝这一递进的完美的禅代程序之间，便有损杨坚之德，这或许是隋朝史臣错系杀二王在杨坚称王之前的初衷。”《杨坚诛五王史实补考》，第369、370页。

[2]《周书》卷八《静帝纪》，第132—135页。

任益州总管，后历大司空、大司马、雍州牧等要职，两次参与伐齐，建德六年（577）任行军总管，随齐王宇文宪讨稽胡，宣帝即位后任太师，位列三公之首。陈王宇文纯与越王宇文盛对杨坚的威胁仅次于宇文招，二人任职经历也颇为相似，均曾在地方担任重要州府长官，在中央亦担任三公六卿等职。武帝时期宇文纯历任岐州刺史、秦州总管、陕州总管、雍州牧等职，宇文盛在平齐后任相州总管。宣帝即位之初，宇文纯任太傅，宇文盛在武帝亲政后就出任过大冢宰，宣帝即位后又任大前疑、太保。武帝时期，二人均以军事统帅身份两次参与伐齐战役。陈越二王政治、军事经验丰富，有较强的作战能力。代王宇文达与滕王宇文逌则稍逊一筹，宇文达在武帝时任右宫伯、左宗卫，掌管宫廷禁卫，武帝亲政后任荆州刺史、益州总管等职，宣帝时拜大右弼。宇文逌在武帝亲政后任河阳总管，协助宣帝西征吐谷浑，与宇文招一同跟随宇文宪讨平稽胡，二人履历显然不及三位兄长[1]。由此可知，五王对杨坚的威胁程度由大到小依次分为三个等级：宇文招、宇文纯与宇文盛、宇文达与宇文逌。

赵王宇文招资深望重，自然成为杨坚最忌惮的人物。宇文招入京后，曾与时在长安的梁州刺史李璋密谋铲除杨坚，此事很快被李璋侄儿李安告知杨坚[2]。杨坚当时按兵未动，铲除毕王宇文贤后，旋即将矛头对准宇文招。双方最激烈的交锋当属赵王于宴会图谋杨坚一事，此事原委在诸史中详略不一，细节多有出入。对此事记述最详细的是《隋书·元胄传》[3]，其描写堪称是对鸿门宴故事的搬演、摹写，学人已指出其伪[4]。比对诸史，此事疑点甚多，相关记载的最大分歧在于此次宴会究竟是宇文招邀请杨坚，还是杨坚主动造访。《周书·赵僭王招传》与《北史·周室诸王》均载："隋文帝将迁周鼎，招密欲图之，以匡社稷。乃邀隋文帝至第，饮于寝室。"[5]这与《隋书·元胄传》一致，《北史·元胄传》甚至在此基础上，衍生出杨坚事前并不知五王密谋的细节："周赵王招谋害帝，帝不之知，乃将酒肴诣其宅。"[6]这些记载中，宇文招欲设宴谋害杨

[1]《周书》卷一三《文闵明武宣诸子列传》，第202—206页。

[2]《隋书》卷五〇《李安传》，第1322、1323页。

[3]《隋书》卷四〇《元胄传》，第1176、1177页。

[4]参见韩昇：《隋文帝传》，第84页。牛敬飞：《杨坚诛五王史实补考》，第367、368页。

[5]《周书》卷一三《文闵明武宣诸子列传·赵僭王招传》，第203页。《北史》卷五八《周室诸王列传》，第2093页。牛敬飞认为《北史·元胄传》"帝不知之"的细节是从《隋书·元胄传》中衍生而来，从后者的许多用词中都可以看出撰写者在努力塑造"帝不知之"的状态。《杨坚诛五王史实补考》，第370页。

[6]《北史》卷七三《元胄传》，第2518页。

坚，主动邀其赴宴，杨坚事先甚至对宇文招的密谋一无所知。《资治通鉴》记载略有不同，杨坚虽受宇文招之邀赴宴，却是有备而来，“坚赍酒殽就之”[1]这一细节反而与《北史·元胄传》相吻合。《隋书·高祖纪上》则明确记载杨坚事先已知宇文招之谋，甚而主动置酒肴亲赴赵王府，“五王阴谋滋甚，高祖赍酒肴以造赵王第，欲观所为”[2]。牛敬飞认为《隋书》所载与史实不符，是为了掩盖杨坚杀五王的政治动机，为杨坚代周的合法性张本[3]。不可否认《隋书》的书写受到当时政治影响，令此事面目漫漶不清，但其与其他史书记述相抵牾之处，反而可窥得一二真相。五王自入京后就处于杨坚的监视之下，此前宇文招与李璋的密谋已被杨坚知悉，因此“帝不知之”的说辞很难成立，而且当时杨坚忙于应对三方之乱，岂有闲暇饮酒作乐，是以《隋书·高祖纪上》的记载应当更接近于真实情况。

种种迹象表明，杨坚除五王需要的不是借口，而是时机。杨坚除掉毕王宇文贤的借口与除掉赵、越二王的借口相同，均是“谋执政”。不同的是，直接导致宇文贤被诛的原因是杨雄的告发，而宇文招、宇文盛被诛前虽有李安向杨坚告密，但真正的导火索却是赵王的“鸿门宴”，这次交锋显然成为五王命运的转折点。

杨坚并未仅凭他人告发即定五王之罪，而是不顾安危，主动拜访宇文招，这一举动并不像是为了寻找罪名，反而像是为了确定铲除五王的适当时机而去打探虚实，其意正如《隋书·高祖纪上》所言“欲观所为”[4]。而且杨坚即使知道宇文贤与五王勾结，也没有借机除掉五王，甚至在宣帝葬礼之后还加五王殊礼，以安其心。这些均说明杨坚认为当时并非除掉五王的最佳时机，或是他尚未看清五王虚实，不敢轻举妄动。况且当天赴赵王之宴的是滕王宇文逌，事后被诛的却是未参加宴会的越王宇文盛[5]，这更加说明杨坚除五王是计划内的事，铲除宗室诸王的先后次序、主要依据无关事实真相，与之直接相关的是诸王威胁程度的大小，诛杀五王的理由也并不重要，重要的是诛杀的时机。

杨坚选择此时对五王开刀尚有其他考虑。大象二年（580）六月，相州总管尉迟迥举兵。七月，荥州刺史、邵国公宇文胄，青州总管尉迟勤，郧州总管司

[1]《资治通鉴》卷一七四，太建十二年条，第5419页。

[2][4]《隋书》卷一《高祖纪上》，第4页。

[3]牛敬飞：《杨坚诛五王史实补考》，第374页。

[5]《隋书》卷四〇《元胄传》，第1176页；卷一《高祖纪上》，第4页。

马消难先后举兵相应[1]，“三方之乱”愈演愈烈。杨坚处于内外交困之境地，此时亟待解决的正是地方叛乱，而朝中六王伺机而动，图谋执政。尉迟迥举兵在杨坚诛宇文贤之前，宇文贤是长安唯一掌握兵权的宗室，如果与尉迟迥里应外合，后果不堪设想。杨坚诛杀宇文贤，有攘外必先安内之意，选择此时处理五王问题，则是这一政策的延续。五王已失去兵权，又受到杨坚监视，唯一可与杨坚抗衡的资本就是宗室身份所具备的号召力。三方之乱中，尉迟迥在相州奉赵王宇文招少子以号令，就是借其宗室身份强化起事的正当性。而尉迟迥既是皇室亲族[2]，又是宣帝岳父，却仍选择拥护在地方毫无实力的宗室，这证明宗室身份在当时远比亲族、外戚等身份更具号召力。然而五王已没有与杨坚正面交锋的资本，只能暗中行刺，“周氏诸王素惮高祖，每伺高祖之隙，图为不利；赖圆通保护，获免者数矣”[3]，可见诸王虽无大动作，却仍给杨坚带来一些麻烦。杨坚以“谋执政”的罪名诛杀对其威胁最大的赵、越二王，未尝不是对宇文氏拥护者的一大打击，同时也是瓦解北周政权的重要一环。

赵、越二王被诛后，六王中最棘手的三人已被杨坚尽除，宗室元气大伤，杨坚得以专心应对三方之乱。三方总管在杨坚的有力打击下节节败退，杨坚仅用不到四个月的时间就平定了三方之乱。就在尉迟迥、司马消难之乱被平之际，杨坚在中央也采取了一系列强化自己权势的措施。九月，丞相去左右之号，杨坚任大丞相。十月加大冢宰，五府总于天官。其间杨坚又诛陈王宇文纯，《周书·静帝纪》载：“陈王纯以怨执政，被诛。”[4]其本传则称：“时隋文帝专政，翦落宗枝，遂害纯。”[5]牛敬飞从历史书写的角度分析“两篇对待杨坚杀五王事，态度截然相反，必非出自一人之手”，他认为《周书》作者令狐德棻祖父令狐整得赐姓宇文，“这一特殊家世给令狐德棻为周室诸王作传提供便利，且更能保证《周书》诸王传之真实性”[6]。从《周书》陈王纯本传来看，陈王纯之死是杨坚翦落周室宗枝计划的一环。在三方之乱局势渐趋明朗之时，铲除宗王中威胁最大者，亦是加强自己权势的重要一步。三方之乱平定后，杨坚很快进爵为王，距称帝仅一步之遥，不久又诛代、滕二王。至此宗室六王被

[1]《周书》卷八《静帝纪》，第132页。

[2]尉迟迥生母为北周太祖宇文泰姐昌乐大长公主。《周书》卷二一《尉迟迥传》，第349页。

[3]《隋书》卷六四《李圆通传》，第1507页。

[4]《周书》卷八《静帝纪》，第134页。

[5]《周书》卷一三《文闵明武宣诸子列传·陈惑王纯传》，第204页。

[6]牛敬飞：《杨坚诛五王史实补考》，第373页。

诛杀殆尽，身为皇权代表的宗室再也无力与杨坚抗衡，皇权亦从此一蹶不振，北周政权名存实亡，此时已没有什么可以阻挡杨坚代周建隋的步伐。

四、小结

前贤时彦虽对杨坚诛六王的细节进行过考订，但综合《周书》等史籍与新出墓志来看，这段历史细节仍有不少未发之覆。此前并未有研究给以宗室六王清晰的政治定位，因此对杨坚诛六王一事的性质定义难免出现偏差。宣帝的暴政令皇权威信基本丧失殆尽，相当一部分朝臣对杨坚辅政持默许甚至支持态度，虽然有以尉迟迥为代表的一部分官员举兵反抗，但他们更多的是出于对权势的追逐，其意并不在维护北周政权[1]。这使得宗室几乎成为皇权唯一的代言人，与杨坚代表的相权抗衡，杨坚诛六王正是北周皇权与相权对抗的具象化体现。诸史记载的抵牾之处，以及新出《宇文贤墓志》《宇文逌墓志》中葬地、谥号等信息，均显示出杨坚与六王的斗争充满了试探与妥协，杨坚代周绝非赵翼所认为的“古来得天下之易，未有如隋文帝者”[2]。杨坚在某种程度上依然需要向皇权让步，不过诛六王是其改朝换代过程中的既定政策。杨坚诛六王缺少的不是借口，而是恰当的时机，铲除宗室诸王的先后次序无关事实真相，与之直接相关的是诸王的威胁程度。北周皇权因失去宗室拱卫而一蹶不振，在与相权的对抗中彻底失利，六王被诛既标志着皇权的彻底衰落，又宣告了北周政权在中央的名存实亡。

魏晋南北朝政权更迭频繁，皇权往往处于弱势，与之相对应的则是权臣擅政、宗王政治、门阀当权等现象的出现。其中皇权、相权与宗室三者的关系密切而又复杂，一着不慎就可能出现“魏削宗室而权臣篡，晋封同姓而骨肉残”[3]的情况。为加强皇权而过度削弱宗室，可能会失去宗室这一拱卫皇权的重要力

[1]“三方之乱”的研究成果颇丰，不少学者认为起事者举兵的目的多是为自身利益考虑，并非真想匡扶周室，其中比较重要的研究有（清）王夫之：《读通鉴论》卷一八《宣帝一〇》，北京：中华书局，1975年，第1408—1410页。胡如雷：《周隋之际的“三方之乱”及其平定》，《河北学刊》1989年第6期，第57—59页。甘怀真：《杨坚集团与隋朝开国——兼论隋朝立国文化政策》，载成功大学中国文学系编《第四届唐代文化学术研讨会论文集》，台南：成功大学教务处出版组，1999年，第711—744页。吕春盛：《关陇集团的权力结构演变——西魏北周政治史》，第300—305页。

[2]（清）赵翼撰，王树民校证：《廿二史札记校证》卷一五“隋文帝杀宇文氏子孙”条，北京：中华书局，1984年，第332页。

[3]《读通鉴论》卷一一《晋》，第779页。

量，为权臣当政创造条件。但过分依赖宗室亦会削弱皇权，甚至发生骨肉相残的悲剧，造成政权动荡。北周末年杨坚与宗室六王的斗争正是这一时期皇权、相权与宗室三者错综复杂关系的最佳注脚。

（作者单位：上海师范大学人文学院）

A Reconsideration of Yang Jian Executed the Six Kings of the Clansmen

Wu Cenyi

［Abstract］There was the power imbalance among the emperor，prime minister and the clansmen in Wei，Jin，Northern and Southern Dynasties. It gestated the opportunity for dynastic changes. Yang Jian executed the six kings who represented the concrete manifestation of the struggle between emperor and prime minister at the end of Northern Zhou Dynasty. The six kings became spokesman of the imperial power. They against the prime minister's power fell into the hands of Yang Jian. There are many contradictories about the game between Yang Jian and the six kings in the relevant historical records. Although Yang Jian compromised with the imperial power once a while，the established policy of killing the six kings would not change. After the six kings were executed by Yang Jian，the imperial power of Northern Zhou Dynasty could not recover and Northern Zhou regime in the central became nominal. It is played a key role in the process of the establishment of the Sui Dynasty.

正统与神圣：老子之于唐高祖李渊的政治意义

王　娜

老子因李唐而贵，李唐因老子而正。老子何以贵于唐代，唐初其对于李唐政权具有何种政治意义？这一问题的探讨，学术界有简单论述，但还未有专门性的文章。以往学术界多从门第观念、神圣性与合法性等角度加以解读[1]。其中，借用老子抬高李唐皇室门第的观点，多出于学者们的主观解读，无确切的史料依据和合理的论证。综观李唐初期的政局，李唐皇室利用老子抬高门第的观点值得商榷。

武德元年（618）五月，李渊受禅称帝，至武德四年（621）七月，王世充、窦建德在长安伏诛，“天下略定”[2]，是李唐艰难创业的时期，群雄环伺，诸李操戈。在这一特殊时间段内，李唐对老子的利用，具有特殊的历史意义和政治目的。

一、老子“李唐皇室之祖”地位的确立

老子作为“李唐皇室之祖”问题的讨论，追加尊号的活动主要集中于唐

[1] 参见卿希泰主编：《道教与中国传统文化》，福州：福建人民出版社，1990年，第170页；又见其主编：《中国道教》（四卷本），上海：知识出版社，1994年，第31页。孙亦平：《道家、道教与中国古代政治》，长沙：湖北人民出版社，2002年，第297页。金正耀：《中国的道教》，北京：中国国际广播出版社，2011年，第63页。徐连达：《唐代文化史》，上海：复旦大学出版社，2003年，第399页。郭善兵：《中国古代帝王宗庙礼制研究》，北京：人民出版社，2007年，第396页。

[2]（宋）司马光：《资治通鉴》卷一八九，武德四年七月条，北京：中华书局，1956年，第5923页。

前期。在唐代，老子历经高祖时的“降迹之祖”、太宗时的“本系之祖”、高宗时的“玄元皇帝”，至玄宗时的“大圣祖玄元皇帝”，圣祖地位基本定型。唐前期，老子地位几经抬高。高祖时，其作为李唐皇室祖先，稍得尊崇，但敬而不宣。太宗时，因国家文化政策的转型，老子“李唐皇室之祖”的身份被确立。高宗秉承太宗事业，又尊崇道教，为老子上尊号“玄元皇帝”，老子受到尊崇。玄宗对老子“国家文祖神宗”[1]圣祖身份的认定，使其在国家政治中的地位臻于极尊，然其作为“李唐皇室之祖”的地位却有所下降。玄宗在尊老子为圣祖的同时，将其始祖追溯为“上古四圣”之一的皋陶，追尊其为“德明皇帝”[2]，并立庙祭祀。至此，李唐关于祖先问题的讨论告一段落。老子“李唐皇室之祖”身份的确立主要在高祖、太宗时期。

老子何时在李唐政治中发挥作用，对探讨老子因何而贵具有非常重要的价值。据现有材料分析，老子在李唐政治话语中出现的时间主要有两种说法：一是《历代崇道记》“武德元年（618）”，一是《唐会要》“武德三年（620）”。二书所述老子显迹的事件相同，详略各异。《历代崇道记》为唐道士杜光庭所撰，其“武德元年”之说为宋道士谢守灏所撰《混元圣纪》采用。二书均为道教人士所作，其关于唐初老子显迹的内容，多为神化老子而为，不可直接取用。《唐会要》取材于唐代的实录文案，是研究唐代政治、经济、文化等各个方面的第一手材料。武德年间的典故，为唐德宗时的苏冕据实录文案所撰，最为可信。因此，“武德三年”应为老子降迹的确切时间[3]。另外，温大雅《大唐创业起居注》有关于老君与李唐关系的记载。书载：

> 突厥柱国康鞘利等并马而至，舍之于城东兴国玄坛。鞘利见老君尊容，皆拜。道士贾昴见而谓同郡温彦将曰：“突厥来诣唐公，而先谒老君，可谓不失尊卑之次。非天所遣，此辈宁知礼乎？”[4]

---

[1]（宋）宋敏求：《唐大诏令集》卷七八《典礼·追尊祖先》，《上圣祖大道玄元皇帝号并五圣加谥制》，北京：商务印书馆，1959年，第444页。

[2]《唐大诏令集》卷七八《典礼·追尊祖先》，《追尊先天太皇德明兴圣皇帝等制》载：“昔契敷五教，殷以为祖，稷播百谷，周以配天。况咎繇迈种，黎人怀德，我之本系，千载弥光，敬追尊为德明皇帝。”第443页。

[3]此事还见于（唐）封演撰，赵贞信校注：《封氏见闻录》，北京：中华书局，2005年，第3页。（宋）范祖禹：《唐鉴》，北京：中华书局，2008年，第11页。

[4]（唐）温大雅：《大唐创业起居注》卷一，上海古籍出版社，1983年，第13页。

此事发生在大业十三年（617），李渊与突厥结盟，得到突厥始毕可汗的兵马资助。上文记载了突厥始毕可汗派特勤康鞘利献马，康鞘利住在兴国玄坛[1]并拜见老君的事情。温大雅是李渊起兵的见证者和参与者。其著《大唐创业起居注》可信度较高，但此事却不记于两《唐书》等后世史料中，《旧唐书》记载刘文静与康鞘利会于绛郡[2]，未提及康鞘利到太原拜见李渊之事，《新唐书》则未提。考察此事件始末，主要是借助突厥使者参拜老君事件，印证李渊起兵是天命所归，强化李渊夺取隋政权的合理性和神圣性。在中国古代社会中，以天命论证政权的合理性与神圣性，是新生政权代替旧政权的重要理论依据。温大雅所记载的这一事件，不外如是，因而这一事件是否真实也就显得没那么重要。据宋大川的考证，《大唐创业起居注》“撰成于武德三年（620）至武德八年（625）年底之间”[3]，据此，该书应该是温大雅据之前的资料进行整理而成，带有写作时的历史情境与语境，并非全部真实。突厥使者拜见老君的事情，可以说是温大雅利用天命、老君，既论证了李渊起兵的合理性与神圣性，又模糊了李渊向突厥称臣的事实，汪篯先生就认为温大雅在论及此事时“隐约其词”[4]。文中的温彦将，名大有，字彦将，是温大雅的弟弟。《旧唐书》载：“隋仁寿中，尚书右丞李纲表荐之，授羽骑尉。寻丁忧去，职归乡里。义旗初举，高祖引为太原令。”[5]起初，温大有并非李唐内部机要人员。高祖举兵，温大有被委任太原令，从而进入李唐政治集团。由此，突厥拜见老君事件、道士对温大有的说辞，被温大雅限定在温氏家族内部，其真实性就难以考证。而其对李唐与老君关系的隐晦之语，恰恰印证了自老君武德三年降迹之后，李渊与老子那种“敬而不宣”的尴尬关系。

武德三年（620）五月，晋州人吉善行在羊角山遇到一位乘白马的老人，老人对其说：“谓吾语唐天子，吾汝祖也。今年平贼后，子孙享国千岁。”[6]此次

[1] 玄坛，隋时称道观为玄坛。（唐）李林甫：《唐六典》载：“隋置崇玄署令、丞。炀帝改佛寺为道场，改道观为玄坛，各置监、丞。”北京：中华书局，1992年，第467页。

[2]（后晋）刘昫：《旧唐书》卷五七《刘文静传》及卷一九四《突厥传上》，北京：中华书局，1975年，第2292、5153页。

[3] 宋大川：《〈大唐创业起居注〉成书年代考》，《史学史研究》1985年第4期，第60页。

[4] 汪篯：《唐室之克定关中》，收入氏著《唐王朝的崛起与兴盛》，北京出版社，2018年，第3页。

[5]《旧唐书》卷六一《温大雅传》，第2362页。

[6]（宋）王溥：《唐会要》卷五十《尊崇道教》，北京：中华书局，1955年，第865页。

事件的发生，应是以李渊为中心的政治集团策划，由他人提出，故弄玄虚，以期突破当时的政治困局。李渊未公开宣称老子为“李唐皇室之祖”，而是采取“神道设教”的方式，以昭示李唐的正统，使得这一政治活动充满神圣性。李渊在羊角山修建老子庙、改楼观为宗圣观、亲谒楼观老子祠等，以示对老子的尊敬。但其对老子“李唐皇室之祖”的身份，则采取了“敬而不宣”的处理方式。

贞观十一年（637）正月，太宗在《令道士在僧前诏》中称“朕之本系，出于柱史”[1]，明确昭示了老子是“李唐皇室之祖”的身份。在中国古代社会中，帝王的诏令往往具有法律效力，同时也是政务活动的政治导向。太宗这一“敦本之俗，畅于九有；尊祖之风，贻诸万叶”[2]的政治活动，使老子“李唐皇室之祖”的身份拥有了不可动摇的法律地位。太宗这一诏令的颁布具有重要的政治文化目的。太宗以尊祖的名义提高道士的政治地位，支持道家、道教文化的发展，希望构建一个以“道”统天下文化的文化理论体系，以期达到“以夏统夷”“夷夏一家”的政治目的。这一政治和文化导向，为后世帝王继承，对唐朝政治和文化的发展产生了重要的影响。同年秋七月，太宗下诏“修老君庙于亳州，宣尼庙于兖州，各给二十户享祀焉”[3]。老子“李唐皇室之祖”身份的确立，意味着太宗“以儒治国、以道统文”的政治文化政策的确立。

从高祖时的“降迹之祖”到太宗时的“本系之祖”，老子作为“李唐皇室之祖”的地位正式确立。由于二帝处于不同的历史语境和政治局势，老子“李唐皇室之祖”身份在二帝时期形成了不同的政治意义和文化内涵。本文仅论老子在李渊时代的政治意义。

二、“李唐以老子抬高门第”问题的反思

上文已经指出，老子在李唐政治舞台出现的时间是武德三年（620）。考察武德三年前后的历史实况，李唐以老子抬高门第，非老子显贵的真实原因。

（一）唐高祖对门第的认知

李唐皇室出身关陇贵族集团，属于门阀新贵。关陇贵族以西魏宇文泰家族及其建立的八大柱国和十二大将军为统治核心，杂胡汉为一体，以武功著称，形成了一个庞大的统治集团，建立西魏、北周、隋、唐四朝，在中国历史上产

---

[1][2]（清）董诰：《全唐文》卷六《令道士在僧前诏》，北京：中华书局，1983年，第73页。

[3]《旧唐书》卷二《太宗本纪下》，第48页。

生了重要的影响。经过西魏、北周、隋的政权更迭和权力争夺，至李密被杀，昔日贵族仅剩李虎和于谨后裔。后于氏家族加入李渊集团，李渊家族成为关陇集团最高门第。

唐初，门阀士族的观念在社会上仍有巨大的影响力。这一时期，门阀士族主要有四大区域集团，即山东士族、江左士族、关陇士族、代北士族。时江左士族和代北士族趋于衰落，关陇士族和山东士族仍保有一定的势力和影响力。关陇集团作为新兴的军事贵族，崇尚武力，文化程度不高，而山东士族则占有文化上的绝对优势。国家动荡时期，武功更为重要；国家稳定后，文化在国家政治生活中的作用和影响力上升。隋末唐初，李渊只是群雄中的一员，通过外臣突厥、内联李密，起兵夺取关中。至贞观二年（628），太宗平定隋末割据势力梁师都，国家的统一大业才最终完成。李渊以武力起家，秉承了关陇贵族尚武功的传统，且武德年间国家处于以武力完成统一的过程中，以武功为核心的国家政策更适合唐初的政局。

李渊是武人出身，致力于建功立业，不屑与山东士族论门第。在高祖的认知中，门第是以武功、与皇室联姻为贵，而非文化、血统。武德元年（618），高祖曾对窦威说："昔周朝有八柱国之贵，吾与公家咸登此职。""……比见关东人与崔、卢为婚，犹自矜伐，公代为帝戚，不亦贵乎！"[1]高祖毫不掩饰地表达了其对山东士族以婚姻为贵的鄙夷。武德三年（620），李渊再次表达了其对门第的看法。高祖对裴寂说：

> 我李氏昔在陇西，富有龟玉，降及祖祢，姻娅帝室。及举义兵，四海云集，才涉数月，升为天子。至如前代皇王，多起微贱，劬劳行阵，下不聊生。公复世胄名家，历职清显，岂若萧何、曹参起自刀笔吏也！唯我与公，千载之后，无愧前修矣。[2]

何以为贵？李渊认为军功、"姻娅帝王"、天子以及世胄名家都是显贵。李渊家族占据前三，胜于前代帝王，为天下最贵者。

唐初，以李渊为代表的关陇集团，拥有不同于世家大族对门第的认知系统。且时值割据混战的紧张局势，以文化论门第、血统的观念在国家政治生活中并不凸显。

[1]《旧唐书》卷六一《窦威传》，第2364、2365页。

[2]《旧唐书》卷五七《裴寂传》，第2288页。

（二）老子非高门

国家政权趋于稳定后，以文化论门第的观念在国家政治生活中渐趋抬头。武德七年（624）春正月，高祖下诏“依周、齐旧制，每州置大中正一人，掌知州内人物，品量望第，以本州门望高者领之，无品秩”[1]。高祖虽然设中正官品评士族门第，但其侧重任用关陇集团人员的政策不变。太宗则采取了从山东微族、关中贵族、江南士族等集团中选拔官员的政策[2]。国家选官政策的转变，关陇贵族与山东士族的矛盾上升，成为国家重大的政治和社会问题，山东士族成为太宗重点打击的对象。在门阀制度下，社会地位以婚媾为标准，重视文化传统。以李唐皇室为代表的关陇贵族都不具备这一条件，以致出身山东寒门的魏徵等大臣，不以与皇家结亲为荣，反而争相与山东士族婚媾。

反观老子，是否具有高门第的特征呢？以往学者在谈论李唐因门第血统而认老子为祖时，都没有详说其中原委。笔者认为老子不具备高门第的条件。第一，老子作为道家学派创始人，具有文化上的优势。西汉时，汉武帝实行“罢黜百家，独尊儒术”，儒家文化成为中国传统文化的正统。世家大族多以占有和垄断儒家文化资源为保持家族兴盛的资本，崇尚清流。老子与士族分属两个不同的文化认知系统，且儒家文化为国家的官方文化。面对掌握儒家文化优势的山东士族，老子的文化优势不具有与儒家文化抗衡的能力。第二，在门阀制度下，士族谱系是验证士族身份真伪、区别士族与寒门、分明高低等级的重要凭证。老子家族传系不明，无确实可用的谱系。吴羽在《李唐皇室尊老子为始祖探源》中认为南北朝时期，著名的李氏家族均以老子为先祖[3]。但这并不表明老子是高门第的象征，名门望族可以追老子为祖，寒门士族同样可以。老子所代表的是李氏祖先，而非某个望族专有。第三，士族身份的构成为宗族、地望、婚媾、文化。老子只具备文化优势和李氏祖先身份，其余皆无。若以道团论，老君道团仅限于北方天师道和楼观道，且北方不断受南方道教文化浸透，老君信仰趋于弱势，并逐渐减退。老君道团在整个道教内部都处于弱势，更别提道团外部。综上所述，老子只能是作为文化名人存在，非高门第的象征，更别谈提高李唐的门第。

[1]《资治通鉴》卷一九〇，武德七年正月条，第5975页。

[2] 参见汪篯：《唐太宗之拔擢山东微族与各集团人士之并进》，收入氏著《唐王朝的崛起与兴盛》，北京出版社，2018年，第82—127页。

[3] 吴羽：《李唐皇室尊老子为始祖探源》，《敦煌学辑刊》2019年第1期，第208页。

由于老子不具备高门第的特征，才有太宗追认陇西李氏的事情。唐护法沙门法琳在谈到李氏士族问题时说：“窃以为拓跋元魏北代神君达达，系阴山贵重，经云以金易石，以绢易缕褐，如舍霣女与婢交通，陛下即其人也，弃代北而认陇西，陛下即其事也。”[1]法琳明确点明李世民冒认陇西李氏的事实。贞观十一年（637）秋七月，太宗下诏“凉武昭王复近墓二十户充守卫，仍禁刍牧樵采”[2]。将凉武昭王李暠墓作为皇家陵墓，募人守护，追认凉武昭王李暠为祖，将李唐归入陇西李氏。经过太宗的努力，“老子——陇西李氏——李唐皇室”[3]的亲缘关系正式确立。

三、“李氏将兴”图谶

隋末动乱，为诛暴杨，推翻暴政，图谶大兴。其中“李氏将兴”谶言有着强大的社会影响力。李唐借此在群雄割据的混战中脱颖而出，是李唐代隋的天命根据。“李氏将兴”谶言具有不确指性特征，使李唐顺天应命的唯一合法性受到冲击。隋末唐初，李浑、李敏、李渊、李密、李轨、李仲文等，或因图谶被诛，或凭图谶起兵，称雄一方。

（一）李浑、李敏因谶言被诛

大业十年（614），隋炀帝征高丽，有方士安迦陀对炀帝言图谶，“‘当有李氏应为天子’。劝尽诛海内凡姓李者”[4]。后宇文述构陷，炀帝诛杀李浑、李敏。

时有“李弘当为天子”和“李氏将兴”谶言的流传。《隋书》载：“十年，帝复征辽东，遣敏于黎阳督运。时或言敏一名洪儿，帝疑‘洪’字当谶，

[1]（唐）释彦琮：《唐护法沙门法琳别传》卷中，载《卍续藏经》第150册。

[2]《旧唐书》卷三《太宗本纪下》，第48页。

[3] 此亲缘关系是根据李唐皇室认祖顺序确定的。吴羽将北朝陇西、赵郡李氏认老子为先祖，作为李唐皇室认老子为始祖的历史前提（吴羽：《李唐皇室尊老子为始祖探源》，第209页）。吴羽立论的基础是以李唐皇室属于陇西李氏或赵郡李氏为前提，而李唐皇室是否出身高门，学术界尚未有定论。李唐皇室若有门第傍身，也不至于被山东士族看轻。这一问题的关键在于李唐皇室的认祖顺序。据法琳“弃代北而认陇西，陛下即其事”的说法，李唐皇室将自身归入陇西李氏当在太宗时。这也恰恰反映了高祖建国伊始只有四庙，空始祖，而太宗时加上李重耳、高祖为六庙。李重耳使李唐皇室构建了其与凉武昭王李暠的亲缘关系，攀上陇西李氏。太宗甚至曾一度想将凉武昭王李暠立为始祖。据此，李唐皇室的认祖顺序为先老子后陇西李氏。

[4]（唐）魏徵：《隋书》卷三七《李穆附子李浑传》，北京：中书书局，1973年，第1120页。

尝面告之，冀其引决。”[1]观大业十年之局势，李敏被猜忌，实受唐弼起义的牵连。大业十年二月，扶风人唐弼发动农民起义，聚众十万，“推李弘为天子”，以示应谶。此时，隋炀帝发动第三次征高丽的战争。十万人的聚众起义对隋朝的统治产生了巨大的威胁。隋炀帝当知李敏冤枉，但为杜绝隐患发生，寄希望于李敏自决。炀帝这一举动，可谓死一人而保其家，未想要灭李穆家族，以至于宇文述将“金才反状”和“敏妻密表”呈给炀帝，帝览之泣曰“吾宗社几倾，赖亲家公而获全耳”[2]。然“敏由是大惧，数与金才、善衡等屏人私语”[3]。时宇文述与李浑结怨，又遇方士安迦陀告炀帝“当有李氏应为天子”的谶言，宇文述趁机诬构李浑、李敏。大业十一年（615）五月，炀帝“诛浑、敏等宗族三十二人，自余无少长，皆徙岭外”[4]。李敏、李浑成为时代的牺牲品。

（二）诸李因谶言而起

“李氏将兴”谶言的不确指性，给了诸李在舆论制造上的充分自由。李密、李渊、李轨、李仲文等都编制出符合自己应谶的图文解释。李密，为八大柱国李弼后裔，因参与隋末杨玄感叛乱，逃亡至瓦岗山。《资治通鉴》载：

> 李密自雍州（邱）亡命，往来诸帅间，说以取天下之策，始皆不信。久之，稍以为然，相谓曰：“斯人公卿子弟，志气若是。今人人皆云杨氏将灭，李氏将兴。吾闻王者不死，斯人再三获济，岂非其人乎！”由是渐敬密……会有李玄英者，自东都逃来，经历诸贼，求访李密，云“斯人当代隋家”。人问其故，玄英言：“比来民间谣歌，有《桃李章》曰：‘桃李子，皇后绕扬州，宛转花园里。勿浪语，谁道许！’‘桃李子’谓逃亡者李氏之子也；皇与后，皆君也；‘宛转花园里’，谓天子在扬州无还日，将转于沟壑也；‘莫浪语，谁道许’者，密也。”[5]

李玄英将《桃李章》作了李密应谶的解释。李密因此成为瓦岗寨的首领，号魏公，成为隋末唐初一支李姓割据势力。

李渊以谶言为起兵代隋的天命依据。大业十三年（617），李渊出任太原留守。李渊深觉天命在己，对李世民说：“唐固吾国，太原即其地焉。今我来

[1]《隋书》卷三七《李穆附子李浑传》，第1124页。

[2][4]《隋书》卷三七《李穆附子李浑传》，第1121页。

[3]《隋书》卷三七《李穆附子李浑传》，第1124、1125页。

[5]《资治通鉴》卷一八三，大业十二年十月条，第5708、5709页。

斯，是为天与。与而不取，祸将斯及。”[1]李渊开始精心经营太原，发展其在太原的根基。李渊还“自以姓名著于图箓”，以“隋历将尽，吾家继膺符命”[2]号召起义。时“有《桃李子歌》曰：‘桃李子，莫浪语，黄鹄绕山飞，宛转花园里。’案：李为国姓，桃当作陶，若言陶唐也；配李而言，故云桃花园，宛转属旌幡”[3]。太原乃陶唐旧地，即唐尧的封地。李渊袭封唐国公又占据太原，正应符谶。李渊集团为李渊顺天应命做了利于李渊的谶言解释。

李轨因谶言据地称王称帝。大业末，李轨任武威鹰扬府司马，时薛举据金城叛乱，李轨与曹珍等谋举兵，曹珍以谶言推李轨为主。《旧唐书》载：

> 曹珍曰：“常闻图谶云‘李氏当王’。今轨在谋中，岂非天命也？”遂拜贺之，推以为主。轨令修仁夜率诸胡入内苑城，建旗大呼，轨于郭下聚众应之，执缚隋虎贲郎将谢统师、郡丞韦士政。轨自称河西大凉王，建元安乐，署置官属，并拟开皇故事[4]。

由此观之，“李氏当王”“李氏将兴”的谶言在当时具有重大的社会影响力。谶言的不确指，使得拥有兵马的李姓各支势力可以顺势而起，割据称王。诸李的割据势力难以达成一个稳定的联盟，无法确定天命所归。这对于刚刚建立起来的李唐政权，是一个巨大的威胁，且存在巨大隐患。武德四年（621），李仲文的反叛事件，再次印证谶言不确指性所带来的隐患。《资治通鉴》载：

> 并州安抚使唐俭密奏：“真乡公李仲文与妖僧志觉有谋反语，又娶陶氏之女以应桃李之谣。谄事可汗，甚得其意，可汗许立为南面可汗。及在并州，赃贿狼藉。”上命裴寂、陈叔达、萧瑀杂鞫之。乙巳，仲文伏诛。[5]

如何将“李氏将兴”的谶言在李渊身上确定下来，就成为唐初李渊亟须解决的问题。“老子降迹告天命”就是为了确立李渊“李氏宗主”的身份，是“李氏将兴”谶言的应谶者，以期消弭谶言的不确指性所造成的困局。

---

[1]《大唐创业起居注》卷一，第2、3页。

[2]《大唐创业起居注》卷一，第4页。

[3]《大唐创业起居注》卷一，第11页。

[4]《旧唐书》卷五五《李轨传》，第2249页。

[5]《资治通鉴》卷一八八，武德四年二月条，第5904页。

四、老子降迹告天命

老子对于唐初李渊政权有着非常重要的政治意义，并非如以往的学术解读。考察“李氏将兴”谶言与当时局势，李唐应对“李氏将兴”谶言的举措，武德三年（620）老子的降迹，就不是偶然发生的那么简单。

“李氏将兴”谶言具有不确指性，它既可以为李唐政权的建立提供天命根据，成为李唐政权合法性和神圣性的来源。同时，它也是论证其他李氏政权合法性与神圣性的理论依据。李渊利用谶言起兵，深知图谶的社会影响力。武德元年（618），李密叛逃企图自立，使李渊不得不思考解决“李氏将兴”谶言不确指性的方案。

（一）置宗师

武德元年，李密投奔李渊，后李渊派李密招抚山东故将，李密企图叛逃自立，贾闰甫以“主上待明公甚厚；况国家姓名，著在图谶，天下终当一统”[1]，劝阻李密。李密却以“谶文之应，彼我所共。今不杀我，听使东行，足明王者不死；纵使唐遂定关中，山东终为我有”[2]，坚持自立。李渊对李密，礼遇甚厚，史载：“独上亲礼之，常呼为弟，以舅子独孤氏妻之。”[3]然“彼我所共”的图谶，使得李密并不甘心屈居人臣，最终归而复叛。李密叛逃事件，无不在警醒李渊，“李氏将兴”谶言的不确定性所带来的巨大隐患。与此同时，因“李氏将兴”谶言而起的李轨，即拥有一定势力的李姓将领，或称雄一方，或割据一城，是李唐争取的力量，也是其统一大业路上的障碍。为解决“李氏将兴”谶言不确指特征所造成的困境，统摄天下诸李，武德二年（619）二月，李渊颁布《每州置宗师诏》曰：

> 朕受终揖让，君临四海，普天之下，同加惠泽。宗绪之情，义越常品，宜有旌异，以明等级。诸宗姓官宜在同列之上，未有职任者不在徭役之限。每州置宗师一人，以相官摄，别为图伍所司，明立条式。[4]

此时，李唐只是众多割据政权中的一个，李渊“君临四海”的气魄昭示了李唐统一天下的政治抱负。李渊以帝王身份“旌异”宗姓，以明等级，“宗姓官在

[1]《资治通鉴》卷一八六，武德元年十二月条，第5830、5831页。

[2]《资治通鉴》卷一八六，武德元年十二月条，第5831页。

[3]《资治通鉴》卷一八六，武德元年十月条，第5816页。

[4]《全唐文》卷一《每州置宗师诏》，第23页。

同列之上”，提高李姓官员地位，无官者免除徭役。李渊推恩宗姓，以期统一李姓宗族，得到天下李氏的认可和归附。在凝聚天下诸李的同时，李渊也向天下宣示李唐皇室是李姓大宗，李渊是李氏宗主，是顺天承命的帝王。李渊称李密、李轨为弟，即表现出“长幼有序，尊卑有别”的宗法倾向。李渊在每州设宗师的政策，一方面将天下诸李载入籍册，便于管理和监控；另一方面，宣示了李渊作为李氏宗主的身份。这一政策取得了一些效果，争得一些李氏将领归附，但是“李氏将兴”谶言的威胁及隐患依然存在。李渊派张俟德册封李轨，拜其为凉州总管，封凉王。史载：

> 李轨召其群臣廷议曰：“唐天子，吾之从兄，今已正位京邑。一姓不可自争天下，吾欲去帝号，受其封爵，可乎?”曹珍曰：“隋失其鹿，天下共逐之，称王称帝者，奚啻一人！唐帝关中，凉帝河右，固不相妨。且已为天子，奈何复自贬黜！必欲以小事大，请依萧詧事魏故事。”轨从之。戊戌，轨遣其尚书左丞邓晓入见，奉书称“皇从弟大凉皇帝臣轨”而不受官爵。帝怒，拘晓不遣，始议兴师讨之。[1]

唐帝、凉帝同以谶言而起，正如曹珍所言“隋失其鹿，天下共图之，称王称帝，奚啻一人”。李轨拒不接受李唐的官爵，正是对李唐正统性的否定。李渊兴兵讨伐李轨，武德二年（619）五月，李轨被斩于长安。

时又有李子通割据江淮。武德二年（619）九月，李子通攻占江都，称帝，国号吴，年号明政。一方刚灭，一方又起。李渊在面对因“李氏将兴”而起的同姓政权时，无正统性的理论依据。“李氏将兴”谶言的不确指性，还会引发更多的李姓实力派因谶而起，威胁李唐政权的合法性与唯一性。李仲文取陶氏女以应谶言，就是李渊集团内部兴起、冲击李唐政权合法性与神圣性的事件。

综观唐初政局，李唐在面对异姓争权的同时，还面临着同姓操戈的困局。隋末，“李氏将兴”谶言大兴，民间口口相传，在社会上具有重大的影响力。其不确指性使得李唐政权并非唯一应命之政权，冲击着李唐政权的合法性。武德三年（620）“老子降迹告天命”的出现，也就有了不同寻常的政治意义。

（二）老子降迹告天命

《唐会要》载：“武德三年五月，晋州人吉善，行于羊角山，见一老叟，

[1]《资治通鉴》卷一八七，武德二年二月条，第5840页。

乘白马朱鬣，仪容甚伟，曰：‘谓吾语唐天子，吾汝祖也。今年平贼后，子孙享国千岁。’高祖异之，乃立庙于其地。”[1]《封氏见闻录》《唐鉴》与此记载略异。《封氏见闻录》载：“高祖武德三年，晋州人吉善行于羊角山见白衣老父，呼善行谓曰：‘为吾语唐天子，吾是老君，即汝祖也。今年无贼，天下太平。’高祖即遣使致祭，立庙于其地。”[2]《唐鉴》载：“（武德）三年五月，晋州人吉善行自言于羊角山见白衣老父，谓善行曰：‘为吾语唐天子，吾为老君。吾，而祖也。’诏于其地立庙。”[3]李渊因此将浮山县改为神仙县，以示对“老子降迹传天命”之事的诚敬。“老子降迹传天命”，可谓是精心设计，应为李渊集团所为。综合三个版本的记载，“白马朱鬣”“白衣老父”“唐天子”“吾是老君，即汝祖”“子孙享国”“天下太平”，这几个重要词语，无不是对李唐合法性与神圣性的论证。

“白衣老父”运用了当时社会上“白衣天子出东海”的尚白谶言。李唐建国据五德终始理论，“推五运为土德，色尚黄”[4]。但是“白衣天子”在社会上的影响力，就如同“李氏将兴”谶言，李渊起义之初就曾利用尚白图谶。《大唐创业起居注》载：“开皇初，太原童谣云：‘法律存、道德在，白旗天子出东海。’……故隋主恒服白衣，每向江都，拟于东海。常修律令，笔削不停，并以彩画五级木坛自随以事道。”[5]隋炀帝穿白衣、游江都、修法律、事道以应图谶，以期消弭图谶的影响，这说明当时“白衣天子”的谶言流传久远，影响力比起“李氏将兴”，有过之而无不及。李渊晋阳起兵，军司建议选用白旗，以应图谶。史载：

> 康鞘利将至，军司以兵起甲子之日，又符谶尚白，请建武王所执白旗，以示突厥。帝曰：“诛纣之旗，牧野临时所仗，未入西郊，无容预执，宜兼以绛，杂半续之。”诸军矟幡皆放此。营壁城垒，幡旗四合，赤白相映若花园。[6]

李渊最后选用赤白相绪的旗帜与领巾。《唐会要》记载的“白马朱鬣”正应李渊起义的旗帜颜色。

[1]《唐会要》卷五十《尊崇道教》，第865页。

[2]《封氏见闻录》，第3页。

[3]《唐鉴》，第11页。

[4]《资治通鉴》卷一八五，武德元年五月条，第5791页。

[5][6]《大唐创业起居注》卷一，第11页。

大业十三年（617）秋七月，李渊起兵，“仗白旗而大号誓众”[1]李渊挥师攻打霍邑，“有白衣野老，自云霍太山遣来，诣帝请谒”[2]。李渊据关中，裴寂等人以“白雀呈祥，丹书授历”[3]，姓应图谶等劝李渊称帝。李渊不允，裴寂等人又面陈当时的歌谣、图谶以劝说李渊代隋。

白雀、白幡是论证李渊称帝合法性与神圣性的重要来源之一。这说明尚白的图谶在李渊起兵、代隋称帝的过程中发挥了重要的作用。“老子降迹告天命”中的“白马朱鬣”“白衣老父”无不透露出神迹的主导者——李渊集团。

“唐天子”“吾是老君，即汝祖也”“子孙享国”“天下太平”都是李唐顺承天命的政治指向。“唐天子”表明“老子降迹告天命”的承受者，即大唐天子李渊。“子孙享国”“天下太平”二语的指向，意味着李唐将统一天下，李渊是承天顺命的真命天子，是天下之主，这就赋予了李唐政权合法性和神圣性。“吾是老君，即汝祖也”是“老子降迹告天命”的核心。《封氏见闻录》载：“国朝以李氏出自老君，故崇道教。”[4]“李氏出自老君”“老君是李氏之祖”，这才是老君在李渊政治中出现的真正原因。“李氏”并非指李唐皇室一支，而是天下诸李。释法琳在《十喻篇》中引王俭《百家谱》云：“李者高阳之后，始祖咎繇为舜理官，因遂氏焉。李氏之兴起于聃也，自聃之前未有李姓，唯氏理焉。”[5]据吴羽研究，南北朝时著名的李氏家族均以老子为先祖[6]。这说明老子为“李氏之祖”的身份为当时社会普遍认同，有着强有力的影响力。老子在宗法意义上的影响力，是李渊认老子为祖的现实依据。中国古代是以血缘关系为纽带形成的宗族社会。老子是李姓之祖，以祖先身份降迹告天命，即意味着李渊是祖先钦定的李氏宗主。李唐皇室成为李氏大宗，是李氏正统，其他宗姓则是小宗，应接受大宗的管理，服从宗主的权威。这样一来，李渊以宗主身份统摄天下诸李，就是合乎礼法，顺乎天命，具有绝对的权威性和神圣性。“老子降迹告天命”使“李氏将兴”谶言具有了法理上的确指性，李唐成为唯一合法的李氏政权。白衣与老君的结合，使李唐政权在诸李争斗中拥有了不容置疑、不可侵犯的正统性和神圣性，是唯一合法的李氏政权，

[1]《大唐创业起居注》卷二，第18页。

[2]《大唐创业起居注》卷二，第23页。

[3]《大唐创业起居注》卷三，第55页。

[4]《封氏见闻录》，第3页。

[5]（唐）释法琳：《十喻篇》，收入《乾隆大藏经》第76册《广弘明集》，北京：中国书店，2010年，第624页。

[6]吴羽：《李唐皇室尊老子为始祖探源》，第208页。

从而消弭“李氏将兴”谶言所造成的困局和隐患。

综上所述，老子在武德三年的出现，应为李渊集团策划。唐初，在群雄割据、诸李争权的特殊形势下，李渊为消除“李氏将兴”谶言的不确指性特征所造成的困局，采取了神道设教的方式，“老子降迹告天命”应世而出。老子降迹明宣其与李唐的关系，明确宣示李唐为李姓大宗，是李氏政权中唯一合法政权，同时也为李唐政权蒙上了一层神圣的面纱。唐初，老子之于李渊，就是为李渊政权的神圣性、合法性与唯一性提供法理和天命依据。李渊采取默认、敬而不宣的态度，既保持了李唐政权的神圣性，又使这一神迹具有时效性。随着时间的流逝，李唐政权稳定后，老子作为“降迹之祖”的神话就会逐渐淡出李唐的政治舞台。然太宗时，文化政策的转型，使得老子作为“李唐皇室之祖”的问题，重新走上了李唐的政治舞台，改变了老子在李唐政治走向中的命运。

（作者单位：云南大学历史与档案学院）

Orthodoxy and Sacredness: Lao Tzu's Political Significance to Tang Gaozu Li Yuan

Wang Na

[Abstract] Lao Tzu was respected as the “ancestor of Li family” by the Li Tang Royal family, and Taoism gained new opportunities for development. At the beginning of Tang Dynasty, Lao Tzu had special political significance to Li Yuan's regime and he was one of the sources of Li and Tang's orthodoxy and sacredness. With the prophecy of “Li Shi will prosper”, Li Yuan set up his troops in Jinyang and became independent in the Sui Dynasty. While enjoying the fate brought by the prophecy of “Li Shi will prosper”, Li Yuan was also deeply troubled by the indefinite character of the prophecy of “Li Shi will prosper”. This paper intends to have a comprehensive view of the political situation in the late Sui and the early Tang Dynasty by combing official history, notes, imperial edicts, anthologies, Buddhist and Taoist documents as well as other materials. Through “the establishment of Lao Tzu's identity as the ancestor of the Li family”, “the reflection of Li Tang's raising the family status through Lao Tzu”, “the Tu Chen of Li's general prosperity”, “Lao Tzu' s descent to the fate of heaven” and so on, this paper discusses the political significance of Lao Tzu in the early Tang Dynasty to Li Yuan.

唐肃宗朝至宋初天文机构改称及其原因探析*

郭应彪

天文机构为中国古代行使观象、制历等职能的重要机构，其名称历代多有变化。唐代的天文机构先后有太史局、太史监等称呼，唐肃宗时又改为司天台，宋代则称“司天监”[1]。至于由唐入宋“司天台”如何演变为“司天监”，史载有阙。史籍中或采“司天台”，或称“司天监”，抑或二者混用，彼此时有抵牾，颇显混乱。

有关唐代天文机构称谓的变化，学界虽已有注意，然亦莫衷一是。王宝娟《唐代的天文机构》，陈晓中、张淑莉的专著《中国古代天文机构与天文教育》等皆列表将唐代宗宝应元年（762）之后天文机构的称谓记为太史监[2]。赵贞先生则认为终至唐末，天文机构未再改名，并认为司天台亦是五代各朝官方天文机构的称谓[3]。宋初天文机构之称主要有“司天台”和“司天监”两说。关于前者，龚延明先生《宋代官制辞典》“司天监”条认为“宋初沿唐制，称司天台。太宗端拱元年（988）九月，始见有司天监之称”[4]。赵贞先生则推测

*本文系国家社科基金青年项目“中央统军体制与南宋政权的秩序构建研究”（项目编号：18CZS024）阶段性成果。

[1] 宋代内廷中还设有翰林天文院（局），然内廷中天文机构的设立在历代并不具有普遍性，故本文所涉及宋代的天文机构主要指外朝天文机构。

[2] 王宝娟：《唐代的天文机构》，载《中国天文学史文集》（第五集），北京：科学出版社，1989年，第277—287页。陈晓中、张淑莉：《中国古代天文机构与天文教育》，北京：中国科学技术出版社，2008年，第79—82页。

[3] 赵贞：《唐宋天文星占与帝王政治》，北京师范大学出版社，2016年，第32、33页。

[4] 龚延明：《宋代官制辞典》，北京：中华书局，1997年，第245页。

“司天监”之名“当是真宗即位所改”[1]。“司天监”说则认为赵宋建国伊始天文机构即称“司天监”。郭声波先生指出宋初之“司天监”袭自后梁，而“司天台”是其别名[2]。《宋代官制辞典》“太史局”条亦认为“宋初称司天监，系五代旧名。至元丰新制，改司天监为太史局”[3]。由此可看出，诸学者对唐肃宗朝至宋初天文机构称谓的认识众说纷纭，对宋初天文机构的称谓究竟是“司天台”还是“司天监”则各执一词，《宋代官制辞典》更是两说并存，造成自相矛盾。

政府机构称谓的命名自有其历史渊源与现实考虑，执掌敏感的天文机构尤为如此。唐肃宗朝至宋初天文机构的称谓如何由“司天台”演变为“司天监”，中间有无其他的变化，变化的原因又是什么，此一系列问题无论对文献记载还是唐宋时期天文机构改革乃至这一时期天文政策变化的研究均有重要意义，无疑皆须作出清晰回应。为此，本文立足于全面梳理和辨析唐肃宗朝至宋初天文机构称谓的沿革轨迹，并就其更名的原因试作讨论。不妥之处，望方家见教。

一、唐肃宗朝五代时期天文机构称谓的变化

（一）从“司天台”到“司天监”——唐至后梁

唐代天文机构名称多有变化，先后有太史局、太史监等称谓，唐肃宗乾元元年（758）“改太史监为司天台”[4]。此后是否又有变化，史书未明言。在出土墓志中，《唐故银青光禄大夫司天监瞿昙公墓志铭并序》提到了肃宗朝太史监改司天台一事，墓志主人瞿昙譔于唐代宗大历十一年（776）以司天监之职卒于任上[5]。《大唐故陇西郡卑失氏夫人神道墓志铭》中则载卑失氏的丈夫李素曾于唐宪宗元和十二年（817）以“行司天监”一职卒于任上[6]，其子李景亮在唐宣宗朝亦担任了“司天监”[7]。除此以外，在中晚唐臣僚所撰文书中，天文机

[1] 赵贞：《唐宋天文星占与帝王政治》，第53页。

[2] 郭声波：《宋朝官方天文历法机构考述》，载四川联合大学古籍整理研究所、四川联合大学宋代文化研究资料中心编《宋代文化研究》（第六辑），成都：四川大学出版社，1996年，第98页。

[3] 龚延明：《宋代官制辞典》，第250页。

[4] （后晋）刘昫：《旧唐书》卷四三《职官志二》，北京：中华书局，1975年，第1855页。

[5] 周绍良主编：《唐代墓志汇编》大历〇四九，上海古籍出版社，1992年，第1791页。

[6] 周绍良主编：《唐代墓志汇编》长庆〇二〇，第2072页。

[7] 李商隐《为荥阳公贺老人星见表》云：“臣得本道进奏院状报，司天监李景亮奏八月六日寅时奏老人星见于南极。”考李商隐于唐宣宗大中年间任荥阳公郑亚的幕僚，故作此表，进呈称贺。

构的称谓亦皆采“司天台”。如白居易元和二年（807）撰《季冬荐献太清宫词文》及韩愈长庆三年（823）撰《贺太阳不亏状》，言及天文机构时皆用“司天台”[1]。成书于后晋的《旧唐书》以保存较多唐代原始史料而著称，在涉及唐肃宗朝以后天文机构时亦皆采“司天台”一称。总之，结合唐代天文官员的墓志以及当时臣僚的状表等文献来看，乾元元年至唐末天文机构并未改名，一直称为“司天台”。但在《唐会要》中，则存有将“司天监”作为天文机构称谓的说法：“大历二年正月十七日敕：艰难以来，畴人子弟流散，司天监官员多阙。”[2]从上述事实来看，《唐会要》此处的记载应属误记。

后梁时期的天文机构，虽在史籍中或称司天台，或称司天监，但其沿革在宋人记述中则有迹可循。据孙逢吉《职官分纪》载：“国朝因梁曰司天监，或以他官兼判，又有同判之名，以朝官充。”[3]指出宋代“司天监”之名沿于后梁[4]。类似记载还见于《山堂考索》《玉海》[5]等史籍。可见，后梁确曾将唐之“司天台”改为“司天监”，并为北宋所沿用。

此时李景亮为司天台的最高长官——司天监［（唐）李商隐著，（清）冯浩详注，钱振伦、钱振常笺注：《樊南文集》卷一，上海古籍出版社，2015年，第98页］。

[1]（唐）白居易著，丁如明、聂世美校点：《白居易全集》卷五七《季冬荐献太清宫词文》，上海古籍出版社，1999年，第791页。（唐）韩愈著，马其昶校注，马茂元整理：《韩昌黎文集校注》卷八《贺太阳不亏状》，上海古籍出版社，2014年，第709页。

[2]（宋）王溥：《唐会要》卷四四《太史局》，北京：中华书局，1955年，第796页。

[3]（宋）孙逢吉：《职官分纪》卷一七《太史局》，北京：中华书局，1988年，第401页。

[4]郭声波先生亦曾据《职官分纪》指出宋之“司天监”因之于后梁（《宋代官方天文历法机构考述》，第98页）。关于此处的“梁”，龚延明先生《宋代官制辞典》“司天监”条中则解释“南朝梁有司天监之名”（第245页）。然据《隋书》卷二六《百官志上》：“梁初犹依宋、齐，……太常视金紫光禄大夫，统明堂、二庙、太史……太史别有灵台丞。”［（唐）魏徵：《隋书》，北京：中华书局，1973年，第724页］显然，南朝萧梁并未设立“司天监”这样的机构。另，吕变庭先生认为《职官分纪》此处所载司天监“系职官，不是机构”，然此解读亦不成立。首先，《职官分纪》相关部分是对历朝天文机构沿革的全面介绍，从《职官分纪》关于宋代司天监的记载来看，是对整个机构及其执掌的介绍，而非仅针对长官司天监；其次，唐代司天台长官为司天台监，日常使用中皆简称司天监。“司天监”作为天文机构的职官称谓一直使用至元丰改制，故后梁完全无须对其再行改名，宋初亦无须“因梁”（吕变庭：《略论元丰改制前北宋“司天台（监）的机构设置及其管理绩效”》，载李华瑞、姜锡东主编《王曾瑜先生八秩祝寿文集》，北京：科学出版社，2018年，第508页）。

[5]（宋）章如愚：《山堂考索·后集》卷二〇《官制门》，北京：中华书局，1992年，第571页。（宋）王应麟：《玉海》卷一二一《历类》，南京：江苏古籍出版社，上海书店影印清浙江书局重刻本，1987年，第2236页。

（二）复用“司天台”——后唐至后周

后唐至后周时期，史籍记载天文机构的称谓时，“司天台”和“司天监”仍多混用。但有必要说明的是，“司天监”一词并非仅用于天文机构的称谓。唐肃宗朝至宋初天文机构无论称为司天台还是司天监，其长官司天台监和司天监监皆可简称为司天监。这样一来，就需要辨别史籍中的“司天监”何种情况下为职官称谓，何种情况下为机构称谓。在政务运行中，各官署文书的撰写、传报多由文吏操刀，一般只记其机构名称，史家依据档案文书编纂史书时一般也只提到相关文书内容为某机构所奏。如“长兴三年二月，司天台奏：……”[1]，此“司天台”即为机构名称。若提及具体官员言事，则一般标明其官职。如“天福四年八月，司天监马重绩奏曰：……”[2]，此“司天监”显然为职官称谓。而如“长兴三年，六月，司天监奏：……”[3]，此“司天监”则为机构称谓。

基于此种区别，对《五代会要》等保存较多五代史料的史籍中“司天台”“司天监”的具体含义和使用频率加以统计，无疑有助于进一步区隔两种称谓。

表1　《五代会要》等史籍中“司天监”“司天台”使用情况表

史籍称谓	司天监（作为机构）	司天监（作为职官）	司天台
《五代会要》	1	3	8
《旧五代史》	4	21	4
《册府元龟》	0	4	7
《新五代史》	1	5	0
总计	6	33	19

由上表可看出，“司天监”多数情况下为职官称谓，累计共33次，作为机构名称时仅6次。二者比例为5.5：1。具体来看，“司天监”作为机构称谓主要出现在后唐和后周时期。后唐时期有3次，主要涉及对天象的奏报。如同光三年（925）九月，“司天监奏：‘自七月三日阴云大雨……’”[4]。其余三次则基本上集中于后周的一条记载中：显德三年（956）八月“戊辰，端明殿学士王朴撰成新历上之……仍付司天监行用”[5]。在实际使用中，出现误记或以作为职官

[1]（宋）王溥：《五代会要》卷一八《诸司送史馆事例》，上海古籍出版社，2006年，第294页。

[2]《五代会要》卷一〇《历》，第166页。

[3]（宋）薛居正：《旧五代史》卷一三九《天文志》，北京：中华书局，2015年，第2167页。

[4]《旧五代史》卷一三九《天文志》，第2167页。

[5]《旧五代史》卷一一六《周书·世宗本纪三》，第1797、1798页。

称谓的“司天监”代指机构的情况偶或有之，抑或相关内容就是长官司天监的建言，只是史官未载其名而已。总之，此类疑影重重的数处记载未必一定将司天监作为机构称谓。

与之相对的是，“司天台”作为机构称谓累计出现了19次，且多出现于朝廷诏敕等正式文书中。如后唐长兴三年（932）二月，“诏司天台，除密奏留中外，应奏历象……一一并报史馆，以备编修”[1]。后周显德三年“敕：‘应诸色阴阳占卜书，宜令司天台、翰林院集官详定。’”[2]皆将天文机构称为司天台。另外，在《全唐文》所收录的后唐至后周的文书中，天文机构的名称也几乎全为“司天台”。

可见，后唐至后周时期，“司天监”作为机构称谓出现的次数极少，在政府文书中更是全然不用。而“司天台”则被大量使用，特别是在诏敕等文书中。显然，这一现象最合理的解释应是后唐等各政权复用唐代之“司天台”。依理推之，后唐以梁为“伪”，“中兴”唐制，自当复用唐代的“司天台”。而之后各朝国运相继[3]，制度相因，亦应沿用唐或后唐之制。宋人反复提及“国朝因梁曰司天监”，其实也印证了后周等各朝天文机构的名称并非“司天监”，否则没必要强调追用了国祚短暂的“伪梁”之制。

综上，唐肃宗朝至五代时期天文机构名称沿革的线索大致为：自乾元元年改用“司天台”后，至唐末未再有变，后梁则改为“司天监”，然后唐、后晋、后汉、后周各政权复用唐之“司天台”。

二、“司天台”再改“司天监”——宋初天文机构名称的变化

宋人对北宋天文机构称谓沿革的记载，大都比较简略。《宋会要辑稿》载：“太史局，旧名司天监，元丰官制行，改今名。”[4]《职官分纪》等则载：“国朝因梁曰司天监”[5]，指出宋代“司天监”之称来自后梁。《文献通考》亦言：“宋有司天监、天文院、钟鼓院。元丰正官制，以太史局隶秘书

[1]《旧五代史》卷四三《唐书·明宗本纪九》，第677页。

[2]《五代会要》卷一一《杂录》，第187页。

[3]直至周世宗时，才下诏不以后梁为“伪朝伪主”。《旧五代史》卷一一三《周书·太祖本纪四》，第1747页。

[4]（清）徐松辑，刘琳、刁忠民、舒大刚、尹波等校点：《宋会要辑稿》职官一八之八二，上海古籍出版社，2014年，第3529页。

[5]《职官分纪》卷一七《太史局》，第401页。

省。”[1]如此，北宋前期天文机构使用“司天监”一称，似无疑义。然“司天监”之名是否在赵宋建国之初已改用，以上笼统记载显然未能给出准确答案。从前文分析已知，后唐至后周仍沿用“司天台”，而赵宋代周亦无立即更改称谓的必要。所以，天文机构的称谓在宋初明显存在由“司天台”向“司天监”的变化过程。

建隆元年（960）三月，宋政府确定赵宋国运继周之木德而为火德。此后亦曾数次讨论此事，最终仍以宋为火德[2]。所以，从继承前朝制度的角度讲，赵宋建国后天文机构应仍称“司天台”。这在出土文献中得到一定程度的证实。敦煌文书中存有《宋太平兴国三年戊寅岁应天具注历日》（S.0612），此具注历题作“大宋国王文坦请司天台官本勘定大本历日”[3]。该历为宋初的《应天历》，据董煜宇先生推断，王文坦应是当时得到朝廷授权贩卖历书商人的名字[4]。所谓“大本历日”，有别于民间私制“小历”，须经“司天台官本”勘定且经朝廷授权方可印制和贩卖。此具注历中的“大宋国”特别值得注意。一般而言，宋朝内部的出版物最多自称“大宋”，此历流行于敦煌地区，又被记为“大宋国”，故很可能是当时由北宋贩卖至敦煌地区的历书。就此历中的“司天台”一称而言，无论王文坦所请的大本历日是否得到朝廷的授权，至少在历书的相关书面说明中应尽可能使用正式称谓。即便是假托“司天台官本勘定”，也当尽可能使用最正式的称谓，以便顾客信服。至太平兴国三年（978），赵宋建国已近二十年，在正式的大本历日中，亦应用当时最普遍为人所知的称谓。所以，“司天台”在此历书中作为当时天文机构的正式称谓应无疑义。

事实上，传世文献也大致反映出宋初天文机构的称谓为司天台。《宋会要辑稿》中，太平兴国八年（983）以前天文机构几乎全部称为“司天台”。如太祖建隆四年（963）“五月十二日，诏自今祠祭并委司天台择日”[5]；太宗太平兴国六年（981）“三月，召司天台学生郑昭晏、石昌裔、徐旦、史序、東守吉等五人试于殿前，并授司天台主簿”；太平兴国八年三月，“命判国子监陈鄂

[1]（宋）马端临：《文献通考》卷五六《职官考十》，北京：中华书局，2011年，第1667页。

[2] 关于宋代火德的讨论，可参见刘复生：《宋代“火运”论略——兼谈“五德转移”政治学说的终结》，《历史研究》1997年第3期，第92—106页。

[3] 邓文宽：《敦煌天文历法文献辑校》，南京：江苏古籍出版社，1996年，第513页。

[4] 参见董煜宇：《从文化整体概念审视宋代的天文学——以宋代的历日专卖为个案》，载于孙小淳等主编《宋代国家文化中的科学》，北京：中国科学技术出版社，2007年，第56页。

[5]《宋会要辑稿》礼一四之三，第744页。

权（司）天台事"[1]。

翻检史籍还可发现，宋初天文机构名称的变化中，太平兴国八年实为分水岭。在此之前，"司天台"作为机构称谓的使用频率远大于"司天监"，在此之后，"司天监"作为正式称谓被广泛使用。如《宋会要辑稿》载：端拱元年九月，"以（司天）监丞丁文景为冬官正"；至道元年（995）"十一月十八日诏'司天监五官正磨勘，非次改官至殿中丞（止），以后只加检校官'"。景德元年（1004）正月诏，"'司天监、翰林天文院职官、学生、诸色人，自今不得出入臣庶家课算休咎'"[2]。尽管司天台仍会偶尔出现，但只是作为习称而已。如治平三年（1066）五月"司天台言：'瞻见少微星体明润，异于常式'"[3]。

综上，宋朝建立之初天文机构延续前朝称谓，更名"司天监"当在宋太宗朝，且迟至太平兴国八年仍称司天台。此后，"司天监"作为机构称谓在文献中被普遍使用。从真宗朝开始，即使作为习称，"司天台"亦不多见。元丰改制，改"司天监"为"太史局"。此后"司天台"仍偶尔出现，但或作为雅称，或另有所指。如《靖康要录》载，靖康二年（1127）金人攻陷开封后，曾征"课命人、卜祝、司天台官"等伎艺人[4]。显然，此处的"司天台"实为太史局之雅称或古称。再如《景定建康志》记载："日观台，一名司天台，在台城内。"[5]此处的"司天台"已非指天文机构的名称，而指观象台。

宋初天文机构称谓在文献中之所以会出现混用或误记，其主要原因或许是"司天台"与"司天监"仅一字之差，二者的长官都可简称为司天监，又都为从三品。在名称改换后，"司天台"仍被作为习称使用，故时人有意无意地将两称谓混用。当然，也不排除某些宋人对这一时期天文机构名称的变化已不甚了了，在撰述中出现误记。如宋敏求《长安志》云："乾元元年，改太史监为司天监"[6]。高承《事物纪原》云："乾元元年曰司天台，后复曰太史。宋朝以来，

[1][2]《宋会要辑稿》职官三一之一，第3801页。

[3]《宋会要辑稿》瑞异一之一六，第2599页。

[4]（宋）汪藻著，王智勇笺注：《靖康要录笺注》卷一五，靖康二年正月二十六日，成都：四川大学出版社，2008年，第1581页。

[5]（宋）周应合：《景定建康志》卷二二《城阙志三》，北京：中华书局，1990年，第1680页。

[6]（宋）宋敏求撰，（元）李好文撰，辛德勇、郎洁点校：《长安志·长安志图》卷八《唐京城二》，西安：三秦出版社，2013年，第283页。

亦曰司天台，神宗改官制，复为太史局也。”[1]此类记载，就出现了明显偏差。

概括言之，北宋天文机构称谓的变化，可推知如下：北宋建立后仍沿用后周之“司天台”，约在太平兴国八年以后改为“司天监”，元丰改制时又改为“太史局”。

三、天文机构名称变更的原因

唐肃宗朝至宋初天文机构的称谓主要是在司天台、司天监之间来回改换。两称谓有何区别，为何会被反复更改，历朝统治者在更名背后有无更深的意图？以下将结合相关历史背景予以进一步分析。

（一）天文机构调整的相应需要

唐宋时期的官署多以省、台、寺、监、院等命名。肃宗以前，天文机构的设置并不稳定，或称“局”，或称“监”，历十数次更名。一般而言，称局时多隶属于秘书省，称监时独立于秘书省[2]。肃宗即位后，为重建安史之乱后的李唐制度，并借重天文机构的特殊执掌与地位以巩固统治，在天文方面的改革着墨颇多[3]。一方面，完善天文机构的职官设置和人员选任，创设五官正、五官副正等官职，设通玄院，以安置擅天文的民间术艺之士。另一方面，提高天文机构的地位，将其更名为司天台，升其长官至从三品，并从秘书省中彻底独立出来。这样，天文机构不仅在名称上更符合“司天”之职，而且得以与御史台并为同品级的“台”级官署。此番改革适应了天文机构在唐代中后期国家发展中所扮演的实际需要。此后至唐亡，“司天台”一称未再有变，相关建置的轮廓亦为之后的辽宋金各朝所沿袭。

后梁灭唐，欲求“革故鼎新”，对唐代诸多机构进行了一系列调整与改名。如“（开平元年五月）诏枢密院宜改为崇政院……改文思院为乾文院，同和院改为仪鸾院”[4]。面对唐末以来天文机构紊乱、官员散佚的情况，后梁统治者亦予

[1]（宋）高承撰，（明）李果订，金圆、许沛藻点校：《事物纪原》卷六《太史局》，北京：中华书局，1989年，第341页。

[2] 张国刚：《唐代官制》，西安：三秦出版社，1987年，第109页。

[3] 参见赵贞：《乾元元年（758）肃宗的天文机构改革》，《人文杂志》2007年第6期，第155—161页；《唐代的天文管理》，《南都学坛》（人文社会科学学报）2007年第6期，第29—34页。亦见氏著《唐宋天文星占与帝王政治》，第41—53页。

[4]《旧五代史》卷三《梁书·太祖本纪三》，第55页。

调整，将司天台改为司天监即为其中的一项举措。后唐以后各朝虽复用司天台，但天文机构的混乱状况并未有明显改观。后晋宰相赵莹曾言天文图书“自唐季乱离，简编沦落”[1]，须予整顿，然很快契丹入侵，将天文仪器及官员全数掳走[2]。此后各朝国祚短暂，战乱频仍，直至北宋建立后，随着政局的稳定，始对天文机构予以全面调整和完善，其中，又以宋太宗朝的改革最为突出。

宋太宗对天文机构的改革主要集中在以下两方面：第一，积极介入天文官的选拔。太宗即位次月即下诏“令诸州大索明知天文术数者传送阙下”[3]。太平兴国二年（977），诸州所送民间私习天文者除一部分经考核留任司天台外，“无取者黥配海岛”[4]。六年（981），太宗又召司天台学生郑昭晏、史序等五人试于殿前，亲擢此五人为司天台主簿[5]。不久，又擢郑昭晏等为翰林天文，任职大内，以备日常咨询。第二，于禁中另置天文官与外朝司天台（司天监）相互监督。太平兴国四年（979），张思训造浑仪于文德殿钟鼓楼下，思训被擢浑仪丞[6]。端拱年间，韩显符受命再造浑仪，太宗特命显符“专测验浑仪”[7]。测验浑仪官为专测浑仪的天文官，多设于大内，与司大台（监）彼此独立观测天象，互相监督。后因二者奏报天象多有商议，迟至真宗年间，于内廷中另立翰林天文院，与司天监“相关防”[8]。诸般改革举措结束了唐末五代以来天文机

[1]《五代会要》卷一八《前代史》，第297页。

[2]（元）脱脱：《辽史》卷四《太宗下》、卷四二《历象志上》，北京：中华书局，2016年，第64、594页。

[3]（宋）李焘：《续资治通鉴长编》卷一七，开宝九年十一月条，北京：中华书局，2004年，第385页。

[4]（元）脱脱：《宋史》卷四《太宗本纪上》，北京：中华书局，1977年，第57页。

[5]《宋会要辑稿》职官三一之一，第3801页。

[6]《续资治通鉴长编》卷二〇，太平兴国四年正月癸卯条，第444页。亦见《玉海》卷四《天道》，第81页。

[7]《宋史》卷四六一《韩显符传》，第13502页。

[8]《宋会要辑稿》职官三六之一〇七，第3951页。《宋史·史序传》载史序于太平兴国间曾“隶翰林天文院”（卷四六一，第13503页）。此一记载为目前仅见太宗朝有关“翰林天文院”的记载。然史序在真宗朝仍任翰林天文，故此处难脱追称之嫌。《宋会要辑稿》中关于“翰林天文院”的最早记载见于咸平四年（1001）：“以修历官翰林天文院太子洗马史序、王熙元并为殿中丞。”（运历一之六，第2685页）然这里的翰林天文院与“修历官”“太子洗马”并为史序和王熙元所任之职，此处的“院”当为衍字。不过，在真宗朝，翰林天文院的出现已比较普遍，如“景德元年正月，诏：‘司天监、翰林天文院职官、学生、诸色人自今不得出入臣庶家课算休咎’”（职官三一之一，第3801页），且翰林天文院设立后，测验浑仪官独立观测天象的制度并未废除。

构的混乱状况，规范了天文官的日常选任和管理，提高了天象观测的准确性。诸举措亦显示太宗对旧有天文机构及天文官的高度不信任。外朝司天台不仅不再是皇帝唯一倚重的天象观测机构，而且名为“相关防”，皇帝信任的天平已偏向测验浑仪官和内廷的翰林天文，外朝司天台的职权、地位出现了分散和弱化，较唐代明显下降。反映在称谓上，则是“司天台”向“司天监”的改换，天文机构不再有“台”的殊荣，仅为众“监”之一。

（二）维护政权合法性的政治操作

天文机构执掌天象观测与国运休咎的解读，历代统治者为占据“上天意志”的法理制高点，无不竭尽所能对其加以掌控，这在政局混沌、政权反常更迭之际尤为突出。

肃宗于安史叛乱中仓促即位，太上皇玄宗则仍居兴庆宫。此种局面下，肃宗通过改天文机构为司天台、提高其地位等一系列手段加强对天文机构的控制。同时，迁司天台至“太微西南”的张守珪故宅，将上天的“太微垣”与其所居的大明宫相对应[1]。肃宗正是借此一系列绵密举措主导天文机构的运行，获得皇权合法性的天文依据，巩固其正统地位。

后梁代唐，为显其新朝气象，更为掌握对“天命”解释的主导权，不仅于开封新置浑天仪以观测天象[2]，还对天文机构等官署称谓进行一系列改名。后唐以梁为“伪”，“中兴”唐制，自然复用“司天台”以彰显其正统地位，之后各朝亦予沿用，直至宋初。

开宝九年（976）十月，宋太宗一违惯例于即位当年匆匆改元，并连续下诏，严禁民间私习天文相术，“限外不送及违诏私习者，悉斩”[3]。从最低级的学生到司天台官员，再到内廷中备皇帝咨询的翰林天文，皆由太宗信任之人出任。在天文机构的日常管理方面，将其由“台”改为“监”，并持续加强关防与控制。凡此种种，皆显示出宋太宗在即位后于天文层面苦心经营其正统形象的努力。

要之，“司天台”与“司天监”仅一字之差，两者的混用似乎并未明显影

[1] 赵贞先生认为此举还有监视居于兴庆宫的唐玄宗的目的。参见赵贞：《乾元元年（758）肃宗的天文机构改革》，第155—161页。

[2]《五代会要》卷一〇《浑天仪》，第170页。

[3]《宋大诏令集》卷一九八《禁约上》太平兴国二年《禁天文相术六壬遁甲三命及阴阳书诏》，北京：中华书局，1962年，第731页。

响古今学者对唐肃宗朝至宋初天文机构称谓的理解，故此问题被有意无意地回避或忽略，进而出现诸种认知误区，以至于部分点校本正史亦沿旧误[1]。清晰区隔各时期天文机构的诸称谓，还原其更改的具体过程，不仅有助于对相关文献的准确理解，而且对认识唐宋时期天文机构的发展变化及统治者构建正统地位的努力皆有见微知著之效。

（作者单位：河北师范大学历史文化学院）

Textual Research on the Name of Astronomical Institution from the Emperor Suzong of Tang Dynasty to the Early Song Dynasty

Guo Yingbiao

[Abstract] The name of astronomical institutions from the Emperor Suzong of Tang Dynasty to the early Song Dynasty has been changed many times, however, due to the lack of historical records, many later generations obscured or even misremembered. The conclusion of the paper is : The name of the astronomical institution was changed to "Sitiantai" in the Suzong period and this name was used until the end of the Tang Dynasty; The later Liang briefly changed it to "Sitianjian", but "Sitiantai" was still used in the other five dynasties. After the Eighth year of Tai Ping Xing Guo in the Northern Song Dynasty, it changed to "Sitianjian" once again, then it changed to "Taishi Bureau" in Yuanfeng period of Shenzong. The change of the astronomical insitution's name reflected the development situation of astronomical insitution in different periods and the political behavior of the governors for their legitimacy.

[1] 《旧五代史·仇殷传》云："仇殷，不知何郡人也。开平中，仕至钦天监"（《旧五代史》卷二四《仇殷传》，第377页）。"钦天监"一称始见于明代，乃明代天文机构的称谓［（明）申时行等修：《明会典》卷二三三《钦天监》，中华书局，1989年，第1101页］。今本《旧五代史》为清修《四库全书》时从《永乐大典》中辑出。现存《永乐大典》的相关部分已阙佚，就笔者所见《旧五代史》武英殿本、嘉业堂本等诸版本皆将此处载为"钦天监"，再经今人数次点校，至中华书局2015年标点本仍沿旧误。可知，自明代以来，历代学者很可能对唐肃宗朝至宋初天文机构称谓的改换均未有清晰认识。赵贞先生虽亦曾指出1976年中华书局标点本《旧五代史》中仇殷当仕至"司天监"（《唐宋天文星占与帝王政治》，第401页），然其并未清晰认识后梁时期"司天监"作为机构称谓和职官称谓的区别，亦未注意到后梁天文机构称谓的变化对仇殷任职可能造成的影响，仅据《北梦琐言》等就将"钦天监"简单换作"司天监"，颇为不妥。

再论唐代的检校官

——兼论职事官的阶官化

张　飘

检校官是唐人官衔中一种常见的官职，它不同于职散勋爵，在律令中没有明确的规定，而且又具有不同的性质，容易导致学者们的疑惑和误解。但检校官制又对唐代的官僚制度，尤其是使职差遣体制的发展有很大的影响，在唐宋制度转变的过程中扮演了重要的角色，因此一直以来受到学者们的广泛关注，相关的研究成果也颇为丰富。

检校官在唐代具有不同的性质，这一点古代的学者就已经注意到了。清代著名史家钱大昕曾有过论述："夫检校、兼、守、判、知之名，皆起于唐。但唐所谓检校者，虽非正授，却办本职事……中叶以后，诸将多以军功得检校官，三公、三师、仆射、尚书、常侍，车载斗量，有名无实。"[1]今人岑仲勉和严耕望延续了钱大昕的观点[2]，以时间为标准将检校官的性质划分为两种。之后学者的研究大都在此基础上展开，张东光将唐代的检校官分为"实履其任"和"假借官资"两种，还讨论了其使用范围、班序、章服、俸禄等问题[3]；李方

[1]（清）钱大昕：《潜研堂集》卷三四《答袁简斋书》，上海古籍出版社，1989年，第611—613页。

[2] 岑仲勉认为检校"这个术语，隋已有之。一般用法本含'办理'的意义；作为未实授的称谓，也不过至玄宗朝为止，中叶以后，凡官衔上带'检校'字样者都是虚衔，并无实在职务"。见氏著《金石论丛》，上海古籍出版社，1981年，第474页。严耕望在《唐仆尚丞郎表》的凡例部分概括了唐代检校官的性质，"惟检校官前后性质迥异：自唐初至肃宗世，凡检校官，皆掌本职，与正员不异，故亦入录；代宗之后，勋臣方岳多加检校仆射、检校尚书，纯虚衔，非实职，故摒而不录"。见氏著《唐仆尚丞郎表》，台北："中央"研究院历史语言研究所，1956年，第1页。

[3] 张东光：《唐代的检校官》，《晋阳学刊》2006年第2期，第74—78页。

结合出土文书对唐代西州出现的基层检校官进行了研究，论述了检校任官的几种方式及在文书签署方面的区别，并认为存在三种类型的检校官[1]；张国刚和赖瑞和则从职事官阶官化的角度对检校官的不同性质进行了分析[2]。另外，研究藩镇幕府僚佐的学者也对检校官制多有关注，其中冯培红最具代表性，他系统梳理了组成带职的检校、试和兼官的发展过程，论述最为全面具体[3]。虽然相关的研究在不断深入，但对检校官在前后期具有实任和阶官两种性质的基本观点从未有过质疑，对其性质改变原因的分析也缺乏说服力，这也为本文的研究提供了一定的空间。

一、唐代检校官的不同性质

中古时期，“检校”一般用作动词，且词义发生过变化。西晋时，有人于嵩高山下得竹简一枚，张华以问博士束皙，束皙言乃明帝显节陵中策，“检校果然”[4]。南朝宋时，刘式之任淮南太守，“在任赃货狼藉，扬州刺史王弘遣从事检校”[5]。检校在此处为“检查”“考校”之意。东晋时曾设检校御史[6]，这是“检校”一词首次进入官衔，但检校御史为官职名，仍是用其“检查”之意，沿用到隋朝后更名为监察御史，并非一种任官形式。根据史籍的记载，检校官最早出现在南北朝时期，是随着检校词义的变化而产生的。此时，检校的词义增加了“掌管”“负责”的内容，并常与一些官职或事务搭配出现。比如北周时，源雄“检校徐州总管”[7]；陈宣帝时，周罗睺为“总管检校扬州内外诸军事”[8]；北齐莫多娄敬显“位至领军将军，恒检校虞候事”[9]。从总体来看，

[1] 李方：《唐西州行政体制考论》，哈尔滨：黑龙江教育出版社，2002年，第156—183页。

[2] 张国刚：《唐代阶官与职事官的阶官化论述》，《中华文史论丛》1989年第2期，第71—90页。赖瑞和：《论唐代的检校官制》，《汉学研究》第24卷第1期，2006年，第175—208页。

[3] 冯培红：《论唐五代藩镇幕职的带职现象——以检校、兼、试官为中心》，载［日］高田时雄主编《唐代宗教文化与制度》，京都大学人文科学研究所，2007年，第133—210页。

[4]（南朝宋）范晔：《后汉书》志第六《礼仪下》，北京：中华书局，1965年，第3146页。

[5]（梁）沈约：《宋书》卷四二《刘穆之传》，北京：中华书局，1974年，第1309页。

[6]（唐）房玄龄：《晋书》卷二四《职官志》：“案魏晋官品令又有禁防御史第七品，孝武太元中有检校御史吴琨，则此二职亦兰台之职也。”北京：中华书局，1974年，第739页。

[7]（唐）魏徵：《隋书》卷三九《源雄传》，北京：中华书局，1973年，第1154页。

[8]《隋书》卷六五《周罗睺传》，第1524页。

[9]（唐）李百药：《北齐书》卷一九《莫多娄贷文附子敬显传》，北京：中华书局，1972年，第253页。

这一时期检校某官、某事任的现象还比较少见，入隋之后则开始大量增加，并且遍布中央的台、省、寺、监、东宫、诸卫和地方的总管、刺史、县令。比如韦津“检校民部尚书”[1]，宇文恺“检校将作大匠”[2]等。唐代检校官的范围进一步扩大，在诸司百官之外，还增加了检校使职，如仪凤三年（678）李思文“检校陇右诸牧监使”[3]，长安四年（704）建安王武攸宁“充检校大像使”[4]，开元四年（716）为灭蝗设“河南、河北检校杀蝗虫使”[5]等。

那么，这种检校官的性质是什么呢？《唐律疏议》“无官犯罪”条中有过界定：“依令，内外官敕令摄他司事者，皆为检校；若比司，则为摄判”[6]，即检校官为皇帝敕令某官摄领其他机构之事务。《唐律疏议》的界定包含两个方面，一是担任者为现任内外官员，二是负责他司差遣性事务，即以自己的本官去处理其他官司的事务，这种现象在唐前期很常见。比如贞观初宇文士及代封伦为中书令，“寻以本官检校凉州都督”[7]；贞观二十一年（647）褚遂良“以本官检校大理卿，寻丁父忧解”[8]；长安四年（704），武则天为了改变内重外轻的任官局面，“凤阁侍郎韦嗣立、御史大夫杨再思等二十人中之，皆以本官检校刺史”[9]。值得注意的是，虽然官员都是带本官出任的，但史官在编纂时对官衔的记载并不严格，省略“以本官”甚至连本官都不记载的现象经常出现，这在很大程度上影响了人们对检校官制的理解。

贞观三年（629），唐太宗以“刑部尚书、检校中书令、永康县公李靖为兵部尚书”[10]，李靖的“检校中书令”就是一种差遣性事务。据其本传载，太宗嗣位后李靖“拜刑部尚书，并录前后功，赐实封四百户。贞观二年，以本官兼检校中书令。三年，转兵部尚书”[11]，这种省略“以本官”的写法，是很容易造成

[1]《隋书》卷四《炀帝本纪下》，第90页。

[2]《隋书》卷六八《宇文恺传》，第1588页。

[3]（唐）王溥：《唐会要》卷六六《群牧使》，上海古籍出版社，2006年，第1354页。

[4]《唐会要》卷四九《像》，第1004页。

[5]《唐会要》卷四四《螟蜮》，第924页。

[6]（唐）长孙无忌：《唐律疏议》卷二《名例》“无官犯罪”条，北京：中华书局，1983年，第43页。

[7]（后晋）刘昫：《旧唐书》卷六三《宇文士及传》，北京：中华书局，1975年，第2410页。

[8]《旧唐书》卷八〇《褚遂良传》，第2738页。

[9]（唐）杜佑：《通典》卷三三《职官十五》，北京：中华书局，1988年，第909页。

[10]《旧唐书》卷二《太宗本纪上》，第36页。

[11]《旧唐书》卷六七《李靖传》，第2479页。

对其官衔的误读的。张说开元初“迁右羽林将军，兼检校幽州都督。开元七年，检校并州大都督府长史，兼天兵军大使，摄御史大夫，兼修国史”[1]，他前后两次担任检校官，却只记载了第一次的本官右羽林将军，而结合之后其拜相的制书可知在这次的迁转中其本官并未改变。开元九年（721）张说拜相前的官衔为“天兵军节度大使、右羽林将军兼并州长史、摄御史大夫、燕国公兼修国史”[2]，说明他的本官仍然是右羽林将军。这样的例子并不少见，开元三年（715）正月，玄宗以“黄门侍郎卢怀慎为检校黄门监”[3]，同样省略了其本官，根据拜官制书中的“可检校黄门监，散官黄门如故”[4]，可知其本官仍为黄门侍郎，并未改变。

之所以花费如此篇幅去解释本官对于这种检校官的意义，是因为同时还存在另一种性质的检校官，两者极易混淆。仍以张说为例，先天二年（713）七月，玄宗以“尚书左丞张说为检校中书令”，两个月后又以“检校中书令、燕国公张说为中书令”[5]。张说由尚书左丞迁转到中书令，经过了“检校中书令”这样一个过渡，而这个检校官明显不属于前文所述的差遣性质。《唐大诏令集》收录了这两次迁官的制书，《张说检校中书令制》：“尚书左丞张说，居正合道，体直理精。……宜登鼎铉，式综丝纶，可检校中书令。”《张说中书令制》：“银青光禄大夫、检校中书令、上柱国、燕国公张说，含和育粹，特表人师。……我凭柱石，尔作盐梅。正名之谓，群议斯集。可守中书令，散官勋封如故。”[6]从制书可以看出张说的“检校中书令”就是其本官，而不是一种差遣性的官职。与前一种检校官常省略本官一样，史籍在记载这种检校官时常会省略“检校”二字。张说迁检校中书令，其本传只记载“征拜中书令，封燕国公”[7]；卢藏用景龙中“为吏部侍郎”[8]，其任命制书为“敕朝请大夫、守中书舍人、兼知吏部侍郎事、修文馆学士、上轻车都尉卢藏用……可检校吏部侍郎，仍佩鱼如故”[9]，都属于这种情况。

---

[1]《旧唐书》卷九七《张说传》，第3052页。

[2]（宋）宋敏求：《唐大诏令集》卷四四《大臣 · 宰相 · 命相一》，《张说同三品制》，上海古籍出版社，1954年，第219页。

[3]《旧唐书》卷八《玄宗本纪上》，第174、175页。

[4]《唐大诏令集》卷四四《大臣 · 宰相 · 命相一》，《卢怀慎检校黄门监制》，第219页。

[5]《旧唐书》卷七《玄宗本纪上》，第170、171页。

[6]《唐大诏令集》卷四四《大臣 · 宰相 · 命相一》，《张说中书令制》，第218页。

[7]《旧唐书》卷九九《张说传》，第3052。

[8]《旧唐书》卷九四《卢藏用传》，第3004页。

[9]（宋）李昉：《文苑英华》卷三八七《授卢藏用检校吏部侍郎制》，北京：中华书局，1966年，第1974、1975页。

两种检校官性质迥异，在阅读史籍时必须对其加以区分，否则极易误读唐人的官衔，尤其是当两种检校官同时出现时更应注意。比如唐中宗在神龙元年（705）六月调整高层任命："尚书左仆射豆卢钦望，军国重事中书门下可共平章；检校中书令韦安石中书令，兼检校吏部尚书；检校侍中魏元忠兼检校兵部尚书；杨再思兼户部尚书，兼检校中书令"[1]。其中，韦安石的"检校中书令"和魏元忠的"检校侍中"都是其本官，而"兼检校吏部尚书""兼检校兵部尚书"和"兼检校中书令"则都是以本官去兼任其他官职的事务，属于一种兼职的差遣。

唐代检校官的不同性质，在制度规定中也有体现。据《唐会要》记载，德宗贞元二年（786）规定文武百官朝会的班序，其中包括："检校官、兼官及摄、试、知、判等官，并在同位正官之次，其有行所检校、兼、试、摄、判等官职事者，即依正官班序。除留守、副元帅、都统、节度使、观察使、都团练、都防御史，并大都督、大都护、持节兼外，余应带武职事位，在西班，仍各以本官品第为班序。"[2]敕令中出现了两种检校官，而且对其朝会班序的规定也不同。第一种检校官排位在同位正官之次，属于前文所述可以作为官员本官的检校官，带有员外官的性质。《通典》载："神龙初，官复旧号。二年三月，又置员外官二千余人。于是遂有员外、检校、试、摄、判、知之官。逮乎景龙，官纪大紊，复有'斜封无坐处'之诵兴焉。"[3]这种检校官是武则天称帝后开始大量出现的，《太平广记》载："唐张文成曰：乾封以前，选人每年不越数千。垂拱以后，每岁常至五万，人不加众，选人益繁者，盖有由矣。尝试论之。只如明经进士，十周三卫，勋散杂色，国官直司，妙简实材，勘入流者十分不过一二。选司考练，总是假手冒名，势家嘱请，手不把笔，即送东司，眼不识文，被举南馆。正员不足，权补试摄检校之官。"[4]这种检校官与员外官一样没有员额限制，可以随意除授，因此笔者将其称为"员外检校官"。另一种检校官带有明显的差遣性质，敕书中称其为"行所检校某官职事者"，其朝位班序并不依照自己的本官，而是等同于所检校官职的正官。比如前引褚遂

[1]《旧唐书》卷七《中宗本纪》，第140页。

[2]《唐会要》卷二五《文武百官朝谒班序》，第563页。

[3]《通典》卷一九《职官一·历代官制总序》，第472页。

[4]（宋）李昉：《太平广记》卷一八五《铨选一·张文成》，北京：中华书局，1961年，第1387页。

良“以本官检校大理卿”，则其朝会的班位则同于大理卿的正官。因其性质，笔者将这种检校官称为“差遣检校官”。

从这条敕令中也可以看出，至迟在德宗贞元年间，不同性质的检校官仍然同时存在，并非前辈学者所言“基本上是一个由试摄官向假借官的转化过程”[1]。从产生到发展，两种检校官经历了截然不同的过程，但最后又都与唐代的使职差遣制产生了密切的关系，因此下节将对两者的发展过程进行系统而具体的论述。

二、检校官的发展过程

根据前文所述，“差遣检校官”在南北朝时期出现，并在进入隋朝之后迅速发展，到唐朝已经是一种成熟的任官形式了。然而，这种对“差遣检校官”产生和发展过程的描述是建立在“检校”名词的基础上的，在其词义有过变化的中古时期，这种研究方式并不可取，容易陷入对历史概念的考释之中。“差遣检校官”作为一种任官形式，其核心的内容是以本官去负责差遣性的事务，这也是其最本质的特征。以这个标准来看，“差遣检校官”在曹魏时就已经出现，并在南北朝时期逐渐普及。

魏明帝太和末年，“公孙渊以辽东叛，帝欲征之而难其人，中领军杨暨举（田）豫应选。乃使豫以本官督青州诸军，假节，往讨之”[2]。田豫此时的本官为汝南太守、殄夷将军，他是以此官都督青州诸军前往讨伐公孙渊的。甘露二年（257），诸葛诞谋反，诏“（王）基以本官行镇东将军，都督扬、豫诸军事”[3]，王基虽以镇东将军率军出征，但其本官镇南将军并未改变。田豫和王基任职的性质与唐代的“差遣检校官”相同，是一种典型的差遣职务。这种现象在曹魏时期尚不多见，西晋之后逐渐增多，成为一种普遍的现象。晋初欲讨伐东吴，“（羊）祜病，举（杜）预自代，因以本官假节行平东将军，领征南军司。及祜卒，拜镇南大将军、都督荆州诸军事，给追锋车、第二驸马”[4]。刘宋元嘉二十八年（451），北魏南侵，刘义恭未战先逃，宋文帝“降义恭号

[1] 张东光：《唐代的检校官》，第74—78页。其他如严耕望、张国刚、赖瑞和、冯培红等诸多学者均持此观点，见前文学术史所引。

[2]（晋）陈寿撰，（宋）裴松之注：《三国志》卷二六《魏书·田豫传》，北京：中华书局，1959年，第728页。

[3]《三国志》卷二七《魏书·王基传》，第754页。

[4]（唐）房玄龄：《晋书》卷三四《杜预传》，北京：中华书局，1974年，第1028页。

骠骑将军、开府仪同三司，余悉如故”，但不久“又以本官领南兖州刺史，增督南兖、豫、徐、兖、青、冀、司、雍、秦、幽、并十一州诸军事，并前十三州，移镇盱眙”[1]。北魏武泰元年（528），辛雄被任命为度支尚书，加安南将军，“未几，诏雄以本官兼侍中、关西慰劳大使”[2]。永熙三年（534），孝武帝西迁长安，杨俭“除侍中、骠骑将军。大统初，以本官行东秦州事，加使持节、当州大都督”[3]。

“差遣检校官”的出现，与曹魏时期官僚制度的变化有密切关系。两汉时期，用来标明官员等级的是“若干石”的禄秩，而禄秩是从属于职位的，“它所区分的是职位的高低；若无职位的话，则官员本身无等级可言”[4]。禄秩之外，没有能够标明官员个人品级的官阶，因此不管职位迁转还是差遣他务，其秩级都会发生相应的变化，乃至因各种原因中断勤务时，朝廷也不会保留官员的既往官资。另外，汉代官员一般也没有固定的任期，职位的迁转相对随意，并不需要差遣性的任官形式，所以“差遣检校官”并没有形成的基础。曹魏建立九品中正制，将百官划分为九个等级，而“九品官品吸收了朝位的一元化功能，把职事官、爵级、军号、散官纳入一个整齐的框架内，使之一体化了。由此‘爵—秩体制’告终，‘一元多序列的复式品位结构’得以形成”[5]。九品官品制使官员的本品具有了重要的意义，开始与俸禄、恩荫等待遇密切联系起来，并且严格限制了其升迁的路径和标准，但行政事务要求的效率和质量更多地与官员的素质、能力及皇帝的信任有关，两者之间不可避免地产生矛盾。“差遣检校官”正是为了应对品级与职任的矛盾而产生的。

从这个角度来说，“差遣检校官”与同样带有差遣性质的知、判等形式是一样的，而且在史籍记载中也经常混用。代宗时的权宦鱼朝恩“自谓有文武才干，以邀恩宠。上优遇之，加判国子监事，光禄、鸿胪、礼宾、内飞龙、闲厩等使”[6]，而实际的任命敕书却载：“开府仪同三司、行内侍监、兼充监门卫大将军、观军容宣慰处置使、仍兼知处置神策军兵马事、内飞龙厩、内弓箭库

[1]《宋书》卷六一《江夏文献王义恭传》，第1644、1645页。

[2]（北齐）魏收：《魏书》卷七七《辛雄传》，北京：中华书局，1974年，第1697页。

[3]（唐）令狐德棻：《周书》卷二二《杨宽传》，北京：中华书局，1971年，第368页。

[4]阎步克：《品位与职位：秦汉魏晋南北朝官阶制度研究》，北京：中华书局，2002年，第160、161页。

[5]阎步克：《中国古代官阶制度引论》，北京大学出版社，2010年，第473页。

[6]《旧唐书》卷一八四《鱼朝恩传》，第4764页。

等使、兼检校鸿胪、礼宾，上柱国，韩国公鱼朝恩……可兼检校国子监余并如故。”[1]“判国子监事”与“检校国子监”的混用，说明在唐人看来这些任官形式在本质是相同的。尤其唐后期随着藩镇使府僚佐的扩大，“员外检校官”作为本官大量出现，为了防止混乱，差遣多以“知”“判”“摄”等形式出现，“差遣检校官”一度隐而不彰，似乎消失在制度变迁中。但事实上，这种差遣性的任官形式在唐后期得到了进一步的发展，知制诰、知贡举、判度支、判南曹等都属于此类，在各级的官僚机构中普遍存在。

“员外检校官”则有完全不同的发展过程。不同于“差遣检校官”的悠久历史，“员外检校官”是唐初才出现的新事物，《新唐书·百官志》载：“初，太宗省内外官，定制为七百三十员，曰：‘吾以此待天下贤才，足矣。’然是时已有员外置，其后又有特置，同正员。至于检校、兼、守、判、知之类，皆非本制。”[2]这种检校官与员外官等一样，都是为了摆脱员额的限制来除授官员，在太宗贞观初年就已经存在了。贞观元年（627）九月，太宗“命中书侍郎温彦博、尚书右丞魏徵等分往诸州赈恤”[3]，《唐大诏令集》收录了这道诏书：“虫霜为害，风雨不时，政道未康，咎征斯在。……可令中书侍郎温彦博、尚书右丞魏徵、治书侍御史孙伏伽、检校中书舍人辛谞等分往诸州，驰驿检行”[4]。其中辛谞的“检校中书舍人”是史籍中“员外检校官”的最早记载。

这种检校官最初授予的规模不大，主要是作为正员官的补充，《唐六典》载“其内外员外官及检试官，本司长官量闲剧取资历清正旧人分判曹事”[5]，其除授的范围很广，包括中央的省寺卿监和地方州县，而且与正员官一样有判事之权。李方在研究唐代西州行政体制时曾注意到，在高宗总章年间，西州就已经有了诸如检校主簿、检校兵曹等非正员官的存在[6]。其后武则天为收人心，开始大量除授员外、检校等官，不仅大大扩充了官员规模，还侵夺了正员官的判事权，因此神龙政变后中宗就颁敕予以限定：“内外员外官及检校、试官，

[1]《文苑英华》卷三三九《授鱼朝恩国子监制》，第2025页。

[2]（宋）欧阳修：《新唐书》卷四六《百官志一》，北京：中华书局，1975年，第1181页。

[3]《旧唐书》卷二《太宗本纪上》，第33页。

[4]《唐大诏令集》卷一一一《政事·田农》，《温彦博等检行诸州苗稼诏》，第576页。

[5]（唐）李林甫：《唐六典》卷二《吏部尚书》，北京：中华书局，1992年，第28页。

[6]见李方《唐西州行政体制考论》，第171—176页。但这应该不是一种普遍现象，内地州县官员主要由吏部铨注的正员官组成，西州等边疆州府由于条件艰苦，阙官现象比较明显，只能由地方长官任命检校、摄、兼等非正员官来处理行政事务。

宜令本司长官，量闲剧取资历，请与旧人分判曹事，自外并不在判事之限，其长官、副贰官，不在此限”[1]。玄宗开元初厘革旧弊，缩小了除授范围，规定：“诸色员外、试、检校官，除皇亲及诸亲五品以上，并战阵要籍、内侍省以外，一切总停”[2]，但这一规定并没有得到严格的执行，其后检校官仍被授予官资较低的官员。《封氏闻见记》载：“杨国忠为尚书，创为押例，选深者先授官……其五品已上及清要官，吏部不注，送名中书门下者，各量资次临时敕除。历任有深浅，官资有高下，故授任者或称检校，或称兼、试、知、摄、内供奉之类，名目非一。”[3]

“员外检校官”虽然不同于正官，但其职事官的性质决定了其可以用作差遣和使职的本官，这种情况唐前期也已经存在了。开元初，郭虔瓘以破贼之功受封，玄宗下制曰：“朕闻赏有功、报有德者，政之急也。若功不赏，德不报，则人何谓哉。云麾将军、检校右骁卫将军，兼北庭都护、瀚海军经略使、金山道副大总管、招慰营田等使、上柱国、太原县开国子郭虔瓘……可进封太原郡开国公。”[4]郭虔瓘出任使职的本官就是检校右骁卫将军。此外，杜暹曾任“检校黄门侍郎兼碛西副大都护”[5]，萧嵩曾任“检校兵部尚书、河西节度判凉州事”[6]，都是以员外检校官作为本官的。唐前期用做差遣和使职本官的主要是正员官，但这种情况在安史之乱后开始发生变化。宝应元年（762）十月，“伪恒州节度使张忠志以赵、定、深、恒、易五州归顺，以忠志检校礼部尚书、恒州刺史，充成德军节度使，赐姓名曰李宝臣”[7]，随后河朔其他三镇也纷纷归降，其长官均被授予检校高官，薛嵩为检校刑部尚书，李怀仙为检校兵部尚书，田承嗣为检校户部尚书。同年，陈少游入为金部员外郎，“寻授侍御史、回纥粮料使，改检校职方员外郎。充使检校郎官，自少游始也”[8]。此后，员外检校官的除授开始大量增加，逐渐与试官、兼宪衔结合形成幕府带职系统，并且建立了规范的迁

[1]《唐会要》卷六七《员外官》，第1390页。

[2]《唐会要》卷六七《员外官》，第1394页。

[3]（唐）封演撰，赵贞信校注：《封氏闻见记校注》卷三《铨曹》，北京：中华书局，2005年，第23、24页。

[4]《旧唐书》卷一〇三《郭虔瓘传》，第3187、3188页。

[5]《旧唐书》卷八《玄宗本纪上》，第190页。

[6]《旧唐书》卷八《玄宗本纪上》，第192页。

[7]《旧唐书》卷一一《代宗本纪》，第270、271页。

[8]《旧唐书》卷一二六《陈少游传》，第3563页。

转路径，成为幕职官向中央朝官迁转的主要依据。

员外检校官一旦成为带职的组成部分，就不再掌握判事权。《旧唐书》载：“（大历二年）秋七月戊申朔，以右散骑常侍于休烈为检校工部尚书、知省事。时方面勋臣升八座者多非正员，朝命正员者以知省事为名。”[1]检校仆射、尚书者，如果不加“知省事”便不再有实际权力。作为“朝廷清选”的尚书省郎官同样如此，由于郎官是尚书省政务的主要承担者，一旦被诸使奏请入幕，必然会影响到行政事务的处理，因此咸亨三年（672）中央就开始颁布敕令加以限制[2]，最终在大历十四年（779）规定：“郎官、御史充使，绝本司务者，宜改与检校及内供奉里行。”[3]从法令上杜绝了以正员郎官御史充任本官的现象，也使带职中的检校官形成了一套从尚书省水部员外郎到三师三公的迁转阶序[4]。

三、职事官的阶官化

唐代在职事官之外，还有代表官员个人品阶的散官，“凡九品以上职事，皆带散位，谓之本品。职事则随才录用，或从闲入剧，或去高就卑，迁徙出入，参差不定。散位则一切以门荫结品，然后劳考进叙”[5]。但从武则天时期开始出现泛阶的做法，在一定程度上导致了散阶的趋滥和贬值，同时使职差遣制的发展及带职的产生，使有些学者认为唐代的职事官逐渐转变为阶官，其中最具代表性的学者是张国刚和阎步克。张国刚认为“唐代中后期，过去以职为实、以散为号的制度逐渐遭到了破坏，出现了以‘使’为实，以‘职’为号的新制度。也就是说，只有使职才有实际职掌，而所带职事官反与实际事务无涉，仅仅是表示其身份地位与迁转阶序的名号，与阶官意义同，故谓之阶官化”[6]。阎步克则在其基础上认为：“以‘职’为实，以‘散’为阶的制度低落

[1]《旧唐书》卷一一《代宗本纪》，第287页。

[2]《唐会要》卷五四《省号上》，第1089页；卷七八《诸使中》，第1700页；卷七九《诸使下》，第1712页。

[3]《唐会要》卷七八《诸使中》，第1702页。

[4]关于带职的迁转阶序及其意义，见冯培红《论唐五代藩镇幕职的带职现象——以检校、兼、试官为中心》，第176—210页。

[5]《旧唐书》卷四二《职官志一》，第1785页。

[6]张国刚：《唐代阶官与职事官的阶官化论述》，《中华文史论丛》1989年第2期，第71—90页。

之后，以‘使’为实、以‘职’为阶的新制一波再起。随着‘使职差遣’的发展，三省六部官、御史台官、卿监长官、诸卫大将军等官位，借助‘检校’‘试官’‘加宪衔’一类形式而开始阶官化了，开始变成为‘使职’之‘阶’。”[1]

可以看出，学者们在论述唐后期职事官的阶官化时，所依据的基础都是使职差遣制的发展，即陈仲安所言：“本官不治本司之事，却另外派人来管，同时本官却又常被委派去管别司之事。”[2]然而，在研究唐代的使职差遣之制时，已有的学者大都从宋代的制度出发，将其置于唐宋变革的话题下进行论述，将社会经济形势的变化、律令制度的破坏、君主独裁的加强、门阀士族的衰落等视为其出现的原因[3]，导致对唐代使职差遣制的描述有比附宋代之嫌。从前文对“差遣检校官”发展过程的论述来看，以本官去负责差遣事务的制度在九品官品制诞生之初就存在了，并非唐代出现的新事物[4]，而且与律令制也不冲突。使职和差遣的发展没有对唐代的职官制度产生根本性的影响，职事官也没有完全转化为仅代表身份地位和迁转阶序的阶官，这种现象到宋代才出现。

对于陈仲安对唐代使职差遣制的描述，已经有学者提出了质疑。王孙盈政否定了唐朝形成“以使为实、以官为虚”的局面，认为担任使职、差遣的职事官必须同时承担本职工作[5]。尽管其论述存在着相当多的问题，但她试图对使职和差遣进行区分，并且考察其与原职事官机构之间的关系值得肯定。唐后期虽然有许多机构采用了使职化的运作模式，但并没有普及开来，仍有许多机构延续了前期的运作模式，以正员官负责本司之事。这样的例子比比皆是。比如贞元七年（791），司农卿李模因所供三宫冬菜多伤败而被免官[6]；元和七年（812），“有医士崔环自淮南小将为黄州司马，敕至南省，吏部尚书郑余庆执之，封还”[7]，李模和郑余庆都是以正官负责所在机构的行政事务，既无差遣也

[1] 阎步克：《“品位—职位”视角中的传统官阶制五期演化》，《历史研究》2001年第2期，第3—14页。

[2] 陈仲安：《唐代的使职差遣制》，第87—103页。

[3] ［日］矢野主税：《“使”制度の發生について》，《史学研究》12卷2号，1940年，第32—48页；陈仲安《唐代的使职差遣制》，第87—103页；［日］砺波护：《三司使の成立について——唐宋の变革と使职》，《史林》44卷4期，1961年，第125—149页。

[4] 使职的出现和大规模发展是隋唐时期才产生的，但严格来说使职属于差遣的一种特殊形式，对于两者的区别和联系，笔者将另撰文进行论述。

[5] 王孙盈政：《再论唐代的使职、差遣》，《历史教学》2016年第20期，第15—21页。

[6] 《唐会要》卷六六《司农寺》，第1363页。

[7] 《唐会要》卷五八《尚书省诸司中》，第1178、1179页。

非使职。敦煌出土写本《记室备要》[1]是咸通七年（866）乡贡进士郁知言为兖海监军使准备的表状类书仪，分为三卷，对象包括皇帝及内外诸司百官。由于《记室备要》的应用性质，这些对象必然都是实职的官员，我们可以发现其中既包括度支使、盐铁使、宫苑使、学士使等诸多使职，也包括翰林学士这样的差遣官，但更多的还是给事中、中书舍人、左右丞、尚书、侍郎、郎中、刺史这些正员职事官。这说明晚唐时仍有大量手握实权的正员职事官存在，所谓职事官的阶官化并不存在。

那么，职事官是否通过“检校”“试官”等形式走向阶官化了呢？从“员外检校官”的发展过程来看，尽管其在安史之乱后发展成为使府僚佐带职的组成部分，但也不能肯定其完全丧失了判事之权。《唐大诏令集》中收录宝应元年（762）的《肃宗命太子监国制》，保留了中书省宣奉行及门下省覆奏而请施行的完整格式，其中杨绾署名为“宣德郎检校中书舍人臣杨绾”[2]。中书和门下省官员的署名是制书行下的必经程序，而且署名的必须是实际负责两省事务的官员，比如元载的署名就是“户部侍郎、同中书门下平章事、兼知中书事”，是中书省的实际长官。而从官衔署名的格式来说，杨绾的检校中书舍人也一定是其本官，而不是“差遣检校官”。宝应元年，随着安史叛军的归降，员外检校官作为本官开始大量除授给使府僚佐，而杨绾依然以此种官职负责中书省的实际事务，说明员外检校官的判事权并没有完全丧失。值得注意的是，杨绾的本传只记载其“迁中书舍人，兼修国史”[3]，并在之后凭借久任的资历担任“阁老”，却未记载其所任为检校官，这种省略的写法在史籍中很常见。

唐后期，尽管作为带职的员外检校官大量出现，并且成为标志藩镇幕职官员品阶的“加官”，但也不能就此断言员外检校官完全沦为阶官了。首先，构成藩镇幕职官员带职的员外检校官，并没有完全涵盖所有的职事官，中书、门下两省的舍人、给事中、侍郎，尚书省都司的左右丞、左右司郎中及六部侍郎等检校官就不在带职范围内，体现出唐中央在除授带职时的明确区分。而从杨绾的例子来看，这种将员外检校官省称为正员官的现象也是存在的，因此也不能断定非带职的员外检校官不具有判事权。

[1] 录文见赵晨昕《唐代宦官权力的制度解析——以宦官墓志及敦煌本〈记室备要〉为中心》，首都师范大学博士学位论文，2012年，第177—204页。

[2] 《唐大诏令集》卷三〇《皇太子·监国》，第113页。

[3] 《旧唐书》卷一一九《杨绾传》，第3430页。

其次，在讨论阶官问题时，不能以“是否厘实务”作为界定职事官是否沦为阶官的标准。以本官去承担差遣性事务的现象在曹魏建立九品官品制时就已经存在了，而不是在唐代散官阶滥授和贬值之后才出现的。这是因为职官承载了与官员待遇相关的诸多内容，并且形成了系统完整的职官品阶序列，官员再也无法随事任而任意迁转。事实上，唐前期的散官及与职事官连接的本品，在大多数官僚政治场域中发挥的功能都很有限，真正起到作用的主要是职事官：“‘散官——本品’除却在人事管理中的计阶功能，‘大抵止于服色、资荫而已’，而门荫也是一种以‘计阶’为主要内容的人事管理。”[1]这也就导致作为官员本官的阶官，只能是职事官，而在这一点上员外检校官与正员职事官的性质并无差别。唐后期在带职制度化的情况下，依然存在以正员职事官任外官或使职的现象。太和四年（833）七月敕：“应外任官带一品正官京职，纵不知政事，且依俸料宜付所司，并令兼给。”[2]元和十三年（818）敕：“今后入回鹘、吐蕃、南诏使，所奏随从不得过三十人，新罗使不得过二十人，回鹘、吐蕃使下合授正官不得过十人，南诏不得过五人。”[3]而勒留在京师的州县官，更是存在大量的正员职事官[4]。

作为藩镇幕职僚佐带职组成部分的员外检校官，也不能仅仅被视为虚衔的“加官”，尽管其不具有寄俸禄的功能，但在迁转和考课等方面仍然具有与正员职事官同等的待遇。德宗贞元九年（793）十二月下制：“今后使府判官、副使、行军已下，使罢后，如是检校试五品以上官，不合集于吏部选，任准罢使郎官、御史例，冬季闻奏。”[5]这些幕职官也正是通过检校官而获得了向中央朝官迁转的途径，《唐语林》就记载了一则生动的案例：“贞元末，有郎官四人，自行军司马赐紫而登郎署，省中谑为‘四君子’。”[6]这也表明带职的产生并没有改变唐前期员外检校官的性质，职事官也没有通过“检校”等形式走向

[1] 陈文龙：《北宋本官形成论述——唐后期至北宋前期官僚品位结构研究》，北京大学博士学位论文，2011年，第58页。

[2]《唐会要》卷九二《内外官料钱下》，第1977页。

[3]《唐会要》卷九七《吐蕃》，第2059页。

[4] 关于勒留官的研究见李锦绣《唐代制度史略论稿》第一部《官制》，北京：中国政法大学出版社，1998年，第183—197页。

[5]《旧唐书》卷一三《德宗本纪下》，第378页。

[6]（宋）王谠撰，周勋初校证：《唐语林校证》卷六《补遗》，北京：中华书局，2008年，第556页。

阶官化。

所以，是否厘实务与阶官之间并没有必然的联系，职事官具有阶官功能，意味着其本来就可以作为阶官而存在，而作为差遣本官的职事官，其性质与唐代的文武散阶是完全不同的。宋代出现了“三省、六曹、二十四司，类以他官主判，虽有正官，非别敕不治本司事，事之所寄，十亡二三”的现象，导致职事官成为“寓禄秩位著”的阶官，但这种制度是在五代的混乱时期中逐渐形成的，不应该被视作唐代制度发展的必然结果。职事官阶官化的过程，应该从五代政治制度的变化过程中去寻找答案。

（作者单位：中国人民大学历史学院）

Further on Probationary Officials of Tang Dynasty: And the Transformation of Officials' Rank of Ministry Officer

Zhang Piao

[Abstract] There are two different natures of Probationarg officials in the Tang Dynasty. One is a temporary assignmental form of offical appointment after Nine Rank System of Cao Wei Dynasty, which was created to solve the contradiction between official products and posts. It developed gradually in Southern and Northern Dynasties and popularized in the Tang Dynasty. The other is a kind of ministry official with additional properties, which appeared in the early years of Zhenguan. But along with the development of the Emissaries and Temporary Assignments, the Emissaries was granted the power and this way of holding a post had became a system. Ministry Officer still had actual power, but there were a lot of non-actual power Ministry Officers in nominal officer of Emissaries and Temporary Assignments due to the function of order officer.The phenomenon of that Ministry Officers became order officer in Song Dynasty and didn't emerge in the late Tang Dynasty.

唐代藩镇匿丧相关问题研究

侯晓晨

孝文化是中国传统文化的重要组成部分。在唐朝，不但唐玄宗两次给儒家经典《孝经》作注，而且以孝悌名闻于朝廷的“闾巷刺草之民”亦被记载于史册[1]，上至治国理念，下至社会风气，孝文化在唐朝有着较为广泛的影响[2]。在关注孝文化的同时，唐中后期藩镇节度使的匿丧现象引人注目，它指暂时隐瞒去世消息、不及时发丧的行为。前人对匿丧的研究侧重于礼法制度、社会经济等方面，对藩镇的匿丧缺乏专门讨论[3]。藩镇为何会频繁出现匿丧行为，是否和文化风气有关，匿丧的时空分布有何特点，是否蕴含地方与中央的博弈等，这些问题即是本文将讨论的。不当之处，请不吝赐教。

一、礼法、匿丧与“河朔故事”

《大唐开元礼》标志着唐代礼制的完备，它对上起帝王、下至百官的政

[1]（宋）欧阳修：《新唐书》卷一九五《孝友传》，北京：中华书局，1975年，第5575页。

[2] 前人对唐代孝文化的研究已取得丰硕的成果，从御注孝经、礼法文化、丧葬礼仪、政治事件、起复丁忧制度等不同角度阐述唐代的孝文化，主要成果有朱海：《唐玄宗〈御注孝经〉发微》，载《魏晋南北朝隋唐史资料》第19辑，武汉大学出版社，2002年，第99—108页；王美华：《地方官社会教化实践与唐宋时期的礼制下移》，《辽宁大学学报》（哲学社会科学版）2010年第3期，第84—92页；季庆阳：《唐代孝文化研究》，陕西师范大学博士学位论文，2011年；吴丽娱：《关于唐〈丧葬令〉复原的再检讨》，《文史哲》2008年第4期，第91—97页；黄修明：《孝文化与唐代社会政治》，《广西大学学报》（哲学社会科学版）2002年第5期，第103—108页；等等。

[3] 关于匿丧的研究主要有赵克生：《明代文官匿丧与诈丧现象探析》，《东北师大学报》（哲学社会科学版）2006年第2期，第54—59页；马国华：《从“哀毁”到“匿丧”——论古代官员对丁忧态度的变化》，《三峡大学学报》（人文社会科学版）2007年S2期，第91—93页；倪彬：《汉唐“匿哀”等罪研究》，南开大学博士学位论文，2012年；李斌城等编：《隋唐五代社会生活史》，北京：中国社会科学出版社，2004年，第236、237页；等等。

治活动与日常生活都做了详尽的规定，甚至连庶民阶层，也有礼仪程序需要遵守，“反映了礼制的法典化倾向”[1]。儒家不提倡宗教信仰，但极重葬祭之礼，将此看作“孝道之最后表现”[2]，故提倡慎终追远。匿丧行为与守丧背道而驰，既违背礼制，同时也触犯法典。在《唐律疏议》中，匿父母丧首先构成常赦所不原的十恶之不孝。继而有详细惩处：“诸闻父母若夫之丧匿不举哀者，流两千里；丧制未终释服从吉，若忘哀作乐，徒三年；杂戏，徒一年；即遇乐而听及参预吉席者，各杖一百。”[3]同时根据亲疏判定“匿不举哀”者相应的处罚。可见，丧葬无论是从礼制方面，还是法律方面，在唐朝都有着具体规定，对士民有着双重的约束力。打破这种约束力的，除夺情起复[4]，当是匿丧行为了。藩镇匿丧首发在河朔藩镇中的成德镇，继而蔓延至其他藩镇，两者有何关联呢？

论及河朔藩镇，则无法避开“河朔故事”[5]。唐代宗大历八年（773）正月，相卫洺邢等州节度使薛嵩卒，中央诏命薛嵩弟薛崿知留后。[6]在这之前，“军吏欲用河北故事，胁（薛嵩子）平知留后务”[7]。薛平时年方十二，不得已伪许之，然后“夜奉父丧，逃归乡里”[8]。

相卫此次易帅，若非薛平心存礼法，恐开启藩镇匿丧之先河[9]。然该事件尤为值得注意的是文献中提及的“河北故事”，这是目前正史中关于“河北故事”的最早记载。“河北故事”的核心是藩镇节度使的世袭制，亦即土地传之

[1] 赵澜：《〈大唐开元礼〉初探——论唐代礼制的演化历程》，《复旦学报》（社会科学版）1994年第5期，第87—92页。

[2] 钱穆：《论语新解》，北京：九州出版社，2011年，第11页。

[3] 刘俊文：《唐律疏议笺解》卷一〇《匿父母夫丧》，北京：中华书局，1996年，第799页。

[4] 参看罗小红：《唐代官员服纪制度（子为父母）及守丧实践初探》，陕西师范大学硕士学位论文，2002年。

[5] “河北故事”与“河朔故事”“河朔旧事”“河朔旧风”意义相同，前贤已论，兹不赘述。本文除引用史籍原文外，统一使用“河朔故事”。

[6]（后晋）刘昫：《旧唐书》卷一二四《薛嵩传》，北京：中华书局，1975年，第3525、3526页。关于薛嵩卒年，《资治通鉴》与《旧唐书·薛嵩传》同，第7338页；《新唐书·薛嵩传》为大历“七年卒”，第4144页。

[7]《旧唐书》卷一二四《薛嵩传》，第3526页。

[8]（宋）司马光：《资治通鉴》卷二二四，大历八年正月条，北京：中华书局，2011年，第7338页。

[9] 袁英光《试论唐代藩镇割据的几个问题》认为薛平感到自己力量薄弱，估计到前途的危险，因而不敢继任节度使。载中国唐史研究会编《唐史研究会论文集》，西安：陕西人民出版社，1983年，第284页。

子孙[1]。既然相卫军吏把节度使世袭视为“故事”，那么河北地区在此之前必然存在节度使世袭的情况。但是笔者翻阅史籍及查阅王寿南先生《唐代藩镇与中央关系之研究》[2]的“唐代藩镇总表”，未见河北地区出现过节度使世袭的情况，那么唐宋史籍中屡屡谈及的“河朔故事”究竟起源于何时？

针对“河朔故事”的起源，学者们有不同的看法[3]。安史之乱平定后，唐代宗瓜分河北地，付授叛将，故随之出现李正己、田承嗣、令狐彰、薛嵩、李宝臣、梁崇义等“连结姻娅，互为表里，意在以土地传付子孙，不禀朝旨，自补官吏，不输王赋”[4]，这即是代宗时期河北藩镇的主要情形。但薛嵩与令狐彰终究与其他河北节度使有所区别，两人在所辖藩镇治理上卓有成效，或“管内粗理”[5]，或“风化大行”[6]。两人同卒于大历八年（773）初，令狐彰的临终上表不仅引起代宗的嗟悼与褒美，亦引发唐宪宗朝君臣的共鸣。宰相李吉甫言“臣每感（令狐）彰同时河朔诸镇，付子传孙，无不燻灼数代；唯彰忠义感激，奉国忘家，遣子入朝，以土地归于先帝”[7]。

李吉甫之奏与《旧唐书·李宝臣传》皆提及代宗时期河朔藩镇“以土地传子孙”的表述，这正是“河朔故事”的核心内容。司马光《资治通鉴》将“以土地传子孙”的表述系于唐德宗建中二年（781）正月条下，胡三省注进一步指向代宗大历十二年（777）。该年的前一年，唐代宗经过征讨魏博田承嗣与汴宋李灵曜，使得北方藩镇尤其是河朔藩镇势力或政治结构重组[8]。建中二年，河朔

[1] 冯金忠：《唐代河北藩镇研究》，北京：科学出版社，2012年，第195页。

[2] 王寿南：《唐代藩镇与中央关系之研究》，台北：大化书局，1978年。

[3] 学者们的观点主要集中在唐代宗与唐德宗初年，也有认为“河朔故事”应侧重于它形成的过程。详见樊文礼：《试论唐河朔三镇内外矛盾的发展演变》，《内蒙古大学学报》（哲学社会科学版）1983年第4期，第1—23页。张天虹：《“河朔故事”再认识：社会流动视野下的考察——以中晚唐五代初期为中心》，载严耀中主编《唐代国家与地域社会研究——中国唐史学会第十届年会论文集》，上海古籍出版社，2008年，第194—241页。孟彦弘：《“姑息”与“用兵”——朝廷藩镇政策的确立及其实施》，载杜文玉主编《唐史论丛》第十二辑，西安：三秦出版社，2010年，第115—145页。冯金忠：《唐代河北藩镇研究》，第195—200页。李碧妍：《危机与重构：唐帝国及其地方诸侯》，北京师范大学出版社，2015年，第368页，等等。

[4]《旧唐书》卷一四二《李宝臣传》，第3866页。

[5]《旧唐书》卷一二四《薛嵩传》，第3525页。

[6]《旧唐书》卷一二四《令狐彰传》，第3528页。

[7]《旧唐书》卷一二四《令狐彰附子通传》，第3532页。

[8] 胡平：《唐代宗时期的藩镇问题——以河朔藩镇为中心》，《黄河文明与可持续发展》2013年第2期，第117—127页。

兴兵，有必要追述河北藩镇状态，可能因为这个原因，司马光把代表“河朔故事”核心内容的表述系于此处。

就史籍文本分析而言，《旧唐书》在记述相卫易帅时明确指出“欲用河北故事”，李吉甫与司马光关于河朔藩镇“土地传子孙”的认识亦在代宗大历年间，则以“土地传子孙”为核心内容的“河朔故事”形成于代宗时期当不误。而较为明确的标志性事件则是魏博田承嗣去世，其侄田悦受诏为留后，继而被命为节度使。《旧唐书·田承嗣传》载其卒于大历十三年（778）九月，与两《唐书·代宗纪》《资治通鉴》所载“大历十四年二月”不同[1]。相较于相卫军吏“欲用河北故事”却并无先例、永平节度使令狐彰举人自代、幽州朱氏兄弟连番杀帅，魏博真正实现了以“土地传子孙”的藩帅继任之法——“河朔故事”。

“河朔故事”形成后，不久迎来首例匿丧。唐德宗建中二年（781）正月，“李宝臣死，子惟岳匿丧求节度”[2]。匿丧之事两《唐书》李惟岳本传不载，见于前去问疾的班宏传中，《资治通鉴》的记载增添了成德镇僚佐参与匿丧的详情。匿丧之后即使李惟岳“发丧”“自为留后”，与将佐再次请求中央，唐德宗依然不允许其继任节度使。

自此之后至唐武宗时期，藩镇匿丧常见于藩镇易帅之际。

二、河朔型藩镇之匿丧

张国刚先生在《唐代藩镇研究》[3]中，通过阐述安史之乱及其平定后的特殊政治、军事形势，对藩镇局面做了细致分析，具有启发意义。因而在涉及藩镇问题时，笔者借鉴书中提到的“河朔割据型（简称河朔型）”“中原防遏型（简称中原型）”等分类法，用以阐释藩镇类型与匿丧现象之间的联系。

首先，从割据型的河朔三镇说起，摘录史料并进行分类。

成德镇：

> 及（李宝臣）薨，孔目官胡震，家僮王他奴劝（李）惟岳匿丧二十余

[1] 詹宗佑：《点校本两唐书校勘汇释》，北京：中华书局，2012年，第96—97页。针对此点，有学者推测田承嗣卒后唐廷与魏博发生过不为人知的暗斗，而结果是田悦获得节度留后，此后唐廷默认了魏博节度使自相承袭的特权，参见仇鹿鸣：《长安与河北之间：中晚唐的政治与文化》，北京：中华书局，2018年，第189页。

[2]《新唐书》卷一四九《班宏传》，第4802页。

[3] 张国刚：《唐代藩镇研究》，长沙：湖南教育出版社，1987年，第78—82页。

日，诈为宝臣表，求令惟岳继袭，上不许；……惟岳厚赂（班）宏，宏不受，还报。惟岳乃发丧，自为留后，使将佐共奏求旌节，上又不许。[1]

冬，十月，王承宗薨，其下秘不发丧，子知感、知信皆在朝，诸将欲取帅于属内诸州。[2]

成德镇前后有两次匿丧现象，分别在李宝臣、王承宗卒时。关于王承宗卒后被匿丧之事，非其子而是其部将所为。成德镇这两次匿丧现象，共同点在于僚佐参与，而且匿丧目的都在于欲世袭节度使。不同点在于李宝臣子李惟岳参与匿丧，而王承宗卒时因其子不在身边，故没有参与。此外，李宝臣子及其将佐的匿丧代表着与中央对抗，其后果是招致德宗的征讨。王承宗之将佐匿丧，本想自立将帅，遵“河朔故事”，于是推举王承宗之弟王承元。但因为王承宗卒前与此时王承元皆有归顺朝廷的态度，因而没有引起兵乱，中央得以安排田弘正为成德节度使。不难发现，匿丧的背后暗藏着中央与藩镇的博弈。

魏博镇：

四月，庚午，（田）绪暴薨；左右匿之，使（田）季安领军事，年十五。乙亥，发丧，推季安为留后。……（八月）己巳，以田季安为魏博节度使。[3]

唐德宗贞元十二年（796），魏博镇此次节度使易帅同样使用“匿丧”的策略，田绪的将佐推选其少子田季安为留后，欲继续“河朔故事”。《田绪神道碑》不仅对匿丧事只字不提，亦言田季安“哀乎过礼，而义贵从权，宁息魏人，藩翰王国”[4]，碑文中的孝子爱国形象与现实匿丧差别何其大也。

卢龙镇：

（刘）济自朝至中昃不食，渴索酏浆，（刘）总使吏唐弘实置毒，济饮而死，年五十四。（刘）绲至涿州，总矫济命杀之。乃发丧，赠太师，谥曰庄武。[5]

---

[1]《资治通鉴》卷二二六，建中二年正月条，第7410、7411页。

[2]《资治通鉴》卷二四一，元和十五年十月条，第7904页。

[3]《资治通鉴》卷二三五，贞元十二年四月、八月条，第7693、7696页。

[4]（宋）李昉：《文苑英华》卷八九一丘降《常山郡王田绪神道碑》，北京：中华书局，1966年，第4692页。

[5]《新唐书》卷二一二《刘怦附刘济传》，第5975页。

卢龙节度使刘济以“最务恭顺”[1]著称，统治期间注重推行教化，所谓“嘉祥交于动植，孝顺浃于州壤”[2]。学者亦据刘济所立《涿州新置文宣王庙碑》中提及的“学，所以知君臣父子之义者”，赞赏其统治有方[3]。如果说刘济的社会教化有所成效，那么，唐宪宗元和五年（810）其子刘总的弑父、杀兄、匿丧等行为，则揭示了刘济家庭教育的失败。

河朔三镇是安史之乱后北方割据型藩镇的代表，其他割据型藩镇如淄青、淮西亦不乏匿丧现象。

平卢淄青镇：

> （李正己）子（李）纳擅总兵政，秘之数月，乃发丧。[4]
>
> 八月，李纳始发丧，奏请袭父位，上不许。[5]

唐德宗建中二年（781）正月，成德节度使李宝臣卒，其子李惟岳匿丧不发自为留后上文已述。德宗执意削藩，“欲革前弊”，继而魏博田悦、淄青李正己、成德李惟岳“潜谋勒兵拒命”[6]。同年李正已卒后，其子李纳的匿丧与李惟岳匿李宝臣丧如出一辙，很可能是出于模仿，此亦成为藩镇匿丧之第二例。又，上述两则史料略有差异。两《唐书·德宗纪》皆言李正己卒于建中二年八月，《旧唐书·李正己传》言“秘之数月，乃发丧”，则是八月后的数月才发丧，与《通鉴》言八月发丧不合，诸书相较当有一误。此外，李纳匿父丧“数月”，较之李惟岳“二十余日”，是变本加厉了。

> 闰月，壬戌朔，（李）师古薨。（高）沐、（李）公度秘不发丧，潜逆（李）师道于密州，奉以为节度副使。[7]

此番匿丧为淄青镇之第二次，由将佐主导，奉已故节度使李师古之弟李师

[1]《旧唐书》卷一四三《刘怦附刘济传》，第3900页。

[2]（唐）权德舆撰，郭广伟校点：《权德舆诗文集》卷二一《刘济墓志铭》，上海古籍出版社，2008年，第319页。

[3]参看孙继民：《北京新发现唐刘济墓的几个问题》，《光明日报》2013年7月31日，第11版。张天虹：《也释唐幽州卢龙节度使刘济的“最务恭顺”》，《北京社会科学》2017年第6期，第67—75页。

[4]《旧唐书》卷一二四《李正己传》，第3535页。

[5]《资治通鉴》卷二二七，建中二年八月条，第7426页。

[6]《资治通鉴》卷二二七，建中二年正月条，第7411页。

[7]《资治通鉴》卷二三七，元和元年六月条，第7756页。

道。值得注意的是，李师古卒时，唐宪宗即位不久，是时集中精力讨伐西川刘辟，无暇顾及淄青事务，经历一番曲折，当年八月李师道方获得平卢留后。

淮西镇：

> 及父死，不发丧，以病闻，因假为（吴）少阳表，请（吴）元济主兵务。帝遣医工候之，即称少阳疾愈，不见而还。[1]

唐宪宗元和九年（814）九月，淮西节度使吴少阳卒，其子吴元济匿丧，自主兵务，并伪造上表欺瞒中央，之后又拒朝廷派来的医工或使节。同年十月，宪宗下诏："吴元济逆党人理，反易天常；不居父丧，擅领军政。……吴元济在身官爵，并宜令削夺。令宣武、大宁、淮南、宣歙等道兵马合势，……同期进讨。"[2]可见，宪宗也是拿"不居父丧"的伦理道德标准做文章，揭开讨伐淮西的序幕。

以上，淄青、淮西镇的匿丧现象与河朔三镇别无二致。综合割据型藩镇的匿丧现象来看，有如下特点：第一，匿丧现象在空间上逐步扩大，由河朔蔓延至淮西。第二，在时间上亦呈现出延续性，由德宗朝发展至宪宗朝，成德镇与淄青镇各有两次匿丧。第三，藩镇匿丧无一例外都是为了继袭藩镇统治权，尤其是军政大权，而这正是"河朔故事"的核心内容。第四，中央对藩镇匿丧的处置因时因人而异，如德宗初年对成德、淄青的匿丧求节钺绝不姑息，但到贞元后期，面对魏博田季安，不仅授节钺，亦给予高官，甚至"使相"之衔。与之相反，唐宪宗初年无暇应对淄青变故，但之后淮西吴元济匿丧，宪宗执意削藩并成就"中兴伟业"。因而从本质上讲，中央对待藩镇匿丧的态度即是中央与藩镇关系的反映。

三、中原型藩镇匿丧与效仿"河朔故事"

接下来继续探讨割据型以外的藩镇匿丧现象，主要集中在中原防遏型藩镇，具体有昭义、义成、宣武、河东。

> 其子殿中侍御史（李）缄匿丧，与其属卢会昌、元仲经谋会诸将，仲经诡抱真令曰："吾疾不任事，令缄典军，勉佐之。"……会昌即为（李）抱真表，翌日，令诸将署章，请以节付缄。天子已闻抱真丧，遣使者驰入

[1]《旧唐书》卷一四五《吴元济传》，第3948页。

[2]《旧唐书》卷一四五《吴元济传》，第3948、3949页。

军，诏以事属大将王延贵。缄谩若抱真疾，请诘朝见，凡三日，缄乃出见使者，陈兵甚严。使者曰："朝廷已知公薨，诏以兵属延贵，君速归发丧。"缄愕然，……乃遽以印钥上监军，始发丧。[1]

昭义节度使李抱真在德宗削藩及治理本镇期间皆发挥有重要作用，贞元十年（794）卒后其子欲效"河朔故事"世袭节度使，一方面伪造奏表，一方面贿赂成德王武俊，希望获得他的支持。即使这般双管齐下，亦不能如愿。德宗已经得知李抱真死讯，并派遣使者宣布新节度使王延贵的任命，催促李缄发丧。王延贵在这次动乱中起到了稳定军心的作用，避免了中央丧失对昭义的控制权。

八月，庚戌，（刘）悟暴疾薨，子将作监主簿（刘）从谏匿其丧，与大将刘武德及亲兵谋，以悟遗表求知留后。司马贾直言入责从谏曰："尔父提十二州地归朝廷，……父死不哭，何以为人！"从谏恐悚不能对，乃发丧。[2]

大将郭谊等匿丧，用其侄（刘）稹权领军务。时宰相李德裕用事，素恶（刘）从谏之奸回，奏请刘稹护丧归洛，以听朝旨。稹竟叛。……乃削夺稹官，命徐许滑孟魏镇幽并八镇之师，四面进攻。[3]

上述仅昭义一镇，前后就有三次匿丧现象，为藩镇匿丧次数之最，且第二、三次构成连续性，尤能说明求节钺与效仿"河朔故事"的密切联系。刘悟卒后，其子刘从谏与将佐匿丧求节钺，贾直言以忠孝伦理给予谴责，迫使刘从谏发丧。大约十七年后，唐武宗会昌三年（843）刘从谏卒，其侄刘稹与将佐如法炮制："正当如宝历年样为之，不出百日，旌节自至。但严奉监军，厚遗敕使，四境勿出兵，城中暗为备而已。"[4]又《新唐书》载刘武德为"顾命将佐"之一，其人前后两次参与匿丧，可谓相当熟悉匿丧之运作程序。两次匿丧结果不同，前者获得"姑息"，主要由唐敬宗与李逢吉等当权派促成；后者则被诸军征讨，再次巩固中央对昭义的控制权。

八月，癸未，义成节度使李澄薨，其子（李）士宁谋总军务，秘不发丧。[5]

[1]《新唐书》卷一三八《李抱玉附李抱真传》，第4622、4623页。

[2]《资治通鉴》卷二四三，宝历元年八月条，第7966页。

[3]《旧唐书》卷一六一《刘悟附刘从谏传》，第4233页。

[4]《资治通鉴》卷二四七，会昌三年四月条，第8101页。

[5]《资治通鉴》卷二三二，贞元二年八月条，第7590页。按：两《唐书》"士宁"皆作"克宁"。

> 刘玄佐之丧，将佐匿之，称疾请代，上亦为之隐，遣使即军中问：“以陕虢观察使吴凑为代可乎？”监军孟介、行军司马卢瑗皆以为便，然后除之。[1]

> 贞元十一年五月，（李）自良病，凡六日而卒，匿丧，阳言病甚，数日发丧。[2]

以上分别是义成、宣武、河东三镇的匿丧情况。义成李士宁匿父丧，谋领军务，欲效仿“河朔故事”，但是能力不足，被宣武刘玄佐出兵制止。宣武刘玄佐卒，将佐匿丧，并没有选人自立为帅，于是朝廷派吴凑前往，但很快发生兵乱，将士拥立刘玄佐子士宁为留后，唐德宗权衡之后不得已授予节钺。河东节度使李自良在镇有惠政，军民同乐，却落得死后匿丧的结局，令人惋惜。

综上，唐代藩镇匿丧现象共有13次之多，全部见于河朔型与中原型藩镇。比较中原型与河朔型藩镇的匿丧现象，匿丧在空间范围上已经超出河朔地区，集中在旧河北道、河南道、河东道。从时间跨度上讲，虽新增唐敬宗、唐武宗朝各一例，却是集中在唐德宗、唐宪宗时期。中原型藩镇匿丧目的同样是世袭节度使或自选节度使，因而称之为效仿“河朔故事”。

四、藩镇匿丧——时间与空间的分析

结合上文论述的藩镇匿丧事例，我们仍需解释为何匿丧集中在唐德宗、唐宪宗统治时期，而之后则相对较少，以及为何主要发生在河朔型、中原型藩镇所在的北方地区。

安史叛军初定，朝廷以安史叛将分治河北。唐代宗时期，河北藩帅易代虽出现将士杀帅、将士驱逐藩帅的事例，但毕竟属于藩镇内部兵乱，未酿成中央与地方的对峙。故唐代宗时期河北藩帅易代显得相对缓和，然而这种缓和已经预示着中央对藩镇控制力的减弱。大历三年（768）幽州朱希彩、朱泚等杀李怀仙，成德李宝臣遣将讨之兵败，朝廷不得已宥朱希彩等，任命王缙领节度，朱希彩为留后。王缙赴幽州而终不能制[3]，是年朱希彩为节度使。这表明代宗统治前期，已不能对幽州进行有效的控制。待魏博田悦继任节度使，“河朔故事”正式形成，标志着河朔藩镇的自治统治进入新的阶段。

[1]《资治通鉴》卷二三四，贞元八年四月条，第7650页。

[2]《旧唐书》卷一四六《李说传》，第3958页。

[3]《资治通鉴》卷二二四，大历三年七月条，第7320页。

唐德宗建中二年（781），成德与淄青面临安史之乱后第一次易帅局面，李惟岳、李纳匿丧求节钺皆以失败告终，不得已而发丧，德宗执意削藩，河北再次成为四战之地。等到兴元诏书发下，德宗与河朔型诸镇妥协，自此之后德宗朝藩镇政策转向稳健[1]，“河朔故事”在河朔藩镇顺利施行。因而这个时期卢龙刘济（贞元元年）、淄青李师古（贞元八年）、成德王士真（贞元十七年）皆依“河朔故事”父死子继取得节钺。

难解者为贞元十二年（796）魏博匿丧。田绪卒时田季安年十五岁，按当时魏博内部情形，田季安虽为幼子，但却是节度副大使，是正统的继承者，且被德宗之姐妹嘉诚公主视为己子。匿丧之后，田季安得到军中将士拥护，被推为留后。重要的是幽州与淄青都已安全运行“河朔故事”，故笔者愚以为田季安获得节钺应是顺理成章，魏博军吏不须匿丧，但史言“匿丧观变”[2]，魏博究竟是在等待什么变化？据《通鉴》记载，田季安匿丧后近四个月方获得朝廷任命，比卢龙刘济、淄青李师古获得任命的时间都要长，这期间德宗是否欲更改“河朔故事”？有学者指出，德宗通过系列举措扶植田季安稳定魏博局势[3]，这与德宗时期遵循“河朔故事”是前后一致的。故魏博此次匿丧或是内部出于谨慎起见，采取模仿建中初年河朔藩镇的匿丧策略。事实上，魏博也仅有一次匿丧，从侧面反映出魏博匿丧不成熟的特点。

唐德宗初期经过“四王之乱”后，河朔政局大体稳定，可是中原型藩镇却接连出现藩镇匿丧，欲效仿“河朔故事”自领军务，前举义成、宣武、昭义、河东四镇匿丧可知。中原型藩镇的“蠢蠢欲动”增加了德宗时期藩镇形势的复杂性，藩镇内部易帅之际的匿丧呈现出中央对藩镇控制力的薄弱。

唐宪宗时期是安史之乱后中央对藩镇控制力最强的一段时期[4]。从藩镇匿丧角度看，元和初淄青李师道获得节钺与当时宪宗征讨刘辟有很大关系，对淄青只是暂时的“姑息”，宪宗末年平淄青即是明证。元和五年（810），卢龙刘总顺利获得节钺，除朝廷“不知情”因素外，幽州的恭顺态度是主因[5]。至于淮西吴元济的匿丧，宪宗则直接征讨。以上宪宗时期出现的匿丧事件及结果，

[1] 刘玉峰：《唐德宗评传》，济南：齐鲁书社，2002年，第65页。

[2]《新唐书》卷二一〇《藩镇魏博·田承嗣附田季安传》，第5933页。

[3] 仇鹿鸣：《长安与河北之间：中晚唐的政治与文化》，第195页。

[4] 王寿南：《唐代藩镇与中央关系之研究》，第70页。

[5] 张天虹：《也释唐幽州卢龙节度使刘济的“最务恭顺”》，第67—75页。

如实反映出宪宗对藩镇的控制力。唐穆宗时期，河朔再叛，自唐武宗会昌三年（843）昭义刘稹匿丧，中央派军征讨，河朔魏博节度使何弘敬、成德节度使王元逵皆参与，可谓是中央对河朔藩镇控制的最后辉煌[1]。

从时间跨越看，藩镇匿丧从唐德宗至唐武宗时期60余年共发生13次，集中在唐德宗、唐宪宗在位时期的计有10次，这两个时期恰恰是中央与藩镇交往最频繁的时期，"姑息"与"用兵"在此两阶段表现得尤为明显。就每个藩镇内部的继任体系而言，涉及匿丧的虽然占的比重较小，但由藩镇匿丧表现出的政治互动集中体现出"河朔故事"的生命力。从空间上看，匿丧主要发生在淮水以北的北方地区，且不见于边疆型、东南型藩镇[2]，就河朔型藩镇与中原型藩镇匿丧次数而言，前者7次，后者6次，此亦可见中原型藩镇与中央关系情形之复杂[3]。从匿丧的效果来看，除昭义刘从谏、河东李说匿丧达成目的外，其余通过匿丧欲获得节钺皆以失败告终。这表明中原型藩镇并不具备可以效仿"河朔故事"的实力，中央对他们的控制力大于他们的"自治力"。

五、藩镇匿丧原因之探讨

从藩镇匿丧发生的时空特点和目的可以看出，藩镇匿丧现象多表现为子匿父丧且将佐经常参与，子匿父丧是不孝，将佐匿丧亦有违道义。藩镇匿丧不仅是一种文化现象，更是受"河朔故事"潜在影响的政治现象。于是，为求节钺而无视礼法文化，成为藩镇匿丧的突出表现。

1.河朔地区文化风气的下降及将吏对礼法的无视是藩镇匿丧的内在原因

北方地区，尤其黄河流域，是中华文明的发源地，其长时期处于文化领先地位。但在唐朝，或早至南北朝时期，受战乱、民族迁徙等因素的影响，其文化内涵发生变化。前人陈寅恪、钱穆等先生已经指出种族和文化两端是研究唐代历史的关键所在。钱穆先生认为北方藩镇割据造成文化水平的下降，也因此

[1]《资治通鉴》卷二四七，会昌三年七月条："李回至河朔，何弘敬、王元逵、张仲武皆具櫜鞬郊迎，立于道左，不敢令人控马，让制使先行，自兵兴以来，未之有也。回明辨有胆气，三镇无不奉诏。"第8110页。

[2] 王寿南《唐代藩镇与中央关系之研究》，分别从军事和经济因素分析黄河以南诸道与西北藩镇对中央恭顺态度的原因，此亦可解释为何藩镇匿丧现象几乎在西北与南方藩镇没有出现。第273—310页。

[3] 张国刚：《唐代藩镇研究》，第93页。

让北方退居到历史上不重要的地位，并把原因归结到武人与胡人的兵权统治，从宏观上对北方的文化和政治形态进行了概括[1]。我们不妨具体探讨匿丧藩镇的文化风气。

礼法教化的缺失让一些割据型藩镇不得不以“严法”来下驭[2]。割据型藩镇如河朔三镇、淄青等镇，自安史之乱后主流便是“各擅土宇，虽泛禀朝旨，而威刑爵赏，生杀自专，盘根结固，相为表里”[3]，“号为反侧之俗”[4]。史言“河北之法，军中偶语者斩”[5]。淮西虽居中州，处于历任节度使之残暴统治下，亦是“禁人偶语于途，夜不然烛，有以酒食相过从者罪死”[6]，致使人不知教义。故而李愬、裴度等平定淮西之后，变革前法，蔡人始知有生民之乐。又如淄青自李正己以来，“人俗顽骜，不知礼教”[7]、成德将士百姓“不知君臣逆顺之理”[8]等。这样的文化风气，发生匿丧现象就不难理解，正如史臣所总结的：“忠义之谈，罔经耳目，以暴乱为事业，以专杀为雄豪，或父子弟兄，或将帅卒伍，迭相屠灭，以成风俗。斯乃王道浸微，教化不及”[9]。亦容易明白为什么朝廷屡派文化素质高的官员像孔巢父、归崇敬、郑覃、韩愈等前去河朔宣慰的原因，他们对河朔叛乱的将士喻以逆顺忠义之理，常常不辱使命。

中原防遏型的藩镇，宣武比邻淮西、义成接壤魏博、河东邻近成德，昭义介于成德与魏博之间，由于地理位置的接近，其文化风气多少受割据型藩镇所感染，即出现“河朔化”倾向，以致出现不孝不义的匿丧现象。这既有偶然性，也是北方文化风气下降出现的必然结果。昭义镇出现三次匿丧现象，即是受河朔风气影响，尤其是刘悟、刘从谏父子是从淄青而来，受“污俗”更深[10]，故出现了三代人中两次匿丧。

[1] 钱穆：《国史大纲》，北京：商务印书馆，1996年，第466—468页。

[2] 袁英光：《试论唐代藩镇割据的几个问题》，第283页。

[3]《旧唐书》卷一四四《阳惠元传》，第3914页。

[4]《旧唐书》卷一二四《李师道传》，第3541页。

[5]《资治通鉴》卷二四八，会昌五年正月条，第8136页。

[6]《资治通鉴》卷二四〇，元和十二年十月条，第7866页。

[7]《旧唐书》卷一六二《曹华传》，第4243页。

[8]《资治通鉴》卷二三八，元和四年七月条，第7786页。

[9]《旧唐书》卷一四三史臣曰条，第3908页。

[10] 王韵：《论唐、五代昭义镇的地理环境和种族文化》，《唐都学刊》2009年第1期，第26—31页。

藩镇匿丧，河朔地区的文化环境成为一大诱因[1]，与藩镇将帅个人意志亦有关联[2]。我们注意到，并不是所有河朔藩镇都采用匿丧策略与中央周旋。如魏博王士真在父母去世前后，“动皆合礼”“日惟药棘，绝浆泣蹈”[3]，墓志所言虽有溢美，但与匿丧相较，实是天壤之别。再如淄青李纳贞元八年（792）五月卒，朝廷起复其子李师古为平卢及青淄齐节度营田等使，贞元十年（794）五月，李师古“服阕”，这表明他服满丧期。后来，李师古又“丁母忧”，朝廷再次起复夺情[4]。我们不禁要问，何以同处于河朔地区相同的文化环境，甚至于相同的藩镇内，在易帅之际存在匿丧的有无？藩镇匿丧除文化因素外，还有无其他因素？

2.通过匿丧实现节度使的交接替代，进而巩固“河朔故事”是藩镇匿丧根本的政治动因

贾志刚先生曾对唐代地方长吏交接替代进行深入研究，文中侧重的是中央控制下的刺史与节度使的交接习俗与规定[5]；冯金忠先生则专门讨论河北藩镇的储帅制度[6]，两者相得益彰。

唐武宗时宰相李德裕尝言“河朔兵力虽强，不能自立，须藉朝廷官爵威命以安军情”[7]，学者们多引此句说明河朔藩镇须凭借中央任命来巩固统治的合法性。李德裕此言亦揭示出藩镇易帅实是中央与藩镇的政治互动。对河朔藩镇而言，节度使“皆署其子为副大使，父死子立，则以三军之请闻”[8]，即使内部逐

[1] 探讨唐代河北地区的文化环境涉及学界长期争论的胡化汉化问题，相关研究及综述众多，主要有顾乃武、潘艳蕊：《唐代河北胡汉文化属性研究综述》，《河北大学成人教育学院学报》2010年第3期，第80—82页；张天虹：《唐代藩镇研究模式的总结和再思考——以河朔藩镇为中心》，《清华大学学报》（哲学社会科学版）2011年第6期，第55—65页；曹林：《从文化一种族到地域主义：对河北胡化论的辨析和检讨》，《湖北第二师范学院学报》2015年第3期，第49—53页；等。笔者倾向于淡化胡化汉化的讨论，侧重地域风俗的整体把握和个案的积累，尽可能获得一种清晰合理的认识。

[2] 王义康《河朔移民及其社会文化变迁》指出河朔军政官员一方面漠视文教，一方面受到上层汉人人士的影响。《民族研究》2007年第5期，第66—75页。

[3] 冯金忠：《唐代河北藩镇研究》，第251页。

[4] 《旧唐书》卷一二四《李正己附李师古传》，第3537页。

[5] 贾志刚：《唐代地方长吏的交接替代》，《郑州大学学报》（哲学社会科学版）2007年第3期，第92—97页。

[6] 冯金忠：《唐代河北藩镇研究》，第20—28页。

[7] 《资治通鉴》卷二四八，会昌四年八月条，第8132页。

[8] 《旧唐书》卷一二四《李正己传》，第3541页。

渐衍生出“副大使储帅制”，仍需中央册命这一形式[1]。对中央而言，“河北诸将死，皆先遣使吊祭，次册赠，次近臣宣慰，度军便宜乃与节，军中不许出，乃用兵”[2]。如是看来，若是藩镇通过匿丧顺利获得节钺，则一时双方相安无事，如唐宪宗时卢龙刘总。若是匿丧策略失败，轻则如昭义李缄严兵为备对待朝廷使节，最后不得已屈服；重则如唐德宗命诸军征讨成德李惟岳、唐宪宗征讨淮西吴元济。

藩镇匿丧从政治统治上看，其实质是地方与中央争夺藩镇控制权，藩镇欲遵循巩固“河朔故事”。就该意义而言，河朔型与中原型的藩镇匿丧不存在本质差别。已故节度使亲属及将佐通过匿丧，伪作奏表继袭节度使（如成德伪作李宝臣表、淮西伪作吴少阳表等）封锁消息，不仅欺瞒藩镇士卒，维持政权稳定，更希望蒙蔽中央，借此试探朝廷的态度。颇有意味的是宣武匿丧，史言将佐匿丧后“称疾请代，上（唐德宗）亦为之隐”[3]，是藩镇与中央彼此说谎，彼此试探。但对中央而言，总是试图掌握对藩镇易帅的主导权，因而匿丧期间能否获得藩镇最新情报显得至关重要，获得情报后就派遣使者前往藩镇。如昭义李缄匿父丧，因为中央已经得知李抱真去世的消息，并“遣中使第五守进驰传观变”[4]，中使到镇之后双方形成僵持局面，最终朝廷的预先安排占据上风，又李缄支持率低下，其匿丧策略失败。卢龙刘总杀父之后自领军政，“朝廷不知其奸，故诏嗣节度”[5]，因为中央没有掌握相关情报，故此次刘总轻易地取得节钺。河东匿丧事例更能生动反映信息情报的关键作用：中使第五国珍自云、朔使还，路过太原停留，恰逢河东易帅之际，闻节度使李自良卒，第五国珍“疾驰至京，先（李）说使至”[6]。中使在获得藩镇最新情报后，先于藩镇上奏，中央得以掌握先机并作出安排。

至于匿丧结果的不同，表明实施匿丧策略后是否如愿获得节钺仍受多种因素制约：中央是否事先获得节度使去世的消息并派遣使者宣命、中央的藩镇政策与工作重心、匿丧参与者及扶植者的能力与威望、藩镇过往时期对中央的态度等。

[1] 冯金忠：《唐代河北藩镇研究》，第22页。

[2]《新唐书》卷二一四《刘悟传》，第6020页。

[3]《资治通鉴》卷二三四，贞元八年四月条，第7650页。

[4]《旧唐书》卷一三二《李抱真传》，第3650页。

[5]《新唐书》卷二一二《刘怦附刘总传》，第5975页。

[6]《旧唐书》卷一四六《李说传》，第3958页。

简而言之，藩镇匿丧从礼法文化的大环境上看，似不能认为孝文化在这些地区获得其在礼法教化上应有的地位，或者说匿丧者对政治权力的诉求让他们甘愿冒天下之大不韪。

余论：匿丧——特殊的继任策略

本文着重讨论的藩镇匿丧现象，集中发生在唐代北方社会，有一定的广泛性，且割据型、中原型的藩镇都存在。从文化风气和环境而言，北方社会，尤其是河朔地区，自安史之乱后，文化风气呈现出“不知礼教”“反侧之俗”“教化不及”等特点。从政治上看，藩镇的匿丧行为与藩镇将领擅领军务、求节钺密切相关。子匿父丧是不孝，将佐匿丧是不义，匿丧是藩镇将领为谋取藩帅地位而表现出的对礼法文化的无视和践踏。匿丧行为正是在这样的风气及政治诉求中出现的。

尤可注意者，匿丧不是只出现于藩镇中，在皇位继承中亦是屡见不鲜。如秦始皇崩，丞相李斯“恐诸公子及天下有变，乃秘之，不发丧”[1]；东汉阎显等匿北乡侯丧[2]；北齐神武、文襄、武成三帝皆被匿丧等[3]。

再举隋唐事迹略言之：杨坚能“总知中外兵马事”并顺利登上帝位，刘昉、郑译匿周宣帝丧不发起到了重要作用[4]；隋炀帝匿父隋文帝丧，“先易留守官人”[5]；唐太宗崩，“秘不发丧”，长孙无忌等请太子及飞骑、劲兵及旧将从太子先还京[6]；唐中宗崩，韦后“秘不发丧，自总庶政”，招宰相入禁中及征府兵五万人屯京城[7]；唐宪宗崩，梁守谦、王守澄等宦官拥立太子穆宗，杀吐突承璀及澧王恽，同时匿澧王丧等[8]。以上围绕皇位继承问题出现的匿丧与藩镇易帅之际的匿丧何其相似！前者即是陈寅恪先生关于唐代皇位继承之不固定的著名论断[9]，后者则是本文讨论的藩镇匿丧。

[1]（汉）司马迁：《史记》卷六《秦始皇纪》，北京：中华书局，2014年，第335页。

[2]（南朝宋）范晔：《后汉书》卷六《孝顺帝纪》，北京：中华书局，1965年，第249页。

[3]《资治通鉴》卷一七〇，光大二年十二月条，第5377页。

[4]《资治通鉴》卷一七四，太建十二年五月条，第5512页。

[5]（唐）魏徵：《隋书》卷五八《许善心传》，北京：中华书局，1973年，第1427页。

[6]《资治通鉴》卷一九九，贞观二十三年五月条，第6380页。

[7]《资治通鉴》卷二〇九，景云元年六月条，第6759页。

[8]《新唐书》卷八二《十一宗诸子·澧王恽传》，第3629页。

[9]陈寅恪：《隋唐制度渊源略论稿·唐代政治史述论稿》，北京：商务印书馆，2011年，第236—320页。

若是进一步比较，藩镇匿丧后“自领军务”与刘昉等匿丧后杨坚总知兵马事、韦后匿丧后“自总庶政”如出一辙。无论是藩镇还是中央，每一次匿丧，皆伴随有军事部署。又河朔藩镇以嫡长子为副大使的储帅制度，岂不是皇帝制度中嫡长子继承制之地域“缩小版”！然而即使存在这样的继承制度，围绕权力争夺的腥风血雨依然史不绝书，而这个过程中实施“匿丧”策略，对权力变更之际的政局稳定无疑起到了重要作用，匿丧者可以利用匿丧期进行军事政治部署，为顺利夺取或稳定政权做充分准备。如是而言，发生在中央之皇帝匿丧与地方上之藩镇匿丧其实质是相同的，且匿丧策略的成败同样受多种因素制约。但仍需指出，影响皇帝匿丧的因素远比藩镇匿丧复杂，这是中央政治斗争的复杂性决定的，朝臣、宦官、禁军、外戚等多种势力多被卷入[1]。

综上，对藩镇匿丧的分析，实际上是对藩镇易帅之际的观察，是从官吏交接探讨中央对藩镇控制的强弱，或可作为讨论中央与藩镇关系的新视角。藩镇匿丧与中央围绕皇位继承出现的匿丧反映出唐代政治社会存在的不稳定因素，匿丧成为权力交接之际一种特殊的继任策略。

感谢审稿专家的修改意见，以及诸位师友对本文的若干建议，在此一并致谢。

（作者单位：上海师范大学人文学院）

Study on the Events of Hiding the Messages of Death in the Military Governorship in the Tang Dynasty

Hou Xiaochen

[Abstract] In the Tang Dynasty, there were detailed regulations on funeral rites and laws, which had double binding force on the people. Hiding the message of death in the military governorship of the Tang Dynasty was almostly done by his children or subordinates, which is unfilial and immorality.We can know the vitality

[1] 可参看王超：《唐朝皇帝制度的发展与完备》，《南京大学学报》（哲学社会科学版）1985年第4期，第53—63页。李勇、何春香：《唐代的皇位继承制度以及影响皇位继承不稳定的因素》，《济宁师范专科学校学报》2006年第2期，第5—9页。

of the “HeShuo story” in the two types of Heshuo-type and mid-prototype Military Governorship. The reasons for hiding the messages of death not only relate to cultural atmosphere, but also to political appeals. In fact, this is an observation of the transfer of power in Military Governorship. It explores the strength of central control over Military Governorship from the transfer of officials. In addition, the events of hiding the messages of death in the central government and the military governorship reflect political instability, and it becomes a special inheritance strategy at the time of power transfer.

唐代的特殊财臣

——皇甫镈研究

黄图川

皇甫镈是元和（806—820）时期重要的政治人物，学者多关注他的理财官身份[1]。但他是唐代一位特殊的财臣，其影响不仅限于财政方面，还对宪宗乃至穆宗初期政治产生影响，全面把握皇甫镈的影响有助于理解“元和中兴”以及宪、穆之际的唐廷政治，本文拟对此进行探讨，不足之处，祈请批评。

一、士大夫官僚：早期的皇甫镈

《旧唐书·皇甫镈传》载：

> 皇甫镈，安定朝那人。祖邻几，汝州刺史。父愉，常州刺史。镈贞元初登进士第，登贤良文学制科，授监察御史。丁母忧，免丧，坐居丧时薄游，除詹事府司直。转吏部员外郎、判南曹，凡三年，颇钤制奸吏。改吏部郎中，三迁司农卿、兼御史中丞，赐金紫。[2]

---

[1] 李锦绣认为皇甫镈是宪宗与宰相争夺财政控制权的工具，这导致他与裴度等人不和。见《唐代财政史稿》下卷，北京大学出版社，2001年，第174、175页。今所见研究最全面者是卢建荣，他对皇甫镈的出身、事迹、与宪宗削藩的关系，以及其与士大夫群体的冲突都有一定探讨（《唐代财经专家之分析——兼论唐代士大夫的阶级意识和理财观念》，《历史语言研究所集刊》第五十四本四分，1983年）。另见氏著《聚敛的迷思：唐代财经技术官僚雏形的出现文化与政治》，台北：五南图书出版股份有限公司，2009年，第183—195页。该书主要在具备财经专业能力的官僚与传统士大夫集团之间的冲突背景下研究皇甫镈，推翻史料中关于皇甫镈的指责，对皇甫镈的正面评价之力度可谓前所未有。

[2]（后晋）刘昫：《旧唐书》卷一三五《皇甫镈传》，北京：中华书局，1975年，第3738、3739页。

皇甫镈的家世并不显赫[1]，五代祖以来最高只做到州刺史[2]。他贞元七年（791）进士及第，一同及第者还有令狐楚和萧俛[3]，贞元十年（794）制举登科，一同及第者有裴垍、王播、裴度、崔群[4]，及第后授监察御史，但这应非皇甫镈的释褐官。监察御史属于清官[5]，拥有良好前途。

表1　贞元十年部分制举及第者早期官职迁转表

	裴垍	王播	裴度	崔群	皇甫镈
初授官	美原县尉	集贤校理	河阴县尉	秘书省校书郎	——
迁官	监察御史	监察御史	监察御史	——	监察御史
再迁官	河南府功曹	殿中侍御史	殿中侍御史	右补阙	詹事府司直

资料来源：据《旧唐书》五人本传。

皇甫镈是出身制举（或者有官职）及第者，这类人初授官多为校书郎、正字和畿（赤）县簿、尉[6]，皇甫镈当不异于此，其后迁转监察御史[7]。按正常流程，他有很大概率迁殿中侍御史，但却因丁忧而被免职，又因居丧期间行为不检而只授詹事府司直，仕途一度黯淡。其后皇甫镈仕途出现转机，据韦夏卿墓志载：

> （韦夏卿）分正东郊，开府辟士，则有今右司郎中敦煌段平仲、仓部员外郎安定皇甫镈、礼部员外郎清河张贾，京兆韦词、陇西李景俭、中山卫中行、平阳路随，皆群彦之秀出，一时之高选，可以观其所任矣。[8]

---

[1]［英］崔瑞德主编：《剑桥中国隋唐史》（中译本），北京：中国社会科学出版社，1990年，第580页。

[2]（唐）白居易：《唐银青光禄大夫太子少保安定皇甫公墓志铭（并序）》，载朱金城笺校《白居易集笺校》卷七一，上海古籍出版社，1988年，第3772页。

[3]（清）徐松：《登科记考》卷一二《唐德宗神武孝文皇帝》“贞元七年”条，北京：中华书局，1984年，第456—458页。

[4]（宋）王溥：《唐会要》卷七六《贡举中·制科举》，上海古籍出版社，2006年，第1645页。制举科目名应为“贤良方正能直言极谏科”。

[5]《旧唐书》卷四二《职官志一》，第1805页。

[6] 陈铁民：《制举——唐代文官摆脱守选的一条重要途径》，《文学遗产》2012年第6期，第151—153页。

[7] 监察御史是士人迁转的第二、第三任以上官。因此也有可能是皇甫镈的再迁官。

[8]（唐）吕温：《故太子少保赠尚书左仆射京兆韦府君神道碑（并序）》，载《吕衡州文集（附考证）》卷七，北京：中华书局，1985年，第62页。

韦夏卿于贞元十九年（803）任东都留守[1]，皇甫镈当在此时被辟为从事，同被辟者都是“群彦之秀出，一时之高选”。托同僚的福，这是目前所见对皇甫镈为数不多的正面评价[2]。皇甫镈重回清官（仓部员外郎）以及被韦夏卿延揽都可证其能力、名声不居下流。随后皇甫镈转吏部员外郎，以吏部司在二十六司中的地位，可知皇甫镈的能力出众，随后他不出意外地升为吏部郎中[3]。皇甫镈之后的迁转不明，本传含糊地说“三迁司农卿”，之前可能担任过司农少卿[4]。总之，早期的皇甫镈是典型的传统士大夫，沿唐代士人理想任官模式迁转[5]，但不久其命运发生了巨变。

二、因财入相：皇甫镈的崛起

皇甫镈担任司农卿后不久迎来人生转折：

> 判度支，俄拜户部侍郎。时方讨淮西，切于馈运，镈勾剥严急，储供办集，益承宠遇，加兼御史大夫。[6]

担任度支使是皇甫镈政治生涯的重要转折点。宪宗“以法度裁制藩镇”[7]，需财孔殷。唐后期形成三司理财的财政格局，度支使调度内外物资，又在战时向官军行营设置供军使负责供馈[8]，是战时颇为重要的财政官员，此处单论度支使，

[1]《旧唐书》卷一三《德宗本纪下》，第398页。

[2]《大唐传载》记载相似：“韦献公夏卿，不经方镇，惟止于东都留守，郡吏八人而路公隋、皇甫崖州镈，皆为宰相；张尚书贾、段给事平仲、卫大夫中行、李常侍翱、李谏议景俭、李湖南询，皆至显官，亦名知人矣。”［《大唐传载》（外三种），北京：中华书局，2019年，第33页］

[3]郎中的迁入以员外郎为主（孙国栋：《唐代中央重要文官迁转途径研究》，上海古籍出版社，2009年，第60页）。皇甫镈任吏部郎中至少到元和五年（810），因为郭贵妃母亲升平公主去世后的《唐昭懿公主碑》是由时任吏部郎中皇甫镈书写的。见（宋）陈思：《宝刻丛编》卷七《京兆府上·唐昭懿公主碑》，杭州：浙江古籍出版社，2012年，第477页。

[4]孙国栋：《唐代中央重要文官迁转途径研究》，第161页。

[5]有关唐代士人理想的常任官模式迁转参赖瑞和：《唐代中层文官》，台北：联经出版事业股份有限公司，2008年，第527页；刘后滨：《宦途八俊：中晚唐精英的仕宦认同及其制度路径》，《北京大学学报》2019年第6期，第93—103页。

[6]《旧唐书》卷一三五《皇甫镈传》，第3738、3739页。

[7]（宋）司马光：《资治通鉴》卷二三七，元和元年正月戊子条，北京：中华书局，2011年，第7749页。

[8]［日］丸桥充拓：《唐代後半の北邊財政：度支系諸司を中心に》，《東洋史研究》55（1），1996年，第52页。另见李锦绣：《唐代财政史稿》下卷，第544页。

见下表。

表2　宪宗朝度支使任职一览表[1]

姓名	任职时间	任职时长
杜佑	永贞元年三月十七日—元和元年四月十四日	约13个月
李巽	元和元年四月十四日—元和二年三月十五日	约15个月
郑元	元和二年三月十五日—元和三年四月二十五日	约13个月
裴均	元和三年四月二十五日—元和三年九月十一日	约6个月
郑元	元和三年九月十一日—元和四年四月二十五日	约8个月
李元素	元和四年四月二十五日—元和五年三月五日	约11个月
李夷简	元和五年三月五日—元和六年四月六日	约14个月
卢坦	元和六年四月六日—元和八年八月二十一日	约29个月
潘孟阳	元和八年八月二十一日—元和九年二月一日	约6个月
杨于陵	元和九年三月或稍后—元和十一年四月十五日	约26个月
皇甫镈	元和十一年四月十六日—元和十五年正月九日	约46个月

注：1.杜佑、李巽皆为度支盐铁使。元和二年析为二使，李巽继续担任盐铁使，度支使由郑元担任，具体月份不详。

2.郑元任使、去使时间不详，暂以李巽离任、裴均接任时间为限。

3.闰月的情况有元和元年闰六月、元和四年闰三月、元和六年闰十二月、元和九年闰八月、元和十二年闰五月[2]。下表同。

表3　元和削藩战争与度支使任职时间排比表

事件	时间	历时	度支任职者
西川刘辟之乱	元和元年正月二十三日至九月二十一日	10个月	杜佑
夏绥杨惠琳之乱	元和元年三月十三日至三月十七日	5天	杜佑
浙西李锜之乱	元和二年十月十一日至十一月十九日	约1个月	郑元
第一次征讨成德	元和四年十月十一日至元和五年七月九日	约9个月	李元素、李夷简
吴元济淮西之乱	元和十年正月十七日至元和十二年十月十八日	37个月	杨于陵、皇甫镈

[1]据严耕望：《唐仆尚丞郎表》，北京：中华书局，1986年，第159—167页。

[2]陈垣：《二十史朔闰表》，北京：古籍出版社，1956年，第102、103页。

续表

事件	时间	历时	度支任职者
第二次征讨成德	元和十一年正月十七日至元和十二年五月十七日	5个月	杨于陵、皇甫镈
征讨平卢	元和十三年七月三日至元和十四年二月十四日	7个月	皇甫镈

对元和削藩战争较大影响者是两伐成德、淮西之役和征讨平卢。四役涉及两次度支使人事更替，其中，李元素去使是由于遘疾[1]，第二次更替则直接由于杨于陵的供办不力。史载：

> 时淮西用兵，于陵用所亲为唐邓供军使，节度使高霞寓以供军有阙，移牒度支，于陵不为之易，其阙如旧。霞寓军屡有摧败，诏书督责之，乃奏以度支馈运不继。宪宗怒，十一年，贬于陵为桂阳郡守。[2]

学者认为杨于陵所用之“亲”是时任山南东道节度使的李逊[3]。此外，史料还提供了杨于陵被贬的另一种说法，将兵败责任归咎于高霞寓[4]。

随着淮西战事的持久化，朝廷又二征成德，任使两年多的杨于陵面临巨大压力。“急于荡寇”[5]的宪宗不满战事进展，断然贬黜财政主管。高霞寓能够诿过杨于陵，与其得宦官之助有较大关系[6]。不管此事的是非曲直如何，至少表明，随着财赋被不断消耗，唐廷对敛财能吏的需求日增。皇甫镈正是在这样的背景下就任度支使的。

既有“含冤”被黜的前任为鉴，临危受命的皇甫镈[7]唯有“勾剥严急，储

[1]（宋）王钦若：《册府元龟》卷八五二《总录部·友悌二》，北京：中华书局，1960年，第10132页。

[2]《旧唐书》卷一六四《杨于陵传》，第4294页。

[3]见李锦绣：《唐代财政史稿》下卷，第540、541页。贾志刚：《唐代中后期供军使、院及相关问题探讨》，载《魏晋南北朝隋唐史资料》第十八辑，上海古籍出版社，2001年，第79页。

[4]（唐）李翱：《唐故金紫光禄大夫尚书右仆射致仕上柱国宏农郡开国公食邑二千户赠司空杨公墓志铭》，载《李文公集》卷一四，上海古籍出版社，1993年，第71页。

[5]《旧唐书》卷一五九《崔群传》，第4189页。

[6]《旧唐书》卷一五五《李逊传》，第4124页。

[7]皇甫镈的见用与唐德宗时的赵赞类似，德宗任用赵赞括财为削藩战争输血，最终酿成“泾师之变”。参张剑光、邹国慰：《简论唐代中期赵赞的理财》，《思想战线》1998年第3期，第53页。宪宗与德宗都志在将削藩战争进行下去，因此皇甫镈与赵赞为了满足皇帝的要求，只能竭力执行君主的意志。参胡平：《未完成的中兴：中唐前期的长安政局》，北京：商务印书馆，2018年，第226页。

供办集”。史书虽对皇甫镈敛财多有指摘，但并未详述其事迹[1]。史称：

> 宪宗之讨淮西也，度支使皇甫镈加剑南东西两川、山南西道盐估以供军。贞元中，盗鬻两池盐一石者死，至元和中，减死流天德五城，镈奏论死如初。一斗以上杖背，没其车驴，能捕斗盐者赏千钱；节度观察使以判官、州以司录录事参军察私盐，漏一石以上罚课料；鬻两池盐者，坊市居邸主人、市侩皆论坐；盗刮碱土一斗，比盐一升。州县团保相察，比于贞元加酷矣。[2]

加盐税政策始于元和十一年七月[3]，距离皇甫镈任使仅三个月。安史之乱以来，盐利成为唐廷重要财政收入，每遇财政困难，朝廷总会从盐利着手括财，但度支使只掌西部盐政[4]，故皇甫镈只能在自己的辖区加税。皇甫镈还试图控制河北的盐利：

> 自天宝末兵兴以来，河北盐法，羁縻而已。暨元和中，皇甫镈奏置税盐院，同江、淮两池榷利，人苦犯禁，戎镇亦频上诉。[5]

自天宝以来，河北盐利几乎为本镇截留[6]。从上引史料看，元和时期在皇甫镈奏请之后，河北对中央命令无法视而不见，故而皇甫镈的整顿取得了一定的效果[7]。

除了盐利，皇甫镈还设法从其他途径增加收入：

> 会吴元济、王承宗连衡拒命，以七道兵讨之，经费屈竭。皇甫镈建议，内外用钱每缗垫二十外，复抽五十送度支以赡军。[8]

所谓“内外用钱每缗垫二十”是指李泌在贞元四年（788）年征收的“户部除陌

---

[1]卢建荣认为其所行者乃裴延龄故伎：低薪政策，以及贵卖内库物。见《唐代财经专家之分析——兼论唐代士大夫的阶级意识与理财观念》，第201页。皇甫镈所行之政尚不止于此。

[2]（宋）欧阳修：《新唐书》卷五四《食货志四》，北京：中华书局，1975年，第1379、1380页。

[3]《旧唐书·食货志上》《册府元龟》卷四九三《邦计部·山泽》以及《唐会要》卷八八《盐铁》皆作“十年七月”。严耕望认为“年”上当有脱字（《唐仆尚丞郎表》，第772页）。

[4]李锦绣：《唐代财政史稿》第四册，第103页。

[5]《旧唐书》卷四八《食货志上》，第2108页。

[6]陈衍德、杨权：《唐代盐政》，西安：三秦出版社，1990年，第135页。

[7]彭文峰亦认为对羁縻状态有所改善，见《唐后期河朔三镇与中央政府经济关系研究》，河北师范大学硕士学位论文，2003年，第28页。

[8]《新唐书》卷五四《食货志四》，第1389页。

钱”，皇甫镈在此基础上再加五十。所谓“内外用钱”是指朝廷和地方的预算经费[1]。该政策出台于元和十一年九月[2]，距离皇甫镈履新不到半年。从征盐利到抽官钱，皇甫镈积极采取措施填补财政缺口。有趣的是，恰恰是日后极力反对皇甫镈入相的裴度支持了宪宗二讨成德[3]，使财政压力陡增，而这种压力很大一部分最终由皇甫镈承担了。

为周转经费，皇甫镈在开源之外还厉行节流。平淮西时裴度指称：

> 皇甫镈自掌财赋，唯事割剥，以苛为察，以刻为明。自京北、京西城镇及百司并远近州府，应是仰给度支之处，无不苦口切齿，愿食其肉……比者淮西诸军粮料，所破五成钱，其实只与一成、两成，士卒怨怒，皆欲离叛……虽侵刻不少，然漏落亦多，所以罢兵之后，经费钱数一千三十万贯，此事犹可。[4]

作为淮西之役的亲历者，裴度不至于说谎欺骗宪宗达到排挤皇甫镈的目的，其所言应为实情。裴度的指责正好为考察皇甫镈的财政政策提供了难得的材料。

皇甫镈通观全局，大胆压缩京北、京西以及各级官府经费，虽引发众怒，但不失为应急之策。而他削减淮西前线军队经费恐属无奈：淮西用兵已近三载，加上历时近半年的河北战事，朝廷“经费屈竭”，有杨于陵教训在前，克扣应是迫不得已，裴度也认为“此事犹可”，所以从元和十一年四月皇甫镈上任到淮西平，历19个月，花费1030万贯，月均约55万贯。相比于德宗四镇之乱时的“月费钱百三十余万缗”[5]，以及穆宗出兵河北时魏博一军“一月之费，计

---

[1] 赖瑞和：《唐代除陌法和除陌钱新解》，载杜文玉主编《唐史论丛》第二十三辑，西安：三秦出版社，2016年，第14、18页。

[2]《册府元龟》卷四八四《邦计部·经费》，第5788页。有关此次抽钱的结束，《旧唐书·食货志上》载：“十四年六月，敕：‘应属诸军诸使，更有犯时用钱每贯除二十文、足陌内欠钱及有铅锡钱者，宜令京兆府枷项收禁，牒报本军本使府司，差人就军及看决二十。如情状难容，复有违拒者，仍令府司闻奏。’”（第2104页）王怡辰据此认为最迟于元和十四年六月停止（王怡辰：《论唐代的除陌钱》，《史学汇刊》第22期，第38、39页）。但是按照赖瑞和把除陌意义分为税率和汇率两种的观点（《唐代除陌钱和除陌法新解》，第1—19页），此处所言乃指汇率，即一贯等于980文，这是自天宝以来就实行的。王氏将汇率和税率除陌混淆了。陈明光亦将此规定看作是解决通货不足的规定，见《唐代“除陌”释论》，第119页。

[3] 李天石：《唐宪宗传》，北京：人民出版社，2017年，第331、332页。

[4]《旧唐书》卷一三五《皇甫镈传》，第3740页。

[5]《资治通鉴》卷二二七，建中四年六月庚戌条，第7465页。

实钱二十八万缗”[1]，并不算多。

此外，皇甫镈也插手东部财赋转运事务：

> 刑部侍郎王播代（卢）坦，建议米至渭桥五百石亡五十石者死。其后判度支皇甫镈议万斛亡三百斛者偿之，千七百斛者流塞下，过者死；盗十斛者流，三十斛者死。[2]

唐后期大运河漕运是长安统治者至为关心的事，但是其运输效率却一直在下降，皇甫镈判度支后试图对其进行改良[3]，他的量刑建议明显较王播为轻。由于《食货志》本身不旨在指责皇甫镈，因此难得看到与皇甫镈严苛剥下者形象不符的记载。

除了推行敛财政策，皇甫镈自己也向宪宗进奉财赋：

> 自淮右宿兵以来，度支、盐铁及四方进献不已。始曰“助军”，寇平则曰“贺礼”，其后又曰“助赏设”。及帝加尊号，又陈献贺之礼。[4]

如果说为了战争而进献还可以理解[5]，那么在淮西平定后宪宗流连享乐之际[6]，皇甫镈仍投其所好，“探知上旨，数贡羡余”[7]的行为就应受到批判了。“皇甫镈为户部侍郎判度支，元和十三年（818）正月进钱三万贯”[8]。当时并无战事，作为中央官员，皇甫镈所进奉的钱财本属中央财政收入，但他通过进奉将国家财赋转变为皇帝私人财产[9]，皇甫镈的作用不可避免地转向负面。

元和十三年（818）七月唐廷开始征讨淄青，对财赋的需求有增无减。两个月后，皇甫镈与同为财吏的程异被任命为宰相：

> ……皇甫镈，行惟孤贞，性本坚直，秉仁履义，守正持方，……夙怀

---

[1]《资治通鉴》卷二四二，长庆二年正月丁酉条，第7928页。

[2]《新唐书》卷五三《食货志三》，第1371页。

[3]迈克尔·多尔比认为皇甫镈的主要成就是改进了漕运效率，未知所本是否自此。见《剑桥中国隋唐史》（中译本），第579、580页。

[4]《册府元龟》卷一六九《帝王部·纳贡献》“元和十四年七月”条“注”，第2033页。

[5]陈明光：《论唐代方镇“进奉”》，《中国社会经济史研究》1985年第1期，第31页。

[6]李天石：《唐宪宗传》，第471—474页。

[7]《旧唐书》卷一三五《皇甫镈传》，第3741页。

[8]《册府元龟》卷四八五《邦计部·济军》，第5798页。同书卷五一〇《邦计部·希旨》载数量为“二万贯”（第6118页）。

[9]陈明光：《论唐代方镇“进奉”》，第31页。

> 经济之谋，早在贤良之选。累践华贯，服于大僚，端肃有常，发挥事任。自总邦计，贰领地官，属以征戎车，讨平淮寇，发轫调食，制外自中，法无过差，动有成绩。……是用命尔，俾升台司，望以沃心，劳乎注意。尚兴师旅，方殄妖氛，翼亮是参，经费仍属。尔其悉乃心力？副予简求。[1]

宪宗高度评价皇甫镈的能力和人品，肯定其平淮西期间的成绩，希望他在淄青之战中继续效力，故酬以相位。

两人虽然入相，但他们主要负责财政事务，门下侍郎裴度、中书侍郎崔群以宰相为主职，燮理阴阳，统筹全局，皇甫镈、程异莫若说以宰执地位为恩宠[2]，仍然负责钱粮财政工作，分工明显不同。即便如此，二人的入相仍掀起轩然大波，裴度、崔群直接表示反对，裴度更是给宪宗上了三道疏文，其中提道：

> 皇甫镈自掌财赋，唯事割剥，以苛为察，以刻为明……比者淮西诸军粮料，所破五成钱，其实只与一成、两成，士卒怨怒，皆欲离叛……今旧兵悉向淄青讨伐，忽闻此人入相，则必相与惊扰，以为更有前时之事，则无告诉之忧……直以性惟狡诈，言不诚实，朝三暮四，天下共知，惟能上惑圣聪，足见奸邪之极……如皇甫镈，天下之人，怨入骨髓，陛下今日收为股肱，列在台鼎，切恐不可，伏惟图之。[3]

裴度除指责皇甫镈刻于敛财外，还对其人品进行攻击，都由于后者高强度的敛财行为[4]：加盐税伤害了百姓，克扣军费激怒了军队，抽官钱触犯了官僚集团，进奉财物有损大臣风范，这些都让皇甫镈在朝中饱受攻击，缺少奥援，难怪宪宗赞其“行惟孤贞，性本坚直”，也就不难理解为何宪宗视裴度的反对为朋党了。

自知难以服众的皇甫镈早在入相前便已交结宪宗宠宦吐突承璀[5]，入相后

---

[1]（宋）宋敏求：《唐大诏令集》卷四七《皇甫镈平章事制》，北京：商务印书馆，1959年，第235页。标点有改动。

[2] 德宗朝姜公辅以谏议大夫的身份入相，陆贽认为他“官是谏议，职居宰衡”（《旧唐书》卷一三八《姜公辅传》，第3788页）。皇甫镈、程异与其相似。俞钢也指出，六部侍郎平章事地位逊色于中书侍郎、门下侍郎平章事。见俞钢：《唐后期宰相结构研究——专论六部侍郎平章事职权的变化》，《上海师范大学学报》1993年3期，第104页；后收入氏著《唐代制度文化论集》，上海古籍出版社，2013年，第17页。

[3]《旧唐书》卷一三五《皇甫镈传》，第3740页。

[4] 也有学者认为裴度反对的主要理由是皇甫镈的门第不高，见《剑桥中国隋唐史》（中译本），第580页。

[5]《旧唐书》卷一三五《皇甫镈传》，第3741页。

又援引同年令狐楚入相[1]，推荐另一同年萧俛[2]，力图稳固地位。除此之外，为迎合宪宗追求长生的梦想，皇甫镈还为其荐引了方士柳泌、田佐元及和尚大通[3]。这样皇甫镈在朝中的地位稳步提升，于元和十四年七月升为门下侍郎[4]，正式进入核心决策圈。这是宪宗对他在平淄青期间的表现给予的回报：宪宗对皇甫镈入相后的表现十分满意，并寄予厚望。皇甫镈升职后仍兼判度支，说明此时宪宗仍需其“均赋中邦，渐于雍熙”，也说明宪宗对政局有自己的判断。虽然诏书仍称皇甫镈“性尚孤直”[5]，但经裴度与令狐楚的一去一入，以及崔群的去职[6]，使其在宰相中逐渐占据优势[7]。

正因为皇甫镈援引故知入朝，旧史将裴度去相归结为皇甫镈集团的排挤：“裴度有用兵伐叛之功，镈心嫉之，与宰相李逢吉、令狐楚合势挤度出镇太原。”[8]

李逢吉曾因反战而被贬出朝廷[9]，史臣的逻辑看似合理，实则不然。元和十四年七月令狐楚被皇甫镈引入朝中，而裴度四月便出镇太原，李逢吉更到长庆二年（822）三月才被召回朝[10]，虽然皇甫镈的确有可能在裴度去相中扮演重要角色，但他和令狐楚、李逢吉等“合势”排挤裴度的可能性不高[11]。另外，史称“元和九年，镈初以财赋得幸，荐俛、楚俱入翰林，充学士”[12]。但皇甫镈元和十一年才始判度支，任使之前不见得拥有荐举翰林学士的政治能量，史臣有故入人罪之嫌。

而且，关于皇甫镈掊敛的记载，也应审慎待之。元和十四年八月李渤上

[1]《旧唐书》卷一七二《令狐楚传》，第4460页。

[2]《旧唐书》卷一七二《萧俛传》，第4476页。

[3]《旧唐书》卷一七一《裴潾传》，第4446页。

[4]《新唐书》卷六二《宰相表中》，第1714页。

[5]以上（宋）李昉：《文苑英华》卷四四九《皇甫镈加恩制》，北京：中华书局，1966年，第2273页。

[6]《资治通鉴》卷二四一，元和十四年十二月乙卯条，第7898页。

[7]程异于元和十四年四月去世。见《旧唐书》卷一五《宪宗本纪下》，第467—468页。

[8]《旧唐书》卷一三五《皇甫镈传》，第3741页。

[9]《旧唐书》卷一六七《李逢吉传》，第4365页。

[10]《旧唐书》卷一六《穆宗本纪》，第496、498页。司马光也注意到了这一点，见《资治通鉴》卷二四一，元和十四年四月丙子条“考异曰”，第7890页。

[11]《册府元龟》卷一五三《帝王部·明罚第二》言皇甫镈“奸人合力挤度于太原”，并未明言是与令狐楚、李逢吉，似近于实。

[12]《旧唐书》卷一七二《令狐楚传》，第4460页。

疏“乞降诏书，绝摊逃之弊”，而“以草疏切直，大忤宰相，乃谢病东归”[1]。此处的宰相当是皇甫镈。李渤所言的摊逃之弊以及其得罪皇甫镈应是真实情况，但史臣意在将摊逃之祸全归在皇甫镈头上并不公允。摊逃并不独见于元和，亦非皇甫镈首创，早在租庸调制时期便有此制度[2]，皇甫镈充其量只是因袭旧制[3]。对史家厚此薄彼、双重标准的取向，难怪学者提醒读者在阅读相关史料时“不能为儒生的偏好所束缚”[4]。

不过，皇甫镈力图组建自己阵营的事实仍十分清楚。但纵然如此，在英武的宪宗面前他仍只能唯唯诺诺。“皇甫镈以宰相领度支，剥下以媚上，无敢言其罪者。儒衡上疏论列，镈密诉其事，帝曰：‘勿以儒衡上疏，卿将报怨耶！’镈不复敢言。”[5]宪宗显然并未完全被皇甫镈迷惑。

但从元和十三年九月入相到元和十五年（820）闰正月罢相，在一年半的执政期间，皇甫镈仍刻意聚敛，政绩乏善可陈：

> 崔植为给事中。……时皇甫镈以宰相判度支，请减内外官俸禄，植封还敕书，极谏而止。镈重奏诸道州府监院每年送上都、两税、榷酒、盐利、度支米价等匹段加估定数。诏许之，其先下州府监院连四月二十五日敕牒更不在行用之限。镈急于掊聚，先是奏近年天下所纳盐酒等利抬估者，一切追征。诏既可，植抗论以为：“用兵岁久，百姓凋弊，往者虽估逾其实，今固不可复追。”疏奏，命宰臣召植宣旨嘉谕，许辍已行之诏。物议大罪镈而美植。镈惧，至是乃更前过，且重条奏，请申敕以示之。[6]

[1]《旧唐书》卷一七一《李渤传》，第4438页。

[2] 杨际平：《隋唐均田、租庸调制下的逃户问题——兼谈宇文融括户》，《中国社会经济史研究》1986年第4期，第29—31页。后收于氏著《杨际平中国社会经济史论集》（第二卷 唐宋卷），厦门大学出版社，2016年，第170—174页。

[3] 刘玉峰、钊阳：《试论唐代两税法的制度缺陷和执行弊端》，载杜文玉主编《唐史论丛》第十七辑，西安：陕西师范大学出版社，2014年，第48页。

[4] 侯旭东：《宠：信—任型君臣关系与西汉历史的展开（上）》，《清华大学学报》2016年第6期，第102页。后收于氏著《宠：信—任型君臣关系与西汉历史的展开》，北京师范大学出版社，2018年，第130页。卢建荣亦有针对性地指出，史书中对皇甫镈的负面评价，是古代史家运用道德论述，再加上二分法的识人观点，把理财作为和文化价值的冲突，简化成忠奸之间的零和游戏。见《聚敛的迷思：唐代财经技术官僚雏形的出现文化政治》，第184页。

[5]《旧唐书》卷一五八《武儒衡传》，第4162页。

[6]《册府元龟》卷四六九《台省部·封驳》，第5590页。

此事发生在元和十四年六月[1]，彼时淄青已平，但皇甫镈并未意识到形势的转变，仍专意搜括，经崔植抗论才有所收敛。虽不知是否由皇甫镈“嘉宣旨谕”崔植，但经过崔植、李渤的上奏，宪宗也应意识到皇甫镈仍以宰相身份理财已不合时宜，开始调整宰相职能：

> 古者丞相，府不接吏，盖以任重体大，地亲礼崇，苟非征讨之时，岂仗货财之事？爰俾出纳，归诸有司，用严台庭，以辅吾道。……今则百揆攸叙，万邦保和，宜全相府之重，匆领计司之剧。抚夷夏，调阴阳，用安元元，时乃之职。[2]

诏书颁于元和十五年正月[3]，距宪宗驾崩仅半月。此时任相者为韩弘、皇甫镈和令狐楚。韩弘由宣武节度使入朝为中书令，但“赞元经体，不治细微”[4]，因此宰执群体以皇甫镈为首。宪宗剥除皇甫镈的庶务，试图使其回到宰相的传统角色，说明此时宪宗对政局有着清醒的认识，也可见其对皇甫镈的器重。不过随着宪宗暴崩，皇甫镈还未来得及“调阴阳”，政治生涯便戛然而止了。

三、皇甫镈的失势及政治影响

元和十五年正月二十七日唐宪宗驾崩。皇甫镈在穆宗即位次日便被免职，险遭杀祸，赖萧俛之救才得远贬崖州[5]，同年底死于贬所[6]。穆宗指责皇甫镈：

> 器本凡近，性惟险狭，行靡所顾，文无可观，虽早践朝伦，而素乖分望。自掌邦计，属当军兴，以剥下为徇公，既鼓众怒；以矫迹为孤立，用塞人言。洎尘台司，益蠹时政，不知经国之大体，不虑安边之远图，三军多冻馁之忧，百姓深凋瘵之弊。事皆罔蔽，言悉虚诬，远近咸知，朝野同

[1]《册府元龟》卷五一〇《邦计部·重敛》，第6114页。

[2]《文苑英华》卷四四九《皇甫镈罢判度支制》，第2273页。

[3]《旧唐书》卷一五下《宪宗本纪下》，第471页。

[4]（唐）韩愈：《唐故司徒兼侍中中书令赠太尉许国公神道碑铭》，载《韩愈文集汇校笺注》卷二二，北京：中华书局，2010年，第2365页。

[5]《旧唐书》卷一七二《令狐楚传》，第4460页。黄永年认为皇甫镈未被杀是因为发动政变弑君的穆宗集团心虚理亏，见《唐元和后期党争与宪宗之死》，载钱伯城主编《中华文史论丛》第四十九辑，上海古籍出版社，1992年。又收入《文史探微》，北京：中华书局，2000年，第461页；相同内容又见《从立储谈宪宗之死》，收入氏著《六至九世纪中国政治史》，上海书店出版社，2004年，第466页。

[6]《旧唐书》卷一六《穆宗本纪》，第484页。

> 怨。而又广称方士，上惑先朝，潜通奸人，罪在难赦。[1]

制书用辞与宪宗完全相反，对皇甫镈的功绩全然抹杀。诚然，聚敛之臣历来不受待见，其敛财手段不外开源节流，具体主要是五种途径：一是加税，盐、茶、酒等民生物资为主要对象；二是抽官钱，又以削减官僚俸禄和各级官府经费为主；三是官府经商盈利；四是改革金融，主要是改变币值，利用金融手段增加收入；五是节省开支，缩减经费。这些手段无疑会触犯很多人的利益，引得“朝野同怨”。虽然皇甫镈的聚敛强度有唐一代前所未有，但为削藩战争的搜括不无积极意义，反对者将其一概抹杀，难言公正。

讽刺的是，皇甫镈被贬仅半年，穆宗君臣又推出抽税政策：

> （元和）十五年五月……癸卯，诏曰：“比缘用兵岁久，初息干戈，百役所资，国用多阙，不可更加赋税，重扰疲人，参酌权宜，事贵通济。自今已后，应内外支用钱，宜于天下收两税、盐利、酒税、茶及职掌人课料等钱，并每贯除旧垫陌外，量抽五十文。委本道、本司、本使据数逐季收计。”[2]

本次抽税与皇甫镈所行政策如出一辙，以削减官府经费的手段纾解财政困难。曾经备受指责的政策，被政敌再度推行，不知远在崖州的皇甫镈会做何感想。

皇甫镈以聚敛之臣的形象见载于史，过往讨论多聚焦于此，但亦不能忽视其对当时政治产生的影响。作为百僚之长，宰相的政治作用毋庸置疑。观宪宗死前的宰相队伍，韩弘不理庶务，皇甫镈威信不崇，令狐楚难有作为。宪宗晚年调整皇甫镈角色，但并不成功，主要原因是宪宗的死亡使皇甫镈失去靠山。即使宪宗没有暴毙，皇甫镈也很难成功地转型为坐而论道、燮理阴阳的宰相，从他当轴后的种种行为来看，本就与朝野结怨太深的他已在聚敛的道路上积重难返了[3]。

---

[1]《册府元龟》卷一五三《帝王部·明罚二》，第1856页。

[2]《册府元龟》卷四八四《邦计部·经费》，第5789页。

[3]卢建荣从唐代士大夫的阶级意识和理财观念分析，认为士大夫群体以儒家观念为立场排斥财经专家（《唐代财经专家之分析——兼论唐代士大夫的阶级意识与理财观念》，第220页）。这样看来，皇甫镈也很难成为士大夫群体的领袖。李锦绣反对这一观点，认为唐后期并不存在士大夫阶层与理财专家的矛盾，理财观念逐渐向士大夫阶层渗透。见《唐代财政史稿》下卷，第1279页。李氏的观点主要基于财吏的进奉行为，认为这是朝官攻讦他们的主要原因，而不是聚敛的行为，可能不太全面，前引裴度的攻讦言辞明显针对皇甫镈的聚敛行为。

再看穆宗临御初期的宰相集团。从贬黜皇甫镈到长庆二年（822）三月裴度复入中枢[1]，穆宗相继拔擢萧俛、段文昌、崔植、杜元颖、王播、元稹等六人为相，其中段文昌、崔植、杜元颖入相最速。段虽担任过翰林承旨学士，但仅七日，他从祠部郎中到拜相只用了两年[2]。崔植在穆宗即位时成为御史中丞[3]，不到一年即入相[4]。杜元颖更为惊人，“自补阙至侍郎，不周岁居辅相之地”[5]。三人的晋升过程值得怀疑。萧俛虽在宪宗朝长期担任翰林学士，但早在元和十一年一月罢学士[6]，靠着与皇甫镈、令狐楚的同年关系才重获任用，入相主要因令狐楚的推荐[7]。王播则又是一位计臣入相者，“安危启沃，不措一言”[8]。元稹则因与裴度的争执，任相不足半年，无法发挥大作用。总之，穆宗初期的宰执群体领导力不强，特别是穆宗“君临之初，用为辅弼”的萧俛、段文昌、崔植，被指为尸位素餐之徒[9]。皇甫镈作相时尚“政道国经，未至衰紊”[10]，而他的去相导致中枢机构出现断层，终致元和削藩功亏一篑。

再者，“漕运与理财成为中晚唐宰辅大臣之特色”[11]，计臣入相亦不独皇甫镈一例[12]，但皇甫镈却有其特殊性。安史之乱以后，理财成为唐廷核心政务之一[13]。但正如学者指出，刘晏时期各项财经新措施已达极致，裴延龄判度支

[1]也正是在这段时间，唐廷犹如坐过山车一样经历了藩镇的全部归附和河北三镇的复失。

[2]岑仲勉：《郎官石柱题名新考订（外三种）》，北京：中华书局，2004年，第465、153页。

[3]崔植入相诏书中提道：“自膺宝图，俾掌邦宪。”（《唐大诏令集》卷四七《崔植平章事制》，第214页）

[4]《旧唐书》卷一六《穆宗本纪》，第480页。

[5]《旧唐书》卷一六三《杜元颖传》，第4264页。

[6]毛蕾：《唐代翰林学士》附表三，北京：社会科学文献出版社，2000年，第200页。

[7]《旧唐书》卷一七二《萧俛传》，第4476页。

[8]《旧唐书》卷一六四《王播传》，第4276页。

[9]《旧唐书》卷一七一《李渤传》，第4438、4439页。

[10]《旧唐书》卷一五《宪宗本纪下》“史臣蒋系曰”，第472页。

[11]毛汉光：《中国中古社会史论》，上海书店出版社，2002年，第30页。

[12]洪迈对此有所归纳，见《容斋随笔·容斋续笔》卷一四“用计臣为相条”，北京：中华书局，2015年，第302页。

[13]葛兆光认为在当时追求实效的社会背景下，士人考虑的是实用性问题，比如赋税的来源、兵员的补给、政府的效率、官吏的廉洁等，程异、皇甫镈之类的计臣，考虑的只是维持局面。见《重建国家权威与思想秩序——八至九世纪之间思想史的再认识》，载《中国学术》第一辑，北京：商务印书馆，2000年，第109页。后收入氏著《中国思想史》第二卷《七世纪至十九世纪中国的知识、思想与信仰》，上海：复旦大学出版社，2013年，第120页。

时，开源方面已难有突破，只得到节流上想办法[1]，遑论二十多年后的皇甫镈，况且皇甫镈在开源上并非毫无作为。宪宗以后财使入相或由宰相领使逐渐成为常态，宰相取得了对财政使职的控制权[2]，这与皇甫镈入相继而与宰相发生冲突的情形迥然不同[3]。压力中上任的皇甫镈，可供选择的政策工具有限，只能在财赋的分配上下功夫，辗转腾挪，拆东补西，势必触犯较多人的利益，其后继者罕有相似。因此皇甫镈可以说是唐代争议最大的计臣入相者。这一方面由于此后宰相与财使矛盾不再，一方面也因宪宗后中央集权逐渐衰弱，唐廷的主要精力在于保证常规的两税、盐铁等财政收入，无力再如皇甫镈般钻营括财。

同时，皇甫镈的特殊性还在于他经历了由敛财之臣向传统宰相的角色转变。形势迫使皇甫镈出离传统士大夫圈子，削藩战争结束后，又需要他回归士大夫角色。虽然穆宗以后宰相理钱谷成为常态，但皇甫镈的特殊性在于，其理财多超出正常范围，终难为士大夫阶层接纳，导致其政治生命结束，皇甫镈之理财也如宪宗削藩一样具有时代性而不可复制。

（作者单位：北京师范大学历史学院）

Study on Huangfu Bo: A Special Finance Minister in the Tang Dynasty

Huang Tuchuan

[Abstract] Huangfu Bo passed the Examination of Jinshi, was active in the Yuanhe period. He followed the normal moving path in his early official career. During the Huaixi rebellions, as the Du Zhi Shi, Huang Fubo contributed greatly to the victory of war and finally became the chief minister as the “Qian Gu Li” in the strong opposition.After that, Huangfu Bo continued managing money, getting the Xianzong's approval, and moved into the political center and even became the most powerful chief minister. In his last year, Xianzong revoked Huangfu Bo's post

[1] 卢建荣：《唐代财经专家之分析——兼论唐代士大夫的阶级意识与理财观念》，第191页。

[2] 李锦绣：《唐代财政史稿》下卷，第181页。

[3] 李锦绣已经指出了这一现象，见《唐代财政史稿》下卷，第183页。

of Du Zhi Shi, and wanted him to go back to the traditional role of chief minister. Xianzong's sudden death brought Huangfu Bo's political career to an abrupt end. The chief ministers' weak leadership in the early years of Muzong had something to do with it. Huangfu Bo was a special financial officer, the peak of the Tang Dynasty's finance chief minister, and his transformation from finance minister to traditional chief minister was also rare in the Tang Dynasty.

从家族角度看唐后期的异姓封爵制

——以郭子仪家族为例

张　汝

清人赵翼曾指出："古来王爵之滥，未有如唐中叶以后之甚者……是时王爵几遍天下，稍有宣力无不王者矣。"[1]道出了当时封爵远远突破常制的实情。唐朝封爵制度上承隋制，爵分九等，即亲王（正一品）、郡王（从一品）、国公（从一品）、郡公（正二品）、县公（从二品）、县侯（从三品）、县伯（正四品）、县子（正五品）、县男（从五品）[2]。其中亲王和郡王属于王爵，亲王授予与皇帝血缘关系密切的宗室成员，即"皇兄弟、皇子皆封国，谓之亲王。亲王之子承嫡者，为嗣王"[3]。郡王的授予对象大部分是宗室子弟，即"皇太子诸子并为郡王。亲王之子承恩泽者亦封郡王"[4]，另外还有一部分异姓的功臣勋贵，即"其庶姓卿士功业特盛者，亦封郡王"[5]。唐代封爵之制确立之初，本有严格限制异姓封王的意图，然而，从武德时期开始，异姓封王的过程就未曾中断。尽管如此，安史之乱以前异姓封王的数量比较少，分封对象具有特殊性，封爵制度基本上还维持在既定的框架中。安史之乱以后情形则大为不同，主要是军功将领封郡王的数量大大增加，获得郡王以下爵位的更加不计其数，爵位遂趋于冗滥，不为时人所重。

---

[1]（清）赵翼：《陔余丛考》卷一七《唐时王爵之滥》，上海古籍出版社，2011年，第307页。

[2][3][4]（唐）李林甫：《唐六典》卷二"司封郎中"条，北京：中华书局，2014年，第37页。

[5]（唐）杜佑：《通典》卷三一《职官十三·历代王侯封爵》，北京：中华书局，1988年，第869页。

关于唐代的封爵制度，不少学者做过探讨。仁井田陞较早注意到这一制度，并对封爵的授予与继承、实封与虚封等进行了详细的论述，他还留意到郭子仪的爵位传承中出现了若干与律令规定存在矛盾的地方[1]。之后今堀诚二又在仁井田陞论文的基础上，围绕封爵的等级、授予、继承、食实封等方面进一步讨论过相关问题[2]。此后，学术界对封爵制的关注仍在继续。如日野开三郎从财政史角度考察了实封制[3]，砺波护、山根清志先后探讨了封爵制与国家统治的关系[4]。中国学者对隋唐封爵制也给予了较多的关注。如韩国磐分析了唐代封爵制度的变迁，特别是揭示了实封在唐后期形同封赐、到唐末五代又成为虚名的过程[5]。阎守诚专门考察了唐玄宗对食封制的改革[6]。其后黄正建、徐连达、马俊民等多位学者又相继论述过相关问题[7]。近年来，学术界或者利用新材料，或者从新的角度对唐代的封爵制展开了新的探讨。如戴建国利用新出的《天圣令》考证了开元二十载（732）颁布的敕令的特定含义[8]。叶炜以唐肃宗、代宗时期为分界点，考察了前后两个阶段异姓爵袭封的差异，认为这是皇权加强干预的结果[9]。上述成果主要是从制度史或经济史角度考察封爵制的相关问题，展现了其基本内涵和变迁过程，为本文提供了非常有益的参考。

---

[1]［日］仁井田陞：《唐代の封爵及び食封制》，载氏著《唐令拾遺補》，东京大学出版会，1997年，第105—159页。该文最初于1939年10月发表于《東方学報》东京一〇册之一。

[2]［日］今堀诚二：《唐代封爵制拾遺》，《社会経済史学》12—4，1942年，第419—451页。

[3]［日］日野开三郎：《唐租庸調時代食封制の財政史的考察》，《東洋学報》49—2，1966年，第131—168頁。

[4]［日］砺波护：《隋的貌阅与唐初食实封》，载刘俊文主编《日本学者研究中国史论著选译》第四卷，北京：中华书局，1992年，第334—357页，该文最初于1966年发表在《东方学报》第37号上。［日］山根清志：《唐朝前半期における食実封制について》，《歷史学研究》505，1982年，第35—52页。

[5]韩国磐：《唐代的食封制度》，《中国史研究》1982年第4期，第41—48页。

[6]阎守诚：《论唐玄宗对食封制度的改革》，《北京师院学报》1983年第3期，第45—53页。

[7]黄正建：《关于唐代封户交纳封物的几个问题》，《中国史研究》1983年第4期，第162—164页。徐连达：《隋唐的封爵制度》，《合肥教育学院学报》1984年第1期，第34—42页。马俊民：《唐朝的"实封家"与"封户"》，《天津师大学报》1986年第3期，第43—53页。其中，黄正建、马俊民主要是从经济角度考察封户与封物的相关问题，徐连达主要论述了有封爵者的政治、经济特权及其影响。

[8]戴建国：《关于唐食封制》，《中国经济史研究》2002年第3期，第126—131页。

[9]叶炜：《唐代异姓爵的袭封问题》，载《国学研究》第二十七卷，北京大学出版社，2011年，第175—189页。

学者们对唐中期以后封爵之滥有比较一致的看法，但关注的多是王爵的分封与继承，对王爵以下的爵位考察较少，并且没有对封爵与家族的关系进行专门探讨。笔者认为，唐后期封爵之滥，不仅在于“稍有宣力无不王者”，还在于一人有功，获封者非止一身，其家族也通过推恩获得爵位，同时爵位和实封还可以通过袭封等途径在家族内传承。因此，封爵所维系的不只是功臣一人与朝廷的关系，还有一个个功臣家族与朝廷的关系，以及家族内部的关系。郭子仪正是在平定安史之乱的过程中崛起的功臣代表，所封的汾阳郡王在异姓王爵中也具有典型性。除郭子仪本人外，其家族尚有数人拥有爵位，这些爵位从国公到县男不等，构成了比较完整的封爵体系。近年来，该家族新出不少墓志，为研究相关问题提供了材料来源，学者们遂利用这些新材料探讨了郭氏家族的通婚、住宅等问题[1]，但是没有针对其封爵状况展开论述。因此，笔者试图将该家族作为一个具体案例来分析封爵制度实施与运行的实态，在前人研究的基础上使之呈现出一个更加立体的面貌。

一、郭子仪家族的封爵及袭爵情况

史载安史叛乱后，两京失守，唐肃宗曾问李泌：“今郭子仪、李光弼已为宰相，若克两京，平四海，则无官以赏之，奈何？”李泌建议赐以封爵，唐肃宗称善[2]。与之相对应，至德二载（757），唐军收复两京，唐肃宗、唐玄宗相继回宫，之后大封功臣，郭子仪封代国公，食实封一千户[3]。宝应元年（762），河中、河东军乱迭起，朝廷遂起用郭子仪出镇绛州，封为汾阳郡王。唐德宗即位后，增加实封至二千户[4]。《唐六典》记载受封者“至郡公，有余爵，听回授子孙”，但“国公皆特封”[5]，即爵高并有余爵之人的子孙也可以获得封爵，但不能超过国公。从郭子仪家族的情况看，回授的规模和级别远远超出了这一

[1] 刘琴丽：《墓志所见唐代的郭子仪家族》，载杜文玉主编《唐史论丛》第十六辑，西安：陕西师范大学出版总社，2013年，第194—210页。荣新江、李丹婕：《郭子仪家族及其京城宅第——以新出墓志为中心》，《北京大学学报》（哲学社会科学版）2013年第4期，第17—26页。

[2]（宋）司马光：《资治通鉴》卷二一九，至德二载正月条，北京：中华书局，2011年，第7132页。

[3]（后晋）刘昫：《旧唐书》卷一〇《肃宗本纪》，北京：中华书局，1975年，第249页。

[4]《旧唐书》卷一二〇《郭子仪传》，第3454、3465页。

[5]《唐六典》卷二“司封郎中”条，第38页。

规定。史载郭子仪之父郭敬之被追封为祁国公[1]。郭子仪有兄弟数人[2]，获得封爵者二人，一是郭幼明，即郭子仪同母弟，被封为太原郡开国公[3]；另一个是郭幼冲，他应是郭敬之的庶子，也被封为太原郡开国公[4]。郭子仪共有八子[5]，其中七人有爵号，无爵者唯有第二子郭旰。至德二载（757），郭旰在平定安史叛乱的过程中阵亡[6]，郭敬之家庙碑碑阴所见郭旰的官职及勋位颇为尊贵，为“特进，兼鸿胪卿，赠开府荆州大都督，上柱国”[7]，应是矜其战死而格外嘉奖所致，不知为何竟无封爵。受封的七子中，长子郭曜初封太原郡开国公，后承袭父爵代国公[8]；第三子郭晞凭借战功从隰城男、隰城侯、太原郡公一步步晋升至赵国公[9]。从墓志的记载看，他的封爵来自自身的军功，而非因其父亲推恩所致；第六子

[1]《旧唐书》卷一二〇《郭子仪传》，第3449页。

[2] 据《新唐书·宰相世系表》，郭子仪有兄弟十人，分别是郭子琇、郭子云、郭子□、郭子瑛、郭子珪、郭幼贤、郭幼儒、郭幼明、郭幼冲、郭幼谦（卷七四上《郭氏世系表》，第3116—3134页），而郭敬之家庙碑碑阴所刻郭氏子孙的名录中（《金石萃编》卷九二《郭氏家庙碑碑阴》，载《石刻史料新编》第一辑第二册，台北：新文丰出版公司，1982年，第1540页），郭子仪兄弟有八人，无《宰相世系表》中的郭子□和郭幼谦。

[3] 见刘琴丽《墓志所见唐代的郭子仪家族》中所收《郭幼明墓志》，第195页。

[4] 见刘琴丽《墓志所见唐代的郭子仪家族》中所收《郭幼冲墓志》，第196页。墓志记载郭幼冲跟随郭子仪平定安史叛乱，克复两京后，“则近县闲居，高堂孝养，缅逾半世”，按郭敬之神道碑（《文苑英华》卷九二二苗晋卿《寿州刺史郭公神道碑》），郭敬之及夫人向氏合葬于天宝十三载（754），此时安史之乱还未发生，则郭幼冲孝养的“高堂”只能是自己的生母，并且不是郭敬之的嫡妻。据墓志，唐肃宗即位后，郭幼冲被累封至“银青光禄大夫，试鸿胪卿，上柱国，太原郡开国公”，而据广德二年（764）所立的郭敬之家庙碑碑阴所刻名录，郭幼冲的官衔为“银青光禄大夫，试鸿胪卿，上柱国”，与墓志相比仅缺爵号。碑阴对爵位的记载比较完整，连县男都一一刻上，将郡公省略的可能性不大。那么，为何碑阴无爵而墓志有爵，这一问题就令人不解，暂且按照墓志认为郭幼冲曾被封为太原郡开国公。

[5] 按《新唐书·宰相世系表》《元和姓纂》（卷一〇，北京：中华书局，1994年，第1554页。其中，“郭旰”作“郭盱”）以及郭敬之家庙碑碑阴所记，郭子仪八子分别是郭曜、郭旰、郭晞、郭昢、郭晤、郭暧、郭曙、郭映。

[6]（宋）欧阳修：《新唐书》卷一三七《郭子仪传》，北京：中华书局，1975年，第4600页。

[7]（清）王昶：《金石萃编》卷九二《郭氏家庙碑碑阴》，载《石刻史料新编》第一辑第二册，台北：新文丰出版公司，1982年，第1540页。

[8]《新唐书》卷一三七《郭子仪附郭曜传》，第4609、4610页；另郭敬之家庙碑碑阴记郭曜爵位为“太原郡开国公”。

[9] 赵力光主编：《西安碑林博物馆新藏墓志续编》一三五《大唐故开府仪同三司检校工部尚书兼太子宾客上柱国赵国公赠兵部尚书郭公志铭并序》，西安：陕西师范大学出版总社，2014年，第416页。

郭暧娶唐代宗女昇平公主后，地位更加尊贵，郭敬之家庙碑碑阴记载其爵号为广阳县开国男[1]，其时只有12岁[2]，已经尚主并封爵，郭曜去世后又袭爵为代国公[3]；郭子仪最小的两子郭曙、郭映都被封为县男[4]，获封之时尚为幼年，郭曙后来又获封祁国公[5]。由此可见，肃、代两朝郭子仪声望正隆之时，其一门获得封爵者比比皆是，几至遍及诸子的程度，且有四人获得国公爵位。

建中二年（781），郭子仪去世后，郭氏家族威望渐衰，史载田宅奴婢多为奸人所夺，赖唐德宗下诏禁止才能有所保全[6]。在这种情况下，郭氏一门的封爵自然不复昔日盛况。郭幼明的后裔中，嗣子郭昫被封为建昌郡王[7]。而郭幼冲子嗣中则不见有人获得新爵或继承旧爵。郭子仪另一弟郭幼贤虽不见有封爵，但其子郭旼可能被封为郑国公[8]。郭子仪诸子中，只有郭暧的子嗣仍然保有爵位。郭暧一支与皇室关系密切，其爵位分封和继承历时最久，也相对复杂。郭暧有四子：郭铸、郭钊、郭鏦、郭铦，他去世后，“（郭）铸袭封”[9]，是否降等则暂不清楚。郭鏦娶唐顺宗女汉阳公主，获封太原郡公[10]。郭铦娶唐顺宗女西河公主[11]，但文献和墓志中并未记载其封爵情况。至于郭钊的爵位，史书和墓志中无直接记录，然而，《旧唐书》称“开成初，诏仲文袭父太原郡公”[12]，郭仲文为郭钊长子，可知郭钊曾被封为太原郡公。然而，郭钊去世后，郭仲文袭爵的过程并不顺利，朝廷虽然下诏由郭仲文承袭父爵，但由于郭仲文的嫡子身份

[1][4]《金石萃编》卷九二《郭氏家庙碑碑阴》，第1540页。

[2]《旧唐书》卷一二〇《郭子仪附郭暧传》称郭暧卒于贞元十六年（800），《新唐书》卷一三七《郭子仪附郭暧传》称其卒时年48，则郭暧生于753年，立家庙碑的764年虚岁为12岁。

[3][5]《旧唐书》卷一二〇《郭子仪附郭晞传》，第3469页。

[6]《旧唐书》卷一二〇《郭子仪附郭曜传》，第3468页。

[7]见刘琴丽《墓志所见唐代的郭子仪家族》所收《郭幼明夫人苏氏墓志》，第197页。

[8]《金石萃编》卷九二《郭氏家庙碑》之后引《郭氏宠命录》，称有郭文者，为“子仪侄，郭太后叔父，封郑国公”，据《新唐书·宰相世系表》所载郭氏世系及诸人墓志，郭子仪诸侄中无郭文，而郭幼贤之子中有郭旼，与“郭文”字形相近。据《旧唐书》卷一六五《柳公绰附柳公权传》，开成年间有物议称郭旼除授邠宁节度使是因为送二女入宫，这里的郭旼即是“尚父之从子，太皇太后之季父”，从郭旼受宠的情况看，他被封为赵国公的可能性很大。然而，郭旼获封赵国公的记载只有《郭氏宠命录》一处，《郭氏宠命录》从人名到职官多有舛误，无法作为郭旼获封的确切证据，因此关于郭旼的爵位只能暂时存疑。

[9]《新唐书》卷一三七《郭子仪附郭暧传》，第4611页。

[10]《新唐书》卷一三七《郭子仪附郭鏦传》，第4612页。

[11]《新唐书》卷一三七《郭子仪附郭铦传》，第4612页。

[12]《旧唐书》卷一二〇《郭子仪附郭仲文传》，第3473页。

受到怀疑，所以诏令并未执行，而是改由其弟郭仲辞继承爵位[1]。此后，该支中也不见有人再获封爵。

以上是郭子仪家族封爵和袭爵的具体情况，笔者据此制作了《郭氏家族爵位表》，附于文末。从中可以看出，郭子仪家族封爵和袭爵的过程明显分为两个阶段，第一阶段是郭子仪在世时，因其军功卓著，且兄弟子侄中有多人在军中任职，为了笼络这一军事家族，朝廷并未吝惜爵位，使该家族获封者的数量和规模都颇引人注目。第二阶段是郭子仪去世后，该家族声势渐衰，拥有封爵的人数骤减，且主要出现在与皇室联姻的分支。与第一阶段封爵与军功密切相关的情形不同，第二阶段皇室姻亲的身份所起的作用更加突出，封爵不再是朝廷笼络该家族的手段，而逐渐成为皇室对于姻戚的赏赐。

二、郭子仪家族爵位继承中的特殊情形

关于爵位的继承制，《唐六典》记载："诸王、公、侯、伯、子、男若无嫡子及罪、疾，立嫡孙。无嫡孙，以次立嫡子同母弟；无母弟，立庶子。无庶子，立嫡孙同母弟；无母弟，立庶孙。曾、玄已下亦同此。无后者，国除。"[2]爵位按照嫡子、嫡孙、嫡子同母弟、庶子等顺序传承，优先保障嫡长子的继承权。然而，并不是所有的有爵者去世后都可以由子孙继承爵位，从郭子仪家族的情况看，能够继承父祖爵号的人寥寥无几，且都与皇室密切相关。叶炜考察了唐代异姓爵的袭封问题，认为唐后期异姓袭爵的难度变大，其表现之一就是"出现了不能承袭或长期未见袭封的情况"，这主要是皇权加强干预的结果[3]。郭子仪家族的情形基本上符合这一结论。

另一方面，郭子仪家族的爵位继承虽然总体上贯彻了嫡长子继承原则，但是在实际过程中还出现了一些特殊状况。首先是郭子仪的爵位传承。史载郭子仪去世后，郭曜继承了代国公这一爵位。史书并未明确记载郭曜为郭子仪嫡长子，但据《旧唐书》，郭曜去世后，朝廷下达的诏书中有"虽嫡长云殂，支宗斯盛"[4]一语，说明官方认可郭曜具有嫡长子身份。近年来郭曜的墓志出现，上

[1]《旧唐书》卷一二〇《郭子仪附郭仲文传》，第3473页。

[2]《唐六典》卷二"司封郎中"条，第37、38页。

[3] 叶炜：《唐代异姓爵的袭封问题》，第185页。

[4]《旧唐书》卷一二〇《郭子仪附郭晞传》，第3469页。

面记载霍国夫人王氏为其“继亲”[1]，其生母另有其人。即使如此，仍不能证明郭曜为庶子[2]。王氏神道碑称她在郭子仪功业未立之时嫁入郭家，后来郭子仪功勋卓著，王氏也一步步从县君、郡君获封至国夫人，去世时朝廷下诏赠赙，葬仪盛大[3]。在郭子仪的妻室中，王氏的地位是其他人无法超越的。因此，如果郭曜不是王氏所出，那么他在家族中的地位应该会受到一定的影响，特别是在郭子仪去世后，其地位更加难以与其他嫡系诸弟抗衡。或许是因为这个原因，郭曜虽然继承了郭子仪的爵位，但墓志记载他去世时自称“谬承门荫”，史书也称他以“俭朴自处”，不似诸弟“争饰池馆，盛其车服”，并处处谦卑退让[4]。

总之，郭子仪去世后其爵位由郭曜继承，然而郭曜去世后爵位并未传给子孙[5]，而是由其弟郭暧继承代国公这一爵位。《旧唐书》收录让郭暧袭封的诏书称“虽嫡长云殂，支宗斯盛，汾阳旧邑，盍有丕承”，故而选择郭暧“继抚先封，允宜听复”[6]，说明郭暧继承的并不是郭曜的爵位，而是郭子仪的封爵。这样一来，郭子仪的爵位传承就不是按照《唐六典》中的规定进行，而是继承权经历了一次变动，即郭曜去世后，该支的继承权被取消，郭子仪的爵位重新由郭暧一支继承。朝廷通过这种方式，确立了郭暧一支在家族中的正统性，改变

[1]《大唐故银青光禄大夫守太子少保兼判詹事府事上柱国太原郡开国公赠太子太傅郭府君墓志铭并序》，载郭有喜编《播州郭氏史料汇编》，遵义市郭氏文化研究会，2015年，第195页。该墓志笔者未曾见到，也未见其他版本的录文，如果墓志真实而且录文无误，那么郭曜的生母就是王氏以外的其他人。王氏神道碑记载王氏有六子，前文罗列的郭子仪八子中只有郭旰、郭晤不在其中，以往学者们都认为这六人均为王氏子嗣，即郭子仪的嫡子，而未列的两人为庶子，但他们忽略了郭旰、郭晤早卒（郭敬之家庙碑碑阴记录了他们的赠官，当时即广德二年他们已经去世，而王氏葬于大历年间），所以郭子仪诸子在王氏神道碑中是否有记录应该不是依据嫡庶，而是根据在世与否，郭曜出现在王氏神道碑中并不代表他是王氏所出。

[2]《金石录》收录了《唐凉国夫人李氏碑》（见《金石录校证》卷二八，桂林：广西师范大学出版社，2005年，第480页），称李氏为郭子仪夫人。该碑也被《宝刻丛编》收入，题为《唐郭子仪夫人凉国李氏碑》（见《宝刻丛编》卷八，中华书局，1985年，第234页）。如果“凉国夫人”为李氏的封号，那么其品级与王氏相当，说明郭子仪的正妻可能不止一人。

[3]（宋）李昉：《文苑英华》卷九三四《汾阳王妻霍国夫人王氏神道碑》，北京：中华书局，1966年，第4915页。

[4]《旧唐书》卷一二〇《郭子仪附郭曜传》，第3467、3468页。

[5]史载郭曜去世后，其子郭锋承袭了郭子仪的实封五十户（见《新唐书》卷一三七《郭子仪附郭曜传》，第4610页）。另外，郭曜次子郭锜于元和十四年（819）才去世（见西安文物保护考古研究院：《唐太府少卿郭锜夫妇墓发掘简报》，《文博》2014年第2期，第13页）。这些史料说明郭曜去世时并非后继无人，如果按照《唐六典》的规定，郭曜的爵位应由其子继承。

[6]《旧唐书》卷一二〇《郭子仪附郭晞传》，第3469页。

了家族中原有的秩序。

另外一种比较特殊的情形是郭钊的爵位传承。史载朝廷最初下诏由郭钊长子郭仲文袭封，但被有司驳回，称郭钊妻沈氏是公主之女，应为嫡妻，其子郭仲辞是为嫡子，郭仲文非沈氏所生，不应以嫡子的身份袭爵，最终由郭仲辞袭封太原郡公[1]。郭仲辞与郭钊另外一子郭仲恭都娶唐穆宗女，据郭仲恭墓志，郭仲辞为其“仲兄”[2]，说明郭钊的爵位传承是依据嫡长子继承原则。另一方面，郭仲文和郭仲辞的纷争也表明，在袭爵的实际过程中，继承人是否是真正的嫡长子有时是存在疑问的，因为可能存在庶子冒充嫡子的情况。

爵位虽然大多只是一种虚衔，但是在传承时却包含着宗法性的含义，承袭父祖爵位意味着对宗祧的继承，从这个意义上我们不能否认当时人对于爵位的重视，正如刘秩在《政典》中所言：“建侯者，所以正冢嫡，安父子之分，使不相猜贰，岂藩屏王室已哉。”[3]保障爵位有序传承实际上也是在维护家族秩序。唐代袭爵需要经过朝廷的认可，履行特定的程序，《唐会要》记载：

> （贞元）八年八月，户部奏：“准贞元七年三月二十日敕节文，比来食实封人，多不依令式，皆身殁之后，子孙自申请传袭。伏请自今以后，并今日以前，应食实封人，并一年内准式具合袭子孙官品年名，并母氏嫡庶，于本贯陈牒。如无本贯，即于食封人本任、本使申牒。如合袭人有罪疾及身死者，亦限一周年内申牒，请立以次合袭人，仍具家口陈牒，请附籍帐。本贯勘责当家及亲近，如实是嫡长，即与责保，准式附贯，然后申省，到后即取文武职事三品正员一人充保。”敕旨：“宜依。”[4]

从贞元八年（792）开始，要求食实封人去世之前就将应袭封的子孙确定下来，记录其官品、年龄、姓名及母氏嫡庶，然后上报有司，有司核实应袭封人是否为嫡长，并作担保，申送尚书省后，仍由一位职事三品正员官作保，层层保障嫡长子孙的继承权。这样就杜绝了食实封人去世后，由子孙自己申请袭爵的弊端。子孙自己申请时，或者嫡庶不实，或者引起争夺，不利于爵位的有序传承。然而，尽管规定了如此严格的程序，唐文宗时郭钊的爵位继承中仍然出现

[1]《旧唐书》卷一二〇《郭子仪附郭仲文传》，第3473页。

[2] 西安市文物保护考古研究院：《唐郭仲恭及夫人金堂长公主墓发掘简报》，《文博》2013年第2期，第16页。《旧唐书·郭仲文传》称郭仲恭为郭仲辞之兄，应误。

[3]（宋）王溥：《唐会要》卷四七《封建杂录下》，上海古籍出版社，2006年，第972页。

[4]《唐会要》卷九〇《缘封杂记》，第1954页。

了嫡庶纷争。这种规定本身也说明当时袭爵不符合规定的情况应该并不少见，以致朝廷专门制定规章加以整治。

张鷟的《龙筋凤髓判》中记载了一则袭爵案例，羽林将军王畅去世后无嫡子，以侄男袭爵，王畅的庶子认为不合礼法，于是将堂兄弟告发，最终有司判定由庶子袭爵[1]。这则案例说明爵位传承中的纷争并不限于嫡子、庶子之间，有时牵涉到更广的范围。会昌年间，朝廷拟封李德裕为赵国公，而李德裕认为其父李吉甫曾被封为赵国公，且“亡兄已经继袭，未及传孙”，因此“赵国公”的爵号应该由亡兄之子继承，自己应另起封号，于是朝廷封之为卫国公[2]。李德裕获封与郭暧袭爵有一些相似之处，他们的长兄作为嫡长子继承了父亲的爵位，但长兄一支在政治上的声势较弱，尤其是长兄去世后，该支的影响力更是大减，因此朝廷在安排爵位时更加偏重李德裕和郭暧这种政治地位更加显赫、与皇室更为密切的“支宗”。与郭暧继承父亲的爵位不同，李德裕并非承袭，而是被朝廷封为赵国公，但他认为这一封号有不合礼法之嫌，最终拒绝受封。李德裕出自赵郡李氏，山东士族多注重礼法，他拒绝受封正是对嫡长子继承制的维护，同时也从另一个侧面说明朝廷安排爵位时并非总是依据相关礼法规定，政治地位有时发挥着较大的作用。

上述情形反映了唐代爵位继承的复杂性。一方面这是家族事务的一部分，家族通常需要根据法令按照嫡长子继承原则选择继承人，但是实际上有时存在一些特殊情况，比如有封爵者无嫡长子或嫡长子有故不能被选，甚至没有嫡子，或者家族中嫡庶之间有争夺，再或者家族有其他考虑等，在这些情况下，一些家族在选择继承人时未必符合相关规定。另一方面，爵位继承也是国家体制的一部分，朝廷掌握着是否允许有爵者将爵位传给子孙以及最终决定继承人选的权力。朝廷虽然制定了明确的原则和程序以保障嫡长子继承制，但是爵位是朝廷笼络异姓功臣的一种手段，为了使这一手段更有效地发挥作用，朝廷安排爵位时也并非完全与礼法规定相符。从郭子仪家族的情况来看，朝廷安排爵位继承时明显偏向于皇室姻亲，使其在家族中的地位得到保障。通过这种方式，异姓家族对皇权的依附关系得到加强，朝廷在一定程度上参与了家族秩序的管理。

[1]（唐）张鷟撰，蒋宗许等笺注：《龙筋凤髓判笺注》卷一“主爵”条，北京：法律出版社，2013年，第50页。

[2]（唐）李德裕撰，傅璇琮、周建国校笺：《李德裕文集校笺》卷一八《请改封卫国公状》、卷一九《谢恩改封卫国公状》，北京：中华书局，2018年，第437、457页。

三、郭子仪家族封爵中的实封和虚封

唐代封爵有实封和虚封之分，如郭晞墓志称其“封代国公，食邑三千户”，即是虚封，唐制规定国公食邑为三千户[1]。一般加上“实封”“真封”“真食”等才代表实际封数，郭子仪封代国公时食封千户，唐德宗即位后追加至二千户，均为实封。唐代实封并非真有封土，封家获取封物的途径和数量在天宝之前经历了数次变革，关于这一点，从20世纪至今学术界展开了激烈讨论，学者们的观点存在许多分歧[2]，但是他们对天宝六载（747）以后，封家所得封物由封户送至两京，再由封家按数支取，实封向俸给形式转变的趋势则形成了比较一致的意见。实封可以世袭，但子孙在袭爵时封户要依例减少，永泰二年（766），朝廷下敕规定：“自今已后，子孙袭实封，宜减半，永为常式。”[3]另一方面，《唐六典》记载：“食封人身没以后，所封物随其男数为分，承嫡者加与一分。”[4]其后，继承法虽有一些修改，但封物由诸子继承、承嫡房多取的原则一直未变。郭子仪二千户实封的继承经历了几次变动，最初全部由郭曜继承，郭曜去世后，朝廷下令由郭暧袭爵，封户减半，郭暧、郭晞、郭曙、郭映分别获得二百五十户，不久又下诏四人各减五十户，封郭耀子郭锋、郭晤子郭鐇各百户[5]。郭曜继承爵位的同时也承袭了全部封户，直到郭暧继承时封户才减半，但由诸子分袭，承嫡房与各房均分，并未多得，这些与上述规定并不完全相符。

与郭氏家族不同，其他家族的实封多是减半后由袭爵者一并继承，如裴度被

[1]《唐六典》卷二“司封郎中”条，第37页。

[2]可参考张雨：《从〈天圣令〉食实封条看中古食封制向俸给形式的转变——以封物三分法废止为中心》，《中国古代法律文献研究》第七辑，2013年，第236—249页，文中对各家观点进行了梳理和总结。

[3]《唐会要》卷九〇《缘封杂记》，第1953页。

[4]《唐六典》卷三“户部郎中”条，第79页。

[5]郭曜去世后，郭子仪的二千户实封减半，由子孙继承，这一过程在《旧唐书》卷一二〇《郭子仪附郭晞传》、《新唐书》卷一三七《郭子仪传附郭曜传》与《唐大诏令集》卷六三《分郭子仪实封赐诸子诏》（北京：中华书局，2008年，第351页）中都有记载。而对于减半后的一千户实封的继承方式，《新唐书》与《唐大诏令集》的记载相同，《旧唐书》与二者略有差异，《旧唐书》的记载是：“（郭）暧可袭代国公，仍通前袭三百户；（郭）晞可二百五十户；（郭）曙可五十户，通前三百七十户；（郭）映可二百三十五户。”与一千户的实封数不合，故不取，此处依据《新唐书》和《唐大诏令集》。

封为晋国公，实封三百户[1]，去世后，其子裴识继承晋国公及实封一百五十户[2]。符璘被封为义阳郡王，实封二百户，去世后其子“袭实封一百户”[3]。这种继承实封的方式赋予承嫡房以优越性，同时削弱了功臣家族的经济特权，符合嫡长子继承制及《唐六典》的相关精神，有利于朝廷笼络功臣家族，同时抑制这些家族势力的扩张及实封带来的财政上的负担，因此是朝廷安排实封继承时主要采用的方式。然而，郭子仪家族的事例也表明，实封继承中的实际情形有时颇为复杂，可能并非完全依照法令的规定进行。另一方面，继承制中将封户分而赐之、越分越少的精神在郭氏及其他家族袭封的过程中得到充分反映。

以上是郭子仪家族爵位分封和继承的具体过程，从中可以看出唐后期爵制具有如下特征：第一，爵位授予趋于冗滥，军功将领获封比较容易，且爵位上升很快，稍有功勋即至国公。且对于有大功勋的军将，除本人受封之外，部分家人也能获得大小不等的封爵。除郭子仪家族外，其他家族也存在类似的情形，如前文提及的符璘本为田悦旧将，后投降朝廷，被封为义阳郡王[4]，据《符璘碑》，其父符令奇为琅琊郡公，其弟符琳为琅琊郡公、符瑶为琅琊县男，其一子也被封为琅琊郡开国侯[5]。符氏家族并非战功显赫，然而一门尚有多人获得爵位，其他军功家族可想而知。另一方面，爵位继承比较严格，能否继承由朝廷决定，即使朝廷允许袭爵，爵位也需要经过严格的程序才能由子孙承袭，并常常被降等，朝廷对实封的管理尤其谨慎。第二，嫡子身份受到重视，爵位继承一般依据嫡长子继承制。除了制定如《唐六典》所载的具体的继承次序外，《唐律疏议》还规定：“诸非正嫡，不应袭爵而诈承袭者，徒二年。”[6]然而，实际上仍存在庶子冒充嫡子、嫡庶相争等情形。第三，封爵自古就包含“亲亲之义”及“尊勤

[1]《旧唐书》卷一七〇《裴度传》，第4419、4430页。

[2]《旧唐书》卷一八下《宣宗本纪》，第637页。

[3]《全唐文》卷七一四《辅国大将军行左神策军将军知军事检校右散骑常侍兼御史大夫义阳郡王食实封二百户赠越州都督刑部尚书苻公神道碑铭并序》，北京：中华书局，1983年，第7340、7341页。

[4]《旧唐书》卷一八七下《符璘传》，第4906页。

[5]《全唐文》卷七一四《辅国大将军行左神策军将军知军事检校右散骑常侍兼御史大夫义阳郡王食实封二百户赠越州都督刑部尚书苻公神道碑铭并序》，第7340、7341页。《旧唐书》与《全唐文》记载的符氏姓氏不同，《旧唐书》作“符”，《全唐文》作“苻”，据裘樟松《唐〈符璘碑〉碑主姓氏考》（《东南文化》1991年第C1期，第139页），“符氏”更加准确，因此本文采用该说。

[6]（唐）长孙无忌等编修，刘俊文笺解：《唐律疏议笺解》卷二五“非正嫡诈承袭条”，北京：中华书局，1996年，第1717页。

劳”[1]两个方面的目的，唐后期的王爵以宗室为主要分封对象，同时又授予大量异姓功臣及割据军将爵位，也是基于这两方面的考虑。从郭子仪家族的情况来看，有爵号者虽多，但是在郭子仪之后，家族中封爵不绝的是与皇室联姻的房支，享有高爵的多是尚公主者，封爵与功劳逐渐失去对应关系，而与贵戚身份的联系更加密切，在以“尊勤劳”为目的的异姓封爵中又加入“亲亲之义”。通过对爵位的控制，朝廷在一定程度上参与功臣家族的管理，加强了皇权对家族的影响力。

郭氏家族爵位表[2]

序号	姓名	生卒年	最高爵位	受封途径	父氏	资料来源
1	郭敬之	667—744	祁国公	追封	郭通	《旧唐书·郭子仪传》
2	郭子仪	697—781	汾阳郡王	获封	郭敬之	《旧唐书·郭子仪传》
3	郭幼明	719—773	太原郡公	获封	郭敬之	郭幼明墓志
4	郭幼冲	734—788	太原郡公	获封	郭敬之	郭幼冲墓志
5	郭曜	723—783	代国公	袭封	郭子仪	《旧唐书·郭子仪附郭晞传》
6	郭晞	733—794	赵国公	获封	郭子仪	郭晞墓志
7	郭昢	未知	清源县男	获封	郭子仪	郭敬之家庙碑
8	郭晤	未知	乐平县男	获封	郭子仪	郭敬之家庙碑
9	郭暧	752—800	代国公	袭封	郭子仪	《旧唐书·郭子仪附郭晞传》
10	郭曙	？—贞元末	祁国公	未知	郭子仪	《旧唐书·郭子仪附郭晞传》
11	郭映	未知	寿阳县男	获封	郭子仪	郭敬之家庙碑
12	郭晛	未知	晋阳县男	获封	郭子瑛	郭敬之家庙碑
13	郭旼	？—839	赵国公（存疑）	未知	郭幼贤	《郭氏宠命录》（《金石萃编》卷九二）
14	郭昫	未知	建昌郡王	未知	郭幼明	郭幼明夫人苏氏墓志
15	郭铸	未知	代国公（存疑）	袭封	郭暧	《新唐书·郭子仪附郭暧传》
16	郭钊	772—830	太原郡公	未知	郭暧	《旧唐书·郭子仪附郭仲文传》
17	郭鏦	？—822	太原郡公	获封	郭暧	《新唐书·郭子仪附郭鏦传》
18	郭仲辞	未知	太原郡公	袭封	郭钊	《旧唐书·郭子仪附郭仲文传》

（作者单位：南开大学历史学院）

[1] 司马迁语，见《史记》卷一七《汉兴以来诸侯王年表第五》，北京：中华书局，1963年，第801页。

[2] 郭氏家族中必然还有一些人物获得爵位，但是不见于文献的记载，因此本表收录的只是目前已知的有封爵的人物。另外，“受封途径”一列中，“获封”是指文献中没有记录受封者的爵位是由继承所得，而受封者本人或有军功，或为贵戚，或在最高爵位之前已有爵位，说明他们的爵位极有可能是因为自身的原因获得，因此称为获封。二者之外，受封者的封爵在文献中并未直接出现，或只出现一次，且无相关说明时，称为“未知”。

The Non-loyal Families Which were Knighted in the Later Period of Tang Dynasty: A Case Study of Guo Ziyi's Family

Zhang Ru

[Abstract] After the middle of Tang Dynasty, significant changes had taken place in the peerage system. One of them was that many non-royal ministers who had made great contribution to the imperial court were offered a title of wang, and their families also got a title. Guo Ziyi and his family were a typical example. Their experience could be divided into two stages: before Guo's death and after his death. Before Guo's death, many of his families were offered a title, sometimes the title was a high level one. During this period, the court rewarded the ministers of big merit like Guo Ziyi with titles. But after his death, the number of titles in the family dropped quickly, only the few members who had relationship with the royal by marriage could get a title as a preferential treatment. In most cases, someone's title was succeeded by his particular son according to the law and etiquette, but there were some exceptions and special cases. The inheritance of Guo Ziyi's actual fiefs was also special. Imperial power played an important role in the inheritance process. As a result, some people who had relationship with the royal by marriage gained legitimacy in the family. The case of Guo Ziyi and his family reflected that family and the court were closely related. Specifically, the court made use of the peerage system to exert its influence on ministers' families.

礼书编纂中的制礼思想

——以《大唐郊祀录》为中心*

冯　茜

阎步克曾以中唐为界，对中国古代国家礼制表现出的整体性格做过一个大致划分，指出："进入汉朝，儒生士人高调呼吁'复礼'，由此中国制度史上出现了一个'古礼复兴运动'，它延绵了十几个世纪，波及王朝制度的众多方面，如礼制、法制、官制、学制等。新莽与北周的周礼改制，都是这个运动所导致的重大事件。唐后期到宋，这个运动开始降温。"[1]"约中唐以后，君臣对'古礼'的热情渐趋低落；除了必要的礼典，依'周礼'对王朝制度做大幅度改弦更张的事情，越来越罕见了。"[2]考察唐以下的礼制史，系统性的复古改制，尚可见于北宋神宗时期。然而，《周礼》所代表的"周礼"不仅没有为这场改革赢得充分的正当性，反使《周礼》自身的权威陷入危机，这是王莽改制也不曾带来的后果。宋以下，王朝制度大规模的依经复古，既越来越罕见，也逐渐在观念层面受到冷落，使得唐后期以降的国家礼制，不仅从外在制度上，更从内在精神上区别于汉唐。而要深入理解这一变化的形成，唐后期的礼制历史无疑十分重要。姜伯勤、吴丽娱等前辈学者先后对中晚唐时期的礼制变迁历程做了深入细致的研究[3]，以此为基础，从中晚唐的礼法制作与制度变迁当中探

*本文系教育部人文社科基金青年项目"唐宋之际礼学思想的转型：文献与思想史研究"（项目编号：17YJC770008）阶段性成果。

[1] 阎步克：《服周之冕——〈周礼〉六冕礼制的兴衰变异》，北京：中华书局，2009年，第13页。

[2] 阎步克：《服周之冕——〈周礼〉六冕礼制的兴衰变异》，第29页。

[3] 姜伯勤：《唐贞元、元和间礼的变迁——兼论唐礼的变迁与敦煌元和书仪文书》，载氏著《敦煌艺术宗教与礼乐文明》，北京：中国社会科学出版社，1996年；吴丽娱：《皇帝"私"礼与国家公制："开元后礼"的分期及流变》，《中国社会科学》2014年第4期，第160—181页。

寻复古因素消失的原因，构成了本文希望进一步深入探讨的论题。笔者以这一时期唯一完整传世的礼书——《大唐郊祀录》为中心，通过剖析其中的制礼逻辑，尝试为唐后期以来“古礼复兴运动”降温这一历史现象的形成，提供一个结合制度史与思想史的解释。

一、《大唐郊祀录》性质释疑

《大唐郊祀录》是唐后期的一部重要礼书，贞元九年（793）由太常礼院修撰王泾进上[1]，对于了解《开元礼》后至贞元年间的祀礼变迁，具有很高的史料价值。王泾其人，正史无传，生卒年亦不详。关于《郊祀录》的内容特征与性质，周中孚《郑堂读书记》谓“是书大都钞撮《开元礼》所载郊祀诸礼而损益之”[2]。姜伯勤订正此说，认为“《大唐郊祀录》不能视为一部钞撮之作，而应该是反映了唐德宗时整备礼制的历史情状的重要文献”[3]。台湾学者张文昌对《郊祀录》一书的修撰背景、内容特点与性质做了详细分析[4]。张文昌亦主张《郊祀录》是“具有当代性意义的礼典，其性质并非是对《开元礼》的抄录书”[5]。同时还指出，《郊祀录》是德宗时期的官修礼典，可能是贞元九年德宗亲祭郊庙之仪注[6]。《郊祀录》是否是德宗时期的官修礼典，值得进一步探讨。

张文昌推测，《郊祀录》的修撰，“应该是以贞元六年柳冕等人所编纂之‘郊祀仪注’，以及贞元前期群臣对国家祭祀仪节的讨论为基础，再进一步增补而成”[7]。柳冕等人编纂郊祀仪注的背景，是德宗自即位以来，“重慎祀典，每事依礼”[8]，贞元六年亲行郊享，即命礼官柳冕等修撰郊祀仪注，以备顾问。张文昌认为，“贞元六年‘郊祀仪注’与《大唐郊祀录》之间关系相当密切，甚至可将《郊祀录》理解成是太常礼官在贞元年间，多次参与郊庙礼仪所

[1]（宋）欧阳修：《新唐书》卷一一《礼乐志》，北京：中华书局，1975年，第309页。

[2]（清）周中孚：《郑堂读书记》卷二九，《宋元明清书目题跋丛刊》第十五册，北京：中华书局，2006年，第142页。

[3]姜伯勤：《唐贞元、元和间礼的变迁——兼论唐礼的变迁与敦煌元和书仪文书》，《敦煌艺术宗教与礼乐文明》，第448页。

[4]张文昌：《制礼以教天下——唐宋礼书与国家社会》，台北：台大出版中心，2012年，第59—92页。

[5]张文昌：《制礼以教天下——唐宋礼书与国家社会》，第91页。

[6]张文昌：《制礼以教天下——唐宋礼书与国家社会》，第77页。

[7]张文昌：《制礼以教天下——唐宋礼书与国家社会》，第76页。

[8]（后晋）刘昫：《旧唐书》卷一四九《柳冕传》，北京：中华书局，1975年，第4032页。

累积的成就。同时，《郊祀录》的完成，也可能是作为贞元九年德宗亲祭郊庙之仪注”[1]。因柳冕等修撰的郊祀仪注今已不存，故从二者的关系角度说明《郊祀录》亦为官修礼书或亲郊仪注目前只能止于推测。其次，《郊祀录》在内容上并不限于皇帝“亲郊”的范围，而是全面涵盖了大、中、小不同层面的祀礼，作为亲祭之仪注撰写的可能性不大。《仪注》作为指导礼仪实施的蓝本，要求呈现出仪节的具体程式和细节，这一点可以从保留在《通典》中的《大唐元陵仪注》片段得到佐证。正如吴丽娱指出，“仪注”和“礼”在概念上有所不同。《开元礼》作为“礼”，负责提供礼的精神形态和整体架构；“仪注”则是具备实践性和操作性的仪式[2]。《郊祀录》在体例和写法上，显然更接近《开元礼》而非仪注。《郊祀录》的编排框架依据《开元礼》中的《序例》和《吉礼》建立，分为《凡例》《祀礼》《祭礼》《享礼》四个部分。《郊祀录·凡例》中的条目多取自《开元礼·序例》，“祀礼”“祭礼”“享礼”的划分则准确解释了《开元礼·吉礼》编排的内在思路。较之《开元礼》的完备性，《郊祀录》掇取部分重要或有变化的制度为条目，因此周中孚才会误认为《郊祀录》是“钞撮”《开元礼》而成。总之，《郊祀录》不太可能是由贞元六年（790）的郊祀仪注增补而成，它并不是一部仪注类文献，而是礼在规范性层面的文本。作为礼制规范的记录，《郊祀录》是官修还是私撰，是否具有官方定礼的规范效力，对于认知《郊祀录》的性质，就显得尤为重要了。

《郊祀录》的具体内容及其修撰相关的史实表明，它是一部私撰礼书而非官修礼典。首先来看《郊祀录》修撰的缘起及其定位，王泾上表云：

> 微臣谬参绵蕝，久历岁时，每仰丝纶，辄书故实。谨集历代郊庙享祀之要，及圣朝因革沿袭之由，伦比其文，各标篇目，裁为《大唐郊祀录》十卷。其中义有异同，皆随文注释，神位升降，并写而为图。祝史陈告之词，工歌大雅之什，亦俱编于此。谨诣光顺门，随表封进，伏望颁诸东观，庶有补于将来。上表陛下教敬之源，下申微臣蚁术之望，无任屏营恳款之至。[3]

由王泾自述可知，首先，《郊祀录》的撰写盖事出私修而非禀命之作。王泾表称

[1] 张文昌：《制礼以教天下——唐宋礼书与国家社会》，第77页。

[2] 吴丽娱：《终极之典——中古丧葬制度研究》，北京：中华书局，2012年，第57页。

[3]（唐）王泾：《大唐郊祀录》卷一，影印《适园丛书》本，北京：民族出版社，2000年，第728页。

其撰作《郊祀录》的初衷是希望能够“颁诸东观，庶有补于将来”，也就是作为将来制礼的文献参考，备顾问而已，与官修礼典仪注颁诸有司不同。相应地，史料中亦未见诏命修撰或颁行《郊祀录》的相关记载。其次，再依据《郊祀录》进上后实际的规范效力来判断它的性质。按照《郊祀录》的体例，《郊祀录》的内容由正文条目与注文两部分组成，先列礼制正文，再以注文阐释礼义、梳理历代礼制沿革。其中，“正文”从内容上可分为两类，一类因循现行礼制，一类则体现了王泾对现行礼制的裁断与修订。例如，《凡例·牲牢》载：

> 凡养牲则有副焉，至省牲之时，鸣犊免之，取副以充之。

王泾注：

> 皇唐礼令，无免牲之文及用副之义，盖有司相传，行之久矣。臣谨稽汉仪四时祭宗庙，用牲十八牢，皆有副倅，即明汉之已有副牲，是防其缺填耳。《楚语》云，天子诸侯宗庙之事，少自射其牛，但射之，不手杀也。司马刲羊，司士击豕，使之鸣，声若不和则不堪祭也。且古有卜牲，不吉则免帝牛，扳用稷牛。自魏晋以来，人君有冒暗之防，无复牵牲亲杀之事，又无听音之员，但使有司省其肥腯耳。若鸣者则为非吉而免之，是古免牲之遗义者也。[1]

此条谓养牲除正牲外，当备以副牲。由注文可知，唐代的郊祀礼令中并无此制，这是王泾据经典古制而自行增设的条目。又《凡例·牲牢》：

> 凡祀昊天上帝皆用苍犊一，配帝亦苍犊一；五帝各依方色犊一；大明用青犊一，夜明用白犊一；九宫贵神各依神坐方色，用犊一；皇地祇用黄犊一，配位亦黄犊一，神州用黝犊一，配帝亦黝犊一。

王泾注：

> 皇唐《开元礼》依《周官》也。天宝六载正月诏减用犊之数。肃宗上元中改天地用一太牢。大历六年十一月三日，诏五方帝、上帝、九宫大祀各用犊一，其余中祀等用猪、羊各一，于是配帝从祀，悉无犊矣。至今以为恒式。[2]

---

[1]《大唐郊祀录》卷一，第733页。

[2]《大唐郊祀录》卷一，第731、732页。

注文表明，自大历六年以降至《郊祀录》撰写时，令式皆以配帝从祀无犊，《郊祀录》对从祀配帝用牲的规定，是王泾依据《开元礼》作出的修正。也就是说，《郊祀录》并非简单依据贞元六年的郊祀仪注增补而成，而是包含了王泾对现行礼制的裁断与订正，由这一类条目的施行状况可以看出《郊祀录》实际的规范效力。《凡例·斋戒》云：

凡诸散斋有大功已上丧，致斋有周亲已上丧，并听奔赴。若缌麻已上者，不得行宗庙之祭。

王泾注：

梁天监十年七月论郊庙致斋与举哀相遇，舍人朱异议，若未入散斋，为群臣举哀，不宜亲奉；若已入散斋者有大功亲，入致斋内有期亲，皆停亲奉。圣唐因之，缌麻已上丧不行宗庙之祭者，以明吉事凶人不干也。祭天地之神不禁者，不敢以卑废尊也。贞元六年正月七日，吏部奏请既葬公除之后，得许权改吉服以从宗庙之祭，此又一时之制，非旧典也。[1]

此条是对群臣有丧事在身时是否与祭的规定。《开元礼》载："凡散斋有大功以上丧，致斋有周以上丧，并听赴。即居缌麻以上丧者，不得预宗庙之事。"[2]据王泾记，贞元六年，由吏部奏请，群臣既葬公除、权改吉服即可与宗庙之祭。王泾对此不以为然，谓"此又一时之制，非旧典也"。因此，《郊祀录》的正文条目并未延续贞元六年以来的制度变化，而是改从唐代旧制。史料表明，晚唐至宋初实际沿袭的是贞元六年的制度。北宋仁宗天圣五年（1027），太常礼院奏云："今本院看详，律称'如有缌麻已上丧遣充掌事者，笞五十。'此唐初所定。吏部乞请，皆援引典故。奉诏，百官有私丧公除者，听赴宗庙之祭。后虽王泾著《郊祀录》称是一时之事，非旧典也，又别无诏敕改更，是以历代止依贞元诏命施行。"[3]可知，《郊祀录》的这一修订，实际未获采纳。又《凡例·卜择日》云：

凡祭祀卜日，每季皆太卜令季前四十五日卜筮于太庙南门之外。中祀已上卜，太常卿莅之。小祀已下筮，太卜令莅之。[4]

[1]《大唐郊祀录》卷一，第730页。

[2]《大唐开元礼》卷三，北京：民族出版社，2000年，第32页。

[3]（元）脱脱：《宋史》卷一二五《礼志》，北京：中华书局，1985年，第2924页。

[4]《大唐郊祀录》卷一，第728页。

《郊祀录》凡大、中、小祀，祭前皆由太卜令卜日于太庙南门之外，仪节基本同于《开元礼》。据史料，唐代南郊自玄宗天宝时起，已不卜日，《旧唐书·礼仪志》载：

> 元和十五年十二月，将有事于南郊。穆宗问礼官："南郊卜日否？"礼院奏："伏准礼令，祠祭皆卜。自天宝已后，凡欲郊祀，必先朝太清宫，次日飨太庙，又次日祀南郊。相循至今，并不卜日。"从之。[1]

自玄宗建立太清宫—太庙—南郊亲祭模式后，祠祭卜日虽著在礼令，但不卜已成实际礼仪中的惯例。《郊祀录》本《开元礼》立"卜择日"条，但并未影响现行礼制。又《凡例·燎瘗》云：

> 凡告宗庙及释奠之币帛，皆同地祇，瘗于壬地。祝版燔于斋坊。

王泾注：

> 皇唐郊庙享祀，悉用祝版。惟朝拜陵寝用玉册焉。天宝已后，亲祀郊庙亦多用玉册。贞元二年亲有事于郊庙，太常博士陆淳上疏请准《周礼》，祝版祭讫燔之，可其议。至六年亲祀，复改用祝策。祭讫燔瘗如祝版之仪。有司摄事，各依旧制也。[2]

柳冕等定贞元六年南郊亲祀仪注，用玉册而非祝版，王泾撰《郊祀录》乃依天宝以前旧制。《太常因革礼》载《开宝通礼》制"皇帝亲祀用竹册"，此因开宝三年（970）有司上言："旧礼祀天地祝文皆用方版，天宝以后用玉册金字。代宗广德中，礼仪使杜鸿渐奏以为虚崇侈丽，请今后用墨书祝版。代宗令用竹简墨书，从古礼也。自后因革不定。今乞皇帝亲祀皆用竹册，摄事用祝版，诏可。"[3]可知天宝以后，皇帝亲祀祝策，或玉或竹，虽因革不定，要之以"册"为主，不用祝版，宋以后更成为定制。《郊祀录》改订亲祭用祝版，并未对祝版在亲祭中的退场产生实质影响。

综上所述，《郊祀录》是由王泾个人撰写、藏诸东观以备参考的一部私撰礼书，既未经诏修或颁诸有司，亦不具备实质的规范效力。姜伯勤先生曾提出，"《大唐郊祀录》不能视为一部钞撮之作，而应该是反映了唐德宗时整备

[1] 《旧唐书》卷二一《礼仪志一》，第845页。

[2] 《大唐郊祀录》卷二，第744页。

[3] （宋）欧阳修：《太常因革礼》卷一一《总例·祝词》，《丛书集成初编》本，上海：商务印书馆，1936年，第57页。

礼制的历史情状的重要文献”，诚有所见，但这种整备更多体现了王泾的个人裁断，不具备官方订礼的性质。因此，《郊祀录》不能直接作为贞元时期的礼制规范，在理解和利用《郊祀录》的正文条目时，需首先辨明其性质和制度来源，尤其应注意王泾个人裁定的内容。另一方面，《郊祀录》虽然不是官方制定的礼书，却颇能反映王泾这位长年任职太常的礼官如何整备当时的礼制。包括《郊祀录》在内的中晚唐礼书与《开元礼》共同影响、塑造了后世礼典编纂的基本形态，通过分析王泾订礼的思想倾向，有助于深层次理解后《开元礼》时代的礼书编纂。

二、王泾的制礼逻辑

为了呈现《郊祀录》中王泾的制礼思路，下面以王泾对《郊祀录》编纂宗旨的自述，结合《郊祀录》的具体内容进行互证阐释。王泾对《郊祀录》编纂宗旨的说明，见其表中自述：

> 臣闻礼有至诚，非玉帛无以见乎外；乐有志节，非钟磬无以达其中。故自五帝殊时，三王异礼，莫不因之沿革，观损益焉。伏惟皇帝陛下承天景命，列圣重光。法唐尧无为而化，致大禹黻冕之美。明德超于千古，至诚通于百灵，玉帛牲悬，大备前典。微臣谬参绵蕝，久历岁时。每仰丝纶，辄书故实。谨集历代郊庙享祀之要，及圣朝因革沿袭之由，伦比其文，各标篇目，裁为《大唐郊祀录》十卷。其中义有异同，皆随文注释，神位升降，并写而为图。祝史陈告之词，工歌大雅之什，亦俱编于此。[1]

以上文字表露出的王泾对礼制沿革损益的强调，已有学者阐释。张文昌指出：“王泾认为有助于未来施政教化的‘礼典’形式，不是如同《开元礼》般，以标举当代仪文作为‘一代礼法’之轨式，而是强调以‘沿革’，也就是通晓先朝与当代礼仪之因袭损益，来作为《郊祀录》的特色。”[2]在体例上，《郊祀录》于正文条目之下，皆以大量篇幅注出该条礼制的渊源与历史沿革，与《开元礼》单纯制定礼制规范的做法存在很大不同。但是，仅从这一点理解《郊祀录》的特色并不充分。对礼制历史沿革的梳理与王泾对礼制的裁定之间有何实质关联，如何具体作用于他对礼制的修订，还需要结合《郊祀录》中

[1]《大唐郊祀录》卷一，第728页。

[2] 张文昌：《制礼以教天下——唐宋礼书与国家社会》，第79页。

的礼制条目具体分析。首先来看可以明确确定为王泾改订德宗朝现行礼制的条目，见下表：

	出处	内容	来源
1	凡例・斋戒	凡诸散斋有大功已上丧，致斋有周亲已上丧，并听奔赴。若缌麻已上者，不得行宗庙之祭。[1]	从《开元礼》
2	凡例・牲牢	昊天上帝、五方帝、大明、夜明、九宫贵神、皇地祇、神州，及配帝皆用犊。[2]	从《开元礼》
3	凡例・牲牢	凡宗庙、社稷、帝社、先蚕、先代帝王、五岳四镇、四海四渎、文宣王、武成王、诸太子庙，并用太牢。[3]	从《开元礼》
4	凡例・牲牢	凡蜡祭百神、大明座用青牲一，夜明座用白牲一，其神农、伊耆、星辰以下每方各用少牢。[4]	从《开元礼》
5	凡例・牲牢	养牲则有副，至省牲时鸣犊免之，取副以充。[5]	从古礼
6	凡例・奠献	亲行祀事皆以太尉为亚献，光禄卿为终献。[6]	从《开元礼》
7	凡例・奠献	凡皇太子释奠文宣王庙，则皇太子为初献，祭酒为亚献、兼行扫除，司业为终献。[7]	从《开元礼》
8	凡例・燎瘗	亲祀用祝版。[8]	从《开元礼》
9	凡例・乘舆服	皇帝祀天神地祇则服大裘冕。[9]	从《开元礼》
10	凡例・皇后服	皇后助祭则服袆衣，其首饰花十二树，小花如大花之数，并两博鬓。[10]	从《开元礼》
11	祀礼一・冬至祀昊天上帝	坛之第二等祀天皇大帝、天一、太一、北极、紫微。[11]	从《开元礼》
12	祀礼四・祀灵星	立秋后辰日祀灵星于国城东南。[12]	从《开元礼》
13	祀礼四・祀司中司命司人司禄	立冬后亥日于国城西北。[13]	从《开元礼》

[1]《大唐郊祀录》卷一，第730页。

[2]《大唐郊祀录》卷一，第731页。

[3][4]《大唐郊祀录》卷一，第732页。

[5]《大唐郊祀录》卷一，第733页。

[6]《大唐郊祀录》卷二，第741、742页。

[7]《大唐郊祀录》卷二，第743页。

[8]《大唐郊祀录》卷二，第744页。

[9]《大唐郊祀录》卷三，第746页。

[10]《大唐郊祀录》卷三，第750页。

[11]《大唐郊祀录》卷四，第757页。

[12][13]《大唐郊祀录》卷七，第778页。

不难看出，王泾在对贞元时期的礼制有所更订时，绝大多数情况下都选择遵从《开元礼》。在可以明确为王泾改订的条目中，仅有表中第5《凡例·牲牢》为王泾据古礼增设。王泾订礼一准《开元礼》的做法并不意外，正如吴丽娱指出，兴复《开元礼》是建中至贞元初期唐代国家礼制的基本特征，“辉煌的儒家典制是国家强盛之象征，故回归《开元礼》亦成为时代的总体目标”[1]。《开元礼》在中晚唐的礼制重建中，承载了双重价值诉求：一是借由儒家礼制来彰显王朝礼制的正统性，其次是以李唐王朝作为制礼主体以及唐代典礼的正当性。与此背景相应，王泾之所以强调礼制的因袭沿革，并详述各条礼制的渊源与历史变迁，同样具有双重意味：一是构建唐代礼制与儒家古礼之间的渊源关系，表现其儒家典礼的一面；二是通过礼制历代的沿革变化，突出王朝在制礼中的主体地位以及唐代礼制变于古礼的正当性。王泾在上表中提出“五帝殊时，三王异礼，莫不因之沿革，观损益焉”，就突出了帝王制礼主体，指出礼制因时而变的题中之义。

《开元礼》以儒家典制为基础，内容上亦多因循儒家礼经，但在《开元礼》诞生的时代精神和历史背景下，制作出能够取代儒家礼典的唐代典礼，而非崇奉儒礼，才是《开元礼》的核心意义所在。安史之乱后，随着儒家思想的复兴与儒臣在礼制中的参与，儒学原理在中晚唐礼制中的规范效力逐渐增强。成书于贞元年间的《郊祀录》，其内在精神已与开元、天宝礼制有了很大不同。对于王泾而言，梳理礼制历史沿革的一大功能和意义，是建立唐代礼制与儒家古礼之间的渊源关系，凸显唐代礼制作为儒家典礼一面。因此，在《郊祀录》中，王泾对大多数礼制历史沿革的叙述皆先溯至经典记载，以经文、注疏解释礼义，并多刻意强调唐代礼制与儒家经典古礼之间的渊源与一致性，如：

1.《郊祀录·凡例·辨神位》：臣泾案《周礼·肆师职》大祀用玉帛，用牲牷；次祀用牲币而已；小祀用牲也。郑玄云大祀天地、宗庙，次祀日月、星辰，小祀司中以下。今辨大、中、小三等之祀，皆类《周官》之文也。[2]

2.《郊祀录·凡例·牲牢》：皇唐《开元礼》依《周官》也。[3]

3.《郊祀录·凡例·牲牢》：臣泾案汉高帝令御史立灵星祠，牲以一

[1] 吴丽娱：《皇帝“私”礼与国家公制：“开元后礼”的分期及流变》，第162页。

[2] 《大唐郊祀录》卷一，第728页。

[3] 《大唐郊祀录》卷一，第732页。

牛，今用羊一，依《周礼》也。[1]

4.《郊祀录·凡例·牲牢》：臣泾案《月令疏》云天子軷用犬，诸侯用羊。《诗·大雅》云取羝以軷，谓取羝羊之体以祭神。皇唐之制，采《诗》义也。[2]

5.《郊祀录·凡例·奏雅乐》：案此皆周制也。雷鼓八面，灵鼓六面，路鼓四面，每面一人，左执鼗而右击之以迎神也。[3]

6.《郊祀录·凡例·乘舆服》：十二章者，法天地之数。圣朝之制，法舜服也。[4]

7.《郊祀录·凡例·乘舆服》：案《礼》有虞氏服韍，夏后氏山，殷火，周龙章。《白虎通》云：以韍蔽裳，前上阔一尺，象天数也；下阔二尺，象地数也。长三尺，象三才。皇唐之制，加龙、山、火三章者，以备三氏三法也。[5]

8.《郊祀录·凡例·群官服》：案古之制，公以衮冕九旒为首，侯伯以鷩冕七旒为首，下达于士，皆有制旒之差，今并以品言之，是降差之制与古不同，亦大同而小异也。[6]

9.《郊祀录·凡例·执珪笏》：案《礼记》云："诸侯舒前诎后，直让于天子也。大夫前诎后诎，无所不让也。"郑玄云："诎之义，大夫奉君命出入，上有天子，下有己君，又杀其下而圆也。"圣朝制令，亦古义参之也。[7]

10.《明堂祀昊天上帝》：皇唐典制依《周礼》以五室为准。[8]

11.《荐享太庙·乐章》：皇朝典制，乘殷周之盛仪，革陈隋之弊俗，其所歌之章皆述祖宗之徽烈，咏功德之所由兴。臣考寻先典，未有如斯之盛也。[9]

[1]《大唐郊祀录》卷一，第732页。
[2]《大唐郊祀录》卷一，第733页。
[3]《大唐郊祀录》卷二，第741页。
[4]《大唐郊祀录》卷三，第748、749页。
[5]《大唐郊祀录》卷三，第749页。
[6]《大唐郊祀录》卷三，第753页。
[7]《大唐郊祀录》卷三，第754页。
[8]《大唐郊祀录》卷五，第765页。
[9]《大唐郊祀录》卷九，第794页。

王泾尝上表言："伏惟皇帝陛下承天景命，列圣重光。法唐尧无为而化，致大禹黻冕之美。明德超于千古，至诚通于百灵，玉帛牲悬，大备前典。"《旧唐书》又载王泾言："圣唐德厚流广，远法殷、周。"[1]无不体现了王泾对唐代礼制崇儒法古的基本定位。这也就可以解释王泾会在个别礼制上以古礼增订现行礼制，如上表《凡例·牲牢》。此外，永泰二年（766），由礼仪使杜鸿渐等建议，代宗朝始本儒家经典礼制中的"受命"礼义，以景帝为太祖，郊祀天地皆以景帝配享。王泾于《郊祀录》评云："考寻古典，实为得礼之正。"[2]

但是，这类复古的制度修订，在《郊祀录》以及中晚唐的礼制实践中并不普遍，是个别现象而非整体特征。中晚唐时期，在儒臣和儒学影响下的国家礼制，并未出现总体性的制度复古，建中至贞元年间，国家礼制的基调仍是对《开元礼》的落实与回归[3]。这一现象之所以形成，一个重要原因就在于王泾等中晚唐人对王朝在制礼中的主体地位与礼制当代性的强调，正如王泾在上表中言："五帝殊时，三王异礼，莫不因之沿革，观损益焉。"《郊祀录》梳理历代礼制沿革的另一层含义和功能，就是彰显历代王朝在制礼中的主体性，以及礼制本身的时代特征，从而解释唐代礼制变于古礼的正当性。在王泾看来，"王者不相袭礼"同样构成了礼制的合理来源：

1.《郊祀录·凡例·牲牢》：三卜吉而用之，不吉则免之，今但养而无卜，是礼不相袭之义也。[4]

2.《郊祀录·凡例·奏雅乐》：案历代乐舞之名各异，是不相沿也。[5]

3.《郊祀录·凡例·乘舆服》：案古者衣画裳绣，法阴阳之义，衣数则奇，裳数则偶。今圣朝制令，上八下四，皆以偶而言。又王服自衮冕以下皆织成为之，是王者相变革也。[6]

4.《郊祀录·祭礼·祭大社大稷》：谨案《大唐开元礼》仲春仲秋上戊祭大社，以后土氏配。臣泾案《月令》仲春之月择元日命人社。《援神契》云仲秋获米报祭社稷。此用二仲之文言也。近春分秋分前后戊祭也。

[1]《旧唐书》卷二五《礼仪志五》，第956页。

[2]《大唐郊祀录》卷四，第757页。

[3]吴丽娱：《皇帝"私"礼与国家公制："开元后礼"的分期及流变》，第165—169页。

[4]《大唐郊祀录》卷一，第733页。

[5]《大唐郊祀录》卷二，第739页。

[6]《大唐郊祀录》卷三，第749页。

> 晋徐乾议引《礼记》社稷土日用甲，用日之始也，非戊午社于新邑，周公之意不同。臣以详诸《祭义》，戊己是土之本位，用戊祭社，岂不可哉？况又王者不相袭耳。[1]

王泾在基于儒家礼制原理的同时，强调制礼的主体是历代帝王，从而将儒家价值与《开元礼》所代表的唐代皇权统一了起来。在王泾看来，儒家礼制的实质就是从三代古礼到当代礼制的不断演变的历史传统，而非某一理想化的礼制。阎步克指出，“古礼复兴”的思想前提就在于，“儒生的‘礼’乃是特指，特指古代与经书说的那个样子”[2]，并且“经书编者（孔子或周公）是洞察未来的‘圣人’，经典著作中蕴藏着现实难题的答案”[3]。从唐后期至宋，“古礼复兴运动”的降温，一个值得重视的因素是制礼思想的转变。在王泾等中晚唐时期的制礼者们看来，首先，制礼的主体是历代帝王，而非特定的“圣人”；其次，儒家礼制并非经书中具有永恒性的理想制度，其本身系由一个不断沿革变迁的历史传统所构成。正是礼官儒生在思想上的上述转变，使得儒家内部逐渐失去了礼制复古的动机。

王泾对现行礼制的修正虽一准《开元礼》，但这还不是《郊祀录》整备礼制的全部事实。《郊祀录》中还存在相当数量的内容，是王泾对《开元礼》后至贞元年间变礼的继承。这一现象，同样需要从“因革损益”的制礼思想中获得解答。强调礼制变迁及其当代性的“因革损益”思想犹如一把双刃剑，在解释《开元礼》变于古礼的正当性的同时，又为容纳吸收新的礼制变迁提供了思想基础。换言之，王泾的制礼思想在为《开元礼》的回归予以理论支撑的同时，本身即包含了突破、改变《开元礼》的逻辑后果，需承认新的礼制变化。与之同时，“因革损益”思想的核心在于：（1）对王朝作为礼制主体的强调；（2）对礼制历史传统和当代性的强调，又与中晚唐时期的另一趋势相结合。据吴丽娱研究，贞元中后期至宪宗元和时代的礼制修订，不是礼书、法令同时修撰，而是完全以制敕来规范礼。礼制格敕经过不断“删定”，与《开元礼》的距离不是愈来愈近，而是愈来愈远[4]。在思想与制度的双重作用下，《郊祀录》之后，元和时期的礼书编纂，便更自然地转向了对变礼与制敕的集录。元和十

[1]《大唐郊祀录》卷八，第785页。

[2] 阎步克：《服周之冕——〈周礼〉六冕礼制的兴衰变异》，第17页。

[3] 阎步克：《服周之冕——〈周礼〉六冕礼制的兴衰变异》，第20页。

[4] 吴丽娱：《皇帝“私”礼与国家公制：“开元后礼”的分期及流变》，第174页。

一年（816），由太常修撰韦公肃撰成的《礼阁新仪》，即录开元以后至元和十年的礼制变革[1]。太常博士王彦威，又集录开元二十一年（733）以后至元和十三年（818）间的五礼裁制敕格，名曰《元和曲台新礼》，并目录勒成三十卷，于元和十三年八月进上[2]。王彦威上《曲台新礼》云："法通沿革，礼有废兴，或后敕已更裁成，或当寺别禀诏命，贵从权变，以就便宜。"[3]接续贞元元和以来对《开元礼》的变革，穆宗长庆以至五代时的礼制演进，一直在对《开元礼》的理论崇拜与实际背离这两条看似矛盾的思路交织下展开[4]。

在五代末宋初的礼典编纂与礼法制作中，依然能够看到尊崇《开元礼》与容纳新礼的并存交融。开宝年间，宋太祖"诏御史中丞刘温叟、中书舍人李昉等重定《开元礼》，以国朝沿革制度附属之"[5]，是为《开宝通礼》。楼劲的研究指出，《大周通礼》很可能才是《开宝通礼》最直接的凭借[6]。《开宝通礼》同样以"通礼"为名，是一个非常重要的信息。显德年间修撰的《大周通礼》之所以名为"通礼"，而不是依仿《开元礼》命名为《显德礼》，是因这部礼书的体例与《开元礼》并不相同，"通礼"一名是其体例和性质的反映。《玉海》载显德五年（958）十一月，敕窦俨集《通礼》，窦俨因是上言：

> 礼者，太一之纪，品物之宗。自五帝之后，三代以来，损益因革，咸有宪章。越在唐室，程轨量、昭采物，则有《开元礼》在；纪先后、明得失，则有《通典》在。录一代之事，包五礼之仪，比类相从，讨寻不紊，则有《会要》在。三者，经国之大典也。梁朝之后，戎祀朝会多于市廛草定仪注，前代矛盾率多粃粺，请依《唐会要》门类，上自五帝迄于圣朝，悉命编次，《开元礼》《通典》之书包综于内，名曰《大周通礼》，俾礼院掌之。[7]

[1]《新唐书》卷一一《礼乐志》，第309页；（宋）陈振孙撰，徐小蛮、顾美华点校：《直斋书录解题》卷六，上海古籍出版社，1987年，第183页。

[2]（宋）王溥：《唐会要》卷三七，上海古籍出版社，2006年，第783、784页。

[3]《唐会要》卷三七，第783页。

[4]吴丽娱：《皇帝"私"礼与国家公制："开元后礼"的分期及流变》，第162页。

[5]（宋）李焘：《续资治通鉴长编》卷一二，开宝四年六月丙子条，北京：中华书局，2004年，第266页。

[6]楼劲：《关于〈开宝通礼〉若干问题的考察》，载《中国社会科学院历史研究所学刊》第四集，北京：商务印书馆，2007年，第428页。

[7]（宋）王应麟：《玉海》卷六九《礼仪》，中日合璧本，京都：中文出版社，1977年，第1359页。

按照窦俨的设想，《大周通礼》在体例上应该包括自上古至五代礼制的因革损益，并非仅是一代之典，故以“通礼”名之，其内容包综《开元礼》《通典》与《唐会要》。《通典·礼典》本身即有“通礼”性质，其中记述各项礼制自上古至唐开元以前的沿革变化，这部分内容想必可以为《大周通礼》直接采用。《开元礼》《唐会要》应该被《大周通礼》的编纂者视作有唐一代的典制。作为“大周通礼”，这部礼典必定又对晚唐五代以下的礼制沿革有所记述。宋初在编修《开宝通礼》时，“以国朝沿革制度附属之”，于是只需要添入宋初以来的礼制变化即可，故成书之速，一月告竣。《大周通礼》《开宝通礼》之所以同称“通礼”，就在于它们本质上都是与《通典》类似的“通礼”，而非《开元礼》式的一代典礼，并在理念上赓续了中唐以来儒家礼官对制度沿革与礼制传统的强调。窦俨云：“自五帝之后，三代以来，损益因革，咸有宪章。”和王泾一样，窦俨也将五帝三代与后世的因革损益视作一个连续而非断裂的历史传统，制度传统而非经典原理构成了礼制的规范性来源。如果说“古礼复兴”的思想前提在于“儒生的‘礼’乃是特指古代与经书说的那个样子”，那么，王泾、窦俨等的制礼思路背后所体现出的，则是礼观念的深层变化，“五帝三代”以来的“礼”，本身即历代帝王因革损益下的制度传统。作为一部私撰礼书，《郊祀录》代表了王泾对德宗时代礼制的个人裁断，与之同构的制礼思路反映在窦俨等五代宋初的礼官身上，通过《大周通礼》《开宝通礼》的修撰，深刻影响了此后国家礼典的编纂方式。

三、余论

正如前文所揭示，“因革损益”的思路本身其实并不能为制礼提供一个足够明确的原则。在王泾那里，何者遵从《开元礼》，何者因袭当代变礼，何者复依古礼，事实上取决于礼官的主观裁断与取舍，三者在《郊祀录》中不无随机地糅合在一起。对王泾来说，“因革损益”如同一把双刃剑，它既说明了《开元礼》变于古礼的正当性，又蕴含了对当代新礼的接受。结合以制敕规范礼的制度机制，此后的礼书如《礼阁新仪》《曲台新礼》等，更为单纯地倒向了“当代性”这一标准，也使礼制越来越大幅地脱离了儒家经典礼义的规约，礼典编纂与晚唐五代变礼迭出的局面相辅而行。宋初，在“走出五代”的时代课题下，《开元礼》的典范性再次彰显，但礼典编纂并没有从根本上摆脱中晚唐以来的思想与制度逻辑。仁宗时期，以整理《开宝通礼》后之变礼为基本体例的

《太常新礼》《庆历祀仪》等礼书的编纂[1]，与从《郊祀录》到《曲台新礼》的变化何其相似。反思元丰年间之所以会出现大规模的礼制复古，与神宗时期特别标举“回向三代”以推动政治制度改革的整体氛围有关，而此后，“依‘周礼’对王朝制度做大幅度改弦更张的事情，越来越罕见了”。“古礼复兴运动的降温”，礼法制作对于帝王作为制礼主体与王朝自身制度传统的强调，与中唐以后皇权的加强密不可分，而儒生礼官自身礼观念的转变同样值得重视，这是由礼制与政治、儒学的双重关联所决定的。

（作者单位：中山大学人文高等研究院）

Rited Thoughts in the Compilation of Ritual Books: Focusing on the *Da tang jiao si lu*（大唐郊祀录）

Feng Qian

[Abstract] *Da tang jiao si lu*（大唐郊祀录） is an important ritual book in the period of Dezong. But according to previous studies, the nature of the book is unclear. Through the analysis of its specific content and related writing facts, the article advocates that the book is a private work, and a representative of Wang Jing's personal judgment on the ritual system of the Dezong era. Wang Jing faced three main kinds of system resources: ancient ritual, Kai yuan li（开元礼）, and contemporary ritural. By investigating Wang Jing's judgment on the choice of three kinds of systems, and his own words on the writing purpose, the internal logic of Wang Jing's ritual system can be roughly reconstructed. Wang Jing's thought was extended through the compilation of the national ritual codes in the Five Dynasties and the early Song Dynasty, which profoundly shaped the basic way of compiling the national ritual codes. By studying the book of rites, this artical examines how courtesy officials think about the system of national ritual, thus provides an ideological and institutional explanation on the decline of the restoration of the ritual system.

[1]《直斋书录解题》著录《太常新礼》云：“凡《通礼》所存，悉仍其旧。裒其异者，列之为一百二十篇。”第184页。张文昌据《太常因革礼》引述《太常新礼》所载敕文指出，《太常新礼》的内容，应该是按年来编排诏敕，其性质乃是记录编礼的“仪注集”，《庆历祀仪》的编纂体例与《太常新礼》大体类似，参《制礼以教天下——唐宋礼书与国家社会》，第133—198页。

宗教文化

唐五代佛教论议考述*

刘林魁

佛教论议是佛教义学发展的一大动力[1]。隋唐时期，宗派佛教兴起，各宗派通过判教将不同佛经纳入自己教派理论体系之中。宗派内部对佛经教义的整合多于质疑，佛教论议在一定程度上受到抑制。受此影响，《宋高僧传》中这一方面的记载较《高僧传》《续高僧传》要少得多。文献不足，成为唐代佛教论议研究的一大障碍。20世纪敦煌宝藏的发现，为了解唐代佛教论议的面貌打开了一扇全新的窗户。敦煌文献中有一大批专门记述佛教论议的卷子。这批卷子数量巨大，内容丰富，是唐代佛教论议研究的重要参考，但相关研究尚不够深入[2]。因此，本文将从历史视野入手，分析唐代佛教论议程式的继承和变革，以期对唐代佛教论议有一个比较全面的认识。

---

*本文系国家社会科学基金重点项目“唐代释家三教论衡著作整理与研究”（项目编号：18AZJ003）、陕西省2017年“特支计划”区域发展人才项目、宝鸡文理学院科研项目“晋唐丝绸之路文化交流与三教关系”（项目编号：ZK2018022）阶段性成果。

[1] 佛教论议源于印度。有关佛教论议的名义及生成背景，见何剑平《印度佛教的论议及其生成背景》，《宗教学研究》2018年第4期，第110—116页。

[2] 就笔者所见，有以下研究成果：王小盾、潘建国：《敦煌论议考》，原载国家古籍整理出版规划小组主办《中国古籍研究》第一辑（上海古籍出版社，1996年），又收入王小盾：《从敦煌学到域外汉文献研究》，北京：商务印书馆，2013年，第57—147页。圣凯：《论唐代的讲经仪轨》，《敦煌学辑刊》2001年第2期，第32—42页。侯冲：《汉地佛教的论义——以敦煌遗书为中心》，《世界宗教研究》2012年第1期，第42—50页。何剑平：《佛教论义的记录本及其东传——以敦煌遗书及日本的维摩会为中心》，《敦煌吐鲁番研究》2016年第1期，第35—57页。另，文中因行文方便有时直言“唐代”，其内涵则包含了“五代”。

一、“竖义”与“论端”的关系

“竖义”是指佛教论议中围绕所辩论经典确立命题的环节，又可作“树义”“立义”。从文献记载来看，魏晋南北朝时期佛教“竖义”之举极受重视。梁代萧统立“二谛义”，22位僧俗佛徒先后质疑问难。其又立“法身义”，6位佛徒与之辩难。这种以确立佛法新解为核心的论议，论辩场面宏大，辩论激烈，常常座主立论，一人辩论多人。当然，也有座主讲经后听经佛徒竖义者。梁武帝曾自讲《涅槃经》，命释宝海论“佛性”义，宝海即升论榻，与梁武帝往返言晤[1]。隋文帝时，辩相法师“在净影寺创演宗门，造《（摄论）疏》五卷，即登敷述。京华听众五百余僧，竖义之者数登二百”[2]。辩相讲《摄大乘论》，500余听众中竖义者超过200人。《续高僧传》著录的高僧竖义事迹非常多：

> 武德初岁……有清禅法师立“破空义”，声色奋发，厉逸当时。相府记室王敬业启上曰：“登座法师，义锋难对，非纪国慧净，无以挫其锐者。”即令对论……[3]
>
> 暨（隋）高祖东巡岱宗，銮驾伊洛，敕遣江南吴僧与关东大德升殿竖义。（释慧）乘应旨首登，命章对论，巧问勃兴，切并纷集，纵横骆驿，罔弗丧律亡图。高祖目属称扬，群英叹异。[4]

清禅法师立“破空义”，纪国寺释慧净与之对论；江南吴僧与关东大德论议，释慧乘应旨，升殿竖义辩论：此二者为就具体法义命题开讲。

> 武德年内……延兴寺百座讲《仁王经》，王公卿士并从盛集。沙门吉藏爰竖论宗，声辩天临，贵贱倾目。[5]
>
> 贞观十四年九月十七日，于清信士张英家宿集，（释智拔）竖义开《法华》题，或问今昔开覆三一之旨者，答对如风响，解悟启时心。[6]

吉藏讲《仁王经》“竖论宗”，释慧赜问难；释智拔开《法华》题竖义，听众

---

[1]（唐）道宣撰，郭绍林点校《续高僧传》卷九《释宝海传》，北京：中华书局，2014年，第297页。

[2]《续高僧传》卷一五《释灵润传》，第538页。

[3]《续高僧传》卷三《释慧净传》，第75页。

[4]《续高僧传》卷二五《释慧乘传》，第939页。

[5]《续高僧传》卷三《释慧赜传》，第69页。

[6]《续高僧传》卷一四《释智拔传》，第500页。

有问经中今昔“开覆三一之旨者”：此二者并为讲经论义。

“论端”是佛教论议的开始阶段。它既可以指整场论议的开端，也可以指一场论议过程中新思路、新话题的开始。其核心是提出观点，树立论辩的靶子，引起后续的论辩。开启论端，僧传中又作发论端、起论端、启论端、举论端。“论端”一词，较早似见于中土佛经注疏。姚秦僧肇《注维摩诘经》云：“大乘之法，皆名不可思议。上问止室久近，欲生论端，故答以解脱。今言实年，以明所闻之不杂也。”[1]隋代吉藏《维摩经义疏》：“今欲显其眷属，住不思议，就文为三。初现身散华，发起论端。二正与身子，交言端义。三论义既竟，拂天女迹。”[2]以上两例中，“论端”指《维摩诘经·观众生品》相关论辩之发端。与此相前后，汉译佛经中也出现了“论端”一词。刘宋求那跋陀罗译《杂阿含经》云：“火种居士！汝亦如是，自立论端。我今善求真实之义，都无坚实，如芭蕉树也，而于此众中敢有所说。”[3]唐义净译《根本说一切有部毗奈耶》：“大王当知！我于本国颇亦寻师，曾习少多书论文字，欲于王所建立论端，敢共诸人略申激难。”[4]在佛经汉译、讲论风气影响下，中土佛教论议也有了“论端”一说。如北周武帝宇文邕与沙门任道林论议：

> 于是帝不答，乃更开异途，以发论端。问曰：“朕闻君子举厝必合于礼，明哲动止要应于机。比频赐卿食，言不饮酒食肉。且酒是和神之药，肉为充肌之膳，古今同味，卿何独鄙？若身居丧服，礼制不食。即如今赐，自可得食。可食不食，岂非过耶？”
>
> 奏曰：“贪财喜色，贞夫所鄙；好膳嗜美，廉士所恶；割情从道，前贤所叹；抑欲崇德，往哲同嗟。况肉由杀命，酒能乱神。不食是理，宁可为非？”[5]

“论端”与“竖义”关系密切。两者在一定程度上有重合。凡是发论端，

---

[1]（后秦）僧肇：《注维摩诘经》卷六《观众生品第七》，《大正藏》第三十八册，台北：新文丰出版公司，1983年，第389页上。

[2]（隋）吉藏：《维摩经义疏》卷五《观众生品第七》，《大正藏》第三十八册，第967页下。

[3]（南朝宋）求那跋陀罗译：《杂阿含经》卷五，《大正藏》第二册，第36页中。

[4]（唐）义净译：《根本说一切有部毗奈耶》卷九《妄说自得上人法学处第四》，《大正藏》第二十三册，第671页中。

[5]（唐）道宣撰，刘林魁校注：《集古今佛道论衡校注》卷乙，北京：中华书局，2018年，第136页。

一般都要竖义。如窥基将论端的内容概括为六项："初发论端，略以六门解释。一教起所因，二论兴所为，三彰体性，四显宗旨，五释题目，六解本文。"[1]此为讲经之"论端"。其中的"解文本"就需要确立观点。但两者侧重又有所不同："论端"重在程式，即佛教论议的开始环节，开启之后应该有过程和结果；"竖义"的精髓在命题上，强调创新教义教理，要围绕新思想、新观点、新诠释多方论难质疑。总体来看，论端和竖义都是中土佛徒民众在接受佛经、传播佛经过程中产生的语词。魏晋南北朝时期的佛教论议喜好"竖义"一词，而唐代佛教论议偏好"论端"一词。前者注重论议的思想，后者注重论议的程式。唐代佛教论议语词的演变，正好显示了其新的发展方向与演变趋势。

二、"论端"内容

论端是唐代佛教论议非常重视的一个环节。许多拟名"释门文范"的敦煌卷子，或者抄录某次论议之论端，或者汇总论端常用语句范式。从这些敦煌卷子来看，唐代佛教论议之论端，常常包括颂扬论场、陈述佛法、描述场景、扬人抑己、陈述议论理由、竖义等内容。

称颂论场，就是对当场之大德、施主，甚至当世之帝王君主的丰功伟绩、弘法德业进行称颂。如P.3500《庵园大讲时祈愿文》[2]："伏惟我当今皇帝，尧阶列位，舜历须行。八方慕化而梯山，四路投龟而航海。文句句而兴盛，便是周时；武渐渐而将灭，一同禹日，则我当今帝宦家之德也。"此下分别是"伏惟我府王太保""次则天使司空""次则当座法奖和尚""次则僧政等"等等言

[1]（唐）窥基：《杂集论述记》卷一，《卍续藏》第四十八册，台北：新文丰出版公司，1976年，第1页下。又，窥基《成唯识论述记》卷一："初发论端，略以五门解释。一辨教时机，二明论宗体，三藏乘所摄，四说教年主，五判释本文。"窥基《成唯识论料简》上册："初发论端，十门分别。一教起所因，二渐顿时分，三轮益差别，四义益不同，五所被情机，六所明宗旨，七彰其体性，八显其所依，九辨教得名，十判释文义。"唐代释遁伦《瑜伽论记》卷一云："初发论端，六门分别。一叙所为，二彰所因，三明宗要，四显藏摄，五解题目，六释本文。"这些对论端所包含内容的分析，基本上出于佛经讲解的需要，既有由经文相对稳定的结构带来的稳定性，又有因经文个体差异带来的变化。

[2]此卷撰写时间不清。卷子背面P.3500V为一组七言诗。其中有"四面蕃人来跪伏，献陁（驼）纳马没停时。甘州可汗亲降使，汉路当日无停滞，这回来往亦无虞"，此写归义军赢得"四面蕃人"的臣服（参见王树森：《论敦煌唐五代诗歌文献的民族史意义》，《文学遗产》2015年第4期，第88页）。故而，P.3500所载当为唐五代讲经情形。另，本文所用敦煌卷子题名，均据敦煌研究院编《敦煌遗书总目索引新编》，北京：中华书局，2000年。如有特殊情况，则以注释说明。

辞，是对参与论场之高官、高僧的称扬。此种做法，很少见于唐前佛教论议。不过，称颂佛经和高僧大德，是佛教弘法的途径之一。唐前佛教有专门的唱导文、发愿文、初夜文等文体，内容上与此接近。其中常用“仰愿”等句式，来描述佛徒的宗教期许。而唐代佛教论议中的誓愿常用“伏惟”句式来表述。“伏惟”常见于俗世臣子对皇帝或者下级对上级的应用文体中。这种用词上的转变，说明唐代佛教论议在向世俗靠拢。

陈述佛法主要是对佛教历史、基本教义的简要介绍，这些大多为常识性内容，不是论议的核心，一般用语不多。此举在南北朝佛教论议中就已出现。南朝刘宋孝武帝时期，僧导于瓦官寺讲《维摩诘经》时，登场即云：“昔王宫托生，双树现灭。自尔以来，岁逾千载，淳流永谢，浇风不追。给苑丘墟，鹿园芜秽。九十五种，以趣下为升高；三界群生，以火宅为净国。岂知上圣流涕，大士栖惶者哉。”[1]敦煌卷子对此多有继承。如P.3500《庵园大讲时祈愿文》：“且说如来臂下生，然后包括出家事，比夜说尽涅槃□。如来千般变化，万劫修行，久为鱼鳖之身□，多作鹰雕之形状，皮剜万处，明灯彻耀于黄泉；肉舍千山，普舍一切之饥渴。回身隐化，入摩耶腹肚之中；变体真金，诞于右胁之下……至熙连河畔，浴洗浊尘，出到岸头，便登清坐。振动魔王宫殿，兼及岳渎山河，魔王努（怒）发冲冠，便行兵甲，佛将慈悲定力，降八十万之魔军，乃坚二之鸿盟，成菩提之上路。今欲说根穷底，若大海如何斟量。繖说繖谈，如小尘鄣添山岳。肚中掐满，回落西山。更欲繁辞，恐滞后辈。”不同者在于，刘宋僧导的身份是讲经法师，而唐代佛教论议中陈述佛法者可能是论难法师。

描述场景，更多侧重于论辩现场的季节物候。这些有固定的句式和内容。如P.2174《御注金刚般若波罗蜜经宣演》[2]：

> 春　是日也，鹰振翔仪（翼）而还北塞，鱼跃鳞而詳（泮）冰，桃花发而散轻红，柳叶吐而含翠绿。
>
> 夏　是时也，朱景驰于南陆，火星曜于东郊，兰紫熏庭，花鲜绣野。
>
> 秋　是日也，九秋气爽，千里月花，紫兰发而玉露垂，城芷洛（落）

[1]（梁）释慧皎撰，汤用彤校注：《高僧传》卷七《宋释僧导》，北京：中华书局，1992年，第281、282页。

[2] 敦煌研究院编《敦煌遗书总目索引新编》P.2174著录下云：“说明：首尾残缺，以上卷校之，知为同经同卷。”（第227页）上卷即P.2173《御注金刚般若波罗蜜经宣演卷上》，此为“随驾讲论沙门道氤集”。道氤为唐玄宗朝僧人，《宋高僧传》有传。故而P.2174亦道氤所集。

而金风举。

冬 是日也，寒树儛凤之向霜，谭下爰（暖）日之辉冻，冷静而游鱼雪洛，开而翻鹤。

这种季节物色描述，P.2631《释门文范》[1]更为详细。有时，场景描述也会关照论场活动。如P.2770V《释门文范》[2]：“是日也，柳絮未坼，梅花□残，媚景驻于南轩，春光垂于北□。僮翻迎席，香梵盈场。上下倾心，忻观福事。”这种描述论场环境的内容，似未见于唐前佛教论议。

扬人抑己就是张扬他人而贬抑自我。张扬他人，一般是颂扬讲师。此在发誓愿时已经完成，但论议开始前再次专门称颂讲师，仍然屡见不鲜。如P.2174《御注金刚般若波罗蜜经宣演》：“夫滔滔大海，归之者百川。岌岌孤峰，登之者万刃。法师以山为德，以海为心。度天地知成败之原，恻阴阳知生灭之际。洞闲般若，妙悟无生，挺特难伦。”贬抑自我，P.2174《御注金刚般若波罗蜜经宣演》亦有多条。如：“某乙五尺微命，一界小俗，叨造化之□恩，儒觉浪之余闰，识也愚暗，性唯增愦，至于佛法，实所莫闲。端以微诚，募义修学，先因不植，今贯置闻。幸大德慈悲，滥垂明及。或之滥推升座，虽即雷门击于布鼓，日下吐于荧光，小僧使瑟遇于孔门，自愧不合《韶》《雅》。又荧光下或即云法席，法师理有击扬，希垂提升。”卑己高人的做法，魏晋南北朝佛教论议似不多见。

论端中常常卑己高人，但及至陈述论议之理由，却有些咄咄逼人。如P.2174《御注金刚般若波罗蜜经宣演》：“夫水之在榷，决之去流。教起在人，弘之即有道。钟鼓不击，何以知音？琴瑟不调，谁能见曲？然峰端利用，可以研究。是非权变，方圆论量。得失之义若不述，理在何凭？”也有不卑不亢者。武德初年京城佛教讲论，清禅法师立破空义，声色奋发，厉逸当时，慧净登座对论，云：“今在英雄之侧，厕龙象之间，奉对上人，难为高论。虽然，敢藉敛秋霜之威，布春雨之泽，使慧净咨质小疑，令法师揄扬大慧，岂非佛法之盛哉！”[3]这种不卑不亢，比咄咄逼人更有杀伤力。此一做法，唐前佛教论议中似乎很少。

[1] 敦煌研究院编《敦煌遗书总目索引新编》P.2631著录下云：“说明：应用于吐蕃统治末期及大中恢复时代。”第247页。

[2] 敦煌研究院编《敦煌遗书总目索引新编》P.2770V著录下云：“说明：应用于吐蕃统治时期。”第254页。

[3]《续高僧传》卷三《释慧净传》，第75页。

论端的结束部分，常常是竖义命题。P.3500《庵园大讲时祈愿文》并没有列举竖义内容。但有相当一部分敦煌卷子有这一环节。如P.3549《祈愿文》[1]：“谨依所集《维摩经》中立三身义，《百法论》中立四智义。一经一论，立义两端。幸请法师，略垂呵责。”竖义环节，如上文所考证，于南北朝佛教论议中屡见不鲜。

这六项内容，并不是所有敦煌卷子全部具备，在叙述偏重上也不是平均用墨。一般而言，颂扬论场、扬人抑己、陈述论议理由三项比较常见。总体来看，唐代佛教之论端，在继承唐前佛教论议之竖义相关内容的基础之上，融合了一些佛教文体、世俗文体的特点，并根据需要增加或扩充了一些环节，最终形成了一种宏大、典雅的开放式弘法活动。与经师讲解佛经概括出来的论端“六门”相对照，唐代佛教论议之论端已经差别极大。

三、竖义与论难特色

论议是按照论端竖义之题目展开。唐代佛教论议之竖义所据佛经，相对比较集中：

> S.4341《河西节度在将军功德会讲经文》[2]：谨依所□□□□立所缘缘义，依《维摩经》中立六神通义。一经一论，立义两端。向者所缘缘、六神通等名目如何，幸愿法师，请垂开阐。
>
> S.4341《河西节度在将军功德会讲经文》：向者所说《菩提经》中立真如佛性，《百法论》中立大乘义者，岂不如是?
>
> S.4341《河西节度在将军功德会讲经文》：谨依所习《维摩经》中不立（“不立”当为“立不”）思议解脱义，又依下文立生无菩萨性平等义。又依《瑜伽论》中立五分十支义，又依《本地经》中立十七地增减义，又依四寻伺地中立三性三无性义，又依菩萨地中立六波罗蜜义，又依《百法论》中立惟识五门义，一经二论，立义七端。
>
> P.2670《释门祈祷文》[3]：谨依本业《维摩经》中立六神通义，依《百法论》中立四谛义。一经一论，立义两端。向者六神通、四谛等，名目如

[1] 此卷抄写时代不清。

[2] 河西节度使为唐睿宗景云年间设置，安史之乱后裁撤，晚唐后复置河西军。故，S.4341为唐代抄本无疑。

[3] 此卷抄写时代不明。

何，幸请□□。

P.2770V《释子文范》：谨依所业《维摩经》中□□因果义、不思议解脱义。于《识论》中立八识义，又六卷为义。一经一论，立义四端。幸愿慈悲，略垂呵结。

P.2807《释子应用文》[1]：于所习《维摩经》中立八难义，又于本文中立四无畏义，又于《入道次弟本经》中立三性三无性义。谨依所见，立义三端，幸请法师，愿垂呵责。

P.2807《释子应用文》：谨于所业立佛图因果为崇义，又不思议解脱义，《唯识论》立八识义，又六无为义。一经一论，五义四科，幸众慈悲，略垂所诺。

P.2871《六波罗蜜义三身义八识义四智义开决》：谨依所习《金刚经》中立六波罗蜜义，《最胜王经》中立三身义，《百法论》中立八识义，又依下文之中立四智义。依经及论，立义四端。幸请法师，许垂开决。

P.2871V《释子文范》[2]：谨依所集《温室经》立洗浴众僧义，《百法论》中立三藏义，依经及论，立义两端，幸愿法师，请垂明断。

P.2930《诸杂斋文》[3]：谨依本叶《维摩经》中立六神通义，依《百法论》中立四谛义。一经一论，立义两端。向者六神通、四谛□占□如何，幸请法师希垂呵责。

P.2930《诸杂斋文》：谨于《菩提经》中立真如佛性，于《维摩经》中立五逆义。谨于所习，立义两端。

P.3547V《斋文一篇》[4]：向者法师于所集《维摩经》中立四谛义、五逆义，《菩提经》中立真如佛性义。岂不如是？

---

[1] 敦煌研究院编《敦煌遗书总目索引新编》P.2807著录下云：“说明：应用于吐蕃统治时代，两面书写。”第254页。

[2] P.2871V抄写时代不清，然学界多以此为唐五代之作。如宁可、郝春文《敦煌社邑的丧葬互助》［《首都师范大学学报》（社会科学版）1995年第6期，第32—40页］注释第48条。据此而言，P.2871、P.2871V均可视作唐五代之抄本。

[3] P.2930题记为“三界寺比丘道真持念”。道真为五代宋初敦煌名僧，主持沙洲僧政30年。道真事迹见季羡林主编《敦煌学大辞典》，上海辞书出版社，1998年，第365页。

[4] 此卷正面P.3547为《上都进奏院状上》。张国刚《两份敦煌“进奏院状”文书的研究——论“邸报”非古代报纸》（《学术研究》1986年第7期，第57—64页）认为，P.3547的年代当在唐僖宗乾符年间（874—879）。故P.3547 V之年代也当在唐代。

《维摩经》，即《维摩诘所说经》，有吴支谦译两卷本、姚秦鸠摩罗什译三卷本、唐玄奘译六卷本等三个译本。《百法论》，又称《百法明门论》，一卷，玄奘翻译，是从《瑜伽论·本事分》中摘录的百法名数。《菩提经》，即《文殊师利问菩提经》，一卷，姚秦鸠摩罗什译。《金刚经》，一卷，姚秦鸠摩罗什译。《最胜王经》，即《金光明最胜王经》，十卷，唐义净译。《入道次弟本经》，或为唐智周撰《大乘入道次第》。《唯识论》，或为十卷本玄奘译《成唯识论》，或为一卷本《唯识二十论》，后者有后魏菩提流支、陈真谛、唐玄奘三个译本。《温室经》，即《佛说温室洗浴众僧经》，一卷，后汉安世高译。《瑜伽论》，即《瑜伽师地论》，一百卷，唐玄奘译，此经唐前有多种节译本。《本地经》，未知确指。

这些统计并不完全，但大体可以看出唐代佛教论议中论端竖义的三个特点：其一，所据经本大多数篇幅不长，在5卷以内居多，《维摩经》和《百法论》相对而言更容易成为据以竖义的经本。其二，论难者据以竖义的佛经常常在一部以上，也就是说讲经法师与论议法师并非围绕同一部佛经展开，因而竖义之后的论议，常常由论难者参照别部佛经提出疑问。其三，竖义更多集中在佛教名数概念上，讲师的回答也常常只是名数分析。

圆仁《入唐求法巡礼行记》记载赤山院佛教论议，为“但难仪式稍别。侧手三下后，申解白前，卒尔指申难，声如大嗔人，尽音呼诤。讲师蒙难，但答，不返难。论义了，入文读经”[1]。赤山院，唐穆宗长庆三年（823）新罗商人张保皋建于登州（今山东荣成市），住锡僧人、服务对象多为新罗人，佛教仪轨多与新罗接近[2]。但上引圆仁于唐文宗开成四年（839）十二月间所见上述讲经仪式，实为汉地佛教仪轨，因为圆仁于此下另有“新罗一日讲仪式”。

圆仁所言“但难仪式稍别”者，是中土与新罗佛教论议有差别。圆仁记载论议问难之两个特点，即讲师只答不问、问难咄咄逼人。这两点在敦煌佛教论议卷子中可以得到印证。敦煌卷子中，有些以主答、客难来标注讲师与问难者之间的论议，如P.2807《释子应用文》、P.3219《请都僧统和尚开示“六通”大义》等。这说明，身份为“主”的讲师，其作用只是回答听经僧人的问难。

[1]［日］释圆仁著，［日］小野胜年校注，白化文等修订校注，周一良审阅：《入唐求法巡礼行记校注》卷二，石家庄：花山文艺出版社，1992年，第192页。

[2] 王公伟：《赤山法华院与中日韩佛教文化交流》，《世界宗教文化》2007年第3期，第17、18页。

至于问难者“声如大嗔人，尽音呼诤”，也可以找到一些文字痕迹。如P.2807《释子应用文》客之问难有“法师比日经论，目历而潜通，书史耳闻即暗诵，今日恰似失魂”，P.2807V《佛经注解数段》客之问难有“法师所答稍蒙胧”。这些语词，有可能以“声如大嗔人，尽音呼诤”的声音和神态来表达。

强调主客身份的论议，与魏晋南北朝名僧与名士的论议有别。《世说新语》记载，支道林与诸名士于会稽西寺讲论时，许询“与王（苟子）论理，共绝优劣。苦相折挫，王遂大屈。许复执王理，王执许理，更相覆疏，王复屈”[1]。“许复执王理，王执许理”即转换论辩角色、话题的做法。但问难者要求声势咄咄逼人，在魏晋南北朝的佛教论议中倒是可以找到某些痕迹。

唐前教论议中的嘲谑之举，在唐代仍有迹可循。《宋高僧传》载：

> 既入京城，见一法师盛集讲经化导。（元）康造其筵，近其座，便就所讲义申问，往返数百言，人咸惊康之辩给如此。复戏法师曰：“甘桃不结实，苦李压低枝。”讲者曰：“轮王千个子，巷伯勿孙儿。”盖讥康之无生徒也。康曰：“丹之藏者赤，漆之藏者黑，随汝之赤者非纁绛焉，入汝之黑者非铅墨焉。”举众皆云：“辞理涣然，可非垂迹之大士也？”帝闻之，喜曰：“何代无其人！”诏入安国寺讲此《三论》。[2]

P.2807V《佛经注解数段》中讲师的答词中有“主嘲辞：如是妙判，疑网合除。若再发论端，即是个没孔铁槌”。S.4341《河西节度在将军功德会讲经文》有“幸愿请法师，请垂开嘲”。然此一风气，似乎没有在敦煌卷子中大篇幅记载。此或可言，唐代佛教论议中，嘲谑之举依然存在，然此举似乎不再为论辩双方所竭力追求。

四、论议之分工与职能

佛教论议，很多时候属于佛教讲经的一部分。《入唐求法巡礼行记》记述“赤山院讲经仪式”，有“辰时，打讲经钟，打惊众钟讫。良久之会，大众上堂，方定众钟”。敦煌佛教论议的卷子中也有击钟的记述。如，P.2770V《释子文范》有“今者开钟，须理合击扬”，P.2174《御注金刚般若波罗蜜经宣演》

[1]（南朝宋）刘义庆撰，（南朝梁）刘孝标注，余嘉锡笺疏，周祖谟等整理：《世说新语笺疏》“文学四”第三十八条，上海古籍出版社，1993年，第225页。

[2]（宋）赞宁撰，范祥雍点校：《宋高僧传》卷四《元康传》，北京：中华书局，1987年，第70页。

有“夫鸿钟不击，难以辩其声。楛木不攒，难以见其大”。故而，同一场次的佛教论议者与讲经参与者是重合的。圆仁记述佛教讲经之人物、身份云：

> 讲师上堂，登高座间，大众同音称叹佛名——音曲一依新罗，不似唐音——讲师登座讫，称佛名便停。时有下座一僧作梵，一据唐风，即“云何于此经”一行偈矣。至“愿佛开微密”句，大众同音唱云——“戒香、定香、解脱香”等颂。梵呗讫，讲师唱经题目，便开题，分别三门，释题目讫。维那师出来于高座前，读申会兴之由，及施主别名、所施物色申讫，便以其状转与讲师。讲师把麈尾，一一申举施主名，独自誓愿。[1]

这里记载讲经时，身份、职责明确的有三类。第一是讲师，即讲经者，为唐前佛教论议之法主、座主、论主等，其职责为“唱经题目”“开题”“誓题目”以及讲经。第二是作梵僧，此僧似是没有固定名分，其功能为梵呗唱赞。第三是维那师，为佛寺三纲上座、维那、典座之一，“维那师出来于高座前”者，说明维那也是下座者之一，因为要完成特定功能，才“出来于高座前”。

圆仁所见佛教论议之身份，似乎没有都讲。都讲在魏晋南北朝佛教论议中频繁出现。其职责主要有读经、问难、覆讲等。圆仁所见论议，读经者为讲师本人，“讲师唱经题目，便开题，分别三门，誓题目讫”；问难者为听众，“誓愿讫，论义者论端举问”；覆讲者有专人，“在高座南下座。便读讲师昨所讲文。至‘如含义’句，讲师牒文释义了。覆讲亦读，读尽昨所讲文了。讲师即读次文。每日如斯”[2]。这种对都讲身份、职责的分解，应该不是圆仁的疏忽。都讲在“新罗一日讲仪式”中有明确记载：

> 辰时，打钟，长打槌了。讲师、都讲二人入堂。大众先入列座。讲师、读师入堂之会，大众同音称叹佛名长引。其讲师登北座，都讲登南座了，赞佛便止。时有下座一僧作梵，“云何于此经”一长偈也。作梵了，南座唱经题目——所谓唱经长引，音有屈曲。唱经之会，大众三遍散花。每散花时各有所颂。唱经了，更短音唱题目。讲师开经目。三门分别，述经大意。释经题目竟，有维那师披读申事兴所由。其状中具载无常道理，亡者功能，亡逝日数。[3]

[1]《入唐求法巡礼行记校注》卷二，第191、192页。

[2]《入唐求法巡礼行记校注》卷二，第192页。

[3]《入唐求法巡礼行记校注》卷二，第192、193页。

新罗讲经仪式中，讲师、都讲“二人入堂”，“讲师登北座，都讲登南座”，“南座唱经题目”，“讲师开经目”。谢灵运《山居赋》有“南倡者都讲，北机者法师”。新罗讲经仪式正与之相合，也更接近魏晋南北朝仪式。而唐代中土论议仪式上，都讲的地位在淡化，其职能也被分解：读经有讲师，覆讲有“覆讲师”，论难有听众之中的“论义者”。

圆仁所记唐代佛教论议中不同角色之分工，可与敦煌文献相互印证。圆仁记述讲经一个环节完成之后，有讲师誓愿，“维那师出来于高座前，读申会兴之由，及施主别名、所施物色申讫，便以其状转与讲师。讲师把麈尾，一一申举施主名，独自誓愿。誓愿讫，论义者论端举问”[1]。而讲经誓愿，可以从敦煌卷子P.3256《杂录祈愿文》[2]印证：

……

以此开赞大乘不思议解脱法门，所生功德无量无边。先将益法悲□□□龙天八部。惟愿威光炽盛，只弥□兴，运慈悲救人护国，使四时顺□，八表无虞，九横不纵，万人安乐，法轮常转，佛日恒晖，刀兵不兴，疫毒休息，佛影经声□上彻天宫，钟鼓灵□下□地狱，火山落飞，剑树作针，炉灰□收烟，冰河息浪，针咽饿鬼永绝……

以此开赞大乘甚深句义，所生功德无量无边。先用上资梵释四王，龙天八部。伏愿威光炽盛，枢力增高，匡护法城，保绥家国。愿使真身化佛，长在世间，宝字金经，恒传沙界，大悲菩萨，来赞末法。□小果声闻，住持法藏。圣神赞□，天阶益峻。宝历恒昌。太子法王，克增盘石。东军尚相，禄秩永安，文武百寮，功名不坠。郎儿都督，富位时迁。部落志官，永无忧厄。释门教主，高建法幢。法律纲维，护持不倦。说者听者，灾债不侵。法界有情，同赖斯福。然后天感地平，河清海晏，无骨丰稔。年厢善盈，官布恩波。人民乐业，般若波罗蜜，无的不从。大众虔诚，一切普诵。

复持此福尽用庄严当今圣主。伏愿开南山之长劫，作镇坤仪。悬北极之枢星，继明乾像。历千载龙颜万春，四神保长寿之征。五老送延灵之翼。皇太子前星永耀，少海澄兰。法王作固维城，宠光盘石。朝廷将相，

[1]《入唐求法巡礼行记校注》卷二，第192页。

[2] 敦煌研究院编《敦煌遗书总目索引新编》P.3256著录下云：“说明：应用于吐蕃统治时代。”第274页。

助理和□。文武百官，恒居禄位。

以此庄严我皇太子殿下。伏愿圣躬坚远，神寿充缰。功业积于丘山，德量深于巨海。十郎十一郎□石永固，仙□连辉。色力增高，官禄弥厚。

以此功德庄严太夫人等，浓梅丛艳，桃李增荣。公主等，月桂含春，星芳孕彩。节□上论，愿使天禄弥积，富位增高，常为大国之良臣，承作释门之信士。

庄严都督，形同大地。历千载而不倾命，等山阿□跨万龄而用固，福禄惟盛，欢荣转新，常为明主之福梅，镇作苍生之。

P.3256《杂录祈愿文》包含了讲经和发愿两部分。上引文献之前，有“不思议人法为名”“佛性说”等内容，更有对天台智者的一些介绍，故而所讲经文很可能是沙门智顗的《维摩经玄疏》。发誓愿部分，与讲经密切相关。“以此开赞大乘不思议解脱法门，所生功德无量无边”“以此开赞大乘甚深句义，所生功德无量无边”等，是对讲经内容的照应。“先用上资梵释四王，龙天八部”，是祈福佛法兴盛。“持此福尽用庄严当今圣主”“以此功德庄严太夫人等……公主等”，则是以讲经所获之功德回向诸位大德、施主，为之祈福。圆仁所见汉地佛教讲经过程中，维那师“读申会兴之由，及施主别名、所施物色申讫”，讲师再“一一申举施主名，独自誓愿”，是则此处的发愿、回向是由讲师完成的。

佛教讲经，不仅仅源于施主的需求，更有佛教特定节庆之需要。现存敦煌佛教论议文献，大多在大斋日、二月八日佛逾城日、四月八日佛成道日、七月十五日盂兰盆节等时间举行[1]。这些佛教的重大节日，既有社会名流设斋置法会，更有高僧大德云集说法。敦煌卷子佛教论议文献中，有许多称颂施主与高僧大德者，此即论端中由听经佛徒完成的称颂论场，此已见前文分析。这说明，唐代中土佛教论议中，讲师之誓愿与论师之称颂论场，不但在内容上有一致、重合者，而且在某些论议过程中是完全重合的。即，伴随论议参与者身份的淡化，其职责也在随论场需求而转化。

五、论议失误的范式化表述

敦煌卷子P.2770V记录了佛教论议过程中的12种失误。关于P.2770V的抄

[1] 侯冲：《汉地佛教的论义》，《世界宗教研究》2012年第1期，第47页。

录时代，《敦煌遗书总目索引新编》注明“应用于吐蕃统治时期”[1]，石谷风编《晋魏隋唐残墨》也收录此卷[2]。故，此卷所录论议失误，当为唐代无疑。P.2770V在诸种敦煌文献题名中，均拟定为“释门文范”，其内容不限于12种论议失误。从整个卷子的内容和12种失误的描述语言来看，所谓失误，并非唐代佛教论议的理论总结，也不是辩论逻辑的指导，而是辩论过程中从对手失误方面问难质疑的辩论模板。如：

> 答不依问　所答深义，将为洞达幽微，详槛蒹词，真似梦中更梦。彰（章）疏并无此义，经论不载斯文。应缘狂间多时，今日擅生穿凿。未睹公输之巧，先陈嫫母之形。以方投圆，终为龃龉。不料井班之智，来此对谈；更独龙象之威，致使自夷伊戚。

以上内容中，直接指向“答不依问”者，只有“彰（章）疏并无此义，经论不载斯文。应缘狂间多时，今日擅生穿凿”四句。“答不依问”本身不是对论辩缺陷的评判，而这四句并没有具体说明如何“答不依问”。其余内容，基本上是场面用语，言辞华丽，富有挑战意味。

P.2770V《释门文范》所记12种佛教论议失误的范例，“责重言”与“重言报语”相同，实则只有11条。这11条范例，依据内容侧重分为两类。第一类为针对论议内容指出失误。包括领问不明、问不当宗、为说不领、答义违宗、引文避难、答不依问等6条。“领”者为承接问题，“问”者为回答问题，“领问不明”者即对方之回答脱离辩论主题。此外，“问语兴词，须当宗旨”，一旦问难者未领悟佛教的基本宗旨，“妄起异端”，就是“问不当宗”之失误；“适开秘典”，讲经论议，本“为甘露沃心”，但论议者“深昧玄言”，不懂佛经深义，问答质疑与法师讲论没有联系，是为“为说不领”之误；“凡立义宗旨，无不博考金言；起答问端，理藉达于圣教”，一旦回答违背了佛经宗旨，是为“答义违宗”之误；辩论失利，欲脱离议题，引经论疏义以摆脱对手之问难，此即“引文避难”；应答内容，“彰（章）疏并无”，“经论不载”，“擅生穿凿”，是为“答不依问”。以上6条，基本都是从竖义问难是否依照具体的佛经教义展开。“不明”“不当宗”“违宗”“不依问”所指都和所讲佛经有关。第二类是针对论议方式、方法指出失误。包括重言报语、问答错谬、答语朦胧、多语乱

[1] 敦煌研究院编：《敦煌遗书总目索引新编》，第254页。

[2] 石谷风：《晋魏隋唐残墨》，合肥：安徽美术出版社，1992年，第79页。

人、言词蹇涩等5条。“论难深乖理性，征诘多败真宗”，常常重复同一理由、同一证据，“先言不易管窥，后语复依前范”，是为“重言报语”之失误；问答没有经典依据，往往“纰谬对答”，“颠之倒之”，此为“问答错谬”之失误；回答语言，本“须剖析分明”，但“听彼答词，深为朦昧可叹”，即为“答语朦胧”；申述观点，“无一要词，妄事多言，徒乱人耳”，此为“多语乱人”之失误；不善言辩，言语迟钝，表达不流畅，此为“言词蹇涩”之失误。此5条，“重言”“错谬”“多语”“朦胧”“蹇涩”都指向明显的形式漏洞。

11条指责论议失误的范本，反映了唐代佛教论议的三个鲜明特点。第一，没有或很少批评逻辑失误者。11条失误范例，没有对论辩概念、判断、方法等方面的失误进行剖析，失误的核心特征也没有明确描述，甚至许多论议失误似乎可以等同。这说明：一方面，这种范例在使用时，将结合论辩的具体问题和对手所出现的论辩失误进行适当的调整；另一方面，论议指责失误具有扣帽子的倾向，帽子很大，具有普遍性。第二，批评标准都是最基本的常识。重言报语、问答错谬、答语朦胧、多语乱人、言词蹇涩等失误，违反了论议要语言准确、简洁、流畅的要求。领问不明、问不当宗、为说不领、答义违宗、引文避难、答不依问等失误，违反了论议必须围绕预定议题展开辩难的要求。这种从对手不遵守论议常识展开的批评，是任何层次的听众、信徒都可以听懂的。在一定程度上说，这可能是唐代佛教论议以普通民众为主、世俗性特征突出的证明。第三，批评语言要有挑战性。如“观彼讷言，实非君子；登其论座，可惜光阴。急须六鹢退飞，用避后贤之路”，是讥刺对手不具备辩才，令其尽快退席让座。“未睹公输之巧，先陈嫫母之形。以方投圆，终为龃龉。不料井班之智，来此对谈；更独龙象之威，致使自夷伊戚”，是将对手的整体素质完全否定，甚至有侮辱人格的倾向。

综上考察可见，唐代佛教论议在程式多延续魏晋南北朝，但风格、趣味已经大异。其时之“论端”成为论议中被关注的重点环节。论端要感恩国家君主、称颂在场之高僧大德，并为施主祈福，同时还要表现出咄咄逼人的论辩气势。竖义所据经典多篇幅较短，竖义之观点多是佛教之名数。讲师只能答不能难，作为质难者的都讲在论议过程中的职能为多人代替，主、客之间身份固定。论议过程中要通过嘲谑对手、抨击对手的论辩漏洞以调动现场听众的兴趣。“论端”“竖义”以及抨击论辩漏洞，已经形成了固定的文本。魏晋南北朝佛教论议的学术论辩、思想争论等特性由此逐渐减弱，代之而起的更多是程式化的辩论和世俗化的趣味。这些转变，导致唐代佛教论议的表演性渐渐增强，仪式化、世俗化的特征越来越突出。这种转变既影响到了皇帝诞节的三教论衡，也引导后代佛教向世俗化这一方向演进。

（作者单位：宝鸡文理学院关陇宗教文化研究所）

Buddhism Debates in the Tang and the Five Dynasties

Liu Linkui

[Abstract] The outlines of Buddhism debate in the Tang Dynasty can be drawn by Ennin's Diary: *the Record of a Pilgrimage to China in Search of the Law* and Dunhuang Volumn. Buddhism debate in the Tang Dynasty focused on controversy and formula, while Wei, Jin, Southern and Northern Dynasties inclined to righteousness and argumentation. Specifically, the lively and prominent controversy is dramatically different from Liumen of Chinese-translated Buddhist Scriptures. Classics of debate righteousness concentrate on the concept of Buddhism with fixed subjects and objects. In the process, expository functions are separated and completed by many people. It also mainly specializes in the common misconceptions from others and forms an expression paradigm. These changes on Buddhism debate in the Tang Dynasty, to some extent, show that the Buddhism ideology competitions and its inner power are gradually exhausting after Sectarian Buddhism boosting. Meanwhile, secularization has been dominating after Tang Dynasty.

唐代西州佛教管理研究二题

王旭送

唐平高昌之后不久，对高昌僧团进行了整顿，对此学界多有论述[1]。本文利用二重证据法，拟对唐初西州“度僧”及官寺的相关问题进行探讨。不当之处，敬请方家指正。

一、唐初西州“度僧”问题

唐初为控制僧尼人数、增加赋役，推行试经度僧制度。考核合格者才能获得僧籍，成为合法僧尼。贞观九年（635）的《度僧于天下诏》提供了相关信息：

> 其天下诸州有寺之处，宜令度人为僧尼，总数以三千为限。其州有大小、地有华夷，当处所度多少，委有司量定。务须精诚德业，无问年之幼长。其往因减省还俗及私度白首之徒，若行业可称，通在取限。必无人可取，亦任其阙数，若官人简练不精，宜录附殿失。[2]

---

[1] 主要有王素：《高昌至西州寺院三纲制度的演变》，《敦煌学辑刊》1985年第2期，第79—83页。姚崇新：《试论高昌国的佛教与佛教教团》，载季羡林主编《敦煌吐鲁番学研究》第四卷，北京大学出版社，1999年，第39—80页。孟宪实：《吐鲁番新发现的〈唐龙朔二年西州高昌县思恩寺僧籍〉》，《文物》2007年第2期，第50—55页。周奇：《唐代国家对僧尼的管理——以僧尼籍帐与人口控制为中心》，《中国社会经济史研究》2008年第3期，第8—19页。孟宪实：《论唐朝的佛教管理——以僧籍的编造为中心》，《北京大学学报》2009年第3期，第136—143页；《新出唐代寺院手实研究》，《历史研究》2009年第5期，第170—179页。王素：《吐鲁番新获〈唐西州高昌县思恩寺僧籍〉臆说》，载束迪生等主编《高昌社会变迁与宗教演变》，乌鲁木齐：新疆人民出版社，2010年，第118—128页。赵晓芳：《论唐朝对西州佛教的管理》，《西域研究》2010年第4期，第66—76页。钟书林：《敦煌吐鲁番文书的又一新发现——“冯氏藏墨”中的〈重译妙法莲华经〉长卷及题跋》，《江汉论坛》2017年第1期，第105—110页。

[2]（清）董诰：《全唐文》卷五《度僧于天下诏》，上海古籍出版社，1990年，第23页。

贞观九年距离唐朝立国不到20年，这道度僧诏令提及的“往因减省还俗及私度白首之徒”应指前朝僧尼。诏令显示，唐初对前朝的僧尼队伍并没有全盘接受，而是通过度僧的方式，令劣者“减省还俗”，“精诚德业”者方可为僧。度僧采取的应是考核“行业”方式，取“可称”者，这其实就是试经；对于“私度白首之徒”一概不予承认。这一点也可从其他史料中得以佐证。如，《续高僧传》载：“贞观三年（629），天下大括义宁私度，不出者斩。闻此咸畏，得头巾者并依还俗，其不得者，现今出家。”[1]《续高僧传》又载：“贞观初年，下敕有私度者处以极刑，（法）冲誓亡身便即剃落。时峄阳山多有逃僧避难，资给告穷，便造诣州宰曰：‘如有死事，冲身当之。但施道粮，终获福祐。’守宰等嘉其烈亮，昌网周济，乃分僧两处，各置米仓可十斛许，一所徒众四十余人纯学大乘，并修禅业。”[2]对此，唐代律法也有严格规定，如《唐律疏议》载：“诸私入道及度之者，杖一百；若由家长，家长当罪。已除贯者，徒一年。本贯主司及观寺三纲知情者，与同罪。若犯法合出观寺，经断不还俗者，从私度法。即监临之官，私辄度人者，一人杖一百，二人加一等。”[3]当然，朝廷也会通过像贞观九年颁布《度僧于天下诏》这样的特恩度僧方式，从那些“减省还俗”“私度白首之徒”中择优度僧。

高昌国时期僧尼队伍庞大，而且与统治上层有着千丝万缕的联系。因此学界普遍认为，整顿僧尼队伍，是摆在统治者面前的一个迫在眉睫的任务，“有迹象表明，唐平高昌后，即着手对高昌僧团进行整顿”[4]。

相关文书显示，唐初整顿高昌僧团采取的也是试经度僧的方式。吐鲁番巴达木113号墓所出《唐龙朔二年（662）正月高昌县思恩寺僧籍》提供了相关信息，兹移录如下：

（前缺）

1　　　　　　　］叁岁，廿一夏，高昌县顺义乡敦孝里，户主张延伯弟，伪延和十三年（614）四月十五日度，[5]

[1]（唐）道宣：《续高僧传》卷二〇《法向传》，《大正新修大藏经》第五十册，台北：新文丰出版公司，1983年，第606页上。

[2]《续高僧传》卷二五《法冲传》，第666页上。

[3]（唐）长孙无忌撰，刘俊文笺解：《唐律疏议笺解》卷一二《户婚》“私入道”条，北京：中华书局，1996年，第931页。

[4]姚崇新：《试论高昌国的佛教与佛教教团》，第67页。

[5]下缺，据推算，当补“计至今卅八年”。

2　　　　诵法华五卷　　　药师一卷　　　佛名一卷

3　僧崇道，年叁拾伍岁，十五夏，高昌县宁昌乡正道里，户主张延相男，伪延寿十四年四月十五日度，计至今廿五年。

4　　　　诵法华五卷

5　僧显觉，年柒拾壹岁，五十一夏，高昌县宁泰乡仁义里，户绝，俗姓张，伪延昌卅一年正月十五日度，计至今六十二年。

（余白）

－－－－－－－（思恩寺）－－－－－－（龙朔二年正月）－－－－－－[1]

这件文书详列思恩寺僧人的法号、俗龄、僧腊、乡贯、剃度时间、诵经名数等，明显是寺院僧籍[2]。僧籍所列僧人均在高昌国时期已经剃度为僧，入唐之后他们通过诵经若干重新取得僧籍。“诵”字有多义：一，朗读、念诵之义。如《论语·子罕》云：“‘不忮不求，何用不臧？’子路终身诵之。”[3]李白《赠何七判官昌浩》诗云：“羞作济南生，九十诵古文。”[4]二，述说之义。如《孟子·告子下》云：“子服尧之服，诵尧之言，行尧之行，是尧而已矣。子服桀之服，诵桀之言，行桀之行，是桀而已矣。”[5]三，背诵之义。如《封氏闻见记·颖悟》云：“（常敬忠）上书自举，云：‘一遍能诵千言。’”[6]该僧籍之“诵”应取背诵之义。隋智𫖮《摩诃止观》云：“诵者，背文暗持也”[7]，即“读至极熟，能默持之”[8]。又，《法华经》共八卷，前两位僧人取得僧籍时仅能“诵法华五卷”，将“诵”取背诵之义于情理最合。因此，僧籍中的诵经名数应是僧人们经考核实际背诵的经名及数量，这其实就是试经。龙朔二年距唐平高昌已有二十余载，这几位僧人试经的时间不得而知，但是有一点是肯定

[1] 荣新江、李肖、孟宪实：《新获吐鲁番出土文献》，北京：中华书局，2008年，第61页。

[2] 参阅孟宪实：《吐鲁番新发现的〈唐龙朔二年西州高昌县思恩寺僧籍〉》，《文物》2007年第2期，第50—55页。

[3]（三国·魏）何晏注，（宋）邢昺疏：《论语注疏》卷九《子罕第九》，（清）阮元校刻：《十三经注疏》，北京：中华书局，1980年，第2491页下。

[4] 安旗主编：《新版李白全集编年注释》上，成都：巴蜀书社，2000年，第870页。

[5]（东汉）赵岐注，（宋）孙奭疏：《孟子注疏》卷十二《告子章句下》，（清）阮元校刻：《十三经注疏》，北京：中华书局，1980年，第2755页下—2756页上。

[6]（唐）封演撰，赵贞信校注：《封氏闻见记校注》卷十，北京：中华书局，2005年，第95页。

[7]（隋）智𫖮：《摩诃止观》卷四上，《大正新修大藏经》第四十六册，台北：新文丰出版公司，1983年，第37页下。

[8] 冯达庵：《佛法要论》上，北京：宗教文化出版社，2008年，第124页。

的，即试经是他们取得僧籍的前提。

当然，规定僧团试经前诵读《法华经》可能是特殊时期的一种特殊做法，西州社会步入正轨之后便采取了新的做法。阿斯塔那193号墓所出《武周证圣元年（695）五月西州高昌县崇福寺转经历》提供了相关信息：

（一）

1　僧玄剽　僧玄式　僧玄□已上三人新度，人各请

法华两卷。

（中略）

12　僧玄判　僧玄式　僧玄范　已上□□新度，人各请法华两卷。

（中略）

23　僧玄判　僧玄式　僧玄范　已上三人新度，各请法华两卷。

24　右件十一人并同为一业，人各转大智度

25　论两卷，朝读第七袟第一卷，晡读第二卷。

26　牒件录当寺徒众，今𠥱廿八𡆠，朝晡二时转读

27　经业部袟卷数僧名如前，谨牒。

28　奉判[1]鏊埀元𠦚五𠥱廿八维那僧玄判　牒

29　都维那僧玄静

30　上坐 僧文海

（中略）

34　僧玄判　僧玄式　僧玄范　已上三人新度，人各读法华两卷。

（中略）

42　□□□

崇福寺　　严秃子

（后略）[2]

崇福寺的这件《转经历》的第1、12、23行列有三个僧人的名单，即僧人玄剽、玄式、玄范，在他们的名单之下注明，“已上三人新度，各读《法华》两卷”。距离龙朔二年三十多载的证圣元年，西州僧团的教学秩序已截然不同，

[1]文书整理者认为“奉判”二字墨色较淡，与本件无关，疑是后写。

[2]唐长孺主编：《吐鲁番出土文书》（图文本）第四册，北京：文物出版社，1996年，第231—234页。

《法华经》不再是僧尼试经的必考科目，而是成为新剃度僧人的首门必修课。无论其原因如何，这至少说明《法华经》在西州僧团所习“行业”中占据重要地位。

此外，唐初对高昌僧团所念诵的《法华经》译本好像也做了统一化要求。冯天瑜先生编撰的《翰墨丹青》中，披露了一件吐鲁番出土的唐贞观六年（632）魏徵重译《妙法莲华经》第五卷横幅长卷，该长卷的落款似乎能为我们提供相关信息。该长卷落款云：“中书令臣魏徵重译《妙法莲华经》卷第五，贞观六年二月十六日。”[1]关于该抄本的年代，冯天瑜先生认为：“大英图书馆东方部藏斯坦因获敦煌莫高窟唐人《妙法莲华经》手卷的书写材料即硬黄纸，冯永轩所藏高昌出土《法华经》抄本的书写材料也是硬黄纸。详加比对，发现二者不仅书写材料一致，而且书写格式（包括纸本皆有隐线纵格）、字形都十分相近（如两本中的‘無’字皆写为 ‘无’，此为晋、唐间的写法）。故冯永轩藏高昌出土《法华经》第五卷抄本，是唐代书写本。”[2]魏徵重译本《妙法莲华经》出现于西州，极有可能是将之作为高昌僧团教本，供教学、试经之用。

唐初规范佛教经文的做法，可从《唐太宗文皇帝施行遗教经敕》得到印证：“法者，如来灭度，以末代浇浮，付嘱国王大臣，护持佛法。然僧尼出家，戒行须备。若纵情淫佚，触涂烦恼，关涉人间，动违经律，既失如来玄妙之旨，又亏国王受付之义。《遗教经》是佛临涅槃所说，戒勒弟子，甚为详要。末俗缁素，并不崇奉。大道将隐，微言且绝，永怀圣教，用思弘阐。宜令所司，差书手十人，多写经本，务尽施行。所须纸笔墨等，有司准给。其京官五品已上，及诸州刺史，各付一卷。若见僧尼行业。”[3]唐太宗对《遗教经》经文进行了规范化、统一化要求，“与经文不同，宜公私劝勉，必使遵行”。滋野井恬先生认为，“太宗施行《遗教经》，并不是佛教徒所说的那样站在尊崇佛教的立场，而是要将佛教置于王法之下”[4]。唐初将魏徵重译本《妙法莲华经》定为西州僧团教本，应该也是出于同样的目的。

唐初通过试经度僧沙汰伪滥者的方式整顿高昌僧团的过程中，为了收买人

[1][2] 冯天瑜：《翰墨丹青》，长春出版社，2015年，第10页。

[3]（唐）许敬宗编，罗国威整理：《日藏弘仁本文馆词林校证》，北京：中华书局，2001年，第213、214页。

[4]［日］滋野井恬：《论唐贞观中实施〈遗教经〉》，《印度学佛教学研究》第二十六卷第一号（通卷第51号），1977年，第283页。转引自［日］砺波护：《隋唐佛教文化》，韩昇等译，上海古籍出版社，2004年，第30页。

心，稳定社会，还降低了僧尼的试经门槛。

关于唐代普通百姓试经度僧的门槛，有“五百纸”“七百纸”“千纸”等说。这些均属于安史之乱之后的例子，其目的是通过提高试经门槛限制度僧，增加赋税收入[1]。根据笔者目前所见史料，宝历元年试经门槛最低。《册府元龟》载：宝历元年（825）二月，敕：“两街佛寺置方等受戒坛场，自三月十日至四月十日停，仍令两街功德使，各选择有戒行僧谓之大德者考试，僧能暗记经一百五十纸，尼能暗记经一百纸，即令与度。”[2]宝历元年试僧要求背诵经文150纸，试尼要求背诵经文100纸，相较“五百纸”“七百纸”“千纸”门槛至低，这应属个别现象，其原因与戒坛长期不开有关。史载，长庆年间（821—824）曾出现“久废坛度僧，未全法者皆老朽”的现象[3]。

即使与宝历元年内地的度僧标准相较，唐初对高昌僧团试经要求仍要低很多。上引思恩寺僧籍详列了三位僧人所诵经名数。其中第一位所诵经数最多，计“诵法华五卷、药师一卷、佛名一卷”。据《开元释教录》载，“《妙法莲花经》八卷（或七卷二十八品，僧祐录云，新法花经一百五十二纸）”[4]，则诵五卷大致有95纸；“《旧药师经》一卷（佛游维耶离者是《灌顶经》第十二卷）”[5]，而“《大灌顶经》十二卷（一帙或无大字录云九卷未详）一百一十八纸”[6]，则诵一卷大致有9.8纸；“《佛名经》十二卷（或云十三卷或分为二十卷二百五十三纸），元魏天竺三藏菩提留支译”，则诵一卷大致有21.1纸。思恩寺僧籍中的第一位僧人所诵经数大致为125.9纸，尚达不到宝历元年的150纸。第二位僧人崇道，诵法华五卷，大致有95纸，尚不到100纸，第三位僧人显觉所诵经名数残缺，但是肯定比前两位僧人少。

与前引宝历元年的“一百五十纸”相较，高昌国时期的僧人以区区不到百

[1]（元）觉岸：《释氏稽古略》卷三《试经度僧》，《大正新修大藏经》第四十九册，台北：新文丰出版公司，1983年，第827页。（宋）赞宁：《宋高僧传》卷一五《明律篇第四之二·唐杭州灵隐山道标传》，《大正新修大藏经》第五十册，台北：新文丰出版公司，1983年，第803页；《宋高僧传》卷六《唐梓州慧义寺神清传》，第740页。

[2]（宋）王钦若：《册府元龟》卷五二《帝王部·崇释氏二》，北京：中华书局，1960年影印本，第580页。

[3]《宋高僧传》卷三〇《唐京师保寿寺法真传》，第894页。

[4]（唐）智昇：《开元释教录》卷一九，《大正新修大藏经》第五十五册，台北：新文丰出版公司，1983年，第682页中。

[5]《开元释教录》卷一九，第698页下。

[6]《开元释教录》卷一九，第683页下。

纸的诵经数便可取得新王朝的僧籍，这一门槛是非常低的。这应是太宗平高昌之初为“抚慰”高昌僧团，维系民心而有意为之。《贞观年中巡抚高昌诏》载：

> 高昌之地，虽居塞表，编户之甿，咸出中国。自因隔绝，多历年所。朕往岁出师，应时克定，所以置立州县，同之诸夏。而彼土黎庶，具识朕心，并变夷俗，服习王化。家慕礼让之风，人事农桑之业。朕爱养苍生，无隔新旧，引领西顾，嘉叹良深。宜遣五品一人，驰驿往西州宣扬朝旨，慰劳百姓，其僧尼等亦宜抚慰。高昌旧官人并首望等，有景行淳直，及为乡闾所服者，使人宜共守。安西都护乔师望景拟骑都尉以下官奏闻，庶其安堵本乡，咸知为善，彼州所有官田，并分给旧官人首望及百姓等。[1]

诏令显示，唐平高昌之后，太宗从政治、经济、军事等方面对西州秩序重建做出了系列部署安排，其中之一就是对僧尼进行“抚慰”，上述降低高昌僧团的试经门槛应是太宗“抚慰”的措施之一。

二、西州官寺诸问题

唐代加强佛教管理以助王化的一个重要措施便是设置官寺。根据文献记载，唐代曾四次诏令天下诸州设置官寺，分别是：

> （1）乾封元年（666）正月，高宗封禅泰山后诏令，“兖州界置紫云、仙鹤、万岁观，封峦、非烟、重轮三寺。天下诸州置观、寺一所”。[2]
>
> （2）载初元年（689），“有沙门十人伪撰《大云经》，表上之，盛言神皇受命之事。制颁于天下，令诸州各置大云寺，总度僧千人”。[3]
>
> （3）神龙元年（705），太子李显复辟，“诸州置寺、观一所，以‘中兴’为名”。不久，“改中兴寺、观为龙兴，内外不得言‘中兴’。”[4]
>
> （4）天授元年（690）十月二十九日，两京及天下诸州，各置大云寺一所。至开元二十六年（738）六月一日，并改为开元寺。[5]

乾封元年（666）正月，高宗封禅泰山之后，诏令天下诸州置观、寺一所，

[1]《日藏弘仁本文馆词林校证》，第249页。

[2]（后晋）刘昫：《旧唐书》卷五《高宗本纪下》，北京：中华书局，1975年，第90页。

[3]《旧唐书》卷六《则天皇后本纪》，第121页。

[4]《旧唐书》卷七《中宗本纪》，第143、144页。

[5]（宋）王溥：《唐会要》卷四八《寺》，上海古籍出版社，2006年，第996页。

但是并没有点明所置寺观是统一命名还是各自命名。敦煌P.2005号文书《沙州都督府图经》的相关记载则很好地解决了这一问题。图经卷三《廿祥瑞》载：

> 右唐乾封元年，有百姓严洪爽，于城西李先王庙侧，得上件石，其色翠碧，上有赤文，作古字云：下（卜）代（世）卅，卜年七百。其表奏为上瑞，当为封岳，并（普）天咸置寺观，号为万寿。此州以得此瑞石，遂寺观自号灵图。[1]

这段文字透露出一个重要信息：乾封元年高宗封禅泰山，因沙州发现瑞石而诏令天下皆置寺观，号为万寿。这一记载恰与《旧唐书》所载相吻合，证明乾封元年高宗诏令天下诸州置观寺一事之确，同时点明，天下诸州所置观寺统一命名为“万寿”。

万寿寺在吐鲁番出土文书中多次出现，可证乾封元年天下诸州以“万寿”为名置寺观确有其事，兹移录相关文书如下：

（1）阿斯塔那188号墓所出《唐开元三年（715）万寿寺僧惠垚文书》载：

（前缺）

1 ＿＿＿＿＿ 上坐僧

2 开元三年　七月　僧万寿寺僧惠垚[2]

（2）大谷第1212号《西州高昌县佃人文书》载：

2 ＿＿恕二亩自佃𫄨　大女寗爱连二亩佃人万寿寺

3万寿寺三亩自佃（后略）[3]

（3）大谷第1214号《西州高昌县佃人文书》载：

2 万寿寺　三亩（后略）[4]

（4）大谷第3364号《天授二年（691）七月西州高昌县佃人文书》载：

1 ＿＿　　　万寿寺二亩　僧智郑

（中略）

[1] 王仲荦：《沙州图经残卷考释》，载氏著《敦煌石室地志残卷考释》，北京：中华书局，2007年，第137页。上海古籍出版社、法国国家图书馆编：《法藏敦煌西域文献》第一册，上海古籍出版社，1995年，第43—64页。

[2]《吐鲁番出土文书》（图文本）第四册，第34页。

[3]［日］小田义久主编：《大谷文书集成》第一卷，京都：法藏馆，1984年，第25页，图版74。

[4]《大谷文书集成》第一卷，第26页，图版75。

7 □授二年七月　日，堰头□寺家人举子。[1]

（5）辽宁省档案馆藏吐鲁番文书《唐西州诸寺禅师名籍》载：

1 追福寺麹上坐　刘师　崇福寺真师　方师

2 麹师　张逸师　万寿寺竹师　恩师　刘师

3 普光寺麹素师　和都师　开觉寺　张都师

4 周师　普照寺李禅　令狐师　等爱寺于师

5 证圣寺张静师　孟师　励勤寺　巩师

6 永法师　法施寺贾师和两疋　大宝寺巩师

7 □证寺黄寺主　司空禅　樊禅　吴师　麹都师（后缺）[2]

以上文书证明，乾封元年高宗封禅泰山，因得瑞石诏令天下诸州设置“万寿”寺观一事绝非子虚乌有，而是确有其事，即使在像西州这样的边州亦得到了有效执行。辽宁省档案馆藏《唐西州诸寺禅师名籍》中出现有“普照寺”之名，因“照”字犯武则天名讳，不可能是武后时期的寺名。在唐开元元年前后的《唐西州高昌县出草帐》里，有一寺名为“普昭寺”[3]，可能就是由普照寺改名而来，因此普照寺应该在武后主政以前就存在[4]。由此可以推论，高宗封禅泰山之后不久，西州便设立了万寿寺。

有的学者认为，吐鲁番文书中出现的西州万寿寺的记载，至开元年间犹存。或即西州奉高宗诏令而设立的官寺。同时又认为，高宗乾封元年设立万寿寺（观）的诏令执行时间极短，范围十分有限[5]。言西州奉高宗诏令而设万寿寺，甚确，但言高宗乾封元年设立万寿寺（观）的诏令执行时间极短，范围十分有限，或可商榷。自乾封元年（666）设万寿寺，至开元三年（715）西州仍出现万寿寺的记载，时间相隔近50年，不可谓时间极短。又，西州作为边州尚能奉敕建万寿寺，说明高宗时期万寿寺设立范围并非十分有限。

唐代第二次诏令天下诸州以“大云寺”为名设置官寺的时间为载初元年（689）。根据目前文献，尚未发现西州设置大云寺的直接证据，但是较西州

[1]［日］小田义久主编：《大谷文书集成》第二卷，京都：法藏馆，1990年，第83页，图版46。

[2] 陈国灿：《辽宁省档案馆藏吐鲁番文书考释》，载《魏晋南北朝隋唐史资料》第十八辑，武汉大学出版社，2001年，第96、97页。

[3]《吐鲁番出土文书》（图文本）第四册，第263页。

[4] 陈国灿：《辽宁省档案馆藏吐鲁番文书考释》，第97页。

[5] 聂顺新：《唐高宗乾封元年佛教官寺制度研究》，《宗教学研究》2018年第2期，第139—145页。

更偏的龟兹（安西）、疏勒、碎叶均有大云寺的设置。慧超《往五天竺国传》载："开元十五年（727）十一月上旬，至安西。于时节度大使赵君。且于安西，有两所汉僧住持，行大乘法，不食肉也。大云寺主秀行，善能讲说，先是京中七宝台寺僧……疏勒亦有汉大云寺，有一汉僧住持，即是岷州人士。"[1]《通典》引杜环《经行记》载："又有碎叶城，天宝七年，北庭节度使王正见薄伐，城壁摧毁，邑居零落。昔交河公主所居止之处，建大云寺，犹存。"[2]安西都护府治下的羁縻州府都设置了大云寺，作为正州的西州必定亦有大云寺之设置。

天下诸州设置大云寺涉及一个现实问题，即择址新建还是将原有寺院改名，目前学界大多主张后者。美国学者威斯坦因先生认为，"不要以为所有的大云寺一定都是新建的"，并引用日本学者冢本善隆先生的观点，"冢本在他的《日支佛教交涉史研究》中指出，很多大云寺是公元690年武后的诏书下达后由原有的寺院改名而成"[3]。聂顺新先生认为"改名""无疑是最简单而有效的办法"[4]。具体到西州，大云寺择址新建的可能性更大。唐代诏令天下诸州设置大云寺的时间为载初元年（689），而根据上引《唐开元三年（715）万寿寺僧惠垚文书》，迟至开元三年西州万寿寺仍然存在。这说明，西州大云寺并非由万寿寺改名而成，大云寺极有可能是择址新建的。

神龙元年（705）正月，太子李显于洛阳即位。为纪念李唐政权复辟，二月庚寅，"改中兴寺、观为龙兴，内外不得言'中兴'"[5]。关于天下诸州设置龙兴寺，文献多有记载，聂顺新先生对此进行了系统搜集、考证，其中包括西域安西（龟兹）龙兴寺、于阗龙兴寺、北庭龙兴寺[6]。美中不足的是，该文并没有提及西州龙兴寺的情况。其实，西州亦设有龙兴寺，阿斯塔那509号墓所出《唐西州高昌县出草帐》载：

---

[1]（唐）慧超著，张毅笺释：《往五天竺国传笺释》，北京：中华书局，2000年，第174、175页。

[2]（唐）杜佑撰，王文锦、王永兴等点校：《通典》卷一九三《边防九·石国》，北京：中华书局，1988年，第5275页。

[3]［美］威斯坦因：《唐代佛教》，张煜译，上海古籍出版社，2015年，第47页注释。

[4]聂顺新：《唐代佛教官寺制度研究》，复旦大学博士学位论文，2012年，第28、29页。

[5]《旧唐书》卷七《中宗本纪》，第143、144页。

[6]聂顺新：《唐代佛教官寺制度研究》第四章《龙兴寺的时空分布与龙兴寺诏令的执行力度》，第51—72页。

4 龙兴观柒束　大[宝]寺叁束半 崇宝寺拾肆束

5 龙兴寺贰拾肆束　遵戒寺贰拾壹束　[　　]柒束

6 证圣寺贰拾壹束　开觉寺叁拾伍束　索善端叁束

索善欢柒束[1]

据陈国灿先生考证，这件文书的时间为开元二十年（732）前后[2]。文书中既有龙兴寺又有龙兴观，既证明了神龙元年天下设置龙兴寺、观事之确，又说明这一诏令在西州得到了很好的执行。

龙兴寺的设置也涉及择址新建还是将原有寺院改名的现实问题。首先，神龙元年之后十年的开元三年，西州万寿寺依旧存在，不存在将万寿寺改名龙兴寺的问题。其次，据上引慧超《往五天竺国传》，直至开元十五年，安西（龟兹）仍有大云寺，说明同时期西州大云寺也应存在，不存在将大云寺改名龙兴寺的问题。这说明，西州龙兴寺有可能采取择址新建方式。

开元二十六年六月一日，唐玄宗诏令天下将大云寺改为开元寺，这是唐代第四次设置官寺。大云寺之设，源自东魏国寺僧人薛怀义等人为迎合武则天改朝换代的政治需要，伪造《大云经》，武则天由此颁旨，两京诸州各置大云寺一所，藏《大云经》。唐玄宗执政后，为肃清《大云经》流毒影响，诏令天下大云寺改为开元寺。因此，开元寺应由大云寺改名而成。

根据目前文献，尚未发现西州设置开元寺的直接证据，但是安西都护府治下的于阗有开元寺的设置。敦煌文书P.2889号《须摩提长经》为于阗使者从于阗带到沙州的佛经，卷端有“于阗开元寺一切经”一行，背录梵文十五行[3]。作为正州的西州，亦应有开元寺的设置。开元寺的设置，标志着大云寺从此退出历史舞台。

官寺作为奉敕建立的寺院，承担着一些特殊功能，聂顺新先生认为，官寺承担着“政治宣传与象征功能、待外国来华僧众与国内官客、责国忌行香与千秋节行道等国家礼仪、管一州僧政”等功能[4]。笔者认为，官寺还承担着存放官方佛经、承办重大佛事活动等功能。

[1]《吐鲁番出土文书》（图文本）第四册，第262页。

[2] 陈国灿：《吐鲁番出土唐代文献编年》，台北：新文丰出版公司，2002年，第258、259页。

[3] 商务印书馆编：《敦煌遗书总目索引》，北京：中华书局，1983年，第275页。

[4] 聂顺新：《唐代佛教官寺制度研究》第四章《龙兴寺的时空分布与龙兴寺诏令的执行力度》，第119—130页。

如上引唐贞观六年魏徵重译《妙法莲华经》第五卷末尾的落款云："中书令臣魏徵重译《妙法莲华经》卷第五，贞观六年二月十六日。"明显属官方佛经写本。这一写本的存放处极有可能就是奉敕而建的西州官寺。

关于官寺承办重大佛事活动，西州尚无相关例证，但是与西州毗邻的庭州有相关例证，可资借鉴。《宋高僧传》卷三《唐北庭龙兴寺戒法传》载：

> 唐贞元中，悟空回至北庭，其本道节度使杨袭古与龙兴寺僧请法为译主，翻《十地经》。法躬读梵文并译语，沙门大震笔受，法超润文，善信证义，悟空证梵文。又译《回向轮经》，翻传才毕，缮写欲终，遇北庭宣慰中使段明秀事讫回，与北庭奏事官牛昕、安西奏事官程锷等相随入朝，为沙河不通，取回鹘路，其梵夹留北庭龙兴寺藏，赍所译唐本至京。即贞元五载也。[1]

这段史料讲述了德宗贞元五年（789）悟空赴印度取经回国，行至北庭，受北庭节度使杨袭古与龙兴寺僧邀请，在龙兴寺译经的事情。这说明，地方重大佛事活动一般由官寺承办，西州亦应如此。

虽然官寺承担着上述特殊功能，但是在经济上与普通寺院并无二致。

唐初僧团享有免赋役的特权，但是需要缴杂税、服杂役，西州亦不例外。如《唐贞观十五年（641）西州高昌县赵相□夏田契》载：

1　贞观十五年正月三日，赵相□［　　］

2　夏康寺柒顷碑舍后小康寺田［　　］

3　亩与夏价麦高昌斛（斛）中叁斛伍［　　］

4　内上麦使毕；到十月内上秋［　　］

5　向常取。若过期月上麦［　　］

6　斲。租储佰役，仰田主［　　］

7　□□之后，各不得返悔。［　　］

8　［　　　　　］指为信。[2]

文书显示，赵相□租用小康寺这块土地之后，该土地的各种租役仍由小康寺负担。

[1]《宋高僧传》卷三《唐北庭龙兴寺戒法传》，第721页；（唐）圆照：《悟空入竺记》，《大正新修大藏经》第五十一册，第981页。

[2] 唐长孺主编：《吐鲁番出土文书》（图文本）第二册，北京：文物出版社，1994年，第29页。

均田制下僧道与女户皆不课，此处的租役应属杂税、杂役。上引《唐西州高昌县出草帐》，共存近60户的出草束数，其中1户为道观，10户为寺院，涉及奉敕而建的龙兴观及龙兴寺。僧道为不课户，故此处的“税草”应是地税的附加，属杂税。

两税法实施之后，僧团的经济特权进一步被剥夺，其表现之一就是要缴纳田税。如《唐大历三年（768）僧法英佃菜园契》载：

1　　马寺园一区（下残）
2　大历三年十月廿四日，僧法□
3　取上件园佃种，其园限叁年佃种。每年租价准麦
4　壹亩贰硕伍㪷，粟叁硕。其麦粟□至时熟，仰□
5　英依数送纳；其田税仰佃人自知。园内起三月□□[1]

僧法英租用马寺园一区，该园的田税由僧法英负担，说明此时的西州僧尼要缴纳田税。

综上所述，贞观十四年（640）唐平高昌后，太宗通过规范经文教材、降低试经门槛等方式对高昌僧团进行整顿，维系了民心。自乾封元年（666）以来，唐朝先后四次诏令天下诸州设立官寺，边陲西州亦不例外。西州官寺的设立，择址新建的可能性比较大，官寺承担一些特殊功能，官寺与普通寺院在经济上并无二致。

事实证明，唐王朝试经度僧及设置官寺的做法，对重建西州佛教秩序，笼络人心，维护自身统治起到了积极作用。

本文在撰写过程中得到了武汉大学历史学院黄楼副教授的指导和帮助，谨此致谢！

（作者单位：武汉大学历史学院，新疆社会科学院历史研究所）

[1]《吐鲁番出土文书》（图文本）第四册，第576页。

Two Topics on the Research of Buddhist Management in Xizhou during the Tang Dynasty

Wang Xusong

[Abstract] Shorthy after pacified Gaochang, the Tang Dynasty rectified the religious order for maintaining social stability. The paper discussed two topics on Buddhist management in Xizhou under Tang. In early Tang Dynasty, the Emperor cleaned up Gaochang Sangha by standardizing the teaching material of Buddhist scriptures, lowering the threshold of Buddhist scriptures' test and maintaining the hearts and minds of the Gaochang people. In early Tang Dynasty, the Emperor promulgated holy decrees four times, Xizhou was no exception. Xizhou official temples' setup should belong to the selection of a new address to reestablish. The official temples undertaked some special functions. There was no difference between official temples and ordinary temples in economy.

论玄奘译场的文臣监译*

杨志飞

对玄奘法师的研究，多集中在生平行事、佛学思想、译经组织与程序等方面，已经取得了非常丰硕的成果，但译场参预人员对译经影响的研究尚不多见。随着研究视野的开拓与史料的深度解读，译场中文士或儒臣的参预、唐代译经与经史编撰的互动等逐渐引起研究者的注意[1]。学界日益意识到玄奘与太宗、高宗两朝错综而微妙的关系，尤其经过刘淑芬先生对多种史料的重新解读[2]，我们看到作为一代译经大师的玄奘在晚年的困顿。以往的研究通常认为监译文臣是国家将政治力量与意识形态渗入译场的执行者，主译一旦接受赞助，就意味着翻译工作要受到赞助人的控制和限制[3]。玄奘译场经历太宗、高宗两朝，均有文臣的参预，代表朝廷对玄奘进行监护译经的文臣们究竟发挥了什么作用，或者对玄奘的译经产生了多大的影响，这是本文着力探讨的地方。

---

*本文系国家社科基金青年项目“汉文佛教史学名著《佛祖历代通载》整理与研究”（项目编号：16CZJ004）阶段性成果。

[1] 张弓：《唐代译场的儒臣参译》，《中国社会科学院研究生院学报》1999年第2期，第48—54页。范晶晶：《论唐代经史编撰与佛经翻译的互动》，《湖北大学学报》2014年第5期，第143—147页。李小荣：《唐代译场与文士：参预与影响》，《文学遗产》2015年第2期，第94—105页。

[2] 刘淑芬：《玄奘的最后十年（655—664）——兼论总章二年（669）改葬事》，《中华文史论丛》2009年第3期，第1—97页。

[3] 如盛文辉：《意识形态对佛经翻译的操纵》，中南大学硕士学位论文，2006年，第21、22页。修文乔：《论权力对翻译的影响——从意识形态角度解读唐朝佛经翻译》，《广东外语外贸大学学报》2008年第1期，第30—34页。［英］安德烈·勒菲弗尔：《翻译、改写以及对文学名声的制控》，上海外语教育出版社，2010年，第15、16页。王焱：《中国古代佛经翻译的政治化》，《学术交流》2012年第5期，第156—159页等。

一、译场监译溯源

佛教入华之初，草创翻译，“随天竺沙门所持来经，遇而便出”[1]，译场的组织、设施尚不完备，多由外来僧人诵出原典，一二国人担任笔受、度语。如东汉灵帝光和二年（179），竺佛朔于洛阳译出《般舟三昧经》，时支谶为传言，孟福、张莲笔受[2]。此时的译场属于民间性质，影响有限，笔受之人为亲近佛教的清信士，也是资助译事的檀越。译经初期的檀越，是后世译场监护的雏形，二者难分彼此，故曹仕邦将“檀越与监译”专列一节加以论述[3]。这一时期的主译不闲方言，所译经典文辞杂糅，质木无文，不加润饰，使转读之辈多生疑惑。

及至两晋，译业逐渐为世所重，护持译场的劝助之士日益增多。如竺法护于晋武帝太始二年（266）至愍帝建兴元年（313）译出《光赞般若》等经一百七十五部，“清信士聂承远及子道真、竺法首、陈士伦、孙伯虎、虞世雅等皆共承护旨”[4]。太康七年（286），敦煌月支菩萨法护译出《正法华经》二十七品，“优婆塞聂承远、张仕明、张仲政共笔受，竺德成、竺文盛、严威伯、续文承、赵叔初、张文龙、陈长玄等共劝助欢喜”[5]。此时的译经虽仍是民间行为，但参预译场的人士逐渐增多，影响力已日渐扩大。随着佛典的陆续译出，国人对佛教的了解日益加深，资助译经的檀越中出现了经济实力雄厚的门阀大族与地方官员。参预译经的人员增加到数十人甚至几百人，译场的组织建制也逐渐完备，主要由僧人负责检校经文、核定宗旨，对译出经典“理其指归”。如前秦建元十九年（383）僧人法和请罽宾沙门僧伽提婆译出《阿毗昙经》，竺佛念译传，慧力、僧茂笔受，法和“理其指归”，发现“检校译人，颇杂义辞，龙蛇同渊，金鍮共肆”，因此“抚然恨之”[6]。法和与道安曾对多部译经“对校检定”[7]，其工作内容就是对译经进行最后的检核、修订，使其成为定稿，身份相当于“总阅”。

---

[1]（东晋）道安：《鼻奈耶序》，《大正藏》卷二四，第851页上。

[2]（梁）僧祐：《出三藏记集》卷十三，北京：中华书局，1995年，第511页。

[3]曹仕邦：《中国佛教译经史论集》，台北：东初出版社，1990年，第68—80页。

[4]（唐）智昇：《开元释教录》卷二，《大正藏》卷五五，第496页下。

[5]《出三藏记集》卷八，第304页。

[6]（东晋）道安：《阿毗昙八犍度论序》，《大正藏》卷二六，第771页上。

[7]如《僧伽罗刹经》《增一阿含经》《阿毗昙八犍度论》《婆须蜜集》等经。

王文颜、曹仕邦先后论及，大臣监护译经始于赵政，帝王资助翻译，肇自苻坚[1]。苻秦时，秘书郎赵政崇仰释教，延请僧伽跋澄、昙摩难提等译出佛典多部，但其监护译经并非奉敕。后秦弘始三年（401），鸠摩罗什到达长安，此后的十余年中，广出妙典，既有慧远、僧肇等僧人的辅助，更有赖姚兴的礼遇与支持。姚兴宗室常山公姚显、安城侯姚嵩、司隶校尉姚爽等也经常作为檀越参与译事。罗什译经，常数百上千人同时参加，姚兴及大臣也在其中，但负责“详其义旨，审其文中”的是“慧恭、僧碧、僧迁、宝度、慧精、法钦、道流、僧叡、道恢、道标、道恒、道悰”[2]等义学沙门。

后秦弘始十六年（414），昙摩耶舍、昙摩崛多创译《舍利佛阿毗昙论》，由“皇储亲管理味”，“上讨其烦重，领其指归”[3]，开帝王委派大员监督译事之端。东晋义熙十四年（418），由吴郡孟颉、右卫将褚叔度共同资助的佛陀跋陀罗译场，已有包括法业、慧严等高僧在内的百余人参加。值得注意的是，这个译场出现了“诠定文旨”的角色，这是后世监译大臣才有的职责。细玩文义，“诠定文旨”的是佛陀跋陀罗，而非孟颉、褚叔度。北凉玄始十四年（425）四月，天竺沙门浮陀摩于凉州城内苑闲豫宫寺译《毗婆沙》，“王屡回驾，陶其幽趣，使文当理诣”[4]，沮渠蒙逊身为帝王，日理万机，多次驾幸译场，意在表明“素奉大法，志在弘通”，实际的译务工作应无暇顾及。由此推测，此一时期负责对译出经典进行最后校定的仍是僧人或主译僧人，出资的檀越似乎较少直接参与译经的实质性工作。

北齐天保年间，那连耶舍于邺城天平寺译经，始以僧官为监译，自此渐成制度：

> 天保七年（556），（那连耶舍）届于京邺……安置天平寺中，请为翻经，三藏殿内梵本千有余夹，敕送于寺……又敕昭玄大统沙门法上等二十余人，监掌翻译……[5]

---

[1] 王文颜：《佛典汉译之研究》，台北：天华出版事业股份有限公司，1984年，第199页。曹仕邦：《中国佛教译经史论集》，第74页。

[2]（东晋）僧叡：《大品经序》，《出三藏记集》卷八，第293页。

[3]（后秦）昙摩耶舍、昙摩崛多等译：《舍利弗阿毗昙论》卷一，《大正藏》卷二八，第525页中。

[4]（北凉）释道挺：《毘婆沙序》，《大正藏》卷二八，第1页中。

[5]（唐）道宣：《续高僧传》卷二，《大正藏》卷五〇，第432页下。

几乎同一时期，在南方的陈朝，月婆首那在江州兴业寺译场，江州刺史黄法氍为檀越，僧正惠恭等监掌译事[1]。

北周武帝时，摩伽陀国三藏阇那耶舍与弟子耶舍崛多、阇那崛多等于长安旧城四天王寺译《佛顶咒经》等，柱国平高公侯伏、侯寿为“总监检校”。北周委派重臣监护译经，对唐代有直接影响[2]。此即赞宁所说的“监护大使，后周平高公侯寿为总监检校，唐则房梁公为奘师监护，相次许观、杨慎交、杜行颛等充之”[3]。隋代在长安大兴善寺和洛阳上林园的翻经馆设置国家译场，以僧官或高僧担任译场的监护。开皇二年（582），那连耶舍译经，敕昭玄统沙门昙延、昭玄都大兴善寺主沙门灵藏等二十余僧“监掌始末”[4]，十二年（592），阇那崛多专主翻译，置十大德沙门僧休、法粲、法经、慧藏、洪遵、慧远、法纂、僧晖、明穆、昙迁等“监掌始末，诠定旨归”[5]。

以上大致勾勒出译场监译一职从无到有，从僧人担任到帝王委派大臣，再到由僧官负责的发展过程。随着佛典的陆续译出，佛教日渐被国人了解，南北朝时，王公大臣亲近佛教、结交高僧，成为社会风尚，其中有相当多的人士成为施助译场的檀越，促进了译场组织的进一步完备，参加译经的僧俗也从最初的三两人增加到数十人甚至上百人，逐渐进入统治者的视野并力求加以笼络。十六国时期，局势动荡，列国为争雄而求取人才，相继入华的外国高僧及其传法译经事业受到帝王的高度重视，进而以国家之力资助译事，或躬自亲临，或委派大员参预。

二、唐代监护译经之始

唐代译场由朝廷派遣大员监译，始于贞观四年（630）六月波颇于胜光寺译《般若灯论》之时：

> （贞观）四年六月，（波颇）移住胜光，乃召义学沙门……等传译，沙门玄谟、僧伽及三藏同学崛多律师等同作证明，对翻此论，尚书左仆射

---

[1]《续高僧传》卷一，第431页上。

[2] 曹仕邦《中国佛教译经史论集》、范晶晶《论唐代经史编撰与佛经翻译的互动》等已有论述。

[3]（宋）赞宁：《宋高僧传》卷三《译经篇论》，北京：中华书局，1987年，第57页。

[4]（隋）费长房：《历代三宝纪》卷十二，《大正藏》卷四九，第103页上。

[5]《历代三宝纪》卷十二，第104页中。

邢国公房玄龄、太子詹事杜正伦、礼部尚书赵郡王李孝恭等……监译，敕使右光禄大夫太府卿兰陵萧璟……赞扬影响，劝助无辍……[1]

《般若灯论》译毕之后，波颇又于同年奉诏译《大乘庄严经论》：

敕尚书左仆射邢国公房玄龄、散骑常侍行太子左庶子杜正伦诠定，……又敕太府卿兰陵男萧璟监掌修缉。[2]

《续高僧传》言及波颇译经时，对参预译场文臣的身份与角色亦有提及，但措辞略有不同：

又敕上柱国尚书左仆射房玄龄、散骑常侍太子詹事杜正伦参助勘定，光禄大夫太府卿萧璟总知监护，百司供送，四事丰华……[3]

为便于行文，现将三则史料所载监译大臣角色之异同列表如下：

监译大臣出处	《般若灯论释序》	《大乘庄严经论序》	《续高僧传》
房玄龄、杜正伦（李孝恭）	监译	诠定	参助勘定
萧璟	劝助	监掌修缉	总知监护

在道宣看来，监译、诠定与参助勘定，劝助、监掌修缉与总知监护，是可以等同的。诠定，《高丽藏》与《赵城金藏》本《续高僧传》作“勘定”，检《资福藏》、《普宁藏》、《径山藏》、宫内厅图书寮本《续高僧传》及《辩正论》[4]、《开元录》皆作“诠定”。勘定，意为核定、校定，属于经典译出后最终校勘定稿的环节[5]，与“诠定”虽仅一字之差，但参预译场大臣的职责则相去甚远。前代译经，监译者奉诏“诠定文旨”[6]或“诠定宗旨”[7]，职责在于把握一部经典的主旨大意，若此处为“勘定”，其角色则近于译场之正字或校

[1]（唐）慧赜：《般若灯论释序》，《大正藏》卷三〇，第51页上、中。

[2]（唐）李百药：《大乘庄严经论序》，《大正藏》卷三一，第590页上、中。

[3]《续高僧传》卷三，《大正藏》卷五〇，第440页上、中。

[4]《辩正论》的作者法琳，曾参与波颇译场，担任执笔、缀文。

[5] 如《历代三宝纪》卷九：“大方等大集经三十一卷。第三出，与汉世支谶所出二十七卷、秦世罗什所出三十卷，广略小殊，或二十九卷，或三十三，不定者由初出未勘定，即抄写致本不同，今翻验矣。”《辩正论》卷四：“勘定既周，缮写云毕，所司详读，乃奏闻。”

[6] 如《高僧传》卷二：“义熙十四年，吴郡内史孟颛右卫将军褚叔度即请贤为译匠，……于道场译出，诠定文旨，会通华戎，妙得经意”。

[7] 如《续高僧传》卷三载隋代阇那崛多译经：“置十大德僧沙门……昙迁等监掌翻事，铨定宗旨。”

勘，职责是“雠对已译之文”[1]，对写定的文本加以检核。诠定文旨与斟酌字句，在工序上似有高下之分，大臣奉诏监译，乃是代表朝廷，向世人展示一种支持文化事业的姿态，对遣词用字等基础性工作应措意不多。

劝助，即劝请扶助，译场的顺利进行需要纸笔、饮食等，因而“百司供送，四事丰华”，各种物资的保障供应必不可少。监掌，有掌管、主管、督察之义。修缉，指修订整理[2]。波颇译场有“硕德备经三教者一十九人”，皆一时之选，其中“慧赜、慧净、慧明、法琳等缀文”[3]，因而萧璟应是从全局把握、协调。

译场监护大臣的主要职责除了参助诠定文旨、修订整理文字之外，对出现的非译经事务具有裁断权。波颇译经时，受到“当世盛德”的批评，译经僧灵佳向代表朝廷的监护使陈情，请求裁定：

> 波颇意在传法，情望若絃。而当世盛德，自私诸己。有人云：“颇侥幸时誉，取驰于后，故聚名达，废讲经论，斯未是弘通者。”时有沙门灵佳卓荦拔群，妙通机会，对监护使具述事理云：“颇远投东夏，情乖名利，欲使道流千载，声振上古。昔符姚两代，翻经学士乃有三千，今大唐译人不过二十，意在明德同证，信非徒说，后代昭奉，无疑于今耳。”识者佥议攸同，后遂不行。[4]

“古人之译经也，译出其文，即随讲其义。所谓译场之助手，均实听受义理之弟子”[5]。隋唐之前的译场，既是译经的场所，也是宣讲的地方。降及隋代，译经已与宣讲有所区分。到唐代波颇译经时，译场只负责译经，因而受到“废讲经论”的批评。史料未对监护使的态度有明确记载，但其代表朝廷监护译经，监护使在名义上是译场的最高领导者。

房玄龄、杜正伦、萧璟三人与佛教界的关系是非常密切的。隋末，国子祭酒萧璟、詹事杜正伦等曾向僧人静琳行弟子礼[6]。贞观八年（634），皇太子召集高僧大德于弘文馆讲义，时道岳“广开衢术，延对诸宾，酬接覆却，

[1]《宋高僧传》卷三《译经篇论》，第57页。

[2]如《新唐书·百官志二》：“学士、直学士、侍读学士、修撰官，掌刊缉经籍。”第1212页。刊缉，即修订整理。

[3][4]《续高僧传》卷三，第440页中。

[5]汤用彤：《汉魏两晋南北朝佛教史》，北京大学出版社，2011年，第165页。

[6]《续高僧传》卷十三，第590页下。

神旨标被”，太子问是何人，杜正伦曰：“大总持寺道岳法师也，法门轨躅，学观所宗。”[1]可知杜正伦对道岳及佛教现状的了解是相当深入的。贞观九年（635），僧人智首卒，仆射房玄龄、詹事杜正伦及诸公卿“亲尽哀诉”[2]。贞观十年（636），律师玄琬卒，萧瑀、杜正伦等“亲奉戒约，躬尽哀礼”[3]。贞观十九年（645）玄奘归国，时为西京留守的房玄龄遣人迎接。太宗对监译人员的委派是经过考虑与选择的，房、杜、萧三人都曾为秦府文学馆学士，进入文学馆的文士，不仅文章学术为一时之选，对李世民而言也有戡定社稷之功，因此都是重臣。同时，三人对佛教界的情况有清楚的了解，与高僧来往密切，甚至执弟子礼，可以说，他们是初唐佛教的重要外护，作为监译，所起的作用也就可想而知了。

三、太宗朝玄奘译场的监译文臣及其作用

玄奘的译经始于太宗贞观十九年（645）在长安弘福寺开译《大菩萨藏经》，到高宗麟德元年（664）坊州玉华寺译毕《咒五首经》，先后在弘福寺、大慈恩寺、翠微宫、玉华寺等译场译出经典七十五部，一三三五卷。据经序、出经记、佛典目录等记载，玄奘译场中文臣参预的有：

<table>
<tr><th>时间</th><th>地点</th><th>译经</th><th>僧人</th><th>角色</th><th>文臣</th><th>角色</th></tr>
<tr><td rowspan="2">贞观十九年（645）[4]</td><td rowspan="2">弘福寺</td><td rowspan="2">大菩萨藏经</td><td>智证</td><td>笔受</td><td rowspan="2">许敬宗</td><td rowspan="2">监阅[5]</td></tr>
<tr><td>道宣</td><td>证文[6]</td></tr>
<tr><td>贞观二十年（646）[7]</td><td>弘福寺</td><td>大乘五蕴论</td><td></td><td></td><td>许敬宗</td><td>监译</td></tr>
<tr><td rowspan="4">贞观二十一年（647）[8]</td><td rowspan="4">弘福寺</td><td rowspan="4">因明入正理论</td><td>明濬</td><td>笔受证文</td><td rowspan="4">许敬宗</td><td rowspan="4">监译</td></tr>
<tr><td>玄谟</td><td>证梵语</td></tr>
<tr><td>玄应</td><td>正字</td></tr>
<tr><td>道洪、明琰、慧贵、法祥、文备、道深、神泰</td><td>详证大义</td></tr>
</table>

[1]《续高僧传》卷十三，第528页中。

[2]《续高僧传》卷一三，第614页下。

[3]《续高僧传》卷一三，第617页中。

[4]《开元释教录》卷八，第555页下。

[5]［日］池田温：《中国古代写本识语集录》，东京大学东洋文化研究所，1990年，第191页。

[6]《续高僧传》卷四称“余（道宣）为执笔，并删缀词理”。

[7]［日］池田温：《中国古代写本识语集录》，第189页。

[8]《因明入正理论后序》，《大正藏》卷三二，第13页中。

续表

<table>
<tr><th>时间</th><th>地点</th><th>译经</th><th>僧人</th><th>角色</th><th>文臣</th><th>角色</th></tr>
<tr><td>贞观二十二年（648）[1]</td><td>弘福寺</td><td>瑜伽师地论</td><td></td><td></td><td>许敬宗</td><td>监阅</td></tr>
<tr><td>贞观二十二年（648）[2]</td><td>弘福寺</td><td>佛地经</td><td></td><td></td><td>许敬宗</td><td>监阅</td></tr>
<tr><td>贞观二十二年（648）[3]</td><td>玉华宫</td><td>能断金刚般若波罗蜜多经</td><td>无</td><td></td><td>直中书杜行颢</td><td>笔受</td></tr>
<tr><td rowspan="3">显庆五年至龙朔三年（660—663）[4]</td><td rowspan="3">玉华宫</td><td rowspan="3">大般若波罗蜜多经</td><td rowspan="3">大乘光、大乘钦、嘉尚等</td><td rowspan="3">笔受</td><td>陈德诠</td><td>专当经判官</td></tr>
<tr><td>崔无誉</td><td>检校写经使</td></tr>
<tr><td>许敬宗</td><td>监阅[5]</td></tr>
</table>

在太宗朝，玄奘的译场主要由许敬宗、杜行颢监阅（监译）。玄奘归国之初，正值太宗东征高丽，“乃敕京师留守梁国公房玄龄专知监护”[6]，但未见房玄龄何时何地监护何经的翻译。《续高僧传》又曰：“所须人物吏力，并与玄龄商量，务令优给”[7]。房玄龄有“筹谋帷幄、定社稷之功”，曾被太宗比为“汉之萧何”，又于贞观三年（629）“任总百司，虔恭夙夜，尽心竭节，不欲一物失所”[8]。可见房玄龄在物资调配支度方面有突出的能力，他对玄奘译场的“专知监护”，主要是对译经僧进行选拔[9]，为译场提供所需的各项物资，保证“人物吏力”的充足，使译经得以顺利进行。玄奘译经时，房玄龄则不必在场：

（贞观二十二年）冬十月，车驾还京，法师亦从还。先是，敕所司于

[1]《中国古代写本识语集录》，第191页。

[2]《中国古代写本识语集录》，第190页。

[3]《开元释教录》卷八，第556页上。

[4]《开元释教录》卷八，第555页中。

[5]《中国古代写本识语集录》，第204、205页。

[6]《续高僧传》卷四，第454页下。

[7]《续高僧传》卷四，第455页上。

[8]（后晋）刘昫：《旧唐书》卷六六，北京：中华书局，1975年，第2461页。

[9] 如《开元释教录》卷八载：“（贞观十九年）既承明命，返迹京师，遂召证义大德、谙解大小乘经论、为时辈所推者一十一人至，……缀文大德九人至，……字学大德一人至，……证梵语梵文大德一人至，……”

北阙紫微殿西别营一所，号弘法院。既到，居之，昼则帝留谈说，夜乃还院翻经。更译无性菩萨所释《摄大乘论》十卷，世亲《论》十卷，《缘起圣道论》一卷，《百法明门论》一卷。[1]

此数经的翻译，是贞观二十二、二十三年玄奘利用陪侍太宗的间隙译成，卷帙皆不大，检诸文献，未见房玄龄、许敬宗、杜行顗监译的记载，也未见他们对玄奘译经的策略与方法进行干预，可知并未参预译经的具体工作。唐初的数十年中，国家根本甫定，对包括译经在内的各项文化事业都展示出重视与支持的态度。文臣们不谙梵文，对佛教义理的掌握也较有限，奉敕“监共译经”，实际上是临时授予的荣誉性虚衔，很少直接参与译事。以译典的选择为例，朝廷在经典的选择上并不处于主导地位，玄奘有着明显的自主性，基本按自己的计划进行翻译：

贞观二十二年，幸玉华宫，追奘至，问翻何经论，答：“正翻《瑜伽》。”上问：“何圣所作？明何等义？”具答已，令取论自披阅，遂下敕：“新翻经论写九本，颁与雍、洛、相、兖、荆、扬等九大州。”[2]

《瑜伽师地论》一百卷，是大乘佛教瑜伽行唯识学派的重要论典，是玄奘西行求取的重要经典，后来成为中国法相宗的根本论书，因而玄奘首先将此论及相关诸经论译出。此论翻译之时，集中了当时全国各地著名的义学僧人，包括笔受5人，证文5人，正字2人，证梵语1人，证义7人，其中如道宣、辩机、玄应、靖迈、神泰等声闻卓著，另有银青光禄大夫、行太子左庶子、高阳县开国男许敬宗监阅[3]，其译场组织之完备、分工之精细、规格之高，是其他译经少能比拟的。从二人的对话可知，太宗对玄奘译经的进展并不了如指掌，因此也就谈不上对翻译何种经典进行干预了。

四、高宗朝玄奘译场的监译文臣及其作用

与太宗朝不同，玄奘在高宗时译场的监译是他本人请求的。显庆元年（656）春正月，高宗在大慈恩寺为皇太子设斋，遣黄门侍郎薛元超等行香。其间，玄

[1]（唐）慧立本、彦悰笺：《大唐大慈恩寺三藏法师传》卷七，《大正藏》卷五〇，第259页上、中。

[2]《续高僧传》卷四，第456页上。

[3] 弥勒菩萨说，（唐）玄奘译：《瑜伽师地论》卷一〇〇，《大正藏》卷三〇，第881页下。

奘请求朝廷派员监译：

> 时黄门侍郎薛元超、中书侍郎李义府因参法师，遂问曰："翻经固法门之美，未审更有何事可以光扬？又不知古来翻译仪式如何？"法师报曰："法藏冲奥，通演实难，然则内阐住持，由乎释种，外护建立，属在帝王。所以泛海之舟能驰千里，依松之葛遂竦万寻，附托胜缘，方能广益。今汉魏遥远，未可详论，且陈符、姚已来翻宣经论。除僧之外，君臣赞助者，符坚时昙摩难提译经，黄门侍郎赵整执笔；姚兴时鸠摩罗什译经，姚主及安城侯姚嵩执笔；后魏菩提留支译经，侍中崔光执笔及制经序。齐、梁、周、隋，并皆如是。贞观初波颇罗那译经，敕左仆射房玄龄、赵郡王李孝恭、太子詹事杜正伦、太府卿萧璟等监阅详缉。今独无此。又慈恩寺，圣上为文德圣皇后营建，壮丽轮奂，今古莫俦，未得建碑，传芳示后，显扬之极，莫过于此。公等能为致言，则斯美可至。"二公许诺而去。[1]

对玄奘主动请求监译的动机，学界有不同观点，或认为其目的在于借助朝廷的力量来应对其他宗派或力量的攻击[2]，或认为大臣监共译经并非出自玄奘的本意和请求，而是高宗的旨意，因为在高宗从辅政旧臣系夺回政治主宰权的风暴中，玄奘被归入辅政旧臣一系，此后一直处于被监视的环境中[3]。本文认为，玄奘对所学、所译都有长远、系统的规划，主动请求朝廷派员监译，正是"附托胜缘"、争取帝王外护的具体实践，从归国后对太宗的积极态度即可窥见其心态。玄奘从天竺东归到达于阗后，即遣人前往长安向太宗上表，说明私自出境及在天竺求学的经历，抵达沙州后，再次向太宗上表报告行踪，静候朝廷音讯。当时太宗身在洛阳，便敕西京留守房玄龄迎接。当玄奘得知太宗将要东征高丽时，"恐稽缓不及，乃倍途而进"[4]，到长安将所携经像安置后，又兼程赶赴洛阳面见太宗。在弘福寺将事翻译之前，又条疏所需译经助手如证义、缀

[1]《大唐大慈恩寺三藏法师传》卷八，第266页上、中。

[2] 葛承雍：《唐玄奘晚年活动散论》，《人文杂志》1994年第2期，第94—99页。黄运喜：《玄奘大师的晚年行实》，载传真法师、黄强主编《玄奘与南京玄奘寺》，南京：河海大学出版社，2004年，第82—92页。宋道发：《玄奘法师与唐太宗、高宗——初唐政教关系的个案研究》，《普门学报》2003年第17期，第48—53页。杨廷福：《玄奘年谱》，上海古籍出版社，2011年，第274页。

[3] 刘淑芬：《玄奘的最后十年（655—664）——兼论总章二年（669）改葬事》，第1—97页。

[4]《大唐大慈恩寺三藏法师传》卷五，第252页中。

文、笔受、正字、书手等人员通过房玄龄向太宗申求，都是主动亲近、借助帝王与朝廷的力量以实现译经夙愿的实例。

玄奘“唐梵俱瞻，词理通敏”，详解大小乘经典，在天竺获得摩诃衍那提婆（大乘天）、木叉提婆（解脱天）的称号，声震五天，主动请求高宗派大臣监译，也源于对自己佛学造诣的充分自信，不会因为有大臣参预而使译经有违自己的意志。道宣对玄奘译经曾评价道：

> 自前代已来，所译经教，初从梵语，倒写本文，次乃回之，顺同此俗，然后笔人观理文句，中间增损，多坠全言。今所翻传，都由奘旨，意思独断，出语成章，词人随写，即可披玩。[1]

由于玄奘“唐梵二方，言词明达”[2]，故而他能将自己的译经理念自主地贯彻到译场中，而不必受制于人。可以说，玄奘以卓越的梵文水平、高超的文学修养与佛学理论造诣，成为译场无可争辩的权威。

玄奘请求监译，时在显庆元年正月，距离尚药奉御吕才撰著《因明注解立破立图》向玄奘及其弟子发难一事结束仅两个月。吕才事件若说有政治力量作为后盾，则显得牵强，吴智勇先生已有驳正[3]。此次风波最终以“吕公词屈，谢而退焉”结束，吕才虽不足惧，但此事绵延半年之久，不但影响到玄奘译经的顺利进行，更让他进一步意识到自己甚至整个佛教界随时要面临来自外部的冲击与威胁，因此争取帝王的支持已刻不容缓。玄奘奏请朝廷派员监译，既可得到大臣们的支持与维护，以抵挡道教与反佛官员的攻讦，又可减少朝廷的顾虑，故而仿效前代监护译经故事，正在情理之中。同年正月廿四日，高宗同意了玄奘的请求：

> 今月廿四日，内给事王君德奉宣口敕，许为寺塔建碑制文，及遣左仆射于志宁、中书令来济、礼部尚书许敬宗、黄门侍郎薛元超、杜正伦、中书侍郎李义府、国子博士范頵等诸学士，监共译经。[4]

显庆二年（657）五月，高宗对玄奘将前代已译经典进行重译的做法表达了

[1]《续高僧传》卷四，第455页上。

[2]（唐）冥详：《大唐故三藏玄奘法师行状》，《大正藏》卷五〇，第220页中。

[3]吴智勇：《六到七世纪僧人与政治：以个案研究为中心》，复旦大学博士学位论文，2013年，第81—87页。

[4]《寺沙门玄奘上表记》卷一，《大正藏》卷五二，第821页下。

不同的意见：

（显庆二年）有敕报法师（按：玄奘。）曰："其所欲翻经论，无者先翻，有者在后。"法师进表曰："……但《发智》《毗婆沙论》有二百卷，此土先唯有半，但有百余卷，而文多舛杂，今更整顿翻之。去秋以来已翻得七十余卷，尚有百三十卷未翻。此《论》于学者甚要，望听翻了。余经论有详略不同及尤舛误者，亦望随翻，以副圣述。"帝许焉。[1]

高宗对玄奘译经动态有着较为清晰的了解与掌握，或许与监阅大臣的及时上奏有关。时两百卷的《阿毗达磨大毗婆沙论》尚有百三十卷未译，故玄奘上表称旧译不完整且"文多舛杂"，因"此《论》于学者甚要"，"望听翻了"，得到高宗的允许。此敕之后，玄奘如何处理新译与重译的关系呢？换言之，高宗的敕令对玄奘译经的选择有无影响，或者说有多大的影响呢？今将显庆二年五月敕令下达之后玄奘译经的情况整理如下：

序号	所译经典	卷数	起讫时间	译经地点	备注
1	阿毗达磨大毗婆沙论	200卷	显庆元年七月至四年七月	大慈恩寺	重译
2	阿毗达磨发智论	20卷	显庆二年正月至五年五月	大内顺贤阁、玉华寺	重译
3	观所缘缘论	1卷	显庆二年十二月	洛阳大内丽日殿	重译
4	入阿毗达磨论	2卷	显庆三年十月	大慈恩寺	新译
5	不空羂索神咒心经	1卷	显庆四年四月	大慈恩寺	重译
6	阿毗达磨法蕴足论	12卷	显庆四年七月至九月	大慈恩寺	新译
7	大般若经	600卷	显庆五年至龙朔三年十月	玉华寺	108卷为重译
8	阿毗达磨品类足论	18卷	显庆五年九月至十月	玉华寺	重译
9	阿毗达磨集异门足论	20卷	显庆五年十一月至十二月	玉华寺	新译
10	辩中边论颂	1卷	龙朔元年五月	玉华寺	新译
11	辩中边论	3卷	龙朔元年五月	玉华寺	重译
12	唯识二十论	1卷	龙朔元年六月	玉华寺	重译
13	缘起经	1卷	龙朔元年七月	玉华寺	重译
14	异部宗轮论	1卷	龙朔二年七月	玉华寺	重译
15	阿毗达磨界身足论	3卷	龙朔三年六月	玉华寺	新译
16	五事毗婆沙论	2卷	龙朔三年十二月	玉华寺	新译
17	寂照神变三摩地经	1卷	龙朔三年十二月	玉华寺	新译
18	咒五首经	1卷	麟德元年正月	玉华寺	新译

[1]《大唐大慈恩寺三藏法师传》卷九，第272页下、第273页上。

经过梳理发现，玄奘并未对新译表现出明显的倾向，因为在敕下七个月后，即同年十二月，玄奘便重译了《观所缘缘论》一卷，又在显庆四年重译了《不空羂索神咒心经》一卷，同时《发智论》《大毗婆沙论》的重译工作仍在继续，进度虽慢，但并未停止。显庆五年之后又重译了五部共二十四卷：《阿毗达磨品类足论》十八卷、《辩中边论》三卷、《唯识二十论》一卷、《缘起经》一卷、《异部宗轮论》一卷。从内容上看，《发智论》《大毗婆沙论》《集异门足论》《法蕴足论》《界身足论》《品类足论》《入阿毗达磨论》等均属于小乘说一切有部，其中有多部典籍都是重译。玄奘于龙朔元年（661）五月一日首次将《辩中边论颂》译出，又在同月十日至三十日将注释《辩中边论颂》的《辩中边论》重译。《辩中边论》《唯识二十论》《观所缘缘论》三部重译经，均为唯识宗六经十一论之一[1]，其余的几种论典如《瑜伽师地论》《显扬圣教论》《大乘阿毗达磨杂集论》《摄大乘论》等均已由玄奘在此前译出。可见玄奘对唯识、有部论典的翻译有系统的规划。此外，显庆五年（660）正月一日至龙朔三年（663）十月二十日于玉华宫翻译的六百卷《大般若经》，其中有一〇八卷是重译[2]。

刘淑芬先生通过考察高宗朝的政治风波，认为这道敕令影响到了玄奘对译典的选择：

> 此敕确实也给予玄奘压力，《发智论》至五年五月才译毕，《大毗婆沙论》则在四年七月三日才完成，亦即玄奘确实暂时放下此二经的翻译工作，从事其他未译经的翻译。自接到此敕之后，玄奘仅再译出七部旧经。由此可见，高宗对于旧经新译的看法，也影响及玄奘译经的选择。[3]

[1] 据窥基《成唯识论述记》，六经十一论是法相宗立宗所依据的主要经论。六经为（1）《华严经》（佛陀跋陀罗、实叉难陀两译本）、（2）《解深密经》（菩提流支、玄奘两译本）、（3）《如来出现功德庄严经》（未传译）、（4）《大乘阿毗达磨经》（未传译）、（5）《楞伽经》（求那跋陀罗、菩提流支、实叉难陀三译本）、（6）《厚严经》（未传译）；十一论为（1）《瑜伽师地论》（玄奘译）、（2）《显扬圣教论》（玄奘译）、（3）《大乘庄严经论》（波颇译）、（4）《集量论》（真谛、义净两译本）、（5）《摄大乘论》（佛陀扇多、真谛、玄奘三译本）、（6）《十地经论》（菩提流支译）、（7）《观所缘缘论》（玄奘译）、（8）《阿毗达磨集论》（玄奘译）、（9）《唯识二十论》（菩提流支、真谛、玄奘三译本）、（10）《辩中边论》（真谛、玄奘两译本）、（11）《分别瑜伽论》（未传译）。

[2] 杨曾文：《隋唐佛教史》，北京：中国社会科学出版社，2014年，第214页。

[3] 刘淑芬：《玄奘的最后十年（655—664）——兼论总章二年（669）改葬事》，第26、27页。

正如刘淑芬先生所言，接到此敕之后，玄奘重译经的数量减少，除去重译未完成的《发智论》《大毗婆沙论》，“仅再译出七部旧经”。但与此同时，新译经的数量并未相应地增加，除去《大般若经》，也只新译了八部。此敕之前，重要论典如《阿毗达磨俱舍论》等大多已按计划重译，这应当是后来重译减少的原因。因此，高宗“无者先翻，有者在后”的敕令并未对玄奘的译经造成明显的影响，也未见监译的文臣们对玄奘在旧译新译的问题上发表意见。玄奘长达十九年的译经活动，可分为三个阶段，每个阶段的翻译都是有计划的，换言之，玄奘的译经是非常注意系统性的[1]。

玄奘的翻译还有一个重要特点，就是选择性，即所译唯识典籍基本上局限在有为依唯识学一系上，通过有选择地选译与限定性诠释，达成了中国唯识思想的“意识形态”“纯化”。具体而言，就是玄奘有意不翻译瑜伽行派的无为依唯识学的主要论著《大乘庄严经论》《究竟一乘宝性论》《佛性论》《楞伽经》《密严经》等，通过对无为依唯识思想的回避、排斥，导致玄奘学派对真谛等所译的无为依唯识著述予以否定。同时，在翻译、诠释护法唯识思想的过程中，玄奘及其弟子对其进行了进一步“纯化性”发展，比如通过对基本概念的限定性诠释（如将“唯识”释为“不离识”）、有意误读（如将“唯了别”一概释为“唯识”），以及对异派唯识思想的清除（如排斥安慧的“无相唯识学”等余家唯识），试图将印度唯识学显示为有为依唯识学性质[2]。以《佛说无上依经》为例，此经系梁代真谛所译，是继《涅槃经》《胜鬘经》等经之后主张如来藏思想的经典，世亲《佛性论》及安慧《究竟一乘宝性论》等，对本经多有征引，因此在大乘佛教思想中，有关法身论、佛性论等的发展，本经占有重要地位。玄奘仅翻译了本经中关于建造佛塔、供养佛舍利所具有殊胜功德的部分，出为《甚希有经》一卷，而对说明真如佛性（如来藏）的内容却舍弃而

[1] 张德宗：《玄奘译经活动述论》，《史学月刊》1996年第3期，第18—23页。

[2] 周贵华：《瑜伽行派唯识学之结构——再谈无为依与有为依唯识学的区分》，《中国哲学史》2004年第4期，第21—29页。按：玄奘对“唯识”的汉译，学界尚有争论，详见周贵华：《唯识与唯了别——“唯识学”的一个基本问题的再诠释》，《哲学研究》2004年第3期，第59—65页。成建华：《关于“唯识”一词的再思考》，《哲学研究》2013年第12期，第55—59页；《再论玄奘翻译的准确性——以“唯识”一词为例》，《中国佛学》2015年第1期，第129—139页。本文采用周贵华先生的观点。玄奘的有意改译，吕澂先生已有论述，见《吕澂佛学论著选集》第一册，济南：齐鲁书社，1991年，第56、57页。

不予翻译[1]。参与玄奘译场的义学僧人，如道宣、法藏等先后退出，可能就是因为观点不同所致。限于学识，监译的文臣未必能发现玄奘对无为依、有为依唯识学的抉择，因而也无法真正起到监督译经的作用。

文臣若能参预译事，可比美前修，实为无尚荣耀之事。唐神龙年间（705—707）菩提流志于崇福寺开译《大宝积经》，法门龙象如慧沼、大愿、尘外及新罗僧人胜庄等参预其事。卢藏用、陆景初监护译场，时中书侍郎崔湜因行香至翻经院，不禁感叹："清流尽在此矣，岂应见隔？"于是奏请参与润色新经[2]。

此外，不独译经有文臣奉敕监护，缮写儒家典籍《五经正义》、修撰《本草》、律疏等朝廷亦委派大员参预。如永徽四年（653）正月《进律疏表》的编纂列位：

> 尚书左仆射兼太子少师监修国史上柱国燕国公志宁
> 尚书右仆射监修国史监修国史上柱国开国公遂良
> 银青光禄大夫守中书令监修国史上骑教尉柳奭
> 银青光禄大夫守刑部尚书上轻车都尉唐临
> 太中大夫大理卿轻车都尉段宝玄
> 太中大夫守黄门侍郎护军颍川县开国公韩瑗
> 太中大夫守中书侍郎监修国史骁骑尉来济
> 朝议大夫守中书侍郎辛茂将
> 朝议大夫守尚书右丞轻车都尉刘燕客（下略）[3]

永徽四年（653）二月《五经正义》卷末的编纂列位：

> ……
> 朝散大夫行太常博士上骑都尉臣柳宣
> 国子博士弘文馆学士上轻车都尉臣刘伯庄
> 银青光禄大夫守中书令监修国史上骑都尉臣柳奭
> 光禄大夫吏部尚书监修国史上柱国河南郡开国公臣褚遂良
> 光禄大夫侍中兼太子少保监修国史上护军蓚县开国公臣季辅

[1] 周贵华：《唯识明论》，北京：宗教文化出版社，2011年，第39页；又见周贵华：《中国唯识旧学与新学》，《哲学动态》2011年第1期，第72—80页。

[2]《宋高僧传》卷四，第73页。

[3]《中国古代写本识语集录》，第199、200页。

尚书右仆射兼太子少傅监修国史上护军北平县开国公臣行成

尚书左仆射兼太子少师监修国史上柱国燕国公臣志宁

司空上柱国英国公臣勣

太尉扬州都督监修国史上柱国赵国公臣无忌[1]

显庆四年（659）正月，新修《本草》卷十五的编纂列位：

登仕郎行礼部主事云骑尉臣颜仁楚

登仕郎守路王府参军臣吴师哲

……兼侍中护军臣辛茂将

中书令太子宾客监修国史弘文馆学士上柱国高阳郡开国公许敬宗

司空上柱国英国公臣勣[2]

可见，由国家资助的各项文化事业都有大臣监护，在译经方面则为监译，俨然成为一种制度。由于监译大臣多是虚衔而较少直接参与事务性工作，因此并非所有译场都有监译。显庆元年正月玄奘请求派员监译，同月即敕“于志宁、来济、许敬宗、薛元超、李义府、杜正伦等时为看阅，有不稳便处，即随事润色”，但玄奘于同年七月在大慈恩寺译《大毗婆沙论》，现存的译场列位中却不见监译人员[3]。显庆二年（657）二月，玄奘随高宗、武后移驾洛阳，随行的仅“翻经僧五人，弟子各一人”，监译大臣则不必随往。显庆四年（659）冬十月，“法师从京发向玉华宫，并翻经大德及门徒同去”[4]，随从人员中也未提及监译大臣，但玄奘在玉华寺翻译的《大般若经》，有多处题署“太子少师弘文馆学士监修国史高阳郡开国公臣许敬宗等润色监阅”[5]，应是与唐代译经及流通制度有关。尽管监译文臣不必随时前往译场，但经典译出之后，仍须经过文臣的“总阅”才能缮写，进而上奏朝廷。

五、结语

唐代承袭北朝的惯例，对译场委派监护大臣。由于深刻意识到“译经虽位

[1]《中国古代写本识语集录》，第197页。

[2]《中国古代写本识语集录》，第202、203页。

[3]《中国古代写本识语集录》，第201页。

[4]《大唐大慈恩寺三藏法师传》卷一〇，第275页下。

[5]《大般若经》卷二三二、三四八等卷末有译场列位，见《中国古代写本识语集录》，第204、205页。

在僧，光价终凭朝贵”[1]，玄奘努力争取太宗、高宗及大臣们对译经事业的支持与维护，但在译典的选择、翻译的策略上，玄奘才是译场真正的中心与权威。加之文臣大多不懂梵文，对佛教义理的掌握可能也不够系统全面，未见有佛学类的撰述，因此只能对译经进行润文。至于“诠定宗旨”，仅是文臣们名义上代表朝廷进行监督，以显示官方对译经事业之重视、对高僧之礼遇，实则未能对所译经典进行实质性的指导。房、于、杜、许等人与佛教界来往密切，与高僧过从甚密，甚至行弟子礼，因而监译文臣的存在，主要应是象征性的，展示的是大唐王朝对文化交流事业的一种支持态度，若认为“监共译经”是对玄奘的监视或对译场进行思想控制，似乎有些牵强。

高祖、太宗两朝先后编修《晋书》《梁书》《陈书》《北齐书》《周书》《隋书》，并对魏晋南北朝以来的儒学进行总结，诏令孔颖达等修《五经正义》，参预修史的大臣同时也多是译经的监译。检诸史籍，两《唐书》等并未记载各大臣监护译经的史实，而对何年监修国史、何年修成实录则言之甚详，仅佛教史料称有文臣监译，难免有荣己之嫌，正可从侧面说明这些文臣直接参与了修史，监译只是象征性的挂名。

玄奘之后的义净译场，也有监译人员，这些文臣多有“翻经学士”的头衔。“翻经学士”同样是一个虚衔，与译经本身似乎并无多大关系，并不代表其能实际参与译经，而主要是来展示武周的政治格局[2]。

本文曾提交聂顺新先生召集的“第三届中古宗教史青年学者工作坊”（陕西师范大学，2018年4月）发表，承蒙李猛、董大学、武绍卫三位老师及本刊匿名评审专家提出宝贵意见，于此特致谢忱。

（作者单位：西安外国语大学中国语言文学学院）

[1]《续高僧传》卷四，第457页中。

[2] 陈明：《义净的佛典翻译及其流传——以敦煌西域出土写卷为中心》，《文史》2015年第3期，第148页。

Discussion on the Literary Officials in Xuanzang's Translation Workshop

Yang Zhifei

[Abstract] Xuanzang is the peak of Chinese Buddhist scriptures translation, whose translation workshop has the participation of literary officials ministers. As the nominally leaders of the translation workshop, the supervised the translation of the classics on behalf of the court translation, and their duties were mainly to select the translation monks, provide them with various materials needed for the translation, so as to ensure the translation smoothly. Except for text polishing of the translated new classics, they seldom directly participated in translation. The existence of supervised translators mainly shows the supportive attitude of the Tang Dynasty to the cause of cultural exchange. Xuanzang has a systematic plan on the choice of the scriptures to be translated and the concrete strategies of translating the classics, so he is the actual leader of the translation workshop.

加荣沐秩，授邑封公

——唐沙门赐俗官考

翟兴龙

佛教东来中夏，先在社会上层产生影响，后逐渐在社会各阶层广泛传播。随着时间的推移，如何应对这一不断壮大的外来宗教，是世俗政权需要考虑的问题。对此，强硬灭佛者有之，崇佛至佞者有之，但更多的是将佛教纳入制度管理体系之中。中国佛教管理制度就是在世俗政权不断加强对佛教管理的过程中发展起来的。中国佛教管理制度涉及佛教在中国发展的方方面面，诸如度僧、寺院管理、土地制度、寺院社会经济制度等，中外学者多有详细的讨论[1]。僧人个人参与世俗政权对佛教管理的身份界定，多以僧官的视角来讨论[2]。此外，世俗政权还会赐予部分僧人荣典，主要有紫衣、师号、德号、塔号、谥号、俗官、夏腊

[1] 唐代佛教管理制度的相关研究，可参阅［日］金田正好：《東亜仏教史》，东京：理想社，1942年。［日］道端良秀：《唐代仏教史の研究》，京都：法藏馆，1957年。［日］诸户立雄：《中国仏教制度史の研究》，东京：平河出版社，1990年。顾伟东：《从白马驮经到三武一宗——唐宋之前佛教与历代中央政权之关系》，复旦大学硕士学位论文，2003年。周奇：《唐代宗教管理研究》，复旦大学博士学位论文，2005年。

[2] 中国僧官制度的研究，可参阅释明复：《中国僧官制度研究》，台北：明文书局，1981年。谢重光、白文固：《中国僧官制度史》，西宁：青海人民出版社，1990年。谢重光：《中古佛教僧官制度和社会生活》，北京：商务印书馆，2009年。

等，也有学者对这些僧人荣典加以讨论[1]。然而，相较于学界对唐代道士赐俗官的关注[2]，既往的讨论对沙门赐俗官这一现象不甚重视。

俗官，是与僧官不同的、由世俗政权授予的、与世俗官员一样的职官体系。从唐代僧人所赐俗官来看，囊括了所有的俗官种类，有散阶、爵位、职事官、勋官和使职。所以，本文拟对唐代沙门赐俗官的史料简单梳理，分析赐俗官的种类、原因、待遇及在唐代宗教管理制度中的作用等。

一、赐俗官的种类及结衔

（一）唐以前所赐俗官

沙门赐俗官，始于北魏沙门法果：

> 初，皇始中，赵郡有沙门法果，诫行精至，开演法籍。太祖闻其名，诏以礼征赴京师，后以为道人统，绾摄僧徒。每与帝言，多所惬允，供施甚厚。至太宗，弥加崇敬，永兴中，前后授以辅国、宜城子，忠信侯，安成公之号，皆固辞。[3]

法果所受俗官，都是子、侯、公之类，明显是爵位，与授予世俗官员的爵位无异，仅有名号上的差别，而无品级的区别。

法果之后，有个别僧人也得到俗官。宋人赞宁在《大宋僧史略》“封授官秩”一节有将详细的记载：

> 昔后魏以赵郡沙门法果为沙门统，供施之不足，又官品之，遂授辅国、宜城子、忠信侯，寻进公爵曰“安城”。释子封官，自法果始也。梁朝以慧超为寿光殿学士，又陆法和甚高官位。后周选僧道中学问优赡者，

[1] 唐代僧人荣典研究，可参阅汤用彤：《隋唐佛教史稿》，北京：中华书局，1982年，此据南京：江苏教育出版社，2007年，第47—48页。黄敏枝：《宋代佛教社会经济史论集》，台北：学生书局，1989年，第444—447、463—489页。王秀林、张君梅：《“爱僧不爱紫衣僧”小考》，《人文杂志》2002年第6期，第108—111页。董立功：《唐代僧人获赐紫衣考》，《世界宗教研究》2013年第6期，第45—54页。孙宁：《中古时期敦煌僧人的荣誉问题》，《江苏第二师范学院学报》（社会科学版）2017年第3期，第102—107页。武绍卫：《唐五代“赐腊”小议》，载浙江大学宗教文化研究中心编《佛教史研究》第一卷，台北：新文丰出版公司，2017年，第147—160页。

[2] 唐代道士赐俗官的研究，可参阅王永平：《唐代道士获赠俗职、封爵及紫衣、师号考》，《文献》2000年第3期，第67—79页。罗争鸣：《杜光庭获赠师号、紫衣及封爵、俗职阶品考》，《宗教学研究》2003年第3期，第109—111页。

[3] （北齐）魏收：《魏书》卷一一四《释老志》，北京：中华书局，2017年，第3293页。

充通道观学士，仍改服色。隋以彦琮为翻经馆学士。[1]

从赞宁的记载来看，法果赐俗官，是北魏帝王认为供给布施不能与法果的地位相匹配，所以才授给法果爵位。之后，僧人得到俗官的有慧超、陆法和和彦琮。慧超和彦琮的俗官都是学士。陆法和的俗官，赞宁没有记载，查《北齐书》：

> 陆法和，不知何许人也。隐于江陵百里洲，衣食居处，一与苦行沙门同。……法和谓南郡朱元英曰："贫道共檀越击侯景去。"元英曰："侯景为国立效，师云击之，何也？"……梁元帝以法和为都督、郢州刺史，封江乘县公。……遂就加司徒，都督、刺史如故。……天保六年春，……文宣以法和为大都督十州诸军事、太尉公、西南道大行台，……诣阙通名，不称官爵，不称臣，但云荆山居士。……以官所赐宅营佛寺，自居一房，与凡人无异。三年间再为太尉，世犹谓之居士。[2]

这段引文，需要讨论的地方有二：第一，法和授官有三次。第一次梁元帝以法和为都督、郢州刺史，江乘县公，都督、刺史是职事官，县公是爵位。第二次在此基础上加司徒，还是职官。第三次在法和入齐时文宣帝以其为大都督十州诸军事、太尉公、西南道大行台。太尉，是三公之一，大都督十州诸军事、西南道大行台，俱为职事官。综合来看，法和三次受官，其种类有爵位，有职事官。第二，法和应当不是僧人。其传记中只说他"与苦行沙门同"，并未记载其出家为僧。但是他与朱元英的对话确实用的是僧人称呼[3]，面见文宣帝时却自称居士，时人也用居士来称呼他。所以，陆法和应当是奉行佛法的在家居士，而不是出家的僧人。《续高僧传》中陆法和只出现一次，称"太尉陆法和"[4]，晚于赞宁的僧传史料称呼他为江陵居士[5]、荆州居士[6]、居士陆法和[7]。陆法和

[1]（宋）赞宁撰，富世平校注：《大宋僧史略校注》卷下《封授官秩》，北京：中华书局，2015年，第179页。

[2]（唐）李百药：《北齐书》卷三二《陆法和传》，北京：中华书局，1972年，第427—431页。

[3] 关于魏晋南北朝时僧人称呼，可参阅张婷《历史时期僧人谦称变化的文化诠释》，《安徽史学》2018年第1期，第34—38页。

[4]（唐）道宣撰，郭绍林点校：《续高僧传》卷二六《道仙传》，北京：中华书局，2014年，第1012页。

[5]（南宋）志磐撰，释道法校注：《佛祖统纪校注》卷三八《法运通塞志第十七之四》，上海古籍出版社，2012年，第864页。

[6]《佛祖统纪校注》卷三九《法运通塞志第十七之五》，第887页。

[7]《佛祖统纪校注》卷五三《历朝谶瑞》，第1231页。

是在家居士，那么赞宁将他列入沙门“封授官秩”一节似乎不太妥当。

再看慧超的寿光殿学士。寿光殿在梁武帝时期是翻译佛经的地方。僧伽婆罗曾在寿光殿翻译《阿育王经》十卷[1]。赞宁之前的慧超史料并未记载其为寿光殿学士，所以，慧超任寿光殿学士尚有疑点。

最后讨论通道观学士。通道观是北周武帝在建德三年（574）五月灭佛的次月所设立的[2]，预通道观者称学士。史料中记载参与通道观者有彦琮[3]、普旷[4]、傅奕[5]、任道林[6]、于长文[7]、王延[8]、苏法师[9]、严达[10]等。

综合来看，法果以后，唐以前沙门赐俗官人数不多。陆法和比较特殊，大概不是出家的僧人。慧超任寿光殿学士，现存资料不能证明确有其事。

（二）所赐俗官的种类

唐代继承了前代赐沙门俗官的传统，人数大为扩大。综合唐代沙门所受俗官的史料，囊括了唐代所有的职官种类，即职事、散官、勋官、爵位、使职五种，实际授予情况，既有单独授予一种，又有多种组合授予的情况。现简要分析如下：

1.散官

从现有资料看，沙门赐俗官，从散官始。具体讲，是从文散官始。赐俗官的时间自唐太宗贞观二十年（646）始。得赐俗官的僧人是天台宗五祖法华智威禅师：

> （贞观）二十年……诏法华智威禅师，补四大师、朝散大夫。[11]

[1]（隋）费长房：《历代三宝记》卷一一《译经（齐梁周）》，《大正藏》第四十九册，台北：新文丰出版公司，1983年，第98页。

[2]（唐）令狐德棻：《周书》卷五《武帝纪上》，北京：中华书局，1971年，第85页。

[3]《续高僧传》卷二《彦琮传》，第48页。

[4]《续高僧传》卷一一《普旷传》，第386页。

[5]（唐）道宣：《广弘明集》卷七《辩惑篇二之三》，《大正藏》第五十二册，第134页。

[6]《广弘明集》卷十《辩惑篇二之六》，第156页。

[7]李修生主编：《全元文》，南京：江苏古籍出版社，1998年，第124页。

[8]（宋）张君房编，李永晟点校：《云笈七签》卷八五《王延传》，北京：中华书局，2003年，1922页。

[9]（元）赵道一：《历世真仙体道通鉴》卷二九《歧晖传》，《正统道藏》第五册，北京：文物出版社、上海书店、天津古籍出版社，1987年，267页下。

[10]《历世真仙体道通鉴》卷三〇《严达传》，275页上。

[11]《佛祖统纪校注》卷四〇《法运通塞志第十七之六》，第918页。

朝散大夫，是从五品下的文散官。除了文散官之外，唐代僧人还赐武散官，所赐最低的武散官是正四品下的壮武将军：

> 释悟空……以贞元五年己巳达京师……进上佛牙、舍利、经本……敕署空壮武将军、试太常卿。[1]

从唐代所赐沙门散官的品级看，最低的就是从五品下的朝散大夫，最高的是从一品的开府仪同三司：

> 释不空……加开府仪同三司，封肃国公，食邑三千户。[2]

2.爵位

沙门所受爵位都属于公爵，既有国公、郡公，也有县公，最低者是县公，从二品，已是高等级爵位。唐代最先得赐爵位的僧人是德感：

> 释德感……天皇大帝征为翻经大德。又与胜庄、大仪等同参义净译场，对扬受赐，言谢浏亮。帝悦，寻授封昌平县开国公，累井田至三千户。[3]

德感参加义净的翻经译场，回答唐高宗之问，令高宗满意，被封为昌平县开国公，食邑三千户。德感之后，薛怀义、法藏等九人及惠范、万回、不空、大行都被授予国公、郡公、县公的爵位。

3.职事官

唐代的职事官有文职，也有武职。唐代僧人所赐的职事官也分文武。武职主要是诸卫大将军，属于正三品。如薛怀义垂拱四年（688）北征突厥，被封为右卫大将军[4]、道平被封为金吾（卫）大将军[5]。文职主要集中在九寺之中的鸿胪寺与太常寺的正官或贰官，即鸿胪卿、鸿胪少卿和太常卿、太常少卿。至于为何是这两个司署，可能与鸿胪寺与太常寺的性质有关。太常寺在唐代掌邦国礼乐、郊庙、社稷之事[6]，鸿胪寺掌宾客及凶仪之事[7]，都是主管礼仪性质的司

[1]（宋）赞宁撰，范祥雍点校：《宋高僧传》卷三《悟空传》，北京：中华书局，1987年，第50、51页。

[2]《宋高僧传》卷一《不空传》，第10页。

[3]《宋高僧传》卷四《德感传》，第84页。

[4]（后晋）刘昫：《旧唐书》卷一八三《薛怀义传》，第4742页。

[5]《佛祖统纪校注》卷四一《法运通塞志第十七之七》，第954页。

[6]（唐）李林甫撰，陈仲夫点校：《唐六典》卷一四《太常寺》，北京：中华书局，2014年，第394页。

[7]《唐六典》卷一八《鸿胪寺》，第505页。

署。所以，大部分僧人的文职事都是太常寺与鸿胪寺的卿或少卿。卿是三品，少卿是四品。

中唐以后，沙门还被赐官内供奉。唐代的内供奉，已有学者讨论，被认为是五品及其以下供奉官及近倖侍从官员额之外的特殊形式[1]，但是五品以上也有内供奉[2]。考察唐代的内供奉，应当与其类似的里行、里使综合来看，内供奉与里行是员外官，与正员官无职权的差别，只有待遇上的差别[3]。

沙门赐内供奉，自元皎始[4]。但是其结衔与士人不同，不是以职事官结衔，反而以僧官或德号结衔，如“左街僧录内供奉”或“上都临坛十望大德内供奉”；或者如元皎一样，内供奉前无任何名号，仅称为“内供奉”。从沙门赐内供奉及其结衔来看，应当是循士人赐内供奉之例，然而其结衔方式却有佛教自身的特色，不以俗官而以僧官或德号结衔。

4.勋官

沙门赐勋官，从现存资料看，只有一例，即薛怀义在永昌元年（689）抗击突厥默啜后被赐予柱国[5]，是从二品的勋官。

5.使职

相比与前面的阶、爵、职事、勋都有具体的品级，使职没有具体的品级，其品级的高低视所任使职时的其他官职品级而定。唐代的使职有多种，《唐会要》记载了诸多唐代的使职[6]。唐代沙门所赐的使职主要是翰林待诏。

待诏，出于秦代，叔孙通曾任秦待诏博士[7]，此时的待诏，应当是以博士的身份待诏。汉代，待诏者有了具体的值房金马门，故称待诏金马门[8]。唐代置翰林院，有翰林待诏：

> 翰林院。天子在大明宫，其院在右银台门内。在兴庆宫，院在金明门内。若在西内，院在显福门。若在东都、华清宫，皆有待诏之所。其待

[1] 张东光：《唐代的内供奉官》，《社会科学辑刊》2005年第1期，第106页。

[2] 赵冬梅揭出四品的谏议大夫、御史中丞也有内供奉。见赵冬梅：《唐五代供奉官考》，《中国史研究》2000年第1期，第61页。

[3] 赖瑞和：《唐代中层文官》，北京：中华书局，2011年，第84页。

[4]《宋高僧传》卷二四《元皎传》，第618页。

[5]《旧唐书》卷一八三《薛怀义传》，第4742页。

[6]（宋）王溥：《唐会要》卷七七至七九《诸使》，北京：中华书局，1960年，第1411—1455页。

[7]（汉）司马迁：《史记》卷九九《叔孙通传》，北京：中华书局，1959年，第2720页。

[8]（东汉）班固：《汉书》卷五八《公孙弘传》，北京：中华书局，1962年，第2617页。

诏者，有词学、经术、合炼、僧道、卜祝、术艺、书奕（弈），各别院以廪之，日晚而退。其所重者词学。武德、贞观时，有温大雅、魏徵、李百药、岑文本、许敬宗、褚遂良。永徽后，有许敬宗、上官仪，皆召入禁中驱使，未有名目。乾封中，刘懿之刘祎之兄弟、周思茂、元万顷、范履冰，皆以文词召入待诏，常于北门候进止，时号"北门学士"。天后时，苏味道、韦承庆，皆待诏禁中。中宗时，上官昭容独当书诏之任。睿宗时，薛稷、贾膺福、崔湜，又代其任。玄宗即位，张说、陆坚、张九龄、徐安贞、张垍等，召入禁中，谓之翰林待诏。王者尊极，一日万机，四方进奏、中外表疏批答，或诏从中出。宸翰所挥，亦资其检讨，谓之视草。故尝简当代士人，以备顾问。[1]

《旧唐书》的这段材料将唐代翰林待诏至唐玄宗时期的发展交代得很清楚。首先，武德、贞观之时就选文学之士，高宗乾封时用为"北门学士"，玄宗时才正式称为翰林待诏。其次，翰林待诏的办事机构称翰林院，东西都、华清宫皆有固定场所。第三，翰林待诏除士人外，还有合炼、僧道、卜祝等技术之士，这些技术之士，应当是以备顾问，而与表疏批答之责无关或关系不大。第四，召入翰林的士人，应当有其他的官职，待诏只是使职。也就是在玄宗时，翰林待诏中的文学之士脱离翰林院而入翰林学士院：

学士之职，本以文学言语被顾问，出入侍从，因得参谋议、纳谏诤，其礼尤宠；而翰林院者，待诏之所也。

唐制，乘舆所在，必有文词、经学之士，下至卜、医、伎术之流，皆直于别院，以备宴见；而文书诏令，则中书舍人掌之。自太宗时，名儒学士时时召以草制，然犹未有名号；乾封以后，始号"北门学士"。玄宗初，置"翰林待诏"，以张说、陆坚、张九龄等为之，掌四方表疏批答、应和文章；既而又以中书务剧，文书多壅滞，乃选文学之士，号"翰林供奉"，与集贤院学士分掌制诏书敕。开元二十六年，改翰林供奉为学士，别置学士院，专掌内命……凡充其职者无定员，自诸曹尚书下至校书郎，皆得与选。[2]

《新唐书》记载了词臣是由翰林待诏成为翰林学士的。翰林待诏的草诏职权让

[1]《旧唐书》卷四三《职官志二》，第1853、1854页。

[2]（宋）欧阳修：《新唐书》卷四六《百官志一》，北京：中华书局，1975年，第1183、1184页。

渡给了翰林供奉，即后来的翰林学士。不草诏的翰林待诏在玄宗以后还继续存在，唐代许多墓志的撰者即是翰林待诏，有的任职长达二十余年[1]。释惟英在长庆元年（821）即被任命为翰林待诏[2]。

（三）所赐官的结衔

如上文所述，唐制官有阶、勋、职事、爵、职之分。但最基本的还是阶与职事，勋、爵根据任官的级别与功过量材授予，使职则是在职事官的基础上分化而来。所以唐代任官，一般是先予散官，在散官的基础上授予职事，无职事或使职者不视事。但是，唐代也存在只授予五种官职其中一种者。以散官为例，《旧唐书》记载无职事的文散官“朝议郎以下，黄衣执笏，于吏部分番上下承使及亲驱使”[3]，这就是说没有职事的文散官自正六品上的朝议郎以下要到吏部供驱使，多行胥吏之事。

沙门赐俗官也跟士人任官一样，有单独赐予五种官职之一种者，也有五种官职组合授予者，现分别举例说明。

1.五种官职之一

> （贞观）二十年……诏法华智威禅师，补四大师、朝散大夫。[4]
>
> 释大行……受开国公。[5]
>
> 释崇惠……太清宫道士……请与释宗当代名流角佛力道法胜负……诏授鸿胪卿。[6]
>
> 翰林待诏光宅寺沙门利言度语。[7]

以上4个例子分别是沙门单独赐予散官、爵位、职事官、使职的例子，尚无沙门单独赐予勋官之例。

2.散官+爵位

> 神龙二年……二月……法藏、慧珍九人并朝散大夫，封县公。[8]

---

[1] 赖瑞和：《唐代基层文官》，北京：中华书局，2008年，第197页。

[2]《佛祖统纪校注》卷四三《法运通塞志第十七之九》，第982页。

[3]《旧唐书》卷四二《职官志一》，第1807页。

[4]《佛祖统纪校注》卷四〇《法运通塞志第十七之六》，第918页。

[5]《宋高僧传》卷二四《大行传》，第620页。

[6]《宋高僧传》卷十七《崇惠传》，第425、426页。

[7]《宋高僧传》卷二《智慧传》，第23页。

[8]《佛祖统纪校注》卷四一《法运通塞志第十七之七》，第940页。

3.散官+职事官

释不空……永泰元年十一月一日，制授特进、试鸿胪卿。[1]

4.职事官+爵位

景云二年……法云公万回坐亡，赠司徒、虢国公。[2]

5.职事官+使职

右街故赐紫僧录讳灵晏……遂为旧崇福寺翻经五部持念，翰林待诏、检校鸿胪少卿、赐紫广济和尚弟子。[3]

6.散官+职事官+爵位+勋官

薛怀义……永昌中，突厥默啜犯边，以怀义为清平道大总管，率军击之，至单于台，刻石纪功而还。加辅国大将军，进右卫大将军。改封鄂国公、柱国。[4]

以上即是唐代沙门赐俗官的结衔形式，明显是从士人任官那里移植过来的。但是士人的结衔要比沙门的俗官结衔复杂得多。如裴度的结衔是“特进、守司徒、兼门下侍郎、同中书门下平章事、充集贤殿大学士、上柱国、晋国公、食邑三千户、食实封三百户”[5]，特进是散官，司徒、门下侍郎、同中书门下平章事、集贤殿大学士是职事官，上柱国是勋官，晋国公是爵位。

（四）俗官的封赠

官有封有赠。一般来讲，活着的时候得到官职，为封；死后获得官职，为赠。唐史传记资料中有许多官吏活着的时候为官，死后得到赠官；或者是生前为白衣，死后得到赠官的记载。如：

姜公辅……登进士第，为校书郎……贬公辅为泉州别驾……顺宗即位，起为吉州刺史，寻卒。宪宗朝赠礼部尚书。[6]

[1]《宋高僧传》卷一《不空传》，第9页。

[2]《佛祖统纪校注》卷四一《法运通塞志第十七之七》，第941页。

[3]（唐）僧彦楚：《大唐崇福寺故僧录灵晏墓志并序》，载吴钢主编《全唐文补遗》第二辑，西安：三秦出版社，1995年，第64页。

[4]《旧唐书》卷一八三《薛怀义传》，第4742页。

[5]《旧唐书》卷一二〇《裴度传》，第4430页。

[6]《旧唐书》卷一三八《姜公辅传》，第3787、3788页。

> 先是，定州人郎岌，亦备陈韦庶人及宗楚客将为逆乱之状，中宗不纳，而韦庶人劝仗杀之。睿宗即位，追赠谏议大夫。[1]

姜公辅进士及第之后历任多官，在吉州刺史任上去世，宪宗追赠礼部尚书，可以算是生得封死得赠。郎岌，史不言其任官，很可能是白衣身份，因为上书中宗说韦后等谋逆被杀，睿宗即位后追赠为谏议大夫，可以算是生前为白衣、死后得到封赠的例子。

这种任官方式，也被移植到沙门赐俗官的形式当中。有些僧人既有封也有赠，有些僧人有封无赠，有些僧人无封有赠。如前所举不空之例，生前被授予特进、试鸿胪卿，圆寂之后，赠官司空[2]。薛怀义虽有封，但是后来被杀，赠官就更无从谈起了。义净生前虽有各种尊崇，但无俗官，死后追赠鸿胪卿[3]。

从上述分析可以发现，唐代沙门赐俗官，无论从俗官的种类及其结衔，还是沙门俗官的封赠，其形式跟士人任官一样，同时又增加了一些佛教的特点。总的来看，是将士人任官的制度移植到沙门赐俗官中来。

二、沙门赐俗官的待遇

官不同于民的一点，就是可以享受到相应官职的各种待遇，如俸禄、职田、免租税、有防阁等特权。沙门既然已经仿士人之例赐俗官了，那么沙门在任俗官的同时有没有享受到相应俗官的待遇呢？根据现存资料记载，沙门任俗官，是享有相应待遇的，只不过是与士人任官相比有所变通而已。

（一）俸禄

上文多次指出，唐代官分阶、职事、爵、勋、职，但并不是每一种官都有俸禄的。《旧唐书·职官志》就记载散官“旧例，开府及特进，虽不职事，皆给俸禄，预朝会……光禄大夫已下，朝散大夫已上，衣服依本品，无俸禄，不预朝会”[4]，也就是说，文散官若无职事，只有从一品的开府仪同三司和正二品的特进才有俸禄，且能参加朝会，从二品的光禄大夫以下是没有俸禄也不能参

[1]《旧唐书》卷一八七《忠义上·燕钦融附郎岌传》，第4885页。

[2]《宋高僧传》卷一《不空传》，第11页。

[3]（唐）卢粲：《大唐龙兴翻经三藏义净法师之塔铭并序》，载陈尚君辑校《全唐文补编》，北京：中华书局，2005年，第328页。

[4]《旧唐书》卷四二《职官志一》，第1807页。

加朝会的。

沙门赐散官最低的是朝散大夫，他们有没有俸禄，没有明确的记载。但是也不能说沙门任俗官没有俸禄，有几条史料明确记载沙门任俗官是要有俸禄的，上文所引法藏、慧珍等九人封朝散大夫、县公时，明确规定“官给俸禄，一同正员”；惠范加银青光禄大夫后，“俸料房阁（防閤），一事已上，同职官给”[1]，总的来看，沙门任俗官，应该是有俸禄的，俸禄应该与士人任官的俸禄一样。

（二）丧事公给

比较确定的是，得到赠官的沙门，会得到赙赠，即办理丧事所需要的各种物资，主要以布帛、粟米为主。僧人丧事所需，最初应该是信众或僧团出资。佛教传入中国后，亦当如此。只不过中土自有赙赠的传统，“知死者赠，知生者赙”[2]。而且官员去世后，会得到官方的赙赠，“凡京官职事三品已上、散官二品已上、京官四品已上，如遭丧薨卒，量品赠祭葬，皆供给之”[3]。后来部分僧人圆寂后也会得到赙赠，如法藏圆寂后，赐绢一千二百匹，不空圆寂后“赠绢三百匹、布二百端、钱三十万、米面共四百石、香油、薪炭及诸斋七外支给”[4]，这就是赙赠。

除了赙赠，还给仪仗，如义净圆寂后，“给羽葆鼓吹一部，加武贲班剑八十人”[5]，这是很高的礼遇了，李靖去世后，太宗才给班剑四十人而已[6]。

唐制，大臣亡故诏葬者，还要专人监护丧事：

> 凡诏葬大臣，一品则卿护其丧事，二品则少卿，三品丞一人往。皆命司仪，以示礼制。[7]

沙门丧事亦然。善无畏圆寂时，赠鸿胪卿，鸿胪丞李岘与释门威仪定宾律师监

[1]《大宋僧史略校注》卷下《封授官秩》，179页。

[2]（东汉）郑玄注，（唐）贾公彦疏，王辉整理：《仪礼注疏》卷三九《既夕礼》，上海古籍出版社，2008年，第1189页。

[3][7]《旧唐书》卷四四《职官志三》，第1885页。

[4]（唐）飞锡：《大唐故大德开府仪同三司试鸿胪卿肃国公大兴善寺大广智三藏和上之碑》，《大正藏》第五十二册，第849页。

[5]《大唐龙兴翻经三藏义净法师之塔铭并序》，第328页。

[6]《旧唐书》卷六七《李靖传》，第2482页。

护丧事[1]。鸿胪卿为三品职官，按制由鸿胪丞监护丧事，李岘监护，合于礼制。至于定宾律师监护，则是考虑到善无畏的沙门身份。

此外，监护沙门丧事，有时会出于特旨，并不会按照原有的制度，监护者的品级要远远高于规定者。如不空圆寂后赠司空，其丧事应当以三品的鸿胪卿监护，然而实际是“高品李宪诚勾当及功德使开府仪同三司李元琮监护”[2]。由李宪诚及李元琮监护不空丧事，大概是因为二人是不空最为器重的俗家弟子，曾长期传送不空与唐代宗的表答往来[3]。

需要注意的是，监护沙门丧事或沙门丧事公给，并不是得赐俗官的僧人所独享的特权，有很高的德望者也会得到丧事公给的待遇，如玄奘圆寂后，“葬事所须，并令官给”[4]。

（三）侍从

唐制，一定品级的官吏会有防阁，即官吏的侍从护卫，“凡京司文武职事官，皆有防阁”[5]。沙门任俗官也有防阁，如前述惠范任银青光禄大夫后，有防阁。但是也有变通，沙门圆寂赠官者就无防阁，而是度僧。如义净圆寂后，度僧七人。为圆寂沙门度僧，在唐代比较普遍，并不局限于赠官者。神秀圆寂时，度僧二十七人[6]。僧人生前也会有侍从度为僧尼，如尼宝乘，高宗就为其度侍者数十人[7]。

沙门任俗官，总的来看，会享有士人任官的相应待遇，如俸禄、丧事公给及侍从等。但是会有变通，如侍从会变成度僧；再者，沙门所享有的待遇并不是为任俗官所独有，从史料来看，得赐名号者也会享有相应的俗官待遇，乃至

---

[1]（唐）李华：《玄宗朝翻经三藏善无畏赠鸿胪卿行状》，《大正藏》第五十册，第290页。

[2]（唐）飞锡：《大唐故大德开府仪同三司试鸿胪卿肃国公大兴善寺大广智三藏和上之碑》，《大正藏》第五十二册，第849页。

[3] 检诸《代宗朝赠司空大辨正广智三藏和上表制集》，不空与代宗多是通过李宪诚书答往来。李元琮曾从不空受灌顶，其墓志业已出土，相关研究见王连龙：《李元琮墓志及相关问题考论》，《吉林师范大学学报》（人文社会科学版）2014年第6期，第35—38页。樊婧：《唐李元琮墓志考释》，载杜文玉主编《唐史论丛》第十八辑，西安：陕西师范大学出版社，第250—257页。

[4]（唐）慧立本、彦悰笺：《大唐故三藏玄奘法师行状》，《大正藏》第五十册，第219页。

[5]《旧唐书》卷四三《职官志二》，第1826页。

[6]（唐）张说撰，熊飞校注：《张说集校注》卷一九《唐玉泉寺大通禅师碑铭并序》，北京：中华书局，2013年，第961页。

[7]（唐）慧立本、彦悰笺：《大唐大慈恩寺三藏法师传》卷八，《大正藏》第五十册，第266页。

既无俗官又无名号者，也有相应的待遇。

沙门得赐俗官者与沙门因为帝王、贵戚和官僚的个人崇信获得待遇最大的不同，就是前者属于职官体系，其所享有的各种待遇有制度上的保障，而后者可以看作是皇帝的个人行为，具有很大的随意性。

三、沙门赐俗官的原因

官，是古代王者授予参与国家事务管理者的荣誉，“任官然后爵之”[1]，同时又强调“惟器与名，不可以假人”[2]，王者任官，需要慎之又慎。然而，自北魏起，就赐予沙门俗官，至唐代此风大盛。唐代沙门赐俗官，只有几条史料记录下来他们赐俗官的原因。归纳唐代沙门赐俗官的原因，可以分为四类，一是沙门参与俗务，二是沙门的宗教功绩，三是沙门既参与俗务又有宗教功绩，四是其德望，前三类多是生前赐官，第四类多是圆寂后的赠官。现分别展开论述。

（一）沙门参与俗务

沙门参与俗务得赐俗官，以武后时期的薛怀义与肃宗时的道平为代表。薛怀义因为率兵击突厥被加官晋爵已见前文。道平被封为金吾大将军是因为劝肃宗到灵武依朔方军，力图依靠藩镇的力量收复两京：

> 至德元载……五月，玄宗、太子、百官发长安，将幸蜀，至马嵬，百姓数千人请太子留东都破贼室，金城沙门道平力劝议兵灵武，以图收复。遂以平为金吾大将军。[3]

薛怀义与释道平身为僧人而参与俗务，被授予俗官。僧人参与俗务，唐代僧传资料中记载甚多，但赐俗官仅见这两处记载，其他都是赐予僧人名号紫衣或者是实物如布帛、金钱等。

（二）沙门的宗教功绩

沙门因为其宗教功绩赐俗官，除了上文所举德感、崇惠、悟空之例外，还有圆照：

[1]（清）孙希旦撰，沈啸寰、王星贤点校：《礼记集解》卷一三《王制第五之二》，北京：中华书局，1989年，第367页。

[2]（清）洪亮吉，李解民点校：《春秋左传诂》卷一一《成公二年》，北京：中华书局，1987年，第437页。

[3]《佛祖统纪校注》卷四一《法运通塞志第十七之七》，第954页。

> 建中元年，沙门圆照进新定《四分律疏》，敕赐紫衣，充内供奉、检校鸿胪卿，食邑三百户。[1]

德感、悟空、圆照等人是因为翻译佛经，进奉舍利、佛经等得赐，崇惠是因为与道士角法获胜得赐，都是宗教原因，与俗务无涉。

（三）俗务与宗教功绩

> （天授元年十月）壬申，敕两京诸州各置大云寺一区，藏《大云经》，使僧升高座讲解，其撰疏僧云宣等九人皆赐爵县公，仍赐紫袈裟、银龟袋。[2]

这则记载是说云宣等九人因为撰《大云经疏》被赐官爵，初看是因为宗教功绩得赐，然而还有其更深一层的原因。

> 怀义与法明等造《大云经》，陈符命，言则天是弥勒下生，作阎浮提主，唐氏合微。故则天革命称周，怀义与法明等九人并封县公，赐物有差，皆赐紫袈裟、银龟袋。其伪《大云经》颁于天下，各寺藏一本，令升高座讲说。[3]

结合《通鉴》《旧唐书》的记载来看，两者记载的是同一事。怀义等人造的并非是《大云经》，而是《大云经疏》，《疏》为武则天革命提供宗教上的支持。所以怀义等九人因为《大云经疏》得赐，并不仅仅是宗教上的原因，更大的原因是世俗上的，为武则天革命奠定舆论基础。

（四）德望赐官

僧人因其德望获得俗官，多为圆寂后封赠。如法藏圆寂后，玄宗下诏，追赠法藏鸿胪卿：

> 诰曰："中使，故僧法藏德业自资，虚明契理，辨才韫识，了觉融心。广开喻筏之门，备阐传灯之教。随缘示应，乘化斯尽。法真归寂，虽证无生之空；朝序饰终，宜有褒贤之命。可赠鸿胪卿、赠绢一千二百匹。葬事准僧例，余皆官供。"[4]

[1]《佛祖统纪校注》卷四二《法运通塞志第十七之八》，第963页。

[2]（宋）司马光：《资治通鉴》卷二〇四，天授元年条，北京：中华书局，2011年，第6469页。

[3]《旧唐书》卷一八三《薛怀义传》，第4742页。

[4]（唐）阎朝隐：《大唐大荐福寺故大德康藏法师之碑》，《大正藏》第五十册，第280页。

法藏赠官的敕旨，基本上保留了当时对法藏的评价及赠官的原因。对法藏的德行予以很高的评价，如“德业自资”表明法藏的德行和功业都很高。赠官的敕旨中还有“饰终”“褒贤”两个词语，这就说明对他们的评价是肯定的，赠予他们俗官，可算是死后哀荣。

四、沙门赐俗官与唐代政教关系

唐代沙门赐俗官，不单单是僧团内部或世俗政权的单一行为，而是在唐代佛教蓬勃发展的历史背景下，世俗政权主动限制佛教势力，同时又不引起佛教内部强烈反弹所采取的有效措施之一，是世俗政权与佛教内部相互适应、相互妥协的产物。总的来看，世俗政权在沙门赐俗官这一政策的实施过程中，占据主导地位。

（一）世俗政权与赐俗官

发展至唐代的“中国传统的佛教制度，大致是以‘佛教戒律’、‘国家管辖制’、‘禅僧丛林制’、寺院经济四个层面并行的”[1]，沙门赐俗官，是国家管辖制的组成部分之一。赐俗官，以往被认为是“唐代对宗教监督制约之外的激励措施”[2]，这固然不错。在此所要强调的是，赐俗官是世俗政权根据佛教不断发展的现实而做出的针对性措施，是将已有的佛教管理措施不断加以制度化的过程。在这个过程中，世俗政权与僧团的力量消长至为重要。

佛教初传，“汉人皆不得出家”[3]，西晋规定“禁晋人作沙门”[4]。永嘉衣冠南渡，北方沦为异族统治之地，政权更迭让人眼花缭乱。自石虎“佛是戎神，正所应奉”[5]，以外族帝王崇奉佛教以后，北朝诸少数民族政权大多信仰佛教，出家僧人或托庇于寺院者越来越多。面对僧团势力的不断壮大，十六国北朝时期开始出现僧官制度，由僧人出任僧官。北魏还未统一北方之时，就出现了“帝王即如来”的观念。可以说，北朝的佛教一直受到世俗政权的影响。南朝与北朝大不相同。南朝的僧团势力庞大，与贵族、宗室一起构成南朝最大

[1] 赖永海主编：《中国佛教通史》（第八卷），南京：江苏人民出版社，2010年，第119页。

[2] 周奇：《唐代宗教管理研究》，2005年，第153页。

[3][5]（梁）慧皎撰，汤用彤校注，汤一介整理：《高僧传》卷九《佛图澄传》，北京：中华书局，1992年，第352页。

[4]（唐）道世撰，周叔迦、苏晋仁校注：《法苑珠林》，北京：中华书局，2003年，第869页。

的三种势力[1]。世俗政权的掌权者庾冰、桓玄等人曾经发起“沙门致敬王者”，引起僧团的激烈反对。沙门慧远《沙门不敬王者论》一出，使僧团在这一问题上获得胜利[2]。此后南朝世俗政权一直未对僧团取得优势。梁武帝本想以“白衣僧正”来处理沙门不奉律仪之事，但遭到智藏的激烈反对[3]，不得不以“皇帝菩萨”来试图建立“佛教国家”以达到政教结合[4]。

隋唐南北一统，世俗政权的力量开始超越僧团力量，开始根据僧团的发展状况作出针对性的政策，限制僧团权力的无限扩大。至少从制度层面来讲，将僧团置于国家管理体制之中。

唐代佛教空前发展，佛教渗入上至帝王达官、下至普通百姓生活的方方面面，也出现了许多具有重要影响力的僧人。如何面对这一新的形势，是唐代统治阶层所要考虑的问题。一味地暴力禁止并不可取，唐代之前的两次短暂灭佛之后，佛教势力很快恢复元气；放任发展，也会对社会经济造成不可估量的损失。只有将既有的佛教制度不断加以深化、细化，才能从政治、经济各个方面对僧团力量加以限制。唐代一系列的佛教制度发展，就是在既有僧制的基础上加以细致化发展而来的。

僧官与俗官是不同的，僧官的等级结构完全不同于俗官。唐廷在魏晋以来沙门赐俗官的基础上，对部分僧人赐予俗官，给予相应的待遇，使唐代职官既有世俗人士又有宗教人士充任，这是制度上的重大跨越。

（二）僧团与赐俗官

佛教在印度产生时就有转轮王思想，主张“一佛一转轮王”[5]，佛负责说法，转轮王负责护持正法。这种关系在中土的政治环境中发生变化，世俗王权试图将僧团纳入职官体系之中。沙门赐俗官即是这种尝试的手段之一。但是，僧团对世俗王权赐俗官有不同的看法。

从护教的角度看，佛教内部是不认同沙门任俗官的：

[1] 颜尚文：《梁武帝》，台北：东大图书公司，1999年，第11页。

[2] 有关沙门致敬王者的讨论，可参看周伯戡：《慧远〈沙门不敬王者论〉的理论基础》，《台大历史系学报》1982年第9期，第67—92页。颜尚文：《梁武帝》，第13—26页。

[3]《续高僧传》卷五《智藏传》，第171页。

[4] 颜尚文：《梁武帝》，第92页。

[5] 孙英刚：《转轮王与皇帝：佛教对中古君主概念的影响》，《社会科学战线》2013年第11期，第78、88页。

朝廷尚行于爵秩，释子乃竞于官阶。官阶匆尽期，贪爱无满分，胡不养其妻子，跪拜君亲？何异乎织女七襄，牵牛负轭者哉？有识达者于此无取焉。不同陆法和、释道平能施卫社之功，致有假官之目也。[1]

赞宁认为僧人若不能如陆法和、释道平有护卫国家之功，是不能出任俗官的。

如赞宁所言，确有不接受俗官的僧人。普润就认为接受俗官一方面是"卖佛之法，而求身利""失如来付嘱之义"[2]，另一方面又违背帝王崇信之义。

但是，僧人很早就认识到"不依国主，则法事难立"[3]。佛教若能顺利传播，必须要取得世俗政权的谅解，甚至要度化王者，使其成为传教的护法。僧团内部虽然不时有人主张佛教自身的独立性，但是在世俗政权主导一切的大背景下，僧团还是会做出适当调整，主动或被动适应世俗政权的政策。

就连不认同沙门任俗官的赞宁也把任俗官的程序引入佛教内部：

尝闻僧视其官则五品，然未见令式史传明载。且信相传（又曾见僧五品非官品也）据其诵经合格，就试得通，此僧选也；剃发被袈裟，此释褐也；敕授形俱无作戒法，此官位也；讲三藏教，充如来使也；化导内外众，使背恶向善，理民也；为国行道，保民无灾，为之课最也。苟弗比其阶品视其职官，其可得乎？将来法门君子对扬帝王，请降明敕，许比某官某品，像末之时，为美事之端，自我之力，不其善乎？[4]

按赞宁的说法，通过试经是僧选，就如士子参加科选：出家即是释褐，比士子科选通过之后取得任官资格；沙门受戒，如士子取得官阶；沙门是如来使，如俗官是帝王使；沙门教化众生，如俗官临土治民；沙门为国行道，保民没有灾祸，就是俗官课考中最高的等级。这完全将士人通过科举任官、任官后的课考等一列的流程引入佛教内部。而且还明确指出，将来要将僧人比某官某品。在赞宁看来，或许就不用再给僧人赐予俗官了，因为僧团内部就有与俗官体系比附的一套系统了。

另外，沙门赐俗官，并不仅仅是名誉上的褒扬，还有看得见的经济、社会利益。得赐俗官的沙门会有俸禄，丧事也由世俗政权办理，对僧团来说，是一

[1]《大宋僧史略校注》卷下《封授官秩》，180页。

[2]《张说集校注》卷二四《为僧普润辞公封表》，第1192页。

[3]《高僧传》卷五《道安传》，第178页。

[4]《大宋僧史略校注》卷中《祠部牒》，第132页。

笔经济收益，也是提高其所在僧团政治影响的有效方式。同时，赐俗官的沙门会得到度僧的福利，可以度数名甚至数十名僧人，扩大了僧团的规模。

所以，尽管佛教内部对赐俗官有不同意见甚至是反对意见，但是为了佛教能够继续发展与传播，就必须接受世俗政权对佛教的管理，甚至是主动遵循世俗政权的制度观念。

综合政教两方面对赐俗官的观点，可以发现，世俗政权一直用制度来限制佛教势力的发展，赐俗官是唐代宗教政策制度化的最新成果。僧团内部虽然对沙门赐俗官最初不予认可，但是面对强大的世俗权力，不得不针对世俗政策做出相应的调整，来适应政策的变化。

五、结语

职官研究本是制度研究的重点，但对僧人赐俗官的关注度较小。本文对唐代沙门赐俗官的史料加以整理分析，发现这一制度是唐代继承北魏以来的政策并加以制度化的结果。

由于僧人或世俗或宗教或德望的原因，唐廷把现行的职官体系加以调整，适用于僧团，将唐代的职官体系由单纯的世俗层面扩大到宗教层面，使得唐代职官体系跨越了教俗的界限。有影响的部分僧人被纳入职官管理体系当中，不失为一大创举。从僧团内部来看，沙门接受俗官，既代表僧团对世俗政权的妥协，又可以使僧团得到一定程度的发展，虽然这种发展是有限度的。

得赐俗官的僧人会有相应的待遇，如俸禄、供给丧事、获得度僧名额等。虽然不授俗官也会有相应的待遇，但与因帝王个人喜好赐予不同待遇相比，多了一种制度上的保障。

中国自西周以来的政治传统就是“溥天之下，莫非王土；率土之滨，莫非王臣”[1]，世俗政权必须牢牢掌握统治权。佛教初传之时就借助世俗政权的力量发展自我，等到具备一定的力量之后，就试图与世俗政权切割，最大限度地保持独立性。这种行为却是世俗政权无法容忍的。佛教与世俗政权就此展开激烈的斗争，宋代以前彼此都无法彻底使对方屈服。斗争僵持不下的时候，各方妥协便是最好的选择。每一次的激烈斗争之后都有世俗政权与僧团的妥协。僧团表示对世俗政权的尊重并克制佛教的发展，世俗政权则允许佛教一定程度上的

[1]（汉）毛亨传，（东汉）郑玄笺，（唐）孔颖达疏，（唐）陆德明音释：《毛诗注疏》卷一三《小雅·谷风之什·北山》，上海古籍出版社，2013年，第1141页。

发展并给予部分僧人崇高的地位。这就是中国佛教管理制度不断发展的历史背景。唐代这一制度更加繁复，沙门赐俗官的制度就是唐代的世俗政权总结前代对高僧尊崇政策的经验并加以制度化的结果。

所以，从更大的历史背景来看，沙门赐俗官，是世俗政权限制佛教势力、掌控佛教发展以达到无所不统的政治传统的必然趋势下的选择之一。

（作者单位：首都师范大学历史学院）

Awarding Official Position and Aristocratic Status: The Researching on Bestowing Secular Official position on Buddhist Monks in the Tang Dynasty

Zhai Xinglong

[Abstract] Buddhist Monks were bestowed secular officials, beginning with Shi Faguo in the Beiwei Dynasty. Later, it happened sporadically. In the Tang Dynasty, the number of monks received secular official positions increased and the system was formed. The official positions that the monks received include sanjie（散阶）, nobels, zhishi（职事）, xunguan（勋官）, shizhi（使职）. The reasons of bestowing secular officials are both religious and secular. On the one hand, it can be seen as a side of the interaction between politics and religion in the Tang Dynasty, reflecting the expanding influence of secular regime on Buddhism. It is an important part of the Buddhist management system of the Tang Dynasty to include some monks in it as secular officials. On the other hand, the monks who were granted officials treated emperors and regimes in a secular way, received treatment they enjoyed as secular officials, and expanded their status as monks. Generally speaking, the religion management system in which the secular regime dominated and the monks participated was that monks bestowed the secular officials.

敦煌遗书斯二九二六《佛说校量数珠功德经题记》的史料学价值考述

张焕玲　赵望秦

在众多的敦煌出土遗书残卷中，有一件编号为“斯二九二六”的卷子背面抄写着一篇《佛说校量数珠功德经题记》（下文简称《题记》），首行至五行分别题写翻译佛经的译者及时间。始译于“神龙元年正月廿三日”，讫于“景云二年岁次辛亥三月十三日”。六行题写向朝廷进上译本的官员和时间，七行至十七行分别题写奉朝廷之命对译本再进行详细勘定的官员和时间，都是在“太极元年四月”之后。十八行题写对此译本进行检查、校对、抄写的僧人，以及时间“延和元年六月廿日”。末行为“奉敕令昭文馆学士等详定，编入自（目）录讫流行”。参与中宗神龙元年（705）正月廿三日至睿宗景云二年（711）三月十三日翻译佛经活动的都是僧人，参与睿宗太极元年（712）四月之后进呈译本并奉命详定译本活动的都是朝廷官员，参与睿宗延和元年（712）六月廿日“校写”译本的仍是僧人。由此可见，此次对佛经译本进行“详定”的时间在太极元年四月之后，延和元年六月之前。按睿宗景云三年正月十九日改元太极，又于太极元年五月三日改元延和，太极与延和在同一年内。

迄今为止，学人对此篇《题记》加以释录的已有多种，但尚未有对其史料价值进行挖掘利用。因此，本文即依据《英藏敦煌社会历史文献释录》所收《题记》的释文[1]，将其中所署官员的职衔和任职的时间，与今传唐代文献的相关记载进行比较，加以考订，以期通过条辨缕析，能够从中发现有助于唐代文史研

[1] 郝春文主编：《敦煌社会历史文献释录》第一编《英藏敦煌社会历史文献释录》，北京：社会科学文献出版社，2016年，第十四卷，第412、415页。

究的文献资料参考价值。

一

《题记》："太极元年四月　日，正议大夫、太子洗马、照（昭）文馆学士张齐贤等进。"按：张齐贤在《旧唐书》中无传，而《新唐书》虽有《张齐贤传》，但记其仕履甚为简单[1]，凡《题记》所署张齐贤的散官、职事官及兼职，俱未之及。不过，《旧唐书》对此倒是有零散的记载，即"酌献登歌用《肃和》"乐章下自注曰："太子洗马、昭文馆学士张齐贤撰。"[2]但任职时间并不明确，而且缺失所带的"正议大夫"散官。据《题记》，可知张齐贤在睿宗太极元年四月已在太子洗马任上，且兼任昭文馆学士之职。

二

《题记》："奉敕太中大夫，照（昭）文馆学士郑喜王详定。"按：今传所有的唐文献俱无郑喜王其人。不过在《旧唐书》中有一个叫"郑善玉"的人，曾创作"迎俎用《雍和》"的乐章，属于"仪坤庙乐章十二首"中的第五首，其下注曰"太中大夫、昭文馆学士郑善玉作"。同时参与"仪坤庙乐章"创作的还有：第一首"迎神用《永和》"，注曰"散骑常侍、昭文馆学士徐彦伯作"；第三首"皇帝行用《太和》"，注曰"左谕德、昭文馆学士邱说撰"；第四首"酌献登歌用《肃和》"，注曰"太子洗马、昭文馆学士张齐贤撰"；第六首"肃明皇后室酌献用《昭升》"，注曰"礼部尚书、昭文馆学士薛稷作"[3]。按"邱说"即"丘悦"，见后文考。以上这五人也都见于《题记》中，且注文所记的官职与《题记》所署的全同，而郑善玉的官职与郑喜王的官职也相同。由此可见，《题记》中的郑喜王与《旧唐书》中的郑善玉当为同一人。按"喜王"与"善玉"的字形十分近似，在抄写时，容易因形近而致误。那么，到底孰是孰非，因文献不足，尚难判定。但以"此件错、漏颇多"的情况看[4]，有可能是《题记》抄误，也有可能是因《题记》原件的字迹模糊而导致

[1]（宋）欧阳修：《新唐书》卷一九九《儒林传·张齐贤佳》，北京：中华书局，1975年，第5672页。

[2]（后晋）刘昫：《旧唐书》卷三一《音乐志四》，北京：中华书局，1975年，第1140页。

[3]《旧唐书》卷三一《音乐志四》，第1140、1141页。

[4]《英藏敦煌社会历史文献释录》第十四卷斯二九二六《佛说校量数珠功德经题记·说明》，第413页。

误释。按此《题记》，除本文所据之释录本外，尚有其他多家的考释本，但对“郑喜王”都无所考校[1]。

三

《题记》：“奉敕秘书少监、学士韦利器祥（详）定。”按：韦利器在两《唐书》上无传，仅有零散记载，俱谓其于中宗景龙年间，在相王府为王府直学士[2]。而据《题记》，韦利器在睿宗太极元年已迅速升任秘书监少监、昭文馆学士之职，当以其曾为睿宗即位前的王府旧臣之故，可补史传缺失。

四

《题记》：“奉敕正议大夫、行太府卿、昭文馆学士沈佺期祥（详）定。”按：沈佺期是初唐时期的著名诗人，为五言律诗的艺术成熟和体式定型做出了巨大贡献，在两《唐书》上有传。《题记》所署沈佺期的散官及职事官，在两《唐书》本传中俱无记载，唯其学士之兼职[3]与《题记》同。又按《文苑英华》收录，唐人苏颋《授沈佺期太子少詹事等制》：“正议大夫、太府少卿、昭文馆学士、上柱国、吴兴县开国男沈佺期……”[4]虽然所载沈佺期的散官、职事官、兼职与《题记》略同，但并无具体的任职时间，就此而言，《题记》的史料价值还是显而易见的。不过，《题记》也有略失之处，当为误抄所致。按唐代官制，正议大夫为文散官，正四品上阶，太府卿为职事官，从三品，当文散官与职事官相匹配而出现品阶的高低不相当时，凡文散官的品阶较低而职事官的品阶较高则称“守”，凡文散官的品阶较高而职事官的品阶较低则称“行”[5]。由此衡之，如果沈佺期所任职事官为从三品的太府卿，所带

[1] 陈祚龙：《敦煌学要籥》，台北：新文丰出版公司，1982年，第124页。［日］池田温：《中国古代写本识语集录》，东京：东洋文化研究所，1990年，第283页。敦煌研究院编：《敦煌遗书总目索引新编》，北京：中华书局，2000年，第89页。按后文凡据此三书者，仅标书名与页数。

[2]《旧唐书》卷九《裴耀卿传》、卷一九〇中《文苑传中·员半千附丘悦传》，第3080、5015页。《新唐书》卷一二七《裴耀卿传》，第4452页。

[3]《旧唐书》卷一九〇《文苑传中·沈佺期传》，第5017页。《新唐书》卷二〇二《文艺传·沈佺期传》，第5749页。

[4]（宋）李昉：《文苑英华》卷四〇三“中书制诰”类，北京：中华书局，1966年，第2047页。

[5]（唐）杜佑：《通典》卷三四《职官典·文散官》，北京：中华书局，1988年，第938页。《旧唐书》卷四二《职官志》，第1785、1793页。（唐）李林甫：《唐六典》卷二〇《太府寺》，北京：中华书局，1992年，第540页。岑仲勉：《金石论丛》二十《依唐代官制说明张曲江集附录诰命的错误》，上海古籍出版社，1981年，第462页。赵望秦：《略论唐代官制中的“守、行、兼”制度》，载杜文玉主编《唐史论丛》第八辑，西安：三秦出版社，2006年，第59页。

文散官为正四品上阶的正议大夫，那么，应当署为“正议大夫守太府卿”，不当署为“正议大夫行太府卿”。据前所引《授沈佺期太子少詹事等制》，以及唐人史崇《妙门由起序》曰“……正议大夫、行太府少卿、昭文馆学士、上柱国、吴兴县男臣沈佺期”云云[1]，又据今人考曰“此必作于先天元年，在八月以后”[2]，与《题记》抄写时间相近，可见应为“行太府少卿”，则《题记》脱一“少”字[3]。由此再进可据《题记》而证明《文苑英华》当脱一“行”字。对于这一点，还有一条有力的旁证在《授沈佺期太子少詹事等制》之中的“正议大夫、行卫尉少卿、上柱国杨崇礼”云云。按：卫尉少卿为从四品上阶职事官[4]，低于杨崇礼所带文散官一阶，故署“行卫尉少卿”。而沈佺期所带文散官所任职事官的品阶与杨崇礼完全一致，亦当署“行太府少卿”，可见《文苑英华》确实脱一“行”字。

迄今为止，在沈佺期生平的有关研究成果中，颇为翔实的是今人为《唐才子传》所记沈佺期事迹所做的笺证[5]。但可惜未引用《题记》中的相关史料，略显美中不足。又，《唐九卿考》引用五条文史资料以考订沈佺期曾担任过太府少卿之职，有补两《唐书》本传之缺的价值，但也可惜未能利用《题记》中的相关史料，致使将其担任太府少卿之职的时间系于“开元二年（714）”[6]。实未精当。

五

《题记》：“奉敕银青光禄大夫、太子右谕德、昭文馆学士丘悦详定。”按：两《唐书》虽有丘悦的附传，但都极为简略[7]，凡《题记》所署丘悦的散

[1]（清）董诰：《全唐文》卷九二三，上海古籍出版社，1990年，第4264页。

[2]严耕望：《唐仆尚丞郎表》卷八《辑考》二下《尚书右丞》，北京：中华书局，1986年，第460页。

[3]按：此《题记》，除本文所据之释录本外，尚有今人的多种考释本，但对此误，俱未作校订补正，分别见《敦煌学要籥》，第124页；《中国古代写本识语集录》，第283页；《敦煌遗书总目索引新编》，第89页。

[4]《旧唐书》卷四二《职官志一》，第1793页。

[5]（元）辛文房撰，傅璇琮主编：《唐才子传校笺》卷一《沈佺期》，北京：中华书局，1987年，第75页；《唐才子传校笺（补正）》卷一《沈佺期》，北京：中华书局，1995年，第5册，第8页。

[6]郁贤皓、胡可先：《唐九卿考》卷十《太府寺·太府少卿考》，北京：中国社会科学出版社，2003年，第546页。

[7]《旧唐书》卷一九〇中《文苑传中·员半千附丘悦传》，第5015页；《新唐书》卷一一二《员半千附丘悦传》，第4163页。

官、东宫职事官及兼职，一无所及。《题记》所署正有补史传之缺的价值。又，《旧唐书》载“仪坤庙乐章十二首”，其中的第三首“皇帝行用《太和》”自注曰：“黄钟宫，左谕德、昭文馆学士邱说撰。”[1]按今本《旧唐书》是“以清道光年间扬州岑氏惧盈斋刻本为工作本”进行点校的[2]，而在清雍正四年，朝廷下令为孔子避讳，凡遇“丘”字，都要在右旁加“阝”而写作“邱”，故清道光刻本改“丘”为“邱”。影印百衲本《二十五史》中所收《旧唐书》的此卷为宋刻本，“邱”作“丘”[3]。而“悦”作“说”，虽然音义皆通，但作为人名，不可能两者混用。而且，在两《唐书》上仅此一处作“说”，《册府元龟》亦作“悦”[4]。显而易见，《题记》中的“丘悦”与《旧唐书》此处的“邱说”，肯定是同一人。《题记》作“右谕德”，而《旧唐书》作“左谕德”。凡此，俱可依据《题记》校正其误。

六

《题记》：“奉敕银青光禄大夫、黄门侍郎、昭文馆学士、上柱国李乂详定。”按：李乂在两《唐书》上俱有传[5]，但均不记其散官“银青光禄大夫”、勋官“上柱国”，《题记》所署正可补史传之缺。又，《旧唐书》本传云：“景云元年，迁吏部侍郎……寻转黄门侍郎。”唐人苏颋《唐紫微侍郎赠黄门监李乂神道碑》云：“……（景云）二岁，迁黄门侍郎。”[6]有论者据此考曰：“景云元年秋冬，由中书舍人迁检校吏侍。二年春或四五月稍前，已迁黄门侍郎。”[7]而据《题记》，则可具体知道睿宗太极元年四月至延和元年六月之间，李乂在黄门侍郎任上。按：睿宗景云三年正月十九日改元为太极，又于太极元年五月三日改元为延和，实则都在同一年内。

[1]《旧唐书》卷三一《音乐志四》，第1140页。

[2]《旧唐书》出版说明，第12页。

[3]《旧唐书》卷三一《音乐志》，影印百衲本《二十五史》，杭州：浙江古籍出版社，1998年，第4册，第83页。

[4]（宋）王钦若：《册府元龟》卷五五六《国史部·采撰》，北京：中华书局，1960年，第6683页。

[5]《旧唐书》卷一〇一《李乂传》，第3135页。《新唐书》卷一一九《李乂传》，第4296页。

[6]《全唐文》卷二五八，第1153页。

[7]《唐仆尚丞郎表》卷十，第565页。

七

《题记》:“太极元年四月……奉敕工部侍郎、昭文馆学士、上护军卢藏用详定。”按两《唐书》俱有《卢藏用传》,载其曾任工部侍郎,但任职时间不明,且未载其勋官“上护军”[1]。今人考订推测其于景云二年或先天元年迁任工部[2]。按延和元年八月三日,玄宗即位,八月七日,改元先天,则太极元年、延和元年、先天元年都在同一年内。而据《题记》,可以确知其于太极元年四月至延和元年六月之间在工部侍郎任上。

八

《题记》:“奉敕左散骑常侍、昭文馆学士、权兼检校右羽林将军、上柱国、寿昌县开国伯贾膺福详定。”又:“奉敕右散骑常侍、照(昭)文馆学士、权兼检校左羽林将军、上柱国、高平县开国侯(徐)彦伯详定。”按:贾膺福在两《唐书》上虽无传,但综合两《唐书》上的零散记载,其生平事迹尚大体可知[3]。但是,《题记》所署“权兼检校右羽林将军、上柱国、寿昌县开国伯”,两《唐书》上一无所及。另外,贾膺福担任的究竟是“左散骑常侍”,还是“右散骑常侍”?不仅两《唐书》上记载的不一致,而且《新唐书》史文中前后记载的也不一样。《旧唐书》俱作“左散骑常侍”,《新唐书》在《诸帝公主传》中作“右散骑常侍”[4],而在《贾敦颐传》中却又作“左散骑常侍”,这其中必有一误。《题记》是贾膺福尚在世时的抄件,颇可信据,故而既可据以校正《新唐书》所谓“右散骑常侍”之误,又可据以确知其担任“左散骑常侍”的时间。至于徐彦伯在两《唐书》上虽有传,且记载较详[5],但《题记》所署“权兼检校左羽林将军、上柱国、高平县开国侯”,俱未之及,可据以补史传缺失。

另外,这两条史料也可作为司马贞何时撰写《史记索隐》与何时兼任昭文馆学士的有力旁证。《史记索隐》卷三《高祖本纪》中有“母媪”一条,其

[1]《旧唐书》卷九四《卢藏用传》,第3000页。《新唐书》卷一二三《卢藏用传》,第4374页。

[2]《唐仆尚丞郎表》卷二二,第1069页。

[3]《旧唐书》卷二二《礼仪志二》,第868页;卷七《睿宗本纪》,第161页;卷八《玄宗本纪》,第169页;卷一八五上《良吏传·贾敦颐附贾膺福传》,第4789页。《新唐书》卷一九七《循吏传·贾敦颐附贾膺福传》,第5623页。

[4]《新唐书》卷八三《诸帝公主传·太平公主》,第3652页。

[5]《旧唐书》卷九四《徐彦伯传》,第3004页。《新唐书》卷一一四《徐彦伯传》,第4201页。

云："今近有人云'母温氏'，（司马）贞时打得班固泗水亭长古石碑文，其字分明作'温'字，云'母温氏'。贞时与贾膺复、徐彦伯、魏奉古等执对反覆……"[1]清代著名史学家钱大昕考证"复"为"福"之讹，"贾膺复"即"贾膺福"，"（司马）贞除学士当在开元七年以后"[2]。今依《题记》，可为钱氏考"贾膺复"乃"贾膺福"之误添一有力佐证。但又据《题记》，贾膺福与徐彦伯在睿宗太极元年亦即玄宗先天元年时同为昭文馆学士，而司马贞当时要"与贾膺福、徐彦伯"等人一起对班固所撰"泗水亭长古石碑"文的拓本反复进行勘读，仔细加以辨认，揆诸情理，唯有同时具备在昭文馆任学士而为同僚的条件和机会，才可以做得到。那么，由此及彼，司马贞于睿宗太极元年亦即玄宗先天元年时也在昭文馆为学士，当无疑问。如果这种推测能够成立而合乎事实的话，那么，司马贞早在睿宗时就已任昭文馆学士，进而可知至迟在睿宗时就已开始撰作《史记索隐》了。

综合以上考述，显而易见，《题记》此二条都具有补史、证史、校史的史料价值。

九

《题记》："奉敕银青光禄大夫、行中书（侍）郎、昭文馆学士、兼太子左庶子崔湜详定。"按：崔湜在两《唐书》上俱有传，且记载颇详[3]。即使如此，《题记》此条史料仍有补其失、正其误的价值。如两《唐书》虽载崔湜"加银青光禄大夫"文散官，"为中书侍郎"职事官，但都无具体的任职时间，而《题记》所署，时间上则甚明确。又如银青光禄大夫为从三品，中书侍郎为正四品上阶[4]，散官品阶高而职事官品阶低，依照唐代官制规定，当为"银青光禄大夫行中书侍郎"，可见《题记》所署甚为准确，而两《唐书》本传则脱一"行"字无疑。再如《题记》所署"昭文馆学士、兼太子左庶子"，两《唐书》本传俱失载。

---

[1]（唐）司马贞撰，王璐、赵望秦整理：《史记索隐》，西安：陕西师范大学出版总社，2018年，第48页。

[2]（清）钱大昕：《十驾斋养新录》卷六《司马贞》，载氏著《嘉定钱大昕全集》，南京：江苏古籍出版社，1997年，第7册，第151页。

[3]《旧唐书》卷七四《崔仁师附崔湜传》，第2622页。《新唐书》卷九九《崔仁师附崔湜传》，第3921页。

[4]《唐六典》卷九《中书省》，第275页。《旧唐书》卷四三《职官志》，第1785、1781页。

十

《题记》："奉敕金紫光禄大夫、礼部尚书、昭文馆学士、上柱国、晋国公薛稷详定。"按两《唐书》俱有《薛稷传》，对其仕履的记载颇详[1]，但仍缺《题记》所署的散官"金紫光禄大夫"、勋官"上柱国"。而且，也不载其任礼部尚书的具体时间，据《题记》，则可知其于睿宗太极元年亦即玄宗先天元年的四月至六月间在礼部尚书任上。今人推测其于睿宗景云二年冬或玄宗先天元年迁任礼部尚书[2]，大致不差，但仍不若《题记》所署的具体而准确。另外，《妙门由起序》曰"……金紫光禄大夫、行礼部尚书、昭文馆学士、上柱国、晋国公薛稷"云云[3]。按唐代官制，"以职事高者为守，职事卑者为行，仍各带散位"[4]。"金紫光禄大夫"为正三品文散官，"礼部尚书"为正三品职事官，二者之间，品阶相当，既不"为守"，也不"为行"[5]。《题记》所署者正符合此项规定，而序文所署"金紫光禄大夫、行礼部尚书"，却与此项规定不合，显然有误。《题记》中的此条史料，有校正其误的文献价值。

（作者单位：遵义师范学院人文与传媒学院，陕西师范大学文学院）

A Study of the Historical Material Value of the Dunhuang Manuscripts 2926 *The Inscriptions of The Buddha's Verses That Measure Merits With Rosary Beads*

Zhang Huanling, Zhao Wangqin

[Abstract] This paper examines the historical material value of *The inscriptions of The Buddha's verses that measure merits with rosary beads* for the first time, and then edits the errors in the records of the Tang Dynasty documents. On this basis, this paper also supplements and corrects on some of items in practical books, and the individual fallacies in this inscription have been analyzed.

[1] 《旧唐书》卷七三《薛收附薛稷传》，第2591页。《新唐书》卷九八《薛收附薛稷传》，第3893页。

[2] 《唐仆尚丞郎表》卷一五，第3册，第827页。

[3] 《全唐文》卷九二三，第4266页。

[4] 《旧唐书》卷四二《职官志》，第1785页。

[5] 《旧唐书》卷四二《职官志》，第1792页。

碑志研究

唐高宗乳母卢氏的生命历程

——新出《大唐故燕国夫人卢氏墓志铭并序》考释

郭海文　潘钰华

卢氏本名卢丛璧，是唐高宗李治的乳母。目前学界研究唐代乳母的论著主要有二：一为刘琴丽的《论唐代乳母角色地位的新发展》，该文对唐代皇室乳母的来源、角色变化、赏赐制度及唐人对皇室保母的评价进行了深入探讨，并且分析了引起这些变化的制度因素和社会原因[1]。二是仇鹿鸣的《新见〈姬揔持墓志〉考释——兼论贞观元年李孝常谋反的政治背景》，该文以唐高宗乳母姬揔持墓志为依据，分析唐初李孝常谋反事件的政治背景和历史原因，论述唐初女性在政治上的作用，深入了解唐代宫廷政治的内闱，可看作是乳母墓志与正史互证的结合[2]。上述两位学者对乳母这一阶层的历史人物做了有益探索，但因资料有限，应该还有很多研究的空间。2018年6月，胡戟先生惠赐西安新近发现的《大唐故燕国夫人卢氏墓志铭并序》拓片，为考察乳母的生命历程及唐代宫廷政治和社会生活提供了新的史料依据。现将墓志铭抄录如下，不当之处，敬请方家指正。

一、墓志录文

大唐故燕国夫人卢氏墓志铭并序

[1] 刘琴丽：《论唐代乳母角色地位的新发展》，《兰州学刊》2009年第11期，第215—218页。

[2] 仇鹿鸣：《新见〈姬揔持墓志〉考释——兼论贞观元年李孝常谋反的政治背景》，载荣新江主编《唐研究》第十七卷，北京大学出版社，2011年，第221—250页。

夫人讳，字从璧，涿郡范阳人也。华阳启圣，姜滋开源。懿矣太师，道光四履；伟哉霸德，功济一匡。克昌之烈不穷，贻庆之方靡绝。曾祖柔，魏中书监、开府仪同三司、容城伯，周内史。望实之华，风流两代。祖恺，隋礼部尚书、摄吏部尚书、开府仪同三司、容城侯。名器之重，标映一时。父法寿，隋博州堂邑令、泗州司马。高才盛德，迈古超伦。夫人资灵素魄，挺质琼华。容止幽闲，风操恂美。祗教师氏，率礼家风。三德之美既弘，四行之规无爽。仁顺因心而至，孝友不肃而成。德冠阃闱，声满亲族。年十有八，归于杜氏，即大唐滑州总管、宗贝二州刺史、上柱国、平舆郡开国公杜使君其人也。移爱敬于舅姑，尽劬劳于夙夜。武德初元，伊洛尚梗。伪城僭号，犹多阻绝。夫人与姑各在非所，每有珍羞，必令间道供送，自非使返，则终日忘飡。每夜未知安不，亦达旦不寐。积行累仁，皆此类也。既而八表乂安，两仪交泰，摛祥华渚，诞圣猗兰。皇帝载育之辰，夫人允光妙选，保佑之重，德范金闺；恭侍之勤，功敷椒掖。贞观十七年，下诏曰：质性和婉，志行明淑，早在宫掖，保养储贰，勤劳著于夙夜，忠顺彰于岁寒。宜超恒典，锡以徽命，可范阳郡三品夫人。夫人尝从游禁苑，方期利涉。上所御之马忽卧水中，夫人情切于心，便透马扶侍。文皇嘉叹久之，谓从臣曰：乳养之恩，殆邻顾复，卢遂透马入水，不顾性命。是日还宫，进加品秩，赐绢五十匹，仍别加慰喻。皇帝养德春宫，业隆三善，问安内竖，致察寿御。文皇口敕云：我儿长在宫闱，每恒近侍卧内，未曾目睹一人，岂非用心尽节，使得然也。即赐黄金百斤，前后赏赉优洽，不可胜纪。及皇帝凉闇在辰，六宫务切，事之进退，皆任委焉。以供奉之勤，进位一品，余如故。累陈寡薄，辞不敢当，上抑而不许。夫人宽以流裕，慎而寡言，忠以事上，惠以御下。芳声流于青史，美誉浃于彤闱。寻改授燕国夫人，为特开广第。夫人悲涕固请，乞逾碁月。上甚嘉重，深识忠孝之诚，临当拜辞，赐以在储之笏。圣慈褒宠，今古莫俦。惟夫人恭俭自天，和柔表性，贵不在己，卑以自牧。淑质恬厚，神情婉慧。言作女师，动为嫔则。声宣在室，德暎言归。及择傅紫宫，名飞丹掖。罄师保之节，尽推导之诚。礼高弥降，事泰逾贬。宜天享明德，膺此永年，穷臣妾之荣，尽家国之贶。揩摸列阃，准的庶姬。而与善愆期，遐年爽效。遘疾弥留，至于大渐。中使相望，名医继及。仍赐优敕曰：昨得书闻患，未知今来何似。宜善将息，以解忧悬。故遣使问，坐望来报。粤以麟德元年九月八日薨于万年县兴宁里之第，春秋六十有三。皇情九悼，弭择宫之盛典；罢政三朝，洽椒庭而永慕。伤母师之长逝，叹女宗之遂往。哀荣之典，独高时望。爰有恩诏，留葬京师。丧事所须，并令官给。仍赐物二百段，米粟二百石，五品一人监护。即以麟德二年岁次乙丑二月癸酉朔一日癸酉葬于雍州万年县洪原乡少陵原。子静弘至性自天，孝思不匮，虽清徽懿范，腾光篆册，而婺彩兰菉，有阙言象。敬雕贞琬，乃述铭云：

神龙降祉，非熊兆庆。百代克昌，千古无竞。钟鼎继美，旗常迭暎。积德不穷，诞兹淑令。其一。爰伊令淑，有馥家声。优游诗史，肃穆笄缨。情田婉蕙，性府温琼。仁不假物，孝实惟诚。其二。六行无违，四德孔备。移天作合，言主中馈。肃承君子，朝夕无坠。閫阈传规，衿褵昭懿。其三。充选宸极，阿保圣躬。傅导惟礼，师教尽忠。宠章已被，嘉命逾隆。在勤无斁，处贵斯冲。其四。宜其永锡，享兹多祚。清仪忽远，玄房奄厝。礼极哀荣，痛缠疑慕。履霜徒感，号天靡诉。其五。山开封树，路尽车徒。郊风镇冷，陇月长孤。晨游瑞鹿，暮宿祥凫。青编有蠹，睟范无渝。其六。

卢从璧墓志，楷书35行，满行37字，共1207字（不记空格）。由于该墓志未见于著录与传世文献，且有关唐高宗乳母卢氏的记载见缺于正史[1]，故对卢从璧墓志志文内容进行考释，是十分必要的。

二、资灵素魄，挺质琼华——作为世家之女的卢氏

关于卢从璧的家世，墓志中只提及他的父系，对母系没有记载。“夫人讳，字从璧，涿郡范阳人也”[2]，可知她出身于范阳卢氏。根据《新唐书·宰相世系表》所载：“卢氏出自姜姓。齐文公子高，高孙傒为齐正卿，谥曰敬仲，食采于卢，济北卢县是也，其后因以为氏。田和篡齐，卢氏散居燕、秦之间。

[1]（唐）刘餗：《隋唐嘉话》云：“高宗乳母卢，本滑州总管杜才干妻。才干以谋逆诛，故卢没入于宫中。帝既即位，封燕国夫人，品第一。卢既藉恩宠，屡诉才干枉见构陷。帝曰：‘此先朝时事，朕安敢追更先朝之事。’卒不许。及卢以亡，复请与才干合葬，帝以获罪先朝，亦不许之。”北京：中华书局，1979年，第32页。另在《唐语林》中也有简略的相同记载，详见（宋）王谠撰，周勋初校证：《唐语林校证》卷四《贤媛》，北京：中华书局，2008年，第415页。

[2] 此处引自《大唐故燕国夫人卢氏墓志铭并序》墓志原文，下文引用时不再一一注明。

秦有博士敖，子孙家于涿水之上，遂为范阳涿人。”[1]范阳卢氏在唐朝的地位，正如柳冲所言：“山东则为‘郡姓’，王、崔、卢、李、郑为大……今流俗独以崔、卢、李、郑为四姓，加太原王氏号五姓。”[2]范阳卢氏家族是唐代第一流的高门大族，这无可否认。

曾祖：墓志载“曾祖柔，魏中书监、开府仪同三司、容城伯，周内史”。《周书》《北史》中皆有传。追溯其世系，“溥玄孙洪，字曾孙，太和中，位中书博士，乐陵、阳平二郡太守，幽州中正。洪三子。长子崇，少立美名，有识者许之以远大，卒于骠骑府法曹参军。崇子柔”[3]。卢溥与卢玄为从祖兄（同一曾祖但不同祖父的同辈人），而卢玄的祖父是“北祖”卢偃，则可知卢溥的祖父与卢偃是兄弟，卢柔可以算作“北祖”的近支。

据史书记载，卢柔“性聪敏，好学，未弱冠，解属文，但口吃不能持论”[4]，少年时便聪明好学，勤于文章。关于他的婚配情况，《周书》记载“司徒、临淮王彧见而器之，以女妻焉”[5]，卢柔的妻子为北魏临淮王元彧的女儿，即卢丛璧的曾祖母为北魏皇族。北魏孝武帝时，卢柔跟随拓跋胜，曾先后担任大行台郎中、冠军将军等职。其后受到皇帝赏识，晋封不断。“大统二年（536），至长安。封容城县男，邑二百户。太祖重其才，引为行台郎中，加平东将军，除从事中郎，与苏绰对掌机密”，“进爵为子，增邑三百户，除中书舍人。迁司农少卿，转郎，兼著作，撰起居注。后拜黄门侍郎”，“魏废帝元年（552），加车骑大将军、仪同三司、散骑常侍、中书监”，“孝闵帝践阼，拜小内史，迁内史大夫，进位开府”[6]。卢柔死后，他“所作诗颂碑铭檄表启行于世者数十篇”，这是他在文学创作上的贡献，后人亦评价其“学业优深，文藻华赡，……故世号曰卢、薛焉”[7]。结合史书记载与墓志内容，可知卢柔文武兼修，既能带兵打仗，又能撰文记史，是文武双全的稀有人才。

祖父：志文曰：“祖恺，隋礼部尚书、摄吏部尚书、开府仪同三司、容城侯。”同其父一样，正史中记载颇多，《北史》《隋书》较《周书》记载更为

[1]（宋）欧阳修：《新唐书》卷七三上《宰相世系表三上》，北京：中华书局，1975年，第2884页。

[2]《新唐书》卷一九九《柳冲传》，第5678页。

[3]（唐）李延寿：《北史》卷三〇《卢恺传》，北京：中华书局，1974年，第1087页。

[4][5]（唐）令狐德棻：《周书》卷三二《卢柔传》，北京：中华书局，1971年，第562页。

[6]《周书》卷三二《卢柔传》，第563页。

[7]《周书》卷三八《薛寘传》，第685页。

详细。卢恺“性孝友，神情颖悟，涉猎经史，有当世干能，颇解属文”，他的个人才能主要体现为广涉经史，掌管书记。仕宦经历主要有：“周齐王宪引为记室。其后袭爵容城伯，邑千一百户……迁小吏部大夫，增邑七百户……冢宰宇文护擢为计部下大夫……建德中，增邑二百户。岁余，转内史下大夫……转礼部大夫，为聘陈使副……寻授襄州总管司录，转治中。大象元年（579），征拜东京吏部大夫……开皇初，加上仪同三司，除尚书吏部侍郎，进爵为侯，仍摄尚书左丞……赐钱二十万，并赉杂彩三百匹，加散骑常侍……岁余，拜礼部尚书，摄吏部尚书事。”[1]卢恺与苏威交好，后因朋党之祸，以至于“秋七月乙巳，尚书右仆射、邳国公苏威，礼部尚书、容城县侯卢恺，并坐事除名”[2]。

父亲：志文载“父法寿，隋博州堂邑令、泗州司马”。卢法寿，正史里并没有关于其生平的记载。卢法寿作为隋地方州县官员，显然已不如其祖父和父亲官位显赫，只是掌管地方事务。

综上所述，北魏时卢丛璧的高祖以上两代是六品以下地方官，西魏、北周时，因迁徙关中开始发迹，曾祖和祖父两代均任至中央三品以上官职。但祖父任官晚期坐事除名，家道中衰，父亲官至县令和州幕的低品官。看似显赫的出身，实际上这一家族已沦为范阳卢氏的衰支。夫人幼时，正处于家道中落之时。

三、爱敬舅姑，劬劳夙夜——作为武将之妻的卢氏

根据墓志记载：“粤以麟德元年（664）九月八日薨于万年县兴宁里之第，春秋六十有三。”可推知卢丛璧出生于隋文帝仁寿二年（602）。又“年十有八，归于杜氏”，则可知其于唐武德二年（619）嫁给杜才干。而杜才干在唐初波谲云诡的政局之中，历经三次身份转化，从李密故将到高祖能臣，继而沦落为谋逆叛贼，卢氏的命运也随之跌宕起伏。

（一）李密故将之顺妇

杜才干正史无传。据《李密墓志》所载：“故吏上柱国、使侍节黎州总管、殷卫澶四州诸军事、黎州刺史、曹国公徐世勣、……上柱国、闻喜县开国公杜才干等，或同婴世网，或同涉艰辛，或感意气于一言，或托风云于千

[1]（唐）魏徵：《隋书》卷五六《卢恺传》，北京：中华书局，1973年，第1383、1384页。

[2]《隋书》卷二《高祖纪下》，第37页。

载。”[1]杜才干作为李密葬事的办理人员被提及。李密死于武德元年（618）十二月，葬于武德二年（619）二月。此时杜才干的官爵为“上柱国”“闻喜县开国公”，其此时并无职事官职，手中也不握有被唐中央认可的行政权力，只是因为李密故吏的身份而获封。

卢丛璧与杜才干成婚于武德二年（619），“隋至唐前期时，五姓七望著房似乎已均衡地相互通婚，……除同姓不婚外，似已成熟地发展完成相互间的婚姻圈”[2]。范阳卢氏本应同自己社会地位相同的赵郡李氏、清河崔氏等相互通婚，然而实际上卢氏却与家世绝非显赫的杜才干结合。究其原因，主要是因为杜才干早期参与隋末李密集团起义，军功卓著，深得李密器重赏识。而卢丛璧家道中落，看似出身名门，实则只是没落的范阳卢氏旁支，已经丧失了山东五姓圈内婚的资格。杜卢二人的结合，是符合当时的社会条件和身份背景的。

（二）李渊能臣之贤妻

正史中有关杜才干的记载，主要为他斩杀邴元真一事。关于邴元真其人，《北史·李弼传》《隋书·李密传》《旧唐书·李密传》中皆有记载：“（大业十三年二月，617，李密于巩南）设坛场即位，称元年。以房彦藻为左长史，邴元真为右长史……密将入洛口仓城，元真已遣人引世充。密阴知之，不发其事，欲待世充兵半度洛水，然后击之。密候骑不时觉，比将出战，世充军悉已济。密引骑而遁，元真以城降世充。”[3]邴元真作为李密心腹，身担“右长史”[4]这一要职，却在与王世充部作战时暗中投敌，致使李密大败。随后“邴元真之降世充也，以为行台仆射，镇滑州。密故将杜才干恨元真背密，诈与之

[1] 周绍良、赵超主编：《唐代墓志汇编续集》武德〇〇一《唐上柱国邢国公李君之墓铭》，上海古籍出版社，2001年，第2页。

[2] 毛汉光：《中古大族著房婚姻之研究——北魏高祖至唐中宗神龙年间五姓著房之婚姻关系》，《历史语言研究所集刊》第五十六本第四分，1985年，第692页。

[3] 《北史》卷六〇《李弼附李密传》，第2134、2137页。《隋书》《旧唐书》与此类同，不再罗列。

[4] 关于“右长史”一职，在《隋书·职官志》中虽在隋代并无对此官职的记载，但陈朝“司徒左右长史，已上千石”，后齐“司徒则加有左右长史”引自《隋书》卷二六、卷二七《百官志》上、中，第743、751页。向前溯至魏晋时期，“司徒加置左右长史各一人，秩千石”，引自（唐）房玄龄：《晋书》卷二四《职官志》，北京：中华书局，1974年，第727页。“惟大将军府及司徒府加置左右长史各一人”。引自《资治通鉴》卷七六，正元二年闰月条，北京：中华书局，1956年，第2423页。总之，李密政权中“右长史”一职约秩千石，常为大将军府及司徒府的心腹要职。

会，伏甲斩之，以其首祭于密冢”[1]。

据墓志所载，杜才干的官职为“大唐滑州总管、宗贝二州刺史、上柱国、平舆郡开国公”。“州，置总管者，列为上中下三等。总管刺史加使持节”[2]。总管当为隋代地方州长官，唐因隋制未改，大概等同于后世刺史一职。隋分总管为上、中、下三等，分别为从二、正三、从三品，共三等。“滑州灵昌郡，望”[3]，则滑州总管当为从二品官。宗贝二州刺史：宗贝二州属地相邻，且辖区前后多有更迭[4]，杜才干作为二州刺史，所领大略为今河北邢台境内。刺史亦分上中下三等，分别为从三品、正四品上、正四品下。“宗城，望。本隶贝州。武德四年（621），以宗城、经城及冀州之南宫、斌强置宗州，析经城置府城县”[5]。则宗贝二州刺史为从三品官。平舆郡开国公：“开国郡公，食邑二千户，正二品。”[6]平舆属汝南郡。以上诸封号，唯有滑州总管、宗贝二州刺史为实际职掌，官职为从二品至从三品。短短数年，杜才干的爵位由县公升为郡公，又实际职掌滑州、宗州及贝州地方事，亦可算作高祖对他才能的肯定与重视。

有学者认为：“在唐代，唐人重视女性在家庭中所起的作用，崇尚持家有方的贤内助。作为妻子首要的就是恭谨侍奉公婆。”[7]卢氏作为杜才干之妻，在群雄竞逐的战乱环境中，“爱敬舅姑，劬劳夙夜”。当时“夫人与姑各在非所，每有珍羞，必令间道供送”，“每夜未知安不，亦达旦不寐”。杜才干身为高祖能臣，征战沙场，夺取功名。卢从璧操持家务，敬重公婆，同时忧心家人的安危，堪为杜氏劬劳尽力的贤内助。

---

[1]（后晋）刘昫：《旧唐书》卷五三《李密传》，北京：中华书局，1975年，第2224页。此外，《新唐书》《资治通鉴》二书皆载此事，二书所载皆有“归国”“来降”事，作为斩杀邴元真一事的结局。此事详见于《新唐书》卷八四《李密传》，第3686页。《资治通鉴》所载更为详细，见卷一八八，武德三年九月条，第5891页。

[2]《隋书》卷二八《百官志下》，第784页。

[3]《新唐书》卷三八《地理志二》，第986页。

[4]二州所辖详细地区见《旧唐书》卷三九《地理志二》，第1496、1497页。其记载，“贝州隋为清河郡。武德四年，平窦建德，置贝州，领清河……七县。……九年，以废宗州之宗城、经城来属，又以废毛州之临清来属。……武德四年，置宗州，领宗城、府城、南宫、斌强四县。九年，废宗州及府城、斌强二县，以经城、宗城属贝州，南宫属冀州”。

[5]《新唐书》卷三九《地理志三》，第1011页。

[6]《新唐书》卷四六《百官志一》，第1188页。

[7]强跃、景亚鹂：《论唐人崇尚的女性美德》，《陕西师范大学学报》（哲学社会科学版）2012年第5期，第98页。

（三）谋逆叛贼之贱内

卢丛璧顺遂安稳的人生突遭变故。据《隋唐嘉话》载："（卢氏）本滑州总管杜才干妻。才干以谋逆诛，故卢没入于宫中。"[1]唐律规定："凡反逆相坐，没其家为官奴婢。"[2]杜才干因参与谋反而被诛杀，故而卢丛璧坐没入宫。

杜才干参与何事被杀，墓志并未透露。但据另一位高宗乳母姬揔持的墓志记载："忽于贞观年始，王坐刘裕身亡，夫人缘此入宫。"[3]可知此事即指"姬氏的公公李孝常伙同刘德裕密谋发动政变，姬氏因坐丈夫李义余参与谋反而被没入宫掖，而后成为皇九子李治保傅"[4]。《资治通鉴》有详细记载："（贞观元年十二月，627）戊申，利州都督李孝常等谋反，伏诛。孝常因入朝，留京师，与右武卫将军刘德裕及其甥统军元弘善、监门将军长孙安业互说符命，谋以宿卫兵作乱。"[5]此事发生于贞观元年（627）十二月，半年后（贞观二年六月，628）李治出生。卢氏墓志记载"皇帝载育之辰，夫人允光妙选"，虽未提及杜才干何时谋逆，因何谋逆。但李治一出生，便需要乳母，则卢丛璧与姬揔持的入宫时间应该相差无几，可推测杜才干谋逆事件与李孝常谋反当为同一事件。此时卢氏26岁，结婚8年。《诸病源候论》："妇人手太阳、少阴之脉。下为月水，上为乳汁。……既产则水血俱下。"[6]产后便会有乳汁。据墓志"子静弘至性自天"，可知卢氏是有儿子的。在杜才干谋反后，按照唐律"诸谋反及大逆者，皆斩；父子年十六以上皆绞，十五以下及母女、妻妾、祖孙、兄弟、姊妹若部曲、资财、田宅并没官"[7]。可知卢氏和其子女应都没入宫廷为官奴。

四、傅导惟礼，师教尽忠——作为高宗乳母的卢氏

乳母代替生母哺育新生儿，这一现象由来已久。《礼记·内则》："国君

[1]《隋唐嘉话》，第32页。

[2]（唐）李林甫撰，陈仲夫点校：《唐六典》卷六《尚书刑部》，北京：中华书局，1992年，第193页。

[3]齐运通编：《洛阳新获七朝墓志》八四《唐姬揔持墓志并盖》，北京：中华书局，2012年，第84页。

[4]仇鹿鸣：《新见〈姬揔持墓志〉考释——兼论贞观元年李孝常谋反的政治背景》，第241页。

[5]《资治通鉴》卷一九二，贞观元年十二月条，第6039页。

[6]（隋）元巢方：《诸病源候论》卷四四"产后乳无汁候条"，北京：人民卫生出版社，1955年，第238页。

[7]刘俊文笺解：《唐律疏议笺解》卷一七"谋反大逆条"，北京：中华书局，1996年，第1237页。

世子生，……卜士之妻，大夫之妾，使食子。”“大夫之子有食母，士之妻自养其子。”[1]早在春秋战国时期，便有乳母制度方面的规定。此外《列女传》卷五“魏节乳母”条载魏节乳母系魏公子之乳母，“秦破魏，乳母为保护魏公子，与之俱死”[2]。可见自先秦时期起，贵族阶层选用乳母便已成为常制。至北朝时期，据《魏书》载：“魏故事，后宫产子将为储贰，其母皆赐死。”[3]如北魏太武帝拓跋焘“尊保母窦氏曰保太后”[4]，文成帝拓跋濬“尊保母常氏为保太后”[5]。正如有的专家所说“北魏前期为防止后宫干政、太后专权，曾推行过子贵母死制度，这使得乳母抚养储君成为惯例。有许多因罪没入宫中的官宦世家妇女，凭借皇子乳保身份在宫廷立足”[6]。卢氏能成为高宗四位乳母之一[7]，除了有以上两种原因之外，也与高宗深受太宗和长孙皇后的宠爱有关。“（贞观二年，628）六月庚寅，皇子治生，宴五品以上，赐帛有差，仍赐天下是日生者粟”[8]。“及大帝载诞之三日后，以朱络衣褓并玉龙子赐焉。其后常藏之内府，虽其广不数寸，而温润精巧，非人间所有”[9]。最重要的原因是卢氏的性格、品性。《荀子·礼论》：“乳母，饮食之者也。”[10]《礼记·内则》强调

[1]（东汉）郑玄：《礼记正义》卷三八《内则第十二》，上海古籍出版社，2008年，第1157、1167页。

[2]（汉）刘向：《古列女传》卷五《节义传》“魏节乳母”条，北京：中华书局，1985年，第143页。

[3]（北齐）魏收：《魏书》卷一三《皇后传·道武宣穆皇后刘氏》，北京：中华书局，1974年，第325页。史书中虽将其列为“故事”，但李凭在《北魏子贵母死故事考述》一文中指出，道武帝是北魏子贵母死故事的始作俑者，“子贵母死”并非“故事”。文载《山西大学学报》1990年第1期，第69页。

[4]《魏书》卷四上《世祖纪》，第70页。

[5]《魏书》卷五《高宗纪》，第112页。

[6]相关研究可参见田余庆：《北魏后宫子贵母死之制的形成和演变》，载氏著《拓跋史探》，北京：生活·读书·新知三联书店，2003年，第9—61页。李凭：《北魏平城时代》，北京：社科文献出版社，2000年，第138—193页。

[7]分别为本文志主燕国夫人卢氏、周国夫人姬氏（见《洛阳新获七朝墓志》八四《大唐故周国夫人姬氏墓志铭》，第84页）、齐国夫人（见《西安碑林博物馆新藏墓志续编》六六《大周故朝请大夫上护军行宜州美原县令刘府君墓志铭并序》，西安：陕西师范大学出版总社，2004年，第66页。齐国夫人为志主刘默的祖母）以及薛氏（其为高祖嫔妃，曾教导高宗，详见陈丽萍《贤妃嬖宠：唐代后妃史事考》一书中的考证，北京：社会科学文献出版社，2014年，第48—50页）。

[8]《旧唐书》卷二《太宗本纪》，第34页。

[9]（唐）郑处诲：《明皇杂录》卷上《玉龙子》，北京：中华书局，1994年。第17页。

[10]（清）王先谦：《荀子集解》卷一三《礼论》，北京：中华书局，1988年，第374页。

"择于诸母与可者，必求其宽裕、慈惠、温良、恭敬、慎而寡言者，使为子师，其次为慈母，其次为保母，皆居子室"[1]。《千金方》："乳儿者，皆宜慎于喜怒。"[2]卢丛璧的"恭俭自天，和柔表性""淑质恬厚，神情婉慧"，与上述记载相符，所以她被选为高宗乳母也在情理之中。事实证明，卢氏也是不辱使命，在乳母的位置上，一干就是三十余年。

（一）保养储贰，初封三品范阳郡夫人

墓志所述卢丛璧待李治极为上心，多次受到太宗的褒奖。墓志载："贞观十七年（643），下诏曰：质性和婉，志行明淑，早在宫掖，保养储贰，勤劳著于夙夜，忠顺彰于岁寒。宜超恒典，锡以徽命，可范阳郡三品夫人。"《旧唐书·职官志二》载："凡妇人不因夫及子而别加邑号，夫人云'某品夫人'，郡君为'某品郡君'，县君、乡君亦然。"[3]《旧唐书·高宗本纪上》："十七年，……立晋王为皇太子。"[4]此时李治16岁。卢丛璧于此时晋封三品郡夫人，年42岁。而据《大唐故周国夫人姬氏墓志铭》所载："皇帝帝居明两，诏授荥阳郡三品夫人。"[5]李治的另一位乳母姬揔持于同时也被封为荥阳郡三品夫人。可见他的乳母都因乳养之恩得到了爵封。此时卢丛璧已在宫为乳母十五年左右，三品郡夫人的封号是对其多年养育皇子的嘉奖。

帝王爵封乳母似从东汉安帝始。"（安）帝又爱信阿母王圣，封为野王君"[6]。李治爵封乳母虽是遵从前代传统，但也唯有皇子与乳母关系十分亲密，才能获得如此殊荣。李治被授乳的时间，大约在贞观二年至贞观三年（628—629），乳养结束后，卢氏并未离开宫廷，而是随即担负起养护之职。长孙皇后"（贞观）十年六月己卯，崩于立政殿，时年三十六"[7]。贞观十年（636）李治年仅9岁，尚且年幼的李治此时更是深深仰赖乳母的抚育，这一客观形势，也是他与卢氏情感深厚的由来。卢氏作为乳母，实际上扮演的是母亲的角色。

---

[1]《礼记正义》卷三八《内则第十二》，第1159页。郑玄注："子师，教示以善道者。慈母，知其嗜欲者。保母，安其居处者。"

[2]（唐）孙思邈：《千金方》卷五《少小婴孺方》，北京：中国中医药出版社，1998年，第79页。

[3]《唐六典》卷二《尚书吏部》，第39页。

[4]《旧唐书》卷四《高宗本纪上》，第65页。

[5]齐运通编：《洛阳新获七朝墓志》八四《唐姬揔持墓志并盖》，第84页。

[6]（南朝宋）范晔：《后汉书》卷四六《陈忠传》，北京：中华书局，1965年，第1558页。

[7]《旧唐书》卷五一《后妃传上·太宗文德皇后长孙氏》，第2166页。

（二）透马扶侍，进位二品夫人

最能体现卢氏恪尽职守的，是一次突发状况。据墓志所述："夫人尝从游禁菀，方期利涉。上所御之马忽卧水中，夫人情切于心，便透马扶侍。""从游禁菀"表明卢氏深受太宗、高宗信任，能够出行同游，"透马扶侍"即卢氏跳下马扶持照顾，其冒着生命危险救护李治。因而乳母的职责不仅是乳养保育，更有救难尽忠。卢氏出色的表现，赢得了太宗的赞誉，随即品秩升为二品，获绢五十匹，"文皇嘉叹久之，……进加品秩，赐绢五十匹，仍别加慰喻"。卢氏长久陪伴李治，在李治遇险时，出于母性的本能，及时舍命营救，尽忠护卫，足以见二人感情深厚。但同时也需注意到，乳子的祸福生死与乳母利害相关，成功护育乳子，能够提升自身地位、增加财富。

墓志云："皇帝养德春宫，业隆三善，问安内竖，致察寿御。"李治被卢从璧教育得极好，品德端正，孝顺知礼。"文皇口敕云：我儿长在宫闱，每恒近侍卧内，未曾目睹一人，岂非用心尽节，使得然也。即赐黄金百斤，前后赏赉优洽，不可胜纪。"李治长于皇室，卢氏近身侍奉、悉心照料，尽职尽责的她再次得到了太宗的肯定，赏赐黄金百斤以示皇恩。卢氏将乳母的本职工作做得极为出色，太宗基于其乳养有功，赐予钱帛乃至爵封，优容以待。

（三）忠上惠下，荣膺一品燕国夫人

贞观二十三年（649）五月"壬申，（太宗）发丧太极殿"[1]，"皇帝凉闇在辰"。高宗将"六宫务切，事之进退，皆任委（卢氏）焉"，卢氏也"以供奉之勤，进位一品"。"帝既即位，封燕国夫人，品第一"[2]。

高宗为什么会在居丧期间，将六宫要务交与卢氏打理呢？除了高宗对卢氏的高度信任及对卢氏的能力认可之外，还与当时后宫的斗争有关。史载"（永徽元年正月，650）丙午，立妃王氏为皇后"[3]，"后性简重，不曲事上下"[4]。但王氏并非高宗属意，二人结合因"（同安大长）公主以后有美色，言于太宗，遂纳为晋王妃"[5]。结合之后的史实，高宗本人"终不纳后言，而昭仪宠遇

[1]《资治通鉴》卷一九九，贞观二十三年五月条，第6268页。

[2]《隋唐嘉话》，第32页。

[3]《资治通鉴》卷一九九，永徽元年正月条，第6270页。

[4]《新唐书》卷七六《后妃传上》，第3474页。

[5]《旧唐书》卷五一《后妃传上·高宗废后王氏》，第2169页。

日厚”[1]，可见高宗并不喜欢王氏，此外“王皇后久无子，萧淑妃方幸”[2]，高宗不可能把六宫直接交给王皇后管理。据义阳公主驸马权毅墓志载“乃尚义阳公主，……公主讳下玉，即太宗文武圣皇帝之元孙，高宗天皇大帝之长女”[3]，即萧淑妃为良娣时便为高宗诞育长女义阳公主。其后“许王素节，高宗第四子也。年六岁，永徽二年（651），封雍王”[4]，可推出许王李素节生于贞观二十年（646）。另据《高安长公主神道碑》称：“惟开元二年（714）龙集摄提格夏五月哉生明，高安长公主薨于长安永平里第，享年六十有六。”[5]可知高安公主生于贞观二十三年（649）。萧淑妃这一时期因为要养育孩子，故而无暇也无精力管理六宫。而此时武则天还在感业寺。据胡戟《武则天本传》一书可知：“从武则天生下长子弘的日子往上推，武则天在永徽元年（650）五月蓄发以后，第二次入宫的时间很可能在永徽二年（651）。”[6]

在这种情况下，最受高宗信任的卢氏责无旁贷地担起了管理六宫的责任。卢氏“以供奉之勤，进位一品”，除了“夫人宽以流裕，慎而寡言，忠以事上，惠以御下”外，还应该与她协助武则天当上皇后有关。史载：“初，萧良娣有宠，而武才人贞观末以先帝宫人召为昭仪，俄与后、良娣争宠，更相毁短。”[7]最终“永徽六年（655），废王皇后而立武宸妃为皇后”[8]。武则天能当皇后，除了有“昭仪诡险”[9]、“才人有权数，诡变不穷”[10]的因素，还应与当时管理六宫的卢氏的协助有很大的关系，当然也与高宗的默许有关，否则墓志怎会说“芳声流于青史，美誉浃于彤闱”？可惜，有关卢氏协助武则天当皇后的秘密早已湮没在历史的风尘之中，被史家忽视，而卢氏的墓志打开了揭示秘密的窗口。

因为卢氏协助武则天有功，“寻改授燕国夫人，为特开广第”。“改授

[1]《旧唐书》卷五一《后妃传上·高宗废后王氏》，第2170页。

[2][10]《新唐书》卷七六《后妃传上》，第3474页。

[3]周绍良主编：《全唐文新编》卷二〇五《唐故袁州刺史右监门卫将军驸马都尉天水权君墓志铭并序》，长春：吉林文史出版社，2000年，第2352页。

[4]《旧唐书》卷八六《高宗中宗诸子传·许王素节》，第2826页。

[5]（清）董诰：《全唐文》卷二五七苏颋《高安长公主神道碑》，北京：中华书局，1983年，第2607页。

[6]胡戟：《武则天本传》，北京大学出版社，2011年，第19页。

[7][9]《新唐书》卷七六《后妃传上·高宗废后王氏》，第3473页。

[8]《旧唐书》卷六《则天皇后本纪》，第115页。

燕国夫人”很容易理解，但“为特开广第”就有些意味深长。表面上看是给予卢氏的奖励，但实际上有惩罚卢氏后宫干政，将卢氏驱逐出皇宫之意。北魏时“为防止母权干预而确立子贵母死之规，由此派生出保母抚养储君之成例，遂致保母干预政治，其结果终与子贵母死之规的初衷大相违背”[1]。卢氏身居宫掖多年并曾掌管后宫，可谓位高权重，再加上是武则天当皇后的得力助手，这实际上已经犯了后宫干政的忌讳，当然也与武则天“兔死狗烹”有关。

临别之际，高宗“赐以在储之笏”。《唐会要·舆服下·笏》：“武德四年（621）八月十六日，诏五品已上执象笏，已下执竹木笏。”[2]所谓“象笏”应是以象牙为原材料制作而成的笏板，为五品以上官员使用。“象牙在唐代本就是十分珍贵的舶来品，主要来源于岭南、南诏、安南以及东南亚诸群岛地区”[3]。李治将自己做太子时上朝所用的象笏作为礼物，赠与卢氏作为纪念，有特殊的含义。一是这块笏板是高宗与卢氏多年来母子情深的见证；二是高宗是在用笏板暗示卢氏，不会忘记卢氏的教诲。正如《释名》所解释的“笏，忽也，君有教命及所启白，则书其上，备忽忘也”[4]。

五、礼极哀荣，痛缠疑慕——受高宗敬仰的卢氏

由于高宗是太宗与长孙皇后最小的儿子，从小又长在妇人之手，再加上“唐高宗是以柔弱憨厚为特征的内向型性格”[5]，使得其恋母情结愈加深厚。就是无论到什么年纪，都总是服从和依恋母亲。卢氏走出皇宫之后，高宗念其养育之恩，对卢氏挂念万分。

（一）居所靠近皇宫

关于唐代皇室乳母晚年的归宿，并无明确的制度性规定。但据现有唐代

[1] 李凭：《北魏明元帝两皇后之死与保太后得势》，《史学月刊》2007年第5期，第26页。

[2]（宋）王溥：《唐会要》卷三二《舆服下·笏》，北京：中华书局，1955年，第581页。

[3]［美］谢弗：《唐代的外来文明》“大象”条，吴玉贵译，北京：中国社会科学出版社，1995年，第189页。

[4]（清）王先谦：《释名》卷六《释书契》，清疏四种合刊本，上海古籍出版社，1989年，第1075页。

[5] 杨增强：《唐高宗的个性心理与行为方式》，《商洛师专学报》（哲学社会科学版）1996年第3期，第52页。

墓志资料所见，皇室乳母多卒于宫外私第[1]。据墓志可知，高宗赐予卢氏的宅邸在“万年县兴宁里之第”。兴宁里位于唐长安城东北角，是朱雀门街东第五街，即皇城东之第三街。从北数起第二排里坊。其西北靠近皇城，北临十六宅，南街东出通化门[2]。此处正是墓志中“特开广第”的具体位置。兴宁里这一地理位置靠近北侧大明宫，在此处赐宅邸实际上大有深意。

唐朝初期，高祖与太宗主要活动于太极宫，大明宫于贞观八年（634）修建，起初是用来“以备太上皇（高祖李渊）清暑”[3]。至龙朔二年（662），“高宗染风痹。以宫内湫湿，乃修旧大明宫，改名蓬莱宫。北据高原，南望爽垲”[4]。由此可知，在高宗当政后，其活动中心逐渐转移至位于东北方向的大明宫，政治权力中心也随即迁转至此。卢氏居于兴宁里，与大明宫位置十分接近，方便彼此沟通探望。由此也可探知高宗李治对乳母感情深厚，十分挂念。

（二）高宗遣使探望

卢从璧晚年“遘疾弥留，至于大渐”，高宗“中使相望，名医继及”。而且“仍赐优敕曰：昨得书闻患，未知今来何似。宜善将息，以解忧悬。故遣使问，坐望来报。”这一切都与一个孝顺儿子的做法无异。

（三）丧礼体面隆重

其墓志云：“遘疾弥留，至于大渐……粤以麟德元年（664）九月八日薨于万年县兴宁里之第，春秋六十有三。”可以得知卢从璧的死因是“遘疾”。至于到底因何种疾病而亡，墓志并未提及。“唐代女性的平均寿命为52.1岁”[5]，卢氏死亡时63岁，远超平均寿命11岁，可见卢氏应是寿终正寝。

唐代丧礼规模宏大，极为烦琐，但并无针对内廷乳母详细的丧葬礼节及流程。通过墓志所载的丧仪规模，可以大抵了解乳母的丧葬情况。

1.辍朝之礼与不允合葬

专家认为：“唐制，王公及百官一品至三品以上薨，皆有辍朝之礼。唐

[1] 如太宗乳母刘氏“十七年十二月四日遘疾终于私第”，见周绍良、赵超主编：《唐代墓志汇编续集》贞观〇三九《大唐故彭城国夫人刘氏墓志铭并序》，第30、31页。高宗乳母姬氏“薨于东都修业里第”，见齐运通编：《洛阳新获七朝墓志》八四《大唐故周国夫人姬氏墓志铭》，第84页。

[2]（清）徐松撰，李健超增订：《增订唐两京城坊考》，西安：三秦出版社，2006年，第142页。

[3]（元）骆天骧：《类编长安志》卷二《宫殿室庭》，北京：中华书局，1990年，第63页。

[4]《唐会要》卷三〇《大明宫》，第553页。

[5] 姚平：《唐代妇女的生命历程》，上海古籍出版社，2004年，第307页。

初，闻丧之日即辍朝，其后逐渐延至数日以后，并形成定规。”[1]墓志中所述“皇情九悼”“罢政三朝”便是高宗悲伤之重最直观的表述。卢丛璧去世后，备极哀荣，皇帝李治真心把卢氏当家人对待，“爰有恩诏，留葬京师。丧事所须，并令官给”，由官方给付丧葬所需并将其葬于长安，而非回归故地涿郡范阳或是归葬夫家祖茔。这一方面体现了高宗恩旨，准允其就近葬于长安。同时也表明“士族聚集两京后，开始出现新家族墓园改在两京，不再归葬祖茔的新现象”[2]。

值得一提的是，“及卢以亡，复请与才干合葬，帝以获罪先朝，亦不许之”[3]。卢氏期望能与丈夫合葬，但高宗并未同意其请求，正如先前“卢既藉恩宠，屡诉才干枉见构陷。帝曰：‘此先朝时事，朕安敢追更先朝之事。’卒不许”[4]一样，究其原因便是皇权至上，父命难违。杜才干毕竟是以谋逆诛，若同意卢氏与丈夫合葬，无异于朝令夕改、政令不一。就如刘洎之子为父亲陈冤请雪，有朝臣言：“若雪洎之罪，岂可谓先帝用刑不当乎？”[5]高宗不许卢氏与杜才干合葬，原因与此类同。

2.派遣官员监管

唐代朝廷官员薨逝后，朝廷不仅会派人前去吊唁祭奠，还会专门派遣鸿胪寺官员监护丧事。至于所派遣负责协助逝者家属办理丧事的大臣，则是根据逝者的品级来定：“一品则鸿胪卿护其丧事，二品则少监，三品丞。人往皆命司仪示以制。”[6]卢丛璧葬礼全程由官方主持，“五品一人监护”，若按制度，为卢丛璧监护之人应为鸿胪卿，但可能由于乳母并不同于朝廷一品命官，而是外命妇的身份，所以选用鸿胪寺五品官一人为其监护，但也可见高宗对乳母卢氏丧事的重视。

唐廷对其丧事置办供给费用，赙赠优厚，“赐物二百段，米粟二百石”，用以抚慰家人。《新唐书·百官志》记载，礼部郎中、员外郎掌管百官和宫人的丧葬赙赠之数，唐制：“诸职事官薨卒，文武一品，赙物二百段，粟二百

[1] 任爽：《唐朝典章制度》，长春：吉林文史出版社，2001年，第72页。

[2] 卢建荣：《北魏唐宋死亡文化史》，台北：麦田出版社，2006年，第79页。

[3] [4]《隋唐嘉话》，第32页。

[5]《旧唐书》卷八一《乐彦玮传》，第2758页。

[6]《唐会要》卷三八《葬》，第691页。

石。”[1]在赙赠数目上依然保持了一品国夫人应有的份额。

3.停葬时间

墓志云：“麟德二年（665）岁次乙丑二月癸酉朔一日癸酉葬于雍州万年县洪原乡少陵原。”即卢氏在麟德二年（665）二月初一下葬，此时距卢氏“麟德元年（664）九月八日薨”已过去6个月，约180多天。中国古代对停葬期限有着明确的规定，停葬时间的长短与逝者地位的高低有着密切的关系。《礼记·王制》规定：“天子七日而殡，七月而葬。诸侯五日而殡，五月而葬。大夫、士、庶人三日而殡，三月而葬。”[2]唐代宫官薨逝后，停丧时常长短不一，但通常视身份贵重会停放数月才下葬，卢从璧停丧180天，当属礼制范围内。

4.埋葬之地

长安之少陵原，是卢从璧的埋葬地。骆天骧《类编长安志》卷七“原丘”记载：“少陵原。在今咸宁县南四十里，南接终南，北至浐水，西屈曲六十里，入长安县界，即汉鸿固原也。宣帝许后葬司马村，冢比杜陵差小，号曰小陵，以杜陵大故也，语讹为少陵。”[3]在唐以前该地称为“小陵”，唐以后称“少陵”，更确切地说是唐代高祖武德以后方不再见有“小陵”之名称[4]。今位于西安市长安区杜陵乡、杜曲镇、大兆乡之间。少陵原是唐代长安城东南的一个重要的墓葬区。“这个墓葬区的唐墓主要分布于今三爻村、净水厂、射击厂、杜陵、南里王、北里王、曲江村、寒窑、金滹沱、羊头镇、二府井、韦曲北原、岳家寨、缪家村、庞留村、兵工部二〇六所等地”[5]。这一区域地势高亢，风景优美，是唐人心目中的理想葬地。惠瑛据《唐代墓志汇编》《唐代墓志汇编续集》统计，出土于此区的墓志达60方之多，且墓主身份多为达官贵族[6]。卢从璧埋葬于此，实乃一块风水宝地。

5.允许卢氏之子为卢氏撰写墓志铭

墓志：“子静弘至性自天，孝思不匮，虽清徽懿范，腾光篆册，而婺彩兰

---

[1]（唐）杜佑：《通典》卷八六《沿革·凶礼·赗赙》，北京：中华书局，1988年，第2333页。

[2]《礼记正义》卷一七《王制》，第512页。

[3]《类编长安志》卷七《原丘》，第205、206页。

[4]周晓薇、王其祎：《新见隋代〈尚衣奉御尹彦卿墓志〉研读——兼说“小陵原”与“少陵原”的名称沿革》，《考古与文物》2011年第4期，第97页。

[5]程义：《唐代长安城周围墓葬区的分布》，载杜文玉主编《唐史论丛》第十三辑，西安：三秦出版社，2011年，第73页。

[6]惠瑛：《从出土墓志看唐长安居民葬地》，西北大学硕士学位论文，2006年，第31—49页。

荼，有阙言象。敬雕贞琬，乃述铭云……”高宗并未追究静弘为罪臣杜才干之子，且允许他为卢氏撰写墓志铭，以表达悼念之情。

大唐故燕国夫人卢氏墓志铭并序

（作者单位：陕西师范大学历史文化学院）

The Life Course of Emperor Tang Gaozong' s Nursing Mother Mrs. Lu: A Study on *The New Discovered Epitaph of Departed Mrs. Lu of Yan State in the Tang Dynasty*

Guo Haiwen, Pan Yuhua

[Abstract] The Epitaph of Departed Yan State Madam Lu of Tang Dynasty was a epitaph which described the life experience of Lu Congbi. She was the nursing mother of Emperor Gaozong of Tang Dynasty. As a daughter of great Lu family in Fanyang, Lu Congbi was also the wife of Du Caigan, a general who has made contributions when followed Li Mi and Li Yuan. Over thirty years of being a nursing mother, Lu Congbi rose from third rank of county madam to the first rank of national madam and even governed the imperial harem of seraglio. The epitaph of Lu is not only a mirror of the rank of nursing mother in the Tang Dynasty, but also an expression of the relationship between emperor and nursing mother. It is also a description of political variation of Tang Dynasty.

从父家到夫家：李建成、李元吉诸女婚姻考*

谢宇荣

中古宗室女性的政治地位，一半取决于她们父亲的政治身份，另一半取决于她们丈夫的政治身份。二者互相影响，以前者影响后者居多，后者较少影响前者，因此，需要借助父亲、丈夫两类群体来综合考察她们的人生轨迹。在唐代众多宗室女中，有太子、诸王之女，也有因父辈政治失意而受影响的宗室女性。不过相关研究多集中于综合考察唐代宗室女，尚无专门关注政治失意宗室的女儿们[1]。本文以李建成、李元吉诸女为例，通过梳理她们的婚姻，考察她们如何从父亲的女儿成为丈夫的妻子。

一、李建成诸女婚姻考

李建成作为在政治斗争中失败的人物，其子女亦不同程度受到影响。最悲惨的是他的儿子们都被杀，但好在他的女儿们尚能无恙。不过在他的个人传记中，并无对其女儿的记载。幸有相关墓志出土，可供进一步梳理。墓志主要有三方：第二女《闻喜县主墓志》[2]、乐陵县主母《杨舍娘墓志》[3]、第五女归德

*本文系中央高校基本科研“碑志所见唐代士族的二次婚姻”业务费专项资金资助项目（Supported by the Fundamental Research Funds For the Central Universities）（项目编号：2018TS049）、2019年国家社科基金后期资助项目“中古妇女文化研究”（项目编号：19FESB047）阶段性成果。

[1] 综合考察唐代宗室女性的研究有孙华：《唐代宗室女研究——以县主墓志资料为中心》，陕西师范大学硕士学位论文，2017年。另有部分涉及宗室女性的，参见刘思怡：《唐代宗室管理略论稿》，西安：陕西人民出版社，2017年。数量较多的研究是关于唐代公主、唐代和亲的，因与本文主题关联不多，恕不一一列举。

[2] 周绍良、赵超主编：《唐代墓志汇编续集》龙朔〇〇六《大唐刘应道妻故闻喜县主墓志》，上海古籍出版社，2001年，第121、122页。下文引《闻喜县主墓志》皆据此。

[3] 北京大学图书馆金石组编：《1996—2017北京大学图书馆新藏金石拓本菁华（续编）》，《大唐隐太子承徽乐陵县主母故杨氏墓志铭并序》，北京大学出版社，2018年，第192页。下文引《杨舍娘墓志》皆据此。

县主母《郑观音墓志》[1]。此外，闻喜县主之夫《刘应道墓志》[2]等亦有价值。下文即据墓志，分述三位县主之生平与婚姻情况。

（一）闻喜县主

李建成长女不详，闻喜县主（622—661）为其第二女，名婉顺，不知其母氏。据其夫刘应道（613—680）所撰《闻喜县主墓志》，闻喜县主“少而志学，及长逾励。壶务之余，披省无辍。虽名家之说，未足解颐；而历代之事，其如抵掌。至于艺术方技，咸毕留思；诸子群言，鲜或遗略。雅好文集，特加钦味。每属新声逸韵，无亏鉴赏。至若目见心存，耳闻口诵。始窥文而辩意，未终篇而究理。与仆并驱于畴昔，余每有媿焉”。如此修养，堪称才女，连在《刘应道墓志》中被称赞为“童幼好学，遍涉百家，子史一经目，终身不忘”的刘应道也自愧不如。但闻喜县主在武德九年（626）玄武门事变时不过五岁虚龄，显然其文史修养应该是在其父死后，由李建成所遗女眷教养而成。

据《闻喜县主墓志》，她“年十七而封，仍降嫔于我”，知其贞观十二年（638）封县主，随即嫁给刘应道。在一年之内，李婉顺先受封，后下嫁，颇有可说。

受封方面，由于李建成死后被降为息王，至贞观十六年（642），唐太宗方才颁诏追赠李建成为隐太子[3]。因此，根据唐代皇太子之女封郡主（从一品）、诸王之女封县主（正二品）的规定[4]，李婉顺受封时，乃以息王女的身份受封闻喜县主。

下嫁方面，据《唐六典》，唐人若“娶郡主，正六品上；娶县主，正七品上”[5]。据《刘应道墓志》记载，刘应道“年廿一（贞观七年，633），自弘文

[1] 北京大学图书馆金石组编：《1996—2017北京大学图书馆新藏金石拓本菁华（续编）》，《大唐故隐太子妃郑氏墓志》，第195页。下文引《郑观音墓志》皆据此。

[2] 周绍良、赵超主编：《唐代墓志汇编续集》开耀〇〇一《大唐故秘书少监刘府君墓志铭并序》，第250—252页。亦见吴钢主编：《全唐文补遗》第三辑，西安：三秦出版社，1996年，第20—23页。下文引《刘应道墓志》皆据《全唐文补遗》。相关考释参见刘瑞、穆晓军：《唐秘书少监刘应道墓志考释》，载荣新江主编《唐研究》第四卷，北京大学出版社，1998年，第165—174页。

[3] （后晋）刘昫：《旧唐书》卷六四《李建成传》，北京：中华书局，1975年，第2419页。（宋）宋敏求编：《唐大诏令集》卷三一《息隐王追复太子诏》，北京：商务印书馆，1959年，第123页。

[4] （唐）李林甫：《唐六典》卷二《尚书吏部》，北京：中华书局，1992年，第39页。（宋）欧阳修：《新唐书》卷四六《百官志一》，北京：中华书局，1975年，第1188页。

[5] 《唐六典》卷二《尚书吏部》，第32页。

馆学生选为太穆皇后挽郎，再为太子通事舍人，出补梓州玄武县令。……罢官东归。……今上（高宗）在东朝监国”云云，唐高宗于贞观十七年（643）被册立为皇太子[1]。因此，刘应道与闻喜县主结婚时，或在太子通事舍人任上，或在梓州玄武县令任上。据唐制，“太子通事舍人八人，正七品下”[2]，梓州为上州，玄武县为上县[3]，故玄武县令当为从六品上[4]。虽然玄武县令或许更符合县主之婿的选择标准，但太子通事舍人为京官，与县主议婚当更为现实。如此，闻喜县主可能是稍稍降格出嫁。

关于闻喜县主所嫁的刘家，据《刘应道墓志》载，属于山东士人，历仕北魏、东魏、北齐、北周、隋，簪缨不绝。武德年间，刘应道之父刘林甫受唐高祖之征，为起居舍人，历任中书舍人、中书侍郎、吏部侍郎等。据刘思怡分析，近支宗室女性中，郡主、县主所嫁为五品以下、七品以上，武德、贞观时期，“宗室婚姻对象集中于关陇贵族集团之皇亲国戚及权贵名臣家”[5]。刘林甫一家虽非关陇贵族，亦可列入“权贵名臣”行列。尚需考虑的是，刘应道之父刘林甫于贞观三年（629）病卒[6]，据《刘应道墓志》，刘应道“年未弱冠而孤，居丧尽礼，供养崔太夫人，极温凊之义。事兄如事父，以孝友闻于四方”。可见，刘应道有兄刘祥道（596—666），比刘应道大17岁，父卒后当为刘氏家长，刘应道婚事或即其主持。在历官方面，刘祥道“少袭父爵。永徽初，历中书舍人、御史中丞、吏部侍郎”，随后一直升迁，至龙朔三年（663）拜右相，并于麟德二年（665）封泰山后进爵广平郡公[7]。相比之下，刘应道在《闻喜县主墓志》中自称“材命兼薄，班秩久微”，《刘应道墓志》也谓其“自始入尚书省逮此，廿二年不进一阶，还居旧座”，可见不如其兄之平步。也就是说，虽然刘应道家族可算“权贵名臣”之家，但他本人“班秩久微”。

虽然刘应道官运不佳，但他心态很好，《刘应道墓志》载其“从容谈论之间，未尝涉身名否泰”。他与闻喜县主婚后生活也颇为和谐，特别是如上所述，二人有共同的文史爱好。此外，闻喜县主喜好议论，且有深刻见解。刘

[1]《旧唐书》卷四《高宗本纪上》，第65页。

[2]《唐六典》卷二六《太子右春坊》，第671页。

[3]（唐）李吉甫：《元和郡县图志》卷三三《梓州》，北京：中华书局，1983年，第843页。

[4]《唐六典》卷三〇《府都护州县官吏》：“诸州上县，令一人，从六品上。”第752页。

[5]刘思怡：《唐代宗室官吏略论稿》，第198—200页。

[6]《旧唐书》卷八一《刘祥道传》，第2750页。

[7]《旧唐书》卷八一《刘祥道传》，第2750—2753页。

应道在《闻喜县主墓志》中称赞其："及陈废兴，叙通塞，商榷人物，综覈名理，抗论发辞，莫不穷其指要。实有大丈夫之致，岂儿妇人之流欤！"二人因此"友逾琴瑟，韵若埙篪。携手之游，无睽寸影"。在闻喜县主死后，二人之子刘献臣在《刘应道墓志》中写道："先妣闻喜县主早见弃背，时以所居正室置几筵。府君即于此室东窗外架为小斋，广袤八九尺许，施一床、一小榻，寝处其中，历廿余年，不复迁徙。"可见刘应道对于亡妻深切之思。

不过依然需要指出的是，闻喜县主性格十分谨慎，对外人并不显露心迹。刘应道在《闻喜县主墓志》中谓其"固存抣挹，耻于眩曜。与朋类常谈，未尝及乎经史。不有切问，终日如愚。虽亲亲之伦，竟无睹其奥者。……持家驭下，严而有别。中外悬隔，言问罕通。虽于墙宇之内，亦必慎其游践。平居未尝临閤，少长竟不窥园"。如此谨慎的性格，自然与唐初政治及玄武门事变中李建成的结局有关。父兄等人的不幸遭遇，处处影响着她在成长期间的种种行为，使得其不得不选择隐藏自己，慎重度日。龙朔元年（661）闻喜县主去世之后，"窆于雍州万年县洪原乡之少陵原"；开耀元年（680），刘应道也"安厝于雍州明堂县之少陵原，合葬于闻喜县主旧域"。

子女方面，《刘应道墓志》记载其有"子献臣、广业、友贤、令植等"。其中刘献臣即《刘应道墓志》作者，在该志序文后自称："献臣贪及残喘，粗陈实录。志意荒僻，言无诠次。遗烈余风，百不书一。"在《刘应道墓志》中，刘献臣屡屡将闻喜县主称为"先妣"，可见应是闻喜县主所生。其余三子，据《刘应道墓志》所载，刘应道在闻喜县主死后，居住于县主生前所处正室期间，"至于器物服玩、妾媵婢使之属，子侄承意候色，终莫敢有所营荐"，可知其似乎并无妾室，三子也是闻喜县主所生。

（二）乐陵县主

乐陵县主为李建成之承徽杨舍娘（598—668）所生，无墓志出土，生卒不详。好在《杨舍娘墓志》近年出土于西安，可据之考索。《杨舍娘墓志》曰："承徽所生女，永徽年中，封乐陵县主，适河南于善询，即安平公之孙，仓部郎中之子也。"此处行文中，乐陵县主之嫁于善询，用的是"适"字，符合显庆三年（658）规定的"县主出嫁宜称适"[1]的原则。值得注意的是，乐陵县主在永徽年间受封县主时，李建成已经获赠"隐太子"。但即使获赠太子，

[1]（宋）王溥：《唐会要》卷六《杂录》，上海古籍出版社，2006年，第79页。

大概由于李建成之特殊性，乐陵县主也还是没有受封为郡主的待遇。

乐陵县主早年经历不详，其夫于善询诸史无载。但其子《于惟敬墓志》曰："君讳思□，字惟敬，河南洛阳人也。……周太师燕文公，即君之五代祖也。曾祖孝武，隋文帝左千牛、安平郡开国公。祖乾长，唐仓部郎中、平恩县开国男。父善询，唐朝散大夫、行洛州温县令。"[1]此处所载"安平郡开国公"即《杨舍娘墓志》所载"安平公"，"仓部郎中"亦可互见，可知于善询、于惟敬父子二人属于北朝隋唐时期的大族河南于氏。河南于氏本鲜卑胡姓，在北朝隋唐时期出了很多政治人物，故而对其世系的梳理与研究比较多[2]。龙成松已据西魏八柱国之一于谨侄《于宽墓志》所称"恒州桑乾人"指出，"于谨一系可能是出于没有南迁的代北万忸于氏旁系"[3]。近年，又有于谨子于仪和媳广宁公主合葬墓志出土，亦载其为"恒州桑乾人"[4]，可为此说添一佐证。

再来讨论于善询之祖安平公的名字。《杨舍娘墓志》未载，《于惟敬墓志》曰"孝武"。但根据《周书·于谨传》，于谨诸子中，有于礼为"上大将军、赵州刺史、安平郡公"[5]。在于谨另一子于翼的传记中，亦载其"年十一，尚太祖女平原公主，拜员外散骑常侍，封安平县公，邑一千户。大统十六年（550），进爵郡公"[6]。此外，《元和姓纂》又载："礼，周赵州刺史、安平公。礼生武乾，仓部郎中。"[7]三人之中，孰是孰非？

首先可以排除的是于翼，他在北周保定三年（563）改封常山郡公[8]，故而其安平郡公的爵位或因此而别授他人。其次，根据《于仪与广宁公主墓志》记

[1] 周绍良、赵超主编：《唐代墓志汇编续集》太极〇〇一《大唐故朝散大夫泽州晋城县令上柱国于府君墓志铭并序》，第448页。

[2] 参见王化昆：《北朝隋唐河洛大族于氏的几个问题》，《洛阳工学院学报》（社会科学版）2002年第3期，第5—11页。张卫东：《北朝隋唐于氏家族研究》，《福建论坛》（人文社会科学版）2010年第8期，第96—102页。此外，龙成松《中古胡姓家族研究——以族源、地域、文化为中心》（武汉大学博士学位论文，2016年）统计有于氏家族墓志备览信息及于谨之后九房世系表（第465—466、503—509页）。

[3] 龙成松：《中古胡姓家族研究——以族源、地域、文化为中心》，第97页。

[4] 胡戟编：《珍稀墓志百品》一一《大隋使持节大将军赵州诸军事赵州刺史安平郡开国谥曰平公并夫人广宁公主元氏合葬墓志铭》，西安：陕西师范大学出版总社，2016年，第26—29页。

[5]（唐）令狐德棻：《周书》卷一五《于谨传》，第251页。

[6]《周书》卷三〇《于翼传》，第523页。

[7]（唐）林宝撰，岑仲勉校记：《元和姓纂（附四校记）》卷二，北京：中华书局，1994年，第243页。

[8]《周书》卷三〇《于翼传》，第524页。

载："公讳仪，字子礼。"最初"封相州平恩县公"，后来"改封安平郡公"，可知于翼的安平郡公应该转授给了于仪，亦即《周书·于谨传》中的于礼。最后，关于"孝武"的解释，《于仪与广宁公主墓志》记载二人死后，"孝武等有何曾之毁，见者不觉伤心"[1]，可知于孝武为于仪夫妇长子。因此，下葬时间较晚的《于惟敬墓志》中的"于孝武"应该是"于仪"，"于乾长"应该是"于孝武"。成书时间更晚且有残缺的《元和姓纂》中的"武乾"当为"孝武""乾长"二名合而为一之误。此外，于仪另有一子于孝显[2]。至此于善询一支世系便明朗无疑：

于谨——于仪——于孝武——于善询——于惟敬——于延辉
　　　　　　　└于孝显——于正则

弄清楚于氏世系，再来看乐陵县主。乐陵县主最终得以下嫁于善询或有以下几方面原因：其一，于善询高祖于谨与杨舍娘曾祖杨绍有同僚之谊，杨绍曾经"从柱国、燕国公于谨围江陵"[3]，故两家渊源已久。其二，于善询祖父于仪尚西魏广宁公主元氏，叔父于孝显娶唐太宗堂姑平昌县主。贞观十四年（640）于孝显去世时，平昌县主"守志孀居"，仍然在世[4]。可见，于氏家族一直有与皇室联姻的先例，平昌县主等人也可能会从中牵线。其三，河南于氏家族在唐初积极从政，无论是在武功还是文治方面，正如学者所说："北朝周隋时期，于氏家族主要以战功武略著称于代；唐代，于氏家族主要以儒学世家名世。"[5]因此，于氏家族即使没有与宗室联姻的先例，也会对与宗室联姻持积极态度。

乐陵县主适于善询后，婚姻状况尚不明晰。《于惟敬墓志》中并没有释褐为官后丁忧的记载，以及从记述其父于善询之官为"洛州温县令"来看，于善询可能在于惟敬入仕前就已经去世。此外，于惟敬卒于太极元年（712），春秋

[1] 胡戟编：《珍稀墓志百品》——《大隋使持节大将军赵州诸军事赵州刺史安平郡开国谥曰平公并夫人广宁公主元氏合葬墓志铭》，第28页。

[2] 周绍良主编：《全唐文新编》卷九九一《大唐故骑都尉濮州濮阳县令于君之碑》，长春：吉林文史出版社，2000年，第13675—13677页。

[3] 《周书》卷二九《杨绍传》，第501页。

[4] 周绍良主编：《全唐文新编》卷九九一《大唐故骑都尉濮州濮阳县令于君之碑》，第13677页。

[5] 张卫东：《北朝隋唐于氏家族研究》，《福建论坛》（人文社会科学版）2010年第8期，第101页。

六十四，当生于贞观二十三年（649）[1]。这一时间在于善询和乐陵县主成婚之前，则于惟敬或非乐陵县主所生。《于惟敬墓志》中也未提及其生母或乐陵县主的具体情况，可推测于惟敬生母或为于善询之前妻，或为于善询之妾室。若是如此，乐陵县主与于惟敬的关系估计不深。

（三）归德县主

归德县主为李建成第五女，其母郑观音（599—676）。但归德县主尚无墓志出土，生卒年不详。从闻喜县主（生于622年）为李建成第二女，且建成死于武德九年（626）来看，归德县主至迟可作为遗腹子，生于贞观元年（627）。又据学者考察，《郑观音墓志》记载郑观音死后，“殡于第五女归德县主之宅，禀朝恩也。……粤以其年七月七日，祔葬隐陵之侧”。可知，上元三年（676）郑观音去世并下葬时归德县主仍在世[2]。

至于归德县主生平，因无墓志出土，《郑观音墓志》中也没有提及其他情况，因而难以考察。不过可以确定的是，归德县主从小丧父，在其母郑观音的庇护下艰难成长。长大后应该也是嫁人，并出居别宅。郑观音死时，归德县主五十岁左右，若婚姻和谐，则也可算是家长之一，宜其接受母亲的遗体，直至当年七月下葬。

二、李元吉诸女婚姻考

据《旧唐书·李元吉传》，李元吉有五子，但诸女情况不详[3]。故而，只能继续通过墓志来揭示。根据梳理，李元吉有三位女儿有墓志：《文安县主墓志》[4]、第六女《新野县主墓志》[5]、《归仁县主墓志》[6]。一位女儿有他人所

[1] 周绍良、赵超主编：《唐代墓志汇编续集》太极〇〇一《大唐故朝散大夫泽州晋城县令上柱国于府君墓志铭并序》，第448页。

[2] 贾二强：《释唐李建成及妃郑观音墓志》，载杜文玉主编《唐史论丛》第十八辑，西安：陕西师范大学出版总社，2014年，第232页。

[3]《旧唐书》卷六四《李元吉传》，第2422页。

[4] 周绍良主编：《唐代墓志汇编》贞观一四七《大唐故文安县主墓志铭并序》，上海古籍出版社，1992年，第101页。下文所引《文安县主墓志》据此，不另出注。

[5] 拓片收入赵君平、赵文成主编：《秦晋豫新出墓志搜佚》一三九《大唐新野县主李氏墓志铭》，北京：国家图书馆出版社，2011年，第181页。又见赵文成、赵君平主编：《秦晋豫新出墓志搜佚续编》二四三，北京：国家图书馆出版社，2015年，第296页。两书皆无录文，又以前者所收拓片更加清晰。因此，下文所引《新野县主墓志》据前者，不另出注。

[6] 陈尚君主编：《全唐文补编》上册《归仁县主墓志并序》，北京：中华书局，2005年，第183、184页。下文所引《归仁县主墓志》据此，不另出注。

撰祭文，即张说《祭和静县主文》[1]。此外，则有新野县主之女裴氏及其丈夫韦余庆的合葬墓志[2]和另一女儿裴氏与其丈夫阎识微的墓志各一方[3]，和静县主的丈夫《薛元超墓志》和《薛振行状》[4]等。另外两位女儿的信息不多，但可以从其他史料中追寻一二记载。

（一）文安县主

文安县主（623—649）为李元吉诸女之一，讳字不详，亦不知排行。因此，此处主要探讨其夫家情况。据《文安县主墓志》记载："主讳□□，字□□，陇西成纪人也。……父巢刺王劼。……贞观十五年（641）正月五日封文安县主，脂赋开荣，公宫徙训。乃以其月十四日降姻于工部尚书、驸马都尉、纪公之世子段俨。"段俨属皇亲，其母为唐高祖第四女高密公主，父为唐初功臣段纶。

段家与文安县主的渊源，可追溯至唐高祖为太原留守时，"素怀济世之略，有经纶天下之心。……仍命皇太子于河东潜结英俊，秦王于晋阳密招豪友"[5]，其中即有"段纶仕隋为左亲卫，隐太子见而悦之，妻以琅琊长公主"[6]。

---

[1]（唐）张说撰，熊飞校注：《张说集校注》卷二三《祭和静县主文》，北京：中华书局，2013年，第1145页。下文所引《祭和静县主文》据此，不另出注。

[2] 张婷：《唐〈韦余庆及妻裴氏墓志〉考释》，载《碑林集刊》第十六辑，西安：三秦出版社，2011年，第15—18页。下文所引《韦余庆墓志》据此，不另出注。

[3] 两方墓志分别为《唐故朝议大夫行太州司马阎君墓志文》《大周朝请大夫行宜州美原县令阎君夫人裴氏墓志铭并序》，拓片和录文参见西安市文物保护考古研究院：《西安马家沟唐太州司马阎识微夫妇墓发掘简报》，《文物》2014年第10期，第43—46页。相关考证参见杨军凯：《唐阎识微及夫人裴氏墓志考释》，《文物》2014年第10期，第68—73页。王江鹏：《新出〈唐太州司马阎识微夫妇墓志〉释文校补》，《黑河学院学报》2015年第5期，第112—114页。下文所引《阎识微墓志》《阎裴氏墓志》据《文物》录文，不另出注。

[4] 吴钢主编：《全唐文补遗》第一辑崔融《大唐故中书令兼检校太子左庶子户部尚书汾阴男赠光禄大夫使持节都督秦城武渭四州诸军事秦州刺史薛公墓志铭并序》，西安：三秦出版社，1994年，第69—72页。（唐）杨炯著，徐明霞校：《杨炯集》卷一〇《中书令汾阴公薛振行状》，北京：中华书局，1980年，第158—164页。薛元超之"元超"为其字，其名在墓志中为"震"，在杨炯《薛振行状》中为"振"，为避免歧义，遵从《旧唐书》卷七三《薛元超传》（第2590页）的惯例，以字名之。下文所引《薛元超墓志》《薛振行状》据此，不另出注。

[5]（唐）温大雅撰，李季平、李锡厚点校：《大唐创业起居注》卷一，上海古籍出版社，1983年，第4页。

[6]（宋）李昉：《册府元龟》卷七六六《总录部·攀附门》，南京：凤凰出版社，2006年，第8859页。

琅琊长公主即高密公主，但段纶娶高密公主并非全由隐太子李建成等人潜心经营而致，梁太济先生认为，段纶“祖父段威在北周历任洮、河、甘、渭四州刺史，其父文振隋时官至兵部尚书，在李渊称帝前，两家同属西魏北周以来的统治集团，地位也颇为相当”[1]。因此，两家联姻应是当时统治集团内部普遍联姻现象的一例。

李建成、李元吉败亡后，文安县主的婚配在选择范围不大的情况下，又与段家产生了联系。不过文安县主并非段俨原配。段俨初娶独孤氏，为北周八柱国之一独孤信的后裔。据《独孤氏墓志》：“独孤氏以贞观十二年（638）岁次戊戌正月七日薨于洛州洛滨里，春秋廿一。即以其年二月廿二日窆于雍州咸阳县洪渡川。夫孝爽痛存没以切念，感音尘之在耳。……望佳城而恸诀，铭夜台以崇美。”[2]马先登考证，“孝爽”为段俨之字，大致可从[3]。从志文来看，独孤氏虽早逝，但其与段俨的感情应较为和谐。独孤氏去世三年后的贞观十五年，段俨即娶文安县主为继室。

段俨与文安县主的婚姻生活在《文安县主墓志》中并无具体描述，但从文安县主早逝来看，似乎并不顺心。文安县主于贞观二十二年（648）二月三日卒于长安颁政里之第，年仅二十六岁。虽未言明死因，但据《文安县主墓志》中“怨家道之无庇，痛藐是之何托”可知，或许是父辈的纷争，或许是夫家的对待，影响了其生命历程。

尚可慰藉的是，墓志记载文安县主死后“陪葬于昭陵，窀穸所由，恩旨随给”。这是因为在此前后，贞观十六年（642）四月去世的段纶[4]，永徽二年（651）四月去世的段纶之女段简璧[5]，永徽六年（655）去世的高密公主[6]皆陪葬昭陵。可见，文安县主应以段氏子媳的身份而非李唐宗室的身份陪葬昭陵。至于段俨，因无墓志，尚不清楚其葬事，但应该也是葬在昭陵，且可能比文安

[1] 梁太济：《评布目潮沨氏关于唐初皇室婚姻关系的研究》，载《梁太济文集·史事探研卷》上，上海古籍出版社，2018年，第7页。

[2] 陈尚君主编：《全唐文补编》下册《大唐纪国公世子段府君夫人独孤氏墓志》，北京：中华书局，2005年，第2155页。

[3] 马先登、李朝阳：《唐独孤夫人墓志考释》，《文博》1996年第6期，第70—72页。

[4]（元）马端临：《文献通考》卷一〇二《宗庙考十二》，北京：中华书局，2011年，第3120页。

[5] 据《段蕑璧墓志》，段蕑璧死后祔葬于昭陵段纶墓右，参见周绍良、赵超主编：《唐代墓志汇编续集》永徽〇〇八《大唐故邳国夫人段氏墓志》，第60页。

[6] 高密公主死于永徽六年（655），从其夫段纶陪葬昭陵，参见《新唐书》卷八三《诸帝公主传》，第3643页。

县主晚。

（二）新野县主

新野县主李令（624—662），字淑绚，李元吉第六女。根据《新野县主墓志》记载，贞观十一年（637），李令被封为新野县主，食邑一千户。但《新野县主墓志》并未提及其生母，从下文所述李元吉杨妃曾抚养归仁县主的记载来看，李令或非杨氏所出。李令在李元吉死后，墓志记载："太宗文皇帝乃神凝化齐，圣垂风以敦穆之，恩加鞠养。"可知，玄武门事件后，唐太宗曾对李令有"鞠养"之恩。

新野县主比上文所述大她一岁的文安县主结婚要早，据《新野县主墓志》，贞观十二年（638），新野县主年仅十五岁，"降于河东裴重晖，即随鄀州刺史、石城县公颙之孙，皇朝祠部郎中、使持节眉州诸军事、眉州刺史、春陵县男思庄之元子也。早历清位，见任司膳员外郎"。可以印证的是，根据夫妇二人两位女婿的墓志《阎识微墓志》所载"夫人河东裴氏，唐银青光禄大夫、春陵公庄之孙；中书舍人、春陵公重晖第五女，母曰新野县主"，《韦余庆墓志》所载"夫人河东郡夫人裴氏，祖散骑常侍、眉亳二州刺史、春陵思庄，考唐中书舍人、万年县令晖"，以及《阎裴氏墓志》所载"祖俨，随散骑常侍、银青光禄大夫、亳州刺史、春陵县男；父重晖，唐膳部员外郎、中书舍人、万年县令，袭封春陵男"可知，新野县主所适为裴（重）晖。裴重晖的祖父裴颙，诸史未载；父亲裴思庄（《阎识微墓志》作裴庄、《阎裴氏墓志》作裴俨），《册府元龟》及《资治通鉴》皆载其"奏请伐高丽事"[1]。

贞观十二年，裴重晖职任为膳部员外郎。此后，裴重晖还担任过中书舍人、万年县令，袭春陵县男。裴重晖之历官，不知与新野县主有无关系，但张婷认为，裴重晖之所以能担任中书舍人一职，"除了家族背景外，与其妻新野县主贵为唐太宗侄女不无关系"[2]。此说值得商榷。首先，尚不知裴重晖担任此职时新野县主是否仍在世。其次，新野县主虽贵为县主，但作为李元吉之女，这一身份或许更可能是对其仕途的限制。

李令所出，目前所知仅有二女：其一封河东郡夫人，嫁京兆韦余庆；其

[1]《册府元龟》卷一四二《帝王部》："（贞观）十六年十一月，亳州刺史裴思庄奏请伐高丽。"（第1589页）《资治通鉴》卷一九六，贞观十六年条载："亳州刺史裴行庄奏请伐高丽。"（第6181页）其中，《资治通鉴》的裴行庄当即《册府元龟》的裴思庄，且据墓志，当以裴思庄为准。

[2]张婷：《唐〈韦余庆及妻裴氏墓志〉考释》，第17页。

二为第五女，嫁阎立德孙阎识微。尽管女儿绕膝，但李令与裴重晖的婚姻生活似乎并不顺意。据《新野县主墓志》载，县主“情无妒悍，事绝猜嫌。式仰螽斯之美，遂奉开睢之化。凡厥侍儿，尽加严饰。绮罗艳目，粉黛交晖。无隔金夫，有同匹妇。远近叹异，咸称绝德者焉”。虽然志文着重指出新野县主并没有妒妇之姿，但也明确记载了裴重晖肆意纳妾，且姬妾穿着打扮“绮罗艳目，粉黛交晖”的情况。可知所谓“情无妒悍”，或为此地无银之饰。作为正妻，李令大概并非毫无嫉妒之心，其之所以“事绝猜嫌”，更多是作为李元吉之女的身份较为尴尬，不得不消极应对。

值得宽慰的是，从丧事来看，由唐太宗到唐高宗，对于李建成、李元吉的女儿们来说，并未因过去的事而有所影响。李令去世于龙朔二年（662），《新野县主墓志》记载其“凶葬所须，诏以官给，赠绢布三百匹，米粟三百石，并度五人出家，仍令五品一人检校葬事”。其葬所在“雍州万年县洪原乡邑阳里少陵之原”。

（三）归仁县主

归仁县主（625—668），李元吉诸女之一，名讳不详。从生年看，排行应在文安县主、新野县主之后。玄武门事变时，仅约一岁。其生母某氏，养母为杨妃。据《归仁县主墓志》记载，“杨妃以亡姚之重，抚幼中闱；某姬以生我之亲，从萦内阁。夫人缔积云禁，饬影星枢；奉盥饵于前厢，侍温清于侧寝。二尊齐养，诚周于造次之间；四德兼备，行满于危疑之地”。可知，归仁县主为李元吉某姬所生，且玄武门事件后仍在世。但其生母似乎比杨妃去世早，故而县主亦为杨妃所养。因此，归仁县主行孝兼于嫡母与生母，尤其与嫡母杨妃感情深厚。《归仁县主墓志》曰：“贞观廿一祀，丁某忧。爰有中诏，称哀内府。仰风林而标影，陟霜岵而摧心。绝浆过乎七日，泣血周乎四序。充穷之感，指苍极而神飞。孺慕之哀，攀紫宸而思越。虽圣怀喻旨，帝简相寻。而积痛洸酸，天情殆殒。”此处“某忧”，学者考证为杨妃[1]。因杨妃后为唐太宗所纳，故而她去世时，唐太宗下诏称哀。而作为养母，归仁县主亦十分悲伤。虽太宗遣使喻旨安慰，仍不能克制悲痛之情。

贞观十八年（644），归仁县主二十岁，“诏封归仁县主，仍赐食邑一千

[1] 据陈丽萍考证，贞观二十一年（647）去世的是县主嫡母杨妃，其为太宗所纳后，名号或为“婕妤”。参见陈丽萍：《贤妃嬖宠：唐代后妃史事考》，北京：社会科学文献出版社，2014年，第75页。

户”。同年下嫁天水姜謩第二子，但名讳未知。姜謩在两《唐书》皆有传，其墓志亦已出土[1]。大致而言，姜謩初从唐高祖起晋阳，并因其秦州出身的背景，在经营陇右的过程中发挥了重要作用。正如学者所说：“姜謩是李唐初期镇抚‘陇右’的重要人物。”[2]但姜謩诸子仅姜行本见于两《唐书》，且不知排行。《旧唐书·姜行本传》曰：“太宗将征高丽，行本谏以为师未可动，太宗不从。行本从至盖牟城，中流矢卒。太宗赋诗以悼之，赠左卫大将军、郕国公，谥曰襄，陪葬昭陵。”[3]唐太宗亲征高丽为贞观十九年（645），而据《归仁县主墓志》，归仁县主去世时，其夫姜氏仍然在世，故县主所适并非姜行本，姜行本亦非排行第二。此外，姜謩于武德七年（624）以“老疾”致仕[4]，以常理推断，姜謩第二子在贞观十八年（644）娶归仁县主之时，年龄当较大。至于姜氏子弟娶李唐宗室女的原因，大概与同为关陇豪族，且有功于国家有关。姜謩之后，姜行本亦陪葬昭陵。此外，姜行本子姜简尚唐太宗女襄城公主[5]，姜行本曾孙姜庆初又尚唐玄宗女新平公主[6]等，都可见两家之间关系密切，此人能娶归仁县主也就可以理解了。

归仁县主与丈夫姜氏感情和睦。《归仁县主墓志》记载：“姜府君以地华分鼎，方夔照于中□；夫人以道契鸣琴，屡参风于上邑。游鱼夕唱，还符馈鲤之祥；乳翟朝驯，即赴将雏之曲。”在县主去世后，“姜府君悼存亡之不再，怆今昔之俄然。步朗月以长怀，傣秋风而累叹”。诸如此类描述，虽然有作者王勃身为文豪的过度润色之嫌，但应该也有事实为据。

《归仁县主墓志》记载，二人“有子洛州参军彀”，惜诸史未载其生平。归仁县主死后，“窆于少陵之原”。

（四）和静县主

和静县主，李元吉诸女之一，名讳、生年、排行均不详，卒于垂拱元年

[1]《旧唐书》卷五九《姜謩传》，第2332、2333页。《新唐书》卷九一《姜謩传》，第3791、3792页。周绍良主编：《唐代墓志汇编》贞观〇二八《姜謩墓志》（志题失载，故以此简称），第27页。

[2]宋翔：《隋末唐初的秦陇豪右》，载杜文玉主编《唐史论丛》第二十四辑，西安：三秦出版社，2017年，第146页。

[3]《旧唐书》卷五九《姜行本传》，第2334页。

[4]周绍良主编：《唐代墓志汇编》贞观〇二八《姜謩墓志》，第27页。

[5]《新唐书》卷八三《诸帝公主传》，第3645页。姜简为襄城公主第二任丈夫，前一任为萧锐。

[6]《旧唐书》卷五九《姜皎传》，第2337页。《新唐书》卷八三《诸帝公主传》，第3660页。

（685）之后。两《唐书·薛元超传》[1]、崔融《薛元超墓志》、杨炯《薛振行状》皆言其夫薛元超（623—684）曾为唐高宗朝宰相，但不载和静县主事。张说《祭和静县主文》亦所载甚少。大体而言，贞观十五年（641），薛元超娶和静县主，时年十九岁。若和静县主比薛元超小，则生于武德六年至武德九年（623—626）之间。

和静县主与薛元超的婚姻由唐太宗主动撮合，《旧唐书·薛元超传》记载：薛元超“早孤，九岁袭爵汾阴男。及长，好学善属文。太宗甚重之，令尚巢剌王女和静县主”[2]。其原因可从两方面看：对薛元超而言，尚县主是一件荣耀之事，可看到唐太宗对他的器重；对和静县主而言，嫁给唐太宗器重的年轻人，也有助于日后和静县主生活境遇的提升。当然，前提是薛氏出身关东士族的家世也能与宗室女匹配，薛元超祖父为北朝隋名臣薛道衡，父薛收为秦府学士之一。正如《薛元超墓志》所说：“衣冠之秀，公子为郎；车服之仪，王姬作配。”

两人婚后情况不详，《薛元超墓志》载其有“长子曜、中子毅、少子俊”。《新唐书·宰相世系表》载其有长子“耀，字升华，给事中，袭汾阴男”[3]、次子“毅，字仲雄，太子舍人”[4]、三子“俊，字爽之，慈州刺史”[5]。张说《祭和静县主文》记载，县主“夫拜中令，昔同鲍妇；子升琐闼，今类冯母”。可知县主有子，薛曜既承爵为嗣，或即县主所出。

人生结局方面，薛元超“薨于洛阳之丰财里”，“诏陪葬于乾陵”。又据《祭和静县主文》载，“洛邑启殡，长安归陌，哭恸高台，旌悬旧宅”，可知县主亦逝于洛阳，且与夫合葬，陪葬于乾陵。

（五）寿春县主

寿春县主，李元吉诸女之一，名讳、生年、排行不详。两《唐书》仅载其夫杨豫之的情况：“（杨师道）子豫之，尚巢剌王女寿春县主。居母丧，与永嘉公主淫乱，为主婿窦奉节所擒，具五刑而杀之。”[6]杨豫之，父为隋朝观王杨

[1]《旧唐书》卷七三《薛元超传》，第2590页。《新唐书》卷九八《薛元超传》，第3892页。

[2]《旧唐书》卷七三《薛元超传》，第2590页。

[3]《新唐书》卷七三下《宰相世系表三下·薛氏》，第3007页。

[4]《新唐书》卷七三下《宰相世系表三下·薛氏》，第3009页。

[5]《新唐书》卷七三下《宰相世系表三下·薛氏》，第3017页。

[6]《旧唐书》卷六二《杨恭仁附杨豫之传》，第2384页。《新唐书》卷一〇〇《杨恭仁附杨豫之传》类似，仅无具五刑之语，第3928页。

雄子杨师道，相唐太宗；母为唐高祖女长广公主[1]，因此县主与杨豫之为表亲婚。至于杨家与李元吉女儿之间联姻的因由，大概可以追溯到李建成的承徽杨舍娘。据《杨舍娘墓志》，后者是杨雄父亲杨绍的曾孙女，可以算作杨豫之的从姊，但早在武德年间即嫁给李建成。

杨豫之在母丧期间的贞观二十二年（648），与唐高祖第六女永嘉公主（619—673）淫乱，从而被永嘉公主的丈夫窦奉节所杀。永嘉公主于武德四年（621）封永嘉公主，下嫁窦奉节。在淫乱之事后，大概二人离婚，并于永徽五年（654）改封房陵大长公主，下嫁贺兰僧伽。从年龄来看，永嘉公主或比寿春县主年长不了几岁，但毕竟是寿春县主的姑姑、杨豫之的姨母。虽然唐前期异辈婚较为普遍，异辈婚恋也并非不能接受[2]。但杨豫之为窦奉节所杀一事，重点应在于二人乱伦时间是杨豫之“居母丧”期间，这显然违背儒家礼法，故而为时人或史官所不容，并将此事载于史籍。

虽然寿春县主墓志尚未得见，其名仅因丈夫外遇事才为人所知，但从杨豫之行事荒诞程度而言，他与县主的婚姻并不和睦。从李元吉诸女婚嫁时间多为贞观中后期，且贞观末年左右杨豫之即为窦奉节所杀的事实来看，二人婚姻存续时间并不长，其后县主是否改嫁亦未可知。

三、结语

通过以上对李建成、李元吉诸女身份和婚姻的梳理，已经可以得到详细的信息。为方便起见，可列表如下：

表1　李建成、李元吉诸女基本情况表

父亲	名	字	生卒	排行	封爵/时间	丈夫/婚年	墓志
李建成	婉顺		622—661	第二	闻喜县主（638）	刘应道（638）	有
					乐陵县主（650—655）	于善询（650—655）	无
			627?—676+	第五	归德县主		无
李元吉			623—649		文安县主（641）	段俨（641）	有
	令	淑绚	624—662	第六	新野县主（637）	裴重晖（638）	有
			625—668		归仁县主（644）	姜某（644）	有
			623/626—?		和静县主	薛元超（641）	无
					寿春县主	杨豫之（648前）	无

[1]《新唐书》卷八三《诸帝公主传》，第3643页。

[2] 张邦炜：《唐朝的异辈婚》，《成都大学学报》（社科版）1989年第2期，第123—126页。

李建成、李元吉的女儿们在各自的父亲死后都能够善终，在大体合适的年龄先接受县主封号，随即嫁人。她们在夫家的生活各有不同，这自然受到她们父亲的影响。但她们的父亲基本在她们幼年时就已经死去，李世民后来追赠李建成为隐太子，其实是在相当程度上认可了其生前身份。所以，在封爵和嫁人方面，她们基本与李唐王朝其他宗室女没有分别，所嫁之夫也基本都是贵族名臣子弟。也就是说，她们基本履行了作为宗室女的职责，即代表宗室与贵族名臣子弟联姻，用以赢得对方家族对王朝的支持。

对于她们的丈夫及家族情况，也可以根据上文考证列表如下：

表2　李建成、李元吉诸女夫家情况表

姓名	字	生卒年	籍贯	主要历官	父祖	子女	墓志
刘应道	玄寿	613—680	广平易阳	太穆皇后挽郎、太子通事舍人、梓州玄武县令、尚书户部员外郎、丁忧、雍州华原县令、武功县令、司勋员外郎、吏部员外郎、洛州阳城县令、雍州司功参军事、尚书户部员外郎、司勋大夫、司勋郎中、吏部郎中、秘书少监、兼知国史事、检校四部群书等	祖父刘会，北齐濮阳太守； 父刘林甫，唐乐平县男、吏部侍郎	刘献臣 刘广业 刘友贤 刘令植	有
于善询			河南洛阳	朝散大夫、行洛州温县令	曾祖父于谨，西魏八柱国； 祖父于仪，北周赵州刺史、安平郡公； 父于孝武，仓部郎中	于惟敬	无
段俨	孝爽		北海期原		曾祖父段威，北周洮、河、甘、渭等州刺史； 祖父段文振，隋兵部尚书； 父段纶，唐初功臣		
裴重晖			河东	司膳（膳部）员外郎、中书舍人、万年县令、春陵男	祖父裴颙，隋都州刺史、石城县公； 父裴思庄，唐祠部郎中、眉亳二州刺史、春陵县男	河东郡夫人，嫁韦余庆； 第五女，嫁阎识微	无

续表

姓名	字	生卒年	籍贯	主要历官	父祖	子女	墓志
姜某			秦州上邽		父亲姜謩，唐初功臣	姜毂，洛州参军	无
薛元超		623—684	蒲州汾阴	汾阴县男、太子舍人、给事中、中书舍人、弘文馆学士、兼修国史、丁母忧、黄门侍郎、饶州刺史、东台侍郎、简州刺史、正谏大夫、中书侍郎、同中书门下三品、中书令、加金紫光禄大夫致仕	祖父薛道衡，北齐中书侍郎、隋吏部侍郎、襄州总管、司隶大夫等；父薛收，天策上将府记室、文学馆学士、汾阴男等	薛曜，正谏大夫；薛毅；薛俊	有

可以看到，李建成、李元吉诸女的夫家，基本都是可以上溯数代的贵族名臣：或为关陇集团成员，如洛阳于氏、北海段氏；或为山东士族，如刘氏、裴氏、薛氏；或为追随唐高祖李渊起兵的新兴军功贵族，如姜氏。这些家族与李唐皇室在各种渠道都保持不错的关系，故而他们在与李建成、李元吉的女儿们联姻时，保持的应是与李唐宗室联姻的想法，而非与罪人之女结合。因此，上述几位县主的丈夫，他们的人生际遇各不相同。如闻喜县主之丈夫刘应道，虽然沉沦下寮二三十年，但并不是因为他是闻喜县主的丈夫，毕竟闻喜县主比他早去世二十年，而应考虑其本人性格。最成功的和静县主丈夫薛元超一度贵为宰相，这是薛元超本人能力出众，并得到皇帝青睐的结果。至于其他几位事迹不详或官位不显的县主丈夫，如果考虑到整个唐代大部分公主、郡主与县主的丈夫们基本都是平平之辈，也就不必深论了。

总而言之，作为唐初政治斗争中失败一方的李建成、李元吉诸女，她们有幸得到生命的延续，作为普通的李唐王朝宗室生存下来。日后纷纷作为李唐宗室女，嫁入与李唐宗室多有牵涉的各个贵族名臣家中，从而摆脱了各自已故父亲的阴影，成为各自夫家的一分子，并在丧葬方面（如闻喜县主、文安县主、和静县主等人）祔葬夫家墓茔。她们在新的家庭，或如闻喜县主那样相夫教子，或如文安县主、新野县主那样陷于一般家庭矛盾，都有各自作为普通人的烦恼。

（作者单位：陕西师范大学历史文化学院）

From Original Family to Husband's Family: Marriage of Li Jiancheng and Li Yuanji's Daughters

Xie Yurong

[Abstract] Li Jiancheng and Li Yuanji were killed in political struggle, meanwhile their sons were dead, but daughters was alive. Li Jiancheng had three daughters: Princess Wenxi, Laoling and Guide. Li Yuanji had five daughters: Princess Wen'an, Xinye, Guiren, Hejing and Shouchun. These daughters were later married with several noblemen who had a good relationship with Li Clan of Tang Empire. At their new homes, they were assisting their husbands and educating their children, or falling into family conflicts. All in all, they had problems as average person had.

唐薛万述、薛玄育父子墓志考略

——兼论薛氏家族涉及问题*

党　斌　拜根兴

新见唐《薛万述墓志》，志主薛万述为隋代名将薛世雄之子，《隋书》《北史》等仅记其名字，《旧唐书》《新唐书》诸史书记载不详；而墓志保存完好，志文内容丰富，涉及隋炀帝亲征高句丽、平定杨玄感叛乱、玄武门之变等诸多史事。志文在证史的同时，还可补充文献关于薛万述其人记载之阙。此外，近年西安周边还陆续出土了另外几方薛世雄家族成员的墓志，包括《薛贵珍墓志》《薛万备墓志》《薛万寿墓志》《薛玄育墓志》等[1]，志文涉及唐太宗征伐高句丽、唐高宗灭亡百济和房遗爱谋反等事件，亦颇有文献探讨及史料价值。本稿即在此前研究成果的基础上[2]，结合现存唐宋文献、新出唐人墓志，探讨薛万述、薛玄育父子生平事迹，薛氏家族世系及其他相关史事，并就教于诸

*本文系国家社科基金重点项目“陕西碑刻文献精粹汇编”（项目编号：14AZD095）、陕西省社会科学院重点项目“隋唐时期鲜卑族群的汉化与改籍关中研究”（项目编号：19ZD06）阶段性成果。

[1] 几方薛氏墓志中，《薛万备墓志》刊布于胡戟：《珍稀墓志百品》，西安：陕西师范大学出版社，2016年，第68—71页。薛贵珍、薛万述、薛玄育等三人墓志资料在现有石刻墓志集类书籍中均未见收录，网络上已公布墓志录文，不过尚无清晰图版可以核对。《薛万述墓志》见“http://blog.sina.com.cn/s/blog_14636c7910102ym8s.html”。《薛贵珍墓志》《薛玄育墓志》见“http://blog.sina.com.cn/s/blog_8ee82bfb0102x2oe.html”。《薛万寿墓志》暂未见刊布，笔者于友人处见其拓本照片，王庆昱已撰写《新见隋薛万寿墓志研究》一文（拟发表于《长安学研究》）。本文据笔者所见薛万述、薛玄育二人墓志拓本释录志文，薛贵珍和薛万寿墓志拓本则暂未得见。

[2] 关于薛万备生平经历和相关史事的讨论，参见拜根兴：《新见初唐名将薛万备墓志考释》，载杜文玉主编《唐史论丛》第二十七辑，西安：三秦出版社，2019年，第275—294页。

师友方家。

一、《薛万述墓志》释文

唐贞观二十年（646）《薛万述墓志》，盖佚，志石近正方形，有方界格。志文楷书32行，满行35字。首题“大唐故太中大夫濮州刺史薛使君墓志铭”。该志石出土时间、地点、存佚情况均未详。只是从志文“贞观廿年岁次景午十二月己未朔二日庚申，归窆于雍州长安县福阳乡修福里之高阳原”记载来看，该志石出土地点应当在今西安市长安区郭杜镇辖内。本稿只是依据所见志石拓本，考察志文中涉及的诸多问题。为便于讨论，先据所见墓志拓本释文如下：[1]

大唐故太中大夫濮州刺史薛使君墓志铭

君讳万述，字无为，雍州咸阳县人。奚仲为夏后氏掌车，君其后也。以彰明德，疏源姬水之阳；乃立懿亲，竦干配林之右。冯翊褰帷，驰书两县；太傅高笔，祝祖三辞。人多将帅之风，名擅杨班之史。祖回，隋左武卫大将军。父雄，隋左御卫大将军、燕郡太守。世有英烈，家传鼐鼎。昆峰比峻，蘅薄齐芳。君灵贶余基，含章秀起。翻飞之羽，击三千而掩汉；腾空之骏，想万里而排云。寒柘调弓，霜山落箭。游孔圣而谁拟，登仙舟而难返。隋大业八年，解褐授右亲卫。于时炀皇遐斾，玄感兴甲。君挑战无前，轻戈独运，陈俊击金门之寇，岑公掩青犊之营。输荣司勋，咸推英勇。九年，迁授宣德郎。于时鬼哭神言，星流川斗。越王委权臣之令，称制洛阳，虽譬余分，尚怀人杰。引君为卫尉少卿，且旌尤异。大唐提剑参墟，扶义而起，破前队而拔昆阳，降子婴而收府库。平吴之利，篾曩代而高视；用楚之材，掩前修而自得，乃心明圣。武德九年，授太子斋帅，寻迁右武候长史。贞观二年，超迁左卫郎将。金戈照阤，玉刃罗庭。通羽林而警夕，摠鹖冠而为卫。于时折胶临塞，边虞尚阻。中兵遐讨，常为士先。斩胡骑而论功，出萧关而骋锐。五年，迁尚舍奉御。七年，除右卫郎将。太夫人玄衣月制，君去缨晨省，及风枝屡切，毁骨三年。服阕，除泗州诸军事、泗州刺史。又除彭王府长史。十七年，诏迁濮州诸军事、濮州刺史。濮上遗风，恃权豪而为蠹；帝丘余弊，侮宪法而崇奸。君传车初

[1] 原志中的异体和别字，如“隋”作“随”，“班”作“斑”等，释文中均径改为正字。后文《薛玄育墓志》中的异体和别字亦径改。

践，仁风先洽。强民既肃，轻典无滞。犬牙缘境，凤翼来仪。倾春霖而布泽，掩朞月而成化。自将门而通世要，由兰室而播循良。自我有之，曾无愧色。而灼光夜靡，露白朝晞。芳枝无反魂之香，阅水有归流之恨。十九年六月，遘疾终于州廨，春秋五十有九。惟君墙宇凝映，波澜不测。轻帷旁掩，还读揣摩之篇；良剑高挥，独有从横之势。加以推友存信，辞多益俭，式敬乡党，劳谦耆耋，遂脱略华缨，言归色养。抽碧笋于冬围，振赪鳞于寒水。门多长者，家有基兹。及柳馆依春，花亭照月，樽临曲水，客满长筵。清文与丝竹争流，雅趣将烟霞共远。是以好事闻风，缙绅钦德。逢郑庄而置驿，遇温柏而倾盖。一司邦寇，遗财委货之能；再典名蕃，劝礼兴仁之绩。虽伯起之自励天神，栾巴之善除灾害。量能校德，彼亦何人。及露泣崇朝，风悲厚夜，輴移卫隩，薤迩周疆。衡门班鬓之叟，服道青衿之俊。奠旨酒而含悲，眺归旌而掩泣。即以贞观廿年岁次景午十二月己未朔二日庚申，归窆于雍州长安县福阳乡修福里之高阳原。邢山有祭仲之坟，冠军耸张詹之墓。刻铭贞石，用纪贤臣。其铭曰：

水映河靡，岩标岱峰。摩肩祥凤，接武真龙。心实孝友，道契温恭。淹中学富，塞外归容。驻日轻戈，穿杨飞箭。高墉鹊起，浮埃龙战。霜扫伊川，风驱周甸。乃逢圣作，初班武选。长剑低昂，轻车遥衍。入洛飞英，排云上征。大冯分竹，叔度专城。尧年交泰，舜日升平。刑移赭服，化渐儒缨。竞贿知让，还珠更明。结宇林隈，浮觞岩曲。楚舞容裔，吴娃断续。露华讵几，年晖奚促。异县栖尘，他乡风烛。北墉佳城，南阳旧营。悲禽逐盖，哀雁随旌。空山薤断，荒径松声。魂兮可作，谁与修名。

二、墓志所见薛万述家族成员补述

志主薛万述之名见于《隋书》《北史》“薛世雄传”。《隋书》云：“（薛世雄）有子万述、万淑、万钧、万彻，并以骁武知名。”[1]此外其他文献未有提及薛万述名字，其生平事迹更不得而知，故笔者在《新见初唐名将薛万备墓志考释》一文中曾指出：“薛世雄的另一儿子薛万述，这在现存唐史史料中似还

[1]（唐）魏徵：《隋书》卷六五《薛世雄传》，北京：中华书局，1973年，第1534页。《北史》记载略同，仅在“万彻”之后添加了“万备”之名。见（唐）李延寿：《北史》卷七六《薛世雄传》，北京：中华书局，1974年，第2607页。

未看到。”[1]《薛万述墓志》的出土，为探明薛氏家族世系和薛万述其人生平提供了重要的文献佐证。

（一）薛万述曾祖薛宁

薛万述墓志于其先祖世系有简略记载，但从志文所记情况来看，其家族在两晋南北朝时期似并非望族。薛万述曾祖的名讳在现存正史中并无记载，《薛万述墓志》亦未提及。新出《薛贵珍墓志》云：“祖宁，器量弘远，仪容伟特，累迁尚书郎，游击将军，别部都将，燉煌太守，因以家焉。”[2]《薛万备墓志》云：“曾祖宁，隐居不仕，魏明帝特征为国子祭酒。”[3]薛贵珍与薛万备父亲薛世雄为兄弟，两方墓志均记载“薛宁”之名，应当无误，但两者关于薛宁曾任官职的记载差别较大。仔细推敲，或许两种记载结合，恰好能够完整地反映出薛宁的仕途情况。首先，薛贵珍为薛宁之孙，薛万备为薛宁曾孙，从血缘、辈分因素考虑，薛贵珍与薛宁的关系更近。《薛贵珍墓志》中“燉煌太守，因以家焉”与《隋书》《北史》“薛世雄传”，《旧唐书》《新唐书》“薛万彻传”中“其先寓居敦煌”等记载可为互证，且《薛贵珍墓志》关于其父亲薛回的记载亦与正史基本吻合。故《薛贵珍墓志》称薛宁曾任尚书郎、游击将军、别部都将、燉煌太守等职，应当是薛宁在北魏或西魏时期的任职。其次，《薛万备墓志》称其曾祖“隐居不仕，魏明帝特征为国子祭酒”，很可能是因为薛万备距其曾祖年代已久，对于薛宁的仕途履历不甚了解。史载薛回、薛世雄父子均曾仕北周，故《薛万备墓志》中的“魏明帝”应当是北周明帝元毓之误。薛宁任“国子祭酒”或许是薛回、薛世雄、薛贵珍父子在北周与北齐战争中屡立功勋的情况下，朝廷对薛回父亲的赐官。当然，其赐官时间不一定就是北周明帝时期。这一时期的墓志在追述先祖官任事迹时，往往会出现类似的情况。

（二）薛万述祖父薛回、父亲薛世雄、叔父薛贵珍

薛万述祖父薛回生平见于《隋书》《北史》，《隋书》记载略详：“回，字道弘，仕周，官至泾州刺史。开皇初，封舞阴郡公，领漕渠监，以年老致

[1] 拜根兴：《新见初唐名将薛万备墓志考释》，第276页。

[2]《薛贵珍墓志》载其为舞阴郡公薛回第四子，则薛贵珍与隋将薛雄为兄弟。《薛贵珍墓志》录文见“http://blog.sina.com.cn/s/blog_8ee82bfb0102x2oe.html”，未得此志拓本，故引文暂无法核校。

[3] 胡戟：《珍稀墓志百品》，第69页。

事，终于家。”[1]薛世雄《隋书》《北史》有传，两《唐书》亦载其事迹。近年出土的几方薛氏家族成员的墓志，补充了薛回在北周年间的官任履历，所记薛世雄任“隋左御卫大将军、燕郡太守、涿郡留守，封长江公”等可与正史互证，颇有文献价值，详见下表：

表1　现存薛氏家族人士墓志有关薛回、薛世雄记载

墓志名称	薛回	薛世雄
薛贵珍墓志	父回，历任使持节、仪同、直后、司水大夫、骠骑开府、扶州刺史、泾州总管，授大将军，封舞阴郡开国公	无
薛万述墓志	祖回，隋左武卫大将军	父雄，隋左御卫大将军、燕郡太守
薛万备墓志	祖回，周骠骑大将军，开府仪同三司，泾州、扶州总管，舞阴郡公	父雄，隋左御卫大将军，涿郡留守，长江公
薛万寿墓志	大将军，扶、泾二州诸军事，扶州刺史，舞阴郡开国公	父世雄，朝请大夫、右监门郎将、长江县开国子
薛玄育墓志	曾祖回，周骠骑大将军、开府仪同三司、舞阴郡公	祖雄，隋左御卫大将军、燕郡太守、长江公

薛万述叔父薛贵珍，现存正史未载，其事迹无从知晓。不过，薛贵珍墓志已出土。据志文记载，薛贵珍为薛回第四子，北周天和年间任左前侍中士、授使持节仪同大将军。入隋后曾参加平定陈朝战争，授车骑将军、上开府，封卢氏县开国伯、建兴县开国公等。隋开皇十二年（592）卒，与夫人窦氏合葬于长安县高阳原[2]。

（三）薛万述兄弟及其排行

结合史书和出土墓志文献，目前可知薛万述兄弟至少为七人[3]。

薛万淑，曾任右领军将军、营州都督、检校东夷校尉、畅武道行军总管，封梁郡公。薛万均，历任左屯卫大将军、殿中少监、交河道行军副总管，封潞国公。薛万彻，历任蒲州刺史、代州都督、右武卫大将军，尚丹阳公主，拜附马都尉，封武安郡公。薛万备，曾任尚辇奉御，唐太宗征高句丽时以本官镇守怀远镇，后又征百济，任鸭渌道副总管。兄弟四人均以骁勇闻名，分别参与了

[1]《隋书》卷六五《薛世雄传》，第1533页。

[2] 参见http://blog.sina.com.cn/s/blog_8ee82bfb0102x2oe.html.

[3]《薛万备墓志》载墓主为薛世雄第七子，故其兄弟当有七人，目前知六人姓名。

唐初平定窦建德、刘黑闼、梁师都以及征讨突厥、吐谷浑、高句丽、百济等战事[1]。笔者在《新见初唐名将薛万备墓志考释》一文中，对薛氏兄弟履历和战功均已有所论考，故不再赘述。

依据新出《薛万述墓志》，参照其他史料，可以看出《隋书》《北史》的记载有一定的合理性。不过，《隋书》《北史》《旧唐书》《新唐书》等史书有关薛氏兄弟排行的记载略有不同。《隋书》的排序为“万述、万淑、万均、万彻”，《北史》排序与《隋书》相同，仅在“万彻”之后增加“万备”之名。两《唐书》均未载“薛万述”，《旧唐书》排序为“万淑、万均、万彻、万备”，《新唐书》为“万均、万彻、万淑、万备”。由此来看，《北史》记载薛氏兄弟五人，多于其他三种史书，因《北史》系据《魏书》《隋书》等删节而成书，故其承袭了《隋书》关于薛氏兄弟的排序，有一定的史料依据。据《薛万述墓志》记载，薛万述卒于贞观十九年（645），卒年59岁，其生活年代与《隋书》《北史》作者魏徵和李延寿比较接近，故《隋书》《北史》将其列为长兄应当是有依据的。薛万述作为长兄，两《唐书》均未载其姓名，或许与其身份和仕途履历有关。薛万述兄弟七人或许并非一母所生，这样就有了嫡庶之别。薛万述在兄弟中年龄最长，但可能为庶出，而薛万淑为嫡子中年龄最长者。虽然《隋书》《北史》均称薛氏兄弟“以骁武知名”，但从薛万述墓志等史料看，这样的评价可能并不适用于薛万述。具体来说，薛万述、薛玄育父子的仕途经历，可以证实其并非所谓的勇武过人，在频繁地征战中屡立功勋（下文详细叙述）。后来编纂《旧唐书》《新唐书》之时，编纂者出于何种原因删除了《隋书》《北史》记载的薛万述之名，无从知晓。而相较于《旧唐书》的记载，《北史》关于薛氏兄弟的排行顺序可能更为准确，即薛万述、薛万淑、薛万寿、薛万均、薛万彻、薛万备，尚有一人姓名不详。以上看法是否得当，期待有新的文献或考古史料予以佐证。

三、薛万述生平及所涉史事

据志文记载，薛万述，字无为，卒于贞观十九年（645），享年59岁，则其生年当在隋开皇七年（587）。

[1] 薛万淑、薛万均、薛万彻、薛万备四人生平事迹主要见于（后晋）刘昫：《旧唐书》卷六九，北京：中华书局，1975年，第2517—2519页。（宋）欧阳修：《新唐书》卷九四，北京：中华书局，1975年，第3830—3832页。

薛万述于隋大业八年（612）解褐授散官右亲卫，时年26岁。从薛万述担当的“右亲卫”官职来看，其作为亲卫武官，随同隋炀帝亲征高句丽当没有问题。这一时期，其父薛世雄为隋东征西讨，屡立战功。据史载：“开皇时，数有战功，累迁仪同三司、右亲卫车骑将军。炀帝嗣位，番禺夷、獠相聚为乱，诏世雄讨平之。迁右监门郎将。从帝征吐谷浑，进位通议大夫。”[1]大业八年，隋炀帝以薛世雄为右翊卫将军出沃沮道，与其他八路军马征伐高句丽，但隋军在萨水被击溃，诸路将领均获罪。对此，笔者近期曾有论文刊出，探讨学界对隋炀帝第一次（大业八年）亲征，以及初唐时代君臣对隋亡事件的诠释，并提出自己的看法[2]。但据《资治通鉴》记载：“萨水之败，高句丽追围薛世雄于白石山，世雄奋击，破之，由是独得免官。”[3]可见大业年间薛世雄颇得炀帝赏识，薛万述的授官，是否与其父此时战功卓著相关联，有待进一步考察。

大业九年（613）初，隋炀帝第二次亲征高句丽，杨素之子杨玄感趁机在东都洛阳起兵反叛，隋朝后院失火，远在辽东的炀帝匆忙收兵，并调兵遣将镇压杨玄感之叛兵。《薛万述墓志》中“炀皇遐旆，玄感兴甲”即指此事。大业末年，隋炀帝数次巡幸江都，均以杨侗为东都留守。据《隋书》记载，“宇文化及之弑逆也，文都等议，以侗元德太子之子，属最为近，于是乃共尊立，大赦，改元曰皇泰。谥帝曰明，庙号世祖。追尊元德太子为孝成皇帝，庙号世宗。尊其母刘良娣为皇太后。以段达为纳言、右翊卫大将军、摄礼部尚书，王世充亦纳言、左翊卫大将军、摄吏部尚书，元文都内史令、左骁卫大将军，卢楚亦内史令，皇甫无逸兵部尚书、右武卫大将军，郭文懿内史侍郎，赵长文黄门侍郎，委以机务，为金书铁券，藏之宫掖。于时洛阳称段达等为‘七贵’”[4]。《薛万述墓志》有“越王委权臣之令，称制洛阳”之句，其中“权臣”所指即段达、元文都、王世充等“七贵”。段达，武威姑臧人，杨广为晋王时已为其属下，后曾征讨吐谷浑[5]。元文都，北魏宗室后裔，隋大业年间历任司农少卿、司隶大夫、御史大夫等，史称“（炀帝）渐任之，甚有当时之誉”[6]。王世充，

---

[1]《隋书》卷六五《薛世雄传》，第1533页。

[2] 拜根兴：《墓志所见隋炀帝亲征高句丽：兼论唐初君臣对隋亡事件的诠释》，《陕西师范大学学报》2019年第1期，第148—155页。

[3]（宋）司马光：《资治通鉴》卷一八一，大业八年条，北京：中华书局，1956年，第5667页。

[4]《隋书》卷五九《炀三子传·杨侗》，第1438、1439页。

[5]《隋书》卷八五《段达传》，第1899、1900页。

[6]《隋书》卷七一《元文都传》，第1649、1650页。

字行满，西域人，曾任江都郡丞，随隋炀帝数幸江都，颇得炀帝信任。再结合薛万述的父亲薛世雄曾参加隋炀帝征吐谷浑、高句丽等战事，颇得隋炀帝嘉赏推测，薛世雄与段达等“七贵”在大业末年应当也有联系和往来。故在薛万均、薛万彻等人跟随父亲外出征战之时，薛万述则主要留在洛阳，任宣德郎、卫尉少卿等职。

据《旧唐书》《新唐书》记载，薛世雄在大业末年卒于涿郡，后其子薛万均、薛万彻随罗艺降唐，薛万述应当也是在此时归降唐朝的。不过，《薛万述墓志》关于其在唐武德初年的事迹只字未提，不知何故，志文仅称“武德九年（626），授太子斋帅，寻迁右武候长史”。相较而言，《旧唐书》关于其兄弟薛万均、薛万彻的履历则比较详细，史载：“（高祖）授万均上柱国、永安郡公，万彻车骑将军、武安县公。……及太宗平刘黑闼，引万均为右二护军，恩顾甚至。隐太子建成又引万彻置于左右。”[1]这里有一细节值得注意，即武德年间，薛万均与薛万彻两兄弟分别为秦王李世民和太子李建成部下，即属于两个不同并针锋相对的阵营。再结合薛万彻在玄武门之变中李建成被诛杀后的表现：“万彻率宫兵战于玄武门，鼓噪欲入秦府，将士大惧。及枭建成首示之，万彻与数十骑亡于终南山。”[2]薛万均、薛万彻两兄弟分事世民、建成当为事实。那么，作为薛万均、薛万彻的长兄，薛万述在此期间依附李建成的宫府集团，还是归属李世民的秦府？其具体实情到底如何？墓志载：“武德九年，授太子斋帅，寻迁右武候长史”，而众所周知，事变发生于当年六月初，李世民在随后的半年间，虽其身份仍是太子，但从稳定局势到人事布局，均可做很多事情。依据一般的判断，薛万述极可能是在玄武门之变后、李世民被立为太子之时官拜“太子斋帅”之职，由此可见，作为秦府僚属，薛万述深得李世民信任，抑或他与兄弟薛万均曾在李世民发动政变中发挥过重要作用。当然也有一种可能，那就是薛万述在玄武门之变之前，曾是太子李建成的幕僚“太子斋帅”，事变后并非如其弟薛万彻负隅顽抗后逃亡山谷，而是即刻归附李世民，获得谅解进而获得任职。不过，从志文及其他史料看，似乎前者的可能性更大一些，即《薛万述墓志》虽对此未做交代，但从贞观年间薛氏兄弟等人仕途履历中仍可窥其端倪。

据墓志记载，薛万述于武德九年即任太子斋帅、右武候长史，均为禁卫要职。贞观二年（628）又超迁左卫郎将，他“超迁”原因虽未提及，但应当是太

[1][2]《旧唐书》卷六九《薛万彻传》，第2517页。

宗李世民对薛万述的嘉奖。再看其余三人的履历。薛万均于贞观初年即任殿中少监。薛万彻在玄武门之变中的罪行被赦免后，于贞观三年（629）随李靖出击突厥颉利可汗后以功授统军之职。《薛万备墓志》称薛万备曾任“匡道府校尉”，据《新唐书·苏定方传》记载：苏定方于“贞观初，为匡道府折冲，随李靖袭突厥颉利于碛口”[1]。由此可知，薛万备此时或已为苏定方部下[2]，任匡道府校尉，时间亦为贞观三年。从上述情况来看，薛氏兄弟虽然在贞观年间为李世民所用，但仍有先后之别。薛万均早在武德年间已被秦王李世民引为右二护军，属李世民亲信，自不待言。薛万彻和薛万备作为隐太子李建成的僚属，即便具备才能，对其任用也要经过深思熟虑和谨慎考察，故相对较迟[3]。薛万述在武德初年很可能曾是李建成的僚属，他在此间的经历或许因李世民即位后篡改高祖朝起居注而被删除。而在李世民发动政变之前，薛万述或许在其弟薛万均引荐下投靠秦王李世民，并在此过程中发挥了重要作用，故而才在玄武门之变后被委以太子斋帅之职。以上虽系以文献资料为依据所做的推论，毋庸讳言，其仍有待于不断出土面世的新资料印证。

薛万述在贞观年间历任尚舍奉御、右卫郎将、泗州刺史、彭王府长史、濮州刺史等职。此间曾去官为其母亲服丧三年，这与两《唐书》以及《薛万备墓志》的记载可以互证。当然，两方墓志中均提及两个儿子薛万述、薛万备为母亲服丧三年。薛万备服丧期间曾引起唐太宗的注意，唐太宗还派员探望慰问。显然，此可能与初唐时代在全社会推崇教化百姓“孝道”有关[4]。至于薛万述的其他几位兄弟是否也如他本人“去缨晨省，及风枝屡切，毁骨三年”，如他的弟弟薛万备“水浆不入于口，有过礼制，并剪发以为母髢。及葬，庐于墓侧，负土成坟，孺墓婴号，柴毁骨立”，因无史料佐证，难以作论。

[1]《旧唐书》卷八三《苏定方传》，第2777页。

[2]按：显庆末年，薛万备又随苏定方出征百济。苏定方、薛万备征百济之事的讨论，参见拜根兴：《苏定方事迹考疑试论稿》，载［韩］中国史学会编《中国史研究》第九辑，2000年，第97—119页。王庆卫：《唐贞观二十二年昆丘道行军再探讨——以新出〈杨弘礼墓志〉为中心》，载《魏晋南北朝隋唐史资料》第三十五辑，上海古籍出版社，2017年，第138—151页。

[3]李世民即位后虽曾对李建成僚属降职处理，但很快就唯才是举，起用此类人才。参见拜根兴：《新见初唐名将薛万备墓志考释》，第280页。同时，薛万彻的重新起用，应当还与其妻子为李世民的妹妹丹阳公主有很大的关系，见《新唐书》卷八三《诸帝公主传》，第3644页。

[4]季庆阳：《孝道与唐代人的衣食住行》，《长安大学学报》（社会科学版）2014年第4期，第12—17页。

四、《薛玄育墓志》及其生平

《薛万述墓志》志文对其婚姻、子嗣情况均未提及。不过，其子薛玄育的墓志今已出土面世，我们从中可了解一些新的信息。唐永隆二年（681）《薛玄育墓志》，盖佚，志近正方形，有方界格。志文楷书25行，满行25字，题“唐故国子学生薛君墓志”。该志石出土时间、地点、存佚情况均未详。从志文中“以永隆元年（680）十一月六日卒于豳州之别墅，年卌有七。粤以二年二月六日，归葬雍州长安县高阳原先君之旧兆”看，其出土地点应与其父薛万述墓志相同。据拓本释文如下：

唐故国子学生薛君墓志

君讳玄育，字道茂，河东汾阴人也。昔迁邳事夏，侯服擅其先封；在晋尊周，王官承其旧职。雕云锡祚，元宰以燮桵飞声；白水隆基，名公以扰民成化。出入三代，丕显两京。灵根深而不朽，惠叶远而弥蔚。曾祖回，周骠骑大将军、开府仪同三司、舞阴郡公；祖雄，隋左御卫大将军、燕郡太守、长江公。并材称柱石，义烈冰霜。据上将而偶中台，总六戎而典千里。父万述，泗、濮二州刺史。忠信基身，宽仁莅职，邳乡甚攀车之恋，帝丘增释耒之哀。君即濮州之四子也。桂苑滋芳，蓝田孕瑶，体仁义于丹穴，表通理于黄中。年十六，为国子学生。寻以叔父武安公获罪自解。□缘家祸，无复世情，于是刬迹捐俗，潜心味道，总四彻之灵篇，究六艺之能事。既事寡地闲，居幽志远，乃驰骋流略，稽合异同，撰《综要》一部二百卷。区分类聚，事义判于条流。因枝振叶，名目穷于称谓。温故知新，事逸功倍，而学不为禄，德以润身。去诱慕于贞情，任穷达于冥理。畜鸡种黍，欲寡自得，忘贫息交，绝游知希，岂不为贵。清羸有素，气候乖摄，以永隆元年十一月六日卒于豳州之别墅，年卌有七。粤以二年二月六日，归葬雍州长安县高阳原先君之旧兆。将恐日薄星回，山移海变，勒贞石于泉户，庶芳风之永扇。其辞曰：

事夏迁邳，相殷居薛。灵源自远，长澜不竭。骠骑御卫，重光盛烈。立事立功，令名令节。猗欤显考，淑问孔昭。德充百行，声芳六条。诞兹令绪，岐嶷夙标。匪扶而直，不镂而雕。家祸云遘，身名斯否。灭想荣华，冥怀愠喜。北山无闷，东崿可拟。善不求名，学以为己。何书不洽，何艺不优？调谐金奏，字婉银钩。迨我暇矣，斯文聿修。统理万物，并吞九流。春秋非我，生灵必至。税驾荒原，沦晖幽隧。青松渐偃，白楸长闳。式刊贞石，永传芳懿。

据志文记载，薛玄育为薛万述第四子，其余三子生卒仕途均不得而知。志文可补正史之阙，其所记祖父薛世雄封“长江公”，父亲薛万述为“泗、濮二州刺史”可与出土其他薛氏家族成员墓志互证。

薛玄育，字道茂，卒于永隆元年（680），卒年47岁，则其生年当为贞观八年（634）。志称薛玄育16岁，即贞观二十三年（649）时，作为官员子弟入国子监。不过，薛万彻在永徽四年（653）因与房遗爱谋反被诛，薛玄育因此受到牵连而“获罪自解”。此后，薛玄育在家潜心学术，并“驰骋流略，稽合异同”，编纂了二百卷《综要》一书。此书在前代书录中未见著录，内容不得而知。不过，唐代前期类书编纂发展快速，数量十分惊人，先后有《北堂书钞》《艺文类聚》《文馆词林》《文思博要》等大型官修类书问世。再结合志文中“区分类聚，事义判于条流。因枝振叶，名目穷于称谓”的文句推测，薛玄育很可能是受到了当时类书编纂之风影响，而编纂了二百卷的《综要》一书。笔者在薛万备墓志考释论文中曾质疑“不仅薛万备墓志，其他和薛氏兄弟有关联的传记史料中，均未提及其下一代，实在令人费解”[1]。薛玄育墓志的出土面世，从另一角度解释了这一问题，这就是在经历了北周、隋、唐三朝宦海浮沉之后，由祖辈的勇武善战到薛玄育的潜心文辞，显赫一时的薛世雄家族在“学不为禄，德以润身”中逐渐淡出政治权力中心。

永隆元年，薛玄育卒于豳州（今陕西省彬县），次年归葬京师长安南高阳原祖茔。隋唐之际薛家祖茔就在高阳原，陆续出土的《薛贵珍墓志》《薛万述墓志》《薛万备墓志》《薛玄育墓志》等所记葬地均为雍州长安县高阳原可为证。

五、墓志所涉薛氏郡望问题

据《元和姓纂》“薛氏”条记载：“黄帝二十五子，一为任姓，裔孙奚仲居薛。至仲虺，为汤左相，代为侯伯，历三代，凡六十四世。”[2]奚仲为薛氏得姓始祖，曾被夏禹任命为车正，掌车辕之事，先封于薛，遂以此为姓。奚仲后人仲虺曾辅佐商汤建国，任左相。薛姓的另一支则居于邳。《薛万述墓志》

[1] 拜根兴：《新见初唐名将薛万备墓志考释》，第275—294页。

[2]（唐）林宝撰，岑仲勉校记：《元和姓纂（附四校记）》卷十，北京：中华书局，1994年，第1537页。

“奚仲为夏后氏掌车”；《薛万备墓志》“昔奚以车正事夏，虺以左相翼商”；《薛玄育墓志》“昔迁邳事夏，侯服擅其先封；在晋尊周，王官承其旧职”“事夏迁邳，相殷居薛”等句即与此相关。《元和姓纂》“薛氏”载其郡望为“河东汾阴”，即“河东薛氏”。据史载，河东薛氏应当曾随刘备入蜀，又在北魏年间由蜀地徙河东，世号蜀薛。后分为北祖、南祖、西祖三支，其中南祖、西祖作为著房，在唐代出了三位宰相[1]。关于河东薛氏的来源，学术界主要有蜀地少数民族和中原薛氏后裔两种观点[2]。

由于薛氏南祖、西祖两支的成员较多，且在历史文献中有相关记载，故谱系比较清晰[3]。而北祖薛恢一支后人则少有文献记载。故《新唐书》将西、南二房定为河东薛氏之著房。《隋书》《北史》均称薛世雄为河东汾阴人，但《元和姓纂》和《新唐书·宰相世系表》均没有关于薛世雄家族成员的记载，那么薛世雄家族属于河东薛氏哪一支呢？《隋唐时期河东薛氏家族研究》一文将薛氏雄归为河东薛氏之“北房”，《中古时期河东薛氏研究》一文则认为隋代至唐初“薛氏武将的代表是出自非著房的薛世雄”[4]。前者直接将薛世雄定为薛恢一支的“北房”，但并没有相关论述和文献资料佐证。相比之下，后者将薛世雄定为“非著房”的说法更为稳妥。

薛世雄家族确非薛氏“著房”，很可能就是陈寅恪、唐长孺先生论述中的蜀薛后裔，其在北魏时期由巴蜀地区迁居北方，并在南北朝时期连续的战乱动荡中流散迁徙。前文已述，薛世雄祖父薛宁在北魏或西魏时期任敦煌太守之职，其家定居敦煌，故《北史》《旧唐书》《新唐书》均称“其先寓居敦煌”。《北史》称“河西捍御强敌，唯凉州、敦煌而已”[5]。可见，南北朝时期敦煌对于西北边疆军事行动是至关重要的。薛宁是目前所见史料中薛世雄家族成员中

[1]《新唐书》卷七三下《宰相世系表》，第2990、3044页。

[2] 陈寅恪、唐长孺均认为河东薛氏应当是蜀地少数民族，其北迁后为了抬高门第而附会为中原薛氏后裔。见陈寅恪：《金明馆稿初编》，北京：生活·读书·新知三联书店，2011年，第82—84页。唐长孺：《魏晋南北朝史论拾遗》，北京：中华书局，1983年，第84、85页。此外也有部分学者认为薛氏应当是中原地区薛氏后裔，但其观点缺乏足够的文献佐证，见毛汉光：《中国中古政治史论》，上海书店出版社，2002年，第122页。

[3] 薛氏谱系的梳理见胡可先：《出土墓志与唐代河东薛氏文学家族考论》，《中国文学研究》2014年第2期，第19、31、35页。

[4] 李晶：《隋唐时期河东薛氏家族研究》，山西师范大学硕士学位论文，2014年，第13页。张晶：《中国时期河东薛氏研究》，西北大学硕士学位论文，2015年，第15、16页。

[5]《北史》卷四七《袁翻传》，第1715年。

最早的人物，对他的生平经历虽然所知甚少，但已经可以看出其在军事方面的才能，也奠定了“非著房”薛氏一支在北朝、隋、唐之际以勇武善战闻名，以军功获封的基础。因此，薛世雄虽然自称“河东汾阴人”，但其家族与以薛道衡、薛元超等为代表的河东薛氏文学世家、望族有很大区别。故而薛世雄家族成员在文献记载中也并非统一以“河东分阴”为郡望，以下据史料及新出土墓志列其家族成员所署郡望情况：

表2　文献及新出土薛氏家族人士墓志所载薛氏郡望表

姓名	郡望和迁徙情况记载	出处
薛贵珍	河东汾阴人	《薛贵珍墓志》
薛世雄	河东汾阴人也，其先寓居关中	《北史》《隋书》
薛万述	雍州咸阳县人	《薛万述墓志》
薛万彻	雍州咸阳人，自燉煌徙焉	《旧唐书》
薛万均	本燉煌人，后徙京兆咸阳	《新唐书》
薛万寿	本河东人，曾祖仕魏，从宦居燉煌	《薛万寿墓志》
薛玄育	河东汾阴人	《薛玄育墓志》

根据《隋书》《北史》中薛世雄自称“其先寓居关中”推测，薛氏自敦煌举家内迁关中应该是北周末年之事。经历薛回、薛世雄两代，至薛万述、薛万彻、薛万均兄弟时已长期定居关中，其家族成员活动主要在政治中心长安附近，故自称“咸阳人”。从大量出土的墓志资料来看，南北朝至隋代，诸姓修改郡望的现象十分常见。如：新出土陆融家族成员墓志中，陆融及其子陆立素自称“河南洛阳人”，陆融另一子陆赜则称“京兆鄠人”[1]。至于《薛玄育墓志》又不署“雍州咸阳”，则应当与唐代以来世家大族和门第观念的逐渐发展有密切关系，故作为“非著房”薛氏后裔的薛玄育仍自称“河东汾阴人”。

六、结语

本稿综合利用新见《薛万述墓志》《薛万备墓志》《薛万寿墓志》《薛贵珍墓志》《薛玄育墓志》，结合现存文献史料，梳理薛万述家族世系情况，补述薛万述生平事迹，并讨论薛氏家族由敦煌迁居雍州及墓志所署郡望的变化问题。依据这几方墓志，可略知薛万述曾祖薛宁的事迹，墓志载薛宁任敦煌太

[1] 见党斌：《新见隋代墓志铭三种考释》，《文献》2019年第2期，第34—40页。陆融、陆赜墓志图版见刘文：《陕西新见隋朝墓志》，西安：三秦出版社，2018年，第18、106页。

守，恰可与正史中薛氏先人寓居敦煌的记载互证。正是在薛宁之后，其子孙相继在北周、隋、唐时期的多次战争中屡立军功，使得“非著房”的薛氏得以留名青史。薛万述作为隋代名将薛世雄长子，《隋书》《北史》仅记其名，其墓志的出土可补史书关于薛万述生平事迹之阙。仔细考察薛万述及其兄弟万彻、万均等人仕途履历，薛氏兄弟几人均涉及唐朝初年权力之争，又分属隐太子李建成和秦王李世民两股不同的势力。虽然史料阙载，但薛万述于李世民玄武门之变的成功或曾发挥过重要作用。

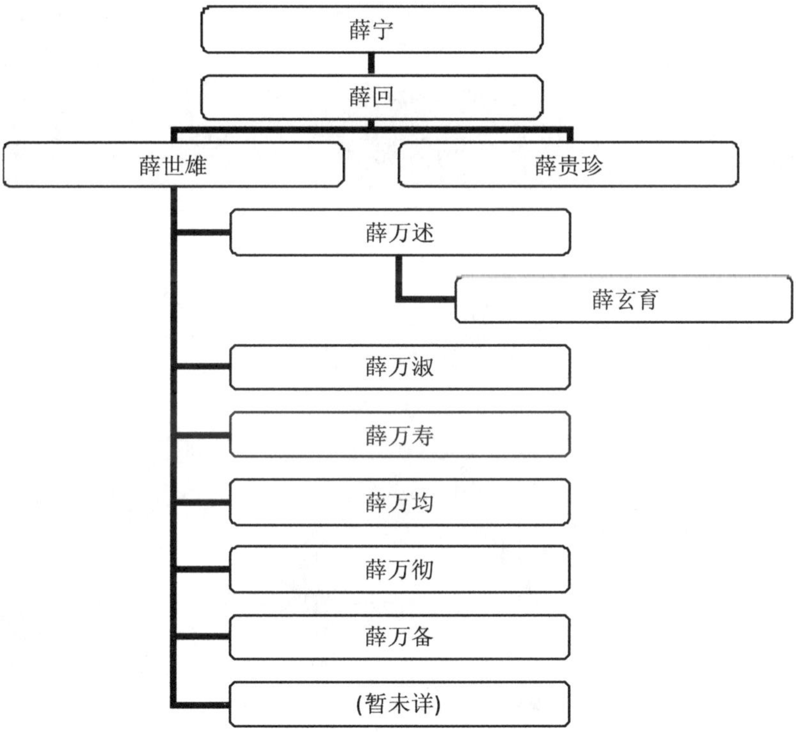

图1　薛世雄家族世系图[1]

[1] 河东薛氏家族诸房世系图表的整理，参见胡可先：《出土墓志与唐代河东薛氏文学家族考论》，第19、20页。李晶：《隋唐时期河东薛氏家族研究》，第9—13页。本文仅就新出墓志资料补充薛世雄家族世系情况。

图2　《薛万述墓志》拓本

图3 《薛玄育墓志》拓本

（作者单位：陕西省社科院古籍整理研究所，陕西师范大学历史文化学院）

Textual Research on Tang Xue Wanshu and Xue Xuanyu's Epitaphs

Dang Bin, Bai Genxing

[Abstract] Xue Wanshu is the son of Xue Shixiong, a famous general of the Sui Dynasty. *Sui Shu* and *Northern History* only recorded his name, but did not record his life. The new discovered Epitaph of Xue Wanshu can supplement the insufficiency of historical records. In addition, the epitaphs of Xue Shixiong's family members unearthed in recent years include Xue Guizhen's epitaph, Xue Xuanyu's epitaph, Xue Wanbei's epitaph and Xue Wanshou's epitaph, which provide valuable unearthed documents for sorting out the genealogy of Xue Shixiong's family.

新出《唐天平节度使薛崇墓志铭》考释

赵水静

西安最近出土的《唐天平节度使薛崇墓志铭》颇为引人注目，具有一些不同于寻常墓志的特点，主要表现在以下几个方面：一是志文内容多是根据从父弟薛岳送来的墓主自传所写；二是志文中有撰者所加的注音；三是志盖与首行题的墓主职事官不一致，志盖题为“唐故郓州节度使赠吏部尚书薛公墓铭”，首行题则写成“唐故天平军节度郓曹濮等州观察处置等使”，显然前者是俗称，后者才是正规官称；四是墓志内容十分重要，对研究唐末历史有着重要的史料价值。且墓志文字较多，达2500多字，在唐代墓志中也不多见。有鉴于此，笔者不揣浅陋，试对其进行初步的考释，不当之处，希望得到方家的指正。

一、墓志录文

唐故天平军节度郓曹濮等州观察处置等使中大夫检校户部尚书兼郓州刺史御史大夫河东县开国男食邑三百户赐紫金鱼袋赠吏部尚书薛公墓铭并序

通议大夫守尚书左丞上柱国赐紫金鱼袋韦蟾撰

甥薛岳传去声后同从父兄郓侯平生履行、名宦及胄绪昏属，泣告舅氏尚书左丞韦蟾，曰：“呜呼，兄郓侯薨。当大病，强笔成教，属其子慎独曰：‘承守无隳。’”且首言须予文志墓。予读岳之传，视郓侯遗字，漉漉泪下，发声极恸。噫！故人深予哉，予文曷足振公之封隧尔。谨按《薛氏春秋》，时列附庸国，争长于兵车。朝聘之会既失地，或公或侯。臣秦汉魏代，至懿为西晋安西将军。晋乱，率部曲保河东汾阴，因桑梓其地。懿生三子，曰恢，曰雕，曰兴。始号三祖，实公十五世祖。及谨为后秦秦、雍二州刺史，生五子，曰洪祚，曰洪隆，曰瑚，曰昂，曰庆，乃分为五房。公系第四房，实公十世祖。公之曾祖琳，抚州别驾，娶京兆韦氏。祖枝，试评事，娶京兆杜氏。皇考公甫，昭应令，娶荥阳郑氏，赠晋国太夫人，太原少尹骕之女，山东甲族。昭应公方举进士，母夫人年高，家空穷不给，摆手弃去。鄜帅奏为属邑长。值戎军回，主牛酒犒师，先事边帅。署版植于路次曰："怠于役者杖二十，示众牌下。"时果有曹佐醉酒嫚媟，公责之。杖其半，狡愤阳绝卧牌下。亲属聚叫曰："令当偿死。"昭应公曰："偿死易尔，始约杖二十，今止半耳，何遽至僵仆耶？"曳起，足去声其数，偿无悔。既曳，曹佐失声，自陈强盅，名大噪于时。后为澄城令。邑中里儿多力，善抵能角者，辄不敌。禁军遣裨将檄取，逗留未去，喧横里中。公擒之，裂其胔，裨将无奈何。凡莅官，嫉豪恶若薙草，无难负其材气，色不下人，竟终于甸。大夫以公之贵，累赠吏部尚书。公讳崇，字愚山。生四岁，连丧吏部公与晋国太夫人。长养于季父侍御史贯，叔母韦氏，当丧哭泣，举措合礼。十岁，诵两经，书略通大义。年十五，与兄鐇同明经第，对礼部策，五问，劈析义趣，辞理显白。季父特器异之，持而泣曰："兴吾门矣。"因受《左氏春秋》《梁昭明文选》，日记三千字。夜则课诗赋，酷暑冽寒，不暂游息。季父殁于淮南幕，叔母韦夫人卧哭，不理家事。公未胜冠，护其丧归。□□师，举进士，史官杜牧以文己任。一见公《续儒行篇》，大称于时。明年升上第。杜刺湖州，揖曰："不腆江郡，可为诗酒侣无？"公曰："某朝无近亲，三年挈所业，遑遑长安，繇阁下一言成事，敢忘恩耶。"吴兴溪山秀媚酒醇酞，倡冶袪靓。公少年□举，眼窥视簿书外，旬以程试自课，岁余罢归。三篇积缣缃矣，一举登博学宏词科，拟秘书正字。崔吏部瓘出为潼关防御使，首以公为请，拨烦决壅，指挥神速。除四门博士、集贤校理。崔廉于鄂，投书于魏丞相曰："鄂之政，藉薛校理。"丞相许奏试评事。鄂之观察判官能以体理，裨崔之刀尺。诏鞫饶、信银冶狱，积岁换数吏不辩，公以五曹术乘除，坑底疆界，定罪无辞。张户部毅夫代崔于江夏，公将归，张遮留岸上。公辞曰："公之惠固尔，公之理即有异前政之理者，如某何，某不愿留。"张曰："所不同前理者，有如白水。"复为张奏留。李度支橦为御史丞，取为监察御史。亲嫌持文柄，公分司以避归。转殿中，转侍御史。南蛮陷邕、交，驰驲者旁午。公巡荆襄，亭传增损赢耗，卸吏便宜，改右司员外。为安州刺史，静养其民。闾里去杂徭横役，使牒以供军急，须十二月抽征夏税。公笑曰："蚕与麦，实夏征也。今蚕未浴，麦未覆，奎何所藉。"坚执不授。入为兵部员外。吏部尚书上言，公当考宏拔及铨判，搜选得人。移职方郎中，皆佐判版赋，益展其所蕴。迁兵部郎中。初，庞勋劫徐帅以叛，贼害汴路之往来者，朝廷征四方兵数万，围而诛之。既平，公倅往宣谕。及归，能缕徐之事，或有厚于公者，言曰："徐未宁，择帅甚急，勿多言其利病。"公默然，乃曰："徐之乱，吾君忧，迨于宵旰。知而不言，宁无阴责耶！"丞相不便公者，紫宸殿对，果以公□可定淮夷为奏。即日授右常侍、徐宿团练观察使。至则束弓矢，格梃楚，不设狴圄。用仁义礼信教徐人，徐人老相扶持，壮相问□良苦，幼相昵，尊卑式叙，邻伍尚孝友。公寅起视事，暮而退归。□日夕无人迹，犬吠整齐若束。公曰："孰骜很耶，孰愎戾耶，吾理此期月，未大声色临徐人，其号令绕指易，信乎！王道之不可以已也。"草贼刘部弘霸彭再兴、朱缴山等昼以其众，突犯州城。公戎服举麾，亲出督战。两日夜破贼五万，践尸蹑丘，视瞻如常，徐人曰："夥，孰为我帅柔懦耶？"帖礼部尚书，寻加徐之军号。为节度使凡四年，其去如始至。徐人拜章乞留，请像祠、铭石者数四。征为给事中，迁右丞，率兼史职。拜御史中丞，介独自守，未尝以势移权。夺以检校户部尚书，帅天平军。属连岁凶荒，囷廪不实。讨贼征兵，无少休息。公算口具食，计日受俸。尽以其己之所藏，赡于军士。三拜章乞退，不报。疾暴发，利下血，药不能止。乾符四年八月十五日薨于郓之官舍，享年五十二。夫人巨鹿魏氏，封郡君，相国扶之女，婉顺贤明，礼乐严肃。男子□慎独，女子曰坚娘。男子始十二岁，甚惠。呜呼！以其年十二月十九日葬于万年县神禾乡神禾原。予幼无依，寓养□□□姊□□公之叔母。公少余六岁，故与公亲如骨。公连登科第，宾于诸侯门。予落魄奇□，公梯媒荐汲，竟至成事。及公为御史，予直弘文馆。公率三院，署状拜大夫，请余为监察，事不行。公在徐之三岁，予视草禁署。对先皇帝于便殿，予以公文学规检可为近臣，乞陛下追入委用。苟非实，臣授欺天之罪。先皇帝深俞其言，他日云："徐方斯人是赖，未可用也。"公修身矜畏，恐怯狷戚。临事刚劲不可犯，所为仁勇者乎。自释褐至于殁身，密絁理裳，大绢理衣袍，暑则綀葛，纤靡无所御。不以犀玉为腰饰，乘下驷朝天子。治军旅，食非对宾友，未尝贰味。其克己也，用过乎俭如是。官卑聚俸，嫁岳之二妹既丰给，姻族其善施也，唯恐不厚又如是。呜呼！公没矣，予不复为善矣。铭曰：

孤幽沉蛰，替阀线绪。爆扬厥声，熊咆鹄翥。帷牖脂萤，左氏班氏。始吮其肤，终嚼其髓。宗伯司贡，公以文胜。天官等辞，公以宏称去声。武张两翅，蜚攫不阒。溔溔洪流，颿驶轻载。戎帐交辟，军书电激。驷马来朝，玄冕赤舃。努矢戈剑，藩翰之光。父徐母郓，磨痕膏创。瘳瞽为瞭，锻顽为柔。伯耒仲耜，左垄右畴。蚕腹缕绒，邻烛共绩。饱偃饫卧，孰庸其力。大冶炽炭，烘天焦地。俟公鼓铸，员方万彙。蓍枯草然，龟败骨然。欲构欲灼，繇音胄兆何言。

从父弟乡贡进士岳奉遗旨书。[1]

二、关于薛氏家族世系问题

众所周知，河东薛氏乃隋唐时期的著名大族，历史悠久，在政治上具有很高的地位，颇具影响力。据林宝《元和姓纂》载，薛姓源自任姓，而任姓源自黄帝[2]。关于其先祖情况，志文只是说："谨按《薛氏春秋》，时列附庸国，争长于兵车。朝聘之会既失地，或公或侯。"没有列出详细的世系情况。有关薛氏家族早期世系情况，《新唐书·宰相世系表》与《元和姓纂》等书有较详的记载，可以参阅，兹不赘述。志文所提到的《薛氏春秋》一书，不见于史籍记载，当是有关薛氏家族历史的著作，可补唐书《艺文志》之缺漏。

志文记述薛氏世系是从薛懿开始的，所谓"至懿为西晋安西将军。晋乱，率部曲保河东汾阴，因桑梓其地。懿生三子，曰恢，曰雕，曰兴。始号三祖，实公十五世祖。"因此关于薛懿之前的世系，只能查阅《新唐书·宰相世系表》，其书曰：薛兰子永，"字茂长，从蜀先主入蜀，为蜀郡太守。永生齐，字夷甫，巴、蜀二郡太守，蜀亡，率户五千降魏，拜光禄大夫，徙河东汾阴，世号蜀薛。二子：懿、始"[3]。这就是志文将河东汾阴称为桑梓之地的由来。关于薛懿所生三子之名，上引《新唐书》所记与志文完全相同。然志文只说这三

[1] 志石为民间收藏家收藏，拓片为友人所赠，在此表示感谢。

[2]（唐）林宝撰，岑仲勉校记：《元和姓纂（附四校记）》卷一〇《薛》，北京：中华书局，1994年，第1537页。

[3]（宋）欧阳修：《新唐书》卷七三下《宰相世系表三下》，北京：中华书局，1975年，第2990页。

人为其第十五代祖，却没有说清楚这三人中哪一人为其直系祖先，仅说“及谨为后秦秦、雍二州刺史，生五子，曰洪祚，曰洪隆，曰瑚，曰昂，曰庆，乃分为五房。公系第四房，实公十世祖。”薛谨又是谁的后裔呢？志文并没有明确的记载。

查林宝《元和姓纂》“河东汾阴”条：“河东太守懿生三子：一名开，号‘北祖’；雕，号‘南祖’；兴，号‘西祖’。元孙谨五子，又号为五房。西祖大房洪祚，绝。”[1]薛开，即墓志中所说的薛恢，这一点《新唐书·宰相世系表》有明确的记载。“元孙”即玄孙，从行文来看，薛谨应是西祖薛兴的玄孙。薛谨之前数世，《新唐书》亦有记载，即薛兴生三子，纥、清、涛，涛生三子，即强、遗、清，强亦生三子，即辨、邕、宠，辨生谨。关于薛谨所生五子名，《元和姓纂》未载，《新唐书·宰相世系表》记为洪祚、洪隆、瑚、昂、积善，“号‘五房’，亦为瀵上五门薛氏大房”[2]。其中第五子薛积善，志文记为薛庆，当以墓志所记为准，因为这方墓志的世系与其他墓志不同，不仅是根据主家所云而撰，而是以名为《薛氏春秋》家传为准，故世系情况最为可靠。从上引志文看，墓主系薛谨第四子薛昂后裔，为其十世祖。

此后数世世系和情况，志文未载，然《新唐书·宰相世系表》却有较详的记载，大体情况是：昂生钦，钦生馥，北周荆州刺史、阳城公；馥生道实，隋礼部侍郎、临汾公；道实生德儒，隋济北司马；德儒生宝积、宝胤；宝胤生九子，续、纯、绚、绾、绘、纮、缙、绛、缣；缙先后在唐代任庐、和二州刺史，缙生林、枝[3]。志文曰：“公之曾祖琳，抚州别驾，娶京兆韦氏。祖枝，试评事，娶京兆杜氏。皇考公甫，昭应令，娶荥阳郑氏，赠晋国太夫人。”可知薛林即墓主的曾祖薛琳，《新唐书》记为“林”，不确。此外可以明显地看出该书所记薛琳、薛枝的世系是错误的，他们应该是父子关系，而不是兄弟关系。薛枝以下世系《新唐书》缺载，从上引志文可知，即薛枝生甫，甫生墓主薛崇。

墓志又曰“公讳崇，字愚山。生四岁，连丧吏部公与晋国太夫人。长养于季父侍御史贯，叔母韦氏，当丧哭泣，举措合礼。十岁，诵两经，书略通大义。年十五，与兄鐇同明经第”云云。是说墓主自幼父母双亡，养于季父薛贯

[1]《元和姓纂（附四校记）》卷一〇《薛》，第1538页。

[2]《新唐书》卷七三下《宰相世系表三下》，第3001、3002页。

[3]《新唐书》卷七三下《宰相世系表三下》，第3035—3041页。

之家，十五岁时与其堂兄薛鐇同年中明经第，这个薛鐇当为薛贯之子。墓志的书写者薛岳，既然是墓主的从父弟（堂弟），应为薛贯的另一子。

墓志载薛崇只有一子一女，所谓“男子□慎独，女子曰坚娘”。其子年仅十二岁，尚未入仕。关于这一点，志文开首即云“当大病，强笔成教，属其子慎独曰”云云，可证其是。

河东薛氏为著名士族，从志文所记载的其婚姻状况看，亦可反映其家族在婚姻方面的选择倾向。墓主曾祖薛琳娶京兆韦氏，祖父薛枝娶京兆杜氏，其父薛甫娶荥阳郑氏，其叔父薛贯亦娶京兆韦氏，墓主本人娶巨鹿魏氏，志文说其是“相国扶之女”，而魏扶为唐宣宗时的宰相[1]。可见薛氏家族联姻对象多为高门士族，魏氏虽算不上高门贵族，但在当朝冠冕中亦是数一数二的家庭，这一切都反映了唐代士族择偶时崇尚阀阅的观念多么顽固。

三、关于墓主生平问题

墓主薛崇两《唐书》无传，有关其生平事迹也极少见于记载，而这方墓志却对其生平记载颇详，正好可补充这方面的缺漏。

关于薛崇的生年，史书缺载。据志文载，其卒于唐僖宗乾符四年（877）八月，终年52岁。据此推算，其当生于唐敬宗宝历二年（826）。其4岁时父母相继亡去，被季父薛贯收养。自幼勤学，10岁时已通两经，15岁与其从父兄薛鐇同年登明经第。据其生年推算，当在唐文宗开成五年（840）明经及第。查徐松《登科记考》，此年进士以外的诸科及第者共18人，却未记载一人姓名[2]。孟二冬《登科记考补正》、王洪军《登科记考再补正》二书[3]，皆未记载。故据此志可补薛崇、薛鐇二人之名于此年诸科之下。

志文曰：明经及第后，“季父特器异之，持而泣曰：‘兴吾门矣。’因受《左氏春秋》《梁昭明文选》，日记三千字。夜则课诗赋，酷暑冽寒，不暂游息。季父殁于淮南幕，叔母韦夫人卧哭，不理家事。公未胜冠，护其丧归。”薛贯本官为侍御史，这一点志文中已有明确的记载，又说其殁于淮南幕，说

---

[1]（后晋）刘昫：《旧唐书》卷一八下《宣宗本纪下》，北京：中华书局，1975年，第622页。

[2]（清）徐松：《登科记考》卷二一“开成五年”条，北京：中华书局，1984年，第782页。

[3]（清）徐松撰，孟二冬补正：《登科记考补正》卷二一“开成五年”条，北京燕山出版社，2003年，第874页。王洪军：《登科记考再补正》，桂林：广西师范大学出版社，2010年，第160、161页。

明其是在淮南节度使幕府中任职，死于扬州后，由墓主护丧归于长安。此时墓主年未弱冠，这一段描写主要是说墓主少年有担当。志文接着又曰："举进士，史官杜牧以文己任。一见公《续儒行篇》，大称于时。明年升上第。杜刺湖州，揖曰：'不腆江郡，可为诗酒侣无？'公曰：'某朝无近亲，三年挈所业，遑遑长安，繇阁下一言成事，敢忘恩耶。'吴兴溪山，秀媚酒醇，倡冶袪靓。公少年□举，眼窥视簿书外，旬以程试自课，岁余罢归。"但是志文未载其何年举进士，只说其所撰的《续儒行篇》受到史官杜牧的赏识，因而得以中进士第。据《旧唐书·杜牧传》载：

> 授宣州团练判官、殿中侍御史、内供奉。迁左补阙、史馆修撰，转膳部、比部员外郎，并兼史职。出牧黄、池、睦三郡，复迁司勋员外郎、史馆修撰，转吏部员外郎。又以弟病免归。授湖州刺史。[1]

可知杜牧在这一时期前后两次充任史馆修撰，他举荐墓主并且助其进士及第当在第二次任史官时，因为上引志文说"明年升上第，杜刺湖州"云云。可知其进士及第的当年，杜牧就外放湖州了。据缪钺的《杜牧年谱》载，杜牧是唐宣宗大中二年（848）八月入京任司勋员外郎、史馆修撰，到达长安时已经是当年十二月了。大中三年十一月，杜牧因京官俸薄，请求外放杭州，未允，转吏部员外郎。大中四年（850）夏，杜牧再次上书宰相，要求外放州郡。秋，出为湖州刺史[2]。据此可知，薛崇应是大中三年进士举，次年放榜中第。由于杜牧外任湖州，而墓主正在待选期间，于是遂邀请其随之赴任，由于墓主"窥视簿书外"，故"岁余罢归"。从"三年挈所业，遑遑长安"等语看，墓主当是在大中二年就参加了进士科考试，直到大中四年中第，时年仅24岁，也算是少年得志了，当然这其中杜牧的推荐功不可没。查《登科记考》《登科记考补正》《登科记考再补正》等书，皆未记载薛崇进士及第之事，故可补其书之缺漏。

志文接着说："三篇积缣缃矣，一举登博学宏词科，拟秘书正字。"这是指墓主进士及第后又中博学宏词科，此科乃制科，布衣、有出身人以及在职官员皆可应试。墓主之所以在中进士后又应考此科，乃是因为进士及第后仍要待选若干年，而此科一旦及第可直接授官，所以其所获秘书省正字是其释褐之官。不过志文没有记载其何年中博学宏词科，考虑到其曾在湖州待了一年，故

[1]《旧唐书》卷一四七《杜佑附杜牧传》，第3986页。

[2] 缪钺：《杜牧年谱》，石家庄：河北教育出版社，1999年，第183－190页。

其参加此科考试应在大中五年之后的某时。

据志文记载，此后墓主历任四门博士、集贤校理、监察御史、殿中侍御史、侍御史、右司员外郎、安州刺史、兵部员外郎、职方郎中、兵部郎中等职。其间墓主曾在潼关防御使、鄂州节度使幕府任职，并颇有作为。在安州刺史任上，他推行轻徭薄赋之政，减轻百姓负担，又抵制上司加征的夏税，得到了舆论的赞叹。其任兵部员外郎时，曾被吏部尚书推荐，主持过博学宏词科的考试与吏部铨选。薛崇晚年先后担任徐宿团练观察使（后升为节度使）与天平军节度使等职，与王仙芝、黄巢等义军作战，最终死于任上（后文详述）。

需要说明的是，这方墓志对墓主薛崇之父的事迹亦有记载，虽不合常规，然却补充了不少缺漏的史实。据志文载：其父薛甫先后担任过昭应、澄城等县令，死后因其子之故，获得了吏部尚书的赠官。志文主要记载了薛甫的三件事：一是“昭应公方举进士，母夫人年高，家空穷不给，摆手弃去。”据此可知，薛甫并非科举出身，其家族虽为贵族，但因其祖薛琳仅为抚州别驾、其父薛枝仅为试大理评事，官职卑小，资产自然有限，以至于薛甫不得不放弃进士考试。志文选择这件事予以大写特写，无非是出于颂扬薛甫美德的目的，须知求取功名尤其是进士科是当时士大夫追求的人生大目标。二是记载其任某县令时，不畏强暴，秉公执法之事。志文曰：“鄜帅奏为属邑长。值戎军回，主牛酒犒师，先事边帅，署版植于路次曰：‘怠于役者杖二十，示众牌下。’时果有曹佐醉酒嫚媟，公责之，杖其半，狡愤阳绝卧牌下。亲属聚叫曰：‘令当偿死。’昭应公曰：‘偿死易尔，始约杖二十，今止半耳，何遽至僵仆耶？’曳起，足其数，偿无悔。既曳，曹佐失声，自陈强蛊，名大噪于时。”薛甫曾担任过昭应令，此县位于骊山之下，即今陕西省西安市临潼区，而鄜帅指鄜坊丹延节度使，治所在鄜州[1]，即今陕西富县。志文没有明确说明薛甫任职的县名，只是说属邑长。以鄜州所属县计，应是伏陆、洛交、直罗、洛川、三川等县中的某一县，其中以洛交县可能性最大。之所以下这一判断，是因为“值戎军回，主牛酒犒师”之语，说鄜帅率军返回驻地，地方官以牛酒犒师。鄜帅的治所在鄜州，治洛交县，于是才会有后面责打曹佐之事的发生。由于薛甫严于执法，遂使得其“名大噪于时”。第三事发生在其任澄城令时，“邑中里儿多力，善抵能角者，辄不敌。禁军遣裨将檄取，逗留未去，喧横里中。公擒之，

[1] 吴廷燮：《唐方镇年表》，北京：中华书局，1980年，第80页。

裂其夤，裨将无奈何。”从而打击了禁军军将的嚣张气焰，志文亦曰：“凡莅官，疾豪恶若薙草，无难负其材气，色不下人，竟终于甸。”虽然对其这些作为赞扬有加，但也对其自负才气、终不能得到重用而感到遗憾。由于史籍未记载薛甫的事迹，故补述于此。

四、关于墓主死因问题

志文曰：“初，庞勋劫徐帅以叛，贼害汴路之往来者。朝廷征四方兵数万，围而诛之。既平，公倅往宣谕。”众所周知，庞勋率桂林戍卒于唐懿宗咸通九年（868）七月起义，次年九月失败[1]。事平后朝廷派薛崇前往宣谕[2]。志文接着说：“及归，能缕徐之事。或有厚于公者，言曰：‘徐未宁，择帅甚急，勿多言其利病。’公默然，乃曰：‘徐之乱，吾君忧，迨于宵旰。知而不言，宁无阴责耶！’丞相不便公者，紫宸殿对，果以公□可定淮夷为奏，即日授右常侍、徐宿团练观察使。”右常侍即右散骑常侍，从三品，即以此为本官，充任徐宿观察使。薛崇何时担任此职，志文及史书皆无记载。庞勋于咸通十年（869）九月失败，朝廷即使当年派薛崇宣谕，信使往来，最快也得到十一月才能抵达徐州，事后回到长安面见皇帝，然后再加以任命，估计也得到咸通十一年的五六月。另据《资治通鉴》载：咸通十一年（870）四月，“徐贼余党犹相聚闾里为群盗，散居兖、郓、青、齐之间，诏徐州观察使夏侯瞳招谕之”[3]。可知直到此时，徐宿观察使仍为夏侯瞳，薛崇接替夏侯瞳之职的时间，只能是在此月之后。吴廷燮《唐方镇年表》在这一年将徐宿观察使仍列为夏侯瞳，实际上应该再加上薛崇之名。志文又曰：“帖礼部尚书，寻加徐之军号。为节度使凡四年，其去如始至。徐人拜章乞留，请像祠、铭石者数四。征为给事中，迁右丞，率兼史职。拜御史中丞。”由于薛崇在徐颇有政绩，故朝廷升其为礼部尚书（应为检校官），并给徐州加军号。徐州军号本为武宁，后来降为观察使，至这年十一月，复加感化军号，即将观察使升为节度使，故志文才有“为节度使凡四年”之说。这四年应从咸通十一年算起，至咸通十四年（873）止。

---

[1]《新唐书》卷九《懿宗本纪》，第260、261页。

[2]据《旧唐书》卷一九上《懿宗本纪》载：“今遣右散骑常侍刘异、兵部郎中薛崇等往彼宣抚。”可知同行的还有右散骑常侍刘异。第672页。

[3]（宋）司马光：《资治通鉴》卷二五二，咸通十一年四月条，北京：中华书局，1956年，第8158页。

值得注意的是，《唐方镇年表》将这四年的节度使分别写成郭铨、薛能[1]，显然是错误的，应为薛崇。故此志所记，可补史书记载缺漏以及上引《年表》的错误。薛崇罢节度使之任后，入朝为给事中，迁尚书右丞，又拜御史中丞。

薛崇离任时，受到了徐人的挽留，说明其政绩突出，关于其在徐的作为，志文中亦有记载："至则束弓矢，格梃楚，不设狴狱。用仁义礼信教徐人，徐人老相扶持，壮相问□良苦，幼相昵，尊卑式叙，邻伍尚孝友。公寅起视事，暮而退归。□日夕无人迹，犬吠整齐若束。公曰：'孰鹜很耶，孰愎戾耶，吾理此期月，未大声色临徐人，其号令绕指易，信乎！王道之不可以已也。'草贼刘部弘霸彭再兴、朱缴山等昼以其众，突犯州城。公戎服举麾，亲出督战。两日夜破贼五万，践尸蹑丘，视瞻如常，徐人曰：'夥，孰为我帅柔懦耶？'"从这段记载可以看出薛崇在徐主要做了两件事，一是勤政爱民，以儒家伦理教化民众，而不是动辄以暴力对待，因而得到徐民的爱戴。二是出兵镇压了"草贼"刘部弘、彭再兴、朱缴山等部，"破贼五万"。这些所谓的草贼其实是庞勋余部，前引《资治通鉴》已经很清楚地说明了这一点，朝廷曾命夏侯瞳招谕，可能没有成功，所以才有薛崇后来的镇压之举。

薛崇在京任御史中丞不久，遂又调任天平军节度使。关于这一点，志文曰："夺以检校户部尚书，帅天平军。属连岁凶荒，囷廪不实。讨贼征兵，无少休息。公算口具食，计日受俸。尽以其己之所藏，赡于军士。"朝廷之所以又一次选择薛崇这位文人充任天平节度使这样的军职，完全是因为其在感化军节度使任上的所作所为，这实际上是朝廷对其的借重。天平军治所郓州，下辖三州，即郓、曹、濮。薛崇何时充任天平节度使，志文未载。史载：乾符二年（875）六月，"王仙芝及其党尚君长攻陷濮州、曹州，众至数万；天平节度使薛崇出兵击之，为仙芝所败"[2]。可知薛崇至迟在乾符二年已经就任于天平军。志文未载薛崇吃败仗之事，只说其筹措军资，节省费用，倾其全力，以保证对军队的供给，力保郓州不失，这显然为尊者讳。乾符四年（877）二月，"黄巢陷郓州，杀节度使薛崇"[3]。墓主薛崇死于乾符四年，志文与史书的记载是一致的，只是月份不同，然对其死因的记载却差别甚大，其墓志云："三拜章乞退，不报。疾暴发，利下血，药不能止。乾符四年八月十五日薨于郓之官舍，

[1] 吴廷燮：《唐方镇年表》，第323、324页。

[2]《资治通鉴》卷二五二，乾符二年六月条，第8180页。

[3]《资治通鉴》卷二五三，乾符四年二月条，第8189页。

享年五十二。”

据《旧唐书·僖宗本纪》载：

> （三月）是月，冤朐贼黄巢聚万人攻郓州，陷之，逐节度使薛崇。[1]

同书《朱瑄传》所载与《僖宗纪》完全不同，其文曰：

> 中和初，黄巢据长安，诏征天下兵。敬武遣牙将曹全晸率兵三千赴难关西，以瑄为军候。会青州警急，敬武召全晸还，路由郓州。时郓帅薛崇为草贼王仙芝所杀，郓将崔君裕权知州事。[2]

据《新唐书·僖宗本纪》载：

> （四年）三月，宛句贼黄巢陷郓、沂二州，天平军节度使薛崇死之。[3]

同书《朱宣传》记载：

> 是时，节度使薛崇拒王仙芝战死，其将崔君裕摄州事。[4]

同书《黄巢传》载：

> 尚君长入陈、蔡；巢北掠齐、鲁，众万人，入郓州，杀节度使薛崇。[5]

据《旧五代史·朱瑄传》载：

> （朱瑄）以战功累迁列校。贼败出关，全晸以本军还镇。会郓帅薛崇卒，部将崔君预（案：《旧唐书》作崔君裕。）据城叛，全晸攻之，杀君预自为留后。[6]

关于此事记载十分混乱，首先是薛崇死因记载不同，其次是死亡时间不同，再次是杀死他的人不同，所以需要稍加考证。

先说死因，有病死与被人杀死的差异。《资治通鉴》《旧唐书·朱瑄传》《新唐书·朱宣传》《新唐书·黄巢传》等书均说其被人所杀，《旧唐书·僖宗纪》却说薛崇被黄巢军所逐，并未说其被杀。《旧五代史·朱瑄传》只是说其

[1]《旧唐书》卷一九下《僖宗本纪》，第699页。
[2]《旧唐书》卷一八二《朱瑄传》，第4717页。
[3]《新唐书》卷九《僖宗本纪》，第266页。
[4]《新唐书》卷一八八《朱宣传》，第5463页。
[5]《新唐书》卷二二五《黄巢传》，第6452页。
[6]（宋）薛居正：《旧五代史》卷一三《朱瑄传》，北京：中华书局，1976年，第169页。

卒，没有说清楚是病卒还是被杀。即使同为被杀，也有死于黄巢与王仙芝之手的不同，可见在这一问题上诸书的记载是混乱的，这就说明其史料来源是五花八门的，很不可靠。在死亡时间上也是如此，《资治通鉴》记为乾符四年二月，《新唐书》记为三月，《旧唐书》记为三月王仙芝遂节度使薛崇，而志文则记为该年八月。尤其荒唐的是，《旧唐书·朱瑄传》竟然把此事记在“中和初，黄巢据长安”之后。众所周知，黄巢攻入长安是在唐僖宗广明元年（880）十二月[1]，同月建国号大齐，即皇帝位。此时薛崇已死去三年多了。关于薛崇死因及时间，志文已经说得很清楚了，“利下血”，说明其患上了急性痢疾，不治而亡。死亡的时间也很清楚，即此年八月十五日，地点是郓州官舍，说明直到此时郓州城并未被攻下。志文的记载如此详尽、清楚，应当是可信的。

五、余论

这方墓志之所以重要，除了以上所论的这些方面外，还对其他研究有一定的补充作用。如硕士学位论文《唐代郓州地方行政制度研究》，在罗列历任郓州刺史籍贯时，将薛崇列为不可考一类[2]。另一篇硕士学位论文《唐代天平军研究》，把薛崇任天平军节度使的时间写为二年[3]。再如《中国中古门阀大族的消亡》一书，其中绘制了740—900年间的藩帅出身背景统计图[4]，由于其并未掌握薛崇等的家族背景，因此所绘情况并不能完全符合实际情况。可见掌握更多更新的资料对研究历史是多么重要。正因为如此，笔者急于将这方墓志刊布，以便为学术界提供更多的史料。

唐朝自元和以来，多以文臣任藩帅，直到黄巢起义爆发时，仍有近一半文臣在任上。黄巢起义以后，文臣主兵者多有战败者，导致了唐末五代藩帅后来多由武臣充任[5]，薛崇以文臣任天平帅就是一个典型的例子。

此外，这方墓志还有一个重要的特征，即花了相当多的文字记述了与墓主生平关系不甚密切的内容。除了墓主家族世系必须要叙述外，最主要的是披

[1]《资治通鉴》卷二五四，广明元年十二月，第8240页。《旧唐书》卷一九下《僖宗本纪》亦同。

[2]孙顺顺：《唐代郓州地方行政制度研究》，山东大学硕士学位论文，2012年，第74页。

[3]石宏夫：《唐代天平军研究》，陕西师范大学硕士学位论文，2016年，第14页。

[4]［美］谭凯：《中国中古门阀大族的消亡》，胡耀飞、谢宇荣译，北京：社会科学文献出版社，2017年，第176页。

[5]胡耀飞：《黄巢起义对晚唐藩镇格局的影响》，《文史哲》2017年第4期，第136页。

露了墓主生父的生平事迹和墓志的撰者与墓主的关系，这些内容不是非写不可的。关于墓主生父薛甫事迹，已见前述，这里只就后一方面的情况略述几句。在墓志的最后部分，撰者韦蟾写道：“予幼无依，寓养□□□姊□□公之叔母。公少余六岁，故与公亲如骨。公连登科第，宾于诸侯门。予落魄奇□，公梯媒荐汲，竟至成事。及公为御史，予直弘文馆。公率三院，署状拜大夫，请余为监察，事不行。公在徐之三岁，予视草禁署。对先皇帝于便殿，予以公文学规检可为近臣，乞陛下追入委用。苟非实，臣授欺天之罪。先皇帝深俞其言，他日云：‘徐方斯人是赖，未可用也。’公修身矜畏，恐怯狷戚。临事刚劲不可犯，所为仁勇者乎。自释褐至于殁身，密絁理裳，大绢理衣袍，暑则练葛，纤靡无所御。不以犀玉为腰饰，乘下驷朝天子。治军旅，食非对宾友，未尝贰味。其克己也，用过乎俭如是。官卑聚俸，嫁岳之二妹既丰给，姻族其善施也，唯恐不厚又如是。呜呼！公没矣，予不复为善矣。”这段志文的第一句因残缺多字，大意可能是韦蟾幼无所依，遂投靠其姐之家，故与墓主一同长大，其虽为舅氏，却仅仅长墓主6岁。当墓主连登科第，大展宏图之时，韦蟾却一事无成，后赖墓主推荐，才得以登第。志文所谓“成事”，应该就是指这件事。由于韦蟾两《唐书》无传，故对生平知之不多。宋人尤袤《全唐诗话》卷四收有其一则小传，所谓“蟾，字隐桂，下杜人。大中七年进士登第，初为徐商掌书记，终尚书左丞”。而墓主薛崇大中四年（850）进士及第，接着又登制科，这一切都早于韦蟾，因此韦蟾才说其对自己大力推荐。关于韦蟾历任官职，除了以上所述外，见诸史籍的还有鄂州刺史、御史中丞等。

此外，这段文字还记述了几件事：一件是薛崇为侍御史时，曾向当时的御史大夫推荐韦蟾为御史，事未成。另一件事是薛崇任感化军节度使时，韦蟾曾向唐宣宗建议调其回京为近臣，被拒绝。当时韦蟾任翰林学士。又一件事是说薛崇生活节俭，食不重味，克己过严，但是嫁薛岳二妹时，却给用丰足，唯恐不丰厚，获得了姻族的称赞。志文的这段文字虽然仍是对墓主的赞美，但在写法上却有所不同，既述说了撰者与墓主的亲密关系，又赞颂了墓主的高风亮节，同时也对了解撰者韦蟾的生平有一定的助益。

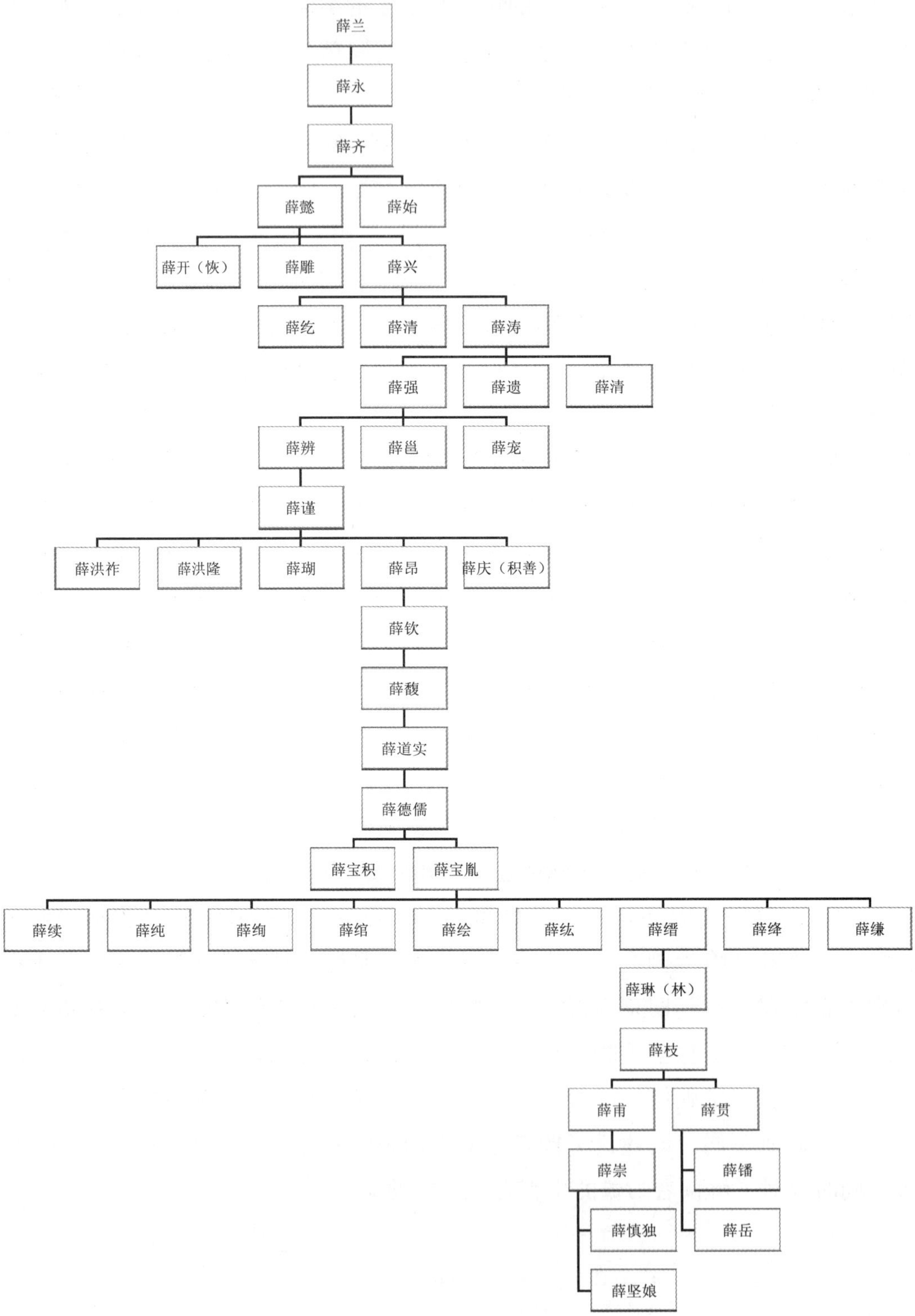
薛兰
薛永
薛齐
薛懿
薛始
薛开（恢）
薛雕
薛兴
薛纥
薛清
薛涛
薛强
薛遗
薛清
薛辨
薛邑
薛宠
薛谨
薛洪祚
薛洪隆
薛瑚
薛昂
薛庆（积善）
薛钦
薛馥
薛道实
薛德儒
薛宝积
薛宝胤
薛续
薛纯
薛绚
薛绾
薛绘
薛纮
薛缙
薛绛
薛缣
薛琳（林）
薛枝
薛甫
薛贯
薛崇
薛镭
薛慎独
薛岳
薛坚娘

图1　薛氏家族世系表

图2　薛崇墓志铭拓片

（作者单位：西安电子科技大学人文学院）

On the New Found *Military Commissioner of Tian Ping Jun Xue Chong's Epitaph in the Tang Dynasty*

Zhao Shuijing

[Abstract] The new found *Military commissioner of Tian Ping Jun Xue Chong's Epitaph* in Xi'an of the Tang Dynasty has great historical value, which is mainly reflected in the following four aspects. Firstly, the trace of He Dong Xue Clan based on the text is extremely valuable. Secondly, the exsiting historical materials, including *Old and New Book of Tang*, seldom describe Xue Chong's life. The study of this paper will make up the insufficiency of present research on Xue Chong and the He Dong Xue Clan. Thirdly, it's helpful for the studying of Pang Xun and Huang Chao Uprising. Fourthly, according to the text, the author will correct the wrong record of Xue Chong's death. In addition, this epitaph's writing style is relatively new, different from ordinary ones, which enriches the epitaphs'study on types and writing styles in the Tang Dynasty .

新见唐宦官李思艺墓志疏证

——兼论唐代的官方赙赠制度*

景亚鹂

西安新出唐宦官《李思艺墓志》，志主史籍无载。李思艺薨葬于玄宗天宝年间，为唐前期高层宦官。梳理志文，志主从“内侍省掖庭宫教里行”非正官开始，最终结衔为从三品“银青光禄大夫”。志主的为官生涯基本在宫内，未载有宫外其他职务。薨后待遇“诏赙物一百段，赠粟一百石”。丧葬属凶礼，“凶礼最能反映某一个时代的社会特征。需要指出的是，凶礼也具有浓厚的政治色彩，政治等级同样也决定死者丧葬礼仪的规格”[1]。唐代丧葬礼仪中的官方赙赠制度是怎样的，李思艺的赙赠待遇体现了何种礼仪规格，又含有怎样的政治色彩？带着此番好奇，笔者不揣浅陋，对此方墓志做一研究，就教方家。

一、墓志基本信息及录文

该志石高、宽均为74厘米。志文26行，满行25字，行书。由唐韩泫撰文、刘秦书。近年新出土于西安市雁塔区鱼化寨北石桥，现为私人收藏。兹录墓志全文如下：

唐故银青光禄大夫行内侍省内侍李公墓志铭并序

朝议郎左补阙翰林学士韩泫撰

*本文系国家社科基金项目“丝绸之路沿线汉至唐丝路碑刻整理研究”（项目编号：19BZS017）阶段性成果。

[1] 彭兆荣：《人类学仪式的理论与实践》，北京：民族出版社，2007年，第2页。

朝议郎行太子宫门郎刘秦书

公讳思艺，字义，赵郡人也。原初启迪，开国承家，为四海之名宗，垂百代之盛烈。或蒙晦以寄周史，或偃息以藩魏君，跋冕所兴，不无门矣。逮我曾祖简随，雁门郡太守，剖竹分符，恤人共理，政闻朔野，威惠式孚。祖偘，皇弋阳郡长史，贞固足以干事，利物足以和义。称题舆之美，为渐陆之资。父威感，皇赠安定郡太守，修词立诚，怀道迈德。琼林玉树，不杂风尘。何录□□，未登神理。茫昧俾胤，□之克盛。善人昭彰，降及府君。夙着令望，有大夫之志。读□圣□，□每彤庭。引仗之□，威仪式序，禁门待漏之际，容心可观，言□□信，必备于身也。解褐，选授内侍省掖庭宫教里行，寻转掖庭局宫教博士，又除掖庭局令，策名委质，德以位升。肃奉天除，严恭宸禁，转宫闱令，改内寺伯，又除内谒者监，寻迁内给事，转内坊典内，恪居官次，久着功绪，甄异录能。吾见其进丁家艰，去职禀乎，分性毁乃加人。有制起，复授正议大夫、内侍省内侍，仍知内坊事，兼云韶习艺使。寻封赞皇县开国公、食邑一千户。无何，加银青光禄大夫，赵郡公、食邑二千户。职司其忧，必操庶务。艺业弥益，将竭乃心。恩盛一门，荣及九族。貂珰垂曜，可谓殊伦。以天宝十四载四月七日遘疾，薨于安兴里之私第，春秋七十有九。诏赙物一百段，赠粟一百石。夫人南阳张氏，名家淑女，君子好逑。偕老未终，已焉逝水。以天宝十五载岁次景申正月七日合葬于长安县龙首原，礼也。嗣子庭金，直内侍省。次子楚璟，掖庭监作。次子楚璨，掖庭宫教博士。次子□□，右卫左郎将等。孝思罔极，愿纪徽音。铭曰：

穆穆君子，□□□□。□□并叶，宜其廿祀。在帝左右，器惟英伟。□章朱□，□□□□，□□有涯，万化已矣。

二、志主身世及为官经历

如志文所示，志主李思艺，字义，赵郡人。其曾祖李简随，曾任雁门郡太守。其祖李偘，皇弋阳郡长史。其父李威感，皇赠安定郡太守。宦官身份的李思艺，其祖上没有宦官的印痕，并均担任“郡太守或郡长史”之官职，乃世代为中下级官吏家庭。李思艺应属于良胄入仕，即从中小官吏子弟中选择入宫者[1]。

[1] 杜文玉：《唐代宦官管理制度述论》，《社会科学动态》2017年第3期，第90页。

夫人南阳张氏，“嗣子庭金，直内侍省。次子楚璟，掖庭监作。次子楚璨，掖庭宫教博士。次子□□，右卫左郎将等”。其子中只有第四子不是宦官，其余三子可以认定是宦官身份。

李思艺薨于天宝十四载（755），享年79岁，可推算其生年为唐高宗仪凤二年（677）。其生平经历了唐高宗、中宗、睿宗、唐武、周武、殇帝、玄宗时期，为官应在武周至玄宗时代。李思艺先后担任的官职依次有内侍省掖庭宫教里行、掖庭局宫教博士、掖庭局令、宫闱令、内寺伯、内谒者监、内给事、内坊典内、正议大夫、内侍省内侍、知内坊事、云韶习艺使，从非正官一步步晋升为高层宦官。

墓志曰，志主“夙着令望，有大夫之志。读□圣□，□每彤庭。引仗之□，威仪式序，禁门待漏之际，容心可观，言□□信，必备于身也”云云，可知李思艺是一个有声望、受人尊重的人，从“彤庭”“禁门待漏”等语看，其有进入皇宫、朝见皇帝之身份。他初任官职为“内侍省掖庭宫教里行”。“里行”，乃始于唐代的一个职事官。唐有监察御史里行、殿中里行等，皆非正官，也未规定员额。检索两《唐书》等文献，未见内侍省“里行”之职，此墓志的问世，为“里行”亦适用于内侍省提供了实例。“里行”一职的由来，文献有如此记载，《旧唐书》曰：“监察御史十员。正八品上。贞观初，马周以布衣进用，太宗令于监察御史里行。自此因置里行之名。龙朔元年，以王本立为监察里行也。”[1]《事物纪原》曰：“里行，唐太宗初置此官，自马周始也。初，马周以布衣任事，诏令于监察御史里行，遂以名官。《旧唐书·志》云贞观初也。龙朔元年八月，以王本立为监察里行，《唐会要》以谓里行之名始于此。非也。《六典》亦云始于马周。宋朝行官制始省之。《续事始》曰：太宗时疑未以名官，自高宗始以命官云。”[2]此处的马周之说和王立本之说其实并不矛盾，《通典》曰：“监察御史里行者，太宗置，自马周始焉。始马周以布衣有诏令于监察御史里行，遂以为名。后高宗时，王立本自忻州定襄县尉为之。凡里行，皆受俸于本官。”[3]里行的官称始于太宗朝，而里行官的制度化，则始于高宗朝[4]。发端于唐代御史台

[1]（后晋）刘昫：《旧唐书》卷四四《职官志三》，北京：中华书局，1975年，第1863页。

[2]（宋）高承撰，（明）李果订，金圆、许沛藻点校：《事物纪原》卷五《持宪储闱部·里行》，北京：中华书局，1989年，第250页。

[3]（唐）杜佑：《通典》卷二四《职官六》，北京：中华书局，1988年，第675页。

[4]张东光：《唐代御史台的里行官》，《辽宁大学学报》（哲学社会科学版）2005年第2期，第86页。

里的里行官，对后代的任官形式产生一定的影响[1]。里行之始的马周，特别受到唐太宗的青睐，自布衣而为卿相。从志主的任职可知，玄宗朝之前，“里行”之职亦存在于内侍省。志主任官“掖庭局宫教博士”，此非内诸司使系统的职官[2]。掖庭局宫教博士（从九品下），掌教习宫人书算众艺。“复授正议大夫、内侍省内侍，仍知内坊事，兼云韶习艺使”。“正议大夫，正四品上，文散官”。内侍省“内侍四员。从四品上。……内侍之职，掌在内侍奉、出入宫掖宣传之事，总掖廷、宫闱、奚官、内仆、内府五局之官属”[3]。从内侍省的管理职能看，内侍为其长官，除了维护本省的正常运转外，内侍省所属大小宦官皆归其管理。如果内侍省所属人员有不法之事，则由内寺伯负责纠察惩处。宦官的迁转、奖赏，亦由内侍、内常侍负责，重要的人员则要报皇帝批准[4]。官至内侍，当是高层宦官无疑。“云韶习艺使”，志主任职于云韶府习艺馆。“内教坊。武德已来，置于禁中，以按习雅乐，以中官人充使。则天改为云韶府，神龙复为教坊”[5]。“习艺馆，本名内文学馆，选宫人有儒学者一人为学士，教习宫人。则天改为习艺馆，又改为翰林内教坊，以事在禁中故也”。可知志主曾在此处担任使职。

纵观志主及其子的为官经历，留意到志主曾担任宫教博士和云韶习艺使，而其次子楚璨也是宫教博士，由此猜测志主可能具有某方面的才艺专长，因而才能胜任以上职务并受宠于性格浪漫、雅好音律的唐玄宗。从墓志来看，志主出生于中下级官僚家庭，或许在他入宫前已受到过良好的教育，因而解褐不久就转掖庭局宫教博士，而他的这种才艺或许还传承给了养子。

李思艺封爵“赞皇县开国公”，赞皇县，乃赵州的一个属县。此封爵所对应的封户“食邑一千户”当为虚封。有功绩方可以得到实封，食实封的多少与爵位的高低无关，对宦官而言除了看功劳大小外，更多的则是视皇帝的恩宠程度。唐时赵郡赞皇李姓人不少，知名的有李德裕、李吉甫、李珏、李绛、李峤等。看来，赵郡赞皇李氏为一望族。“无何，加银青光禄大夫，赵郡公、食邑二千户”。“银青光禄大夫”，为从三品官员。“赵郡公、食邑二千户”，亦反映了志主籍贯“赵郡人”。一般来说，除皇子外，“凡所封邑，必取得姓之

[1] 张东光：《唐代御史台的里行官》，第89页。

[2] 杜文玉：《唐代宦官刘弘规家族世系考述》，载《唐史论丛》第二十一辑，2015年，第145页。

[3]《旧唐书》卷四四《职官志三》，第1870页。

[4] 杜文玉：《唐代宦官管理制度述论》，第86页。

[5]《旧唐书》卷四四《职官志二》，第1854页。

地”[1]。志主在所从事的政务中，均亲力亲为，尽心竭力，如铭文所言，“在帝左右，器惟英伟”，以至于“恩盛一门，荣及九族。貂珰垂曜，可谓殊伦”。“貂珰”乃谓貂尾和金、银铛，古代侍中、常侍的冠饰，此处借指宦官。志主在宦官生涯中可谓出类拔萃，光盛垂耀。上述仅对志主的职官和爵位中较为特殊者加以解读。

三、墓志撰者书者

李思艺墓志的撰者韩汯和书者刘秦两《唐书》无传。据考证，二人均为当时的知名人士。其中撰者韩汯，《李思艺墓志》曰撰者“朝议郎左补阙翰林学士韩汯”，依据志主薨、葬时间，可以肯定此韩汯乃唐玄宗时人。恰巧玄宗朝宰相韩休之子和代宗时宰相韩滉之兄亦名韩汯，会是同一人吗？据《旧唐书·韩休传》曰：“子洽、洪、汯、滉，皆有学尚，风韵高雅。”[2]《新唐书·韩休传》：“子浩、洽、洪、汯、滉、浑、洄，皆有学尚。”[3]两《唐书》均记载了韩休之子韩汯。据《洛阳新获墓志二〇一五》之《韩汯墓志》[4]可知：韩汯在“开元中……以献《南郊颂》改左补阙。……天宝中……充翰林学士”。《韩汯墓志》所言官职与《李思艺墓志》撰者韩汯的“朝议郎左补阙翰林学士”身份是一致的，且时间概念上亦为统一。据《韩汯墓志》云，其“春秋六十有六以遘疾而终”，未交代卒年，而“贞元二十一年四月十日归窆于京兆少陵原”，故此志主的生年亦未可知。通过其妻和其弟两人的相关记载，可以推知韩汯的生年约在开元初年。其一为《韩汯妻李氏墓志》曰：“大历八年五月九日遘疾终……春秋卌有九……大历十年七月十八日归祔……”[5]可知李氏生于开元十二年（724）。再一为《旧唐书·韩滉传》载：“滉贞元三年（787）二月，以疾薨，遂寝其事，年六十五。”[6]逆推韩滉生年为722年，即开元十年。虽然韩汯墓志未言及其卒时的具体年代，以至于未能知晓他的生年，但依据其妻生于开元十二年（724）和其弟韩滉生于开元十年（722）可推知，韩汯

[1]（唐）李涪撰，吴企明点校：《刊误》卷下《封爵》，北京：中华书局，2012年，第242页。

[2]《旧唐书》卷九八《韩休传》，第3079页。

[3]（宋）欧阳修：《新唐书》卷一二六《韩休传》，北京：中华书局，1975年，第4433页。

[4]齐运通、杨建锋编：《洛阳新获墓志二〇一五》二五七《唐韩汯墓志》，北京：中华书局，2017年，第257页。

[5]齐运通、杨建锋编：《洛阳新获墓志二〇一五》二二五《唐韩汯妻李氏墓志》，第225页。

[6]《旧唐书》卷一二九《韩滉传》，第3603页。

生年拟在开元初年。由春秋六十六又可推知其卒年应在贞元初年。贞元二十一年（805）归窆，卒后十余年才得以安葬，似乎也是常理之中的。韩汯墓志还云“文集十卷”，并书者为其侄韩复等。上述的论证分析，基本可以知晓此韩汯与彼韩汯应为同一人。适逢唐代《韩复墓志》存藏于西安碑林，撰文者为其堂舅柳公权。

书者刘秦也是有一定书法成就的人，“翰苑书人，后官至秘书监。以行书著名”[1]。无独有偶，韩汯和刘秦还有合作作品，唐天宝十三载的《唐太华观女冠李尊师塔碑》，韩汯撰，刘秦行书[2]。刘秦书的还有两方墓志，一为天宝十三载《皇第五孙女墓志铭》，结衔为“朝议郎行太子宫门郎翰林院供奉臣刘秦书”，此墓志的撰者为“中大夫行中书舍人翰林院待制上柱国臣张渐”[3]。此与天宝十五载《李思艺墓志》的结衔“朝议郎行太子宫门郎刘秦书”基本一致。刘秦能为唐玄宗第五孙女书写墓志铭，其书法地位可以显现。再者为上元二年《内寺伯刘奉芝墓志》，结衔为：“从姪朝议郎行卫尉寺丞翰林院待诏秦书。”此乃刘秦为其叔父刘奉芝书写的墓志铭，撰者为“宣义郎行左金吾卫仓曹参军翰林院学士赐绯鱼袋赵昂”[4]。天宝十三载（754）至上元二年（761），共七年时间，刘秦一直在翰林院任职，由太子宫门郎升为卫尉寺丞。刘秦书迹还有天宝九载《唐内常侍陈文叔碑》，李邕撰[5]，刘秦行书[6]。以及天宝十二载（753）《唐内常侍王智预修塔铭》，赵侍宾撰，刘秦书[7]。综上所述，刘秦乃以行书见长，“其行书全出《圣教序》，而加丰腴”[8]。李思艺墓志的问世，更验证了刘秦的这一书法特点。

[1] 朱关田：《中国书法史 · 隋唐五代卷》，南京：江苏教育出版社，1999年，第142页。

[2]（宋）陈思：《宝刻丛编》卷八，《石刻史料新编》第一辑（第二十四册），台北：新文丰出版公司，1982年第2版，第18225页。

[3] 武树善：《陕西金石志》卷一三，《石刻史料新编》第一辑（第二十二册），第16543页。

[4]（清）陆增祥：《八琼室金石补正》卷五九，《石刻史料新编》第一辑（第七册），第4949页。

[5] 李邕卒于唐天宝六载（747），采自（宋）司马光《资治通鉴》卷二一五，天宝六载正月条，北京：中华书局，1956年，第6875页，故此处的天宝九载存疑。

[6]（宋）赵明诚：《金石录》卷七，《石刻史料新编》第一辑（第十二册），第8843页。

[7]《宝刻丛编》卷八，《石刻史料新编》第一辑（第二十四册），第18225页。

[8] 朱关田：《中国书法史 · 隋唐五代卷》，第143页。

四、唐代官方赙赠制度

唐朝廷褒奖功臣的“生录其功，没厚其礼”[1]的思想在赙赠规格上得以体现。志主李思艺从非正官的“内侍省掖庭宫教里行”，直至晚年的从三品“银青光禄大夫”，可谓仕途亨达。在古代丧葬礼仪中，等级规定是核心，志主的“天宝十四载四月七日遘疾，薨于安兴里之私第”，其中的“薨”字，明确了李思艺的品阶。唐代“凡丧，三品以上称薨，五品以上称卒，自六品达于庶人称死”[2]。故有了薨后“诏赙物一百段，赠粟一百石”之待遇。以常规而论，墓志铭的字里行间会显露“溢美之词”，朝廷赙赠礼遇是对墓主生前贡献的认可，如有此待遇会体现于墓志铭中而加以彰显。但尽管如此，唐代墓志铭中有提及者仍是寥寥。碑刻墓志存藏丰厚的西安碑林，千余方唐代墓志铭中仅有五方墓志提及赙赠。唐开元五年（717）萧璿墓志：“爰降恩敕，赙之以礼。”[3]唐开元六年（718）李君妻窦氏墓志：“恩赐赙物一百五十段，米粟一百五十石。……皇上以懿亲近戚……再加锡赠。……仍赠物二百段。”[4]唐开元十五年（727）杨执一墓志：“诏赠户部尚书，赐绢百匹，米粟各百石。”[5]唐大中十四年（860）李敬实墓志：“天子轸悼，赙以布帛。”[6]唐咸通十四年（873）刘中礼墓志：“抚凡废朝，摄帛赠赙。”[7]五方墓志中仅窦氏和杨执一的涉及赙赠数额，窦氏身份为“大唐太穆皇后之从姪，今上昭成皇太后之亲姑”，杨执一“十九代祖汉太尉震暨曾祖随司空观王雄”，李敬实和刘中礼为晚唐时期著名宦官，墓志中未明确其赙赠数额。再举一例，梳理《长安新出墓志》，书中涉及赙赠待遇者有六方，明确赙赠数额者四方，其中三方与皇家有至亲关联。唐神龙三年（707）武嗣宗墓志“赠物二千段，米粟八百石。”志主

[1]（清）董诰：《全唐文》卷五一《德宗皇帝赠颜真卿司徒诏》，北京：中华书局，1983年，第559页。

[2]《新唐书》卷四六《百官志一》，第1194页。

[3]赵力光主编：《西安碑林博物馆新藏墓志续编·萧璿墓志》（上），西安：陕西师范大学出版社，2014年，第246页。

[4]赵力光主编：《西安碑林博物馆新藏墓志续编·李君妻窦氏墓志》（上），第250页。

[5]中国文物研究院、陕西省古籍整理办公室编：《新中国出土墓志·陕西》（贰），北京：文物出版社，2003年，第87页。

[6]赵力光主编：《西安碑林博物馆新藏墓志汇编·李敬实墓志》（下），北京：线装书局，2007年，第809页。

[7]赵力光主编：《西安碑林博物馆新藏墓志汇编·刘中礼墓志》（下），第860页。

乃“则天大圣皇后从父昆弟之子”[1]。开元十八年（730）范行恭墓志“赗绢壹百匹”。志主身份乃为“皇上之第四子”棣王侍读者[2]。开元二十二年（734）李微墓志：“赙物壹伯段，米粟壹伯硕。”志主嗣道王“即高祖神尧皇帝之曾孙，今上之再从叔父”[3]。由是拟可观之，有赙赠待遇者，或为皇家的懿亲近戚。李思艺乃正史文献无载的宦官，他能有如此的赙赠待遇且数额明确，与其恭顺皇上、勤恳敬业是分不开的。但一介宦官的他，所享受的赙赠待遇是否符合当朝丧葬秩序，亦更加引人关注。

“政治体制中人的职务品位在死后的墓葬中表现出等级的差异，提供了一种多方位研究墓葬的条件，甚至直接联系到权力关系在丧葬活动中所起的作用”[4]。古代社会等级森严，官员的死后待遇反映了其职务的品位级别。赙赠，乃唐代官员死后，朝廷给予其家的财物赠送和丧葬补助。依据唐令，唐朝的赙赠是按照职事官品发放的[5]。《通典·丧制·赗赙》有曰：“大唐制，诸职事官薨卒，文武一品，赙物二百段，粟二百石；二品物一百五十段，粟一百五十石；三品物百段，粟百石。……行者守从高王及二王后若散官及以理去官三品以上，全给；五品以上，给半。若身没王事，并依职事品给。其别敕赐者，不在折限。诸赙物应两合给者从多给。”[6]唐代赙赠制度明确了官员的官品以及相对应的赙赠数额，重点强调了“从高”“从多给”的原则。那么，李思艺的赙赠吻合唐代的“就高不就低”的标准吗？

志主李思艺曾为“赞皇县开国公、食邑一千户。”又为“赵郡公、食邑二千户。”又为“银青光禄大夫”等。《旧唐书》曰：“司封郎中、员外郎之职，掌国之封爵，凡有九等。一曰王，正一品，食邑一万户。二曰郡王，从一品，食邑五千户。三曰国公，从一品，食邑三千户。四曰郡公，正二品，食邑二千户。五曰县公，从二品，食邑一千五百户。”[7]对应可知李思艺的“开国

[1] 西安市长安博物馆编：《长安新出墓志·武嗣宗墓志》，北京：文物出版社，2011年，第137页。

[2] 西安市长安博物馆编：《长安新出墓志·范行恭墓志》，第159页。

[3] 西安市长安博物馆编：《长安新出墓志·李微墓志》，第165页。

[4] 齐东方：《唐代的丧葬观念习俗与礼仪制度》，《考古学报》2006年第1期，第59页。

[5] 吴丽娱：《唐代赠官的赠赙与赠谥——从〈天圣令〉看唐代赠官制度》，载荣新江主编《唐研究》第十四卷，2008年，第414页。

[6] 《通典》卷八六，第2333页。

[7] 《旧唐书》卷四三《职官志二》，第1820、1821页。

县公”乃为从二品爵位[1]，志主食邑却为一千户，比原标准少了五百户。志主之“赵郡公”乃爵位为正二品，其食邑与标准相符，为“二千户”。志主的“银青光禄大夫”乃为从三品文散官。根据唐代官制，职事官和散官被看重，勋位和爵位只表明身份。李思艺的“赵郡公”是正二品的爵位，品位虽高，却与实际社会地位关系不大，对墓葬的影响也很小[2]。志主的“赙物一百段，赠粟一百石”，乃正是其文散官三品的常态化待遇。虽然没有享受到唐代的“从高”“从多给”的恩惠，或许似与志主薨卒时适逢“安史之乱”爆发初年的特殊时代背景有关联。

礼仪制度代有增改，以等级为核心的本质却坚持不变，更不会因同一王朝中的皇帝的交替而改变，这是中国传统社会长期稳定的原因之一[3]。身为宦官的李思艺，其薨后所享用的赙赠待遇就是一个实例。

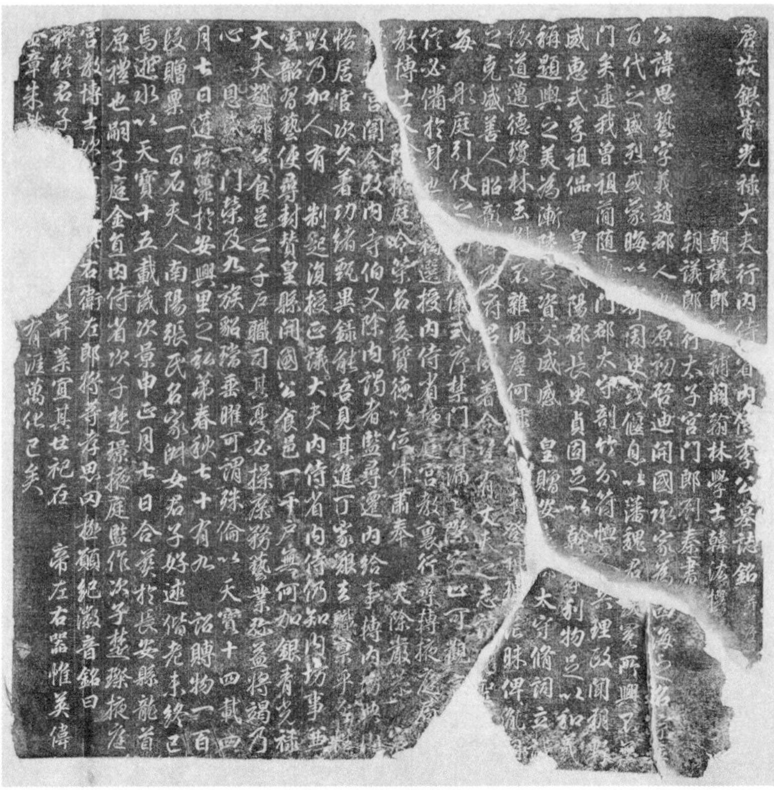

唐宦官《李思艺墓志》

（作者单位：西安碑林博物馆）

[1]《旧唐书》卷四二《职官志一》，第1791页。

[2] 齐东方：《唐代的丧葬观念习俗与礼仪制度》，第69页。

[3] 齐东方：《唐代的丧葬观念习俗与礼仪制度》，第72页。

Research on the New Discovered Eunuch of Li Siyi's Epitaph in the Tang Dynasty And Discussion on Offical Grant Institution of Tang Dynasty

Jing Yali

[Abstract] Li Siyi's epitaph is a newly unearthed eunuch epitaph in Xi'an in recent years. The protagonist of epitaph not recorded in the history, but his particular identity embodies in being an official and getting rewards after death. According to research, the epitaph's author and calligrapher both were famous at the time. Through the study of the newly unearthed documents, this paper strive to achieve the goal of studying the remains of stone inscriptions according to the historical biographies and according to the remains of stone inscriptions restoring biographies of official history.

唐故宣徽使梁公夫人刘氏墓志考释

杜文玉

长安为唐朝的都城，在今西安周边地区分布有大量的唐人墓葬，随着大规模经济建设的发展，唐人墓志不断出土，为唐史研究提供了珍贵的资料。最近出版的《陕西省考古研究院新入藏墓志》一书中，收录了不少前所未见的新墓志，其中就有这方《唐故宣徽使梁公夫人刘氏墓志》。为了便于论述，先将其全部文字移录如下。

一、墓志录文

唐故宣徽使赠内侍梁公妻彭城郡刘氏夫人墓志铭并序

朝议郎前守康王友兼殿中侍御史上柱国黄裕撰

夫人即宋高祖武帝裕之后，唐相国右仆射幽求之九代孙也。曾王父讳　，皇左骁卫将军；王父讳进，皇殿中侍御史；烈考讳泛，皇郑州长史、兼监察御史。先夫人吕氏生四子：孟曰迪，殿中侍御史；仲曰元亮，右神策军南仓使，赠左散骑常侍；次曰文义，右神策军好畤镇使，守凉王友、兼御史中丞；季曰元勬，前浙西都押衙、试左威卫长史。女二人，夫人即第二女也。生知四德，素达三从，孝敬柔和，贤明贞顺。笄年伉俪，归于德门，垂范闺闱，睦亲婉淑。侍舅姑以孝，安长幼以仁。先舅讳守谦，时为右神策军护军中尉，常加礼敬，雅器重之。至若举桉（案）如宾之节，家肥中馈之规，妇道母仪，知贤圣善，夫人备之矣。洎年卅六，无何，不幸居孀，训令子以义方，抚诸孤以慈爱；严明逾于孟母，鞠育类于姜庄。尤重释宗，希延福祉；兼崇老氏，亦冀长生。谓传山甫之龄，未尽南陔之养。岂期久婴沉痼，百药无瘳，朝露俄侵，奄然大渐。以咸通十一年六月十四日，终于京兆府万年县永昌里之私第，亨（享）年六十七。以其年十一月廿四日葬于万年县崇道乡李姚村，祔先茔内之茔，礼也。有子三人：长曰全柔，通直郎、行内侍省掖局宫教博士；次曰全方，宣德郎、行内侍省奚官局令、赐紫金鱼袋；季曰全略，登仕郎、行内侍省掖局宫教博士。皆殿庭硕德，俊彦英才。泣血孝思，哀毁癯瘠，感深蒿里，痛切树风。先远之期，卜云其吉，青乌是兆，马鬣爰封。虑其谷变佳城，舟移夜壑，以愚列在族末，好学业文，请以志之，永传懿德，冀旌异代。乃述斯铭曰：

宋皇之裔，唐辅之孙。地高族盛，子贵母尊。断机慈教，不食无论。□□闺壸，增辉德门。久处夫荣，将依子禄。国号未崇，川流何速。□□隙驹，俄惊风烛。痛咽行云，哀摧骨肉。令人何恃，伯仲呼天。□□云吉，窀穸斯迁。霜凝柏冷，雾霭松烟。夜台永閟，何千万年。[1]

二、刘幽求家族世系

志文说墓主刘氏为南朝宋武帝刘裕之后裔，唐玄宗时宰相刘幽求之九代孙，换句话说，刘幽求亦为刘裕之后裔。《宋书·武帝本纪上》载：

高祖武皇帝讳裕，字德舆，小名寄奴，彭城县绥舆里人，汉高帝弟楚元王交之后也。交生红懿侯富，富生宗正辟强，辟强生阳城缪侯德，德生阳城节侯安民，安民生阳城厘侯庆忌，庆忌生阳城肃侯岑，岑生宗正平，平生东武城令某，某生东莱太守景，景生明经洽，洽生博士弘，弘生琅邪都尉悝，悝生魏定襄太守某，某生邪城令亮，亮生晋北平太守膺，膺生相国掾熙，熙生开封令旭孙。旭孙生混，始过江，居晋陵郡丹徒县之京口里，官至武原令。混生东安太守靖，靖生郡功曹翘，是为皇考。[2]

从这一记载看，刘裕以上的世系情况非常清楚，据《史记》记载，汉高祖弟刘交确实在韩信之后被封为楚王[3]。据《史记·楚元王世家》载：刘交死

[1] 陕西省考古研究院编：《陕西省考古研究院新入藏墓志》，上海古籍出版社，2019年，第314、315页。

[2]（梁）沈约：《宋书》卷一《武帝本纪上》，北京：中华书局，1974年，第1页。

[3]（汉）司马迁：《史记》卷十七《汉兴以来诸侯王年表》，北京：中华书局，1959年，第804页。

后，其子刘郢继位，刘郢之后其子刘戊继立。刘戊因参加吴楚七国之乱，失败后汉文帝遂以刘交另一子刘礼为王。刘礼之后为刘道，道之后为注，注之后为纯，纯被人告发谋反，自杀。据《集解》云："纯立十七年卒，谥节王。子延寿立，十九年死。"[1]国除。其实楚元王刘交之子并非仅刘郢一人，据《汉书》载：楚元王太子为刘辟非，"先卒"，遂以另一子刘郢客为楚王，又曰："文帝尊宠元王，子生，爵比皇子。景帝即位，以亲亲封元王宠子五人：子礼为平陆侯，富为休侯，岁为沈犹侯，埶为宛朐侯，调为棘乐侯。"可知刘富所封者乃是休侯，刘郢又名刘郢客。刘富后封红侯，其子刘辟强，辟强子刘德，德子刘安民、刘向，安民子刘庆忌、庆忌子刘岑，"富传国至曾孙，无子，绝"[2]。同书还载："（庆忌）子岑嗣，为诸曹中郎将，列校尉，至太常。薨，传子，至王莽败，乃绝。"[3]这两种说法微有差异，但有一点是一致的，即刘交一系最迟在王莽时已绝嗣了。既然如此，《宋书》所载的刘岑以下世系就很不可靠了。

众所周知，刘裕出身"寒门"，如果其真是沛郡刘氏后裔，则不能称其为寒族，而且刘交一系自刘岑以后就已绝嗣了，故《宋书》所载的世系应该是伪造的。墓主说其是刘裕后裔，也是妄加攀附，刘幽求为刘裕之后，应该也是没有根据的。

关于刘幽求的籍贯，《旧唐书》载："冀州武强人也。"[4]《新唐书》所载亦同。其任过朝邑尉，曾参预临淄王诛杀韦氏之谋，从此登上政治舞台，官至宰相。但是两《唐书》本传皆未载其前世以及后嗣情况。《新唐书·宰相世系表》虽然记有刘幽求之名，但却无家族世系情况，关于刘氏宗族情况，其书曰：

> 刘氏定著七房：一曰彭城，二曰尉氏，三曰临淮，四曰南阳，五曰广平，六曰丹杨，七曰南华。宰相十二人。彭城房有滋、文静、瞻；尉氏房有仁轨、瑑；临淮房有祎之；南阳房有洎；广平房有祥道、景先、从一；丹杨房有邺；南华房有晏。[5]

刘幽求不在这七房之内，显然是庶族，以至于其家族谱牒亡佚，至宋时已荡然

[1]《史记》卷五〇《楚元王世家》，第1988、1989页。

[2]（东汉）班固：《汉书》卷三六《楚元王传》，北京：中华书局，1962年，第1923－1925页。

[3]《汉书》卷三六《楚元王传》，第1928页。

[4]（后晋）刘昫：《旧唐书》卷九七《刘幽求传》，北京：中华书局，1975年，第3039页。

[5]（宋）欧阳修：《新唐书》卷七一上《宰相世系表一上》，北京：中华书局，1975年，第2272页。

无存了，导致欧阳修等修撰《新唐书·宰相世系表》时竟然无法找到其世系的点滴情况。此外，唐人林宝所撰的《元和姓纂》卷五载：

> 彭城：汉高弟楚元王交，生休侯富。富生辟强。辟强生阳城侯德。德生向。向生歆。子孙居彭城，分居三里，丛亭、绥舆、安上里。[1]

据此可知，如果墓志所载刘幽求世系可靠的话，则其应属于彭城房，可是上引《宰相世系表》在该房内所列的宰相只有刘滋、刘文静、刘瞻三人，却没有刘幽求，说明《新唐书》的撰者也不知其世系情况，因为该书“皆承用逐家谱谍”[2]，刘氏无谱牒，自然无法利用了。遍阅林宝此书，包括岑仲勉的《四校记》以及陶敏遗著《元和姓纂新校证》一书[3]，亦不见刘幽求的世系情况。因此，这方墓志所载尤显重要。

志主称其为刘幽求九代孙。据《旧唐书》本传载，刘幽求死于开元三年（715），终年61岁。墓主死于咸通十一年（870），终年67岁。以此推算，其当生于贞元十九年（803），距刘幽求终年尚不足百年，如从曾祖父算起，相距仅数十年时间，“建中三年（782），重赠（幽求）司徒”[4]。这一切人们都记忆犹新，且其曾祖官居左骁卫将军之职，从三品，又非无名之士，故不应该是妄加攀附。

志文未载墓主曾祖名讳，只说其任左骁卫将军。墓主祖父刘进，殿中侍御史；其父刘泛，任郑州长史、兼监察御史；刘泛生四子，即刘迪，殿中侍御史；刘元亮，右神策军南仓使；刘文义，右神策军好畤镇使，守凉王友、兼御史中丞；刘元敭，前浙西都押衙、试左威卫长史。墓主为刘泛第二女。如此，则这方墓志补充了刘幽求的四代后裔。随着新墓志的不断发现，其世系情况也许还有所增补。

三、梁守谦家族世系补考

笔者曾撰写过一篇名为《唐代宦官梁守谦家族世系考》的文章，考证了梁

[1]（唐）林宝撰，岑仲勉校记：《元和姓纂（附四校记）》卷五，北京：中华书局，1994年，第663页。

[2]（宋）洪迈：《容斋随笔》卷六《唐书世系表》，北京：中华书局，2005年，第83页。

[3] 陶敏遗著，李德辉整理：《元和姓纂新校证》，沈阳：辽海出版社，2015年。

[4]《旧唐书》卷九七《刘幽求传》，第3041页。

守谦家族六代世系的情况[1]。由于这方墓志当时尚未公开刊布，也许还没有出土，自然也就无法预知其竟然有如此重要的内容。志文曰："先舅讳守谦，时为右神策军护军中尉，常加礼敬，雅器重之。"说明墓主是梁守谦的儿媳妇。据笔者上面提到那篇文章的考证，梁守谦共有五个养子，由于这方墓志没有记载墓主丈夫的名字，所以不知其到底是何人之妻，需要稍加考证。

梁守谦第五子梁承政的墓志已经刊布，其志文曰："先太夫人韩氏，妻夫人孟氏。……有子三人，孟曰全裕，仲曰全禧，季曰全裼。……咸通十一年七月廿四日，在秩薨于公馆。"[2]而墓主姓刘，与梁承政夫人孟氏显然不是一人，且梁承政三子的名字也与墓主所收养的三子不同，因此可以将梁承政排除在墓主丈夫之外。

另据《大唐故开府国公梁公墓志铭》记载，梁守谦其余诸子的情况是："令子五人：长曰承敏，任朝散大夫、掖庭局令，赐绯鱼袋；次曰承度，任朝议大夫、宫闱局令，赐绯鱼袋，充沂海监军；仲曰承乂，任朝议郎、内府局丞；仲曰承汶，赐绯鱼袋；幼曰承政，赐绿。"[3]梁承政已被排除，只能从其余四人中考证了。以上四人所任官职，都是指梁守谦终年时的情况。梁守谦死于大和元年（827）十月廿日，葬于二年二月二十三日。在这一时期，其长子梁承敏为朝散大夫、掖庭局令、赐绯鱼袋；次子梁承度亦为朝议大夫、赐绯鱼袋，只是其职事官为宫闱局令，与梁承敏略有不同，但地位却基本相同。梁承乂无论是散官还是职事官都低于其两位兄长。梁承汶只记其赐绯鱼袋，未记其职事官。志文曰："洎年卅六，无何，不幸居孀。"即墓主刘氏36岁时，其夫死去。墓主终年67岁，死于咸通十一年（870）六月，据此推算，其夫应死于开成四年（839）。当时其夫任宣徽院使，死后获赠内侍，已经是地位很高的宦官了。此时距其父梁守谦死年仅十余年时间，能够升迁到如此高位，从以上诸人情况看，只有梁承敏与梁承度二人最有可能。这两人中又以梁承敏为墓主之夫的可能性最大，理由是梁守谦生前对墓主刘氏"常加礼敬，雅器重之"，这通常是公爹对长媳的态度。再从志文所说的"至若举桉如宾之节，家肥中馈之

[1] 杜文玉：《唐代宦官梁守谦家族世系考》，载《唐史论丛》第二十二辑，西安：三秦出版社，2016年，第1—10页。

[2] 吴钢：《全唐文补遗》第八辑《朝请大夫行内侍省宫闱局令员外置同正员上柱国赐紫金鱼袋梁公墓志》，西安：三秦出版社，2005年，第214、215页。

[3] 周绍良主编：《唐代墓志汇编》下册《大唐故开府邠国梁公墓志铭》，上海古籍出版社，1992年，第2104页。

规”等语看，“举桉”即“举案”，用了梁鸿夫妻相敬如宾的典故，描写的是墓主夫妻感情之事。“家肥”一词出于《礼记》，即“四体既正，肤革充盈，人之肥也。父子笃，兄弟睦，夫妇和，家之肥也；大臣法，小臣廉，官职相序，君臣相正，国之肥也”[1]。后世遂以“家肥”形容家庭和睦有礼。“中馈”之词出于《易·家人》“无攸遂，在中馈”一句，唐代大儒孔颖达疏曰：“妇人之道……其所职，主在于家中馈食供祭而已。”[2]从“馈食供祭”一语看，显然不仅仅是下厨操持那么简单，还包括负有家庙祭祀时提供祭品之责。在一个大家族中，只有长子之妇才具有这样的地位，故墓主刘氏很可能是梁承敏之妻。

志文又曰：“有子三人：长曰全柔，通直郎、行内侍省掖局宫教博士；次曰全方，宣德郎、行内侍省奚官局令、赐紫金鱼袋；季曰全略，登仕郎、行内侍省掖局宫教博士。皆殿庭硕德，俊彦英才。泣血孝思，哀毁癯瘠，感深蒿里，痛切树风。”这三人均为宦官身份，其中长子梁全柔、三子梁全略均任宫教博士之职，说明他们均具有较为深厚的文化修养，表明宦官家族也非常重视对子女的文化教育。关于这三人的情况，笔者在已发表的那篇关于梁守谦家族世系的论文中没有涉及，可以补其不足。

志文曰：墓主刘氏“葬于万年县崇道乡李姚村，祔先茔内之茔”。这里所谓的先茔，当是指梁氏家族大茔。据前引梁守谦墓志铭载：“将窆于京兆府万年县李姚村白鹿原光（先）修茔，礼也。”[3]可知梁氏茔地位于长安城东白鹿原上，是梁守谦发迹以后所置办的。前面提到的其子梁承政墓志亦载：“遂窆于京兆万年县崇道乡李姚村，祔于先茔。”[4]从笔者所掌握的史料看，在唐代，凡中高级宦官多拥有自己的家族墓地，梁守谦官居神策中尉，自然也不例外。还有一种历史现象，即唐代宦官多有同族聚居的习惯，多年前笔者曾发表过一篇名为《唐代长安的宦官住宅与坟茔分布》的文章[5]，已经指出过这一特点。从梁氏家族的情况看，梁守谦墓志说其“暴薨于永昌里之私第”，梁承政由于死在

[1]（清）朱彬：《礼记训纂》卷九《礼运》，北京：中华书局，1996年，第354页。

[2]（唐）孔颖达正义：《周易正义》卷四，（清）阮元《十三经注疏》，清嘉庆刊本，第103页。

[3]周绍良主编：《唐代墓志汇编》下册《大唐故开府郃国梁公墓志铭》，第2104页。

[4]吴钢：《全唐文补遗》第八辑《朝请大夫行内侍省宫闱局令员外置同正员上柱国赐紫金鱼袋梁公墓志》，第215页。

[5]杜文玉：《唐代长安的宦官住宅与坟茔分布》，《中国历史地理论丛》1997年第4期，第79—94页。

外地任上，故其墓志说“跋涉山川，达乎上国，权殡于永昌里之私第”。志文亦曰墓主刘氏“终于京兆府万年县永昌里之私第”。可知梁氏家族均聚居于长安城永昌坊，从而为上面提到的这一论断增添了又一个例证。

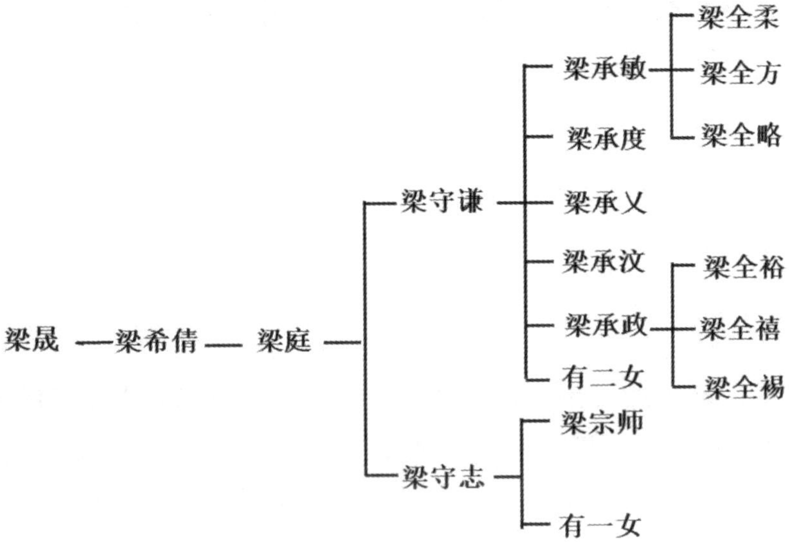

图1　梁氏家族世系表[1]

（作者单位：陕西师范大学历史文化学院）

On the Commissioner of Court of Palace Attendants Liang Chengmin's Wife Mrs Liu's Epitaph in the Tang Dynasty

Du Wenyu

[Abstract] Although there are not mary words in the Liang Chengmin's wife Mrs Liu's epitaph, its content has important historical value, which is mainly reflected in the following two aspects. Firstly, it will make up for the lack on studying Liu Youqiu's lineage, the prime minister of Tang Dynasty. Secondly, it has important literature value on studying the lineage of the eunuch Liang Shouqian, and even helps to promote the research of eunuch family in the Tang Dynasty.

[1] 此表是综合上面提到的《唐代宦官梁守谦家族世系考》一文与本文考证的结果绘制而成的。

唐代在室女出家墓志内容探析*

焦　杰　任瑞蕊

自从周绍良、赵超主编的《唐代墓志汇编》和《唐代墓志汇编续集》公开发行以来，截至2016年，相继有30余种墓志著录图书被整理出版。在这些墓志著录图书里，著录的唐代比丘尼，包括挂籍寺庙和私度居家的比丘尼非常之多。关于她们出家的原因，现有的研究成果大体认为，除了受社会大趋势影响之外，就个人情况而言，大致可分为受家人影响、追求佛教的精神世界、寻求精神安慰、因病祈福和不想婚嫁等[1]。但是在比丘尼队伍中，既有成年的已婚妇女或丧偶妇女，还有很多是未婚的在室女。据相关墓志记载，有相当比例的在室女出家时年龄十分幼小，大者十一二，小者三四岁。她们为什么会在这么幼小的时候遁入空门？与那些成年的、已婚的或丧偶的出家比丘尼相比，幼女出家现象的背后隐藏着什么问题？关于这一问题，迄今尚无人问津，因撰此文进行初步的探讨。通过仔细研读，笔者一共搜寻到了96方载有在室女出家资料的墓志[2]，有的是出家在室女的墓志，有的是附载在室女出家的墓志。这数十方墓

*本文系2019年国家社科基金后期资助项目“中古妇女文化研究”（项目批准号：19FZSB047）资助成果。

[1] 详见拙作《唐代女性与宗教》佛教卷第一章的相关论述，西安：陕西人民教育出版社，2016年。

[2] 本文研读的墓志著录图书主要有《唐代墓志汇编》（上海古籍出版社，1992年）、《洛阳新获墓志》（北京：文物出版社，1996年）、《唐代墓志汇编续集》（上海古籍出版社，2001年）、《新中国出土墓志·河南卷》（北京：文物出版社，2002年）、《辽宁省博物馆藏碑志精粹》（北京：文物出版社，2003年）、《新中国出土墓志（河北卷壹）》（北京：文物出版社，2004年）、《邙洛碑志三百种》（北京：中华书局，2004年）、《全唐文补编·千唐志斋新藏专辑》（西安：三秦出版社，2006年）、《全唐文补遗》（西安：三秦出版社，2007年）、《西安碑林博物馆新藏墓志汇编》（北京：线装书局，2007年）、《宁夏历代碑刻集》（银川：宁夏人民出版社，2007年）、

志为今人展现了唐代妇女与佛教信仰问题中的一个侧面。本文即以这些墓志为基础，对唐代在室女出家现象做初步的探究。需要指出的是，有的墓志虽然涉及在室女出家，但是如果墓志属于以下几种情况则不在探讨之内：一、墓志记载过于简单，几乎读不出任何信息者，如出家原因、出家年龄、兄弟姐妹排行和家庭背景等；二、虽然墓志记载较详，但儿女皆出家奉佛，同时又没有更多的信息进行比对者。故实际可用的墓志有66方。尽管如此，为了研究结果显得客观，在进行最后的数据分析时，还是以96方为基础。为了研究方便，本文将66方墓志分成四个部分进行论述。

一、幼年出家的在室女墓志

年龄对于研究在室女出家问题具有重要意义，因为年龄的大小意味着在室女出家是否体现了她们的自主意识，而自主意识又与她们的权益相关，因此从出家的年龄可以考察唐代在室女们的家庭地位及相关的权益问题。在96方墓志中，明确记载在室女幼年出家的墓志共有33方，其中6方因病而幼年出家者列于表最后（表1）。

表1　幼年出家的在室女墓志

序号	墓志名称	墓志性质	内容	家庭背景	出处
1	大唐济度寺故比丘尼法乐法师墓志铭并序	志主	法师则太保之长女也。勤恳之节，爰自幼童；玄妙之体，发于岐嶷。年甫三龄，归诚六度，脱屣高族，落发祇园	兰陵萧氏，父宋国公萧瑀	《汇编》永隆〇〇九，P676.

《洛阳新获墓志续编》（北京：科学出版社，2008年）、《新出唐墓志百种》（杭州：西泠印社出版社，2010年）、《江苏扬州唐五代墓志简介》（私人撰集，2011年）、《洛阳新见墓志》（上海古籍出版社，2011年）、《秦晋豫新出土墓志蒐佚》（北京图书馆出版社，2012年）、《洛阳新获七朝墓志》（北京：中华书局，2012年）、《大唐西市博物馆藏墓志汇编》（北京大学出版社，2012年）、《越窑瓷墓志》（上海古籍出版社，2013年）、《洛阳流散唐代墓志汇编》（北京：国家图书馆出版社，2013年）、《西安碑林博物馆新藏墓志续编》（西安：陕西师范大学出版社，2014年）、《长安高阳原新出土隋唐墓志》（北京：文物出版社，2016年）、《秦晋豫新出墓志搜佚续编》（国家图书馆出版社，2015年）、《辽宁碑志》（沈阳：辽宁人民出版社，2002年）、《景州金石》（北京：中国文史出版社，2004年）、《高平金石志》（北京：中华书局，2004年）、《宁波历代碑碣墓志汇编（唐）》（上海古籍出版社，2012年）、《上海唐宋元墓志》（北京科学出版社，2014年）等近三十种。本文表格所列除《全唐文》（北京：中华书局，1983年）外均为简称。

续表

序号	墓志名称	墓志性质	内容	家庭背景	出处
2	大唐真化寺多宝塔院故寺主临坛大德尼如愿律师墓志铭并序	志主	律师天生道牙，自然神秀，十一诏度	陇西李氏	《汇编》大历〇四二，P1787.
3	唐东都安国寺故临坛大德塔下铭并序	志主	师幼无华饰，性与道俱，未式乂以持心，元身净而进戒	父赠扬州都督	《汇编》贞元〇五一，P1872、1873.
4	唐故太原王府君墓志铭并序	附载	有孝女三人：长女幼慕释门，专精禅律，住修行寺，法号明悟	太原王氏	《汇编》贞元〇九八，P1907、1908.
5	唐故东都麟趾寺法华院律大师墓志铭并序	志主	大师六岁出家，依年进具，业以学茂，德唯行精	父京兆府武功县丞	《汇编》贞元一一七，P1923.
6	唐故东都安国寺比丘尼刘大德墓志铭并序	志主	大德即荥阳府君长女也。器比冰壶，门承高烈，生知厌俗，不尚浮华，童龄出家，禀性端洁，才七岁师事于姑	父郑州荥阳县令	《汇编》元和〇八四，P2008.
7	唐故赵郡李氏女墓志铭	志主	小娘子即中丞长女也……洎七八岁，宛有成人之器，心归释氏，情向玄门，虽颠沛间，亦必于是	赵郡李氏	《汇编》咸通一〇一，P2456、2457.
8	大唐法云寺尼辩惠禅师神道志铭并序	志主	禅师九岁，祖母琅琊郡君王氏薨，百日斋，度为沙弥尼，荐以景福，承尊命也	父太子文学	《汇编续集》天宝一〇三，P657.
9	唐故法云寺内外临坛律大德超寂墓志	志主	皇朝司封郎中文静之曾孙，赠礼部侍郎秘书琮之孙，扬州大都督府左司马兼侍御史志清之长女。居然善人，八岁入道		《汇编续集》贞元〇四二，P763.
10	大唐故朝议郎行大理评事上柱国西河宋府君墓志铭并序	附载	女三人……次女小女，幼年向□，□岁出家。		《汇编续集》贞元〇六一，P778、779.
11	唐故静乐寺尼惠因墓志铭并序	志主	性自善因，童稚慕道，特奉诏度，十一出家	祖开府仪同三司、河西节度使采访等使、颍国公佖	《汇编续集》贞元〇六七，P783.
12	唐故法云寺寺主尼大德昙简墓志铭并序	志主	大德即著作长女。岐嶷之年，依释氏教，八岁落发，蒙诏度僧，习大乘典，精百法论	昌黎韩氏，父著作郎	《汇编续集》元和〇六四，P846.

续表

序号	墓志名称	墓志性质	内容	家庭背景	出处
13	唐故安国寺主大德禅师比丘尼隐超墓志	志主	年甫龆龀，不茹荤辛……十岁有诵大乘经典和菩萨戒，因遇东山降魔和上众大昭禅师，一闻正法，顿悟真趣。开元二十六年制度隶居东都安国寺	兄洛阳尉曜，犹子玄成中书舍人、汤楚州刺史	《全文补·千唐》，P259.
14	大唐故宣化寺尼法琬师墓志铭并序[1]	志主	永徽年中，为□□邑主，舍家从道，九族为重，尊祖之敬已深	父金紫光禄大夫、宗正卿，陇西李氏	《全文补》（第三辑），P26.
15	大唐清信女李定品灵庙之文	志主	其维柏仁县清信士李纯孝之长女定品焉。爰□□龄，专求入道……一临禅宇，□□精修……固□披法服，早落天功		《全文补》（第六辑），P225.
16	唐故天女寺尼胜藏律师坟所尊胜石幢记	志主	自幼年有□□之性，敬慕释门。随慈母不□轮问禅要于圣善寺山门院大辩先师……及岁满，具戒于圣善严持院凝大禅师		《全文补》（第八辑），P117.
17	大周故普光寺法律尼临坛大德沙门清净戒邈真赞	志主	辞亲割爱，舍烦恼于龆年；不恋世荣，弃嚣尘于龀岁	祖前河西十一州节度使张太保	《全文补》（第九辑），P326.
18	大周故大乘寺法律尼临坛赐紫大德沙门□乙邈真赞并序	志主	早年之异众超群，龀岁之弃姿美貌。辞亲割爱，孩乳而不近薰荤；顿弃烦喧，舍俗而嚣尘永罢	前河西一十州节度使曹大王之侄女也	《全文补》（第九辑），P326.
19	周故敦煌郡灵修寺阇梨尼临坛大德沙门张氏香号戒珠邈真赞并序	志主	审察三空，挂毳绨于出适之岁	父墨厘军诸军事守瓜州刺史金紫光禄大夫检校工部尚书兼御史大夫上柱国	《全文补》（第九辑），P328.
20	唐皇化寺齐章法师墓志铭并序	志主	幼践释门，回握枢□；年登濯戒，游诣京华。屡敌论场，频铿法鼓	陇西李氏	《全文补》（第九辑），P422.
21	大周陇西郡李府君墓志	附载	女比丘尼鉴琛，剃落于胜原寺内，幼别浮华；具戒于清净禅宫，长修律行		《大唐西市》，P1055.

[1]（清）王昶：《金石萃编》卷六八《大唐口口法琬法师碑》记载：永徽六年（655），襄邑王蒉，李德懋“奉为亡父舍所爱之女请度出家，时年十三，并度家人三七，并充师弟子。”北京：中国书店，1985年，第479、480页。

续表

序号	墓志名称	墓志性质	内容	家庭背景	出处
22	大唐建法寺大比丘尼墓志铭并序	志主	粤升文褓，遇膻腥而下泣；甫饰香缨，斥绮罗而不御。聚沙为戏，日诵万言；摘叶为香，志希八定。爰洎六岁，出家修道	琅耶王氏，皇朝中书舍人弘让之女	《长安高阳》，P113.
23	唐徐公妻崔蕴才墓志	附载	有女二人，长则童龀悟道，寻归释氏，事亲姑往东都安国寺	母博陵崔氏	《秦晋豫》，P1012.
24	唐故东都安国寺尼清河崔氏墓志铭并序	志主	法名广素，幼衣缁裳，受解于安国寺，以武宗皇帝削迹天下释士，咸归俗焉。师乃离洛还家，斋心长发	曾祖父吏部郎中兼御史中丞、祖朝请大夫、父河南府伊阙县令	《秦晋豫》，P1031.
25	唐故中散大夫使持节密州诸军事守密州刺史兼御史中丞上柱国赐紫金鱼袋穆公墓志铭并序	附载	孙女幼出家法号持操		《新获七朝》，P332.
26	唐故中散大夫使持节密州诸军事守密州刺史兼御史中丞上柱国赐紫金鱼袋穆府君夫人河东薛氏墓志铭并序	附载	有女一人，幼舍家从淄，不幸少夭		《新获七朝》，P341.
27	大唐故真空寺尼韦提墓志铭	志主	上人即昌明府君之第二女也。天生聪明，道贷神气，夙闻真觉，早悟迷津，童年出家，克精象法	京兆韦氏	《全唐文》，卷九四八，P9839.
28	唐故慕容氏女神护师墓志铭并序	志主	降年不□，疾□之日，发心出家	父官至吏部	《汇编》天宝一七七，P1654.
29	唐故庆州长史赵郡李府君墓志	附载	长妹幼罹霜露之艰，愿资津梁之报，了悟真性，童年出家，法名义蕴，修持于东都安国寺	父怀州河内县尉	《汇编》永贞〇一〇，P1947.

续表

序号	墓志名称	墓志性质	内容	家庭背景	出处
30	唐鸿胪卿致仕赠工部尚书琅耶支公长女炼师墓志铭并序	志主	天植懿德，不恃不怙，再罹悯凶，惟孝惟慈，性能均壹，稚齿抱幽忧之疾，九岁奉浮图之教，洁行晨夕，不居伽蓝	继亲清河崔氏	《汇编》咸通〇二〇，P2393.
31	唐故朝议大夫检校左散骑常侍河南少尹上柱国赐紫金鱼袋裴公（谣）墓铭并序	附载	有女三人：隐儿，阿儒，著著。长女幼有疾，寻托空门		《全文补》（第八辑），P234.
32	唐故舟济律师墓志铭并叙	志主	师，大理第五女，自岐疑多疾，生不荤食，奉理命，依桑门教。元和中，授具戒于长安崇敬寺律大德常寂		《全文补》（第九辑），P413、235.
33	唐崔垍墓志并序	附载	次女以疾出家	父河南府伊阙县令，清河崔氏	《秦晋豫》，P985.

上述墓志谈及在室女入道原因时主要有三种表述情况：一是与佛有缘而幼年悟道，如1、2、3、4、6、7、11、13、15、16、22、23、25；二是幼年入道为家人祈福，如8、14；第三种是因病入道祈福，即28、29、30、31、32、33。另外还有一些墓志没有就幼女出家问题说明原因，如9、10、12、17、19、20、21、25、26、27。不管是说明她们幼有慧根，还是没有说明她们入道原因的，以其幼年出家现象之分析，在出家奉佛问题上，她们都是绝对没有话语权的，有的只是家人的安排。

二、成年出家的在室女墓志

在96方墓志中，明确载有在室女成年出家的墓志共有10方，且大都为志主墓志，志文内容比较详细，载有家世、年龄、名字、出家原因及各类信息（表2）。

表2　成年出家的在室女墓志

序号	墓志名称	墓志性质	内容	家庭背景	出处
1	大唐济度寺大比丘尼墓志铭并序	志主	严庭垂训，早沐慈波，鼎室承规，幼明真谛，飘花貌雪，初陪太傅之观；摘叶为香，遽警息慈之念。爰发宏誓，思证菩提，惧尘情于六礼，乃翘诚于十诵。承间荐谒，请离俗缘	兰陵萧氏，父宋国公萧瑀	《汇编》龙朔〇七七，P386.

续表

序号	墓志名称	墓志性质	内容	家庭背景	出处
2	大唐济度寺故比邱（丘）尼法灯法师墓志铭并序	志主	年甫二八，修行四谛，膏泽无施，铅华靡饰。精诚恳至，慕双树之高踪；童子出家，殊柏舟之自誓。具戒无阙，传灯不尽	兰陵萧氏，父宋国公萧瑀	《汇编》永隆〇一〇，P676、677.
3	大唐济度寺故大德比丘尼惠源和上神空志铭并序	志主	及数岁后，养必申敬，动皆合理，发迹契道，出言有章。屏金翠而窒其繁华，绝荤膻而割其嗜欲，超然战胜，但思出家，天鉴孔明，精心上感。年廿二，诏度为济度寺尼，如始愿也	兰陵萧氏，祖宋国公萧瑀	《汇编》开元四五九，P1473.
4	大唐都景福寺威仪和上龛塔铭	铭主	和上讳莫如深灵觉，俗姓武氏，则天（下缺）之次女也。……归一心，今稀□圣□（缺）恳诚，至则天后嘉尚，□为□配（缺）秾李之年遂能□□□珠玉之服玩，钟鼎（缺）辞荣出尘……	外□父泗□刺史（下缺）国太□长公主□□□补（下缺）	《汇编》开元四七九，P1485
5	有唐东都安国寺上座韦和上墓志铭并序	志主	上座即永城第二女也……幼怀奇志，长而弥坚。年十四，辞家入道，依止本寺李上座为受业和上，和上即己王之女也	父亳州永城县丞	《汇编》兴元〇〇二，P1836、1837.
6	大唐东都敬爱寺故开法临檀大德法玩禅师塔铭并序	志主	禅师讳法玩……年十八，学道于大照大师，世受具戒	平民	《汇编》贞元〇三七，P1863.
7	唐故龙花寺内外临坛大德韦和尚墓志铭并叙	志主	同气八人，而行居其次，在女列则长焉。知始孩蕴静端介洁之性，……年十九，得请而剃落焉	京兆韦氏	《汇编》元和一一八，P2031、2032.
8	唐故空寂师墓志	志主	年十五，自割发帔法服，将军不能遏	父右千牛将军	《汇编续集》开元一七〇，P569.
9	大唐故资敬寺尼法云墓志铭并序	志主	年十有七，入道为资敬寺尼		《长安新出》，P149.
10	唐女真长乐冯氏墓志铭	志主	炼师即兵部府君之长女也。……年将及笄，诸父议其有归，因自誓曰：我幼遭不造，早失所怙，乐在太君膝下……法号行周，实依释氏，会昌中，天子去佛宇，逐斥其徒，遂育发冠黄而从玄老焉		《新获七朝》，P365.

上述10方墓志记载的在室女出家年龄最小的十四岁，大的二十二岁，其余分别为十五、十六、十七、十八岁不等。十四五岁的年龄在唐代属于及笄结婚年龄，即传统社会中女孩子的成年年龄。这个年龄段的女性通常有了明确的自我意识，不再像从前那样喜欢听从家人的安排，在近代心理学概念上属于“青春逆反期”。从墓志行文来看，这些成年在室女的出家都表现了很强的自主意识，只是她们出家的原因并不相同。有的人是将献身佛祖作为自己的最高追求而坚请离俗的，比如1、2、3、5、7；有的人是为了拒绝婚姻而请求出家的，如4、8[1]和10；有些墓志虽然没有谈及志主入道时的具体情况，如6和9，但以其十七八年的年龄而言，入道至少是征求过她们的意见的，也就是说在离俗出家问题上，她们有一定的自主权利。

三、没有记载在室女入道年龄的墓志

在96方墓志中有24方没有记载在室女入道的年龄，但有些志主墓志则记载了她们的家世背景和她们出家前的情况（表3）。

表3　没有记载在室女入道年龄墓志

序号	墓志名称	墓志性质	内容	家庭背景	出处
1	唐故法界寺比丘尼正性墓志铭并序	志主	其舍家求道，率自草野鄙闬而入。由是六识昧暗，难悟知见。如或佛性照融，宿惠圆朗，澄心利智，默契真谛者，见之于阇梨	父驾部郎中御史中丞	《汇编》贞元〇二九，P1858.
2	大唐清河张府君陇西李氏夫人合祔志铭并序	附载	有女三人：第三女早悟空门，投簪入道	父殿中监上柱国赐紫金鱼袋，母陇西李氏	《汇编》开成〇二〇，P2181、2182.
3	唐故太原府参军赠尚书工部员外郎苗府君夫人河内县太君玄堂志铭并序	附载	夫人之女五人，凡三人有适，一人未行，皆先夫人而殁。次女道真，早宗于释，坏服为尼		《汇编》会昌〇〇三，P2211、2212.

[1] 周绍良、赵超主编：《唐代墓志汇编续集》开元一七〇《唐故空寂师墓志》，上海古籍出版社，2001年，第569页。详见《唐代女性与宗教》第91页的相关论述。

续表

序号	墓志名称	墓志性质	内容	家庭背景	出处
4	唐故云麾将军河南府押衙张府君夫人上党樊氏墓志铭并序[1]	附载	有女五人，长女出家，宁刹寺大德，法号义性；戒律贞明，操行高洁，弟妹幼稚，主家而严	上党樊氏	《汇编》永贞〇〇三，P1942.
5	唐故邢州南和县令清河崔府君墓志铭并序	附载	长女从桑门为尼，法名玄法	清河崔氏	《汇编》开成〇一八，P2180.
6	唐故朝散大夫守陕州大都督府左司马上柱国上谷寇公墓志铭并序	附载	有女子子三人，长奉释氏为比丘，尼早终		《汇编》大中〇三一，P2273、2274.
7	唐故范阳卢府君墓志铭并序	附载	长女早禀宿愿，悟佛理，不乐于俗，乃舍割缘爱，披衣就师	范阳卢氏	《汇编》咸通〇五八，P2423、2424.
8	唐故留守右厢都押衙都虞候黄州长史兼监察御史银青光禄大夫检校太子宾客上柱国魏府君志铭	附载	有女三人，最长披缁，已辞人世		《汇编》咸通〇八六，P2446.
9	唐故昭武校尉延州金明府折冲上柱国武君墓志铭并序	附载	长女出家，法名□寂，精勤戒律，讲读花严。君即圆林逸性，持诵大乘……		《汇编续集》贞元〇三七，P759、760.
10	大唐澄心寺尼故优昙禅师之塔铭并序	附载	缘此在室，即有物外之心；及至出家，果建降魔之志		《汇编续集》仪凤〇一一，P235.
11	有唐故蔺夫人龛铭并序	附载	刻意缁门，虔正心惠……亦有二女，在家出家，出家法名光严自晤，已袪于女相	父契吴县令朱详	《汇编续集》天宝〇四二，P611.
12	唐故鄂岳观察推官监察御史里行上柱国元公墓铭并序	附载	有六女：长归释氏		《汇编续集》元和〇二三，P816、817.

[1] 周绍良主编：《唐代墓志汇编》贞元〇六一《唐故鸿胪少卿□□□君墓志铭并序》，上海古籍出版社，1992年，第1880页。为此志志主夫君，樊氏卒于贞元二十年，享年五十，其夫张府君卒于贞元十年，年六十八，由此可知樊氏比丈夫小二十八岁。她育有三子五女，丈夫去世时三子“皆年始能言，昂昂逸足”，除长女外，二女和三女皆已出嫁，另有“两女尚幼”。以此推之，长女出家应该是很久以前的事情，应该是在室出家，而且出家时年龄比较幼小，以祈福为目的。

续表

序号	墓志名称	墓志性质	内容	家庭背景	出处
13	大唐故右神策军护军副使朝散大夫行内侍省掖庭局令员外置同正员上柱国赐紫金鱼袋閰府君墓志铭并序	附载	有女二人，长游心至道，夙愿出家。法号雅淦		《汇编续集》大中〇六三，P1015.
14	母氏故王夫人（清净观）墓志铭并序	附载	有女久熏法味，宿植善缘……诵法华、维摩妙典，敕试度安国寺尼，法号坦然	太原王氏	《全文补·千唐》，P226.
15	唐故昭州平乐县尉卢府君（侠）墓志铭并序	附载	三女，长适陇西李炎，汴州浚仪尉，次依释门，假佛慈，以报罔极	父潍，晋州司马参军	《全文补·千唐》，P350.
16	大唐修慈寺吴郡陆法师（贞慧）墓志铭	志主	幼知回向，早识归依……不喜铅华，叔祖兴康公去世时，“诏许度（原为庶，录误）人，于是落发玄宗，以从缁服”	祖敬义使持节彭州诸军事、彭州刺史、吴县男，父遵楷秘书郎	《全文补》（第六辑），P316.
17	大唐故光禄大夫检校司徒前房州刺史兼御史大夫上柱国广平郡宋公（廷浩）墓志并序	附载	有女五人：长曰智岩，素亲禅理，早慕善缘，因披释氏之衣，遽悮僧门之戒		《全文补》（第九辑），P426.
18	唐故怀州获嘉县令姚府君（轸）夫人河南元氏墓志铭并序	附载	长女早慕真宗，言归释教	母河南元氏	《新中国·河南卷》，P300.
19	唐故奉义郎京兆府泾阳县丞韦府君墓志文并序	附载	公别出长女曰玄操，从道修律	父奉义郎，京兆府泾阳县丞，京兆韦氏	《长安新出》，P237.
20	□□左神策军判官鄜王府长史兼殿中□□□□□□□墓志铭并序	附载	有女五人，长归释门，法号正因		《大唐西市》，P844.
21	唐故东都安国寺尼法真墓志铭并序	志主	大师则怀州府君之次女……以过去无量阿僧祇供养燃灯佛所，故舍俗归道	父怀州刺史	《秦晋豫》，P881.

续表

序号	墓志名称	墓志性质	内容	家庭背景	出处
22	大唐相州大慈寺比丘尼法成碑序	志主	童子出家	彭城刘氏	《秦晋豫续》，P688.
23	大唐故银青光禄大夫检校太子宾客李府君（说）墓志铭并序	附载	公有出家姊，法号广昭，虽少脱缠累，息心无生		《新获七朝》，P274.
24	唐故高阳许氏墓志铭并序	附载	有五女，二女出家，早卒	父工部尚书，母陇西李氏	《新获七朝》，P369.

上述墓志在叙述在室女出家时的表述各不相同，有的提到了原因，有的没有提到。其中提到原因的有15、16、21，她们出家是为了给家人祈福；另有1、2、7、10、14、17、18，她们出家的原因是慕道，即向往佛教，以佛教修行为自己的追求，而11的志主是虔诚的教徒，故其女儿出家的原因亦可归为此类。其余13方墓志，如3、4、5、6、8、9、12、13、19、20、22、23、24，都没有提到室女出家的原因，故不予分析。不过，虽然这24方墓志都没有记载在室女出家的年龄，但其中的2、3、7、17、18、22有“早悟空门”“早宗于释”“早禀宿愿”“早慕善缘”“早慕真宗”“童子出家”的行文，为家人祈福而出家的16也是“幼知回向，早识归依”，所以，她们出家的年龄应该不会晚至成年，即这24方墓志中幼年出家者至少有7个是未成年出家。

四、关于在室女出家墓志的思考

综合分析上述在室女出家墓志的内容，至少可以进一步提出两方面的问题分析：第一个问题是唐代在室女出家的原因。从墓志的记载来看，在室女出家奉佛的原因主要有以下几种：

1．为自己祈福：为自己祈福的基本上都是自幼体弱多病，家人安排其出家是出于关爱，希望她能借佛法的庇佑而健康成长。这类墓志有6方，约占全部墓志的6.3%。

2．为家人祈福：为家人祈福的在室女有成年的，也有未成年的，还有的不知年龄，但以未成年人居多。这类墓志有5方，约占全部墓志的5.2%。

3．追求佛教的精神世界：为追求佛教的精神世界而坚决要求出家的在室女基本都是成年人，或接近成年人。这类墓志有7方，接近全部墓志的7.2%。

4．为拒绝婚姻：出于不想结婚的原因而出家的墓志只有3方，接近全部墓志的3.1%。

与唐代已婚或丧偶妇女出家相比，唐代在室女出家原因有两个是独特的：一是为死去的长辈亲人祈福，这类出家的在室女以幼年居多，很少能体现她们的自主意识；已婚妇女包括丧偶妇女为死去的长辈亲人祈福而出家的墓志尚未见到，丧偶妇女出家的墓志虽然较多，但为他人祈福为目的的极少，尽管个别丧偶妇女出家有为丈夫祈福的目的，但更多的是个人的精神追求和寻求心理的安慰，总之是体现了她们的自主意识。二是为拒绝婚姻而入道。虽然拒绝结婚只属于未婚少女才有可能实施的一种行为，但已婚妇女以出家为借口造成事实上的离婚在唐代却是有的，只是从墓志资料来看很少[1]。尽管目前所见为拒婚而出家的在室女墓志只有3方，但也值得重视，因为它反映了佛教传播给唐代适婚年龄女孩生活带来的影响。如果换个角度来思考那些在十四五岁、十六七岁坚持出家的女孩子的行为，如表2中所收的几位成年在室女，那么除了行文中所表达的为追求佛教的最高境界的目的之外，是否也有着借此而逃避传统婚姻生活的目的呢？

另外，在唐代，由于特殊原因，离俗出家也是安置年长在室女的一种方式。《新唐书》记载：“昭国里崔山南琯子孙之盛，仕族罕比。……东都仁和里裴尚书宽子孙众盛，实为名阀。天后时，宰相魏玄同选尚书之先为婿，未成婚而魏陷罗织狱，家徙岭表。及北还，女已逾笄。其家议无以为衣食资，愿下发为尼。有一尼自外至，曰：‘女福厚丰，必有令匹，子孙将遍天下，宜北归。’家人遂不敢议。及荆门，则裴赍装以迎矣。”[2]估计墓志所载成年的在室女中也许会因这种原因而出家，只是墓志加以隐讳罢了。

第二个问题是唐代在室女幼年出家的现象。上述四类出家原因合起来的比例仅为21.8%，那么就要解决一个问题：剩下的78.2%的在室女出家的原因是什么？从在室女出家时的年龄来看，除了因病出家的6位在室女外，幼年出家的在室女有27个，在96方在室女出家墓志中约占28%，若加上表3中的“早悟空门”“早宗于释”“早禀宿愿”“早慕善缘”“早慕真宗”和“幼知回向，早识归依”的6位，共计33位，那么比例便高达34%。墓志将她们入道的原因大体分

[1] 参见焦杰：《唐代女性与宗教》佛教卷第三章的相关论述，2016年。

[2]（宋）欧阳修：《新唐书》卷一六三《柳玭传》，北京：中华书局，1975年，第5027页。

为慕道或幼有宿缘（20方）、祈福（2方），另有11方未提及原因。但是不论墓志如何解释，她们出家肯定是在家人的安排下进行的。其中入道年龄最小的是法乐法师，据《大唐济度寺故比丘尼法乐法师墓志铭并序》（表1：1）载，她三岁时即出家奉佛，她的父亲是南朝萧梁皇室后裔、初唐大臣萧瑀，其家族自南北朝以来便有着世代崇佛、子女出家的传统。另外几个幼年出家的在室女基本上也出身于有奉佛传统的家庭，如《唐故范阳卢府君墓志铭并序》（表3：7）的志主“穷释氏之源，究无为之理”、《唐故昭武校尉延州金明府折冲上柱国武君墓志铭并序》（表3：9）的志主“圆林逸性，持诵大乘”，《大唐清信女李定品灵庙之文》（表1：15）志主的父亲李纯孝也是清信士。还有《唐东都安国寺比丘尼刘大德墓志铭并序》（表1：6）亦是如此。而《大周故普光寺法律尼临坛大德沙门清净戒邈真赞》（表1：17）、《大周故大乘寺法律尼临坛赐紫大德沙门□乙邈真赞并序》（表1：18）、《周故敦煌郡灵修寺阇梨尼临坛大德沙门张氏香号戒珠邈真赞并序》（表1：19）三位志主则生活于中晚唐时期佛教文化繁盛的河西地区。显然，这些幼年出家的在室女绝大部分是为了崇佛的需要而被送入佛门的。据此基本可以断定，送年幼的女儿出家的现象在佛教盛行的唐代社会并不少见。

（作者单位：陕西师范大学历史文化学院）

An Analysis of the Epitaphs of Unmarried Female Who Chose to be a Nun in the Tang Dynasty

Jiao Jie, Ren Ruirui

[Abstract] By 2016, more than 30 kinds of epitaph descriptions had been sorted and published. About 96 epitaphs described unmarried girls who became Buddhist nuns, and there are about 66 epitaphs that could be used for research because of more information. Some of these girls were 18 or 19 years old, while some others were only 3 or 4 years old. In short, most of them were underage. Compared with married or widowed women, there were two unique reasons why these girls chose to be nuns: one was to pray for their dead elders, and the other was to refuse marriage. In terms of their age when they became nuns, with the exception of those who had illness, there were 33 underage girls, accounting for 34% of the 96 epitaphs. As for the reasons why they chose to become nuns, the explanations from these epitaphs included the following aspects: worship of religion, fatalistic connection with Buddhism from childhood, praying for others, etc. In addition, 11 epitaphs did not mention the reasons. However, no matter how these epitaphs described this situation, their behavior must has been arranged by their families, because it happened when these girls were very young. In fact, many of these girls have a Buddhist family background. Obviously, in the Tang Dynasty, it was common to send young daughters to Buddist temples.

墓志书写中的真实与美化

——唐《陈守礼墓志》释读*

孙 俊

大唐西市博物馆藏《陈守礼墓志（七八六）》[1]是一方唐志，其内容非常丰富，涉及了唐后期的许多史事，蓝贤明先生撰《唐〈陈守礼墓志〉考释及相关问题研究》[2]（以下简称《研究》）一文后，宁欣先生又撰《〈陈守礼墓志〉考释》[3]（以下简称《考释》）一文，对《研究》中的诸多观点提出了质疑。笔者在研读上述两文后，深受启发，认为有必要应对《考释》中提出的诸如陈守礼的家庭、起家官职、仕宦经历等问题进行重新思考，故撰成本文予以探研，以期师友指正。

一、家庭

墓志中提道："先君讳守礼，字守礼。本姓李氏，其先陇西狄道人，承袭昭然。父金紫光禄大夫、同安郡王琳，素不繁育，晚年而诞先君。虑不宜尔，爰寄于颍川陈氏以长之。何图有子未举，奄丁鞠凶，太夫人武昌支氏相次

*本文系国家社科基金重点项目"隋唐五代城市社会各阶层研究"（项目编号：18AZS006）阶段性成果。

[1] 西市墓志编号为33－XL1－17，参见胡戟、荣新江主编《大唐西市博物馆藏墓志》，北京大学出版社，2012年，第666－669页。此录文前贤已有研究，为节省篇幅，本文不再转录全文。下文所摘引的陈守礼墓志内容，均出于此处，不再另行标注。

[2] 蓝贤明：《唐〈陈守礼墓志〉考释及相关问题研究》，载李鸿宾主编《中古墓志胡汉问题研究》，银川：宁夏人民出版社，2013年，第279－297页。

[3] 宁欣：《〈陈守礼墓志〉考释》，《史学史研究》2017年第2期，第110－116页。

崩捐，悲夫！承祧遂隔于吾宗，继体乃留于他族，今则为陈氏矣。”对此，《研究》中提出：陈守礼是同安郡王李琳晚年所生之子，出生之后即被送至陈氏家抚养，但不久李琄和夫人支氏相继去世，于是陈守礼就此改姓陈氏。而《考释》却进行了两点质疑：一、如果陈守礼生父真是李琄的话，那么，志文中的“琳”字当是误刻，为何陈守礼的诸子没能发现？二、陈守礼与邠王守礼未出五服，名字是否应避讳？

如果我们顺着这两点质疑进行思考，就会发现《研究》的结论是很值得商榷的。第一，李琄并不是陈守礼的生父。原因有两点：

首先，墓志中所说守礼生父“素不繁育”，只表明其所生子女较少，并非无子女。但是李琄却没有后代[1]，与“素不繁育”的说法不符。

其次，以李琄的卒年推算，其不可能为守礼的生父。有关李琄的卒年，《旧唐书》中有两处记载：其一，载于《让皇帝宪传》，“琄，封同安郡王……开元二十五年（737）薨，玄宗甚悼之，辍朝三日。制曰：‘……同安郡王琄……’”[2]；其二，载于《惠庄太子㧑传》，申王㧑“（开元）十二年（724），病薨，册赠惠庄太子，陪葬桥陵。无子。初养让帝子琄，封同安郡王，先卒。天宝三载（744），又以让帝子璹为嗣申王”[3]。此事，《新唐书》中也提道：申王㧑“无嗣，诏以让帝子琄嗣，为怀宁王，徙封同安。薨。天宝中，复以让帝子璹嗣”[4]。可见，李琄的卒年有开元二十五年和开元十二年前两种说法，但综合以上记载来看，申王㧑薨于开元十二年，如果琄是薨于开元二十五年的话，那么他就必然会晋为嗣申王[5]，而不会是薨时的同安郡王，所以其必然是薨于开元十二年前。再来看陈守礼，据墓志所述，守礼卒于贞元二年（786），年五十七，以此推算，其生于开元十八年（730），可以很明显看出，李琄非守礼之父，因为琄不可能在薨后六年再生子。其三，守礼的生父并非宗室。除《考释》中质疑的避讳问题外，墓志所述谱系与宗室墓志习惯上对谱系的叙述也是不符的。从目前发现的墓志来看，宗室墓志除特殊的政治原因

[1]（宋）欧阳修：《新唐书》卷七〇下《宗室世系表下》，北京：中华书局，1975年，第2143页。

[2]（后晋）刘昫：《旧唐书》卷九五《睿宗诸子·让皇帝宪传》，北京：中华书局，1975年，第3014、3015页。

[3]《旧唐书》卷九五《睿宗诸子·惠庄太子㧑传》，第3016页。

[4]《新唐书》卷八一《三宗诸子·惠庄太子㧑传》，第3601页。

[5]《新唐书》卷七〇下《宗室世系表下》，第2143页。记李琄为嗣申王，显误。《新唐书》此处仅是为了表明李琄和李㧑的承袭关系。

外，一般都会详叙谱系，写明世代的承袭。略举几例：李凤“陇西狄道人也。太祖景皇帝之曾孙，世祖元皇帝之孙，高祖神尧皇帝之第十五子也”[1]；李千里“陇西成纪人也。神尧皇帝之曾孙，高宗天皇之犹子”[2]；李粹“今上（代宗）三从伯父。曾祖恒山愍王曰承乾”[3]，而守礼墓志，仅仅提到“本姓李氏，其先陇西狄道人，承袭昭然”，未能叙及一个可靠的谱系。

可是，如果李琳不是宗室，那为什么会拥有王爵呢？《研究》一文就是从守礼生父卒于开、天之时，而又有王爵这一事实出发，认为其是宗室的，但若仔细阅读墓志，我们就可以发现守礼生父李琳，并非卒于开、天之际。墓志提道：“何图有子未举，奄丁鞠凶，太夫人武昌支氏相次崩捐，悲夫！”这句话是承接前句“琳，素不繁育，晚年而诞先君。虑不宜尔，爰寄于颍川陈氏以长之”的。那么，连起来看“何图有子未举”的主语应该是陈氏，而非李琳，“举”字有立嗣之意[4]，这句话可理解为：没想到陈氏的儿子先死去了，随后陈氏夫人支氏也相继逝去。至此陈家已经绝嗣，所以守礼不得以才“承祧遂隔于吾宗，继体乃留于他族，今则为陈氏矣”。也就是说，守礼本来是李琳寄养在陈家的，但不幸的发生，使寄养变成了过继。这一点在墓志后文中也有证实，后文提到守礼“慈而且孝，尝画太妣真容，出入朝拜，每事必闻”。“真容”二字，说明守礼曾见过自己的生母；“太妣”与前面提到的“太夫人”用词不同，显然“太妣”是生母，“太夫人”是养母，过早死去的是“太夫人”而不是“太妣”。因此，守礼父李琳并没有在开、天之际逝去。

不久，安史之乱爆发，唐“府库无蓄积，朝廷专以官爵赏功，诸将出征，皆给空名告身，自开府、特进、列卿、大将军，下至中郎、郎将，听临事注名。其后又听以信牒授人官爵，有至异姓王者。诸军但以职任相统摄，不复计官爵高下。及清渠之败，复以官爵收散卒。由是官爵轻而货重，大将军告身一通，才易一醉。凡应募入军者，一切衣金紫，至有朝士僮仆衣金紫，称大官，而执贱役者”[5]。李琳的同安郡王很有可能是在此时获得的，因此时王爵轻贱，

[1] 周绍良、赵超主编：《唐代墓志汇编续集》，上海古籍出版社，2001年，第214页。

[2] 周绍良主编：《唐代墓志汇编》（上），上海古籍出版社，1992年，第1119页。

[3] 胡戟、荣新江主编：《大唐西市博物馆藏墓志》，第606、607页。

[4] 这种语意在汉代已有使用。《史记》卷四十《楚世家》中有“楚国之举常在少者”之句（北京：中华书局，1959年，第1698页）就是明证。

[5]（宋）司马光：《资治通鉴》卷二一九，至德二载二月条，北京：中华书局，1956年，第7023、7024页。

所以正史不载。此外，笔者还发现了另一方与之相似的墓志，似可从侧面证实这一点。胡芮夫人刘氏，父守礼，祖刘琼为同安郡王[1]。刘氏死于大中三年（849），年六十八，是守礼的第三女。如果按照唐人二十成婚来推算[2]，其祖刘琼的生活断限应该是在开、天及以后，他必然也经历了安史之乱，所获同安郡王不见于正史，说明也是得于战乱之中，此情况颇与李琳相同。那么，刘琼不是宗室，李琳同样也不是。

关于守礼的子嗣。据志文所述，墓志的撰写者是守礼第十二男锽，初校是十四男鍊，校成是十五男鈛，检校镌磨是十七男鈢。《考释》认为："陈守礼生有十七男，夫人连生十七子，似不大可能……这些排行的儿子是否都是其亲生？抑或是养子……存疑。"其实诸子是养子的可能性很低，因为"中国古代社会中，由于长期以来形成的以家长制为核心、血缘关系为纽带的宗法制的影响，虽然也存在养子的现象，但由于有悖于传统伦理道德，一直受到抨击，并不普遍存在"[3]，而且从墓志所述守礼的生平来看，其殊无养子之必要，这四子应该都属亲生，而所谓第十二、十四、十五、十七的排行，并非是指同父所生的小排行，而是家族的大排行。吴丽娱先生曾说："一般而言，唐人行第完全以同产所计者不多。唯帝子帝女当然如是……从墓志及其他史料（来看）均反映士人行第多不按同产。"[4]类似守礼墓志的这种情况，除吴先生所举事例外，笔者也发现了几例：杨高仁，"有六女二男"[5]，但其墓志却是由"第十六女婿进士博陵崔岑撰，第廿女婿薛王府执仗王有志书"[6]。刘致柔，"有子三人，有女二人"[7]，而墓志却是"第四男烨记"[8]。这表明，有部分墓志的书写习惯是落款行第以家族大排行来计算的。据此，第十二男锽应是守礼的长子，十四男鍊是次子，十五男鈛是三子，十七男鈢是四子，守礼一共只有这四个儿子。

二、起家官职

守礼的起家官职，墓志中载"起家兵部常选"。《研究》中对此理解就是

[1]周绍良、赵超主编：《唐代墓志汇编续集》，第982页。

[2]参见李斌成等编：《隋唐五代社会生活史》，北京：中国社会科学出版社，1998年，第249页。

[3]毛阳光：《唐代藩镇养子述论》，《商丘师范学院学报》2001年第5期，第52—55页。

[4]吴丽娱：《从唐代碑志看唐人行第问题》，载荣新江主编《唐研究》第二卷，北京大学出版社，1996年，第353、354页。

[5][6]周绍良、赵超主编：《唐代墓志汇编》（下），上海古籍出版社，1992年，第1344页。

[7][8]周绍良、赵超主编：《唐代墓志汇编》（下），第2304页。

由“兵部主持的武选考试，为武选中的常科，考试内容包括平射和武举两科。墓志出现的‘兵部常选’其实并非志主陈守礼的释褐官，而是指他参加并通过了兵部主持的武选考试，获得了入仕的基本条件”；《考释》则认为，起家“常选”的用法在墓志中较为罕见，守礼“兵部常选”的身份存疑。

其实，墓志中所说的“起家兵部常选”并非指守礼通过了平射和武举两科考试。从刘琴丽先生搜集的唐代武举及第者的事例来看，若某人出身于此，墓志中一般都会明确写有“武举”字样[1]，而且也不会在其前冠以“起家”二字。黄正建先生指出，“起家”二字之后所承接的多是“出身”，诸如《旧唐书》《通典》和墓志中所载的明经、进士、斋郎、挽郎、国子学生、两馆生、医学生、三卫等[2]。可是，《旧唐书》或《通典》中并未将“常选”列为“出身”，这就需要我们对“常选”的含义进行分析。

“常选”的“常”是指经常，“选”是指铨选。唐初“士不求禄，官不充员。有司移符州县，课人赴调，远方或赐衣续食，犹辞不行。至则授用，无所黜退”[3]。其后选人渐众，到显庆二年（657），刘祥道上言“今之选司取士，伤多且滥：每年入流数过一千四百，伤多也；杂色入流，不加铨简，是伤滥也……计应须数外，其余两倍”[4]，故每年“常选放还者，仍停六七千人”[5]。这六、七千人为求官职，就不得不年年赴吏部参加铨选，是为“常选”。可见，这是由选人与官阙的矛盾造成的。至武后时，这种矛盾更为突出，“垂拱以后，每岁常至五万……是以选人冗冗，甚于羊群，吏部喧喧，多于蚁聚”[6]。玄宗即位后，虽使矛盾有所缓和，但仍是选人远多于官阙，不得以在开元十八年，裴光庭“始作循资格，而贤愚一概，必与格合，乃得铨授，限年蹑级，不得逾越”[7]，这使选人待阙变得有据可循，“常选”也就被制度化了。吏部如此，兵部也与之相似。开元时，参加兵部铨选的仅三卫、监门直长就有三万九

[1] 详见刘琴丽：《唐代武官选任制度初探》，北京：社会科学文献出版社，2006年，第110－121页。

[2] 黄正建：《唐代的“起家”与“释褐”》，《中国史研究》2015年第1期，第198－200页。

[3] 《新唐书》卷四五《选举志下》，第1174页。

[4] 《旧唐书》卷八一《刘祥道传》，第2751、2752页。

[5] 《旧唐书》卷八一《刘祥道传》，第2752页。

[6] （唐）张鷟撰，赵守俨点校：《朝野佥载》卷一，北京：中华书局，1979年，第6页。

[7] 《新唐书》卷四五《选举志下》，第1177页。

千四百余人，亲事、帐内亦有万人[1]。《唐六典》兵部员外郎条提道："凡酬功者，见任、前资、常选为上资。"[2]可见，"常选"也存在于兵部。

至此可以看出，"常选"不同于"出身"，常选人多次赴铨选，在资历上要高于初得出身人，但是"常选"也不是官职，它是介于"出身"和"职事官"之间的一种中间状态。故而墓志在叙述某人仕宦经历时，如果其有"常选"经历，那么标准的写法主要有三种：

第一，起家+出身+常选。如：宁思真"起家任右卫翊二府翊卫、吏部常选"[3]。

第二，出身+常选。这种写法比较常见，略举几例：杨昇"父武越，右卫翊卫护军、天官常选"[4]；任爱"嗣子怀眘、怀嗣，并前翊卫兵部常选"[5]；路玄"父基，皇朝文林郎、吏部常选"[6]。

第三，"常选"经历直接写出。如：张叔子"祖雅，吏部常选"[7]；胡者"父璧，兵部常选"[8]；任令第三子黄"兵部常选"[9]。

至于守礼墓志中的"起家兵部常选"，则是一种非标准化写法。它省去了"常选"前的"出身"项，是第一种写法的简化。类似的还有，邢超俗"昭武校尉、兵部常选、上柱国"[10]，这种写法将职事官"昭武校尉"置于"兵部常选"之前，造成了前后颠倒，显然也是一种非标准写法。

三、仕宦经历

墓志中详细叙及了守礼的仕宦经历，其中大部分事迹，《研究》都已进行了考证，但《考释》仍指出有两个问题值得进一步探讨：一是陈守礼何以遭人

---

[1]《新唐书》卷四五《选举志下》，第1180页。

[2]（唐）李林甫撰，陈仲夫点校：《唐六典》卷五《尚书兵部》，北京：中华书局，1992年，第161页。

[3]周绍良、赵超主编：《唐代墓志汇编》（上），第1050页。

[4]周绍良、赵超主编：《唐代墓志汇编》（上），第885页。

[5][6]周绍良、赵超主编：《唐代墓志汇编》（上），第1208页。

[7]周绍良、赵超主编：《唐代墓志汇编》（上），第1153页。

[8]周绍良、赵超主编：《唐代墓志汇编》（下），第2028页。

[9]（清）董诰：《全唐文》卷一六李邕《（上缺）府别驾上柱国任府君神道碑并序》，北京：中华书局，1983年，第10544页。

[10]张春兰：《〈唐故昭武校尉、兵部常选、上柱国刑公墓志铭并序〉试释》，载杜文玉主编《唐史论丛》第十四辑，西安：三秦出版社，2012年，第198—203页。

谗毁；二是陈守礼与泾原兵有何关系。

第一个问题。墓志序中载："大历八祀……转本军（左龙武军）大将军知军事。麾下颁赏有差，常以执法守官，画一从政，乃为吏所害，谗毁生焉。中构上闻，遂留徽纆，帝知无状，本军元从将军王罗俊等一千余人诣阙自刵，理大将军功。"其后铭中又载："天意既臧，莠言上彻。匪言是征，恶乎攻讦。知臣惟君，罔有阅罚。"通过对比、连缀可以发现：大历年间，时任左龙武军大将军知军事的陈守礼，在奖励部下方面一直坚持秉公守法，这反倒引起了获赏不丰者的不满。为报复守礼，他们"匪言是征，恶乎攻讦"，上莠言于代宗，守礼遂遭下狱，但军中诸将知守礼蒙冤，于是在元从将军王罗俊的带领下聚集一千余人诣阙，一方面自割其耳，为守礼申冤；一方面向代宗极陈守礼昔时之功。而此时，代宗也没查出守礼罪状，故不加治罪。这一事件，实质上是因军中奖赏不满而引发的一起诬告。这类因部将不满而诬告主将的现象在唐代非常常见，如唐初李靖统军破吐谷浑，"利州刺史高甑生为盐泽道总管，以后军期，靖薄责之，甑生因有憾于靖……与广州都督府长史唐奉义告靖谋反。太宗命法官按其事，甑生等竟以诬罔得罪"[1]，这与守礼的经历极为相似。

第二个问题。墓志载："乃出于泾陲，会刘文喜□□军□枭首。是策也，先君画焉。进位开府仪同三司，兼太常卿，待诏阙下，遇贼臣朱泚以泾原群逆窃据京师，乃随司徒李公驱除枭镜，改太子宾客，进封淮阳郡开国公，仍赐名奉天定难功臣。"这段话，实则包涵了两个重大的历史事件：

其一，建中元年（780），刘文喜叛乱事件。"（刘文喜）据泾州叛，遣其子质于吐蕃以求援。上命朱泚、李怀光讨之，又命神策军使张巨济将禁兵二千助之"[2]。墓志中所谓的"乃出于泾陲"，应该就是指守礼参与了这次平叛。至于墓志中提到的"会刘文喜□□军□枭首。是策也，先君画焉"，则是夸大了守礼在平叛中的作用，据两《唐书》及《通鉴》关于刘文喜叛乱的记载综合来看，刘文喜据泾州叛后，派其将刘海宾入奏请为节度，但遭到了德宗的严词拒绝。在朱泚等将的不断围攻下，泾州城岌岌可危，海宾遂与诸将杀死刘文喜，以应唐军。这其中并没有提到守礼的作用，更遑论策划之事。况且《通鉴》中还详细记录了刘海宾说与德宗的一段话，"海宾言于上曰：'臣乃陛下藩邸部

[1]《旧唐书》卷六七《李靖传》，第2481页。

[2]《资治通鉴》卷二二六，建中元年三月条，第7279页。

曲，岂肯附叛臣，必为陛下枭其首以献’”[1]。可见，刘海宾是主动要求杀刘文喜的，而非某人策划。再有从陈守礼平叛后，“进位开府仪同三司，兼太常卿”一事来看，他确实也没有立什么殊功，只是按常例寻常升调罢了。对此，另一平叛将领曲环的事迹可印证这一点。在平叛前，曲环为特进、太常卿、太子宾客，与守礼的特进、左龙武军大将军知军事，地位高下相似。叛起，曲环“与诸将讨泾州叛将刘文喜，平之，加开府仪同三司、兼御史中丞，充邠、陇两军都知兵马使”[2]，这又与守礼的“开府仪同三司，兼太常卿”相似。这说明这次平叛，只要是参与其中，散阶普遍都会晋升一阶，曲环、守礼两人都是由特进晋升为开府仪同三司的，曲环未立什么殊功，说明守礼也是。所不同的是，曲环有“邠、陇两军都知兵马使”的实职，而守礼没有，大概是因为守礼曾被下属告发过，虽是诬告，但皇帝毕竟对此仍难释怀，不但不给守礼实职，而且还将其调离了军事岗位。

其二，建中四年（783），泾原兵变事件。墓志中说：“（守礼）遇贼臣朱泚以泾原群逆窃据京师，随司徒李公驱除枭镜。”平叛后，守礼“改太子宾客，进封淮阳郡开国公，仍赐名奉天定难功臣”，这也是寻常升调。首先阶官由“太常卿”变为“太子宾客”，正三品品阶未变，太子宾客虽地位稍尊，但兴元时已增至八员[3]，尊崇性较以往下降。其次，守礼爵位，虽然由“县伯”升为了“郡公”，但食实封数未变。至于“奉天定难功臣”的称号则更是廉价，德宗在兴元元年（784）正月的赦文中许诺：“诸军诸使诸道应赴奉天，及进收京城将士等，宜并赐名奉天定难功臣。”[4]

综上，守礼实际与泾原兵之间并无太大的关系，无论是在平刘文喜之叛，还是在泾原兵变中，他都没有立过什么大功。

此外，《考释》中还指出，墓志序的后半部分和前半部分相比，出现了经历和年龄的相互矛盾，即“（守礼）年十七而从事，年廿而成名，年廿三为代宗中涓吏，年廿五为左巡贼盗捉搦使，年廿七为右龙武军将军知军事，年卅为左龙武军将军知军事”的叙述与墓志前半部分不符。不过应当看到，这段文字是写在守礼病逝之后的，意在对其一生做一简单总结，这就不可避免地要

[1]《资治通鉴》卷二二六，建中元年五月条，第7281页。

[2]《旧唐书》卷一二二《曲环传》，第3502页。

[3]《旧唐书》卷一二《德宗本纪上》，第340页。

[4]（宋）王溥：《唐会要》卷四五《功臣》，上海古籍出版社，2006年，第945页。

进行一番颂扬，仔细阅读会发现，守礼从十七到三十岁，几乎是每两三年就要升迁一次，十七到二十，间隔三年；二十到二十三，又是间隔三年；二十三到二十五，间隔两年；二十五到二十七，又是间隔两年；二十七到三十，间隔三年，间隔的时间段几乎是平均分配的，显然与事实不符。这么写一是为了句式排比，造成语势；二是为了彰显守礼的优秀，给人形成一种守礼年纪轻轻就已经取得了很大成就的印象。这种颂扬手法并不罕见，白居易在《七德舞》中写道："太宗十八举义兵，白旄黄钺定两京。擒充戮窦四海清，二十有四功业成。二十有九即帝位，三十有五致太平。"[1]十八到二十四，间隔六年；二十四到二十九，间隔五年；二十九到三十五，间隔六年，间隔时间段相当平均。可实际上太宗举义兵是大业十三年（617），登基是武德九年（626），中间间隔九年，如果起兵时是十八岁的话，那么登基就是二十七，而不是二十九。白居易之所以这么写，也是为了颂扬，这点与守礼墓志是一致的。

四、结语

对《陈守礼墓志》的释读，不能不引发我们对墓志书写方面的思考。墓志毫无疑问地会对志主的生平进行一番美化，但这种美化应如何把握，又是如何通过书写完成的呢？以这方墓志为例，我们似可认为：墓志书写是在基于基本事实的基础上，通过省略掉事件过程，用定性语言直接叙及事件结果，以造成读者错觉，来达到美化的目的的。比如，在叙及守礼家世时，先言其"本姓李氏，其先陇西狄道人"，紧接着便是"父金紫光禄大夫、同安郡王琳"，而中间的世系传承仅以"承袭昭然"作定性说明，完全省略了传承的脉络。读者从透露出的"李氏""陇西狄道人""同安郡王"等信息来看，自然就会产生守礼本是李唐宗室的看法，这样墓志就在无形中美化了守礼的出身。又如，叙及守礼参与平定刘文喜叛乱时，仅言守礼"出于泾陲"，"刘文喜□□军□枭首"，然后用"是策也，先君画焉"这样的话加以定性，完全省略了其中的过程，给读者造成了一种守礼在平叛中起了决定性作用的印象。再如，叙及泾原兵变，李晟收复长安时，只提守礼"随司徒李公驱除枭镜"，其后紧接着说："改太子宾客，进封淮阳郡开国公，仍赐名奉天定难功臣。"这又会让读者误以为，守礼是在泾原兵变中，因立有大功而获得升迁的。

[1]（唐）白居易著，朱金城笺注：《白居易集笺校》卷三《讽谕三·新乐府·七德舞》，上海古籍出版社，1988年，第140页。

总之，墓志通过这样一种书写技巧，把真实事件用加以美化的形式呈现出来，这是我们日后在释读墓志时需要注意的。

（作者单位：北华大学历史文化学院）

The Truth and Prettification of Writing on Epigraph: Interpretation on *The Chen Shouli's Epitaph* in the Tang Dynasty

Sun Jun

[Abstract] The study on Chen Shouli's Epitaph collected in the Tang West Market Museum makes us rebuild the understanding of all Chen Shouli's life. In his family, Chen Shouli should be An Jun King Li Lin's son. But An Jun King was out of the clan, his son was fostered in the Chen Family in his old age. Due to Chens' great calamity, Chen Shouli was given for adoption. After his marriage, Chen Shouli had four sons called Huang, Lian, Yi, Shu. On his official career, Shouli served as an official beginning with "Bing Bu Chang Xuan" and made contributions during a series of important historical events such as Liu Wenxi's revolt and Jing Yuan mutiny. The Epitaph described Shouli's life with writing skills for the purpose of prettifying family background and achievements.

唐程处政墓志考释

杜海斌

程处政是唐初大将程知节的儿子。关于程知节的个人和家族情况，《旧唐书》和《新唐书》有诸多记载。《程知节碑》、《大唐骠骑大将军益州大都督上柱国卢国公程使君墓志铭并序》（简称《程知节墓志》）、《程翰林墓志》、《程伯献墓志》等出土文献也从不同角度补充了程氏家族的一些信息。但遗憾的是这些信息并不完整。近期笔者有幸获得友人所赠《程处政墓志》拓片，该墓志为我们提供了一些新的资料。

一、程处政墓志的基本信息

程处政墓志全称《唐故朔州司马程公墓志铭并序》，墓志长38厘米，宽37.5厘米，失盖，共24行，515字。其中17个字都是武则天所造新字。

为便于研究，兹录文如下：

唐故朔州司马程公墓志铭并序

公讳处政，字彦道，东平人也。望隆颛顼，派水德而疏源，族茂祝融，居火正而流祉。貂蝉耀首，周朝扇廉洁之风，隼鷁承冠，吴国蓄英雄之誉。金编玉册，可得详焉。曾祖哲，齐晋州司马。祖娄，济州大中正，唐赠使持节、瀛洲诸军事，瀛洲刺史。父，唐使持节岐州诸军事，岐州刺史，赠骠骑大将军，益州都督，上柱国，卢国公。赫弈胤绪，婵连冠冕。星辰异采，岳渎奇精。公即都督之第五子也。降灵正气，载诞贞风，峻若断山，清均止水。起家补太宗文皇帝挽郎，解褐恒州司兵，转灵州司功。翊化百城，毗风千里。文武继总，今古莫俦。秩满授陵州贵平县令，又迁朔州司马。嗟乎！逝川易往，陈驷难留，与善无征，辅仁莫验。以永隆元年四月九日卒于官舍，春秋五十有五。夫人弘农杨氏，隋刑部尚书、国子监祭酒汪之孙，唐幽州范阳县令政本之女。四代五公，朱轮绣毂，西京盛族，东汉名臣。以乾封三年七月十九日卒于贵平县，春秋卅有二。女，法云寺尼，削发禅林，驰心净域，思昊天而罔极，痛陟屺而无依。与姊李氏等卜其宅兆，占彼吉辰，俄开马鬣之形，遂起牛罡之势。粤以圣历元年贰月二十九日合葬于雍州明堂县少陵原，礼也。白杨萧飔，恐景行而无闻，翠琰贞坚，庶徽猷而不灭。乃为铭曰：

火正流祉，水德降灵。登山捧日，入阙乘星。惟公载诞，惟国之桢。出赞千里，来毗百城。其一：续茂驱鸡，声光展骥。人歌道德，野静烽燧。迩无不怀，远无不至。畴庸莫尚，当仁胡愧。其二：洪名荡荡，盛德巍巍。辅仁无验，与善徒欺。倏嗟电往，俄惊露晞。千年宝剑，一旦双飞。

二、关于程处政的家世与仕途

墓志记载了程处政的家族源流："曾祖哲，齐晋州司马。祖娄，济州大中正，唐赠使持节、瀛洲诸军事，瀛洲刺史。父，唐使持节岐州诸军事，岐州刺史，赠骠骑大将军，益州都督，上柱国，卢国公。"其曾祖父是程哲；其祖父是程娄；其父亲便是大名鼎鼎的程咬金，也就是凌烟阁二十四功臣之一、岐州刺史、骠骑大将军、益州都督、上柱国、卢国公程知节。这段记载，与以往文献和碑刻资料关于程知节的家世记载一致。据《程知节碑》记载："曾祖兴，齐兖州别驾。祖哲，齐晋州司马。"[1]《大唐骠骑大将军益州大都督上柱国卢国公程使君（知节）墓志铭并序》记载："曾祖兴，齐兖州司马；祖哲，齐晋州司马，并逸气烟翔，孤韵风竦。临机弗谬，蕴志无辱。始屈道于涵牛，遽飞声于展骥。父娄，济州大中正，皇朝赠使持节瀛州诸军事、瀛州刺史。"[2]。程处政墓志中对他的曾祖、祖父和父亲的家世溯源与上述资料对程知节的记载一致。据此，我们可以断定这段文字对程氏家族的溯源属实。

墓志上说，高宗永隆元年（680），程处政卒于官舍，享年55岁。据此逆推，则程处政生于唐高祖武德八年（625）。

---

[1] 张沛：《昭陵碑石》，西安：三秦出版社，1993年，第159页。

[2] 吴钢：《全唐文补遗》第二辑，西安：三秦出版社，1995年，第204页。

关于程处政的仕宦经历，墓志称起家补唐太宗挽郎，第一个实职是恒州司兵。恒州隶属河北道，唐初为大都督府。开元年间有户四万二千六百九十四。元和年间户口降至一万七千五百八十，为恒冀节度使理所。“管州六：恒州、冀州、深州、赵州、德州、棣州。县四十四。都管户六万二千六百四”[1]。司兵是大唐掌军防、烽驿传送马、门禁、田猎、仪仗之事的官吏。

程处政后又转灵州司功。灵州位于关内道，治所在宁夏灵武，唐初属大都督府。开元年间有户九千六百六。唐代中后期为灵武节度使理所，“管州三：灵州，会州，盐州。县十”[2]。司功是掌管地方“官员、祭祀、礼乐、学校、选举、表疏、医筮、考课、丧葬之事”[3]的官员。

乾封年间（666—668），程处政秩满授陵州贵平县令。墓志载其夫人“以乾封三年七月十九日卒于贵平县”。由此可知其时程处政仍在贵平当官。陵州管五个县，分别是“仁寿，贵平，籍，始建，井研”。贵平县，隶属于陵州。县内有唱车山，在县西南九里。禄水，在县南五十步。还有“平井盐井，在县东南七步”[4]。

程处政仕途的最后一任是朔州司马。朔州隶属河东道，“开元户六千二十，乡十三。元和户七百二十九，乡十六”[5]。

高宗永隆元年（680）四月九日，程处政卒于官舍。圣历元年（697）二月二十九日与夫人合葬于雍州明堂县少陵原。明堂县隶雍州，治所在长安城之永乐坊，即今西安市碑林区草场坡东，少陵原在今西安市长安区韦曲东。

从上述情况来看，程处政虽出自名门，但官职不大，最后任职州“司马”一级。朔州为下州，司马只不过是从六品下的小官而已。

三、关于程处政的兄弟

程处政墓志明确记载说程处政是程知节的儿子。但《旧唐书·程知节传》记载说“子处默，袭爵卢国公。处亮，以功臣子尚太宗女清河长公主，授驸马都尉、左卫中郎将。少子处弼，官至右金吾将军。处弼子伯献，开元中，左金

[1]（唐）李吉甫撰，贺次君点校：《元和郡县图志》卷十七《河北道二》，北京：中华书局，1983年，第477页。

[2]《元和郡县图志》卷四《关内道四》，第91页。

[3]（唐）杜佑：《通典》卷三三《职官》，北京：中华书局，1988年，第913页。

[4]《元和郡县图志》卷三三《剑南道下》，第863页。

[5]《元和郡县图志》卷十四《河东道三》，第407页。

吾将军”[1]。并没有提到程处政。

据《程知节墓志》记载，程知节有两位夫人：“前夫人孙氏，县令陆儿第三之女，封宿国夫人。……年三十有一，贞观二年六月廿一日，薨于怀德里第。”第一位夫人孙氏生卒年代为公元598—628年，去世时年仅三十一岁。孙氏比程知节小九岁，当时程知节应该是四十岁。“后夫人清河崔氏，齐郡公逊之孙，父隋任齐州别驾信之长女。……以显庆三年十二月廿一日，终于怀德里，时年六十有七”[2]。第二位夫人崔氏生卒年代为公元592—658年，享年六十七岁，崔氏比程知节小三岁，崔氏去世时，程知节应该是七十岁。两位夫人和丈夫一样，都是在都城长安西市西侧的怀德坊府邸去世。两位夫人的生育情况没有明确记载。

《程知节碑》中提到“封第二子处亮为东阿县开国□，食邑一千户”，“有子明威将军、桂州淮南府折冲处嗣等，裘冶承家，声华映俗”[3]。肯定了程处亮是程知节的第二子。同时也说明还有一个儿子叫“处嗣”。但是这个“程处嗣”是程知节的第几子，碑文并没有说明。

《全唐文补遗》中有《唐故相州城安县令（程处立）夫人和（幹）墓志并序》，志文中记载：“夫处立，相州城安县令。父知节，十二卫大将军、卢国公。”墓志中的程夫人“于开元十七年四月八日，终于本第，春秋九十”[4]。即生卒年代为公元640—729年，享年九十岁。在程夫人和幹的墓志中，提及自己的丈夫是做过相州城安县令的程知节的儿子程处立。

在《清河长公主李敬碑》文中，由于残缺部分太多，我们无法了解李敬的生卒年月。但是从“李俨撰，畅整正书，麟德元年十月”知李敬亡于麟德元年，即公元664年[5]。

《程翰林墓志》记载：“皇曾祖知节，皇幽州都督、骠骑大将军、开国公、食汴州实封二千户，赠太尉。祖处寸，皇户部郎中、绵州刺史。”这里提到了一位程知节的另一个儿子“处寸”，在《唐刺史考》中，没有查出程处寸

[1]（后晋）刘昫：《旧唐书》卷六八《程知节传》，北京：中华书局，1975年，第2504页。

[2]吴钢：《全唐文补遗》第五辑，西安：三秦出版社，1995年，第204、205页。

[3]张沛：《昭陵碑石》，第160页。

[4]吴钢：《全唐文补遗》第四辑，西安：三秦出版社，1997年，第415页。

[5]李德辉：《全唐文作者小传正补》，沈阳：辽海出版社，2010年，第129页。巴姗姗、王晓林、孙丽丽《唐代陪陵公主考》推测清河公主至早生于武德六年，载《乾陵文化研究》第二辑，西安：三秦出版社，第78页。

之名。《程翰林墓志》记载翰林“大唐贞元廿年十一月廿四日寝疾于徐州彭城县浮罄坊私第，享年六十有九”[1]，其生卒年代为736—804年。程翰林的祖父程处寸是程知节的第几个儿子则无法推断，他的祖辈生于665之前是可能的。

据樊波、李举纲《新出唐墓志所见西域史事二题》一文所述，程知节还有一个儿子程处侠。[2]在《大唐故东宫通事舍人程君（处侠）之墓志铭并序》中记载：“公讳俊，字处侠，济北东阿人也。……祖楼，瀛州刺吏……父节，镇军大将军，行左卫大将军，上柱国、卢国公。……显庆元年十二日廿日献捷凯旋，中途遘疾，卒于会州之黄沙镇，春秋廿有八。”由此可知，程处侠生于628年，应该比处政小三岁，排序在其后。

《程处政墓志》称处政为程知节第五子。程处政“以永隆元年四月九日卒于官舍，春秋五十有五”，生卒年代应为公元625—680年。程处政是程知节的第五子，在长子处默、二子处亮和少子处弼之间。我们从处亮夫人清河公主的死亡年代和处立夫人的生卒年代看，基本和处政属于同时期，即7世纪中后期到8世纪上半期。而孙辈程翰林的生卒则晚于这一时期，他生于8世纪30年代，卒于9世纪初年。由此可以推断，处立、处寸、处政基本属于同一时期，从时间上推断应该是符合程知节下一辈的年龄的。处立、处寸、处政加上已知的处默、处亮、处嗣、处弼，程知节应该有七个儿子。也就是说，程处政应当有七个兄弟。

在程处政的七个兄弟当中，程处弼算是比较有名的。他在武则天临朝称制前曾担任过“将军”，因其侄犯罪受到牵连而被流放，不过武则天又启用了他。《全唐文》卷二〇九至二一〇有陈子昂为其所撰《为程处弼辞放流表》《为将军程处弼谢放流表》及《为程处弼庆拜洛表》。在程处弼受累流放时，程处政已去世多年，否则他也可能受到牵连。

四、关于程处政夫人的杨氏家族

程处政的夫人杨氏出自名门望族，她的祖父是弘农杨氏、西京鼎族杨汪，显赫的家世和出色的才华，使得杨汪在隋文帝、隋炀帝和王世充手中都受到了重用。隋高祖时曾为尚书左丞，隋炀帝时为大理卿，拜国子祭酒、银青光禄大夫，隋炀帝死后，王世充任杨汪为吏部尚书。平定王世充之后，杨汪以凶党罪

[1] 吴钢：《全唐文补遗》第五辑，西安：三秦出版社，1998年，第32页。

[2] 樊波、李举纲：《新出唐墓志所见西域史事二题》，《西域研究》2009年第4期，第43、44页。

被处死[1]。在杨汪的两个儿子杨仁方和杨基的墓志中，均称自己的父亲是隋右卫大将军、刑部尚书、国子祭酒，与《隋书杨汪传》的记载一致[2]。父亲的罹祸，也在他们兄弟的墓志中得到部分反映。《杨仁方墓志》称："及遭乱离，志在全免。慕恋膝下，徘徊伪朝。有一于兹，□颓厥绪。惟金惟玉，不磷不缁。茂范清规，于是乎在。"《杨基墓志》称："覆巢成祸，蕴是流播。妖日陵金，几于销铄。涔泥陷玉，终靡缁磷。伪郑既平，言归与梓。"父亲的被杀，对他们的仕途产生了什么影响？我们在杨仁方的墓志中看到，他在"大业年中，授翼城县长，寻转楚州司马。……贞观中，复起为和州司法。十九年改任梓州玄武县丞。……廿三年五月五日，遘疾卒于官舍"[3]。显然，贞观朝再次启用了他，杨仁方也是因病终于自己的官舍。而杨基"起家补陇州行参军、稍迁汴州司户、又转幽州范阳县令"[4]。但杨仁方和杨基始终都徘徊在州县一级官吏任上。

程夫人杨氏的父亲便是杨基，杨基是杨汪的第五子。

程夫人杨氏的母亲一族也是望门显族，杨氏母亲韦檀特，是"高门鼎盛，台辅继踵，有隋之贵，一宗而已"的韦匡伯二女儿。韦匡伯"年十二，封黄瓜县开国公，袭祖封郧国公、食邑万户。……大业七年，陪麾辽左，授朝散大夫，俄迁尚衣奉御，侍从乘舆，密勿帷扆"。韦匡伯的弟弟韦圆照尚隋丰宁公主，韦匡伯的长女嫁给了王世充的儿子王玄应[5]，而韦匡伯的幼女韦尼子在武德四年以良家受选，成为唐太宗的昭容[6]。以这样显赫的家世背景，韦匡伯的二女儿韦檀特嫁给了弘农杨氏之后杨政本。程处政和妻子杨氏的联姻，也可谓门当户对了。因此在程处政墓志中，我们能看到追溯杨氏家世时的自豪感。

值得注意的是，墓志中没有记录程处政的子嗣情况。或许没有儿子。但是有一个女儿，出家法云寺，削发为尼。法云寺与韦氏有着特殊的关系。据《类编长安志》记载，法云尼寺"在宣平坊西南隅。隋开皇三年，太傅郧国公韦孝宽所立。初名法轮寺。睿宗升储，改法云寺。景龙二年，韦庶人改翊圣寺。景

---

[1]（唐）魏徵：《隋书》卷五六《杨汪传》，北京：中华书局，2019年，第713、714页。

[2] 吴钢:《全唐文补遗》第二辑，西安：三秦出版社，第114、115页。

[3][4] 吴钢:《全唐文补遗》第二辑，第114页。

[5] 周绍良主编：《唐代墓志汇编》开明〇〇三《韦匡伯墓志》，上海古籍出版社，1992年，第7页。

[6]吴钢:《全唐文补遗》第二辑，西安：三秦出版社，1995年，第141、142页。

云元年，复旧"[1]。在李健超先生的《增订唐两京城坊考》中，除了上述说明外，还补充了"寺本隋太保、薛国公长孙览宅"[2]的内容。郧国公韦孝宽，就是程处政夫人杨氏的母亲韦檀特的曾祖父[3]。程处政的女儿选择和自己家族有密切关系的法云寺出家，个中缘由，值得进一步思考。

唐《程处政墓志》

（作者单位：陕西师范大学历史文化学院）

[1]（元）骆天骧，黄永年点校：《类编长安志》卷五《寺观》，西安：三秦出版社，2006年，第137页。

[2]（清）徐松撰，李健超增订：《增订唐两京城坊考》，西安：三秦出版社，1996年，第130页。

[3] 王伟：《〈韦匡伯墓志〉及其婚姻关系考论》，《求索》2010年第10期，第244—250页。

Textual Research on Epitaph of Cheng Chuzheng in the Tang Dynasty

Du Haibin

[Abstract] The epitaph of Cheng Chuzheng is a newly discovered family epitaph. The tomb owner is the fifth son of Cheng Zhijie. His wife was the grandson of Yang Wang and the daughter of Yang Zhengben. Her family was prominent.The information in the epitaph provides valuable data for enriching the relationship between the characters of Cheng family, which can make up for some shortcomings in history.

历史地理

唐代驿程的新解读

——以沙州为中心的考察*

徐雪强

“驿”是唐代官方交通的主要形式，也是政令和信息上传下达的重要机构。据《唐六典》记载，全国“凡三十里一驿，天下凡一千六百三十有九所”[1]。在前代交通建设的基础上，唐朝建立了完备的邮驿管理制度，这包括驿舍，驿田，驿夫，驿马、驿船、驿驴等配置及其使用规定。由于传驿不仅是古代交通的主体，也是研究政令运行的重要内容，因而很早就受到学者关注，迄今为止，成果十分丰富，但基本集中于驿址考证及驿道复原、邮驿管理制度和运行效率等方面，对驿程本身的解读性研究甚少[2]。

驿程，是指传驿之间的距离，唐代传驿文献中多记载为“某驿，东去某驿

*本文系中央高校基本科研业务费专项资金“终南历史地理基础数据库”资助成果、国家社会科学重大项目（项目编号：14ZDB031）阶段性成果。

[1]（唐）李林甫撰，陈仲夫点校：《唐六典》卷五《尚书兵部》，北京：中华书局，1992年，第163页。

[2] 最具有代表性的成果当属严耕望《唐代交通图考》（上海古籍出版社，2007年），利用了大量史料考证和复原的唐代驿道和驿址。其次，驿道复原研究有张广达《西域史地丛稿初编》（上海古籍出版社，1995年，第175—188页）、辛德勇《史万岁南征路线重析》（《中国历史地理论丛》1995年第1辑，第201—207页）、［日］佐藤长《唐代青海至拉萨间的道程》（《青海民族学院学报》1981年第3期，第67—80页）等；驿馆考证研究有姚家积《唐代驿名拾遗》（《禹贡》1936年第5卷第2期，第23—32页）、鲁才全《唐代的驿家和馆家试释》（《魏晋南北朝隋唐史资料》第6辑，1984年，第34—39页）等；邮驿管理制度有李然《唐代官员使用馆驿的管理制度》（《边疆经济与文化》2004年第8期，第85—87页）等。前辈学者涉及驿程的研究是为了考证驿道走向和驿址，而非专门解读驿程的内涵。

多少里”。这些驿程是实测距离，还是观念距离？驿程的远近主要受什么因素影响，又具备哪些特点？这些特点对于传统驿址考证具有什么意义？以往研究由于史料和方法的限制，并未深入探讨以上问题。地理信息系统（简称GIS），是利用计算机技术对地理信息进行采集、存储、管理、处理以及描述的学科。它对驿址定位、里程计算有着显著的作用。本文借助GIS技术，以驿程详细的《沙州都督府图经》为基本史料，尝试对唐代驿程有关的几个问题进行深入分析，希冀补充唐代交通史的研究。不当之处，敬请斧正。

一、沙州附近驿站及其地理定位

唐代的沙州，即今天的敦煌，是西北陇右道重镇，东接河西，西连西域，素有“西域门户”之称。因此，唐朝十分重视对此地的经营，不仅兴屯田、筑城置州、驻军镇守，而且设置诸多传驿，保障政令有效地上传下达。

唐朝于沙州附近设置诸多“驿”，见于巴黎藏敦煌出土文献P.2005号卷子。因有“沙州都督府图经卷第三”落款，学界命名为《沙州都督府图经》（本文简称《图经》）。按照唐律要求，地方图经三年一编修，此《图经》是经纂修后多次补修。关于纂修和补修时间，学界尚未达成一致[1]，但可以确定为唐前期。此《图经》开首稍有残缺，可能是沙州形胜之描述，所剩残卷不仅记载了驿名及其沿革，而且记载了驿与驿之间的里程，抄录如下：

> 州城驿，右在州东二百步，（曰）［因］州为名。东北去清泉驿卌里。
>
> 清泉驿，右在州东北卌里，去横涧驿廿里，承前驿路，在瓜州常乐县西南。刺史李无亏以旧路石碛，山险迂曲近贼，奏请近北安置，奉天授二年五月十八日敕，移就北。其驿置在神泉观庄侧，故名神泉驿，今为清泉戍，置在驿旁，因改为清泉驿。
>
> 横涧驿，右在州东北六十里，北去白亭驿廿里。刺史陈玄珪为中间迂回，奏请，奉证圣元年十二月二日敕置。驿侧有涧，因以为名。
>
> 白亭驿，右在州东北八十里，东北去长亭驿卌里。同前奉敕移，为置白亭烽下，因烽为号。
>
> 长亭驿，右在州东北一百廿里，东去甘草驿廿五里。同前奉敕移。为

[1] 自卷子发现以来，［法］伯希和、［日］池田温、罗振玉、严耕望、王仲荦、郑炳林、李正宇、李并成等学者对其纂修和补修年份做了研究，大致分为永徽之说、武周之说和开元之说。

置在长亭烽下，因烽为号。

甘草驿，右在州东北一百卌五里，东南去阶亭驿廿五里。前刺史李无亏为中间路远，兼有沙卤，奏请，奉敕置，驿侧有甘草，因以为号。

阶亭驿，右在州东一百七十里，去瓜州常乐驿卅里。同前奉敕移，为置在阶亭烽侧，因烽为号。

新井驿，广显驿，乌山驿，已上驿，瓜州捉。右在州东北二百廿七里二百步瓜州常乐县界。同前奉敕置，遣沙州百姓越界供奉。如意元（年）四月三日，敕移就稍竿道行，至证圣元年正月十四日，敕为沙州遭贼少草，运转极难，稍竿道停，改于第五道来往。又奉今年二月廿七日敕，第五道中，总置十驿，拟供客使等食，付王孝杰并瓜州、沙州审更检问。今瓜省捉三驿，沙州捉四驿，件检瓜州驿数如前。

双泉驿，右在州东北四百七十七里—百六十步瓜州常乐县界。唐仪凤三年闰十月，奉敕移稍竿道就第五道莫贺延碛置，沙州百姓越界捉。奉如意元年四月三日敕，移就稍竿道行，至证圣元年正月十四日，敕为沙州遭贼，改第五道来往。南去瓜州常乐县界乌山驿六十九里二百六十步，北去第五驿六十里八十步。

第五驿，右在州东北五百一十一里卌步。同前奉敕置，沙州百姓越界捉，南去双泉驿六十四里八十步，北去冷泉驿六十八里卅步。

冷泉驿，右在州东北五百七十九里一百七十步。同前奉敕置，沙州百姓越界捉。南去第五驿六十八里卅步，北去胡桐驿八十四里。

胡桐驿，右在州东北六百六十三里一百七十步。同前奉敕置，沙州百姓越界捉。南去冷泉驿八十四里，北去伊州柔远县界赤崖驿八十里。

东泉驿，右在州东卌里，去其头驿廿五里。刺史李无亏为其路山险迂曲，奏请就北安置，奉天授二年五月十八日敕，移就北，其驿遂废。

其头驿，右在州东六十五里，西去东泉驿廿五里，东去悬泉驿八十里，同前奉敕移废。

悬泉驿，右在州东一百卌五里，旧是山南空谷驿。唐永淳三年录奏，奉敕移就山北悬泉谷置。西去其头驿八十里，东去鱼泉驿卌里，同前奉敕移废。

鱼泉驿，右唐咸亨四年，刺史李祖隆奏，奉敕置。去州东一百八十五里，东去瓜州常乐卌五里，西去悬泉驿卌里，同前奉敕移废。

无穷驿，右在州东一百里，在无穷山置，西去其头驿卅五里，东去空谷驿卅里。唐永淳二年，奏移北行，其驿遂废。

空谷驿，右去州东一百卅里，在空谷山南置，西去无穷驿卅里，东去黄谷驿卌里，为同前移道，其驿遂废。

黄谷驿，右去州东一百七十里，东去鱼泉驿廿五里，为同前移道，其驿遂废。[1]

《图经》记载了沙州附近21个驿。如何将唐代的驿定位到现代地图上？在地名考证的基础上利用GIS技术方法，是近年来学界普遍使用的地理定位方法。

可信的地名考证是地理定位方法使用的前提，也是科学的历史地图制作的关键。因此，《图经》所载之驿的地理定位，必须依靠翔实可信的地名考证。关于这些驿，学者们做过诸多考证，李正宇和李并成先生在历史文献记载的基础上结合实地考察，基本确定了唐代沙州附近驿的现今位置（表1）。

表1　唐代沙州附近驿的遗址[2]

驿名	今址	驿名	今址
新井驿	瓜州向阳村雷墩子	长亭驿	渠口镇“烽燧遗址”土墩
广显驿	瓜州柳园镇白墩子	甘草驿	西沙窝三号城址
乌山驿	瓜州柳园镇“红柳园遗址”	阶亭驿	巴州一号烽燧遗址
双泉驿	瓜州县柳园镇之大泉	东泉驿	“大疙瘩梁故城遗址”
第五驿	瓜州县柳园镇“马莲井遗址”	其头驿	二道井
冷泉驿	哈密市星星峡镇“星星峡遗址”	悬泉驿	甜水井村“悬泉置遗址”
胡桐驿	哈密市星星峡镇沙泉子	无穷驿	莫高镇“旱峡烽火台遗址”
清泉驿	敦煌市郭家堡乡南渠尾村“二站古城”	空谷驿	悬泉沟口东烽燧遗址
横涧驿	敦煌市咸水沟“烽燧遗址”	黄谷驿	“老师兔故城遗址”
白亭驿	敦煌市渠口镇“烽燧遗址”	鱼泉驿	“芦草沟城址”
		常乐驿	“六工破城”遗址

[1] 法国藏伯希和敦煌文书第2005号，转自王仲荦《敦煌石室出土〈沙州都督府图经〉残卷考释》《中国历史地理论丛》1992年第1辑，第1—20页），标点略有订正。

[2] 新井驿、广显驿、乌山驿、双泉驿、第五驿、冷泉驿、胡桐驿等所在地，参考李正宇《莫贺延碛道考》（《敦煌研究》2010年第2期，第67—74页）。清泉驿、横涧驿、白亭驿、长亭驿、阶亭驿、东泉驿、悬泉驿、鱼泉驿、黄谷驿、空谷驿、无穷驿等所在地，参考李并成《唐代瓜、沙二州间驿站考》（《历史地理》第13辑，1996年，第93—101页）和《瓜州新发现的几座古城址的调查与考证》（《敦煌研究》2017年第5期，第103—106页）。

现代科学地图是建立在地理坐标系的基础上，谷歌地球不仅提供了通用的WGS84坐标系，而且可观察到大小1米的地物。本文通过比对《中国文物地图集》信息和谷歌地球卫星影像，辅以实地考察信息，从而获取驿址的地理坐标（图1）。

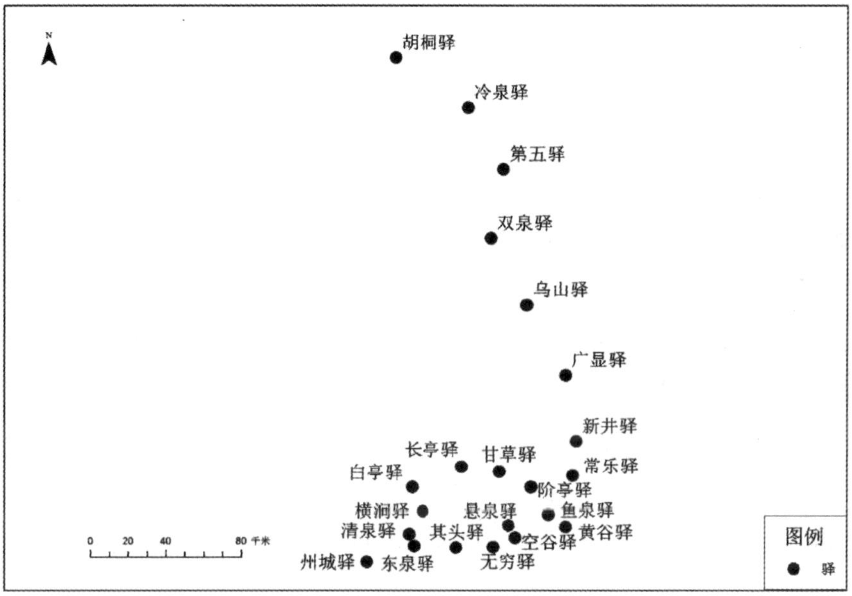

图1　唐代沙州附近各驿地理分布

二、驿程的计算与唐里

由于沙州附近的驿有了精准的地理定位，利用ArcGIS技术很容易计算各驿之间的距离（表2）。此里程是唐驿的现代计量距离，即以公里计算，本文简称为公里距离。除此之外，《图经》中驿程是以唐代里度为单位，即以唐里计算，本文称为唐里距离（表2）。

表2　沙州附近邻驿里程[1]

瓜沙北路	州城驿39里16步（20.7公里，比值0.525）至清泉驿，20里（10.6公里，比值0.53）至横涧驿，20里（10.6公里，比值0.53）至白亭驿，40里（21.5公里，比值0.537）至长亭驿，25里（13.4公里，比值0.536）至甘草驿，25里（13.5公里，比值0.54）至阶亭驿，30里（16公里，比值0.533）至常乐驿

[1] 唐里是以里、步计量，数值来源于《图经》，括号中的公里是利用ArcGIS软件测量的数值，比值是公里距离除以唐里距离，即驿程中的一唐里等于多少公里。

续表

瓜沙中路	州城驿39里16步（20.8公里，比值0.528）至东泉驿，25里（13.5公里，比值0.54）至其头驿，80里（42.4公里，比值0.53）至悬泉驿，40里（21.5公里，比值0.537）至鱼泉驿，45里（23.8公里，比值0.529）至常乐驿
瓜沙南路	州城驿39里16步至东泉驿，25里（13.5公里，比值0.54）至其头驿，35里（18.5公里，比值0.529）至无穷驿，30里（15.8公里，比值0.527）至空谷驿，40里（21.5公里，比值0.537）至黄谷驿，25里（13.5公里，比值0.53）至鱼泉驿，45里（23.8公里，比值0.529）至常乐驿
第五道	常乐驿北行27里200步至新井驿（15公里，比值0.54），149里220步经广显驿到达乌山驿，69里260步（38公里，比值0.54）至双泉驿，64里80步至第五驿（34公里，比值0.53），68里30步至冷泉驿（36公里，比值0.53），84里至胡桐驿（45公里，比值0.54）。

《图经》记载了大部分相邻驿址之间的里程，少数几个邻驿里程需要推算。州城驿在沙州东200步，清泉驿在沙州东北40里，因而州城驿行39里16步至清泉驿。白亭驿在沙州东北80里，横涧驿在州东北60里，故而横涧驿行20里至白亭驿。东泉驿在沙州东40里，故而州城驿东行39里16步至东泉驿。

第五道，是自瓜沙二州通往伊州的道路，因途经沙碛、道途凶险，史称莫贺延碛道。据《图经》，第五道设有十驿，瓜州百姓捉新井、广显、乌山等三驿，沙州百姓捉双泉、第五、冷泉、胡桐等四驿，其余三驿由伊州百姓捉。第五道中邻驿里程皆以沙州为参照物叙述，因而也需要推算。胡桐驿，在沙州东北663里170步，南行84里至冷泉驿（去沙州579里170步），再南行68里30步至第五驿（去沙州511里40步），三驿之间加减里程数与距沙州里程数完全一致，因而《图经》此处无误。然而，双泉驿去沙州东北477里160步的记载有错误。第五驿在沙州东北511里40步，南行64里80步至双泉驿，因此双泉驿应在沙州东北446里320步[1]。据《图经》，双泉驿南去乌山驿69里260步，故而乌山驿去沙州377里60步。乌山驿南行，经广显驿、新井驿，到达常乐驿，新井驿在沙州东北227里200步，常乐驿在沙州东200里，因而乌山驿南行149里220步，南行27里200步至常乐驿。

《图经》所记的唐里距离是不是实测距离呢？这首先需要研究清楚唐里的长度。有关唐里较早的文献《夏侯阳算经》引的《杂令》，载“诸度地以五尺为一步，三百六十步为一里”[2]。唐中叶的《平赋书》亦记载唐里，“三百有六

[1] 据严耕望先生所著《唐代交通图考》（第二卷），双泉驿北去第五驿六十（脱“四”）里八十步，此驿在沙市东北446里320步。

[2]（隋）夏侯阳：《夏侯阳算经》卷上，北京：中华书局，1985年，第7页。

十步谓之里”[1]。这厘清了唐代尺、步、里之间的换算关系，为唐里研究奠定了基础。近代以来，国内采用公里和公米计量。学者们在文献考证的基础上，通过对出土和传世唐代尺子的测量，并辅以唐遗址或遗物的测量，得出唐代小尺约为24.5厘米，仅用在调音律、测晷景和制冕服方面，唐代大尺为通用尺，长度是29.5—30厘米；据此换算，通用唐里为0.531—0.54公里[2]。

据表2中比值可知，《图经》所载驿程中的唐里与公里的换算后，其数值基本在0.531—0.54范围内。因为在地势平坦的瓜沙地域上存在较小的坡度或曲线道路，地图测量距离比实测公里距离稍短，因而造成个别比值略低于此值。这个比值与目前学界对唐里研究的结果相当吻合。毋庸置疑，这说明了唐代沙州附近驿程是实测距离，而非观念距离。此外，这也佐证了学界利用唐尺推算唐里长度结果的可靠性。

三、驿程特点与“三十里一驿”的解读

唐代全国设有传驿1639所，分为陆驿、水驿、水陆驿、监、牧等五类，朝廷不仅对驿丁、驿车、驿马、驿船数量及用驿流程皆有严格规定，而且对驿程也有规范。据《唐六典》：“三十里一驿，天下凡一千六百三十有九所，二百六十所水驿，一千二百九十七所陆驿，八十六所水陆相兼，若地势险阻及须依水草，不必三十里。”[3]可见，唐朝规定通常驿程是30唐里（约16公里），而地势险阻或干旱缺水地区的驿程依情况而定。据严耕望先生考证，唐代全国上千馆驿，目前以馆驿为名的已考定的驿址不多，西北地区仅有数十个而已，详细记载于《图经》和《馆驿使壁记》中。笔者就这些馆驿，尝试探讨驿程的特点。

柳宗元的《馆驿使壁记》记载了唐代长安附近的驿馆数量，是研究驿道和驿馆的重要文献。原文只是分段记载了馆驿数量，而未载明驿名和驿程，如“自长安至于盩厔，其驿十有一，其蔽曰洋州，其关曰华阳”[4]。因此，自20世纪30

[1]（清）董诰：《全唐文》卷六三〇《平赋书》，北京：中华书局，1983年，第6439页。

[2] 陈梦家《亩制与里制》（《考古》1966年第1期，第36—45页）利用长安城和洛阳城周里实测数、传世唐尺实测数和文献比对，确定唐尺约在29.5厘米，唐步为1.475米，唐里约为531米。胡戟《唐代的度量衡与亩里制度》［《西北大学学报》（哲学社会科学版）1980年第4期，第34—41页］根据传世与出土的唐尺，结合《隋书·律历志》，主张唐代小尺可定为24.5784厘米，唐小里为442.5米；大尺可定为29.5厘米，通用唐里定为531米。丘光明《计量史》（长沙：湖南教育出版社，2002年，第352—367页）根据所见40支实物唐尺，取平均值30.3厘米为大尺长度。

[3]《唐六典》卷五《尚书兵部》，第163页。

[4]《全唐文》卷五八〇《馆驿使壁记》，第 5858页。

年代始就有许多学者研究驿馆情况，基本梳理清楚了唐代京兆府境内的馆驿地址和驿道走向问题[1]。拙文《唐代丝绸之路东中段交通线路数据集（618—907年）》[2]利用GIS技术，给出了目前已考证的馆驿在现代科学地图上的准确地理坐标。利用GIS测量相邻两驿的直线距离（可称“邻驿驿程”，下文“驿程”多指此意），结果显示，绝大多数邻驿驿程在10公里左右，即约19唐里。正因如此，如果按照30唐里间距计算，《馆驿使壁记》中的驿馆数目与驿道里程明显不相符，李之勤先生在《柳宗元的〈馆驿使壁记〉与唐代长安城附近的驿道和驿馆》[3]中亦指出了此问题。

西北地区多属于干旱或半干旱气候类型，沙漠和戈壁面积较大，绿洲零星分布其间。沙州、瓜州和伊州位于绿洲之地，连通它们的官道要经过大片戈壁或沙地。水草之地是传驿首选之处。沙州附近的驿名中，不少是以泉、草字命名的，如清泉驿、东泉驿、双泉驿、冷泉驿、甘草驿等。

唐代瓜州邻近疏勒河，沙州位于党河下游，两河皆发源于南面的祁连山，瓜沙二州之间地势较为平坦，受河水影响，不少地点有较为丰盛的水草，且多以泉、草命名。悬泉驿，有悬泉水，在沙州东130里，侧出悬崖，故曰悬泉，旁出1里许即绝，人马多至，水即多，人马少至，水出少，汉代贰师将军李广利西伐大宛路过此地，赖泉水补[4]。鱼泉驿和阶亭驿位于苦水旁，“苦水有西行三里，入沙州东界故鱼泉驿南，西北流十五里，入常乐山，又北流至沙州阶亭驿南”，东泉驿临近东泉泽，“在州东37里，泽内有泉，因以为号”[5]。李并成先生通过发掘的古城址论证该地域曾是自然环境较好的绿洲[6]。据表2，瓜沙二州

[1] 代表性成果有严耕望先生《唐两京馆驿考》（载氏著《唐史研究丛稿》，香港：新亚研究所，1969年，第285—304页）、《唐代长安洛阳道驿程考》（《香港中文大学中国文化研究所学报》1970年第3卷第1期，第77—134页）、《唐代长安西通凉州两道驿程考》（《香港中文大学中国文化研究所学报》1971年第4卷第1期，第23—92页）和李之勤先生《柳宗元的〈馆驿使壁记〉与唐代长安城附近的驿道和驿馆》（《中国古都研究》第一辑，杭州：浙江人民出版社，1985年，第124—143页。后收录于赵建黎主编《长安学丛书·李之勤卷》，西安：陕西师范大学出版总社，第11—20页）等。

[2] 拙文《唐代丝绸之路东中段交通路线数据集（618—907年）》，《中国科学数据（网络版）》2018年第3期。

[3] 李之勤：《柳宗元的〈馆驿使壁记〉与唐代长安城附近的驿道和驿馆》，第127—146页。

[4][5] 法国藏伯希和敦煌文书第2005号，转自王仲荦《敦煌石室出土〈沙州都督府图经〉残卷考释》，《中国历史地理论丛》1992年第1辑，第1—20页。

[6] 李并成：《瓜州新发现的几座古城址的调查与考证》，《敦煌研究》2017年第5期，第103—106页。

间的驿程大小为20—40唐里，这个数值以30唐里为基准浮动。

唐代瓜伊二州之间的常用官道称“第五道”。“第五道”途经莫贺延碛，自然环境远比瓜沙二州恶劣，水草补给困难。唐三藏法师西天求法途经此地，言“关外西北又有第五烽，候望者居之，各相去百里，中无水草，五烽之外，即莫贺延碛，伊吾国境，闻之愁愦”，“莫贺延碛，长八百余里，古曰沙河，上无飞鸟，下无走兽，复无水草”[1]。因此，驿程普遍较远。据表2，第五道的驿程大小为60—90唐里。

综上，不受自然环境限制的长安城附近，驿程普遍小于30唐里；自然环境稍好的瓜沙之间地域，驿程基本以30唐里为基准浮动；水草缺乏的莫贺延碛，驿程大于60唐里，但也不超过100里。由此可见，唐代驿程具有很强的地域性特点。

唐代驿程的地域性特征对驿址的考证有重要的意义。如“第五道”上的广显驿，《图经》只记载了新井驿北行149里220步经广显驿到达乌山驿，而未载明广显驿与新井驿的驿程。李正宇先生实地考察此道，在新井驿北39.3公里发现古烽燧（今名白墩子），并根据烽燧遗址特点推定其为广显驿[2]。根据“第五道”驿程的地域性特点，可知广显驿距离新井驿的里程应是60—90唐里，白墩子南距新井驿约74唐里，北离乌山驿约75唐里。这无疑为广显驿的考证提供了更为科学的依据。

尽管唐代驿程的选择充分考虑了区域环境的影响，允许缩短或延长驿程距离；但是，从笔者统计的唐代驿程来看，绝大多数驿程都不严格遵从30唐里的标准，即便地理环境允许的情况下也未实行。那么，为什么《唐六典》选择“三十里一驿”为基准驿程?

“三十里一驿”是唐承前制的体现，具有历史传承的政治意义。秦朝统一六国，在全国诸多行业推行了标准化措施，也建立系统的公文传递机构——邮，“近县令轻足行其书，远县令邮行之”[3]。汉承秦制，汉初“改邮为置。置者，度其远近之间置之也”[4]，置与驿同义，并规定“驿马三十里一置”[5]。可

[1]（唐）慧立、彦悰著，孙毓棠、谢方点校：《大慈恩寺三藏法师传》卷一《起载诞于缑氏终西届于高昌》，北京：中华书局，1983年，第16页。

[2]李正宇：《“莫贺延碛道”考》，《敦煌研究》2010年第2期，第67—74页。

[3]睡虎地秦墓竹简整理小组：《睡虎地秦墓竹简》之三《秦律十八种》，北京：文物出版社，1978年，第25页。

[4]（南朝宋）范晔：《后汉书》卷六八《郭符许传》，北京：中华书局，1965年，第2231页。

[5]《后汉书》卷三九《舆服上》，第3651页。

见，秦汉邮驿制度规定了“三十里一驿”。魏晋南北朝时期，驿程仍沿用三十里。“旌旗击鼓，白盖小车，邮驿亭置如中国。从安息绕海北到其国，人民相属，十里一亭，三十里一置”[1]，虽叙述的是大秦（罗马）情况，但类比中国，驿程也是三十里。或许，唐以前各朝置驿并不一定严格遵从“三十里一驿”，但“三十里一驿”的标准化驿程已经具有了象征意义，成为一种观念驿程。唐承前制，《唐六典》采用观念驿程书写，可能表达了继承正统的政治意义。

“三十里一驿”基本保障了唐代行驿的最低日行里程。按照交通工具来分，唐代传驿有马递、驴递、步递、车递和船递等。畜力、人力和水力的不同，日行里程有很大差异。据唐朝漕制规定的日行里程，“凡陆行之程：马日七十里，步及驴五十里，车三十里。水行之程：舟之重者，溯河日三十里，江四十里，余水四十五里，空舟溯河四十里，江五十里，余水六十里”[2]。可知，最低日行里程是三十里，行驿也应大体相当。通常情况下，驿程的选择应该保证公文或物资一日能够到达，而不至于露宿野外。因此，选择“三十里一驿”作为基准驿程，这是符合现实的。当然，唐朝按照事件的轻重缓急规定日行里程，实际往往超过一驿里程，如唐宪宗册封尊号赦文，要求“日行五百里，布告天下，咸使知闻”[3]，推算在十驿以上。

四、结语

地理信息系统（GIS）是利用计算机技术，对地理信息进行采集、处理、存储和管理的学科，它能够准确地计算路程距离。利用GIS技术，对《图经》所载的沙州附近馆驿进行地理定位，然后计算和分析馆驿的公里距离和唐里距离的关系。由此得出，唐代驿程是实测距离，而非观念距离。

唐代相邻驿程的远近与地理环境有很大的关系，具有地域性特征。据《图经》和《馆驿使壁记》记载的三类不同的地理环境分析，不受自然环境限制的长安城附近，驿程普遍小于30唐里；自然环境稍好的瓜沙之间地域，驿程基本以30唐里为基准上下浮动；水草缺乏的莫贺延碛，驿程大于60唐里，但也不超过100里。唐代驿程的地域性特点，为传统的驿址考证提供了科学的依据。

尽管驿程远近的选择需要考虑地域环境的特点，允许缩短或延长驿程距

[1]（晋）陈寿：《三国志》卷三〇《乌丸鲜卑东夷传》，北京：中华书局，1959年，第861页。

[2]《唐六典》卷三《尚书户部》，第80页。

[3]《全唐文》卷六三《上尊号赦文》，第679页。

离；但是，从笔者统计的唐代驿程来看，绝大多数驿程都不严格遵从30唐里的标准，即便地理环境允许的地域也未实行。也就是说，《唐六典》“三十里一驿”的法律规定，并没有严格推行，而是某种程度上作为基准驿程仅供参考。“三十里一驿”的法规，虽是从现实的角度兼顾了馆驿的最低日行里程，但更多的是沿袭旧制的书写，这不仅是唐承前制的体现，更具有历史传统的政治意义。

（作者单位：西安电子科技大学人文学院）

A New Study on Distances of the Yi in the Tang Dynasty : The Inspections Focused on Shazhou

Xu Xueqiang

[Abstract] Li in the Tang Dynasty（唐里） is proved to be a unit for actual distance rather than a nominal measurement, by calculating and analysing distances measured in Li and kilometres （km） between the Yi（驿） with applications of Geographic Information Systems （GIS）. Geographical environment plays a vital part in deciding distance of the Yi, which provides scientific evidence for assessing location of Yi. *The Tang Liudian*（唐六典） provide the reference, “locate one Yi every 30 Li”（三十里一驿）, which was not enforced. This rule was established in consideration, but it is more regarded as a custom passed from the past, therefore it has great significance in terms of history and politics.

再造长安：唐末洛阳宫城更名史事发微

贾鸿源

有唐一代，长安与洛阳都城布局之异同，已成为学界关注的一个重要问题，而都城中的宫城布局，亦已受到相应关注，目前学者审视此一问题，多习惯以唐长安宫城作为分析对象，对于洛阳宫城，尤其是其唐后半期之布局关注似有不足[1]。史料记载，及至唐末都城迁洛，昭宗曾系统地以长安宫室名物重新命名洛阳宫城的相应建筑，但及至其子哀帝即位，又诏令彻底恢复洛阳宫城之旧名。学界最早关注此一史事者，当推杨鸿年先生，其不仅曾就诏书中部分殿宇的更名原因做出不少极具启发意义的研判，而且也举出多条佐证此次更名确曾存在的关键史料。后续杜文玉先生等，也对天祐二年诏书所涉文思殿之因革，有相应精细论述[2]。在上述学者的努力下，此次唐末洛阳宫城名物更替事件

[1] 辛德勇：《有关唐末至明初西安城的几个基本问题》，《陕西师大学报》（哲学社会科学版）1990年第1期，第25—28页。赵雨乐：《唐宋变革期之军政制度——官僚机构与等级之编成》第一章《唐代之宫廷与宦官·唐末宫城之破坏与改建》，台北：文史哲出版社，1994年，第38—48页。吴宏岐：《论唐末五代长安城的形制和布局特点》，《中国历史地理论丛》1999年第2辑，第145—159页。［日］吉田欢：《日中宫城の比较研究》，东京：吉川弘文馆，2002年，第88—99页。田冰：《唐末长安城毁废过程考察》，《史学月刊》2012年第11期，第118—122页。按：上述诸先生对唐长安不同时期之宫城布局及变迁，有相应之论述。傅熹年：《中国古代建筑史》第二卷《两晋、南北朝、隋唐、五代建筑》，北京：中国建筑工业出版社，2009年，第393页。按：傅先生等对唐洛阳宫城布局，有精细之复原，其“唐洛阳宫城平面复原示意图”，主要以反映唐早中期洛阳布局为主，唐末之情况尚未得以充分展现。

[2] 杨鸿年：《隋唐宫廷建筑考》，西安：陕西人民出版社，1992年，第229、240、295、300、355、363页。杜文玉：《论唐宋时期的文思院与文思院使》，载氏著《中国中古政治与社会史论稿》，西安：三秦出版社，2010年，第36页；又见氏著：《大明宫研究》，北京：中国社会科学出版社，2015年，第174页。此外，周霞先生等也对这一事件的不同文献记载情况有初步的整理，稍有不足的是，作者误将洛京宫城恢复旧名之时间定于昭宗天祐二年，因昭宗天祐元年八月遇弑，同

的真实性乃至所涉部分建筑的分布等问题，已得到了初步关注。

若考虑到此次更名、复名事件所处之特殊政治背景，即唐末正式迁都洛阳，则其前后所涉及之宫城建筑，似乎又有了更为重要的政治意涵。虽洛阳自高宗龙朔二年以降已获得唐东都之名，但有唐一代，西京作为唐之正式都城，时间要远远久于洛阳。在强制迁都且长安遭毁坏的背景下，原有的都城政治空间分配以及运作流程，如何在具体物理空间格局存在差异的新都洛阳尽快展开，便成为一项看似理所当然，实际却颇有必要另予确认的紧迫政治任务。如此，将更名、复名所涉建筑的整体空间位置一一考订清楚，不仅可以确定是时洛京的政治重心所在，也可为对比审视长安、洛阳政治运作空间特征，尤其是昭宗本人是时于洛阳之政治意图与政治空间规划提供有利契机，同时为解读哀帝后续复名之原因提供前提线索。以下即以此作为行文之努力方向，论述悖谬之处，尚待方家正之。

一、宫城城门部分

此一唐末洛阳宫城更名、复名史事，见诸《旧唐书·哀帝本纪》，《唐会要》《册府元龟》《近事会元》《全唐文》等亦有相应记载[1]。据上述史料，此事之原委已可确定，即天祐元年（904）闰四月唐都迁洛之初[2]，昭宗因本人怀恋长安旧都宫室，“虑怀土有类于新丰”[3]，曾以长安宫室名物改易洛京旧名。

月嗣君哀帝已即位，故系年略有讹误，详见《隋唐长安城门文化研究》，陕西师范大学硕士学位论文，2012年，第28—29页。另外，尤炜祥先生也对此次更名所涉及的贞观殿等建筑的沿革情况有所论及，然其结论或亦可商榷，后文对此有相应辨正，详参氏著：《两唐书疑义考释〈旧唐书〉卷》，杭州：西泠印社出版社，2012年，第19页。赵贞先生主要将此事件看作唐政权自我禳避天灾的措施，详见《唐五代星占与帝王政治》，首都师范大学博士学位论文，2004年，第96—97页；又见氏著：《唐宋天文星占与帝王政治》，北京师范大学出版社，2016年，第247、248页。

[1]（宋）王溥：《唐会要》卷三〇《杂记》，北京：中华书局，1955年，第564页。（宋）王钦若：《册府元龟》卷一四《帝王部·都邑》，南京：凤凰出版社，2006年，第150页。（宋）李上交：《近事会元》卷一，载朱易安、傅璇琮主编《全宋笔记》第一编（四），郑州：大象出版社，2003年，第141页。（清）董诰：《全唐文》卷九三《哀帝》，北京：中华书局，1983年，第970页。按：《全唐文》此敕题作“改洛都诸门与西京门同名者诏”，其中多出“是用分疆画界，实显验于否臧；东雒西京，靡互参于制度。其京都见在门名”云云，为上所举诸书中所仅见，未知其出处。

[2]（后晋）刘昫：《旧唐书》卷二〇上《昭宗本纪》，北京：中华书局，1975年，第779页。

[3]按：此乃昭宗子哀帝化用西汉高祖刘邦为其父太公另立新丰之典故，史称新丰格局与旧邑极为相似，“并移旧社，放犬羊鸡鸭于通途，亦竞识其家”，详见（宋）李昉：《太平御览》卷九一九《羽族部六》引《西京杂记》，北京：中华书局，1966年，第4078页。故知昭宗更易洛京旧名，很大程度即直接移用长安宫室旧名，此也可据下文哀帝敕所罗列之昭宗时期洛京宫室旧名得知。

同年八月昭宗遇弑身亡，至次年五月壬戌（初四日）其子嗣君哀帝又颁布敕令，系统恢复洛京之旧名。此处且引《旧唐书·哀帝本纪》所载哀帝复名敕：

> 法驾迁都之日，洛京再建之初，虑怀土有类于新丰，权更名以变于旧制。妖星既出于雍分，高闳难效于秦余，宜改旧门之名，以壮卜年之永。延喜门改为宣仁门，重明门改为兴教门，长乐门改为光政门，光范门曰应天门，乾化门曰乾元门，宣政门曰敷政门，宣政殿曰贞观殿，日华门曰左延福门，月华门曰右延福门，万寿门曰万春门，积庆门曰兴善门，含章门曰膺福门，含清门曰延义门，金銮门曰千秋门，延和门曰章善门，保宁殿曰文思殿。其见在门名，有与西京门同名者，并宜复洛京旧门名。付所司。[1]

据敕文可知，天祐二年洛京复名，旨在革除之前昭宗所立长安宫室旧名，故知敕令所涉建筑旧名，皆曾存在于长安，而所恢复之名，皆为洛京旧有，这为考察昭宗更名的实际空间范围提供了有利线索，而借用后者的明确位置来比对昭宗所立长安新名，便有可能更进一步揭示昭宗此前之政治意图。经爬梳文献可知，哀帝此敕所罗列之门、殿次序，并非毫无章法，而是遵循以宫城为重点，自外而内、由南而北的严格空间秩序，因而宫城外垣诸门，首先成为昭哀二帝关注之对象。

（一）延喜门改为宣仁门

唐长安有延喜门，位于太极宫与南侧皇城间横街之东侧（图1）。洛阳宣仁门则是毗邻宫城的东城之东门（图2），昭宗刻意将此门改名延喜，应当是鉴于二者在长安、洛阳宫城防御中地位的相似性。出长安延喜门向东，正对郭城东面三门中的北门通化门，昭宗勘定权宦杨复恭集团叛乱，曾坐镇延喜门，后者即取通化门溃散[2]。与之地理方位相似，洛阳宣仁门，“直东与外郭之上东门相直”[3]，上东门亦属洛阳郭城东面三门中之北门。不仅如此，宣仁门也是洛阳宫城东面军事防御之主要节点，无论是隋末李密攻取东城内的含嘉仓

[1]《旧唐书》卷二〇下《哀帝本纪》，第793—794页。

[2]《旧唐书》卷一八四《宦官·杨复恭传》，第746页。

[3]（清）徐松辑，高敏点校：《河南志》卷四《唐城阙古迹》，北京：中华书局，1994年，第135页。

城，“火接宣仁门，因逼门为阵，与城上弓矢相接”[1]，还是唐中叶封常清抗击安史叛军，依次退守郭城上东门、清化坊都亭驿、东城宣仁门[2]，甚至五代后唐，庄宗李存勖同光四年（926）遇弑之战，从驾马军陈兵于宣仁门外护驾[3]，都说明宣仁门为宫城东侧的第一道防线。昭宗以此门比附长安延喜门，二者确有类通之潜质。

（二）重明门改为兴教门，长乐门改为光政门

洛阳宫城南面凡三门，中曰应天，东曰兴教，西曰光政。应天门至唐天祐年间已经改名曰五凤楼，兴教、光政二门却一直沿袭唐旧，直至北宋[4]，故知哀帝复名之兴教、光政二门，仍位于昔日旧址。值得关注的是昭宗对此二门之更名，如将兴教门改称重明门（图4），而后者乃长安太极宫东侧太子东宫之正南门[5]，这似乎意味着至晚唐末洛阳太子东宫位置，已经较诸之前附着于宫城东侧的隔城内，发生了某种变异，对此下文将结合敕令内其他相关线索再展开考释，此处暂不细论。此外，昭宗也将长安太极宫南面三门中的东侧长乐门赋予洛阳宫城光政门[6]（图3、4），虽然二者具体位置存在差别，前者居东、后者居西，但其皆属宫城南侧之重要城门，昭宗更名，尚且注意到二门此一空间特性，故将二者权作类比。其后，天祐元年八月昭宗遇弑，次年二月丁未（18日）灵驾发引，哀帝与何太后便取此长乐门行遣奠之礼[7]，亦证昭宗入洛之初此门更名事之可信。

二、前朝空间部分

在对洛阳宫城外围主要城门予以复名的基础上，哀帝开始将目光转向宫城内

[1]（宋）司马光：《资治通鉴》卷一八三，义宁元年四月乙未条引《略记》，北京：中华书局，1976年，第5727页。

[2]《旧唐书》卷一〇四《封常清传》，第3209页。

[3]（宋）薛居正：《旧五代史》卷三四《唐书·庄宗本纪八》，北京：中华书局，1976年，第477页。

[4]《河南志》卷五《宋城阙古迹》，第144、145页。

[5]按：关于唐长安太子东宫正南门之名称，史料记载多有分歧。今人辛德勇先生对此有精细之考析，判定东宫正门乃重明门，此说已为学界所认可，故拙文对这一问题不再赘述，详参氏著：《隋唐两京丛考》上篇《西京·宫城南面名称考实》，西安：三秦出版社，1991年，第88、89页。

[6]（唐）李林甫撰，陈仲夫点校：《唐六典》卷七《尚书工部》，北京：中华书局，1992年，第217页。

[7]《旧唐书》卷二〇下《哀帝本纪》，第789页。

部，而首先受到关注的，是宫城内横街以南的“前朝”空间区域内的相应殿、门。唐洛阳宫城内部结构承袭隋代旧制，存在南部布局主要视朝殿宇及中央衙署的“前朝”，与北部布局皇帝内殿及后宫寝殿的“内宫”两大空间分区，二者以横贯宫城中部的东西横街为界，如《大业杂记》隋洛阳宫城“前朝”自南而北，有三组东西平行、南北相直的门宇结构，分别为光政门（西）——兴教门（东）、景运门（西）——会昌门（东）、显福门（西）——章善门（东），其中入显福、章善二门向北，可分别跨横街“入内宫”与“入内”[1]。与之相一致，唐韦述《集贤记注》亦载唐洛阳集贤书院位于宫城显福门外道西，且此院“南邻中书省，北接宫城”[2]，韦氏所云“宫城”显然即隋“内宫”之唐时别称（图4）。在明晰隋、唐洛阳宫城内部主体格局的基础上，以下且对其“前朝”区域内建筑之昭宗更名情况展开考证。

（一）光范门曰应天门，乾化门曰乾元门，宣政门曰敷政门，宣政殿曰贞观殿

之所以将以上诸门、殿结合考察，是因光范、乾化、宣政三门皆乃唐末洛阳宣政殿之南部附属建筑。如《河南志》“宋城阙古迹”北宋西京外朝正殿为太极殿，其即“隋之乾阳，唐之乾元”[3]，此外：

> 太极殿门之西，面南曰应天门。
>
> 原注：唐之敷政、光范，又改应天。
>
> 次北曰乾元门，
>
> 原注：唐之千福、乾化，又改乾元。
>
> 次北曰敷政门，
>
> 原注：唐之武成、宣政，又改敷政。
>
> 次北文明殿。

---

[1]（唐）杜宝：《大业杂记辑校》，西安：三秦出版社，2006年，第2—8页。

[2]（宋）孙逢吉：《职官分纪》卷一五《集贤院》所引《集贤记注》，北京：中华书局，1988年，第377页。又见《玉海》所引《集贤记注》，唯文字较《职官分纪》简略，详参（宋）王应麟：《玉海》卷一六七《宫室·院上》，京都：中文出版社，1977年，第3159页。

[3]按：据考古探测到的北宋西京太极殿殿基遗址，位置已较诸隋唐时期北移，但仍处于宫城中轴线位置，详参杨焕新：《略论北宋西京洛阳宫的几座殿址》，《中原文物》1994年第4期，第94—97页。故其并不影响拙文对于唐天祐宣政殿与含元殿相对方位关系的判定。

原注：正衙殿也，唐之武成、宣政，又改贞观。梁开平三年改文明。[1]

可知应天、乾元、敷政三门自南而北，依次布局于唐贞观殿之南。同据引文内注提示，可知此三门之时间先后名称演替，当为：昭宗入洛之前，名曰敷政、千福、武成，昭宗天祐元年入洛之后，名曰光范、乾化、宣政（图4），哀帝天祐二年，名曰应天、乾元、敷政。这一格局，也一直保持至北宋西京洛阳时期。

三门之最北侧，为唐正衙殿之所在。因三门位于唐外朝正殿含元殿之西，故正衙殿方位同样偏居宫城西部，这与《旧唐书·地理志》关于唐正衙武成殿位于“明堂之西”的记载亦相印证[2]。按照上所引《河南志》原注对此殿依次更名武成、宣政、贞观的记载顺序，并结合《旧唐书·地理志》来看，可推知唐洛阳正衙殿初名武成，昭宗入洛之初更名宣政（图4），哀帝天祐二年又改名贞观。此处有必要作一赘述的是，唐早中期，洛阳宫城中轴线上的含元殿之北，曾有一贞观殿建筑，有学者因而提出，哀帝复名之贞观殿乃指此殿[3]，此说忽视上所引《河南志》对于哀帝时期洛阳贞观殿由原洛阳正衙武成殿后续更名而来的演替脉络，故其观点不可信从[4]。

昭宗入洛之初，特意更名洛阳正衙为宣政殿，此举很容易使人联想到唐长安大明宫以宣政殿作为正衙的政治先例。大明宫以宣政殿为正衙，如《玉海》引唐韦述《两京记》“大明宫含元殿后有宣政殿，即正衙殿也”[5]，如此，昭宗此一更名，不但是借用长安宣政殿之名，且在政治运作空间上，仍力图保持两京宣政殿与正衙殿之间的礼制地位、政治功能的严格匹配关系。

不仅如此，哀帝及至践祚，为保持与长安政治故事间的一致性，天祐三年其亦曾亲自敕令整顿洛阳趋于紊乱的入阁仪制度，“文武百僚每月一度入阁

[1]《河南志》卷四《宋城阙古迹》，第145—147页。

[2]《旧唐书》卷三八《地理志一·河南道》，第1421页。按：明堂乃武周、玄宗二朝特定时期含元殿所获之新名。

[3]尤炜祥：《两唐书疑义考释〈旧唐书〉卷》，第19页。按：作者又提出，唐高宗弘道元年（683）崩逝于洛阳贞观殿，此殿亦即唐末之贞观殿，此说亦可商榷，同参氏著，第19页。

[4]按：唐洛阳含元殿北之贞观殿，自武周政权时期始，已被改易为礼制性的天堂建筑，及至玄宗朝又被废为佛宫寺，后寺院又经火焚，未及唐末当已隳废，故与哀帝时期洛阳新出现之贞观殿实已无所联系。关于此贞观殿之完整兴废脉络，烦参拙文：《唐宋宫城礼仪空间研究》第一章《唐宋宫城布局复原》，复旦大学博士学位论文，2018年，第48—50页。

[5]《玉海》卷一五九《宫室·殿上·唐宣政殿》，第3023页。

于贞观殿。贞观大殿，朝廷正衙，遇正至之辰，受群臣朝贺。比来视朔，未正规仪，今后于崇勋殿入閤。付所司”[1]。此一诏敕，意义有三：其一，因天祐三年洛京已称贞观殿为正衙，故可佐证天祐二年正衙宣政殿改名贞观殿事之可信；其二，印证昭宗更名，其深层目的在于移植长安业已成熟的政治运作空间模式，因大明宫入閤仪典故，百僚由正衙宣政殿两侧的东西閤门向北进入内朝正殿紫宸殿，故哀帝可在昭宗前期改革，亦即确立洛阳宣政殿正衙政治名分的基础上，于洛京彻底复兴长安之入閤礼仪空间故事，将仪式场所由正衙改置于内朝正殿崇勋殿（图4）；其三，借哀帝此敕，也揭示出唐末洛阳国家常朝政治重心之所在，至晚昭宗天祐元年间，洛阳的常朝政务运作空间已经偏处宫城西侧，从而呈现出迥异于长安西内太极宫、东内大明宫常朝殿依托宫城中轴线布局的空间特征。洛京正衙虽已偏离宫城中轴线，但却与内朝正殿崇勋殿保持由南而北的严整空间方位秩序，此一内容，将在下节洛阳“内宫”更名部分予以详述。

（二）日华门曰左延福门，月华门曰右延福门，万寿门曰万春门

由以上分析可见，昭宗更名与哀帝复名，皆注重宫城“前朝”之正衙区域，则此一改革，似也应对“前朝”之核心——外朝正殿含元殿建筑群有所波及。然首先须注意的是，外朝正殿仍名曰含元殿，其虽与长安大明宫外朝正殿含元殿重名，但文献并未见昭哀二帝对此殿有更名之记载，这应与洛阳含元殿自玄宗朝以后已得名含元殿的先期背景有关，从而使昭宗无须再将之改易为长安宫室之名，而因旧名即洛京之含元殿，哀帝也不必于天祐二年强改其名[2]。

含元殿名称虽未改，但其建筑群南部相应门宇之名称，却为此次更名、复名事件所波及。依前揭哀帝复名敕，“日华门曰左延福门，月华门曰右延福门，万寿门曰万春门”，知日华、月华二门乃昭宗入洛后所新设（图4）。长安曾有两处日华、月华门，一处位于太极宫两仪殿与北部甘露殿之间永巷的东、西两端[3]，已处于“内宫”（图3）；另一处设于大明宫宣政殿前两侧的东西长廊上[4]，处于前朝。而洛阳左右延福门乃宫城正门应天门内乾元殿（即玄宗以后之

[1]《旧唐书》卷二〇下《哀帝本纪》，第807页。

[2]按：五代后梁太祖开平三年（909）正月，方改唐洛阳含元殿为朝元殿，亦证唐末含元殿未曾经历更名过程。详参《旧五代史》卷四《梁书·太祖本纪四》，第67页。

[3]《太平御览》卷一八三《居处部十一·门下》引唐韦述《两京新记》，第890页。

[4]《唐六典》卷七《尚书工部》，第218页。

含元殿）殿门乾元门外的东西横门[1]，如玄宗天宝二年六月七日，东都应天门发生火灾，曾延烧到北部附近的左右延福门[2]，二门直至北宋方改名[3]，故知其即哀帝复名后之洛阳左右延福门。因二门属洛阳外朝之重要门宇，故昭宗初更名此二门曰日华、月华，或以长安大明宫日华、月华二门作为潜在之比附对象。

关于昭宗新命名之洛阳万寿门（图4），目前尚无法明确其在长安宫城中之位置，但从哀帝复名后的万春门位置来看，其也是洛阳含元殿南的一处重要门宇，如《宋会要》北宋洛阳太极殿门因袭唐乾元门旧址，且此门“东西各有门，唐初曰万春、千秋，今无榜”[4]，知唐万春门及至北宋方废名，故可判此门为哀帝复名后之洛阳万春门。

三、横街及“内宫”部分

在既已包纳宫城外垣、宫城前朝相应主要建筑的基础上，宫城内的横街及其以北的“内宫”，成为唐洛阳宫城仅余之空间，故其也成为昭宗与哀帝宫城名物改革诏敕中最后的重点关注区域。此一空间范围内的唐末建筑布局情况，目前学界尚未见专门之研究，故以下分别从横街、“内宫”两个方面，对其分别加以详考。

（一）积庆门曰兴善门，含章门曰膺福门，含清门曰延义门，金銮门曰千秋门

关于昭宗新命名之洛阳积庆门，杨鸿年先生曾根据唐时门随殿名的原则，提出其当是移植长安兴庆宫积庆殿殿门之名[5]，观点可备一说，而与之对应的哀帝复名后的洛阳兴善门，其位置现已无从推究，故暂不强作考证。

昭宗新命名之洛阳含章、金銮二门（图4），其于长安宫城中原有位置尚不明晰，而二门于洛阳宫城内之具体位置，可借哀帝复名二门曰膺福、千秋得以

---

[1]《唐六典》卷七《尚书工部》，第220页。

[2]《旧唐书》卷三七《五行志》，第1366页。

[3]（清）徐松辑，刘琳等校点：《宋会要辑稿·方域·门·西京 大内》，上海古籍出版社，2014年，第9317页；同书《方域一·西京 大内》，第9269页。又见《河南志》卷五《宋城阙古迹》，第145页，唯文字有残泐。

[4]《宋会要辑稿·方域一·西京 大内》，第9269页。又见《河南志》卷五《宋城阙古迹》，第145页。

[5]杨鸿年：《隋唐宫廷建筑考》，第363页。

确认[1]。前揭曾论及，唐洛阳宫城的章善门—明福门一线有东西向横街，将宫城分为南部前朝、北部“内宫”，这一横街构造，又为北宋洛阳宫城所继承，如《河南志》北宋洛阳宫城东西两侧分别新设苍龙门、金虎门，其中入苍龙门西行，可依次经过东隔门、膺福门；入金虎门东行，可依次经过西隔门、千秋门，东西相向而行，可最终交汇于北宋洛阳正衙文明殿后向北跨越横街、通入“内宫”的南北向柱廊，而北宋文明殿因袭昔日唐洛阳正衙殿旧址[2]，故知唐正衙殿后亦直接毗邻横街。不仅如此，《河南志》也明确记载，北宋之膺福、千秋二门名，确立于唐哀帝天祐二年更名敕[3]。如是可知，唐哀帝时期的洛阳膺福门、千秋门，已布局于宫城横街之上。虽昭宗事先更名二门曰含章、金銮，具体意图已无法详知，但二门兼跨前朝与“内宫”的紧要位置，应是其引起昭宗注意之主要原因。

既已明了膺福、千秋二门于哀帝时期洛阳宫城横街上之大致位置，此时再来审视哀帝复名敕中的洛阳延义门。此门昭宗初名曰含清门（图4），其所对应的长安原址方位不明，洛阳延义门，据《河南志》是宫城东墙外的太子东宫正南门重光门的西侧门[4]。然而此延义门恐非哀帝复名后之延义门，证据有二：其一，从哀帝复名敕行文来看，诸门的排列顺序，本身已蕴含有一定的空间提示意义，延义门乃位于宫城横街东面膺福门、西面千秋门两者之间；其二，哀帝天祐二年五月主持洛京复名，同年十二月，哀帝又颁新敕，命“延义、千秋两门，只差小黄门三人勾当”[5]，延义门既与千秋门制度相同，从后者位于横街，且由负责“内宫”通进的小黄门管勾来看，延义门只有同样布局于横街附近，才可在功能上与后者接近。因此可判，哀帝复名之洛阳延义门，亦即昭宗时期的含清门，方位当已新移至横街。

然而此处尚留一疑窦，即延义门的确为唐早中期洛阳宫城东垣外附设的太子东宫的南部偏门，哀帝及群臣对此不至懵然无知，但仍将之改置于宫城横街，则这一新延义门，似应继续与太子东宫建筑保持对应关系。此点文献有

[1] 按：唐东都苑北面诸门中，有一门曰膺福门，见《河南志》卷四《唐城阙古迹》，第137页。杨鸿年先生认为此即对应哀帝复名时之洛阳膺福门，参见氏著《隋唐宫廷建筑考》，第390页。然据下文所引《河南志》，哀帝复名之膺福门位于宫城之内，不在内苑，故此说或可商榷。

[2] 《河南志》卷五《宋城阙古迹》，第147页。

[3] 《河南志》卷五《宋城阙古迹》，第149页。

[4] 《河南志》卷四《唐城阙古迹》，第118页。

[5] 《旧唐书》卷二〇下《哀帝本纪》，第803页。

征：其一，前揭论及，昭宗入洛之初，曾将洛阳宫城南部三门中的东侧兴教门改名重明门，而重明门乃长安太极宫东侧太子东宫之南面正门，这一建筑名称具有极为明确的东宫政治空间象征意义，昭宗恐非随意为之；其二，哀帝虽在门名复旧的初衷下，改回其兴教门之旧名，但此门向北，经横街所正对的“内宫”区域，于五代、北宋时期确实出现“准东宫”乃至正式的东宫建筑，如北宋洛阳东宫“在苍龙门之西，与左银台门相对”[1]。今考古探测得知，北宋洛阳宫城自兴教门内向北直抵横街附近的左银台门，此一纵向通路上所布局之主要门址，仍因袭唐洛阳宫城兴教门内诸门旧址[2]，故由唐兴教门向北，跨横街，正与北宋东宫相对。五代都洛诸朝，虽因未立太子，未有正式的东宫建置，但后唐时期作为东宫“准建置”的皇子兴圣宫，《河南志》即主张其位置与北宋洛阳东宫重合[3]。有鉴于上述，则唐哀帝将洛阳早中期东宫之延义门，新改置于横街，似暗示唐末太子东宫已出现移入横街之北的“内宫”的事实，且结合前期昭宗以兴教门为东宫重明门，可推测延义门方位当在唐兴教门内向北正对的章善门横街附近，而若参酌上所引哀帝天祐二年十二月敕，延义、千秋二门管勾制度相同，后者属东西向通行横街所经之隔门，故知其方位纵向跨越横街，如此，延义门亦当属纵向跨越横街之隔门，门北可通入内宫中的唐末洛阳新太子东宫。

至于唐末洛阳东宫缘何移入宫城，或可从当时洛阳宫城政治重心变动的角度给出解释。因正衙贞观殿—内朝正殿崇勋殿主导下的常朝政务空间，此时已偏处宫城的西半部，太子东宫若继续沿袭唐早中期传统附设于宫城东垣之外，则皇帝与太子便在物理空间距离上愈加疏远，这与长安时期自玄宗以来太子不居东宫，随皇帝所幸之处权宜安置这一皇帝加强对皇太子掌控的政治手段明显不符[4]。然而唐末洛阳太子东宫内迁的最重要原因，结合当时朱全忠对皇室政治权力之侵夺，此举或为皇室本身加强政治联合的一种本能反应，皇帝内朝正殿、太子东宫二者在空间上的相容与接近，成为这一政治新动向的外部表征。

---

[1]《宋会要辑稿·方域一·西京 大内》，第9270页。

[2] 韩建华：《试论北宋西京洛阳宫城、皇城的布局及其演变》，《考古》2016年第11期，第114页。

[3]《河南志》卷五《宋城阙古迹》，第152、153页。

[4] 按：关于玄宗时期皇帝与太子间政治关系，以及太子东宫方位布局与东宫建置的变化，详参任士英：《唐代玄宗肃宗之际的中枢政局》，北京：社会科学文献出版社，2003年，第21—96页。

（二）延和门曰章善门，保宁殿曰文思殿

在有意标识宫城内部横街诸门特别地位的基础上，跨越此街所能进入的“内宫”，成为昭哀二帝最终的关注区域。首先须指出的是，二帝对唐末洛阳宫城之内朝正殿——崇勋殿并未提及，这是因此殿殿名新出现于唐末洛阳，且非长安旧名，故诏敕未涉及，并非意味着此殿地位无关轻重。崇勋殿为是时洛阳宫城之内朝正殿，据前所引哀帝天祐三年整顿洛阳入阁礼仪空间之敕可知，迁洛之后，洛阳入阁之礼，初以正衙贞观殿为仪式场所，这与长安时期尤其是玄宗以来入阁由正衙趋入内朝正殿的传统相违背，故哀帝特降敕旨，要求改行洛阳入阁之礼于崇勋殿，故知此殿具有内朝正殿性质。关于此殿方位，据《宋会要》，由唐正衙贞观殿向北，经跨越横街的柱廊建筑后，可率先抵达“内宫”中的延英殿，继续向北便可直抵崇勋殿，可知唐末洛阳宫城之常朝政治运作空间，不仅整体方位偏处宫城西半部，且正衙与内朝正殿又南北相直，形成宫城西侧的另一政治空间纵向轴线（图4）。

因崇勋殿在“内宫”中政治地位显著，以之为中心坐标，敕令所涉昭宗时期的延和门、保宁殿两处建筑的方位，也可借之得到确认。经爬梳史料可知，此二者乃分列于崇勋殿之西部与北部（图4）。

先来释读昭宗时期延和门之位置。首先此门名依目前史料，无法明确其长安时期原址，昭宗于洛阳确立此门名后，其开始迅速加入洛阳相应重大政治与礼仪活动中，昭宗天祐元年闰四月入洛，八月十二日即遇弑身亡，依《旧唐书·哀帝本纪》次日丧礼设殡，“迁神柩于西宫，文武百僚班慰于延和门外”[1]，因百僚班慰之礼以奉慰昭宗梓宫为直接目的，故知作为行礼地点的延和门，当属昭宗梓宫所殡“西宫”的附属建筑。此“西宫”所指为何？唐时文献再无相应提示，然以唐祚继承者自居的后唐洛阳政权，其大行皇帝丧礼设殡，开始同样采取唐末“西宫”故事，如《旧五代史·闵帝本纪》载后唐明宗崩，长兴四年（933）十二月癸卯“发丧于西宫，帝于柩前即位”[2]，是为后唐闵帝。此事《旧五代史·明宗本纪》则记作癸卯迁明宗梓宫于二仪殿，是日闵帝李从厚柩前即位[3]，是知明宗所殡“西宫”即后唐之二仪殿。据《河南志》，二仪殿位于

[1]《旧唐书》卷二〇下《哀帝本纪》，第786页。

[2]《旧五代史》卷四五《唐书·闵帝本纪》，第614页。

[3]《旧五代史》卷四四《唐书·明宗本纪十》，第610页。

后唐中兴殿正西，而中兴殿即因袭唐内朝正殿崇勋殿旧址[1]，则唐“西宫”确切方位，乃在崇勋殿正西。

至此唐末洛阳“西宫”位置已明，至于与之相关联的延和门的方位。首先据哀帝复名敕，此门于天祐二年五月后复名章善门，北宋洛阳人李上交《近事会元》同载此事，或出于避讳，将其中“章善门”改写作“彰善门”[2]。据《河南志》及《宋会要》北宋洛阳金銮殿因袭五代后唐二仪殿旧址[3]，且《宋史·地理志》又载北宋金銮殿“对殿南廊有彰善门”[4]，则可辗转推知，章善门乃唐末洛阳宫城中的“西宫”之南门，故百僚于此门奉慰门内昭宗之梓宫。

再来考究昭宗时期保宁殿之方位。首先保宁殿见诸《长安志》唐长安大明宫，从昭宗曾于此宴见藩将、命内教坊奏乐等来看[5]，其当属“内宫”中的便殿。又天复三年（903）二月昭宗曾与朱全忠等藩将“会鞠于保宁殿”[6]，说明殿内附带马球毬场。天祐二年五月哀帝复名洛阳保宁殿为文思殿，说明昭宗入洛之初，是将洛阳原文思殿改名保宁殿。唐末洛阳原有文思殿，且亦附带毬场，如天祐元年闰四月唐都迁洛，七月朱全忠自汴入洛，昭宗曾宴之于“文思毬场”[7]，此“文思毬场”即文思殿毬场之省称，如《册府元龟》同载此事，即作宴于“文思殿鞠场”[8]，说明是时昭宗尚未对此殿予以更名。

昭宗随后以长安大明宫“内宫”中的保宁殿之名赋予洛阳文思殿，且同样保持其毬场之设置，则文思殿或一如前者，当属洛阳“内宫”空间范围中的便殿。此点文献有征，如《宋会要》北宋洛阳“内宫”中有讲武殿，此殿“唐曰文思毬场”[9]，亦即唐之文思殿，而另一北宋殿宇武德殿，位于北宋天福殿亦即昔日唐崇勋殿之北，且其殿门“面北”[10]。又按《河南志》，北宋讲武殿“与

[1] 《河南志》卷五《宋城阙古迹》，第150页。

[2] 《近事会元》卷一，第141页。

[3] 《河南志》卷五《宋城阙古迹》，第150页。又见《宋会要辑稿·方域一·西京 大内》，第9270页。

[4] （元）脱脱：《宋史》卷八五《地志理一·京城》，北京：中华书局，1977年，第2103页。

[5] （宋）宋敏求撰，辛德勇、郎洁点校：《长安志·长安志图》卷六《宫室四·唐上》，西安：三秦出版社，2013年，第243页。

[6] 《旧唐书》卷二〇上《昭宗本纪》，第776页。

[7] 《旧唐书》卷二〇上《昭宗本纪》，第782页。

[8] 《册府元龟》卷一一一《帝王部·宴享》，第1206页。

[9] 《宋会要辑稿·方域一·西京 大内》，第9270页。

[10] 《河南志》卷五《宋城阙古迹》，第150页。又见《宋会要辑稿·方域一·西京 大内》，第9270页。

武德殿相对”[1]，故可最终确定，唐末洛阳宫城中的文思殿，不仅位置已处于“内宫”，且方位更在唐崇勋殿之正北（图4）。因位置毗邻唐之内朝正殿，故其具备人君以便殿宴见君臣等灵活之功能。

四、余论

经上述对洛阳宫城名物之梳理，唐末昭宗移都洛阳之后，对宫城名物改革之空间范围已基本明晰。因须具体考证各处殿、门之位置与先后因革，行文难免失之琐碎，然而经过此一考证过程，事件背后所蕴含的长安、洛阳两京政治空间之异同，乃至昭宗借此宫城名物改革而寄予的强烈政治意图，却也得到了更为深入的彰显。

有必要预先加以说明的是，昭宗对洛阳名物之改革，看似仅限于哀帝复名敕所罗列之宫城范围，事实上昭宗之更名，系以整个洛阳都城作为空间对象，这从哀帝敕文末强调洛京所余名物与西京同名者亦须一并革除便可看出。昭宗之更名范围不仅局限于宫城，此处但举一例，如洛阳供奉玄元皇帝的太微宫，昭宗入洛之后亦曾取长安故事改名曰太清宫，及至哀帝颁布复名敕，方再度改回太微宫之旧名[2]，可见改革业已触及李唐之国家郊庙建筑，故此次事件之政治意蕴乃至昭宗本人之政治抱负，已不可谓不宏大。正因昭宗前期更名范围过广，而哀帝复名时，敕书显然未可一一罗列，故仅选取都城最为核心的宫城部分作重点宣示。

然而，即使仅就宫城区域而论，我们也不可将昭宗更名之对象，简单局限于哀帝敕书所罗列之种种。因上文已论及，洛阳宫城尚存在昭宗时期并未予以更名之重要政治性建筑，其范围涉及外朝正殿含元殿、内朝正殿崇勋殿等，此类建筑或因昭宗入洛后另所设立、或因旧名已与长安宫室相同而未忝入更名行列，并非意味着其地位无足轻重。因此，若叠加以此类隐含之政治空间，则昭宗更名所波及之范围，实已基本涵盖整个宫城。

此时再来细审宫城区域更名之空间特征。昭宗此次改革，基本遵循由表及里、由外而内、由南而北的空间方位秩序，其背后是对洛阳宫城主要空间圈层结构的深刻把握。因此，无论是宫城外部主要城门，宫城前朝之外朝正殿与外朝正衙，还是贯通南部前朝与北部“内宫”章奏通进的横街上所附诸隔门节

[1]《河南志》卷五《宋城阙古迹》，第151页。

[2]《旧唐书》卷二〇下《哀帝本纪》，第794页。

点，乃至“内宫”核心区内的内朝正殿与皇帝其他常用便殿与寝殿，都被昭宗一一涉及。

虽然因文献记载之阙略，关于昭宗于洛阳新设立的部分宫城建筑名称在长安宫城中的原本位置目前已无从详知，但从已知诸殿、门之更名情况以及位置来看，其以长安为蓝本、有意塑造洛阳宫城相应政治空间之对应机能的政治意图已十分明显，然则昭宗入洛之初，缘何发起此次以复兴长安宫室名物为重心的都城政治性改革。我们与其听信哀帝复名敕开篇所云此举出自昭宗本人的故土之思，毋宁认为此乃唐室受朱全忠胁迫迁洛后，昭宗所采取的一种政治反击措施。虽然天祐元年闰四月唐都迁洛，同年长安宫室百司便遭拆毁[1]，随后佑国军节度使韩建以皇城为基础改建长安城，又将原宫城区域完全废弃[2]，而《旧唐书·昭宗本纪》所录昭宗入洛当天所颁敕书，似亦认可移都洛阳之事，但这一官方文书，未必即代表昭宗本人真实心理：史称昭宗“英杰不群”，李克用、李茂贞、王建等强藩亦“连盟举义，以兴复为辞”[3]；《资治通鉴》更明言昭宗入洛中途，曾“复遣间使以绢诏告急于王建、杨行密、李克用等，令纠帅藩镇以图匡复”[4]。故就昭宗而言，全然乃受胁迫入洛，然他日拨乱反正，銮舆西返，鹿死谁手，或未可知！

昭宗既以重返长安为目的，故其在闰四月入洛、八月遭弑逆前后的短暂时间内，迅速以更名的方式，于洛阳广泛树立长安宫室名号，此举的一个重要政治信号，便是向外部强藩宣示，唐祚仍以长安为正统，唐室仍谋求西归，从而对朱全忠囚禁唐室于洛阳的政治阴谋形成反制。与此相谐，入洛之后的昭宗，也并未坐以待毙，如同年五月其曾令朱全忠及其心腹敬翔赴内殿宴饮，后者忖知此举别有用意而推辞不赴[5]，君臣间的猜忌对立已心照不宣。反向观之，朱全忠将昭宗逼离长安，挟持至自己所控制的势力范围，此举只是其动摇李唐长安政治根基、服务其篡唐计划的第一步，然而其所控制的洛阳城内，眼下长安制度因素却再度复兴与蔓延，且更易招致外部强藩以匡扶唐室为名兴师讨伐，这显然与其本人之谋划背道而驰，作为复兴策划者的昭宗，已然成为朱全忠之大

[1]《资治通鉴》卷二六四，天祐元年正月戊午条，第8626页。

[2]《长安志·长安志图》卷上，第20页。

[3]《旧唐书》卷二〇上《昭宗本纪》，第782页。

[4]《资治通鉴》卷二六四，天祐元年三月丁巳条，第8629页。

[5]《旧唐书》卷二〇上《昭宗本纪》，第781页。

患，这也是仅隔三月之后，朱全忠便决心弑杀昭宗之原因。史书给出的解释是此举乃“害帝以绝人望”[1]，昭宗本人的存在，确属朱全忠篡唐之障碍，然前者所采取的复兴长安宫室等持续之政治抵抗，无乃方为内中之关键因素。

话锋既已至此，则仅至次年五月，嗣君哀帝又尽数废除其父之改革成果，此反常举动之内因，同样应从李唐皇室与朱全忠之矛盾关系角度来解读。虽然哀帝复名敕中给出的解释是因长安所在星野持续出现天文星变，“妖星既出于雍分”，故须废除洛京现存的长安宫室因素以禳除灾异，核诸《旧唐书·哀帝本纪》当时确曾发生星变，天祐二年四月甲辰（16日）“彗起北河，贯文昌，其长三丈，在西北方”[2]，然而这并不是促使哀帝复名的根本原因。我们若细审昭宗入洛当日所颁敕书，可知当时长安也曾出现星变，这也成为昭宗表面上所说的移都的原因之一，“抑有太一游处，拼集六宫，罚星荧惑，久缠东井，玄象荐灾于秦分，地形无过于洛阳”[3]，可见，此次星变昭宗给出的解决之道是，既已迁都洛阳，在地理空间上避离秦雍之分野，此举已足以禳灾[4]。然则同样是秦之分野出现星变，且唐都早已移至洛阳，哀帝此时却贸然提出，须彻底剔除洛京中的长安因素方可禳灾，这一解释显然并不具有多少说服力。

结合当时政局，哀帝乃朱全忠等策划下矫诏所立，其皇帝权威已无法高估，而朱全忠既已杀害昭宗，则对昭宗所建立的、具有昭示勤王政治寓意的洛阳城内的长安名号，显然已不再容忍。此事若由朱全忠集团自行革除，不仅不会收到效果，反而更会给外部诸藩清君侧之口实，而若借唐帝之口行之，即由唐帝亲自宣布放弃长安制度，则不仅利于朱全忠于洛阳完全掌控唐室，且可使外部强藩的连盟举义，顷刻间反倒处于师出无名的尴尬境地[5]，这才是朱全忠集团放眼洛京之外强敌环伺的军事政治形势时所作出的通盘考量。因此，哀帝所谓天文星变仅为托词，尽毁其父昭宗之政治抱负的洛京复名敕之所以颁行，背后实乃受朱全忠集团之政治施压。

这一宫城名物更替所蕴含的政治正统之争，仍在唐亡之后的洛阳城内继续

[1]《旧唐书》卷二〇上《昭宗本纪》，第782页。

[2]《旧唐书》卷二〇下《哀帝本纪》，第792页。

[3]《旧唐书》卷二〇上《昭宗本纪》，第780页。

[4]按：东井即井宿，对应关中秦雍之天文分野，详参《旧唐书》卷三六《天文志下》，第1313页。

[5]按：因哀帝已正式诏令废除长安制度、以洛阳为都，故外部强藩若再兴师迎唐帝西归，则属事实上的挟天子以令诸侯，师出之道义已然尽失。

上演，我们不妨在此稍作引申。如唐中后叶洛阳宫城内具有政治标志性意义的外朝正殿含元殿，及至后梁政权建立后，很快便将之改名朝元殿，以示国祚更替。而颇具讽刺意味的是，以唐祚继承者自居的后唐政权立国伊始，即颁布敕旨，对后梁此殿展开政治舆论攻伐，并将之重新改回具有唐朝玄宗鼎盛时期寓意的明堂殿，“朝元殿本是明堂殿，伪梁改为朝元殿，今复旧名”[1]。由此可见，宫城名物制度与政治正统之间的依存、配合关系，实不容小觑，而唐末昭哀二帝与朱全忠集团间的宫城名物之争之所以循环往复，其背后推力即在于斯。

[1]《册府元龟》卷一四《帝王部·都邑》，第151页。

图1　唐长安通化门、延喜门位置示意（据李健超先生《增订唐两京城坊考》附图改绘，西安：三秦出版社，2006年）

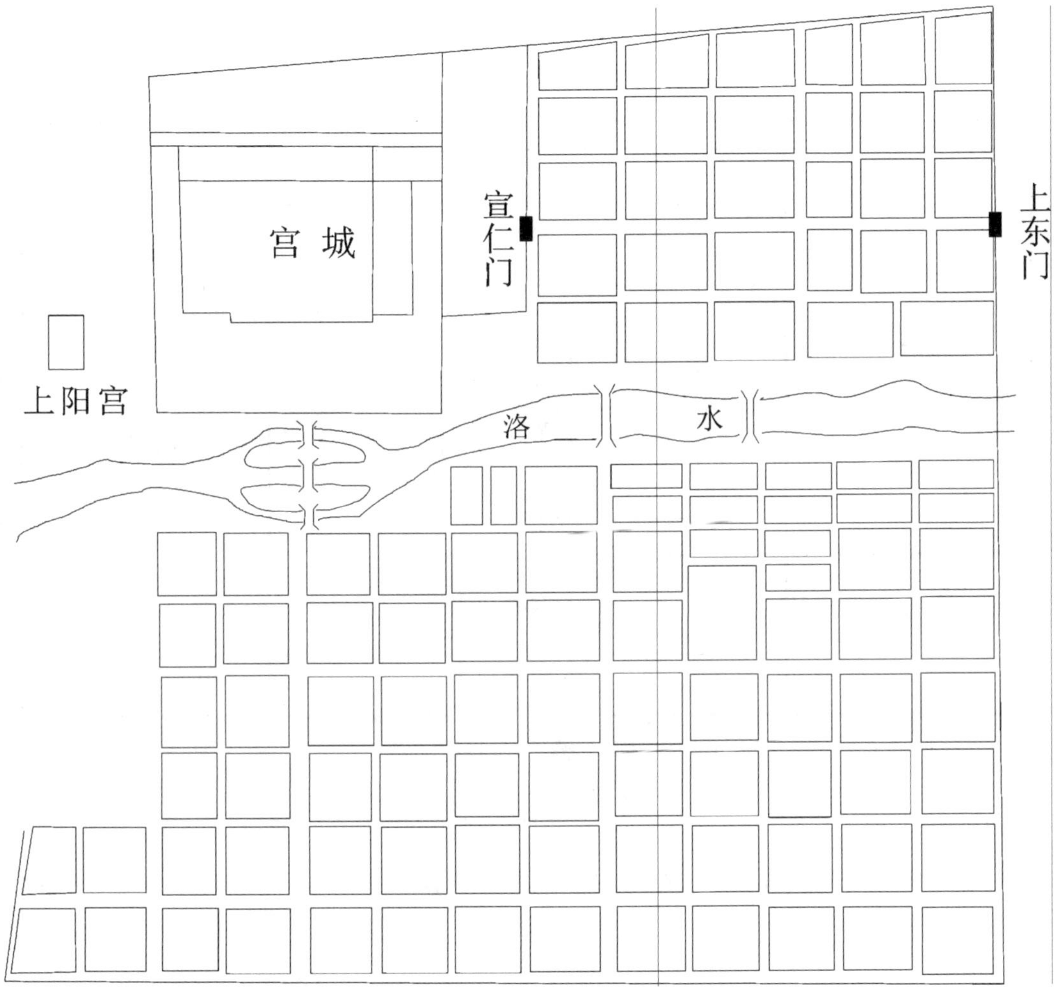

图2　唐洛阳上东门、宣仁门位置示意（据李健超先生《增订唐两京城坊考》附图改绘，西安：三秦出版社，2006年）

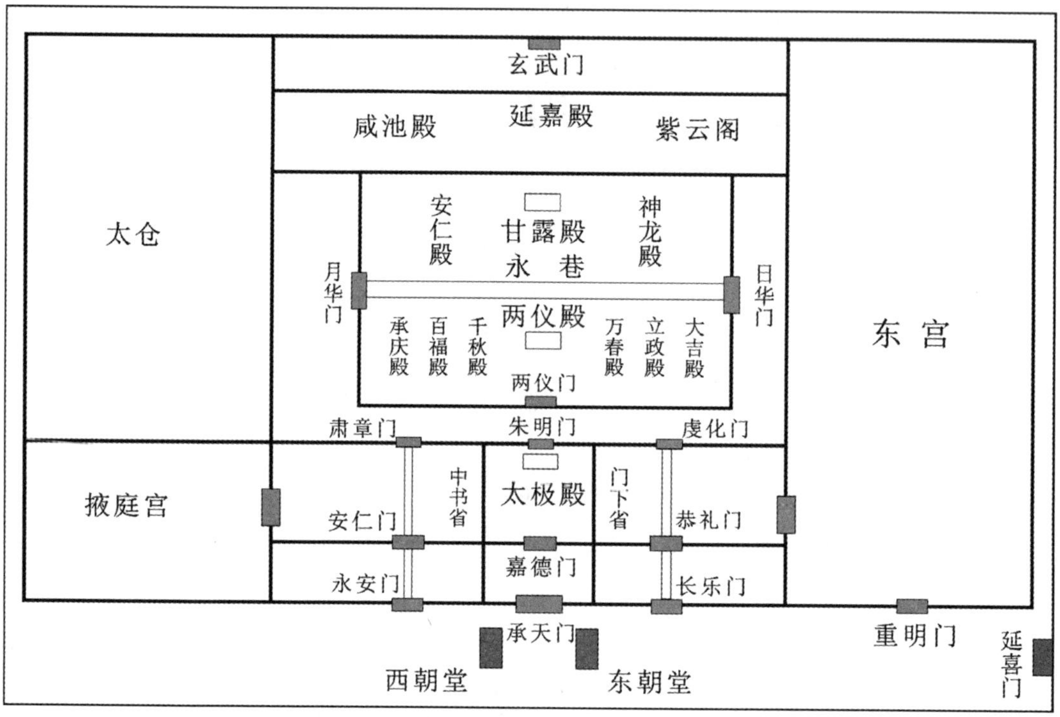

图3　唐太极宫内部格局示意［据李健超先生《唐长安1：2.5万复原图》，《西北大学学报》（自然科学版）1993年第2期改绘］

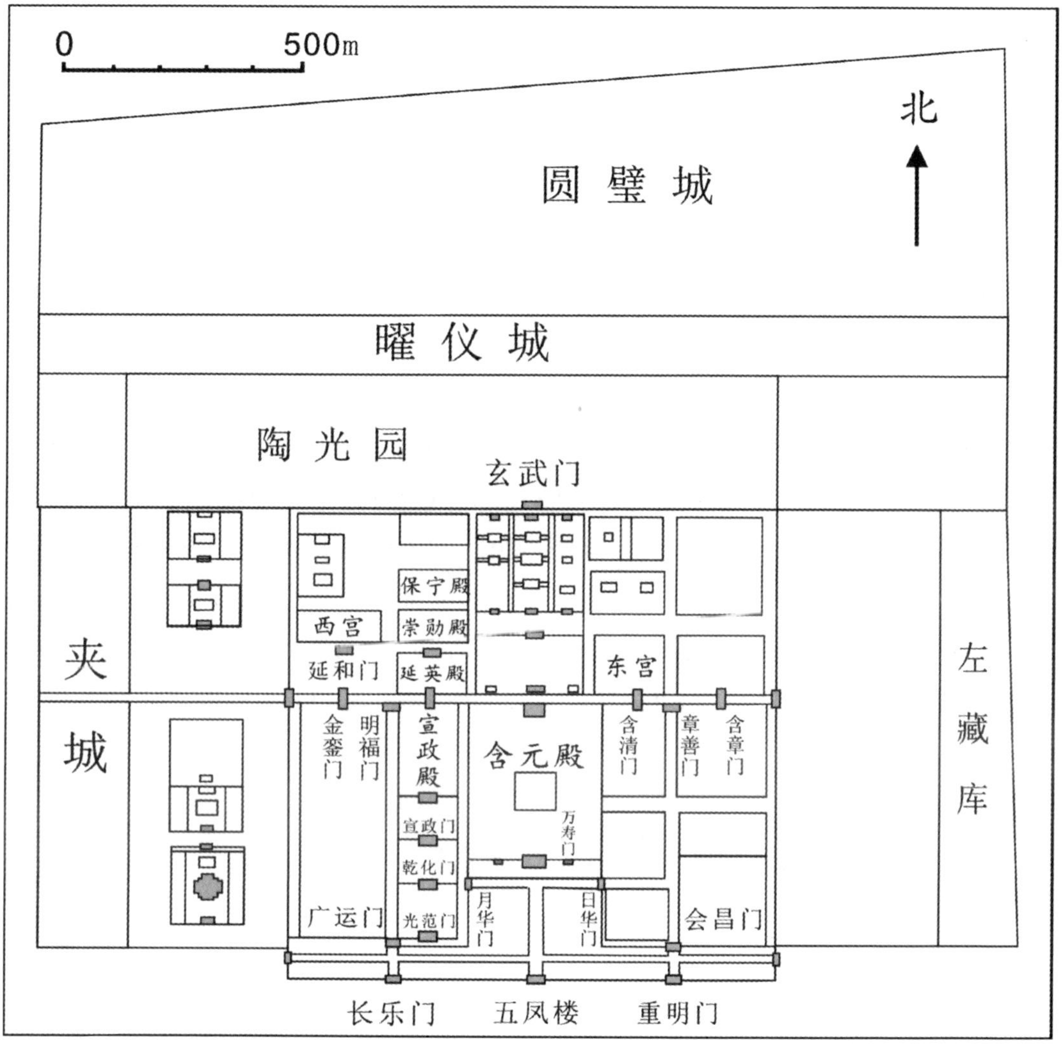

图4　唐天祐元年（904）昭宗洛阳宫城更名空间分布示意（据傅熹年先生《中国古代建筑史》隋唐五代卷“唐洛阳宫城平面复原示意图”改绘，北京：中国建筑工业出版社，2009年，第393页）[1]

（作者单位：鲁东大学历史文化学院）

[1] 按：傅熹年先生所绘原图，基本反映唐早中期洛阳宫城之布局情况，拙文此处仅借鉴其原图关于洛阳宫城之主体框架结构，内中所标主要殿、门，乃上文考证所得之拙见。特志于此，以示无敢掠美。

Chang'an's Revival: The Rename Reform of Luoyang Palace City in the Late Tang Period

Jia Hongyuan

[Abstract] The rename reform of Luo yang palace city is peformed by emperor Zhaozong in late Tang period, which is based on the political space tradition during Chang'an period. The reform included the palace city wall, the main hall, the exterior hall, the interior hall and other inner temple used by the emperor, basically covering the whole palace city. The purpose of reform was to display the signals that the Tang Dynasty also treated Chang'an capital as orthodox, and called for other military group's support so as to return to the capital of Chang'an. Eventually this action soon cause fierce confliction with Zhu Quanzhong political group who murder emperor Zhaozong. To reverse the unfavorable political situation, the group of Zhu began to force emperor Aidi to cancel the results of reform, which led to the Tang royal family being more strictly bounded in Luoyang, and the morality and justice of other military group supporting Tang royal family were also been canceled.

从修筑杭州罗城看钱镠的统治策略*

纳春英　魏铭辰

在中国古代城防系统中，罗城是城郭的外城，在军事防御中起极大的作用。杭州城在五代之前只有子城并无罗城，董昌及其继任者钱镠先后与杨行密、孙儒和王郢等势力发生过多次战争，至钱镠任职苏杭观察使时，杭州城的防御设施已经不能满足军事需要，因此钱镠于景福二年（893）七月，发动二十万民夫和十三都军士修筑杭州罗城[1]，史载这次修筑的罗城周长七十里。与钱镠同时期的周宝也曾在辖境内修筑过罗城二十余里[2]，引发镇海军辖下民众怨气。周宝在辖境地广人稠的情况下，修筑罗城尚且民怨沸腾，而钱镠在修筑杭州罗城时辖区仅有苏杭二州，势力范围远逊于周宝，并没有资料显示钱镠修杭州的罗城时有省功简料的行为，那么钱镠为何要在其政权立足将稳未稳的情况下，发动二十万民夫和十三都军士来完成一个六州民役尚且嫌苦的巨大工程呢？如此反常，有何用意？

学界对于钱镠的研究已取得丰硕成果，对钱镠修筑杭州罗城一事也有一定的关注，只是学界同仁在看待钱镠为何修罗城这件事情上，多秉持认同和赞扬的态度。譬如刘闯认为钱镠修筑罗城是为了军事防御和满足城市发展需要[3]；杨

*本文系国家社科基金后期资助项目“隋唐平民服饰研究”（项目编号：17FZS034）阶段性成果。

[1]（宋）司马光：《资治通鉴》卷二五九，景福二年七月条，北京：中华书局，1956年，第8445页。

[2]《资治通鉴》卷二五六，光启三年三月条，第8345页。

[3]刘闯：《防御与扩张：唐末五代吴越钱氏筑城之时空解析》，《中国历史地理论丛》2017年第2期，第137—143页。

渭生认为修罗城好处很多，是钱镠雄才大略的体现[1]；吕以春则认为钱镠修筑罗城是为了加强防卫[2]；李洪华也对钱镠的政治军事经济政策皆持肯定态度[3]。偶有不同意见，譬如何勇强则提出了杭州八都内部“离心离德”的观点[4]；武丹提到吴越国在钱镠的统治下连年建设劳役繁重，修罗城有“重苛”的特点[5]；杨渭生认为钱镠在第一次杭越战争中建立起统一杭州八都的基础，培植亲信清除异己，又析八都为十三都，最终成为十三都的掌权者[6]，这里值得注意的是杨渭生对钱镠认识的前后态度变化，随着研究的深入，杨氏从开始的全盘赞美，到最后的深刻剖析钱镠在第一次杭越战争中的权谋，客观的治史态度值得借鉴。据此本文以钱镠修筑杭州罗城这一事件为切入点，抛砖引玉，冀望形成对钱镠更深入、更客观的研究。

一、钱镠修筑杭州罗城时其所辖地区户口状况

在中国古代社会，建墙、筑堤、修路等大型土木工程的劳动者主体是所属辖地民夫，往往一郡一县的民力无法满足修筑大型工程的需要，因此在有需要的情况下，官府也会强征辖地势力所及附近地区的民夫服劳役。钱镠修筑的杭州罗城周长七十里，如此大规模的建设工程需要调动的役力十分巨大，因此要研究修筑杭州罗城这件事，首先要分析当时钱镠所辖地区的户口状况。

现存史料中，没有关于钱镠任苏杭观察使时的杭州和苏州的户口数的详细记载，本文根据《太平寰宇记》中记载的数据，整理出唐开元年间和北宋太平兴国年间两浙地区十三州各州的户口数，并据此数据推测出钱镠任苏杭观察使时苏杭二州户口情况。

[1] 杨渭生：《一剑霜寒十四州的江南雄藩钱镠》，《文史知识》1996年第10期，第87—91页。

[2] 吕以春：《钱镠与杭州》，《浙江学刊》1987年第2期，第126—130页。

[3] 李洪华：《浅谈钱镠的治国方略及历史功绩》，《浙江档案》2004年第1期，第38、39页。

[4] 何勇强：《唐末两浙的武勇都与武勇都之乱》，《中国史研究》1999年第3期，第96—104页。

[5] 武丹：《重苛乎？慈爱乎？——钱镠治国小考》，《经济研究参考》2014年第40期，第41—44页。

[6] 杨渭生：《略论东南雄藩钱镠》，《浙江万里学院学报》2003第3期，第40—44页。

表1 《太平寰宇记》中所载两浙地区唐开元年间和北宋太平兴国年间户数表[1]

州郡	开元年间户数	太平兴国年间总户数	太平兴国年间客户数
杭州	86258	170457	8857
越州	64100	56491	
苏州	109500	35249	7360
秀州		23052	
婺州	14300	34046	64
睦州	22700	24502	12251
湖州	59000	38748	
衢州	27100	19859	
台州	21000	31941	14442
明州	42400	27681	16803
温州	16100	40740	24658
福州	34080	94475	45670
处州	19700	20586	

唐代人口数量在开元天宝年间达到顶峰，自安史之乱时起开始下降。伴随着这个趋势的是一直持续到五代十国时期的人口南迁现象，这也导致了如表1中所见的自开元年间至太平兴国年间杭州、婺州、睦州、台州、温州、福州和处州等七州人口增加的现象。而同属于两浙地区的越州、苏州［《太平寰宇记》中记载“秀州，理嘉兴县，本苏州嘉兴县地。晋天福四年于此置秀州，从两浙钱元瓘之所请也。仍割嘉兴、海盐、华亭三县并置崇德县以属焉”[2]，可见苏州于晋天福四年（939）析出三县置秀州。因此在开元年间至钱镠修筑杭州罗城时，秀州所辖地区仍处于苏州的管控下，因此本文将秀州户口数并入苏州，虽在表中列出但并不单论］、湖州、衢州和明州等地却出现明显的人口减少现象，这是有其原因的。一是因为这几州都处于吴越国的边境或者北部，吴越国经常同周围势力发生战争，导致这些地区的人口减少。二是因为在唐末动乱时期，这几州都发生过许多战争。尤其是苏州在钱镠、杨行密和孙儒等人手里几经易主，孙儒更是烧杀抢掠无所不为。而相比于越州、苏州、湖州、衢州和明州等五州，婺州、睦州、台州、温州、福州和处州这六州位于更南部，相对更加安定和平，迁移至此的人口也就更多。这也在表中得以体现，如太平兴国年间福州客户达45670户，温州客户达24658户。据《太平寰宇记》记载，福州辖

[1]（宋）乐史：《太平寰宇记》卷九一《江南东道三》至卷一〇〇《江南东道十二》。（清）纪昀等：《四库全书》第四七〇册，上海古籍出版社，1987年，第21—92页。

[2]《太平寰宇记》卷九五《江南东道七》，第58页。

下的尤溪和德化二县都被析出并分别并入南剑州和泉州[1]，二县户口数并不被计入《太平寰宇记》所记载的太平兴国年间福州户口数中。在如此情况下福州的人口竟由开元年间的34080户增长至太平兴国年间的94475户，可见吴越国人口增长的幅度由南向北递减。

由于杭州是吴越国都城，是吴越国的核心地区，与吴越国境内的其他地区相比，其社会环境更加和平稳定，人口增长幅度会更大，并且都城对四周的虹吸效应也会使杭州人口增加，这就是为何杭州周围的越州、明州等地人口减少的时候，杭州人口却增加很多的原因。但是在杭州成为吴越国都城之前，杭州人口也是呈下降趋势，直到钱镠巩固了以杭州为核心的统治后才开始逆转。杭州位于两浙地区较北部，越州、明州以北，在钱镠未巩固其在杭州的统治前，杭州的人口变化情况应如越州和明州一样都呈现下降趋势。虽然杭州没有经历过因为战争而易主的事，但是由于董昌、钱镠和来自杭州八都的首领们（如陈晟）都是以杭州为根据地来东征西讨，并且杭州曾遭到王郢、曹师雄和黄巢等的侵扰，这也会影响到杭州的人口数量。由上述论述可以得出，在修筑杭州罗城时，杭州的户口数不会高于开元年间的86253户。

修筑杭州罗城时，苏州地区刚刚经受过徐约、孙儒、杨行密和钱镠等人发起的多次战争。孙儒在其盘踞地区的统治十分残暴，孙儒占据扬州时曾“悉焚扬州庐舍，尽驱丁壮及妇女渡江，杀老弱以充食”[2]。大顺二年（891）十二月，孙儒“焚掠苏、常”后率军攻打宣州[3]，钱镠才又重新占据苏州。可见，由于战争等因素，苏州户口数在唐末军阀混战中锐减，直到钱镠巩固统治后苏州的社会才逐渐稳定下来。在北方战乱频发的同时，南方相对稳定和平，因此在钱镠确立吴越国的统治后，仍会有少量北方的移民来到苏州地区。表1中苏州户口数由开元年间的109500户降低至58301户，主要是由于苏州地区发生的战争原因，直到太平兴国年间苏州都没有恢复到开元年间的户口规模。因此，在修筑杭州罗城时苏州的户口数不会高于太平兴国年间的58301户。

根据上文的推断，在钱镠修筑杭州罗城时，苏杭二州的户口总数远不到144554户这么多。若一户出一丁则无法满足二十万民夫的数额，应是一户出二丁或者辖境内民户丁额全出才能满足二十万民夫的数额。在这种情况下，被称赞为保境安民的有为君主钱镠发动二十万民夫修筑杭州罗城，是件反常的事

[1]《太平寰宇记》卷一〇〇《江南东道十二》，第89页。

[2]《资治通鉴》卷二五八，大顺二年七月条，第8417页。

[3]《资治通鉴》卷二五八，大顺二年十二月条，第8422页。

情，有其隐含目的。

二、钱镠修筑杭州罗城时其所辖地区军事情况分析

史载，钱镠征发二十万民夫及杭州十三都的军士参与修筑杭州罗城。唐末割据军阀手中最重要的资源是军事资源，钱镠不惜使用杭州十三都的军事力量参与修筑杭州罗城，不符合常理，值得深入研究。本文认为修筑杭州罗城这件事隐藏着深刻的军事用意，因此针对中和二年（882）至天复二年（902）与钱镠有关的军事行为进行研究。

周宝命董昌主持建立杭州八都，并委任钱镠为其副职，初建的杭州八都及其首领分别为：石镜都将董昌、清平都将陈晟、于潜都将吴文举、盐官都将徐及、新登都将杜稜、唐山都将饶京、富春都将文禹（或闻人宇）、龙泉都将凌文举[1]。杭州八都后来扩充为杭州十三都，在本文中杭州八都与扩充后的杭州十三都统称为杭州八都。

本文通过整理《资治通鉴》中有关记载，得出中和二年（882）至天复二年（902）间与钱镠有关的军事行为简表。钱镠于景福二年（893）修筑杭州罗城，并于景福二年（893）创立武勇都，因此本文以景福二年（893）为时间节点整理出两个表以便对比分析。

表2《资治通鉴》中所载中和二年（882）至景福二年（893）间与钱镠有关的军事行为简表[2]

<table>
<tr><td rowspan="2">中和二年（882）</td><td>八月</td><td>董昌遣钱镠击刘汉宏于西陵</td></tr>
<tr><td>十月</td><td>钱镠袭刘汉宏将王镇于西陵</td></tr>
<tr><td>中和三年（883）</td><td>十月</td><td>钱镠击刘汉宏两次于西陵</td></tr>
<tr><td rowspan="2">光启二年（886）</td><td>九月</td><td>钱镠为董昌攻浙东</td></tr>
<tr><td>十一月</td><td>钱镠克越州</td></tr>
<tr><td rowspan="5">光启三年（887）</td><td rowspan="2">正月</td><td>钱镠为杭州刺史</td></tr>
<tr><td>钱镠遣杜稜、阮结、成及讨薛朗</td></tr>
<tr><td>六月</td><td>杜稜等败薛朗将李君晗于阳羡</td></tr>
<tr><td>十月</td><td>杜稜等拔常州</td></tr>
<tr><td>十二月</td><td>钱镠遣阮结克润州</td></tr>
</table>

[1]（宋）欧阳修：《新唐书》卷一八六《周宝传》，北京：中华书局，1975年，第5416页。

[2]《资治通鉴》卷二五五至卷二五九，中和二年八月条至景福二年七月条，第8273—8445页。

续表

文德元年（888）	九月	钱镠遣其从弟銶将兵攻徐约于苏州
龙纪元年（889）	三月	钱銶拔苏州。钱镠以沈粲权知苏州
	五月	阮结卒，钱镠以成及代之
	十月	钱镠以知州事沈粲为制置指挥使
	十一月	田頵攻常州，虏杜稜
	十二月	刘建锋逐成及，取润州
大顺元年（890）	八月	杨行密将李友拔苏州，沈粲归杭州。镠欲归罪于粲而杀之，粲奔孙儒
大顺二年（891）	十二月	钱镠复遣兵据苏州
景福二年（893）	七月	钱镠发民夫二十万及十三都军士筑杭州罗城，周七十里

表3《资治通鉴》中所载景福二年（893）至天复二年（902）间与钱镠有关的军事行为简表[1]

乾宁二年（895）		董昌将称帝，镠将兵三万诣越州城下，昌致犒军钱二百万。镠引兵还
	十月	钱镠遣武勇都指挥使顾全武救嘉兴
乾宁三年（896）	正月	安仁义至湖州，钱镠遣武勇都指挥使顾全武、都知兵马使许再思守西陵，仁义不能度
	二月	顾全武、许再思败汤臼于石城
	三月	顾全武等攻余姚，董昌遣其将徐章救余姚
	四月	杨行密围苏州
		顾全武、许再思进兵至越州城下
	五月	昌出战而败，婴城自守，全武等围之
		陆郢以州城应杨行密，虏刺史成及
		顾全武急攻越州
		全武遣武勇都监使吴璋以舟载昌如杭州，斩之
乾宁四年（897）	正月	钱镠使行军司马杜稜救婺州。安仁义移兵攻睦州，不克而还
	四月	钱镠遣顾全武等将兵三千自海道救嘉兴
		顾全武等破淮南十八营
		頵自湖州奔还，两浙兵追败之
	七月	遣顾全武取苏州，拔松江、无锡、常熟、华亭

[1]《资治通鉴》卷二五九至卷二六三，唐昭宗景福二年七月条至唐昭宗天复二年八月条，第8445—8579页。表3起始时间为乾宁二年（895）而非景福二年（893），是因为据《资治通鉴》记载，景福二年（893）至乾宁二年（895）间并未发生与钱镠有关的大型战争。

续表

光化元年（898）	三月	淮南将周本救苏州，顾全武击破之
	九月	全武克苏州，追败周本等于望亭，下昆山
	闰月十月	钱镠以其将曹圭为苏州制置使，遣王球攻婺州
	十一月	衢州刺史陈岌降于杨行密，钱镠使顾全武讨之
光化二年（899）	三月	婺州刺史王檀为两浙所围，求救于宣歙观察使田頵
	四月	田頵遣行营都指挥使康儒救之
	五月	康儒等败两浙兵于龙丘，擒其将王球，取婺州
光化三年（900）		睦州刺史陈晟卒，弟询自称刺史
天复元年（901）	八月	杨行密遣李神福等将兵取杭州，两浙将顾全武等列八寨以拒之
	十月	李神福生擒顾全武，进攻临安
	十二月	李神福欲归，恐为镠所邀，镠请和。神福受其犒赂而还
天复二年（902）	八月	许再思、徐绾反

表2中，击刘汉宏、克越州、讨薛朗、拔常州、克润州和攻苏州等战事中，除钱镠亲自带兵作战以外，派遣的领兵将领为杜稜、阮结、成及、沈粲等。关于钱镠亲自带兵作战时所率兵马，《旧五代史》中记载“昌以军政委镠，率八都之士进攻越州，诛汉宏，回戈攻润州，擒薛朗”[1]，可知其兵力来源为杭州八都集团。钱镠派遣的将领们如杜稜、阮结、成及、沈粲也都是出身于杭州八都集团，“稜时为东安都将，更号武安营，与董昌、徐及、凌文举等称杭州八都”[2]，可知杜稜本身就是八都之一的东安都都将；“阮结……唐末杭州建八都，结亦与为副焉”[3]，可知阮结参与创建杭州八都，并在杭州八都中担任要职；成及“代闻人宇隶八都之一，遂以富阳镇称静江”[4]，可知成及为富春都将文禹（即闻人宇）继任者（富春即为富阳）。综上可知，在景福二年（893）修筑杭州罗城之前，与钱镠相关的战事中，钱镠一方的主力皆来自杭州八都。

表3中记载的景福二年（893）之后发生的与钱镠相关的战事中，钱镠派遣的领兵将领为顾全武、许再思和王球等。顾全武“余姚人也，后武肃王为亲校”[5]，

[1]（宋）薛居正：《旧五代史》卷一三三《钱镠传》，北京：中华书局，2016年，第2057页。

[2]（清）吴任臣：《十国春秋》卷八四，北京：中华书局，1983年，第1223页。

[3]《十国春秋》卷八四，第1226页。

[4]《十国春秋》卷八四，第1224页。

[5]《十国春秋》卷八四，第1221页。

是钱镠亲信大将；许再思供职于武勇都；王球本为马步军都知兵马使（据《中晚唐五代兵制探索》[1]一文可知，马步军都知兵马使为内牙军军职）。武勇都是独立于杭州八都体系之外的强大军事力量，来自孙儒降兵。孙儒死后，“其士卒多奔浙西，钱镠爱其骁悍，以为中军，号武勇都”[2]，从“以为中军”可知武勇都属于内牙军编制。综上可知，自景福二年（893）至天复二年（902）钱镠势力参与的战争中，钱镠所用兵力主要来自武勇都等属于内牙军编制的军事力量，而非杭州八都体系内的军事力量。

在景福二年（893）前后，钱镠势力内部发生的较大的变化只有武勇都的建立，将表2与表3结合分析可以看出：在武勇都建立之前，钱镠一直倚靠杭州八都集团的军事力量，而武勇都建立后，钱镠依靠的主要军事力量为武勇都等内牙军，杭州八都不仅不再参与主要军事行动，甚至被钱镠派遣去修筑杭州罗城，这种情况直到武勇都徐许之乱才得到改变，如在武勇都杭州之乱中协助钱镠平定叛乱的将领成及、杜建徽（其父杜稜）、高渭（其父高彦）、马绰等皆为原杭州八都集团的将领。

三、钱镠修筑杭州罗城的统治策略

《杭州罗城记》中记载：

> 余始以郡之子城，岁月滋久，基址老烂，狭而且卑。每至点阅士马，不足回转。遂与诸郡聚议，崇建雉堞，夹以南北，矗然而峙。帑藏得以牢固，军士得以帐幕……以是年上奏，天子嘉以出政，优诏奖饰，以为牧人之道。其尽此乎？俄而孙儒叛蔡，渡江侵我西鄙……后始念子城之谋，未足以为百姓计。东眄巨浸，辏闽粤之舟橹。北倚郭邑，通商旅之宝货……由是复与十三都经纬罗郭，上上下下，如响而应。[3]

从上文可以看出，钱镠认为杭州子城不能满足军事和民事需求，因此决定修筑杭州罗城，由此可以推断出在钱镠修筑杭州罗城前杭州只有子城而没有罗城，钱镠修筑的“七十里罗城”是从无到有的修筑，而非在已有基础上修补城墙。

---

[1] 王仲荦、田昌五，郑佩欣等：《中晚唐五代兵制探索》，《文献》1988年第3期，第166—179页。

[2]《资治通鉴》卷二六三，天复二年八月条，第8578页。

[3]（清）董诰：《全唐文》卷八九五罗隐《杭州罗城记》，北京：中华书局，1983年，第9346、9347页。

《杭州罗城记》中提到了钱镠修筑杭州罗城的三点原因：一是杭州当时的防御工事不能满足军事内需，文中提到“余始以郡之子城，岁月滋久，基址老烂，狭而且卑。每至点阅士马，不足回转”，可知杭州旧有子城不堪使用，因此重修了子城勉强使用；二是杭州当时的防御工事无法满足对外防御需求，文中提到孙儒叛军渡江劫掠，钱镠为剿灭孙儒做出许多努力，在这期间钱镠见证了孙儒兵火对江淮地区的破坏，产生了修筑杭州罗城的想法；三是修筑杭州罗城是为了满足保境安民、发展经济的需要，钱镠修复子城之后，“天子嘉以出政，优诏奖饰，以为牧人之道”，从“牧人之道”可知唐天子认为钱镠修复杭州城子城是有益于治理百姓的，后来因为子城“未足以为百姓计”，决定修筑杭州罗城。文中也提到“辏闽粤之舟橹”“通商旅之宝货”和“及吾境者，俾无他虑”等，也说明钱镠修筑杭州罗城是为了满足保境安民、发展经济的需要。这三点是显而易见的原因。

修筑杭州罗城时钱镠官位为苏杭观察使，控制的区域仅有杭州和苏州，从前文的研究可知，此时钱镠统治地区的户口数应远低于128758户，在这种情况下征发二十万民夫会对钱镠的统治和辖区内经济发展产生不良影响。在二十万民夫之外，钱镠不惜发动十三都军士来修筑杭州罗城，会激发十三都军士的怨气，这不利于对军队的统治和管理。可见，修筑杭州罗城对钱镠势力的经济、政治和军队等方面都会产生不良影响，因此说修筑杭州罗城是为了保境安民、防御外敌不妥，在满足军事内需、对外军事防御和经济建设目的之外，修筑杭州罗城还有其隐含的目的。

虽然董昌主持建立杭州八都，但董昌与其继任者钱镠都不能完全控制它。杭州八都是一个松散的利益联盟而不是一个统一的整体，其首领大多是父死子继或兄终弟及，而且八都内部也是纷争不断。如八都将之一的陈晟，中和四年（884）“余杭镇使陈晟逐睦州刺史柳超”[1]，光化三年（900）十二月“睦州刺史陈晟卒，弟询自称刺史”[2]，陈询在陈晟死后继承其势力并于天复三年（903）七月叛钱镠而归顺杨行密[3]；《十国春秋》中记载“初武肃王同董昌讨刘汉宏于越州，盐官都将徐及遣夏与高彦率本部来会师”[4]，在董昌派遣钱镠攻

[1]《资治通鉴》卷二五六，中和四年十二月条，第8317页。

[2]《资治通鉴》卷二六二，光化三年十二月条，第8543页。

[3]《资治通鉴》卷二六四，天复三年七月条，第8612页。

[4]《十国春秋》卷八五，第1242页。

打刘汉宏时，盐官都将徐及仅派遣手下将领带兵助战而非亲自从军作战，并且钱镠还与徐及派来助战的将领沈夏和高彦密谋“汝为我杀之，当以郡牧相报”[1]，使这二人杀徐及，可见杭州八都同钱镠之间钩心斗角之一斑；阮结死后“王以其弟右骁卫将军阮绰领其本郡”[2]，可知在阮结死后其弟阮绰继续统领其部属；又如武安都将杜稜，《十国春秋》中有记载“稜迁常州制置使，建徽代为武安都将”[3]，在杜稜出任常州制置使时，其子杜建徽代他担任武安都将。综上可知，杭州八都是一个松散联盟性质的集体，各自拥有极大的自主权，对钱镠完全控制苏杭地区甚至未来称霸两浙造成了极大的阻碍。钱镠占据杭州后，为了巩固发展自己的势力并加强对杭州乃至两浙地区的控制力和影响力，“及八都浸盛，复分十三都”[4]，分化杭州八都为十三都，并建立武勇都等军队来扩充直属自己的内牙军。在建立起强大的武勇都之后，钱镠马上任命自己的亲校顾全武为最高指挥官。可见修筑杭州罗城时，钱镠辖区内矛盾重重。

在钱镠修筑杭州罗城之前不久，镇海节度使周宝筑罗城二十余里，极大引发镇海军辖下民众怨气。镇海军节度使管辖润、杭、常、苏、湖和睦州等六州（是时周宝实际统辖苏州、润州、常州和湖州四州，董昌据杭州[5]，睦州为陈晟所占[6]，周宝声称“六州皆我镇，何往不适？”[7]可知周宝对杭州和睦州也有一定的掌控力），是唐代重要的财源地区，筑城时尚未遭遇孙儒兵火，周宝在辖区民力丰盛情况下修筑周长二十余里的城墙，尚且造成“人苦其役”的结果，作为史称保境安民的有为君主的钱镠，在担任苏杭观察使且辖区仅为屡遭兵火的苏州和杭州两地的情况下，发动二十万民夫和十三都军士修筑杭州罗城是反常的行为。唐末军阀盘踞地区的民力是他们养军扩军的基础，在钱镠任苏杭观察使时，杭州八都集团中除了中和四年（884）占据睦州的陈晟等人之外，还有很大一部分仍然在苏杭地区盘踞，钱镠征发的二十万民夫中势必有很大部分来自杭州八都集团盘踞地区，因此修筑杭州罗城也是对杭州八都集团实力的消耗。

自古以来修筑城池主要利用民役，极少有发动军事力量来修筑的，如镇海

[1]《十国春秋》卷八五，第1242页。

[2]（宋）钱俨：《吴越备史》卷一，《四库全书》第四六四册，上海古籍出版社，1987年，第506页。

[3]《十国春秋》卷八四，第1227页。

[4]《吴越备史》卷二，《四库全书》第四六四册，第530页。

[5][6]《新唐书》卷一八六《周宝传》，第5416页。

[7]《新唐书》卷一八六《周宝传》，第5417页。

军节度使周宝修筑二十余里罗城、西川节度使高骈修筑成都罗城[1]、魏博节度使乐彦祯发动六州民修筑罗城[2]，这三位与钱镠同时代的节度使修筑城池都没有动用军队，史称“志满骄大”“动多不法”和“骄泰不法”的乐彦祯也没动用军队来修筑城池，而钱镠却发动了十三都兵力参与杭州罗城的修筑。钱镠发动军事力量来修筑罗城，却仅发动不为钱镠完全掌控的杭州八都所属的军事力量，而非其直属的内牙军，可知这是对杭州八都集团军事力量的削弱，可见钱镠修筑杭州罗城也是为了削弱杭州八都集团中不从属于其本人的军事力量。

钱镠利用工程建设来削弱势力内部不稳定因素的做法并非仅修筑杭州罗城一例，天复二年（902）爆发的武勇都徐许之乱也是如此引发的不良后果。武勇都徐许之乱的发起者和叛军主力都是来自孙儒降兵，孙儒降兵虽然为钱镠东征西讨立下了汗马功劳，但是由于其出身原因而成为钱镠势力中不被信任的部分，如杜稜在与钱镠的对话中曾称武勇都为“狼子野心，他日必为深患”，并提出“请以土人代之”的建议[3]；掌书记罗隐在修筑杭州罗城时称“楼不若内向”[4]，暗示武勇都是钱镠势力的萧墙之祸。武勇都之乱的原因在《吴越备史》中有记载，“前年锦城之役，不用命，王恶之，及是使治沟洫，遂叛”[5]，从“不用命”可以看出在“锦城之役”中武勇都曾违反钱镠的命令并引起了钱镠的怀疑和厌恶。钱镠派遣隶属内牙中军的武勇都去进行“治沟洫”这种被认为是贱役的工作，这对于习于作战的武勇都来说是贬低和侮辱。同为孙儒降兵，杨行密招募组建的“黑云都”就一直忠心于杨行密，杨行密利用这支军队“每战，使之先登陷陈，四邻畏之”，对待黑云都“厚其禀赐”[6]，同为降兵出身的黑云都从未出现反叛现象。钱镠利用武勇都攻城略地，与董昌、杨行密等争霸江浙，却没有厚待之，反而使其从事“治沟洫”这等贱役，可见武勇都被视为钱镠势力中的不稳定部分，且不为统治者钱镠所喜。因此钱镠驱使武勇都“治沟洫”成为武勇都徐许之乱的导火索，积怨已久的武勇都反叛钱镠，对钱镠的统治造成了很大的打击。

综上所述，钱镠修筑杭州罗城不仅是为了满足军事内需、对外防御需求和

[1]《资治通鉴》卷二五二，乾符三年条，第8185页。

[2]《资治通鉴》卷二五七，文德元年二月条，第8374页。

[3]《资治通鉴》卷二六三，天复二年八月条，第8578页。

[4]《资治通鉴》卷二六三，天复二年八月条，第8579页。

[5]《吴越备史》卷一，《四库全书》第四六四册，第520页。

[6]《资治通鉴》卷二五九，景福元年八月条，第8434页。

经济发展需要，其隐含目的是为了消耗杭州八都集团的经济实力和军事力量，为钱镠完全掌控苏杭地区乃至进一步掌握两浙地区扫除障碍。通过上述研究可以得到钱镠的统治策略：钱镠利用工程建设来消耗打击势力内部的隐患，这个策略对钱镠掌控苏杭地区起了很大帮助，对其日后的南征北讨和创建吴越国打下了基础。

（作者单位：青岛大学历史学院）

The Strategy of Qian Liu's Rule From the Angle of Building the Outer City Wall of Hangzhou

Na Chunying，Wei Mingchen

[Abstract] Qian Liu was the founding monarch of the state of Wuyue in the period of the Five Dynasties, which had a great influence on the historical development of Hangzhou and even Zhejiang province. In the past，scholars generally believed that during the reign of Qian Liu，he built the city defenses and water conservancy projects many times. These actions protected his people and his territory. However，Qian Liu mobilized large numbers of peasants and soldiers to build the outer city wall of Hangzhou. In this article，in consideration of the status of registered permanent residence and the military situation，this construction was not only for protecting his people and territory，but also to weaken the unstable internal forces of the state and the strength of other unstable hidden forces which are on his territory. Building the outer city wall of Hangzhou was a ruling strategy of Qian Liu.

庙堂上下：唐宋兵学变革刍议*

王凤翔

兵学是中国传统时代以兵家为主体、兵法兵书为载体的研究战争战事、战略战术和国防建设的军事理论学术。中国古代兵学自春秋时期以来形成较为系统的思想体系，经过秦汉魏晋的发展，到中古唐宋时期，兵学从形式到内容上呈现出明显的变革特征。学界多从历史宏观纵论或关注某一断代的兵学理论与实践，代表诸如刘庆、赵国华、陈峰、赵冬梅、魏鸿等学者的研究[1]，但少有从唐宋变革的角度论之。今笔者不揣浅陋，试从中古唐宋长时段视域下，就唐宋时期兵学的主体、载体、组织、影响等角度探讨之，以求教于方家。

一、兵学教育由唐代私学上升到宋朝官学

中国古代军事教育滥觞于三代庠序之学，兵家私学教育则兴起于春秋战国时期。然而自秦朝“焚书之祸”和汉朝“罢黜百家”以来，兵书传播屡遭禁锢，兵家地位下降。之后历代统治者出于维护统治的需要，大都禁止民间兵学流传，兵法教习、兵学发展日趋式微。在国家组织之外，兵学一般只能在兵家、武人为主的家族或师徒中以较为隐秘的方式传承。到唐朝时期，兵学研习者多是出身武将或有一定军事经历的谋士僚佐，兵法兵书多由个人习授或家族

*本文系山东省社会科学规划研究项目“唐宋变迁视域下山东军事地理与地缘战略研究”（项目编号：16CLSJ08）阶段性成果。

[1] 刘庆：《论中国古代兵学发展的三个阶段与三次高潮》，《军事历史研究》1997年第4期，第88—101页。赵国华：《中国兵学史》，福州：福建人民出版社，2004年。陈峰：《宋代主流军事思想及兵学批判》，《史学月刊》2005年第11期，第12—14页。赵冬梅：《武道彷徨——历史上的武举与武学》，北京：解放军出版社，2000年。魏鸿：《宋代孙子兵学研究》，北京：军事科学出版社，2011年。

传承，兵学教育私学色彩明显。

唐代出现了诸多名将辈出、功勋显赫的军功家族，著名的有河东裴氏、京兆杜氏、陇西李氏等。他们世代尚武习兵，兵法兵学也有赖于家族内部传承，得以延续和发展。唐初名将李靖出身世家，祖、父皆列戟一方。他自幼就随舅舅隋朝名将韩擒虎谈兵论战，深受兵学习染，“少有文武材略”；韩擒虎称赞李靖道：“可与论孙（武）、吴（起）之术者，惟斯人矣。”[1]李靖还曾应唐太宗的要求向大将侯君集私下教授兵法，而侯君集反奏李靖以“兵之隐微”为由不全示人，意为李靖故意隐匿精华而不授。对此，李靖坦然言道：“方中原无事，臣之所教，足以制四夷，而求尽臣术，此（侯）君集欲反耳。”[2]之后果然侯君集谋反，正如其言。李靖晚年经慎思，“尽传其（兵）书与李勣”[3]。史书关于李靖兵法传授的点滴记载，充分体现了对古代兵学传播可能危及统治的疑虑，亦可知兵学私家习授之特殊症结所在。

中唐兵家杜佑、杜牧是为祖孙，出身关中望族——京兆杜氏，祖上就有西晋军事家杜预，时称“杜武库”。杜佑位及将相，在其所撰《通典》中著有《兵典》15卷，《兵典》之下各目多以《孙子兵法》阐述的军事原则为题，每题下列战争战例及兵学言论进行例释和训解。杜佑之孙杜牧除了在诗文方面的成就为后人所熟知外，还深受家学影响，其兵学造诣亦十分深厚。杜牧征引历代战例及典籍之言并结合当时政治军事形势阐发《孙子兵法》之要旨，所注《孙子兵法》被称为曹操之后第二大注家。还有杜牧所著《战论》《原十六卫》等兵学专论，以古援今，切中时弊，其军事思想亦为时所重。河东裴氏家族的兵学氛围十分浓厚，仅在《新唐书·艺文志》中所见裴氏著录兵书中就有裴行俭《安置军营行阵等四十六诀》一卷、裴守一《军诫》三卷、裴绪《裴子新令》二卷等，其家族的兵学成就斐然。

唐朝名将薛仁贵，军功卓著，其子薛讷被武后以“世将”之名授军征突厥，立功镇边[4]。薛仁贵之孙薛嵩、玄孙薛平等都为武将。中兴名将郭子仪家族，其子郭曜、郭晞、郭曙，其孙郭钊等，名将辈出。还有中唐名将李晟家

---

[1]（后晋）刘昫：《旧唐书》卷六七《李靖传》，北京：中华书局，1975年，第2475页。

[2]（宋）欧阳修：《新唐书》卷九四《侯君集传》，北京：中华书局，1975年，第3828页。《资治通鉴》卷一九七，贞观十七年四月条记载略同。

[3]（唐）李靖：《唐太宗李卫公问对》，北京：中华书局（武经七书本），2007年，第616页。

[4]《新唐书》卷一一一《薛仁贵附薛讷传》，第4143页。

族，其子李愿、李宪、李愬、李听皆有将名，不仅弓马娴熟，还熟知兵法韬略。尤其是李愬雪夜袭蔡州，是中国战争史上成功利用特殊地理和气候条件以突袭战术直捣敌人腹心以致胜的经典战例，对后世战争战术影响深远。这些家族都是世代将门，兵学传统绵延。唐代后期藩镇纷立，以家族、亲将袭继式的统治盘踞一方，亲党胶固，豢兵自卫，习武讲兵的私学风气弥漫，诸如魏博田氏家族、淄青王氏家族等，世代为将统兵。可见，唐代兵学仍然囿于个人职业或崇尚喜好，在家族、师徒等特殊群体中内部习承，是统治者、武人、兵家等少数人的私学。

就国家组织层面而言，唐朝军事人才的教育主要靠行伍中战争实战的历练和体验，军事经验的积累和传授。虽然武则天时期始设武举，唐玄宗时期还诏试武贡士，设立了军事人才培养和选拔制度，但军事教育上主要偏重于射箭、马枪、负重等军事技能和身体力量上的训练，对兵学谋略的发展影响甚微。唐德宗、唐文宗皆有停废武举之举，使得兵学理论在名义和形式上的教育也戛然而止。因此，唐代兵学缺乏国家宏观层面上的组织和研究，兵学多存在于私学层面，军事理论学术人才显得相对匮乏。

与唐代相比，宋朝兵学教育被正式确立为官学，开始上升到国家之学层面。宋朝将武举常态化，确立了中国历史上选官体制中以武学入仕的制度化路径。宋朝规定，武举不能只较武力，还要考问军事策略，将兵学谋略与军事技能相提并论。宋朝在宋仁宗时期设立了武学，在京低级官员、平民及地方武举人皆可入学学习。武学打开了从普通民众中广泛发现和吸纳军事人才的窗口。宋神宗则将武学纳入国家的正式官学体系，将武学作为培养军事人才的专门机构，从此不废。这标志着兵学教育国家正统地位的确立，也将兵学研习推向中国古代社会新的高峰，成为真正意义上的国家之学。

虽然自西汉统治者就开始有意识地收集兵书，整理出现了《兵录》《兵书略》等兵学目录之书，然而像宋朝这样大规模的官方组织兵书修撰和传播在历史上还是绝无仅有的。宋仁宗建崇文院，编四库书时著录兵书，又命曾公亮、丁度动用国家力量编纂了历史首部官修军事百科全书——《武经总要》，详细记述了北宋及前朝军事制度及思想学术。该书由宋仁宗亲自核定并作序。宋神宗元丰三年（1080）四月，为适应军事教学与训练的需要，朱服、何去非等人奉旨校订前世兵学经典——《孙子》《吴子》等七部兵书，汇集成历史上第一部军事理论教科书——《武经七书》，作为武学必修课程，以供武学教育和武举考选所用。宋徽宗崇宁年间还诏令诸州设置武学，大力推广地方武学教育。因为宋朝国家从上到下的有效组织，鼓励和支持兵学研究，朝廷还对编撰兵书有功者加以褒奖，因此兵学的研习、承继和传播的普遍性远高于唐代甚至前世，得到士民的广泛认可，特别是赢得了文人士子的积极响应和参与，这都为宋朝兵学的发展和繁荣奠定了基础，营造了环境。

二、兵学主体由唐代武人为主演变到宋朝出现“文人论兵”现象

检索唐代存目和传世的兵书文献，无论是唐初的李世民、李靖、李勣，还是唐中后期的苏定方、裴行俭、郭元振、李光弼等，无一不是久历战阵、战功赫赫的武人将者。他们军事实战经验丰富，作战指挥艺术高超，注重经验的积累和总结，给当朝和后世留下了宝贵的军事理论成果，构成了唐代兵学的代表。唐代兵书最为杰出的代表就是《唐太宗李卫公问对》（又称《李卫公问对》《李靖问对》《唐李问对》）。这部唐太宗李世民与开国元勋李靖讨论军事问题的言论辑录之书被宋朝列入《武经七书》之一。名将李靖兵学造诣深厚，著述甚多，仅《旧唐书·经籍志》《新唐书·艺文志》所见其兵书就有《六军镜》《霸国箴》《阴符机》《玉帐经》四种；《宋史·艺文志》著录的还有《韬钤秘术》《卫国公手记》《兵钤新书》《韬钤总要》《弓诀》等多部。虽然李靖很多兵书今已不传，但从书目可见其作品涉及军事建设的方方面面，军事理论成就卓越。唐代名将著录的兵书还见有郭元振《定远安边策》、裴行俭《安置军营行阵等四十六诀》、李光弼《统军灵辖秘策》等兵书，并为史所称。唐代兵家李筌、王真、李泌、王琚等也都有从事军事活动的经历，均担任过武职或军事僚佐，有一定的军事经验，喜好论兵著述，留下了《神机制敌太白阴经》《阃外春秋》《道德经论兵要义述》《射经》等兵书。今世兵书集大成之作《中国兵书集成》收录唐代兵书共7部，其中仅有一部即《长短经》的作者赵蕤未见有军事履历[1]。唐朝这些兵书都不同程度地对前世和当朝的军事训练和战争经验进行有意识地总结和升华，表明唐代兵学重视军事技能、实战经验的实践特征。

然而需要承认的是，唐人的兵学作品总体数量不多，理论水平并不突出。

[1] 中国兵书集成编委会：《中国兵书集成》第二册，北京：解放军出版社，沈阳：辽沈书社，1988年。

诸兵书中，仅《唐太宗李卫公问对》一书被列入《武经七书》之列；而且，传世的兵书更少，至今多已亡佚。据《新唐书·艺文志》记载，有唐一代，“兵书类二十三家，六十部，三百一十九卷”，“失姓名十四家，李筌以下不著录二十五家”[1]。名将李靖《卫公兵法》幸赖《通典·兵典》《太平御览·兵部》及《武经总要》辑录，才保存下来部分内容，今仅有辑本存世[2]。唐代《孙子兵法》注家杜佑、贾林、陈皞、杜牧、孙镐等，除了杜佑、杜牧因兵学之外的成就名垂青史之外，其他注家多已不传，多赖宋人《十一家注孙子》的集注本才得以传世。唐代兵学的著述、流传及影响可见一斑。

与唐朝不同，宋朝时期兵学的官学和私学都很发达，国家组织和私人著述的兵书作品十分丰富，在数量、种类和质量等方面都达到历史新高。从数量上看，唐朝之前正史有记录的兵书为：《汉书·艺文志》著录兵书53家、790卷，《隋书·经籍志》著录兵书133部、512卷，《旧唐书·经籍志》45部、289卷，《新唐书·艺文志》60部、319卷。而到了宋朝则明显上升，《宋史·艺文志》著录兵书则多达347部、1956卷，在数量上远远超过前代。在种类上，唐朝兵书虽然包括兵家语录体兵书（《唐太宗李卫公问对》）、兵书注疏体（杜牧注《孙子兵法》）等体例，还涉及兵法兵略（《卫公兵法》）、军事制度（《通典·兵典》）、军事训练（《射经》）等体裁，但仍然没有突破前代兵学范畴。但是到了宋代，则出现了很多创新，诸如历史上第一部大型官修兵书且是军事百科全书的《武经总要》（曾公亮），第一部兵制专史《历代兵制》（陈傅良），第一部军事人物评传《何博士备论》（何去非），第一部专门名将传记《十七史百将传》（张预），第一部分类论述谋略战法的《百战奇法》（佚名），第一部城防守御兵书《守城录》（陈规）等。宋初著名类书《太平御览·兵部》（李昉）、《册府元龟·将帅部》（王钦若）是兵学的系统总结。《十一家注孙子》（吉天保）是《孙子兵法》注释的集大成之作，其资料之丰富、解说之详尽是空前的，是《孙子兵法》最早最好的集注本。

从兵学主体而言，宋代兵书多出自诸如范仲淹、曾公亮、苏洵、苏轼、辛弃疾、虞允文、文天祥等文人士大夫，竟以致在中国古代历史上首次出现了“士大夫人人言兵”的“文人论兵”现象，且蔚然成风，以致兵学著作大量涌现，其增长速度超过以往任何一个时代。著名文人的兵学著述还有苏洵《权

[1]《新唐书》卷五九《艺文志三》，第1552页。

[2]（清）汪宗沂辑：《卫公兵法辑本》，北京：中华书局，1985年。

书》、辛弃疾《美芹十论》、许洞《虎钤经》、华岳《翠微先生北征录》等等。宋代还出现了论兵的重要学派——南宋永嘉学派，代表人物有叶适（《水心别集》）、戴溪（《将鉴论断》）、钱文子（《补汉兵制》）等。不仅如此，就连“兵学”作为军事理论学术的命名也出于宋代文人之手。北宋郭雍所著《冲晦郭氏兵学》7卷就以“兵学”作为名称；郭逵“忼慨喜兵学”[1]，“兵学”成为军事理论学术的代名词。此后，兵学一词沿用至今。另外，“文人论兵”现象导致宋代兵学文献著述空前繁盛。虽然后世素有“宋代缺将”“积贫积弱”等传统认识，但就宋朝兵学理论水平而言，却形了中国古代兵学的一座高峰。

反观唐代，中唐以后士人多崇尚诗文，入世仕途追崇进士科，以致文人耻于言兵。难怪杜牧有云：“因使缙绅之士，不敢言兵，或耻言之；苟有言者，世以为粗暴异人，人不比数。呜呼！亡失根本，斯最为甚。”[2]为武道不兴而大发感慨。而宋代恰恰相反，晁公武《郡斋读书志》中云：“元昊既叛，边将数败，朝廷颇访知兵者，士大夫人人言兵矣。”[3]“讳言兵”“耻言兵”的风气为之一变，士大夫人人言兵，或整理研究兵书，或著述兵书，皆以振兴国家武备、改变将帅无学术为己任。由此可见唐宋兵学风气变革之剧。

三、兵学人才由唐代未成定制发展到宋朝制度化培养选拔

唐朝为选拔军事人才，武则天开设武举考试，但始终未成定制；武举考试主要针对武人，考察军事技艺，重实战技能，轻军事谋略，不重视兵学理论。唐朝武举分制举、常举两种。武制举是临时设科，习文习武者皆可应试，所选主要是武人将帅。显庆二年（657）二月，唐高宗在《令百官各举所知诏》中要求五品以上的京官和各州刺史精心查访“勇冠三军，翘关拔山之力；智兼百胜，纬地经天之才；蕴奇策于良、平，驰功绩于卫、霍，踪二起于吴、白，轨双李于牧、广”者赴东都洛阳参加考试[4]。唐玄宗开元时期，武举制举科目名称有“知合孙吴”“运筹决胜科”“武足安边科”“智谋将帅科”“军谋越众科”等。唐代武制举科目名称繁多，开科时间不一，皆体现出帝王意愿，有

[1]（元）脱脱：《宋史》卷二九〇《郭逵传》，北京：中华书局，1977年，第9725页。

[2]（唐）杜牧：《樊川文集》，上海古籍出版社，1978年，第150页。

[3]（宋）晁公武：《郡斋读书志》，上海古籍出版社，2011年，第4页。

[4]（宋）王钦若：《册府元龟》卷六四五《贡举部·科目》，北京：中华书局，1960年，第7728页。

很大的现实性和随意性。唐代武举常举即武贡举，武则天长安二年（702）始置，由兵部主持，主要考察应举者“长垛、马射、步射、平射、筒射”的射箭技艺，又有“马枪、翘关、负重、身材”之选，考量骑术、武器、力量、身材等。可知唐朝武举重视身体素质和实战技能，不注重兵学谋略的考核，主要选拔的是武艺高超或统御有方的武人将才，且武举出身的地位不及文举的进士，其重要性也不及文举。特别是唐代中期之后，以进士、明经两科为代表的文贡举盛行，武举逐渐衰落。欧阳修也认为唐代武举的“选用之法不足道”[1]。唐代武举选拔的军事人才多功勋不显，史籍多不记。平定安史之乱的中兴名将郭子仪是鲜见的由武举出身的名将。

宋朝重视军事人才培养，军事理论教育地位提高，开启了国家军事人才培养和选拔的正式渠道。首先，宋朝武举在唐朝的基础上又有了新的发展，开始有组织有规划地培养军事人才，并将其逐渐制度化、规范化。宋朝武举主要分为制举、常选、学选。武制举也是临时设科。景德二年（1005），宋真宗置“武足安边、洞明韬略运筹决胜、军谋宏远材任边寄”等制举科目[2]。宋仁宗天圣七年（1029）复置制举凡六科，设“识洞韬略运筹决胜科、军谋宏远材任边寄”等制科，同时“又置武举，以待方略智通之士”[3]。宋朝武举中的常选一途至此方立，制举逐渐退出历史舞台。宋英宗时期，确立了三年一度的武举考选机制。宋神宗时期还形成了由地方到中央最后到皇帝亲试的三级武举考试制度，由兵部主持解试、省试，殿试则由皇帝亲试，首开殿试之先河。唐代还没有“武状元”之设，首名武状元即产生于宋神宗时期。之后宋朝还颁布了《武举试法》，确定了武举三组考试的制度程序，规定武举的兵法、策论在秘阁；武艺在殿前司考试；殿试时，又“试骑射及策于庭”。北宋确立的外场考武艺、内场考策论兵书的考试办法，使整个武举考试制度趋于规整严密。宋朝武举文武并重，但其绝对标准还是以文为主。宋仁宗天圣八年（1030）亲试武举，“以策为去留，弓马为高下”[4]，以后相沿成定制。武举是否录取由“策”决定，军事谋略开始重于军事技艺，重兵学理论的色彩逐渐浓厚，这从考选制

[1]《新唐书》卷四四《选举志上》，第1170页。

[2]《宋史》卷一五六《选举志二》，第3646页。

[3]（宋）李焘：《续资治通鉴长编》卷一〇七，天圣七年闰二月壬子条，北京：中华书局，1985年，第2500页。

[4]《宋史》卷一五七《选举志三》，第3679页。

度上推动了兵学的兴盛。

其次，宋朝设立专门的武学，成为培养中高级军事人才的国家机构。庆历三年（1043），宋仁宗在国子监置武学，作为国家培养武学人才的专门学校，后废。熙宁五年（1072），宋神宗又置武学，地点设在武成王庙，即武庙之内，从此成为定制，不再停废。武学规定："生员以百人为额，选文武官知兵者为教授。使臣未参班与门荫、草泽人召京官保任，人材弓马应格，听入学，习诸家兵法。教授纂次历代用兵成败、前世忠义之节足以训者，讲释之。愿试阵队者，量给兵伍。在学三年。"[1]可知武学生员入学后主要所学内容是诸家兵法、为将之道及阵队演习等。其中，"诸家兵法"为《孙子》《吴子》《三略》《六韬》等兵书。武学除研习兵法、操练演习外，还讲释"历代用兵成败，前世忠义之节"，灌输"将从中御"的军事思想。武学学制三年，分为上舍、内舍、外舍三个等级，生员经考试而授职。武举中的学选即通过武学选拔武官，不论出身、阶层皆可应考。宋徽宗崇宁年间又开始在地方各州设置武学。武学教育的组织和制度臻于完备。宋朝武学在中国历史上首次被纳入官学体系，推动了兵学教育与军事人才培养制度的结合。从国家到地方武学的开设，为国家培养选拔了军事人才，提高了习武者的兵学修养，促使武艺与兵学谋略结合，推动了军事理论和战术思想的发展，宋代兵学研究呈现逐渐深化之特征。

宋代武举的制度化，武学的兴办，为宋朝培养了大批军事人才，同时繁荣了军事学术，推动了一代兵学的兴盛。

四、军事理念上实现了唐代崇尚技勇到宋代推奉兵学谋略的转变

自古以来，因为兵学与国家战略、战争战事的特殊关联，决定了其不同于其他思想学术，具有理论与实践并重、军事实践取向的实用主义特征。一个时代的军事战争形势必会影响兵学的发生和发展，当然兵学的进步也会影响军事实践的实施。

从国家战略角度来看，唐朝是开放型王朝，外向型特征非常明显，战争上主要表现在军政兼行，厚重驭轻，以兵威慑打击，并辅以分化瓦解的战略。

[1]《宋史》卷一五七《选举志三》，第3679页。

《唐太宗李卫公问对》《神机制敌太白阴经》等兵书主要探讨的是如何掌握作战主动权，致人而不致于人的问题。有唐一代，统一战争、边疆民族战争、藩镇混战、农民战争等各种类型的战争频发。唐朝的军事形势和战略决策增加了这个时期战争的烈度、强度和频度。在战略战术上崇尚积极进攻，以攻为守，主动出击，先发制人。唐朝尤其是唐前期，开疆拓土，弃笔从戎、立功成边、马革裹尸，所谓的尚武之风成为时代精神，“男儿何不带吴钩，收取关山五十州”“宁为百夫长，不作一书生”的豪言成为大唐绝唱，武风炽烈。晚唐五代时期出现武夫跋扈乃至武人执政的时局，亦是大唐武风崛烈之余绪。在这种尚武的时代风气下，唐朝更多地张扬炫耀武力，崇尚军事技艺远甚于兵学谋略。唐朝武庙配享的“十哲”和“六十四将”中，唐朝名将有李靖、李勣、李孝恭、尉迟敬德、苏定方、裴行俭、王孝杰、张仁愿（亶）、王晙、郭元振、张齐丘（李光弼）[1]、郭子仪十二人。唐人选择无一不是策马横刀的武将，尚武之风可见一斑。

赵宋王朝吸取唐末五代藩镇割据、武将跋扈的教训，自宋太祖时就开始推行“崇文抑武”之国策，至宋太宗时确定了以文官统兵，将从中御的军事领导制度。囿于“守内虚外”的军事布局，宋代的对外战略呈现出明显的内敛型特征，对辽、夏、金、蒙等民族政权大多处于守势，讲求防御后发、以战求和的战略。但是需要指出的是，宋廷虽有“崇文抑武”之方略，但在严峻的边防形势之下，面对契丹、党项、女真、蒙古等北来游牧民族的压力，抑武主要是压低武将的政治地位，防止武将兵权过大，尾大不掉，对兵学的研究并没有加以限制，朝廷反而为了提高将领指挥水平和增强部队战斗力大有鼓励倡扬之态势。宋代一些兵书注意针砭时弊，主张富国强兵，改变国贫兵弱现状，提出机动用兵、主动防御等思想。宋代文官统兵、以文御武的初衷和出发点正是认为兵学谋略要先于武力使强。范仲淹就言：“将不知古今，匹夫勇尔。”[2]岳飞也有云：“勇不足恃，用兵在先定谋。”[3]这也符合有史以来军事上重视谋略的传统，因而成为有宋一时之国策。

同时，相比于唐朝，宋代执政者更重视为将者的道德因素。为此，宋朝武

[1]《新唐书》卷一五《礼乐志五》记载为张齐丘，第378页；《唐会要》卷二三《武成王庙》则为李光弼，北京：中华书局，1955年，第436页。

[2]《宋史》卷二九〇《狄青传》，第9718页。

[3]《宋史》卷三六五《岳飞传》，第11376页。

庙配享军事家发生了变化。宋朝“十哲”将张良单独列出，抬高其地位，并将其作为亚圣；增补管仲、范蠡等，去掉了白起、吴起。主要是白起、吴起等人因为杀降、背主等原因被逐出了“十哲”之位，表明宋朝不以军事战争的战力和结果为标准，而更注重武人的忠孝仁勇的道德要求。尊崇姜子牙、张良、管仲、范蠡等以谋略辅国的“政兵家”，这也成为宋朝以文御武、推奉谋略之国策的认知起点。

纵观历史，自古以来，凡国家遇到战事，都要告于祖庙，议于庙堂，卜问吉凶，谓之“庙算”。春秋以后，在朝堂召开作战会议，出征、告捷、献俘皆告于祖庙，庙堂之计成为固定仪式。曹操注《孙子兵法》时就说：“计者，选将、量敌，度地、料卒，远近、险易，计于庙堂也。”[1]唐朝及前代，兵学一般为将者、君王等人之私。将者，家庙家堂；君王者，太庙朝堂，兵学成为“庙堂”之学，为职业、志向、兴趣等个人或家族因素使然；然而处“庙堂之上”，普通士子百姓很难企及，兵学成为少数人的私学。而宋朝以来，随着武举的制度化，武学的设置，兵学成为官学，得到从上到下的认同和追捧，成为国学、显学，地位上可谓走向“神坛”，同时又向普通平民士子所开放，可谓走下“庙堂”，走向“江湖”。宋朝名臣范仲淹在《岳阳楼记》中有“居庙堂之高”“处江湖之远”之语，其中的庙堂上下或可表达唐宋兵学变革之剧。

总之可以肯定的是，唐宋时期兵学的变革转型，是历史诸多因素综合作用的结果。然而，唐人重武力，兵学不显，然能开边拓土，纵横捭阖；宋朝开武举，置武学，颁武经，兵学兴，却无力扭转军事被动的战局，有如南宋吕祖谦所言：“文治可观而武绩未振。”[2]空留下“积弱”的扼腕感叹！个中原因，值得深思。

（作者单位：滨州学院孙子研究院）

[1] 杨丙安校理：《十一家注孙子》，北京：中华书局，2012年，第3页。

[2] 《宋史》卷四三四《吕祖谦传》，第12874页。

Research on the Reform of Military Science During the Tang and Song Dynasties

Wang Fengxiang

[Abstract] The military science is Chinese ancient military theory. Chinese military science showed obvious characteristics of change from form to content during period of the Tang and Song Dynasties. Military education started by the few private schools and it promoted to the official school by the national organization. Military research subject changed from the military into literati. Military personnel training and selection gradually institutionalized. It triggered a series of changes in military concepts from advocating force to strategy.

吴道子壁画创作补正*

马新广

袁有根先生主要依据画史，并结合田野考察结果，考录了唐代画家吴道子创作的壁画43处[1]，为学界研究画圣吴道子生平和行迹提供了丰富的信息。但由于相关文献浩如烟海、难以搜检，曾有文对袁氏著作增补了8处壁画信息[2]。笔者近期在方志、诗文、笔记、美术、宗教等诸领域文献之中，又发现吴道子壁画信息12处，拟再作补充，并对《河朔访古录》所载“临济寺”的吴道子壁画信息作以辨正，以期丰富画圣吴道子的生平事迹。

本文所考录的壁画内容题材信息，均系在其所在的寺观或建筑名称之下，各寺观、建筑，系于其所在唐代的监察区道、行政区州（府）名下。道、州（府）之排序，据《旧唐史·地理志》为准。文中的寺观建筑，尽量采用唐时的名称，如名称未详，则以文献所见名称代之。同一州（府）内佛寺依据音序排列，唐两京地区，则以先城内后城外为序辑录。

一、考补

（一）关内道

京兆府

观音寺吴道子画有观音像

*本文系国家社科基金“宋辽金佛寺壁画的文献考察”（项目编号：18BTQ047）阶段性成果。

[1] 袁有根：《吴道子研究》第二章第二节《吴道子的壁画创作》，北京：人民美术出版社，2014年，第74—124页。

[2] 马新广：《吴道子壁画创作考补》，《敦煌学辑刊》2010年第2期，第113—116页。

乾隆《西安府志》卷六一“福应禅院”条载：

> 观音寺，（贾志）在陆海坊四牌楼南，有吴道子画观音像及佛足迹碑，初以像名观音寺。宋有僧惟果长卧其中，人以卧龙呼之，故名。寺在隋为福应禅院，唐名观音寺。[1]

案，观音寺因画而名，故疑画作并非为形制较小、不易长期留存的绢质、纸质，而当为唐五代盛行之壁画，故录入。另，元代骆天骧曾有记载曰：“卧龙寺：在本府草场街，宋龙泉院也。”[2]可见，观音寺在长安城内。

昊天观有吴道子画（画中含人物等）

《跋吴道子画》载：

> 顷年见张敬夫家藏吴画昊天观壁草卷，与此绝相类，但人物差大耳。此卷用纸而不设色，又有补画头面手足处，应亦是草本也。张氏所藏本出长安安氏，后有张芸叟题记。[3]

案，“草卷”和“草本”，均当指壁画创作时候所依据的样本。另，据“人物差大耳”可见，昊天观壁画中含有人物。另，昊天观位于长安保宁坊，显庆元年（656）立。

御史台吴道子画有小山水

《因话录》卷五“徵部”载：

> 御史台三院，一曰台院……二曰殿院……厅有壁画小山水甚工，云是吴道玄真迹。三曰察院。[4]

案，唐代御史台位于长安皇城之内。

昭成观吴道子（杨仙乔、杨惠之？）画有百尺老君像

《道教灵验记》卷一“上都昭成观验”条载：

> 上都昭成观，明皇为昭成太后所立，在颁政里，南通坊内……（昭

---

[1]（清）严长明撰，舒其绅主修：乾隆《西安府志》，载《中国地方志集成·陕西府县志辑》第二册，南京：凤凰出版社，2007年，第69页。

[2]（元）骆天骧撰，黄永年点校：《类编长安志》，北京：中华书局，1990年，第140页。

[3]（宋）朱熹：《跋吴道子画》，载曾枣庄等主编《全宋文》第二五一册，上海辞书出版社、合肥：安徽教育出版社，2006年，第121页。

[4]（唐）李肇、（唐）赵璘：《唐国史补·因话录》，上海古籍出版社，1979年，第101、102页。

成）观有百尺老君像，在层阁之中，坐折三十尺。像设图绩，皆吴道子、王仙乔、杨退之亲迹。[1]

案，“王仙乔”当为杨仙乔之误，“杨退之”疑为杨惠之之误，杨仙乔、杨惠之均为唐前期著名画家，并在长安多个寺观有壁画。另，据“层阁之中”“百尺”“亲迹”等，昭成观层阁里的老君像当为创制于层阁之墙壁、形制巨大的壁画。

仙游寺吴道子画有诸佛

《陕西通志》卷二八“周至县”载：

仙游寺（县志）在南山，寺西有塔。……仙游寺，榜曰普缘，盖此地故有仙游宫，因以名寺。……寺门西濒水，二石塔上刻吴道子画诸佛像，有东坡题名。[2]［（明）王九思《游南山记》］

案，“诸佛像”刻画于塔，当在塔壁，故录入。另，仙游寺，据学者考辨其在隋仁寿二年（602）已存[3]。

（二）河南道

河南府

景云寺吴道子画有地狱变

《唐朝名画录》“神品上一人·吴道玄”条载：

尝闻景云寺老僧传云：“吴生画此寺地狱变相时，京都屠沽渔罟之辈见之而惧罪改业者，往往有之，率皆修善。”所画并为后代之人规式也。[4]

案，“地狱变相”，《唐朝名画录》所在画家寺观画作均为壁画，此处画作形制亦为壁画无疑。

又，此段文字因其记述生动，常被引述，然其故事所在地点却常被误读。据文意“景云寺”在“京都”，然西京长安并无佛寺名作景云寺，而东京洛阳

[1]（五代）杜光庭撰，罗争鸣辑校：《杜光庭记传十种辑校》上册，北京：中华书局，2013年，第159页。

[2]（清）刘于义：《陕西通志》，影印文渊阁《四库全书》第五五二册，台北：商务印书馆，1986年，第482页。

[3]李芳民：《〈长安志〉等所载仙游寺置寺时间有误》，《西北大学学报》（哲社版）2004年第5期，第171页。

[4]（唐）朱景玄撰，温肇桐注：《唐朝名画录》，成都：四川美术出版社，1985年，第4页。

却有。《唐会要》卷四八“寺·东京·昭成寺”条载：“昭成寺，道光坊。本沙苑监之地，景龙元年，韦庶人立为安乐寺，韦氏诛，改为景云寺，寻又为昭成皇后追福，改为昭成寺。”[1]又，许浑（约791—约858）有诗《与韩郑二秀才同舟东下洛中亲友送至景云寺》。又，张元宗［太和（827—835）前后人］有诗《登景云寺阁》：“胡马饮河洛，我家从此迁。”故知，洛阳“景云寺”在晚唐尚存，且当时人习以景云寺称之。而朱景玄《唐朝名画录》“撰时当在会昌年间（841—846）”[2]。《唐朝名画录》著作时间与许浑、张元宗生存时代相近，故知《唐朝名画录》中“景云寺”当指东都洛阳景云寺。

另，《吴道子研究》认为《唐朝名画录》中“‘景云寺’可能是‘景公寺’之误。”[3]此主张当误。

（三）河北道

瀛州

天尊院吴道子画有海天波浪、岛屿远树、楼台云烟

《瀛州天尊院画壁赞》云：

> 瀛州天尊院，立于唐孝明皇帝。时方尊老子为元元皇帝，故道士之徒，树宫以奉焉。至于二百年，高堂非故，遗称尚存，画壁一堵，固获无损。其父老并云：‘天宝间，吴胄曹过此，一夕所成。图写既毕，骑驴径去。院中人追留再三，终不可得。’观其意思遐邈，笔迹有神，诚希代之妙也！瞻谛无已，为之赞云：
>
> 海天苍苍，海波浪浪。岛屿碎破，乾坤开张。指我片壁，坐收八荒。远树亚日，疑回扶桑，楼台飞空，云烟俱扬。胄曹落笔，快如吹霜，不待剑舞，纵横佚常。绝艺谁授，胸含神明，挥斥僧繇，笑叱长庚。唯千载而独出，以光有唐。[4]

案，“元元皇帝”，李唐奉李耳为始祖，高宗乾封元年（666）追号李耳“太上玄元皇帝”，此处当为清人于《全唐诗》中，避康熙讳改“玄元”作

[1]（宋）王溥：《唐会要》，北京：中华书局，1955年，第849页。

[2] 谢魏：《中国画学著作考录》，上海书画出版社，1998年，第83页。

[3] 袁有根：《吴道子研究》，第78页。

[4]（清）董诰：《全唐文》卷九五二王延翰《瀛洲天尊院画壁赞》，北京：中华书局，1983年，第9891、9892页。

“元元”。

又，文中“胄曹落笔，快如吹霜，不待剑舞，纵横佚常。”事出《唐朝名画录》“神品上一人·吴道子”：“开元中驾幸东洛，吴生与裴旻将军、张旭长史相遇，各陈其能。时将军裴旻厚以金帛，召致道子，于东都天宫寺，为其所亲，将施绘事。道子封还金帛，一无所受，谓旻曰：‘闻裴将军旧矣，为舞剑一曲，足以当惠。观其壮气，可助挥毫。’旻因墨缞为道子舞剑。舞毕，奋笔俄顷而成，有若神助，尤为冠绝，道子亦亲为设色，其画在寺之西庑。”[1]且，“唐孝明皇帝”即唐玄宗，谥号“至道大圣大明孝皇帝”，吴道子亦主要生活于玄宗朝。可见《瀛州天尊院画壁赞》所述壁画为吴氏所作。

据上，“吴胄曹”当指吴道子，然“胄曹”称谓何据，俟考。

另，“挥斥僧繇，笑叱长庚”句，“僧繇”，指萧梁著名画家张僧繇。“长庚”，指东晋著名画家顾恺之，字长康，其中“庚”当为“康”之讹误，张、顾二人均以寺壁绘画闻名。

（四）山南道

忠州

酆都观吴道子有画，所画俟考

《夷坚志》“支癸卷第五·酆都观事”条载：

> 忠州酆都县五里外有酆都观，其山曰盘龙山，之趾即道家所称北极地狱之所。……晋唐五代乾竺殿犹在，吴道子画壁，丹青如新。丹井上二柏，状如龙角，人言东汉时物。”[2]

（五）江南道

江州

九天使者庙吴道子画有十真人

《入蜀记》卷四记载：

> 七日。往庐山，小憩新桥市。……八日。早，由山路至太平兴国宫，门庭气象极闳壮。……两壁图十真人，本吴生笔。[3]

[1]《唐朝名画录》，第2页。

[2]（宋）洪迈撰，何卓点校：《夷坚志》第三册，北京：中华书局，1981年，第1257页。

[3]（宋）陆游撰，蒋方校注：《入蜀记校注》，武汉：湖北人民出版社，2005年，第122页。

案，宋时太平兴国宫，又称太平兴国观（简称太平观），唐时作九天使者庙，位于江州庐山。另，“吴生”，唐宋诸多文献均以此称谓吴道子，此处亦当指吴道子无疑。

（六）剑南道

1.成都府

三井观吴道子画有老癯仙

《游三井观》云：

> 栋宇坏欲尽，基址尚闳壮。画墙皆国工，烟云俨天仗，旌旄亚戈戟，佩玉杂弓韔。太古实杰作，笔落九天上，吴生名擅世，睥睨未肯让。规模远有考，意象豪不放。最奇老癯仙，骨立神愈王。石恪虽少怪，用笔亦跌宕。两姝淡蛾眉，非复火食状。尘埃久侵蚀，风雨无盖障。[1]

案，据《陆游全集校注》题解和注释，陆游在成都于淳熙元年（1174）九月作此诗，三井观亦在成都。另，据诗意，“烟云天仗、旌旄戈戟、佩玉弓韔”等壁画当为孙知微（字太古）作品，“两姝淡蛾眉”当为石恪（字子专）作品，而“老癯仙”当为吴道子所画。

2.剑州

紫极观有吴道子壁画（中含有群仙、阴兵、魑魅、真仗、户庭）

《和刘漕明复观吴生画》（普城紫极观）：

> 古观萧条昔未名，却因吴笔助神灵。能将万化豪端意，写出群仙物外形。俊逸状如裴剑舞，周环时见蜀山青。阴兵耸动惊魑魅，真仗飘摇拥户庭。按部每来除枳棘，题诗留与御风霆。因嗟画癖无由见，魂逐车尘为一经。[2]

案，原文中“普城”，在今四川境内，西魏曾置黄安县，唐末改普城，宋时作普成，原治所在今剑阁县南之一百四十里。另，“吴生”，据上“瀛洲天尊院”条辨析此处“裴剑舞”事当指“吴生”吴道子。再，玄宗曾让吴道子至嘉陵江一带的剑阁、苍溪、阆中、南部等地写生（《唐朝名画录》“神品上一

---

[1]（宋）陆游：《游三井观》，载钱仲联、马亚中编《陆游全集校注》第一册，杭州：浙江教育出版社，2011年，第364、365页。

[2]（宋）冯山：《安岳集》卷一一，影印文渊阁《四库全书》第1098册，第332页。

人·吴道玄”条），壁画或当为此行所创制。

3.阆州

罗寂寺吴道子画有白衣观音像

《道光南部县志》卷二记载：

> 罗寂寺：在县东一百里，唐吴道子画有白衣观音像。[1]

案，南部县唐属阆州，阆州和剑州同属嘉陵江流域，此亦为吴道子奉旨赴嘉陵江流域写生一旁证。

二、辨正

河北道

镇州

临济寺布袋和尚像、摇铃普化真

《河朔访古录》卷上“临济寺”条载：

> 临济寺，在真定府城中定远门东街飞云楼之东，其三门下有唐吴道子所画布袋和尚像及摇铃普化真赞。东坡墨竹、绿筠轩诗等石刻，极为精妙。[2]

案，“三门”，亦作山门，寺院正面的楼门，唐五代佛寺壁画常绘制于此。又，“真定府”，唐属镇州，即今河北省正定县。又，“绿筠轩诗”，宋代诗人叶抑有《绿筠轩》诗，叶氏曾于宋高宗绍兴二十七年（1157）知新城县（今属河北省保定市下辖之高碑店市）。

另，“布袋和尚”，即释契此，五代时梁僧，明州（今浙江宁波）奉化（一说为四明）人，因其常以杖荷一个布袋，人称布袋和尚，梁贞明二年（916）三月圆寂，世传为弥勒菩萨化身，江浙一带多流传其画像。宋代以来，布袋和尚形象取代弥勒，其形态以皤腹腘朡、前额突出、蹙额皱鼻为特征。显然，布袋和尚形象晚于吴道子出现，即盛唐时代的吴道子不可能创制布袋和尚的壁画。

那么，是否是吴道子创制了弥勒题材壁画，纳新误记作布袋和尚呢？其

[1]（清）王瑞庆等修：《道光南部县志》，《中国地方志集成·四川府县志辑》第五十七册，成都：巴蜀书社、南京：江苏古籍出版社、上海书店，1992年，第391页。

[2]（元）纳新：《河朔访古录》，影印文渊阁《四库全书》第五九三册，第26页。

实，唐代壁画的弥勒形象，大多以善跏趺坐、腿足自然下垂为特征，与释迦、如来等形象接近，这在敦煌壁画都有体现，例如现存敦煌莫高窟第322窟和第387窟，分别有吴道子生时之前的初唐，以及吴道子时代的盛唐两个阶段的弥勒壁画（图1、图2）。只是到“五代以后，随着浙江奉化岳林寺契此和尚应现为弥勒的传说的流行……弥勒造像出现了历史上最大的一次变化。中国汉传佛教寺院供奉的弥勒，从佛陀与菩萨转变成了以光头大肚、欢喜开怀、袒胸露腹为特征的中国僧人形象”[1]。例如，现存最早的大肚弥勒的造像代表，就是灵隐寺飞来峰的大肚弥勒，其形象与唐代弥勒形象大相径庭（图3）。所以，即使吴氏创制了弥勒形象的壁画，也必然以唐时的弥勒形象为特征，由于唐代弥勒造像与布袋和尚形象大相径庭，也就不会导致后人将其误认作布袋和尚。故知，吴道子创制弥勒壁画而纳新误认作布袋和尚的情形，也不存在。

又，“摇铃普化真赞”，其中“真赞”是对人像的赞语，据文意当有画像和赞语。而“摇铃普化”，即普化和尚，《南部新书》卷七载：“镇州普化和尚，咸通初将示灭。”[2]咸通（860—874）属于晚唐，可见普化和尚在吴道子之后，吴道子自然不可能创制以他为题材的壁画。

综上，《河朔访古录》所载吴道子绘制临济寺“布袋和尚像及摇铃普化真”，当属讹误。

[1] 体恒：《从形象变化看弥勒信仰的变迁》，载学愚主编《佛学思想与佛教文化研究》上册，北京：社会科学文献出版社，2017年，第164页。

[2]（宋）钱易撰，黄寿成点校：《南部新书》，北京：中华书局，2002年，第105页。

图1　初唐　敦煌莫高窟322　南壁　红袈裟弥勒说法图
弥勒佛　善跏趺坐　双足踏莲花

图2　盛唐　敦煌莫高窟387窟　东壁门上　弥勒佛说法图　善跏趺坐

图3 宋代 灵隐寺 弥勒造像

（作者单位：山西师范大学文学院）

A Supplement and Correction about Wu Daozi's Murals Creation

Ma Xinguang

[Abstract] In addition to the Wu Daozi's 51 murals revealed by academia, it can be seen that there are 12 murals in Guanyin Temple and other temple or official office of Jingzhao and other states in the Tang Dynasty. It indicates that Wu Daozi's murals are the most in Chang'an City. The murals of Ziji Taoist Temple in Jianzhou and Luoji Taoist Temple in Langzhou can be used as an evidence that Wu Daozi had been to Jialing River. In addition, it can be seen that the Wu Daozi's murals in linji temple of Hengzhou recorded in *He shuo fang gu lu*（河朔访古录）are all wrong.

《唐史论丛》引文规范及说明

《唐史论丛》编辑部

一、一律使用简体字，人名、地名等简化后会产生歧义的可使用繁体字。

二、引文文字、标点等项，如有改动，须在注释中做出说明。

三、注释采用脚注，每页重新排序，序号用“[1]、[2]、[3]……”标识。体例如下：

（一）古籍类

一般情况下，引用古籍标注项目与顺序：责任者与责任方式/书名/卷次/部类名及篇名/出版地/出版社/出版时间/页码。

例：（宋）欧阳修：《新唐书》卷四六《百官志》，北京：中华书局，1975年，第1183页。

注意事项：

1.若加注作者朝代，一律使用圆括号（ ）；若作者为外国人，一律使用方括号，如：［日］。

2.古籍卷次一律不得使用阿拉伯数字。《资治通鉴》等古籍须标注年月，为避免混乱，在卷次后加逗号“，”。如：《资治通鉴》卷二〇〇，永徽六年十月条，北京：中华书局，1956年，第6293页。

3.出版社须标注地址，如出版社名称中可体现地址（如：上海古籍出版社），则可不用标注。通行的中华书局点校本不标注“点校本”字样。影印、古籍刻本须标注。

4.页码连续在两页以内者，用顿号“、”（如：第1、2页）；在三页及以上者用一字线“—”（如：第1—3页）。

（二）一般图书

标注项目与顺序：责任者与责任方式/书名/卷册/出版地点（城市）/出版者/出版时间/页码。

例：张树年主编：《张元济年谱》，北京：商务印书馆，1991年，第6页。

注意事项：

若为译著，标注译者于卷册篇名后、出版地点前。如：［日］仁井田陞：《唐令拾遗》卷二一《公式令》，栗劲等译，长春出版社，1989年，第2页。

（三）析出文献

标注项目与顺：作者/析出文献名/文集编者/文集题名/卷册/出版地点（城市）/出版者/出版时间/页码。

例：（清）黄宗羲：《汪魏美先生墓志铭》，载沈善洪主编《黄宗羲全集》第10册，杭州：浙江古籍出版社，1992 年，第382页。

（四）期　刊

引用期刊中的文章，标注项目与顺序：作者/文章名称/期刊名称/卷册号及出版日期/页码。

例：吴艳红：《明代流刑考》，《历史研究》2000年第6期，第34页。

（五）外文文献

1.引外文文献，原则上应使用该文种通行的引证标注方式。

2.引英文文献的标注方式：

（1）引证专著（编著、译著），标注项目与顺序：作者/书名（斜体）/出版地点/出版者/出版时间/页码。

例：*Randolph Starn and Loren Partridge,The Arts of Power:Three Halls of State in Italy*,1300—1600,Berkeley:University of California University,1992,pp.19–28.

（2）引期刊中的文章，标注项目与顺序：作者/文章名称/期刊名称（斜体）/卷期号/出版时间/页码。

例：Heath B.Chamberlain, “On the Search for Civil Society in China,” *Modern China*,vol.19,no.2 (April 1993),pp.199-215.

（3）引文集中的析出文献，标注项目与顺序：作者/文章名/编者/文集名（斜体）/出版地点/出版者/出版时间/页码。

例：R.S.Schfield, “The Impact of Scarcity and Plenty on Population Change in England ,” in R.I.Rotberg and T.K.Rabb (eds.),*Hunger and History:The Impact of Changing Food Production and Consumption Pat tern on Societ*,Cambridge:Cambridge University Press,1983,p.79.

注意事项：

1.外文文献注意单词间隔。

2.一律使用半角符号。

（六）其他要求

1.同一文献再次引用时出版信息（出版地点、出版者、出版时间）省略；古籍作者、朝代也可省略。

例：《晋书》卷九六《列女传》，第2520页。

2.再次引用同一文献时，第二责任者（译者、点校者）可以省略。

例：《唐令拾遗》卷二一《公式令》，第2页。

3.析出文献再次引用时，根据情况将论文集、资料集、档案集的编者省略。

4.转引文献，须注明原文献出版信息。

（七）数字的用法

一般都使用阿拉伯数字，起讫用“—”表示，如：643—685。表示旧历纪年（大业九年）、古籍篇目（《新唐书》卷一三）一律用汉字表示。排行、顺序、时间（如三天后）、约数（八九个）、品阶等情况，可以用汉字。